GESCHICHTE UND PROBLEME
DER RELIGIONSWISSENSCHAFT

STUDIES
IN THE HISTORY OF RELIGIONS

(*NUMEN* BOOKSERIES)

EDITED BY

H.G. KIPPENBERG • E.T. LAWSON

VOLUME LIII

GESCHICHTE UND PROBLEME DER RELIGIONSWISSENSCHAFT

VON

KURT RUDOLPH

E.J. BRILL
LEIDEN • NEW YORK • KÖLN
1992

The paper in this book meets the guidelines for permanence and durability of the Committee on Production Guidelines for Book Longevity of the Council on Library Resources.

Library of Congress Cataloging-in-Publication Data

Rudolph, Kurt.
   Geschichte und Probleme der Religionswissenschaft / von K. Rudolph.
      p.   cm.—(Studies in the history of religions, ISSN 0169-8834; v. 53)
   Includes bibliographical references and indexes.
   ISBN 90-04-09503-9 (alk. paper)
   1. Religion—Study and teaching. 2. Religions. I. Title. II. Series: Studies in the history of religions; 53.
BL41.R83   1992
200'.7—dc20   91-26964
                                                                    CIP

ISSN 0169–8834
ISBN 90 04 09503 9

© *Copyright 1992 by E.J. Brill, Leiden, The Netherlands*

All rights reserved. No part of this book may be reproduced or translated in any form, by print, photoprint, microfilm, microfiche or any other means without written permission from the publisher

Authorization to photocopy items for internal or personal use is granted by E.J. Brill provided that the appropriate fees are paid directly to Copyright Clearance Center, 27 Congress Street, SALEM MA 01970, USA. Fees are subject to change.

PRINTED IN THE NETHERLANDS

INHALT

Einleitung VI
I. Theorie und Methodologie 1
   1. Die Problematik der Religionswissenschaft als akademisches Lehrfach 3
   2. Das Problem der Autonomie und Integrität der Religionswissenschaft 37
   3. Grundpositionen der Religionswissenschaft 67
   4. Die „ideologiekritische" Funktion der Religionswissenschaft 81
   5. Zur Geschichte und zum Stand der Religion/Umwelt-Forschung aus religionswissenschaftlicher Sicht 104
II. Terminologische Probleme 119
   6. Das Problem einer Entwicklung in der Religionsgeschichte 121
   7. Der Beitrag der Religionswissenschaft zum Problem der sog. Entmythologisierung 157
   8. Synkretismus: vom theologischen Scheltwort zum religionswissenschaftlichen Begriff 193
   9. Wesen und Struktur der Sekte 216
III. Zur Religionsgeschichte 235
   10. Die Anfänge Mohammeds im Lichte der Religionsgeschichte 237
   11. Juden-Christen-Muslime: Zum Verhältnis der drei monotheistischen Religionen in religionswissenschaftlicher Sicht 279
   12. Das frühe Christentum als religionsgeschichtliches Phänomen 301
IV. Zur Wissenschaftsgeschichte 321
   13. Leipzig und die Religionswissenschaft 323
   14. Die Bedeutung von Hans Haas für die Religionswissenschaft 340
   15. Joachim Wach (1898–1955) 357
   16. Walter Baetke (1884–1978) 368
   17. Eliade und die „Religionsgeschichte" 381
   18. Grundgedanke der Religionsgeschichtlichen Schule 412

Bibliographische Nachweise 421
Register (Namen und Sachen) 423

EINLEITUNG

Die Wiederbegegnung mit älteren eigenen Arbeiten führt unmittelbar zum Nachdenken nicht nur über die heutige Relevanz derselben, sondern vor allem über den Weg, den man mit ihnen beschritten hat. Aus diesem Grund sind der folgenden Auswahl einige einführende Zeilen vorangestellt worden, die quasi den „Sitz im Leben" derselben angeben. Wenn Wilhelm Dilthey mit seinem Dictum „Was der Mensch sei, sagt ihm nur seine Geschichte" (Gesammelte Schriften Bd. 8, 226) Recht hat, so gilt dies natürlich auch für jedes Individuum. Geschichte ist hier im weiteren Sinne verstanden, einschließend die gesamte Umwelt, Erziehung und Ausbildung. Nur weniges kann zur Sprache kommen, da der Selbstreflexion Grenzen gesetzt sind.

Die Begegnung mit der Religionsgeschichte setzte bereits in den Anfängen meines Studiums ein, und zwar an der Universität in Greifswald (1948/49) durch Vorlesungen des Alttestamentlers Alfred Jepsen über altorientalische Religionsgeschichte. Erst später erfuhr ich, daß Jepsen u.a. Schüler von Hans Haas in Leipzig gewesen war. Jedenfalls suchte ich bald den Weg zu einem Zentrum religionsgeschichtlicher Lehre und Forschung, und das war in der damaligen „Ostzone" nur Leipzig. Die Universität Leipzig war in dieser Zeit noch eine attraktive Lehrstelle in den Geisteswissenschaften, besonders in der Germanistik, Philologie und Theologie. Trotz der sukzessiv einsetzenden ideologischen Beeinflussung und der politisch administrativen 'Maßnahmen' von seiten des kommunistisches Staates war der Lehrbetrieb noch zu meiner Studienzeit nicht so durchschlagend davon betroffen, daß Lehre und Forschung überall deformiert wurden. Wenigstens in den Disziplinen, denen ich mich vorwiegend widmete, war keine „marxistisch-leninistische" Gleichschaltung irgendwie spürbar. Es waren die historisch-exegetischen und philologischen Fächer, die mich anzogen: Albrecht Alt, Hans Bardtke, Johannes Leipoldt und Albrecht Oepke im theologischen Bereich, Walter Baetke und Siegfried Morenz im religionsgeschichtlichen und ägyptologischen, hinzu kam bald auch die Semitistik bzw. Orientalistik (Johannes Friedrich, Siegfried Schuster, Herbert Petschow). Die stark ausgeprägte historisch-philologische Tradition religionsgeschichtlicher Arbeit beherrschte nach wie vor das Feld. Der damals noch lebendige Kontakt der alten (sog. „bürgerlichen") lehrenden Generation—sicherlich nur ein Rest der vor dem Kriege in Leipzig versammelten Schar international anerkannter Gelehrter (die allerdings schon 1933 durch das NS-Regime dezimiert worden war)—machte sich gerade auch in der Religionsgeschichte bemerkbar: durch Teilnahme an der Lehre und durch Ringvorlesungen. Von großer Bedeutung und wirkungsträchtig war der Kreis um S. Morenz im Ägyptologischen Institut. Regelmäßige Seminare und Kolloquien ließen Studenten und Doktoranden nicht nur unmittelbar teilnehmen an den Forschungsergebnissen des „Meisters", sondern gaben der *universitas litterarum* greifbare Gestalt in einer Zeit, die zunehmend Lehre und Forschung in ein dogmatisches Gerüst einzuschnüren begann. Auch als manche Teilnehmer zur Abwanderung gezwungen wurden, hat dieser lebendige Kreis bis zum frühen Tode von Siegfried Morenz (1970) weiter bestanden. Noch heute bin ich dankbar, diese Jahre in Leipzig erlebt zu haben (s.u. S. 159, Anm. 1).

Diese historisch-philologische Schulung war eine Gegebenheit, ohne die man in Leipzig Religionsgeschichte bzw. Religionswissenschaft nicht studieren konnte. Ich habe darüber später an Hand von Archivstudien feststellen können, daß diese Tradition in Leipzig eben bis in die Mitte des 19. Jh.s zurückreicht. Rückblickend war das natürlich auch eine Art Schutzmantel gegen die ideologische Reglementierung durch einen offiziell etablierten Marxismus-Leninismus, der die gesamte Universität zu beherrschen begann. Aber es ist falsch, wenn meine Bekräftigung dieser philologisch-historischen Seite der Religionswissenschaft mit dieser Tendenz allein zusammengebracht wird, wie etwa von Eric Sharpe (Comparative Religion, 1975, S. 281f.) oder L. Leertouwer (Zonder Stralenkrans, 1980, S. 10f.). Es war für mich zunächst Tradition und Aufgabe zugleich, nämlich den Ansatz W. Baetkes in der damaligen, noch sehr von Rudolf Otto, Friedrich Heiler, Gustav Mensching beherrschten Religionswissenschaft in Deutschland entschieden und wirksam zu verteidigen. Die heutige Landschaft hat sich grundlegend gewandelt, dank einer jüngeren Generation, die der deutschen Religionswissenschaft einen anderen Weg eröffnete, den Baetke und seine Schule mit vorbereitet hatte. Es galt damals die Grenzen der Religionswissenschaft möglichst eng und streng zu ziehen, um unnötigen, angereicherten Balast von ihr zu entfernen, der ihrer Eigenständigkeit im Wege war (und teilweise immer noch ist). Man weiß später sehr gut, daß es vermessen sein kann, der Weisheit letzten Schluß zu besitzen, aber in manchen Situationen ist der einseitige, konsequente Standpunkt notwendig. Als Lernender ist man immer auf dem Wege zur weiteren Einsicht in eine Disziplin, der man sich verschrieben hat.

Meine Position in Leipzig war insofern ungewöhnlich, als die Religionsgeschichte seit 1946 von der Theologischen Fakultät in die Philosophische Fakultät übergegangen war (siehe darüber unten S. 337, 374f.), ich aber durch Studium und Doktorarbeit mit der Theologischen Fakultät weiterhin verbunden blieb. Der Vorschlag, sich mit den Mandäern, insbesondere mit ihren kultischen, baptistischen Überlieferungen zu beschäftigen, kam von dem Neutestamentler Johannes Leipoldt, während Baetke mich für die germanische Religionsgeschichte gewinnen wollte, was einen jungen Deutschen dieser Zeit nach dem Ende des NS-Regimes nicht besonders anzog. Die semitischen Sprachen hatten mich schon längst in den Bann gezogen. Diese „Zwitterstellung" war natürlich auf die Dauer schwer durchzustehen, gab aber gerade der Unabhängigkeit der religionsgeschichtlichen Disziplin mehr Gewicht, und zwar nach beiden Seiten hin: der theologischen und der philosophischen. Während erstere kein unmittelbar bedrohliches Problem war und während meiner Leipziger Zeit auch nie gewesen ist, im Gegenteil, nur die Theologische Fakultät verpflichtete ihre Studenten religionsgeschichtliche Lehrveranstaltungen zu besuchen, war der philosophische Bereich durch seine alleinige Ausrichtung auf den Marxismus-Leninismus eine ernste Gefahr, noch nicht so sehr als Ernst Bloch in Leipzig lehrte, aber später. Ähnliches galt für die Geschichtswissenschaft, der mein Lehrstuhl seit 1968 zugeschlagen wurde (s.u. S. 338). Hier war der Rückbezug auf die feste philologische Tradition des Fachgebietes eine oft genutzte Möglichkeit des Überlebens, aber auch der ebenfalls auf W. Baetke zurückgehende „atheologische" Charakter der Religionswissenschaft, der natürlich bewußt auch alle religionsphilosophischen Probleme von ihr fernhielt (was keinesfalls bedeutete, daß derartige Sachen in den Seminaren nicht thematisiert wurden, bis hin zur „Religionskritik") war hier von Gewicht. Die Konsequenz dieser Haltung war natürlich, daß sich die Religionsgeschichte zwar ihre Sonderstellung erhalten konnte, aber zugleich ihren Einfluß verlor, vor allem mit dem Ausscheiden der älteren Professorengeneration, angefangen bei Walter Baetke selbst (1957) und dann vor allem dem Tode von S. Morenz (1970). Die Isolierung des Fachgebietes war dann nicht mehr aufzuhalten, es sei denn um den Preis der Auflösung in ein „Zentrum atheistischer Forschung und Propaganda" (so die offiziell in der Universitätszeitung gedruckte Forderung 1968 des SED-Kreissekretärs J. Böhme, des späteren langjährigen Hochschulministers in der DDR). Die Abwehr dieses Druckes gelang Baetke und Morenz nur zeitweise; sie war eine ständige Begleiterscheinung, als ich selbst das Institut leitete und sie zog sich strenggenommen bis zu meiner Ausreise 1983 nach den USA hin. Studenten der Religionswissenschaft gab es nicht mehr; Religionsgeschichte war zu einem reinen „Hobbyfach" geworden. Trotzdem konnte ich einige Schüler promovieren, sie kamen vorwiegend aus dem Bereich der Ägyptologie und Theologie.

Eine Berührungsangst vor dem Marxismus und seinem offiziell verkündeten Atheismus gab es trotz dieser Sachlage nicht. Auch hier waren Baetkes religionswissenschaftliche Grundpositionen von Vorteil. Einmal ist Atheismus keine historische Angelegenheit, nur in Form seiner Geschichte, sofern diese als religionskritische Überlieferung Teil der Religionsgeschichte als solcher ist. Die Religionswissenschaft arbeitet weder mit der Voraussetzung einer Gottesidee, noch will sie sie beweisen oder nicht beweisen, noch verlangt sie den Glauben an Gott, Gottheiten, Engel oder Geister usw., die sie beschäftigt (ein Argument, das tatsächlich bei den Atheismuspropagandisten akzeptiert wurde). Den Bereich von Christentum und Kirche, der ja das eigentliche Zielobjekt der marxistischen Religionskritik dieser Zeit war, wurde von uns aus taktischen Gründen als nicht zu unserer Aufgabe gehörig betrachtet (dafür war ja die Theologische Fakultät da!). Religionswissenschaft ist eine atheologische, keine *anti*theologische Disziplin, aber gerade letzteres wurde immer wieder von uns, speziell von mir verlangt. Es waren sicherlich Binsenweisheiten die hier eine Rolle spielten, aber sie waren oftmals sehr hilfreich. Nicht ungefährlich war allerdings mein späterer Bezug auf den kritischen Rationalismus, da er mir einerseits den nichttheologischen Charakter und andererseits die ideologische Wirkung religionswissenschaftlicher bzw. religionshistorischer Arbeit zu begründen half, insbesondere durch die weltanschauungskritischen Arbeiten von Ernst Topitsch (s.u. S. 95f.).

Weiterhin hatte Baetkes Auffassung vom Gemeinschaftscharakter von Religion eine ausschlaggebende Bedeutung in dieser Situation. Soziologische Fragestellungen waren nicht tabu, im Gegenteil. Durch Baetkes Arbeiten lernte ich zuerst Émile Durkheim kennen, vorher waren natürlich Karl Marx und Friedrich Engels die ersten Soziologen, die ich zu lesen hatte und deren selbständiges Studium ich mit Gewinn auch für die

Religionswissenschaft verfolgte. Zu Max Weber kam ich über Joachim Wach, dem ich schon früh in Leipzig literarisch begegnete. Die Beschäftigung mit Max Weber war bis in die 80er Jahre in der ehemaligen DDR von großen Einschränkungen umgeben. Man war auf die alten Ausgaben angewiesen, neuere Literatur mußte man sich unter der Hand besorgen. Trotzdem konnte ich Übungen bzw. Seminare darüber abhalten, an denen auch Philosophiestudenten teilnahmen, die sich der offiziellen Linie nicht beugten und nach „verbotenen Früchten" strebten. So bildete das Dreigestirn von Marx-Durkheim-Weber den soziologischen Himmel, unter dessen Schutz ich mich stellte, wenn es ideologische Konfrontation erforderlich machte. Ich habe weder Weber noch Durkheim als Gegner zu Marx gesehen, sondern als drei komplimentäre Zugänge zu den religiösen Sachverhalten, die sich nicht ohne weiteres auseinanderdividieren lassen. An dieser Position hat sich auch heute bei mir nichts geändert. Der von mir begonnene Versuch, eine Auswahl von Max Webers religionssoziologischen Arbeiten in der DDR herauszubringen, um den mich ein Verlag gebeten hatte, konnte während meiner Tätigkeit in Leipzig nicht verwirklicht werden (erst 1989 erschien die einzige, sehr beschnittene Auswahl im Leipziger Reclam-Verlag; von Durkheim ist nie etwas in der DDR publiziert worden). Die Literaturbasis für die Erweiterung des soziologischen Horizontes war natürlich in dieser Zeit mehr als schmal, was zu einer Stagnation der Theoriebildung in der Religionswissenschaft führte, sicherlich auch sichtbar in manchen meiner Arbeiten. Kollegiale Hilfe und gelegentlich genehmigte Auslandsreisen aufgrund von Einladungen konnten diese Defizite nur teilweise aufheben.

Es war vor allem der Kreis um den Wiener Judaisten Kurt Schubert, der sich, gestützt auf die neutrale politische Rolle Österreichs, immer wieder einiger „DDR-Wissenschaftler" annahm und zu Vorträgen einlud. Auf diese Weise war es mir möglich in Wien und Salzburg meine Gedanken über grundlegende Probleme der Religionswissenschaft vorzutragen, was in der DDR nur in sehr eingeschränktem Maße möglich war. Die Diskussionen, die sich daran anschlossen, ersetzten vielfach das, was in Leipzig zu fehlen begonnen hatte. Andererseits suchte ich immer wieder eine Chance, auswärtige Kollegen nach Leipzig einzuladen, um der drohenden Isolierung und dem Verlust internationaler Verbindungen wenigstens etwas zu begegnen. Diese Höhepunkte in meinem alten Leipziger Fachbereich waren unvergessene Begegnungen (u.a. mit Th.P. van Baaren, C.M. Edsman, J.

Asmussen, J. Duchesne-Guillemin, H.J.W. Drijvers, K. Schubert, G. Stemberger, T J. Waardenburg, R. Macuch, U. King, C. Colpe, W. Jens) und schlossen für kurze Zeit Lücken des Wissens, die nicht mehr aus eigener Anstrengung geschlossen werden konnten. Wenn in meinen Ausführungen trotz der zunehmenden Literaturbeschränkung, die zum Ende meiner Zeit in Leipzig zum totalen Ausfall offizieller Mittel zur Literaturbeschaffung außerhalb der DDR führte, die Beschäftigung und Auseinandersetzung mit „westlichen" oder „kapitalistischen" Schriften einigermaßen möglich war, dann dank des erwähnten Kontaktes und der Hilfe vieler Freunde und Kollegen/innen.

Nicht vergessen möchte ich eine Institution in Leipzig, die wenigstens etwas von dem alten Geist der *universitas litterarum*, ohne den Religionswissenschaft eigentlich nicht lebensfähig ist, noch erhalten hatte, die Sächsische Akademie der Wissenschaften, der ich seit 1976 als ordentliches Mitglied angehörte. Aber auch sie hatte sich vom „Geist der Zeit", wenigstens in der Phil.-Hist. Klasse, auf die Dauer nicht freihalten können, d.h. unabhängige, „ideologiefreie" Diskussionen waren nur im sehr begrenzten Rahmen möglich, keinesfalls in Bereichen, die gerade die Religionswissenschaft, bzw. Religionsgeschichte beschäftigten, sodaß ich mich auch hier auf das sichere Terrain meines Spezialgebietes, die orientalische und spätantike Religionsgeschichte, zurückzog.

Die ausgewählten Beiträge, die diesen Band ausmachen, sind aus einem Zeitraum von 25 Jahren. Der überwiegende Teil stammt aus der Leipziger Zeit, nur drei gehören zu meiner Tätigkeit in Santa Barbara (California) und Marburg, ohne daß dabei ein Bruch ersichtlich ist. Diese Kontinuität ist sicherlich deutlich zu sehen; sie erlaubt es auch, sie zusammen zu publizieren und als eine Art einheitliches Konzept von Religionswissenschaft zu verstehen, wie sie sich mir darstellt. „Theorie und Methodologie" bestimmen die ersten fünf Aufsätze, in denen die akademische Stellung der Religionswissenschaft und ihrer Selbständigkeit im Kosmos der Geistes– oder Naturwissenschaften begründet wird. Ihre „ideologiekritische" Wirkung ist mir dabei immer deutlicher geworden, auch wie L. Leertouwer mit Recht bemängelte, gegenüber der eigenen Position (Zonder Stralenkrans, 10 ff.): Objekt und Subjekt unterliegen der kritischen Reflexion, wie ich in den „Grundpositionen" ergänzend ausgeführt habe. Gerade die Religionswissenschaft ist eine Disziplin, die eigentlich von ihrem Gegenstand und ihrer Geschichte her am ehesten einem Ethnozentrismus abhold sein sollte. Die „Religionsgeographie", die mich schon in Leipzig beschäftigte, hat mich—leider nur kurz—zu einigen Gedanken geführt, die ich nicht vermissen möchte. Auch sie hat durch die Erweiterung auf die Umweltbeziehung und -wirkung von „Religion" und deren Sachverhalte eine neue Dimension erhalten, die die Gegenwart unmittelbar betrifft.

Die Unzufriedenheit mit der religionswissenschaftlichen „Nomenklatur", d.h. der Terminologie ihres wissenschaftstheoretischen Gerüstes, ihrer Metasprache, hat seit mehreren Jahren zu kritischen Anfragen geführt. Ich habe mich früh daran beteiligt, wie der zweite Abschnitt zeigt. Es bleibt eine unendliche Aufgabe, die jede neue Generation in Angriff nehmen muß und ohne internationale Zusammenarbeit nicht möglich und erfolgversprechend ist. Als 3. Teil ist der eigentlich historische Bereich nur mit drei Beiträgen vertreten, da meine Arbeiten zu Gnosis, Mandäertum und Manichäismus an anderer Stelle publiziert werden sollen. Die Studie über „Zarathustra—Priester und Prophet" (Numen 8, 1961, S. 81–116) ist bereits bei B. Schlerath (Hrsg.), Zarathustra, Darmstadt 1970 (WdF 169), S. 270–313, in einer revidierten Fassung abgedruckt worden. Schließlich kreisen die wissenschaftsgeschichtlichen Aufsätze im 4. Teil verständlicherweise sehr um die Universität Leipzig und ihre alte religionswissenschaftliche Tradition. Da meine Beschäftigung mit „Wellhausen als Arabist" noch als Sitzungsbericht der Sächsischen Akademie der Wissenschaften zu Leipzig (Philol.-Hist. Kl., Bd. 123, Heft 5, Berlin 1983) verfügbar ist, bedurfte es nicht der Aufnahme dieser Studie in die vorliegende Sammlung.

Alle Beiträge sind durchgesehen und vielfach ergänzt worden, ohne daß eine völlige Neubearbeitung vorliegt. Von einer solchen kann nur bei einigen die Rede sein (12, 13, 16), während es sich sonst um Hinweise auf neuere Literatur oder ausgewählte Stellungnahmen zu ihr handelt. Bei einigen liegen Übersetzungen ins Englische vor (3, 12, 17, 18). Meine Haskell-Lectures an der University of Chicago im Winterterm 1983/84 haben einige der Aufsätze zur Grundlage gehabt (vgl. Historical Fundamentals and the Study of Religions, New York 1985); sie sind so in veränderter, d.h. sowohl gekürzter als auch ergänzter Form in Englisch erschienen (1, 2, 4, 6, 13). Die jetzigen deutschen Originalfassungen unterscheiden sich allerdings davon in mancherlei Hinsicht.

Sofern eine Weiterarbeit an den von mir ausgewählten Themen erfolgt ist, habe ich das zumindest in den Anmerkungen angegeben, doch ist auch das nicht konsequent geschehen. Das betrifft vor allem das Problem der sog. Ideologiekritik, zu der ich auf dem Methodologiekongreß in Warschau 1978 noch einiges ergänzt habe (s.u. S. 67ff.) und dann auf dem 14. Kongreß der International Association for History of Religions in Winnipeg 1980, dessen Besuch (mit großer Verzögerung!) der erste seit dem Marburger Kongreß 1960 war, der mir vom damaligen Regime erlaubt wurde (es handelt sich um Nr. 3, erstmalig im deutschen Original publiziert). In einem weiteren Beitrag zur Konferenz über „Religionsgeschichte und Kulturkritik zur Zeit Gerardus van der Leeuws", die zum Andenken an dessen 100. Geburtstag im Mai 1989 in Groningen stattfand, habe ich die oft wenig beachteten religionskritischen Traditionen der Religionswissenschaft kurz behandelt (vgl. H.G. Kippenberg/B. Luchesi, Religionswissenschaft und Kulturkritik, Marburg 1991, S. 149–158). Was das Problem von Mythos und Entmythologisierung anbelangt, so sei auf meine Ausführungen zum Europäischen Theologentag in Wien, Sept. 1987 verwiesen, der in dem von H.H. Schmid herausgegebenen Sammelband „Mythos und Rationalität", Gütersloh 1988, S. 368–381, wiedergegeben ist und gewisse Korrekturen enthält.

Im Grunde genommen habe ich meine wesentlichen Ansichten über Aufgabe und Charakter der Religionswissenschaft nicht verändern brauchen. Weder der für mich sehr beeindruckende Aufenthalt in den USA, wo ich sowohl an einer Divinity School in Chicago und in Harvard, als auch zwei Jahre an dem Department of Religious Studies der University of California in Santa Barbara gelehrt und auch gelernt habe, noch die Situation an einer Theologischen Fakultät in Marburg haben mich veranlassen können, davon abzugehen, daß die Religionswissenschaft eine kulturwissenschaftliche Disziplin ist mit einem festen Fundament in der historischen, philologischen und soziologischen Arbeit. Die eminente Rolle der Geschichte und der „Geschichtlichkeit" ist eine gerade in den letzten 100 Jahren von Historikern und Philosophen festgestellte Tatsache, die auch die Religionswissenschaft nur bestätigen kann. Quae philosophia fuit, historia facta est. Jede sogenannte Wesensfrage kann sachgemäß nur im Zusammenhang mit der Frage nach Herkunft und Werden beantwortet werden, d.h. für den Religionswissenschaftler, daß jede philosophische, phänomenologische oder theologische Fragestellung dieser Art ohne Rücksicht auf die Religionsgeschichte unsachgemäß ist. Das „Wesen" einer Religion, sofern man danach sucht, liegt für mich auf jeden Fall in ihrer Geschichte, nicht jenseits davon. Daß sich darüberhinaus die Religionswissenschaft gegen eine Inanspruchnahme im religiösen oder antireligiösen Sinne wehren muß, ist heute wohl eine Selbstverständlichkeit; dieser Standpunkt ist schon früher häufig vertreten worden, wofür ich vor allem auf die klaren Ausführungen dazu von Henri Clavier verweisen möchte (Numen 15, 1968, S. 94–118, in deutscher Übersetzung bei G. Lanczkowski [Hrsg.], Selbstverständnis und Wesen der Religionswissenschaft, Darmstadt 1974, S. 272–302, besonders S. 293 ff.).

Was ich immer wieder bedauere, ist, daß sich in Deutschland bisher kein Weg öffnete, die Religionswissenschaft als eigenen Fachbereich in größerem Maße als bisher zu etablieren, wie es die Religionsgeschichtliche Schule am Anfang unseres Jahrhunderts angestrebt hat, und wie es die amerikanischen Departments of Religious Studies oft vorbildlich für mich sind. Religionswissenschaft ist kein Fach von seinem Arbeitsbereich her, das durch ein oder zwei Professoren sinnvoll betrieben werden kann. Es gehört dazu eine ganze Fakultät oder ein Fachbereich, der die religionsgeschichtlichen Provinzen nach ihren Kulturen und Sprachen umfassend in Lehre und Forschung verantwortlich vertreten kann. Erst wenn das weltweit erreicht worden ist, ist die Religionswissenschaft ein Fach von wirklichem Gewicht und für die anderen Disziplinen ein ebenbürtiger Gesprächspartner. Darauf sollten alle Anstrengungen der Internationalen Gemeinschaft der Religionswissenschaftler konzentriert sein.

Wenn ich dieses Buch jemandem widmen möchte, dann einerseits dem Andenken an meine akademischen Lehrer der Universität Leipzig, andererseits meinen Kollegen und Freunden am Department of Religious Studies der University of California Santa Barbara in Kalifornien, wo ich mich wirklich seit den harten letzten Jahren in Leipzig wieder wohlgefühlt habe und neue Anregungen empfing, die nicht unerheblich für meine weitere Arbeit gewesen sind und noch sein werden.

Marburg, im April 1991

Kurt Rudolph

I.

THEORIE UND METHODOLOGIE

1.

DIE PROBLEMATIK DER RELIGIONSWISSENSCHAFT ALS AKADEMISCHES LEHRFACH

Vortrag, gehalten bei der Jahreshauptversammlung der Österreichischen Gesellschaft für Religionswissenschaft in Wien am 10. Oktober 1966[1]

I. Geschichte der Religionswissenschaft (zwischen Theologie und Philologie).
II. Religionswissenschaft als Lehrfach? (A. von Harnack).
III. Religionswissenschaft als Disziplin (Einteilung).
IV. Wider einige pseudotheologische Religionswissenschaftler.
V. Das Studium der Religionswissenschaft.

I.

Die Religionswissenschaft, worunter ich die historisch-wissenschaftliche Untersuchung der Religionen und ihrer Erscheinungsformen verstehe, ist wie viele ihrer Nachbardisziplinen ein Kind der Aufklärungszeit. Die durch die Entdeckung exotischer Kulturen geweckte Wißbegier und der Kampf gegen die religiöse Intoleranz stehen an der Wiege der modernen Religionsgeschichtsforschung. Die infolge ihrer fortgeschrittenen wirtschaftlichen Entwicklung an der Spitze stehenden Nationen des 17./18. Jh., wie England und die Niederlande, haben auch auf dem religionsgeschichtlichen Gebiet Pionierarbeit geleistet. In diesen Ländern ist auch der Geist der Toleranz durch den Einfluß der Taufgesinnten und des Humanismus in weiten Bereichen heimisch geworden.[2]

Von Anfang an machen sich diese zwei Wurzeln, das wissenschaftliche Interesse an den nichtchristlichen Kulturen und der religiöse Toleranzgedanke, auch in der Religionswissenschaft bemerkbar. Es ist ihr Schicksal gewesen und ist es auch teilweise

---

[1] Eine ältere, stark gekürzte Fassung dieses Vortrags erschien bereits in polnischer Sprache in der Zeitschrift *Euhemer*, Przeglad Religioznawczy Rok IX Nr. 1 (44), Warszawa 1965, 123–132 („Problematyka religioznawstwa w NRD").

[2] Vgl. die näheren Ausführungen in meiner Arbeit: *Die Religionsgeschichte an der Leipziger Universität und die Entwicklung der Religionswissenschaft*, Berlin 1962 (SB Sächs. Akad. Wiss. Leipzig. Philol.–histor. Kl. 17 :1), 9–36.

noch heute, daß sie zwischen einem religiös-theologischen oder philosophischen und einem philologisch-historischen Pol hin- und herschwankt. Dieser Zwiespalt in der jungen Disziplin läßt sich an den Hauptvertretern derselben im 19. und 20. Jh. sehr gut ablesen. Ihr bedeutendster Wortführer und allgemein anerkannter Begründer, *Max Müller* (1823–1900), zeigt das sehr deutlich[3]. Als Indologe und vergleichender Sprachwissenschaftler ist er bemüht, auf empirisch-induktivem Wege die Grundlage zu einer vergleichenden Mythologie und Religionswissenschaft zu legen. Er beruft sich dabei ausdrücklich auch auf die damals aufkommende exakte naturwissenschaftliche Methode und stellt sie als Vorbild hin. Andererseits unternimmt er es aber, seine ihm von Schelling, Schleiermacher und seinem Leipziger philosophischen Lehrer Chr. H. Weisse vermittelten religionsphilosophischen und theologischen Auffassungen von einer allgemeinen Gottesoffenbarung und dem „Gewahrwerden des Unendlichen" als Wesen der Religion darzulegen, ohne daß er zwischen dem wissenschaftlich Beweisbaren und den theologisch-glaubensmäßigen Aussagen eine strenge Scheidung vornimmt. Wir wollen mit dieser Feststellung nicht die großen Verdienste Müllers schmälern, ist er doch der eigentliche Popularisator der Religionswissenschaft als einer eigenständigen Disziplin und Herausgeber der einzigartig dastehenden „Sacred Books of the East", aber es ist heute notwendig, auf seine unklare Konzeption der Religionswissenschaft hinzuweisen; nur dadurch ist ihr weiterer Entwicklungsgang erst richtig verständlich.

Blicken wir zu einem anderen Archegeten unserer Disziplin, dem Holländer C. P. Tiele (1830–1902), so müssen wir ebenfalls bei ihm eine Verquickung von Religionswissenschaft und Religionsphilosophie feststellen, wie seine Gifford-Lectures 1896–98 zeigen[4]. Auch er hat auf das Ganze gesehen eher eine „Natürliche Theologie" als eine scharfe Trennung von Religionswissenschaft und Theologie angestrebt, wenn bei ihm auch stärker als bei Müller die Berücksichtigung ethnologischer, soziologischer und psychologischer Forschungen spürbar ist. Wir können in diesem Zusammenhang nicht alle Religionshistoriker dieser Zeit

---

[3] Vgl. ebd. 12 ff. Eine neuere Untersuchung über Max Müller unter diesem Gesichtspunkt fehlt leider noch. Verwiesen sei auf *Tadeusz Margul: Sto lat nauki o religiach świata* (100 Jahre Religionsgeschichtsforschung), Warszawa 1964, 23–57; *Eric J. Sharpe: Comparative Religion*, New York 1975, 35–46.

[4] Vgl. *Rudolph*, a. a. O., 21 f.; *Margul*, a. a. O., 58–83 (auch in *Euhemer* II, 1958, Nr. 6, 44–51).

durchgehen, um unsere genannte These weiter zu erhärten. Auch Nathan Söderblom gehört erklärtermaßen hierher[5].

Es darf nun allerdings nicht der Eindruck entstehen, als ob die gesamte religionswissenschaftliche Forschung unter dem von uns angegebenen Vorzeichen steht. Ausnahmen bestätigen bekanntlich die Regel. Diese Ausnahmen finden sich fast durchweg im Bereich der nicht professionellen Religionshistoriker, d. h. bei den Philologen und Ethnologen. Ich erwähne *Tylor*, den Begründer der animistischen Theorie, und *Frazer*, den vielseitigen Verfechter des Totemismus, Magismus und Folklorismus. Von philologischer Seite sind zu nennen H. Usener, A. Dieterich, W. Mannhardt, W. Roscher, R. Wünsch, E. Hardy u. a. m. Es sind die sogenannten „Philologen der Ethnologie" oder „Ethnologen der Philologie". Machen sich bei diesen weniger oder überhaupt nicht theologische Gedanken geltend, so ist es hier die Abhängigkeit von zeitgemäßen ethnologischen Theorien, die ihre Darstellungen kennzeichnen (Animismus, Totemismus, Folklorismus). Aber der Einfluß von Theorien und Hypothesen ist mit der Entwicklung einer Wissenschaft und besonders einer historischen eng verbunden und läßt sich nicht vermeiden, ja er bestimmt überhaupt ihren Fortschritt. Die Falsifizierung von Theorien—und deren hat es eine stattliche Anzahl in der Religionswissenschaft gegeben—läßt sich durch philologische und historische Untersuchungen an Hand der Tatsachen durchführen, während der Einfluß theologischer Gedanken und religionsphilosophisch-metaphysischer Auffassungen von ganz anderem Gewicht ist und den Charakter der Religionswissenschaft als einer historischphilologischen Disziplin stark gefährdet.

Die Zwitterstellung der Religionswissenschaft, die ihr von den Anfängen eigen ist, drückt sich auch äußerlich darin aus, daß ihre Aufnahme unter die akademischen Lehrfächer vor allem in den Theologischen Fakultäten erfolgte, und von Theologen ist sie auch größtenteils in professioneller Weise betrieben worden[6]. In Deutschland ist es die „Religionsgeschichtliche Schule" gewesen, die hier bahnbrechend gewirkt hat. Aber mit ihr als einer theologischen Schulbildung sind auch ihre theologischen und religiösen Überzeugungen in die Religionswissenschaft eingedrungen, ich meine damit vor allem die theologischen Auf-

---

[5] Vgl. *Rudolph*, 117 ff.; *Margul*, 131–145 (auch in: *Euhemer* II, 1958, Nr. 4, 25–32); *Sharpe*, a. a. O., 154–161.
[6] Vgl. dazu *Rudolph*, a. a. O., 62 ff.

fassungen Schleiermachers mit ihrer Betonung des als eine Art psychologischen Gottesbeweises benutzten Gefühls, die wir z. B. bei W. Bousset, R. Otto und G. Mensching antreffen[7].

Das bisher Gesagte ist nur als Einleitung zu dem eigentlichen Thema meiner Ausführungen gedacht, hängt aber mit ihm eng zusammen, wie ich jetzt zu zeigen versuche.

II.

Im Hinblick auf die Vertretung der Religionsgeschichte im akademischen Lehrbetrieb bemerkte Max Müller 1888 über die deutschen Verhältnisse: „In Deutschland wurden die Vorlesungen über die großen Weltreligionen in der Regel von denjenigen Professoren gehalten, welche die Sprache lehrten, in denen die betreffenden heiligen Bücher abgefaßt waren. Dies ist eine ausgezeichnete Methode, vielleicht die beste, die ausgedacht werden konnte..."[8] Diese philologische Tradition der deutschen Religionswissenschaft, die ja u. a. auch darin ihren Ausdruck fand, daß ihr einstiges Organ, das „Archiv für Religionswissenschaft", von Philologen geleitet wurde, hat sich, was die Religionswissenschaft als akademische Disziplin anbelangt, allerdings kaum durchgesetzt. Das ist insofern verständlich, als gerade der Philologe am besten weiß, welche Schwierigkeiten mit dieser Disziplin verbunden sind. Zu einer offiziellen Angelegenheit wurde die Problematik der Religionswissenschaft als akademisches Fach erstmalig durch eine Rektoratsrede des berühmten Kirchenhistorikers an der Berliner Universität *Adolf von Harnack* am 3. August 1901. Die Ansprache war betitelt: „Die Aufgabe der theologischen Fakultäten und die allgemeine Religionsgeschichte"[9]. Die Ausführungen Harnacks sind heute immer noch beachtenswert und für die Behandlung unseres Themas von höchster Wichtigkeit. Harnack nimmt zunächst kritisch Stellung zu der Auffassung, daß die Zeit es erfordere, die theologischen Fakultäten in Fakultäten für allgemeine Religionsgeschichte zu verwandeln. Er macht zwei Bedenken geltend: Zunächst darf das Studium jeder Religion nicht abstrakt, d. h. losgelöst von den Studium der gesamten Geschichte erfolgen. Er sagte:

---

[7] Ebd. 52 ff. Vgl. auch meine kritische Rezension des Buches von *K. E. Welcker: Die grundsätzliche Beurteilung der Religionsgeschichte durch Schleiermacher*, Leiden/ Köln 1965, in der ThLZ 1967.

[8] *Natürliche Religion*, Gifford-Vorlesungen, 1888, Leipzig 1891, 11.

[9] Als Sonderdruck in Gießen (J. Ricker) 1901 erschienen; dann abgedruckt mit einem Anhang in: *Reden und Aufsätze*, Bd. 2, Gießen 1904, 159 ff.

„Die Religion allein studieren wollen ist ein noch kindlicheres Unterfangen als das, statt der ganzen Pflanze nur die Wurzel oder nur die Blüte zu untersuchen. Die Sprache ist nicht nur die Scheide, darinnen das Messer des Geistes steckt; sie ist viel mehr als die Scheide, zumal in bezug auf die Religion. Die Religion hat zum Teil die Sprache geschaffen, und in der Sprachgeschichte spiegelt sich die Religionsgeschichte. Nur wer jene in allen ihren Nuancen kennt, kann versuchen, die Religion zu entziffern. Weiter aber, die wirtschaftlichen Zustände und die politischen Erlebnisse und Institutionen eines Volkes sind für die Ausgestaltungen seiner religiösen Ideen und seines Kultus maßgebend. Und bleibt auch die Religion, einmal geschaffen und formiert, stets hinter dem Fortschritt der Gesamtentwicklung zurück, ist ein Teil der öffentlichen Religion somit stets ‚superstitio' und bloßes Ritual—so kann nur umfassende und langjährige Forschung entscheiden, was in einem gegebenen Moment in einer bestimmten Religion wirklich lebendig ist. Wie soll man nun der theologischen Fakultät zumuten, alle diese Studien, das heißt nicht weniger als die gesamte Sprachwissenschaft und Geschichte, in ihre Mitte aufzunehmen? Weist man ihr aber nur die von Sprache und Geschichte losgelöste Religionsgeschichte zu, so verurteilt man sie zu einem heillosen Dilettantismus. Das Ergebnis wäre, daß dieselbe Aufgabe in der philosophischen Fakultät gut, in der theologischen Fakultät aber schlecht bearbeitet würde[10]."

Es ist also die Gefahr des Dilettantismus, die Harnack hier heraufbeschwört und die bis heute noch nicht gebannt ist.

Als zweites Bedenken führt Harnack an, daß die christliche Religion dem Religionshistoriker ein weites Feld zur Bearbeitung bietet. „Wer diese Religion nicht kennt, kennt keine, und wer sie samt ihrer Geschichte kennt, kennt alle", sagt Harnack[11] ganz im Gegensatz zur Auffassung Max Müllers, der einmal meinte, daß nur der wisse, was das Christentum sei, der die anderen Religionen gründlich geprüft habe[12]. Dieses zweite Argument ist eine spezifisch theologische Angelegenheit, welches uns hier nicht weiter beschäftigen kann. Eine gewisse Berechtigung kommt ihm

---

[10] Ebd. 167.
[11] Ebd. 168.
[12] *Essays from a German Workshop* I 1867, 50. Ähnlich „weiß" *P. de Lagarde*, „daß man aus einem Faktum — nämlich der christlichen Religionen — nichts begreift, sondern nur aus mehreren derselben Art" (*Ausgewählte Schriften*, hrsg. von P. Fischer, München 1962, 78).

zu, wenn Harnack formuliert, daß die ganze Religionsgeschichte in der Sukzession ihrer Erscheinungen auf katholischem Boden gleichsam repetiert und unifiziert ist[13]. Ob freilich damit die völlige Ausschaltung der Religionsgeschichte aus dem theologischen Lehrbetrieb gerechtfertigt ist, bleibe dahingestellt. Harnack hat das im Grunde auch nicht gewollt, wie ausdrücklich aus dem Ende der Rede hervorgeht.

Es kommt aber noch ein weiteres Bedenken Harnacks hinzu, das ich für sehr wesentlich halte. Er sagt nämlich, daß die christliche Theologie es doch mit einer Religion zu tun habe, die für sie *die* Religion ist. Harnack will damit nichts anderes zum Ausdruck bringen, als daß in einer theologischen Fakultät nur eine offenbarungsbezogene, christliche Religionswissenschaft sinngemäß am Platze ist, und das ist eben die Theologie. Woran Harnack keinen Zweifel läßt, ist, daß er die Religionsgeschichte den Spezialforschern überlassen möchte, da es nur Ausnahmen sind, die das ganze Gebiet dieses Bereiches fachmännisch überblicken können. Er schließt mit dem Wunsch, daß der Wissenschaft Männer geschenkt werden möchten, „die auf dem Grunde solider Forschung den Mut der Zusammenfassung haben; denn jede Zusammenfassung ist Tat des Mutigen"[14].

Harnacks Rede hat ein starkes Echo bei den theologischen Vertretern der Religionswissenschaft gefunden. So hat Martin Rade in Nr. 39 der „Christlichen Welt" darauf geantwortet, und Alfred Bertholet hat in der Einleitung zur ersten Auflage seines „Religionsgeschichtlichen Lesebuches" (Tübingen 1908) ausführlich dazu Stellung genomen. Auch Harnack selbst hat in einem Nachwort zu seinen in die „Reden und Aufsätze" aufgenommenen Darlegungen noch einmal dazu das Wort ergriffen, um Mißverständnisse zu beseitigen[15]. Er nimmt hier auch noch einmal klar Stellung zum Thema religionsgeschichtlicher Lehrstühle; er lehnt sie für die theologischen Fakultäten ab, wieder aus den oben angegebenen Gründen. Dabei greift er aber noch schärfer als vorher die Problematik einer allgemeinen Religionsgeschichte auf, indem er sie mit der Allgemeinen Sprachgeschichte vergleicht. Er sagt[16]:

„Wer will denn allgemeine Sprachgeschichte—ich meine nicht Einleitung in die Sprachwissenschaft—hören, und wer ist so

---

[13] A. a. O., 170.
[14] Ebd., 177.
[15] Ebd., 177 ff.
[16] Ebd., 182 f.

unvorsichtig, sie als Vorlesung anzukündigen? Gibt es deshalb keine allgemeine Sprachwissenschaft? Mit der allgemeinen Religionsgeschichte steht es aber noch anders. Sie umfaßt Sprache, Mythus, Sitte, Kultur, Wissenschaft, kurz die Geschichte der Völker und ist von ihnen nicht zu trennen. Oder soll aus den verschiedenen Religionen der Völker je ein ‚Prinzip' gemacht und dann lustig mit diesen 'Prinzipien' gebaut werden? Die Zeiten sind vorüber. Aber es gibt doch auch 'Allgemeine Weltgeschichte', und man liest darüber sogar Vorlesungen? Gewiß, aber man hat sich längst verständigt, was man unter diesem Titel versteht— politische Geschichte. Die, welche den Begriff erweitern und eine wirkliche Universalgeschichte aus ihm machen wollen, markieren entweder nur die unendliche Aufgabe, an der wir alle arbeiten, oder treiben allerlei feuilletonistischen Unfug.

Eine allgemeine Religionsgeschichte gibt es auch nur als unendliche Aufgabe vieler Disziplinen, und dafür richtet man keine Lehrstühle ein, weder bei der theologischen noch bei der philosophischen Fakultät.

Also soll allgemeine Religionsgeschichte schlechterdings nicht gelesen werden? Das ist nicht meine Meinung und folgt auch nicht aus dem Gesagten. Wer eine Religion gründlich in ihren Beziehungen und ihrer Geschichte studiert hat, dem werden wir gern zuhören, wenn er den Mut und die Lust hat, seine Kenntnisse und Gedanken in bezug auf andere Religionen zu offenbaren. Er wird—wenn er kein Schelm ist, der mehr gibt als er hat— sie zeichnen, wie er sie von der Stelle aus sieht, die er beherrscht, also in Umrissen, wie man eine ferne Berglandschaft zeichnet, und ohne eine Intimität zu simulieren, die er nicht besitzt. Eindringen in eine fremde Religion kann nur, wer sie nachzuerleben vermag. Auch solche Virtuosen, die das für ein Dutzend Religionen vermögen, mag es geben; aber dadurch, daß man aus Büchern der verschiedensten Autoren verschiedene Religionen zusammenrückt, entsteht keine ‚Allgemeine Religionsgeschichte'."

Ein ehrlicher Religionswissenschaftler müßte nach Harnack gleich bei seiner Berufung offen zugeben, daß er seinen Lehrauftrag für allgemeine Religionsgeschichte für unverbindlich halte, da er nur über die *eine* Religion zu lesen gedenke, die er aus den Quellen kennt, und „daneben Religionsgeschichtliches im allgemeinen Sinne, aber nicht Religionsgeschichte"[17]. Schließlich sagt Harnack ganz offen, daß er dafür danke, eine

---

[17] 183.

„besondere Spezies von Religionshistorikern zu schaffen, die sich nur in den theologischen Fakultäten sehen lassen dürfen". Harnack läßt allerdings keinen Zweifel daran, daß er es begrüße, wenn Theologiestudenten religionsgeschichtliche Spezialkollegs belegen[18].

Aus den wiedergegebenen Ausführungen Harnacks können wir für uns drei wesentliche Resultate gewinnen[19]:

1. Die allgemeine Religionsgeschichte oder Religionswissenschaft steht in der Gefahr des Dilettantismus.

2. Die Religionsgeschichte ist am besten bei den Spezialisten, also in einer philosophischen Fakultät aufgehoben.

3. Eine Religionswissenschaft in der theologischen Fakultät kann nur als eine theologische Disziplin existieren. Über diesen letzten Punkt brauchen wir uns an dieser Stelle nicht länger aufhalten. Er ist vom theologischen Standpunkt aus verständlich und verhilft dazu, die Grenzen zwischen nichttheologischer, pseudotheologischer und theologischer Religionswissenschaft scharf zu ziehen, wie es auch von einsichtsvollen Theologen selbst gefordert wird und worauf wir noch einmal zu sprechen kommen.

Die zwei anderen Punkte bedürfen allerdings jetzt unserer näheren Stellungnahme. Die Gefahr des Dilettantismus hat seinerzeit schon A. Bertholet durch den Hinweis zu entkräften versucht, daß auch andere Geisteswissenschaften, wie z. B. die Sprach und Literaturwissenschaft sich einer gleichen Gefahr gegenüber stehen. Das ist richtig! Außerdem helfen umfangreiche Quellenübersetzungen aus der Feder erstklassiger Fachgelehrter diese Gefahr zu einem Gutteil bannen (man könnte übrigens auch hinzufügen, daß gerade von dem Religionswissenschaftler diese Übersetzungen in einem Maße ausgewertet werden, wie sie es nach dem Maße der Mühe, die in solchen Arbeiten der

---

[18] 186.
[19] Vgl. auch *Rudolph*, a. a. O., 61 f. Eine neuere mir bekannte Auseinandersetzung mit Harnacks Einschätzung der Disziplin „Allgemeine Religionsgeschichte" stammt von *C. Colpe* in: *Neue Ztschr. f. Syst. Theol.*, 6. Bd., 1964, 51–69 (abgedruckt in: *Theologie, Ideologie, Religionswissenschaft*, München 1980, 18–39) allerdings mit einer anderen Zielsetzung. Eine „allgemeine Religionsgeschichte" i. S. einer Geschichte der Religion ist für Harnack kaum durchführbar, damit hat er durchaus Recht, nicht nur aus dem Unvermögen heraus, alles Notwendige beherrschen zu können, sondern vor allem auch deshalb, weil es „die Religion" im historischen Verstande gar nicht gibt, sondern nur Wechselbeziehungen einzelner Religionen untereinander und religionsgeschichtliche Abläufe in einzelnen Kulturen (wie es Colpe gezeigt hat: 59 ff.). Vgl. dazu auch unten 20 f. Die deutsche eingebürgerte Bezeichnung „Religionsgeschichte" ist eben gegenüber der englischen („History of Religions") und französischen („Histoire des Religions") unsachgemäß.

Philologen steckt, am ehesten verdienen). Allerdings bleibt Harnacks Mahnung als Warnung bestehen und verleiht der Forderung Nachdruck, daß von einer Religionswissenschaft zumindest ein Spezialgebiet beherrscht werden muß. In letzter Schärfe hat der Orientalist H. H. Schaeder diesen Punkt gekennzeichnet[20].

„Es ist nicht zu erkennen", sagte er, „wie ‚Allgemeine Religionsgeschichte' heute noch wissenschaftlich, das heißt als Forschung betrieben werden konnte. Sie mag eine Nebenbeschäftigung des Forschers sein, zum Zweck seiner allgemeinen Ausbildung und Anregung, aber sie ist nicht selber Forschung. Wird sie zum Selbstzweck erhoben, so ergibt sich daraus die Folge, die einem jeden zum Selbstzweck erhobenen Dilettantismus notwendig anhaftet: daß er demoralisiert, daß er dem Gewissen seines Trägers das lastende Bewußtsein auflegt, etwas zu tun, was nicht die Würde und den Sinn einer echten Aufgabe hat."

Für Schaeder ist daher „Philologisierung" als „Tendenz der religionsgeschichtlichen Forschung" nur zu begrüßen und entschieden zu fördern[21]. Auch J. Wach hat einmal sehr richtig bemerkt, daß der Religionshistoriker niemals genügend philologisch ausgerüstet sein kann[22]. Was für Anforderungen deshalb an einen Studenten der Religionswissenschaft zu stellen sind, werde ich noch zum Ausdruck bringen.
Das zweite Argument Harnacks, daß die Religionswissenschaft am besten bei den Spezialisten in der philosophischen Fakultät aufgehoben sei, muß zunächst als richtig und notwendige Konsequenz des eben über die Gefahr des Dilettantismus Gesagten anerkannt werden. Allein in der Fakultät, in der nach dem europäischen Universitätsmodell die philologischen und historischen Fächer heimisch sind, ist Gewähr gegeben, daß die Geschichte der Religionen vom historisch-wissenschaftlichen Standpunkt aus erforscht und dargestellt wird. Sicherlich sind hierbei auch die neutestamentlichen und alttestamentlichen Disziplinen der theologischen Fakultäten nicht zu vergessen, sofern ihr Wissenschaftscharakter sich streng an den der anderen historisch philologischen Fachrichtungen orientiert, das

---

[20] *Ztschr. f. syst. Theol.* 9, 1932 f.
[21] Ebd., 575.
[22] *The Comparative Study of Religions*, New York, 1958, 11; dt. Ausgabe: *Vergleichende Religionsforschung*, Stuttgart, 1962, 41. Vgl. auch U. *Bianchi*, Probleme der Religionsgeschichte, Göttingen 1964, 12 f.

heißt aber, daß auch in dieser Hinsicht die philosophische oder philologische Fakultät Vorbild ist[23]. Die Religionswissenschaft als Aufgabe verschiedener Fachrichtungen, so wie sie z. B. vorbildlich in Paris an der École pratique des Hautes Études betrieben wird, ist tatsächlich anstrebenswert. In dieser Form wird ihrem Charakter als „ein Fachgebiet mit von Fall zu Fall sich verschiebenden und oft sogar im Einzelfall verschwimmenden Grenzen, wie es C. Colpe ausdrückt, am besten entsprochen[24]. Solange aber dazu an den meisten Universitäten die Voraussetzungen fehlen, ist eine Professur für Religionswissenschaft oder Religionsgeschichte als eine Art Platzhalterin dieser Disziplin und Koordinierungsstelle religionsgeschichtlicher Lehrveranstaltungen noch die beste Einrichtung, wie wir noch zeigen werden.

Abschließend zu diesem Abschnitt sei noch erwähnt, daß sich Harnacks Protest nicht durchgesetzt hat. 1910 wurde der Lehrstuhl Schleiermachers, den seit 1875 Otto Pfleiderer innehatte, in eine Professur für Religionsgeschichte und Religionsphilosophie umgewandelt; ihn hatte bis 1913 der Däne Edvard Lehmann inne. Auch in Leipzig wurde 1912 eine Professur für Religionsgeschichte in der Theologischen Fakultät eingerichtet und mit Nathan Söderblom besetzt[25].

III.

Ich habe bisher vorausgesetzt, was ich unter Religionswissenschaft oder Religionsgeschichte verstehe und in welcher Weise ich sie in den Kosmos der Geisteswissenschaften eingefügt sehen möchte. Es ist über diese Frage schon manches geschrieben worden. Zu dem Vernünftigsten gehört der Aufsatz von dem Indologen Edmund Hardy im ersten Bande des Archivs für Religionswissenschaft (1898), betitelt „Was ist Religionswissenschaft?"[26]

---

[23] Deshalb ist es verständlich, wenn historische Theologen ihre Fächer zur „Religionsgeschichte" zählen, im Unterschied zur dogmatischen Theologie. Doch ist das Telos zwischen atheologischer Religionswissenschaft und historischer Theologie grundverschieden, sollte es wenigstens sein! Damit sind auch solche Versuche, wie das Reformprogramm P. de Lagardes als Vorläufer der „Religionsgeschichtlichen Schule", die (konfessionelle) Theologie durch Religionsgeschichte (als Wissenschaft einer konfessionslosen, romantisch-idealistischen Religionsgläubigkeit) zu ersetzen, zum Scheitern verurteilt (s. dazu *H. W. Schütte, N. Ztschr. f. Syst. Theol* 8, 1966, 111–170.
[24] A. a. O., 62.
[25] Vgl. dazu *Rudolph*, a. a. O., 117 ff. und jetzt *C. M. Edsman*: „Söderblom in Leipzig", *in: Forsch. u. Fortschr.* 40, 1966, 342; 46.
[26] 9–42.

In diesem Artikel ist bereits klar ausgesprochen, daß die Religionswissenschaft eine „spezielle Geisteswissenschaft ist, die auf empirisch-historischer Grundlage aufgebaut sein muß". Dann besitzen wir Joachim Wachs Leipziger Habilitationsschrift, die den programmatischen Titel „Religionswissenschaft" trägt, eine gute „wissenschaftstheoretische Grundlegung"[27]. Schließlich ist aus neuerer Zeit noch Walter Baetkes Abriß „Aufgabe und Struktur der Religionswissenschaft" zu nennen[28], in dem in mustergültiger Weise eine gegenüber der Theologie eigenständige Religionswissenschaft in den Grundzügen konzipiert ist, eine Konzeption, die sich auch in den Artikeln „Religionswissenschaft" und „Religionsgeschichte" der 3. Auflage des Handbuches „Die Religion in Geschichte und Gegenwart" wiederfindet (W. Holsten)[29].

Wach hat seinerzeit in dem angeführten Werk eine Einteilung, Abgrenzung und Bestimmung der Religionswissenschaft vorgenommen, der ich mich im wesentlichen anschließe. Auch ich fasse den Begriff Religionswissenschaft als Disziplinbezeichnung in dem Sinne auf, daß er *die* Wissenschaft bezeichnet, deren Gegenstand die Mannigfaltigkeit der Religionen in Vergangenheit und Gegenwart ist. Da die Religionen historisch-gesellschaftliche Erscheinungen sind, hat auch ihre Untersuchung historisch zu erfolgen, im Hinblick auf ihre historischen Quellen philologisch (nicht linguistisch!). Den Begriff „philologisch" fasse ich im Anschluß an A. Dieterich[30] in einem weiteren Sinne auf: Die wissenschaftliche Erforschung der Kultur—in diesem Fall der Religion—eines Volkes aus ihren Quellen. Die Quellen einer Religion sind geschichtlich, „auch da, wo der Glaube ihren Lehrgehalt als übergeschichtlichen empfindet", sagt N. Hartmann[31]. Die Religionswissenschaft ist also eine historische, keine

---

[27] Erschienen 1924 in den Veröffentlichungen des Staatl. Forschungsinstituts für Vergleich. Religionswiss. an der Universität Leipzig, 1. Reihe, Nr. 10.
[28] Abgedruckt in: *Grundriß des Theologiestudiums*, hrsg. v. M. Doerne, Teil III, Gütersloh 1952, 206–228, und Berlin 1956, 206–227. Vgl. unten S. 373.
[29] Bd. 5, 1961, Sp. 986–990 u. 1038–1042. Vgl. jetzt auch *U. Bianchi: Probleme der Religionsgeschichte*, Göttingen 1964, 5–20, und *G. Lanczkowski: Religionswissenschaft als Problem und Aufgabe*, Tübingen 1965 (Slg. gemeinverständl. Vorträge und Schriften aus dem Gebiet d. Theologie und Religionswissenschaft. 244).
[30] In den Verhandlungen des 2. Internationalen Kongresses für Allgemeine Religionsgeschichte in Basel 1904, Basel 1905, 75 f. Diese Konzeption geht auf U. von Wilamowitz-Moellendorf zurück. Vgl. dazu H. Flashar, K. Gründer, A. Horstmann (Hrsg.), Philologie und Hermeneutik im 19. Jahrhundert, Göttingen 1979, bes. 156–180
[31] *Das Problem des geistigen Seins*, 3. Aufl., Berlin 1962, 243.

philosophische oder theologische Disziplin. Sie ist ein Zweig vom Ast der Kulturgeschichte, oder anders gesagt, eine Schwester von Kunst-, Literatur-, Sprach- und Musikwissenschaft. Durch ihren spezifischen Gegenstand—die Religionen als Erscheinung in der menschlichen Geschichte (bzw. Geschichte der menschlichen Gesellschaften)—hat die Religionswissenschaft ihren festen Platz im Kosmos der Geistes– oder Gesellschaftswissenschaften[32]. Die Erforschung ihres Gegenstandes kann ihr niemand anders abnehmen. Dadurch ist ihre Notwendigkeit zunächst demonstriert (s. dazu unten s. 39 ff.).

Ist somit der Oberbegriff unserer Disziplin (wobei ich den Ausdruck „die Religion" absichtlich vermieden habe) gekennzeichnet, so gilt es jetzt festzuhalten, daß die Religionswissenschaft ihren Gegenstand in zweierlei Weise bearbeiten muß. Sie muß einerseits die Religionen in ihrer geschichtlichen Entwicklung oder, wie Wach sagt, „längsschnittmäßig" erforschen und darstellen. Dies ist die Aufgabe der eigentlichen *Religionsgeschichte*. Andererseits bedient sich die Religionswissenschaft der allen historischen Wissenschaften gemeinsamen „vergleichenden Methode", um ihren Gegenstand auch „querschnittmäßig" zu erfassen. Wach bezeichnet diese Arbeit als „systematische", wobei er sie scharf abgrenzt von der normativen der Philosophie[33]. Diese vergleichende oder systematische Untersuchung der Religionen ist Aufgabe der *„Vergleichenden Religionswissenschaft"* oder besser *„Vergleichenden Religionsgeschichte"*. Um hier von vornherein jedes Mißverständnis auszuschließen, muß ausdrücklich daran festgehalten werden, daß auch diese Arbeit der Vergleichung auf historischer Basis, also empirisch, nicht abstrakt zu erfolgen hat, um ein Abgleiten in religionsphilosophische oder theologische Spekulation zu verhindern. Wach sagt: „Die systematische Religionswissenschaft besitzt, als empirische Disziplin, keinen normativen Charakter"[34]. Trotzdem ist es richtig, wenn Wach die „säuberlich methodische Trennung von religionsgeschichtlicher und systematischer Arbeit" fordert. Man

---

[32] Auf diese Weise (aus der Realität der Religion) hat — abgesehen von M. *Müller* — auch schon *P. de Lagarde* die Notwendigkeit einer eigenen Disziplin der Religionswissenschaft abgeleitet (*Deutsche Schriften*, Göttingen 1892, 68).

[33] *Religionswissenschaft*, 172 ff. Ob man heute noch von einem „normativen" Charakter der Philosophie sprechen kann, ist natürlich fraglich. Wach will auch die Methode der *vergleichenden* Religionswissenschaft streng empirisch orientiert wissen. Das Problem der vergleichenden Methode erörtert Bianchi, a. a. O., 9–13, sehr geschickt.

[34] A. a. O., 173.

braucht bloß einen Blick auf die genannten Nachbardisziplinen zu werfen, um zu verstehen, was hier gemeint ist. Die sogenannte *„Religionsphänomenologie"* ist für mich identisch mit der vergleichenden Religionsgeschichte, da sie sich ja mit den religiösen Phänomenen in systematischer Aufgabenstellung befaßt (z. B. nach Strukturgesetzen oder –entwicklungen fragt). Erst G. van der Leeuw blieb es vorbehalten, aus ihr eine theologische Disziplin bzw. eine *theologia naturalis* zu machen, worauf wir noch zu sprechen kommen (s. u. S. 24 f.).

Allgemein und zusammenfassend gesagt, befaßt sich also die Religionswissenschaft mit dem Werden ihres Gegenstandes (Religionsgeschichte) und mit seinem Sein (systematische Religionswissenschaft in Gestalt der vergleichenden Religionsgeschichte oder Religionsphänomenologie). „Die Einteilung der allgemeinen Religionswissenschaft in Religionsgeschichte und systematische Religionswissenschaft ist erschöpfend, außer diesen beiden gibt es keine andere religionswissenschaftliche Disziplin", stellt Wach mit Recht fest[35]. Man könnte nun noch die Religionsgeschichte weiter unterteilen in *„Allgemeine Religionsgeschichte"*, die sich mit der Gesamtentwicklung der (!) Religion befaßt—falls es so etwas überhaupt gibt— und in *spezielle Religionsgeschichte*, die sich aus diesem Bereich besondere Abschnitte auswählt und erforscht, wie es ja vielfach üblich ist (Religion der sog. Primitiven o. ä.). Aber der Begriff „die Religion" ist in dieser Allgemeinheit viel zu hypothetisch und ein stark philosophisch oder theologisch vorbelasteter Ausdruck, der für den Historiker weithin unbrauchbar ist, wozu gleich noch mehr zu sagen sein wird. Man kann jedoch eine Religionsgeschichte an Hand der Wirtschaftsstufen entwerfen: Religion der Sammler und Jäger, Religion der Pflanzer und Ackerbauern, Religion der Viehzüchter, Religion der Hochkulturen und Städte, der auch die sogenannten Weltreligionen entsprossen sind. (vgl. dazu unten S. 152 ff.) — Die *„Religionstypologie"*, deren Arbeit noch sehr in den Kinderschuhen steckt, gehört zur systematischen Religionswissenschaft, ist aber, wie diese, abhängig von der historischen Forschung.[36]

---

[35] Ebd. 107.
[36] Vgl. zur Kritik bisheriger religionstypologischer Versuche: *Baetke*: „Aufgabe und Struktur der Religionswissenschaft, in: *M. Doerne: Grundriß des Theologiestudiums*, 3, Teil, Gütersloh 1952, 206–228, 217 A. 2. Der praktische Wert solcher „Typologien" ist m. E. nicht groß. Vgl. dazu unten S. 51 f.. Auch die Strukturforschung sollte hierbei mehr berücksichtigt werden.

Es dürfte nun die Frage auftauchen, wo in unserer Einteilung die *Religionssoziologie* und *Religionspsychologie* ihren Ort haben. Dazu ist zu bemerken, daß diese beiden Disziplinen als Hilfs- oder besser Ergänzungswissenschaften der Religionswissenschaft fungieren, da sie spezielle Fachrichtungen zweier anderer Geisteswissenschaften sind: der Gesellschaftslehre oder Soziologie und der Psychologie[36(a)]. Die Methoden und Fragestellung dieser beiden Wissenschaften werden in unserem Falle auf den Gegenstand der Religionswissenschaft bzw. Religionsgeschichte angewandt, um deren Arbeit zu vertiefen und zu fördern. Bei der Psychologie, die rein empirisch zu verfahren hat, kommt hinzu, daß sie z. T. auch im naturwissenschaftlichen Bereich verankert ist. Die Problematik der Religionspsychologie hat Wach in einem Exkurs zu seinen Prolegomena immer noch vorbildlich behandelt[37]. Streng genommen—wenn sie empirisch-experimentell arbeitet —ist sie auf die gegenwärtige Religionsgeschichte angewiesen, wie ja auch die meisten Arbeiten dieser Art zeigen (W. James, Girgensohn, Gruehn). Nimmt sie die ältere Religionsgeschichte zum Untersuchungsobjekt, muß sie historisch-verstehend arbeiten (i. S. Diltheys). Die Gefahr besteht bei der Religionspsychologie, daß sie zu sehr am religiösen Subjekt verhaftet bleibt und einer subjektivistisch-individualistischen Religionsauffassung Vorschub leistet. Das beste Mittel, dies zu vermeiden, ist m. E. immer noch eine Berücksichtigung der völkerpsychologischen Methode W. Wundts und der modernen Sozialpsychologie. Auch die neuesten Bemühungen auf dem religionspsychologischen Gebiet sind nicht sehr ermutigend, besonders was die Grundlagenproblematik anbetrifft. Das wiederaufgenommene „Archiv für Religionspsychologie" macht das sehr deutlich, besonders die Diskussion auf der 2. Arbeitstagung der Internationalen Gesellschaft für Religionspsychologie 1963[38]. Einen neuen Aspekt bringt sicherlich die Arbeit von H. Sundén in die Debatte durch

---

[36(a)] Im Grunde genommen kann unter verschiedenen Gesichtspunkten jede Disziplin für eine andere zu einer „Hilfswissenschaft" werden (vgl. K.- G. Faber, Theorie der Geschichtswissenschaft, München 1971, 43).

[37] *Religionswissenschaft*, 193 ff. Vgl. auch M. Buber: Ges. Werke I, 561 ff. (Auseinandersetzung mit C. G. Jung) und *U. Bianchi*, a. a. O., 13.

[38] Vgl. *W. Keilbach*: „Die empirische Religionspsychologie als Zweig der Religionswissenschaft" (Arch. f. Relig. psych., 1962, 13–30); „Der immer noch umstrittene Gegenstand der Religionspsychologie" (ebd. 8, 1964, 13–22, 39–42), mit Diskussion dazu (ebd. 22–39). Anders: *D. H. Salman*: „Die Religionspsychologie als Zweig der wissenschaftlichen Psychologie" (ebd. 43–48), mit Erwiderung *Keilbachs*: „Die Religionspsychologie im Gefüge der Wissenschaft" (ebd. 49-51). Ferner: *A. Godin*: „Psychologie religieuse positive" (ebd. 52–63), mit Diskussion (63–69); *B. Exarchos*: „Zur näheren Bestimmung des Gegenstandes

Anwendung der Rollenpsychologie auf die Religionsgeschichte da dadurch der veraltete und umstrittene „Seelen"-begriff überwunden wird[39].

Die *Religionssoziologie,* die letztlich ihre Anregungen K. Marx und Fr. Engels zu verdanken hat, ist ja bekanntlich besonders von Max Weber, Ernst Troeltsch und J. Wach gefördert worden, nicht zu vergessen auch durch die fruchtbaren Arbeiten É. Durkheims. Im Unterschied zur Religionspsychologie durchlebt diese Disziplin augenblicklich eine auffällige Konjunktur[40], die allerdings mehr auf „provinzieller" Ebene (das heißt als Gemeinde-, Pfarr-, Kirchensoziologie) spürbar ist als dem universalen Aspekt treu bleibt, den ihr einst M. Weber großartig und vorbildlich verliehen hat; seine Arbeiten sind deshalb heute noch unübertroffen[41]. Auch hier ist durch moderne experimentelle Methoden viel zur Durchleuchtung der gegenwärtigen religiösen Lage in verschiedenen Gebieten getan worden. Daß die Religionssoziologie auch innerhalb der Religionswissenschaft selbst verankert ist, ergibt sich daraus, daß die historische Methode unserer Disziplin notwendig auch die soziologische miteinschließt: denn die Erscheinungsformen der Religionen können nicht unabhängig von der gesellschaftlichen Entwicklung, also abstrakt, untersucht und dargestellt werden. Eine bloße „Ideengeschichte"

---

der religionspsychologischen Forschung" (ebd. 7, 1962, 31–41; eine abgerundete Disziplin der Religionspsychologie ist noch nicht da: 35). Der katholische Religionsphilosoph *G. Wunderle* meinte, daß sich die Religionspsychologie nie zu einer „exakten" Wissenschaft erheben wird (*BLThK* 8, 1936, 787). Bibliographie: ARPs 7, 1962, 265–276.

[39] „Die Religion und die Rollen", *ARPs* 7, 1962, 277–281 (gegen den „Seelen"-Begriff, 281); „Die Rollenpsychologie als heutige Aufgabe der Religionspsychologie" (ebd. 8, 1964, 70–81), mit Diskussion (81-84). Das Hauptwerk erschien in deutscher Sprache: *Die Religion und die Rollen,* Berlin 1966. Vgl. meine Rezension in Kairos 9 (1967), 231–233. Ferner: H. Åkerberg, On the Comparability of Religio-psychological Data, in: O. Petterson/ H. Åkerberg, *Interpreting Religious Phenomena,* Stockholm 1981 (Acta Univ. Lund. I, 36), 129-172; N.G. Holm, *Scandinavian Psychology of Religion,* Åbo 1987 (Religionsvet. scrifter 15).

[40] Einen Überblick vermittelt das 6. Sonderheft der *Kölner Ztschr. für Soziologie und Sozialpsychologie* unter dem Titel „Probleme der Religionssoziologie", hrsg. von D. Goldschmidt und J. Matthes, Köln 1962. Der 2. Bd. des jüngst begonnenen *Jahrbuchs für Religionssoziologie* befaßt sich mit theoretischen Problemen dieser Disziplin (Köln 1966). Vgl. auch die repräsentative Textsammlung *Religionssoziologie,* die Fr. Fürstenberg herausgegeben und mit einer instruktiven Einleitung versehen hat (Neuwied am Rhein/Berlin 1964).

[41] Auf den einseitigen individualistischen und idealistischen Ansatz in M. Webers (und in dessen Nachfolge J. Wachs) Religionsauffassung macht m. R. *P. H. Vrijhof* aufmerksam (in: *Probleme der Religionssoziologie,* 17 ff.). Durkheim hat vielleicht am deutlichsten versucht, den sozialen Aspekt von Religion zum Leitfaden der Forschung zu machen; von gewissen Übertreibungen abgesehen ist sein Weg heute noch nicht überholt.

führt zu einer „Gespenstergeschichte", wie Marx einmal treffend gesagt hat[42]. Jede Religion ist gemeinschaftsgebunden und in dieser Gestalt dem religiösen Individuum vorgegeben. Es gibt, wie z.B. auch N. Hartmann immer wieder in seinem großen Werk „Das Problem des geistigen Seins" mit Recht betont[43], kein Dasein des Individuums vor dem Dasein der Gemeinschaft und des Gemeingeistes, dies gilt natürlich auch für die so traditionsbewußten Religionen aller Art. Daher sind es vor allem die religionssoziologischen Kategorien, welche in erster Linie die Umschreibung von Religionen und ihrer Sachverhalte im engeren Sinne ermög-lichen (Gemeinde, Kult, Stifter, Sekte usw.[44]).

Von großer Hilfe ist auch die *Religionsethnologie* für die Religionswissenschaft; beide besitzen streckenweise eine gemeinsame Wissenschaftsgeschichte und haben sich gegenseitig

---

[42] Die deutsche Ideologie (1845), Berlin 1953, 126.
[43] Z.B. 188, 192, 207, 213 ff., 221 f., 290 f., 296, 373.
[44] Vgl. C. Colpe, a.a.O., 64. In den USA ist „scientific study of religion" meist identisch mit „Religionssoziologie" (vgl. A.W. Eister, Changing Perspectives in the Scientific Study of Religion, 1974; J.M. Yinger, The Scientific Study of Religion, New York 1970). Dies ist eine gewisse Einseitigkeit und gibt ein schiefes Bild von RW. Aber als Regulativ gegen zu viel Spekulation, Theologie und Philosophie ist die sozialwissenschaftliche Seite der RW von Bedeutung. Dazu R. van Dülmen, in: Geschichte u. Ges. 6, 1980, 36 ff., 40; jetzt abgedruckt in: Religion und Gesellschaft. Beiträge zu einer Religionsgeschichte der Neuzeit, Frankfurt/M. 1989, 215 ff., 219): „Religion ist außerhalb des sozialen Handelns des Menschen und seiner Gesellschaft nicht denkbar, dementsprechend kann sie auch nur aus dem jeweiligen Kontext der gesellschaftlichen Formation und ihrer Voraussetzungen begriffen werden, in dem sie entstand oder in dem sie soziale und politische Bedeutung erlangt. Operierte die allgemeine Religionswissenschaft mit einer dem Wesen des Menschen mitgegebenen Größe von Religion, so kann sie religiöse Phänomene nur als religiös, als heilig und numinös begreifen, ihre soziale Rolle und ihren Charakter, ihre zentrale Funktion als Weltorientierungsmittel im gesellschaftlichen Prozeß jedoch nicht erkennbar machen. Eine historische Religionsforschung thematisiert Religion als ein soziales Phänomen und analysiert Religion auf dem Hintergrund der sie tragenden sozialen Interessen". Die dadurch anvisierten Problemkreise von Ideologie, Gesellschaft und manifester Religion lassen sich ohne Zweifel so verstehen, daß religiöse Motivierungen eine Wirkungsgeschichte haben (heute besonders demonstrierbar bei den Ereignissen im Nahen Osten). Max Webers dialektisches Verständnis von (materiellen und ideellen) Interessen und Ideen ist dafür beispielgebend. Erstere beherrschen zwar unmittelbar das Handeln der Menschen, aber die Ideen, die sich in Weltbildern manifestieren, dienen oft als Weichensteller für die Bahnen, in denen sich das individuelle und gesellschaftliche Handeln fortbewegt. Aus diesem Grunde ist Religion historisch und anthropologisch keine unabhängige Variante noch bloßes soziales Epiphänomen, sondern i. S. einer verantwortlich arbeitenden Religionssoziologie eine den Menschen und seine Gesellschaften bestimmende objektive und subjektive Macht im geschichtlichen Prozeß, sei es als sinnvermittelnde (motivierende), legitimierende oder/und revolutionierende.

vielfach befruchtet; die bekannten Theorien, wie Animismus, Totemismus, Manaismus usw. entstammen der Ethnologie[45].

Die längere Zeit stiefmütterlich behandelte *Religionsgeographie* hat in jüngster Zeit eine enorme Erweiterung erfahren, besonders durch die Arbeiten des Bochumer Geographen M. Büttner[46]. Durch Ausweitung der älteren religionsgeographischen Ansätze auf sozialgeographische Fragestellungen und Einbeziehung neuerer religionshistorischer Arbeiten ist diese Disziplin heute zu einer wichtigen Hilfswissenschaft der RW geworden, indem sie die dialektische Vermittlung zwischen Religion und Umwelt thematisiert und darstellt. Landschaften werden von Religionen geprägt und umgekehrt. Ganze traditionelle Stadt- und Landschaftsbilder sind nur verständlich unter Rückbezug auf die religiösen Traditionen und Handlungen (Kirchen in christlichen Gebieten, Moscheen in islamischen, Stupas in buddhistischen Gebieten). Auch hier ist sichtbar, daß Religion eine gebundene Konstante in Raum und Zeit ist.

Ganz auszuscheiden hat, wie aus dem bisher Gesagten verständlich, die *Religionsphilosophie*, denn ihre Methode ist normativ, zumindest nicht historisch-empirisch. Nützlich können gewisse von ihr bereitgestellte Kategorien sein, obwohl hier ein großer Gefahrenherd schlummert. Wie schon Wach richtig bemerkte, können den empirisch arbeitenden Forscher die vom Philosophen zurechtgestellten Kategorien nie befriedigen, da er immer

---

[45] Vgl. z.B. den Textband von C.A. Schmitz: Religions-Ethnologie, Frankfurt/M. 1964, und die bekannte (leider noch nicht ersetzte) Arbeit von P.W. Schmidt: Ursprung und Werden der Religion. Theorien und Tatsachen (Handbuch der Vergleichenden Religionsgeschichte, Münster/W. 1930. Vorzüglich orientiert Th. P. van Baaren, Menschen wie wir. Religion und Kult der schriftlosen Völker, Gütersloh 1964, ferner P. Radin, Die religiöse Erfahrung der Naturvölker, Zürich 1953; E.E. Evans-Pritchard, Theorien über primitive Religionen, Frankfurt/M. 1981 (engl. 1965).

[46] Seine relevanten Arbeiten liegen jetzt teilweise gesammelt in dem von ihm hrsg. Band "Religion/Umwelt-Forschung im Aufbruch", Bochum 1989, vor (6–121, 170–317, 380–453, 474–527). Ältere Studien bei M. Schwind (Hrsg.) Religionsgeographie, Darmstadt 1975 (WdF 397) zusammengestellt. Den Fortgang der ausgreifenden Forschungen dokumentieren die „Geographia Religionum" (seit 1985) und die „Abhandlungen zur Geschichte der Geowissenschaften und Religion/Umwelt-Forschung" (seit 1988). Vgl. meine Beiträge darin: Religionswissenschaftliche Überlegungen zur Religionsgeographie (W. Kreisel, Hg., Geisteshaltung und Umwelt. Festschrift zum 65. Geburtstag von M. Büttner, Bochum 1988, 415–425); Zur Geschichte und zum Stand der Religion/Umwelt-Forschung aus religionswissenschaftlicher Sicht (Geographia Religionum 6, 1989, 11–24; s.u. S. 104 ff.); ferner den Überblick von K. Hoheisel, Religionsgeographie und Religionsgeschichte, in: H. Zinser (Hrsg.), Religionswissenschaft, Berlin 1988, 114–130.

wieder schmerzlich den Hiatus, die unüberbrückbare Kluft spürt zwischen den „notwendigen Begriffen und der historischen Realität"[47]. Am Beispiel des bekannten theologischen Religionsphilosophen Paul Tillich wird dies besonders anschaulich, wie seine Darstellung der Religionsphilosophie in M. Dessoirs Lehrbuch der Philosophie (Bd. 2)[48] und seine Artikel in der zweiten Auflage der „RGG" zeigen[49]. Für die terminologische Klärung und den wissenschaftlichen Beschreibungscharakter ist vor allem die neuere analytische Religionsphilosophie bedeutsam; außerdem trägt sie bei, manche metaphysische Probleme aus der Rw auszuschalten.

Es ist vor allem der Begriff „Religion", der hier zu erörtern wäre. Zunächst muß entschieden herausgestellt werden, daß es für den Historiker im strengen Sinn *die* Religion überhaupt nicht gibt, sondern nur Religionen. *Die* Religion ist eine Abstraktion der Metaphysik oder Theologie, die für uns in erster Linie aus dem Zeitalter des Rationalismus, des deutschen Idealismus und der Romantik (ich denke besonders an Schleiermacher) überkommen und entsprechend belastet ist. Jeder Historiker, der einen solchen Begriff ungeprüft übernimmt, ist dabei von einer philosophischen oder theologischen Theorie abhängig. Streng genommen gibt es also keine Geschichte *der* Religion, sondern nur Geschichte von Religionen und ihrer eventuellen gegenseitigen

---

[47] A. a. O., 178 f.; vgl. auch *Bianchi*, a. a. O., 15.

[48] 769–835; auch als bes. Veröffentlichung der Urban-Bücher (H. 63) zugänglich (Stuttgart 1962).

[49] „Mythos" I (Bd. 4, Sp. 363–370); „Offenbarung" V A (ebd. Sp. 664–669); vgl. auch „Die Überwindung des Religionsbegriffs in der Religionsphilosophie" (Kantstudien 27, 1922), jetzt in: *Frühe Hauptwerke.* Ges. Werke I, Stuttgart 1952, 367-388; „Das System der Wissenschaften nach Gegenständen und Methoden", Göttingen 1923 = Frühe Hauptwerke, 111–293. In meinen Bemerkungen gegenüber der Kritik von R. Panikkar (Kairos 10, 1968, 56 f.) habe ich von folgendes formuliert (ebd., 291a):

Meine Auffassung von „Philosophie" ist etwas einseitig ausgedrückt worden (im Anschluß an J. Wach übrigens!). Unter Philosophie kann sehr viel verstanden werden, z. B. der analysierende kritische Realismus N. Hartmanns, die Sprachtherapie Wittgensteins, der strenge Empirismus Carnaps oder der Marxismus u. a. m. Aber immer transzendiert die philosophische Fragestellung den gegebenen Gegenstand und führt zu generellen Feststellungen, die, sagen wir ruhig, prinzipiellen Charakter haben und auf „Gültigkeit" in jedem Falle Anspruch erheben (z. B. die Begriffsanalyse Carnaps, die Sprachanalyse Wittgensteins; beide übrigens für die religionswissenschaftliche Begriffsbildung und „Wesensfrage" von besonderem Nutzen). Insofern ist auch eine religionsphilosophische Forschung *grundsätzlich* anders als eine religionshistorische. Beide sollen getrennt sein, aber voneinander lernen (besonders in der Begriffsanalyse). Daher lehne ich eine Aufnahme der Religionsphilosophie unter das Dach der Religionswissenschaft ab.

Beziehungen oder die Geschichte einer Religion in einem Kulturkreis, einer Wirtschafts- oder Sozialstufe usw. Das schwierige Problem, wie aus der historischen und systematischen (vergleichenden) Arbeit—vor allem aus der letzteren—ein Religionsbegriff gewonnen werden kann, möchte ich hier nicht behandeln, sondern nur aufwerfen. Eine befriedigende Antwort auf diese Frage ist nämlich im Grunde genommen bisher noch nicht gegeben worden. „Verehrung des Heiligen" ist zwar eine neuerdings viel gebrauchte, aber viel zu vage und letztlich nichtssagende Bestimmung. Es gilt zu berücksichtigen, daß die verschiedensten Religionen jeweils etwas anderes darunter verstehen. Schon ein Überblick über das, was jeweils als *terminus technicus* für „Religion" verwendet wird, ist eine Warnung vor voreiligen Schlüssen (Gesetz, Kult, Gottesdienst)[50]. Außerdem ist auch von theologischer Seite (besonders der dialektischen) eine rückhaltlose Kritik am herkömmlichen Religionsbegriff geübt worden, die nicht ohne Einfluß auf die religionswissenschaftliche Bestimmung sein dürfte. Vielleicht ist so zu verfahren, daß die Religionswissenschaft das von ihr zubereitete Material der Religionsphilosophie oder Theologie für die Diskussion zur Verfügung stellt, aber dabei nicht aufhört, als kritischer Gesprächspartner oder „historisches Gewissen" zu fungieren, nur

---

[50] Dazu einige Beispiele: Im Germanischen „Gesetz" (*ê*, ahd. *êwa, euua*) oder „Brauch, Sitte" (an. *siðr*); der Priester ist der *êwart* (ahd.) „Hüter des festen Herkommens"; *êhafti* (ahd.) wurde früh mit *religio* wiedergegeben, das aber „Gewissenhaftigkeit, Bedenken, Rücksichtnahme auf die verehrten Mächte bedeutet". Chines. *li* „Brauch, Sitte" (oder *chiao* „Lehre"). Skr. *dharma* „Lehre, Gesetz, Ordnung"; pers.–arab. *din, den* (altir. *daena* < sk. *dhénā* liturg. Gesang, Gebet, Kultakt); gr. *latreía* (n. Augustinus ein Äquivalent zu *religio*), *treskeía* (Verehrung = Opfer, Kult) entspr. lat. *cultus*. Ägypt. *ir.t ih.t* „Dinge machen", d. h. kultisch handeln (der Pharao ist „Herr des kultischen Handelns"). Bab. *palāhu* „fürchten, verehren"; *pulhu, puluhtu* „(Ehr-)furcht, Verehrung". In Israel: *tōrā* (Weisung, Gesetz) oder *berît* („Bund"). Es ist also weithin die objektive Seite, die eine Rolle spielt. Beherzigenswert sind für die „Wesensfrage" die Worte W. Baetkes: „Aber auch wenn es gelänge, durch Abstraktion eine allgemeine Wesensbestimmung der Religion zu erreichen—was wäre damit gewonnen? Je mehr Religionen einer kennt, je reicher und bunter das Panorama der religiösen Erscheinungen ist, das ihm vor Augen steht, und je tiefer er in ihre Geheimnisse eingedrungen ist, desto besser weiß er, was Religion ist, auch wenn er dieses Wissen nicht in eine Formel fassen kann. Die Religionswissenschaft gibt—um ein bekanntes Wort auf sie anzuwenden—ein Wissen von der Religion nur, sofern sie eine Geschichte der Religionen gibt" (211 f.). „Notes towards a Scientific Definition of Religion" versucht *T. Margul* zu geben („Uwagi na temat formalnej poprawności naukowej definicji religii", Annales Universitatu Mariae Curic-Skłtodowska, Lublin 1958, Sectio F, t. 12, Nr. 2). Vgl. dazu auch unten S. 44f.; P. Antes, „Religion" einmal anders, in: Temenos 14 (1978), 184–197.

so sind Kurzschlüsse oder vorschnelle Bestimmungen zu vermeiden.

IV.

Bevor ich nach diesen Ausführungen zu einigen praktischen Erwägungen des Themas, nämlich dem Aufbau eines Studiums der Religionsgeschichte komme, möchte ich noch einige grundsätzliche Bemerkungen über den Charakter der Religionswissenschaft machen. Dies soll in Auseinandersetzung mit einigen neueren Auffassungen geschehen, um zu zeigen, welchen Grundproblemen sich m. E. unsere Disziplin in der immer wieder gegenübersieht.

Ich habe eingangs darauf Wert gelegt zu zeigen, in welcher Zwitterstellung sich die Religionswissenschaft befand, indem sie einerseits zur Theologie oder Religionsphilosophie neigte, andererseits zur Geschichte bzw. Philologie. Dieser Zustand hat sich leider bis heute noch nicht überall gebessert. Ein Blick z. B. auf einige internationalen Kongresse für Religionsgeschichte, besonders auf die in Tokio 1958 und in Marburg 1960, dürfte genügen, um diese Tatsache deutlich zu machen[51]. Wir müssen

---

Karl Jaspers stellt als Philosoph den Tatbestand so dar: „Da aller Glaube geschichtlich ist, liegt seine Wahrheit nicht in einer Summe von Glaubenssätzen, sondern in einem Ursprung, der sich in mannigfachen Gestalten geschichtlich zur Erscheinung bringt. Die vielen Religionen führen zwar zur einen Wahrheit, aber diese ist nicht geradezu erreichbar, sondern immer nur auf den Wegen, die wirklich gegangen werden und nicht alle zugleich und gleicherweise gegangen werden können" (*Der philosophische Glaube*, München 1963, 101). Seine Definition von „Religion", ebd. 72, ist religionshistorisch durchaus zutreffend und besser als manche „religionswissenschaftliche": „Religion kennt den Kultus, ist gebunden an eine eigentümliche dem Kultus entspringende Gemeinschaft der Menschen und untrennbar vom Mythus. Immer gehört zur Religion die reale Beziehung des Menschen zur Transzendenz in Gestalt eines in der Welt vorkommenden Heiligen als eines von Profanen oder Unheiligen Abgegrenzten". Die Grenzen zwischen beiden Bereichen sind aber oft schwer zu ziehen und nur theoretisch, „idealtypisch zu sehen. Auf alle Fälle ist der Religionsbegriff kontextbezogen zu bestimmen und von der Dualität von „Wesen" und „Erscheinung" als einer idealistischen, Hegelschen Voraussetzung zu befreien; stattdessen sollte von „Sachverhalten" oder Traditionen, Vorstellungen, Kulten und Riten gesprochen werden. Die religionskritische Komponente, die in der Bildung eines abstrakten Religionsbegriffes liegt, hat übrigens alte Wurzeln in der theologischen Religionskritik, wie sie von Luther und Calvin geübt worden ist. (vgl. H.–J. Kraus, Theologische Religionskritik, Neukirchen-Vluyn 1982). Das Problem der Eurozentrizität unseres traditionellen Religionskonzepts und seine Auflösung gerade durch die RW ist Thema meines Vortrages auf der 16. Internationalen Konferenz für Religionsgeschichte in Rom, Sept. 1990 (erscheint in den Proceedings).

uns hier auf die deutschen Verhältnisse konzentrieren, da sie besonders aufschlußreich und Einflußreich sind.

Ausgangspunkt der verhängnisvollen Entwicklung der deutschen Religionswissenschaft—im Unterschied zur vorausgehenden guten historisch-philologischen Tradition—ist der bekannte Marburger Theologe *Rudolf Otto* (1869-1937)[52]. In seinen zahlreichen, weitverbreiteten Veröffentlichungen vertrat er die Auffassung, daß die Religionswissenschaft dazu dienen solle, das „Numinose", das heißt die göttliche Wirklichkeit, mit Hilfe einer Analyse des religiösen Gefühls, zu erfassen. Der scheinbar äußerliche wissenschaftliche Rahmen der Untersuchungen Ottos, besonders in seinem bekannten Buch „Das Heilige" (seit 1917 30 Auflagen!) kann darüber nicht hinwegtäuschen, daß er der Religionswissenschaft die Aufgabe einer *Theologia naturalis* zuweist, so wie es vor ihm schon N. Söderblom beabsichtigt hatte. Der Begriff „numinos" dient R. Otto und seiner Schule als eine Art ontologischer Gottesbeweis auf psychologischer Grundlage[53]. Wir greifen hier ganz deutlich die Wirkung von Schleiermachers Religionsphilosophie (bzw. -psychologie). Verantwortlich für Ottos Konzeption ist (abgesehen vom Einfluß des Neofriesianismus) auch seine starke Hinneigung zur Mystik; sie bestimmte sein Denken wesentlich. Auf diese Weise hat Otto den wissenschaftlich-historischen Charakter der Religionswissenschaft untergraben und sie in eine Pseudo-Theologie und Religionspsychologie verwandelt[54]. Er hat selbst in „Das Gefühl des Überweltlichen" gesagt, daß er die „theologische Betrachtungsweise" über die „bloße

---

[51] Vgl. z. B. dazu U. *Bianchi*: „Après Marbourg", in *Numen* 8, 1961, 64–78.

[52] Vgl. für das Folgende *Rudolph*, a. a. O. (A. 2), 55–60; ferner *Margul*, a. a. O., 192–224 (s. auch in Euhemer 38, 1964, H. 1, 31–40); *Lanternari: La grande festa*, Milano 1959, 23 ff. (gegen den deutschen Irrationalismus bzw. die „Erlebnis"-Theorie). Eine treffende Kennzeichnung dieser ganzen Richtung, die dem Zeitgeist der zwanziger Jahre verpflichtet ist, gibt *H. Leisegang* in der Einleitung zu *Schleiermachers Reden über die Religion*, Kröner Verlag (1924), IX f. Vgl. auch W. *Krauss: Zur Dichtungsgeschichte der romanischen Völker*, Leipzig (Reclam), 1965, 24 ff., 46 ff., 71 ff.; M. *Weber*: „Der Beruf zur Wissenschaft", in: *Soziologie. Weltgeschichtliche Analysen, Politik*, hrsg. von J. Winckelmann, Stuttgart (Kröner) 1964, 322 und 329 f.

[53] Vgl. *F. R. Lehmann* in den *Göttinger völkerkundlichen Studien* II, 1957, 30 A. 2; zur Kritik des „Numinosen" ders. auch in der DLZ 87, 1966, 199-201.

[54] Auch der Religionspsychologe W. *Keilbach* stellt fest, daß Otto nicht zwischen Psychologie und Phänomenologie unterschied und für seine Theorie der elementaren religiösen Gefühle keine Begründung aufstellte (*ARPs* 7, 1962, 77, 21). Übrigens ist Ottos stark psychologische Neigung ein Erbe des Neufriesianismus, dessen Haupt L. *Nelson* ja einen psychologisch-erkenntnistheoretischen Kantianismus vertrat, dem W. *Moog* einen „*Psychologismus*" bescheinigt (*Die deutsche*

Religionskunde" stellt⁵⁵. Der Begriff der „Divination", der bei ihm in Anlehnung an die „Ahndung" von Jakob Friedrich Fries eine große Rolle spielt, dient quasi dazu, die christliche Lehre vom Heiligen Geist in die Religionswissenschaft einzuführen. Abgesehen davon, daß Ottos Gedankengänge auch von theologischer und philosophischer Seite scharf kritisiert worden sind— ich verweise vor allem auf die ausgezeichnete Analyse von Friedrich Karl Feigel⁵⁶—, ist also seine irrationalistische und subjektivistisch-individualistische Konzeption und Aufgabenstellung für eine echte Religions*wissenschaft* nicht annehmbar. Seine Orientierung am religiösen Urerlebnis bekommt die Geschichte überhaupt nicht richtig in den Blick, sie führt zum Ahistorismus, der für die ganze Richtung charakteristisch ist (bis hin zu M. Eliade)⁵⁷. Der Einfluß Ottos, der zeitweise sehr groß war, ist jedenfalls nachteilig gewesen und hat der Eigenständigkeit unserer Disziplin mehr geschadet als genützt. Es gab in Deutschland nur einen Religionshistoriker, der sich entschieden mit Otto auseinandergesetzt hat und dabei den Grund zu einer wirklichen, von theologischen oder religionsphilosophischen Auffassungen freien Religionswissenschaft gelegt hat, das ist der Leipziger Religionshistoriker *Walter Baetke*⁵⁸.

Die bedeutendsten Fortsetzer der Arbeit von R. Otto sind *Friedrich Heiler* und *G. van der Leeuw*. Letzterer hat in seiner weitverbreiteten „Phänomenologie der Religion"⁵⁹ ein Hauptwerk dieser ganzen Schule geschaffen. Auch dieses durch eine große Fülle von Material ausgezeichnete Werk ist im Kern eine theologische Arbeit, was schon äußerlich daraus hervorgeht, daß es in den

---

Philosophie des 20. Jhdts., Stuttgart 1922, 184).
⁵⁵ *Das Gefühl des Überweltlichen*, München 1932, 58.
⁵⁶ *Das Heilige*, Tübingen 1948 (2. Aufl.). Vgl. die Literatur bei *Rudolph*, 58 A. 1 und oben A. 52. Zu ergänzen noch: E. *Gaede: Die Lehre von dem Heiligen und der Divination bei R. O.*, Oscherleben 1932; P. *Seifert: Die Religionsgeschichte bei R. O.*, Bonn 1936 (phil. Diss.); H. *Bergmann: Die Selbstbegründung der Religion*, Köln 1935 (phil. Diss.), 549. H. *Eklund: Die religiöse Qualität und die Sittlichkeit*, Abo 1942; H. *Frick:* „Die Diskussion um das Heilige nach R. O." (*ThLZ* 69, 1944, Sp. 1–10 unkritisch); R. F. *Davidson: R. O.s Interpretation of Religion*, Princeton 1947; B. *Häring:* „Das Heilige Ottos in der neueren Kritik", in: *Geist und Leben* 24, 1951, 66–71; A. *Anwander: Wörterbuch der Religion*, Würzburg ²1962, 225; *Boeke: Divinatie met name bij R. O.*, Leewarden 1953; A. *Paus: Religiöser Erkenntnisgrund. Herkunft und Wesen der Aprioritheorie bei R. O.*, Leiden 1966.
⁵⁷ Darauf hat R. *Pettazzoni* in seinen nachgelassenen Papieren m. R. aufmerksam gemacht (*SMSR* 31, 1960, 31–55); vgl. auch *Lanternari*, a. a. O.; unten S. 381ff.
⁵⁸ „Das Phänomen des Heiligen", in: *Das Heilige im Germanischen*, Tübingen 1942 1–42. Eine zusammenfassende Darlegung der Gedanken Baetkes findet sich in meiner angeführten Arbeit, 164 ff. vgl. unten S. 335ff.

„Neuen Theologischen Grundrissen", herausgegeben von R. Bultmann, erschienen ist (eine Tatsache, die vielfach übersehen wird). Es ist hier nicht Zeit und Ort, sich mit diesem Buch ausführlich auseinanderzusetzen. Es gibt da vieles zu sagen, angefangen bei der beherrschenden Macht- oder Manatheorie, die als Schlüssel für alle religiösen Erscheinungsformen fungiert und zur Verwischung und Vermengung der verschiedenartigsten Phänomene führt (moderne Dichtung und primitive Religiosität), bis zur deutlich ausgesprochenen Apologie des christlichen Glaubens als Vollendung der Religionsgeschichte[60]. Meines Erachtens hat van der Leeuw auch keinen Zweifel daran lassen wollen, daß seine Arbeit im Rahmen der Theologie getan wurde, wie auch zahlreiche andere Veröffentlichungen von ihm (z. B. über Sakramentstheologie). „Religionsphänomenologie" ist für ihn eine eigene theologische Disziplin, die an Stelle der Religionsphilosophie oder Natürlicher Theologie tritt[61]. Methodisch ist er von Dilthey, Husserl, Scheler und Heidegger abhängig[62]. Auch bei ihm steht das „Erlebnis" im Mittelpunkt der Analyse, die mit Hilfe des „erlebenden Verstehens" durchgeführt wird. Er sagt: „Es ist dieses Erleben allerdings mehr eine Kunst als eine Wissenschaft[63]." „Phänomenologie ist nicht eine ausgeklügelte Methode, sondern die echt menschliche Lebensbetätigung ...[64]" Das Verstehen macht „die chaotisch-starre Wirklichkeit zu einer Kundgebung, zu einer Offenbarung ..."[65]. Die Epoché oder Zurückhaltung im Angesicht des „Sich-zeigenden" soll nach van der Leeuw verhindern, daß sich die Religionsphänomenologie in Metaphysik verwandelt, noch die „empirische Wirklichkeit erfaßt"[66]. Abgesehen von zahlreichen solchen und ähnlichen nicht immer verständlichen Aussagen, denen ein ausgeprägter Irrationalismus und Ahistorismus zugrunde liegt, hat van der Leeuw sich gerade keine Epoché auferlegt und mit wissenschaftlichen Mitteln versucht, das „Dahinter" der Phänomene zu erkunden

---

[59] 1. Aufl. Tübingen 1933; 2. Aufl. 1955.
[60] Vgl. z. B. § 101: Die christliche Liebe; § 108: Der Mittler; § 110: Religion; bes. auch § 88: Ziele der Welt. Offenbarung. Das Ziel; 659 A. 3: „Uns zeigt sich die heilhafte Geschichte in Gottes Offenbarung"; 666: Erlösung.
[61] Vgl. § 111, bes. 786 f.: „Die Phänomenologie ist auf der Erde zu Hause, wenn sie auch von der Liebe zum Jenseits getragen ist." Dazu auch *E. Hirschmann: Phänomenologie der Religion,* theol. Diss., Groningen 1940.
[62] Vgl. bes. § 109.
[63] 773.
[64] 775.
[65] 775 f.

(nämlich letztlich Gott). Der § 110 „Religion" ist ein deutlicher Beweis dafür, in welcher Weise van der Leeuw von seinem christlichen Glauben aus die Dinge zu deuten versucht[67]. Ja, wenn man diesen Abschnitt seines Werkes liest, komme ich nicht umhin zu sagen, daß hier das Bekenntnis eines modernen christlichen Gottsuchers vor uns liegt[68].

Wenn auch nicht in ganz so eigenwilliger Weise wie van der Leeuw, hat *Friedrich Heiler* in seinem letzten großen Werk über „Erscheinungsformen und Wesen der Religion" eine ähnliche Aufgabenstellung für die Religionswissenschaft gutgeheißen[69]. Die phänomenologische Methode dient auch ihm als Gottesbeweis[70]. Religion ist für ihn Anbetung des Mysteriums und Hingabe an dieses, sie ist „Umgang mit dem Heiligen"[71]. Um diesen Umgang zu kennzeichnen, greift Heiler ausdrücklich auf Zeugnisse der deutschen Mystik zurück (H. Seuse und Thomas a Kempis). „Nicht der Mensch sucht Gott, sondern Gott sucht den Menschen", heißt es[72]. „Das Wesen der Religion ist somit die aus der Erfahrung göttlicher Gnade fließende Gemeinschaft des Menschen mit der transzendenten Wirklichkeit, eine Gemeinschaft, die sich in Anbetung und Opfer vollzieht und zur Beseligung des Menschen und der Menschheit führt[73]." Diese wenigen Belege zeigen sehr klar, daß Heiler im Grunde genommen eine theologische Religionswissenschaft oder „religionsgeschichtliche Theologie" vertritt[74], was nicht ausschließt, daß sein Werk eine Fundgrube religionsgeschichtlichen Materials ist.

Dasselbe gilt auch von *Gustav Mensching*, einem Schüler Ottos.

---

[66] 774.

[67] Sehr deutlich wird der christlich-theologische Grundcharakter aus der scharfsinnigen Untersuchung von *J. Hermelink: Verstehen und Bezeugen*, München 1966 (Beitr. z. Ev. Theologie 30).

[68] Es ist daher begrüßenswert, wenn sein Nachfolger in Groningen *Th. B. van Baaren* eine entschiedene Kritik an dem Werk van der Leeuws geübt hat, vor allem vom ethnologischen Standpunkt aus (*Menschen wie wir*, Gütersloh 1964, pass.) und dabei auch den Begriff „Phänomenologie" möglichst wieder aus der Religionsgeschichte bannen möchte, um zur alten Bezeichnung „Vergleichende Religionswissenschaft" zurückzukehren (brieflich). Zur Kritik der Religionsphänomenologie s. auch *Bianchi*, a. a. O., 14 f. und unten S. 54ff.

[69] Bd. 1 der Reihe *Die Religionen der Menschheit*, hrsg. von C. M. Schroeder, Stuttgart 1961.

[70] Ebd. 18 ff.

[71] 562.

[72] 563.

[73] 564.

[74] Vgl. zur Kritik auch W. Holsten: „Zum Verhältnis von Religionswissenschaft

Von Ottos Buch „Das Heilige" sagt er, daß es „die erste eindrucksvolle Darlegung einer völlig neuen Intuition des Göttlichen, die unmittelbar einleuchtete, sei"[75]. Weiterhin meint er, „daß Religion Leben ist und nicht rationale Anschauung oder zeiträumlicher Ritus und damit etwas durchaus Irrationales, dem man daher nie mit der ausschließlichen Anwendung empirischer und exakter Forschungsmethoden beizukommen vermag ... Die Transparenz der Phänomene, in denen eben, wie der Name sagt, ein Etwas ‚erscheint', wird entscheidend berücksichtigt. Auf diesem Wege ergibt sich ... ein ‚Verstehen' von innen, vom Leben her und das bedeutet ein Erkennen der inneren Notwendigkeit der äußeren Erscheinungen"[76]. Dieses „Etwas", von dem hier die Rede ist, ist offensichtlich das „Numinose", das heißt Gott als letzte Wirklichkeit, zu dessen Erkenntnis die Religionswissenschaft methodisch und sachlich dienen soll. Damit steht auch Mensching in der theologischen Tradition der deutschen Religionswissenschaft, die sich übrigens, wie aus dem Bisherigen ersichtlich, stark von der irrationalistischen Lebensphilosophie beeinflußt zeigt.

Als letzten Vertreter dieser einflußreichen Richtung möchte ich *Joachim Wach* anführen. Im Gegensatz zu seiner ursprünglichen Absicht, eine eigenständige Religionswissenschaft gegenüber Theologie und Religionsphilosophie zu verwirklichen, hat er in seiner amerikanischen Periode—teilweise aber auch bereits schon in seiner späteren Leipziger Zeit—zusehends theologischen Fragestellungen in seinen Arbeiten Raum gegeben[77]. Dies gilt vor allem von den postum herausgegebenen Vorlesungen über „Das vergleichende Studium der Religionen"[78].

---

und Theologie" (in: *Festschrift Walter Baetke*, Weimar 1966, 191–209), 192–194.

[75] *Vergleichende Religionswissenschaft*, Heidelberg 1949, 21.

[76] Ebd. 24 f. Vgl. über Mensching auch Z. *Czarnecki*, in: *Euhemer* III, 1959, Nr. 5 (12), 534–541; *Margul*, a. a. O., 217 ff.; *Rudolph*, a. a. O., 59 A. 2; 65 A. 1. Die Verbannung der (!) Religion in das Irrationale bei Mensching ist sicherlich zu verstehen als Gegenposition zur rationalistischen Religionsauffassung, aber damit ist ein anderes Extrem erreicht, das dem Tatbestand keinesfalls gerecht wird. Religion ist nicht bloß rationale Anschauung, aber auch nicht bloß etwas Irrationales! Ein „Verstehen", wie es von Mensching propagiert wird, ist eine Arbeitsweise, die von allen ernsthaften Religionshistorikern immer schon befolgt worden ist, aber sie hat nichts zu tun mit einer mystischen Versenkung in das Forschungsobjekt, sondern ist gebunden an eine exakte historische und philologische Untersuchung. Vgl. u. 32 und Anm. 95 (Zitat von E. R. Curtius). über das Unzureichende im „Lebens"-Begriff s. *N. Hartmann*, a. a. O., 47.

[77] Vgl. *Rudolph*, a. a. O., 145 ff.; *Joachim Wach* (1898-1955) in: *Bedeutende Gelehrte in Leipzig*, Bd. I, Karl-Marx-Universität Leipzig 1965, 229–237 (s. unten S. 357–367); R. Flasche, Die Religionswissenschaft Joachim Wachs, Berlin 1978,

Ich habe mich damit schon in einer Rezension des Buches auseinandergesetzt[79]. Wach übernimmt aus der amerikanischen Religionspsychologie den Begriff der „religiösen Erfahrung", den er einerseits typologisch-phänomenologisch, also religionswissenschaftlich verwendet, andererseits aber damit zu theologischen Aussagen gelangt, die doch—und das vergißt Wach deutlich zu machen—Glaubensaussagen sind; dazu gehört die Rede von „Offenbarung" und „Letzter Wirklichkeit" (Wach vertritt hier streng genommen eine Revelatio generalis). So ist der Begriff „Religiöse Erfahrung" bei Wach eine theologische Kategorie, ein Glaubensbegriff, ähnlich wie es das „religiöse Erlebnis" bei Otto, van der Leeuw, Heiler und Mensching ist, obwohl sich beide Termini etwas unterscheiden (Wach lehnt z. B. bewußt die psychologisch-gefühlsmäßige Ausrichtung Ottos ab[80]). Darüber hinaus haftet dem Begriff zu sehr das subjektive und individualistische Moment an, das ihn daher in dieser Form für die religionshistorische Arbeit ungeeignet macht. Wir stoßen hier wieder auf die Nachwirkungen Schleiermachers in der Religionswissenschaft. Diese grundsätzliche Auseinandersetzung mit Wach ist notwendig, wenn man seine Größe und Grenze erkennen will. Sein Versuch, wie es sein Schüler Joseph Kitagawa formuliert, „ein allgemeines Gerüst zu entwickeln und klar zu gliedern, das sowohl Gelehrten verschiedener Disziplinen, die an Religionen interessiert sind, als auch Anhängern verschiedener Glaubensbekenntnisse die Verständigung ermöglichen sollte"[81], belastet die Religionswissenschaft mit einer problematischen Hypothek.

Alle die im Vorstehenden aufgeführten Religionswissenschaftler oder Theologen haben den wissenschaftlich-historischen Charakter unserer Disziplin im Grundsätzlichen preisgegeben. Es ist Aufgabe einer zukünftigen religionswissenschaftlichen Arbeit, diese Gefahren klar zu erkennen und sie aus ihrem Bereich zu verbannen. Diese Klärung der Grenzen zwischen Religionswissenschaft und Theologie muß sich bis in die Terminologie hinein

---

69 ff, 236 ff.
[78] *The Comparative Study of Religion*, New York 1958; deutsch u. d. T. *Vergleichende Religionsforschung*, Stuttgart 1962 (Urban-Bücher, 52).
[79] *Theol. Lit. Ztg.* 89, 1964, Sp. 346 ff., 349.
[80] Vgl. a. a. O., 12 (engl.).

erstrecken (z. B. im Hinblick auf den Ausdruck „Offenbarung" u. a. theologische Glaubensbegriffe)[82].

Sicherlich dürfen und können sich Religionswissenschaft und Theologie berühren, haben sie doch teilweise ein gemeinsames Forschungsobjekt, aber keinesfalls identifizieren. Beide können voneinander lernen. Der Religionswissenschaftler muß die Aussagen der Theologen einer Religion zur Kenntnis nehmen und zu verstehen suchen i. S. seiner historischen oder systematischen (vergleichenden) Fragestellung, nicht mehr. Umgekehrt sollte der Theologe die Forschungen der Religionswissenschaft ernsthaft bedenken und für seine Arbeit berücksichtigen.

Was nun theologische Arbeiten zur Religionsgeschichte oder Religionswissenschaft anbelangt, so ist bei ihnen der Bezugspunkt entweder bewußt oder unbewußt auf theologische Vorentscheidungen festgelegt, wodurch die Objektivität im Bereich der religionswissenschaftlichen Forschung beeinträchtigt wird[83]. Das verbreitete Argument, daß auch dem nichttheologischen Religionswissenschaftler unkontrollierbare Vorentscheidungen oder gar Vorurteile eigen sind, ist keineswegs mit einem theologischen Vorverständnis zu konfrontieren, da letzteres eine der Wissenschaft letzthin unzugängliche und eben nichtnachprüfbare Glaubensentscheidung beinhaltet. Dieses Argument wird übrigens fast ausnahmslos von Theologen vorgebracht, um ihre Nichtvoraussetzungslosigkeit zu rechtfertigen oder zu verschleiern. Für den Religionswissenschaftler ist zwar ein gewisses Vorverständnis für seinen Forschungsgegenstand erforderlich, aber weder eine negative noch positive Einstellung zu ihm; insofern soll er voraussetzungslos, möglichst objektiv oder neutral sein, das heißt Epoché üben[84].

---

[81] In der Einleitung zu dem angeführten Werk: XXXVIII (dt. 28).
[82] Vgl. *Baetke, Aufgabe und Struktur*, 207 f. Bezeichnenderweise kann es sogar dazu kommen, daß ein Theologe, W. Pannenberg, den Begriff „Offenbarung" der Religionswissenschaft überläßt, da sie diesen „leider" für Erscheinungen verwendet, die auch im theologischen Sinne nur „Manifestationen" (auch das ist ein rel. wiss. Terminus!) sind, im Unterschied zu einer „echten" Offenbarung, dem „Selbsterweis" oder der „Selbstoffenbarung" (= Selbsterschließung) Gottes „im Geschick Jesu Christi". Vgl. *Offenbarung als Geschichte*, hrsg. von *W. Pannenberg*, Göttingen 1965 (3. Aufl.), 12 u. 97 f. Die Klärung des strapazierten Offenbarungsbegriffes im Raum der Theologie ist begrüßenswert und von der Religionswissenschaft aufmerksam zu verfolgen. Der Begriff „Offenbarung" ist ohne den des Glaubens nicht anwendbar!
[83] Eine Tatsache, die z. B. auch von *J. M. Kitagawa* sehr klar herausgestellt wird. *Gibt es ein Verstehen fremder Religionen?* Leiden 1963 = Beih. der ZRGG VI, 62–66; vgl. die Besprechung in KAIROS 1966 154 f.
[84] Über die Methode religionswissenschaftlicher Forschung gedenke ich an anderer Stelle zu handeln (vgl. unten s. 48ff., 69ff.) wobei ich mir völlig bewußt

Erfreulich und begrüßenswert ist es, wenn die von W. Baetke und mir verfolgte Linie der Religionswissenschaft von (evang.) theologischer Seite gut geheißen wird, wie es von W. Holsten in seinem Beitrag zur „Festschrift Walter Baetke" geschehen ist[85]. Holsten sieht in der Abwehr der Religionswissenschaft gegenüber der Theologie und umgekehrt einen gemeinsamen und gerechten Kampf gegen eine „heimlich hinter der Religionswissenschaft sich verbergenden Theologie, eine Kryptotheologie"[86], wie sie eben bei R. Otto, F. Heiler und G. van der Leeuw sichtbar geworden ist. Demgegenüber ist nun W. Baetkes Konzeption einer streng historisch orientierten Religionswissenschaft „ein klarer Ruf zur Sache, aber nicht nur der Religionswissenschaft, sondern auch der Theologie"[87]. Wissenschaft ist ja ihrem Wesen nach die reine Tendenz auf die Sache[88]. Gerade auch der Theologie muß an einer sauberen Scheidung der zwei Bereiche bis in die Terminologie hinein gelegen sein. Dadurch ist es ihr auch leichter gemacht, unbefangen die Forschungen der Religionswissenschaft anzuerkennen oder sich an ihr zu beteiligen (sofern sie deren „Spielregeln" einhält). Beide müssen sich voneinander zur Geschichte rufen lassen, was m. E. für die Religionswissenschaft leichter und eher möglich ist als für die Theologie[89]. Denn beiden geht es um den geschichtlichen Menschen, der Theologie um den von der christlichen Offenbarung betroffenen, der Religionswissenschaft um den von religiösen Bemühungen umgetriebenen Menschen. Insofern ist

---

bin, daß „alles Wissen um die Methode sekundär (ist), Sache nachträglicher Reflexion" (*N. Hartmann*, a. a. O., 31). Auch der Religionswissenschaft „erwächst die Methode unter den Händen in der Arbeit an der Sache" (ebd.), da es eben „keine vorgreifende Methodenerkenntnis vor der Sacherkenntnis gibt" (30). Für die Religionswissenschaft gilt andererseits auch, daß „jede Art von Gegenständen ihre eigene Methode verlangt" (ebd.). Das Problem der „Voraussetzungslosigkeit" in Wissenschaft und Theologie hat m. E. *Max Weber* schon im richtigen Sinne dargestellt (*Wissenschaft als Beruf*, 3. Aufl., 30 ff.). „Keine Wissenschaft ist absolut voraussetzungslos, und keine kann für den, der diese Voraussetzungen ablehnt, ihren eigenen Wert begründen. Aber allerdings: jede Theologie fügt für ihre Arbeit und damit für die Rechtfertigung ihrer eigenen Existenz einige spezi-fische Voraussetzungen hinzu . . ." „Jene Voraussetzungen selbst liegen dabei für den Theologen jenseits dessen, was ‚Wissenschaft' ist. Sie sind kein ‚Wissen' im gewöhnlich verstandenen Sinn, sondern ein ‚Haben' . . ."

[85] Vgl. Anm. 74.
[86] Ebd. 192. Verwiesen sei auch auf die klaren Ausführungen bei *U. Bianchi*, *Probleme der Religionsgeschichte*, 187 f.
[87] 201, s. auch 191 („Baetkes Verständnis der Religionswissenschaft könnte der Theologie zum Verständnis ihrer ureigenen Sache hilfreich sein").
[88] *N. Hartmann: Das Problem des geistigen Seins*, 391.
[89] Zu Holsten, 208.

z. B. besonders für theologische Aufgaben „eine ganz sachliche religionswissenschaftliche Arbeit, der die Theologie keinerlei Weisung, Wegweisung oder ‚Vorurteile' anbieten oder abverlangen darf und deren Streben nach Freiheit von jeder Art Theologie, auch von Krypto– oder Pseudotheologie sie begrüßen muß,„ erforderlich[90]. Man kann daher mit gutem Recht der Formulierung eines Religionssoziologen (F. Fürstenberg) zustimmen, wenn dieser sagt: „In einer ‚säkularisierten' Welt ist die Theologie offensichtlich auf Wissenschaften angewiesen, die ihr verläßliche Aussagen über diese Welt, auch sofern sie religiöse Phänomene betreffen, liefern, mit denen sie dann ihre eigenen Aussagen konfrontieren kann. Ohne derartige ‚profane' Aussagen wäre ihr ja eine Scheidung von ‚Glaube' bzw. ‚Kirche' und Welt im theologischen Sinne gar nicht möglich[91]."

Auch mit der von Holsten vertretenen Auffassung gibt es natürlich eine Reihe Punkte, die der Klärung bedürfen, z. B. die schon angeschnittene Frage der Voraussetzungslosigkeit (ist der Theologe wirklich wissenschaftlich unbefangener als der Nichttheologe?)[92]. Aber im Grunde genommen ist diese Auffassung ein wirklich konstruktiver Beitrag zur Kontroverse zwischen Theologie und Religionswissenschaft. Es ist ja so, daß die Religionswissenschaft die theologische Sphäre des Glaubens streng genommen gar nicht berührt, denn sie hat es mit den vielfältigen geschichtlichen Äußerungen des Glaubens einer Religion (Glaubensgeschichte!) zu tun, nicht mit seinem Wahrheitsgehalt, um den sich eine Theologie oder Philosophie bemüht. Man muß dabei zwischen Wahrheits– und Wirklichkeitsfrage unterscheiden (was vielfach unterlassen wird).[92a] Die erstere ist, wie

---

[90] Ebd. 209.
[91] *F. Fürstenberg* in der Einleitung zu seiner Auswahl *Religionssoziologie*, Neuwied a. Rh. (1964), 28. Hier ist überhaupt an dem Fall der Religionssoziologie sehr gut der Unterschied zwischen theologischer und atheologischer Forschungsweise herausgestellt worden.
[92] So 208. Ich bezweifle dies, wobei ich allerdings dem „historischen" Theologen am ehesten zubillige, objektiv zu sein. Mit Recht ist die Enge meines Theologiebegriffes von *R. Panikkar* (*Kairos* 10, 1968, 56) kritisiert worden: selbstverständlich ist Theologie nicht gleich christliche Theologie. Aber als Religionshistoriker sehe ich das Gemeinsame aller „Theologien" unter historischem Gesichtspunkt. Unter Glaube verstehe ich die subjektive Haltung des religiösen Menschen, der sich verschiedentlich manifestiert und allem religiösen Handeln und Wissen (!) zugrunde liegt, ganz gleich, in welcher Form er beschrieben oder gedeutet wird (von den einzelnen Theologien).
[92a] Die Trennung von Wahrheits– und Wirklichkeitsfrage ist eine Notlösung, um dem angeschnittenen Problem irgendwie auch vom historischen Standpunkt

gesagt, eine philosophische oder theologische Angelegenheit (auch die des Atheismus übrigens!), die letztere, also die Wirklichkeitsfrage (meinetwegen auch Sinnfrage) kann auch die Religionswissenschaft stellen und muß es tun, insofern jeder Glaube von der „Wirklichkeit" seines Glaubensgegenstandes überzeugt ist. Ein eingebildeter oder illusionärer Gott, Geist, Dämon oder ähnlicher ist für den Gläubigen keiner, das weiß auch der Religionshistoriker[93], aber er ist nicht daran interessiert, dies vom theologischen oder philosophischen Standpunkt zu durchdenken, sondern zu ergründen, wie es dazu kam bzw. was die Geschichte dazu aussagen kann. Es gilt zu verstehen und zu erklären! Ein gesunder, maßvoller Positivismus ist das beste Erbteil jeder Wissenschaft, und so auch der Religionswissenschaft. Da das jeder Theologie zugrundeliegende Bezugssystem in das Transzendente reicht, also letzthin Domäne des Glaubens ist, kann der Religionshistoriker oder –wissenschaftler davon keinerlei Gebrauch machen: für ihn müssen die Forschungsgegenstände und -ergebnisse nach den gültigen wissenschaftlichen Methoden nachpüfbar sein d. h. verifizierbar oder falsifizierbar. Ein Abgleiten in das Irrationale ist ihm verwehrt, auch wenn er eine Glaubensaussage zur Kenntnis nimmt, um deren Grund und Ursache er sich gemäß seiner historischen oder systematischen Fragestellung wissenschaftlich bemüht. Er hat so letztlich überall mit den Dokumenten der Geschichte eines Glaubens zu tun, nicht mit den transzendenten Glaubensgegenständen. Für ihn gibt es insofern kein „Heiliges" im strengen Sinne, sondern *eine mit Ehrfurcht und Verständnis gepaarte wissenschaftliche „Neugierde"*

---

gerecht zu werden. Ich bin als Historiker nicht in der Lage, die Wahrheitsfragen im engeren Sinn zu beantworten, da hier das Gebiet des Glaubens oder der theologischen Forschung beginnt (deren Berechtigung ich nicht im geringsten bestreite). Unter „Wirklichkeit" meinte ich die Tatsache, daß der Gläubige von der Realität seines Glaubensgegenstandes überzeugt ist, eine Feststellung, die auch der Historiker ohne weiteres machen kann. Daß *das* Religiöse (was ist das eigentlich?) nicht nur ein geschichtliches Phänomen ist, sondern auch ein psychologisches, philosophisches, theologisches, kulturelles usw., gebe ich ohne weiteres zu, aber religionswissenschaftlich ist es zunächst und in erster Linie in seiner geschichtlichen Ausprägung greif–, studier– und verstehbar, daher der Primat der Religionsgeschichte. Ich halte daher J. Wachs ursprüngliche Posi-tion in dieser Frage auf alle Fälle fest. „Wissenschaftlich" läßt sich über Religion nur historisch, psychologisch oder philosophisch-theologisch reden. Letzteres klammere ich aber aus der Religionswissenschaft im engeren Sinne bewußt aus, da gerade hierbei eine Verwischung der Grenzen für beide Seiten gefährlich ist.

[93] Vgl. z. B. *Baetke, Aufgabe und Struktur*, 222, 224 f., 226; S. *Morenz: Ägyptische Religion*, Stuttgart 1960, IX.

für eine religiöse Überlieferung und Aussage als Objekt seiner Forschung[94]. Auf diese Weise ist meiner Meinung nach gewährleistet, daß es zu objektiven Aussagen der religionswissenschaftlichen Forschung kommt, die auch dem Theologen begrüßenswert sein müssen, da es ihm darauf ankommt, möglichst objektiv-sachliche, nicht durch kryptotheologische oder –philosophische Vorentscheidungen belastete und verschobene Forschungsergebnisse auf dem Gebiet der Religionsgeschichte zu erhalten[95].

V.

Aus der umgrenzten Aufgabenstellung unserer Disziplin ergibt sich, daß das Studium der Religionswissenschaft ein komplexes sein muß[96]. Darunter verstehe ich, daß Religionswissenschaft nur in Verbindung mit einer philologischen oder historischen Fach-

---

[94] „Gegenstand der Wissenschaft", sagt *N. Hartmann*, „ist grundsätzlich alles, was es gibt, alles Seiende, welcher Art und Schicht immer es angehören mag ... Es gibt also im Gebiete des Geistes nichts, was ihr grundsätzlich entzogen wäre. Es ist ihr prinzipiell gegeben, alles zu erfassen und zu durchleuchten, so weit nur irgend sie vordringt" (a. a. O., 400). *M. Buber* stellt m. R. fest: „Die Religionswissenschaft löst die Beziehung des Menschlichen zum Göttlichen, als das allein von ihr Erforschbare, aus der Gegenseitigkeit und betrachtet sie für sich. Wenn sie weiß, was sie damit tut, handelt sie rechtmäßig, im Sinne der Rechtmäßigkeit jedes Erkenntnisstrebens, das seine normative Grenze nicht überschreitet, vielmehr sich dieser Grenze bewußt bleibt..." (Über Religionswissenschaft, 1928, in: *Nachlese*, Heidelberg 1965, 125).

[95] Ich bin also durchaus der Meinung, daß die von Max Weber u. a. erhobene Forderung nach einer „Objektivität" auf Grund empirischer Forschung zu erfüllen ist und das A und O jeder wissenschaftlich-historischen Bemühung sein muß (vgl. *M. Weber: Ges. Aufsätze zur Wissenschaftslehre*, 2. Aufl., Tübingen 1951, 148–214, 572–597; *D. Henrich: Die Einheit der Wissenschaftslehre Max Webers*, Tübingen 1952). Es ist sehr erfreulich, wenn dies auch von anderen Fachkollegen ausdrücklich zur Geltung gebracht wird gegenüber einem recht oberflächlichen Wissenschaftsbegriff, der sich seines eigentlichen Kernes, der Objektivität, beraubt hat und so in die seichten Gewässer einer introvertierten Allerweltsweisheit eingeht. Ich unterschreibe daher voll die Sätze von *J. Maier*, die er bei der Darlegung des neuen Studienfachs „Judaistik" an der philosophischen Fakultät (in Köln) zu unserem Problem gemacht hat (in: *Blätter des Deutschen Koordinierungsrates der Gesellschaften für christlich-jüdische Zusammenarbeit*, 1. Jg., Nr. 2, Juni 1966, 83–90, spez. 85 f.). Vgl. auch *U. Bianchi*, a. a. O., 19 f., wo die allgemeingültige historische Methode als das Rückgrat der religionsgeschichtlichen Forschung gegenüber Theologie und Philosophie betont wird. *E. R. Curtius* spricht sehr deutlich von dem „periodisch wiederkehrenden Irrglauben an eine höhere Erkenntnisform, die der historisch-philologischen Forschung überlegen sein soll. Es ist ein gnostischer Glaube, der durch Argumente nicht zu erschüttern ist" (nach *W. Krauss: Zur Dichtungsgeschichte der romanischen Völker*, Leipzig 1965, 27).

[96] So wie auch ihr Gegenstand komplex ist, was *M. Eliade* deutlich zum Ausdruck bringt: „A pure religious phenomen does not exist. A religious phenomen is always also a social, an economic, a psychological phenomen, and, of course,

disziplin studiert werden sollte. Ich denke da in erster Linie an das Studium einer oder mehrerer orientalischer Sprachen, da gerade der Orient für den Religionshistoriker ein weites Betätigungsfeld ist, aber auch griechische, lateinische, slawische oder germanische Sprachstudien können in Frage kommen. Es ist ja auf vielen Gebieten noch allerhand zu tun. Durch diese Ausbildung soll dem Religionswissenschaftler ein rechtes Handwerkszeug in die Hand gegeben werden, das ihn befähigt, wenigstens auf einem Spezialgebiet zu Hause zu sein und selbständig aus den Quellen zu schöpfen. Er hat es dann auch leichter, von seinem Fachgebiet aus sich in andere Bereiche einzuarbeiten und die Probleme vor allem quellenmäßige — besser zu erkennen. Wir haben in Leipzig mit dieser Ausbildung gute Erfahrungen gemacht. Aber auch ein ethnologisches Nebenstudium ist außerordentlich wertvoll und sehr erwünscht, da, wie die Geschichte unserer Disziplin lehrt, zwischen Ethnologie und Religionswissenschaft viele Verbindungsfäden bestehen. Ist an einer Universität eine Theologische Fakultät vorhanden, so kann das Belegen von historischen und exegetischen Vorlesungen aus dem Bereich der neutestamentlichen oder alttestamentlichen Wissenschaft sehr nützlich sein. Das gleiche gilt für Beteiligung an soziologischen, psychologischen oder kunsthistorischen Lehrveranstaltungen, je nach Neigung oder Begabung. Begrüßenswert ist auch, wenn der zukünftige Religionswissenschaftler sich eine solide Kenntnis der Philosophiegeschichte aneignet und auch einen allgemeinen philosophischen Wissensschatz erwirbt. Er ist dann in der Lage, sich mit den philosophischen oder theologischen Strömungen in der Religionswissenschaft auseinanderzusetzen. Ein Wissen um erkenntnistheoretische Probleme ist z. B. bei der Diskussion mit der Otto'schen Schule oder mit dem Werk G. van der Leeuws von großem Wert. Außerdem ist uns ja aus der Religionsgeschichte bekannt, daß in vielen Kulturen und Religionen die Religion bzw. Theologie eng mit der Philosophie verknüpft ist und beide in der Frühzeit kaum zu trennen sind.

In dieser Form stelle ich mir das akademische Studium der Religionswissenschaft vor. Die eigentliche religionswissenschaftliche bzw. religionsgeschichtliche Ausbildung erfolgt am besten in einem Religionsgeschichtlichen Institut. Dieses Institut

---

a historical one, because it takes place in historical time and it is conditioned by everything which had happened before" (*History of Religions* 4, 1964, 168). Zu Eliade s. unten S. 381ff.

sollte nun darauf sehen, daß es Sammelpunkt für alle religionshistorischen Lehrveranstaltungen an der betreffenden Fakultät ist (vielfach wird es überhaupt erst den Anstoß zur Abhaltung solcher Vorlesungen geben!). Der Professor bzw. der Direktor dieses Instituts oder Fachgebietes hätte die Aufgabe, zunächst seine Fachvorlesungen und -übungen abzuhalten, wobei die allgemeinen religionswissenschaftlichen Bereiche, also Vergleichende Religionswissenschaft, Überblicksvorlesungen, Spezialseminare zur Geschichte und Methode der Religionswissenschaft, zur Religionsphänomenologie usw. im Vordergrund stehen sollten, neben denen natürlich, je nach Interesse und Fachrichtung die Spezialvorlesungen über einzelne Religionen einherlaufen können. Soweit Fachvertreter für einzelne Kulturen und Sprachen vorhanden sind, wäre es sehr vorteilhaft und am besten für die ganze Arbeit bzw. Studienausbildung, wenn sie sich an der Lehre und vielleicht auch an der Forschung des Instituts beteiligen würden. Ich glaube, daß auf diese Weise auch eine echtes Kollektiv oder Team von Wissenschaftlern entstehen kann. Ein entsprechender Studienplan kann dem Gesagten einen festen Rahmen für die Ausbildung geben, als Studiendauer können acht bis zehn Semester bzw. vier bis fünf Studienjahre angesetzt werden, wovon gleich im ersten Semester mit einer der angegebenen Spezialausbildungen (philologischer oder ethnologischer Art) zu beginnen ist.
Andererseits besteht natürlich die Möglichkeit, daß Studenten der philologisch-historischen Disziplinen Religionswissenschaft oder Religionsgeschichte zum Nebenfach wählen, so wie es in Leipzig häufig der Fall war und wie es jetzt an vielen Universitäten der alten Bundesländer, wo Rw. institutionalisiert ist, gehalten wird.
Für sehr aktuell halte ich es, wenn durch Kontakt mit den entsprechenden naturwissenschaftlichen und technischen Disziplinen für die religionswissenschaftliche Forschung auch die moderne Kybernetik oder Datenverarbeitung ausgewertet werden könnte. Gerade die zeitraubende und von einem einzigen Wissenschaftler oder auch von einer der dünn gesäten Forschungsgruppen nicht zu bewältigenden Aufgaben und Probleme der Vergleichenden Religionswissenschaft könnten dadurch sicherlich eine ungeahnte Forderung erhalten. Es käme darauf an, zunächst feste und gezielte Programme zu erarbeiten und dann für ihre technische Bewältigung Sorge zu tragen. Es ist wünschenswert, daß sich auch die Religionswissenschaft nicht vor dieser Aufgabe verschließt, sondern sich bereits jetzt mit

solchen Fragen beschäftigt, die bereits in anderen geistes- oder gesellschaftswissenschaftlichen Disziplinen eine Rolle spielen.

Mit diesen kurzen Bemerkungen zu Studium und Forschung der Religionsgeschichte an der Universität möchte ich meine Ausführungen schließen, vorher aber noch die Worte anführen, die Adolf von Harnack anläßlich der 200-Jahr-Feier der Berliner Akademie der Wissenschaften am 20. März 1900 gesprochen hat: „Die Wissenschaft ist nicht die einzige Aufgabe der Menschheit, sie ist auch nicht die höchste; aber die, denen sie befohlen ist, sollen sie von ganzem Herzen und mit allen Kräften treiben."

2.

DAS PROBLEM DER AUTONOMIE UND INTEGRITÄT DER RELIGIONSWISSENSCHAFT*

*Meinem verehrten Lehrer Walter Baetke zum
89. Geburtstag mit großer Dankbarkeit gewidmet.*

Kein anderes europäisches Land hat zur Bildung der modernen Religionswissenschaft so entscheidend und grundlegend beigetragen wie die Niederlande[1], und ich empfinde es daher als eine ganz besondere Ehre, gerade an einer niederländischen Universität eine Gastvorlesung über Fragen dieser Disziplin halten zu können. Es war schon immer mein Wunsch, einmal dieses „klassische" Land der religionswissenschaftlichen Forschung und Lehre, wie man mit gutem Gewissen sagen kann, zu besuchen und mit eigenen Augen zu sehen. Auf diese Weise ist es für mich also eine Art Pilgerreise zu den Geburtsstätten meiner Wissenschaft.

Das von mir nach längerem Überlegen gewählte Vortragsthema führt unmittelbar in das Zentrum der genannten Disziplin und klingt vielleicht für holländische Ohren zunächst etwas verwunderlich, ist der holländische Gelehrte doch wie kaum so anders gewöhnt, an jeder Universität seines Landes einen Lehrstuhl für Religionswissenschaft oder Religionsgeschichte seit nun fast 100 Jahren (1877) zu haben, ein sichtbarer Beweis für die Eigenständigkeit einer Disziplin. Ein Lehrstuhl ist nun einmal eine Dokumentation für eine solche Etablierung. Doch sieht die

---

* Vortrag an den Reichsuniversitäten Groningen und Utrecht (Faculteiten der Godgeleerdheid) am 24.4. und 26.4.1972. Ich möchte an dieser Stelle noch einmal meinen Gastgebern, insbesondere den Herren Kollegen Th. P. van Baaren, W. C. van Unnik und D. J. Hoens sehr herzlich danken. Mein Dank gilt auch allen Teilnehmern an den Diskussionen, die sich der Vorlesung sowohl in Groningen als auch in Utrecht anschlossen; vor allem denke ich da an die rege Aussprache in der Groninger religionswissenschaftlichen „Arbeitsgemeinschaft" und dem Instituut voor Semitistiek en Archeologie van het Nabije Oosten.

[1] S. J. Waardenburg, *Religion between Reality and Idea. A Century of Phenomenology of Religion in the Netherlands*, in: Numen XIX, 1972, S. 128–203. Eine größere Arbeit über die Geschichte der niederländ. Religionswissenschaft steht noch aus.

Sachlage an anderen Orten anders aus, und es ist, so viel ich aus der Lektüre weiß, auch in der holländischen Religionswissenschaft so, daß man sich gerade in letzter Zeit viele Gedanken macht über die Grundlage der Religionswissenschaft. Th. P. van Baaren hat in seinem Seminarvortrag in Leipzig vor 3 Jahren von einer notwendigen „Erneuerung der Religionswissenschaft" in unserer Zeit gesprochen[2]. Dazu bedarf es aber des Rückganges auf die Grundlagen, auch wenn es ein Abbau wird. Auf unsicheren Fundamenten ist noch nie etwas Festes und Dauerhaftes entstanden.

Ich sehe nun verschiedene Anzeichen dafür, daß man von einer gewissen Krise der Religionswissenschaft sprechen kann, und zwar handelt es sich vor allem um folgende innere und äußere Tatsachen:

1. Die Unsicherheit über den eigentlichen Forschungsgegenstand, zentriert in der Frage nach dem, was Religion eigentlch sei.

2. Die aufgerissene und sich erweiternde Kluft zwischen der historischen und systematisch-phänomenologischen Richtung, bzw. Arbeitsweise, die zu einem Dualismus geworden ist.

3. Die zunehmende Verflechtung der religionshistorischen Arbeit mit den Spezialdisziplinen, besonders mit den einzelnen Philologien, die zur Zerstückelung und Einebnung zu führen droht.

4. Die Hilflosigkeit gegenüber dem Anspruch der Religionssoziologie (wie früher gegenüber der Religionspsychologie!).

5. Das Ertrinken in der zunehmenden Stoffülle und den selbstkritischen Reflexionen über ihre Bewältigung.

6. Der Hiatus zwischen Anspruch (bes. der Religionsphänomenologie) und Realisierung bzw. Bewältigung der Aufgabe.

7. Die zunehmende Unterwanderung durch nichtwissenschaftliche Ambitionen, sichtbar auf den letzten Internationalen religionsgeschichtlichen Kongressen (bes. Marburg, Tokio, Claremont).

8. Die mangelnde Abgrenzung von Religionswissenschaft, Religionsphilosophie und besonders Theologie.

9. Die relativ schwache Vertretung an den europäischen Hochschulen (Ausnahmen bestätigen die Regel!) und der daraus resultierende geringe Nachwuchs.

---

[2] Abgedruckt in NThT 24, 1970, S. 82.

Dies dürften die gravierendsten Punkte sein, die zu einer Neubesinnung auf die Grundlagen unserer Disziplin einladen. Ist sie tatsächlich nach etwa 150 Jahren nur eine *fata morgana* gewesen, die mehr von ihrem Anspruch und ihrem großen Programm lebte als von einer Realität, die es zu untersuchen, zu erklären oder zu verstehen und darzustellen galt? Die vor allem in Lehre und Forschung geleistete Arbeit spricht zwar eine andere Sprache, aber sie hat die oben genannten krisenhaften Erscheinungen nicht verhindern können, im Gegenteil sie hat sie erst richtig an den Tag gebracht.

Streng gesehen sind es vor allem zwei Grundprobleme, die sich aus dieser Situation ergeben. 1. Wie steht es um den Gegenstand der Religionswissenschaft, der ihre Autonomie begründet und sie der Einebnung oder Auflösung entreißt? 2. Wie steht es um die Methode bzw. Arbeitsweisen, die zwar weniger ihre Autonomie als vielmehr ihre Integrität demonstrieren? Beide Problemkreise möchte ich von meiner Sicht her behandeln, da ich der Meinung bin, daß nur von ihnen her die aufgedeckten Schwierigkeiten zu meistern sind. Es gilt, unserer Disziplin wieder das gute Gewissen einer anspruchsvollen, eigenständigen Wissenschaft zu geben und damit der eingerissenen Kritik an ihrer Nützlichkeit und unsicheren Stellung zu begegnen.

I

Der *Gegenstand* der Religionswissenschaft wird gewöhnlich einfachhin als „Religion" bezeichnet, wie es schon die Disziplinbezeichnung (bes. im Deutschen) verrät. Nun ist schon verschiedentlich diese einfache Antwort kritisiert und abgelehnt worden, da sie das eigentliche Problem nur hinausschiebt. Ich selbst habe mich wiederholt dazu geäußert und zu bedenken gegeben, daß es *die* Religion im historischen Verstande nicht gibt, sondern nur Religionen. Doch damit ist das Problem nur aufgeschoben, denn auch das, was Religionen sind, bleibt nach wie vor zu erklären. Wir werden also sofort mit der leidigen Definitionsfrage von Religion konfrontiert, auf die ich dennoch kurz eingehen möchte. Die ältere Forschung versuchte einfach, Religion von ihrem Ursprung her zu verstehen, also das Wesen durch Rückgang auf die „Keimform" oder die „Anfangsform" zu erfassen. Alle Bemühungen des 19.Jhs. und weithin des 20.Jhs. sind von diesem Gedankengang geprägt. Hinzu trat der Entwicklungsgedanke. Indem man die Frage nach *der* Religion, der Geschichte *der* Religion, *der* Entwicklung der Religion usw. in den Vordergrund stellte, verknüpfte man sie von vornherein mit der Frage nach dem *Wesen der* Religion, eine Frage, die, wie schon J. Wach in seinen „Prolegomena" zur Grundlegung der Religionswissenschaft klar dargelegt hat, eine philosophische Angelegenheit ist und der Religionswissenschaft eine von Haus aus fremde Problemstellung unterschiebt.[3] Daran ist nach wie vor festzuhalten. Sämtliche religionswissenschaftliche Theorien der Vergangenheit wollten im Grunde eine Antwort auf diese Frage geben, darin stimmen sie alle überein, so verschieden die Antworten auch sind, die sie auf diese Frage gefunden haben glaubten. Hier besitzen wir einen roten Faden in der älteren Geschichte der Religionswissenschaft. Welche religiöse Phänomene man dabei für die Ur– oder Grundtatsache *der* Religion ansah, läßt sich leicht an Hand der einzelnen Theoriebildungen ablesen; sie bieten uns ein klares Unterschiedsmerkmal auf diesem Felde (Fetischismus, Animismus, Präanimismus, Totemismus usw.). Nun, diese Feststellungen sind nicht neu und rennen sicherlich weithin offene Türen ein. Trotzdem sind sie für unser Thema außerordentlich wichtig, denn sie zeigen uns, daß mit der Ausklammerung der Wesensfrage der Religionswissenschaft zunächst eine wichtige Stütze ihrer Gegenstandsdefinition genommen wurde. Die an ihre Stelle in der Folgezeit getretenen Versuche vom historischen, psychologischen oder soziologischen Gesichtspunkt, Antwort auf das, was Religion sei, zu geben, haben keinen durchschlagenden Erfolg gehabt. Eine Richtung hat allerdings in dieser Hinsicht einen großen Einfluß ausgeübt. Ich meine die von R. Otto begründete Schule, die auf Grund einer intuitiv angelegten phänomenologisch-philosophischen Analyse des dem religiösen Subjekt eigenen Erlebnisschatzes und seiner literarischen Manifestation zu einer höchst bequemen „Minimaldefinition" gelangte, nömlich Religion sei schlechthin „Verehrung des Heiligen". Auch damit blieb der Religionswissenschaft nach wie vor die Aufgabe zu bestimmen, was das „Heilige" sei, und in welcher Weise es als eine spezifisch religiöse Kategorie anzusehen ist („heilig" ist bekanntlich vieles, heutzutage auch viele einst „profane" Dinge und umgekehrt!). Diese Ausflucht in das „Heilige" scheint mir einerseits die Grenzen der Religionswissenschaft eher zu verwischen, als sie abzustecken, zum anderen die Religionswissenschaft zu sehr wieder in das Fahrwasser von Religionsphilosophie oder Theologie zu führen, denn hinter dem

---

[3] Wach, *Religionswissenschaft*, Leipzig 1924, S. gf., 37 ff., 59f., bes. 113–137.

„Heiligen" R. Ottos steckt eingestandenermaßen der jüdisch-christliche Gottesbegriff.

In letzter Zeit sind ähnliche „Reduktionen" oder „Operationsbegriffe" (z.B. von dem japan. Gelehrten Kishimoto oder dem holländ. Religionswissenschaftler Bleeker, der ein „Schlüsselwort" für Religion fand)[4] vorgelegt worden, die aber ebenfalls zu keiner letzten Klärung führten. Es scheint mir an der Zeit zu sein, mit solchen „Kurzdefinitionen" oder „Schlüsselworten" aufzuräumen und stattdessen, wie es auch Th. P. van Baaren getan hat,[5] eine möglichst erschöpfende, induktiv gewonnene, aber präzise und konkrete „Umschreibung" von dem zu geben, was der Historiker, Ethnologe, Philologe usw. unter Religion zu verstehen hat und womit er arbeiten kann. Diese Möglichkeit ist allerdings an bestimmte Vorbedingungen gebunden, auf die Ugo Bianchi m.R. aufmerksam gemacht hat.[6] Bianchi lehnt alle Reduktions- und apriori-Definitionen von Religion als Ausgangsbasis ab und fordert stattdessen ein dialektisches und dynamisches Vorgehen, dergestalt der Forscher von einem ihm eigenen „Vorverständnis" (so möchte ich es formulieren)[7] von Religion an das Material herangeht und dann durch seine Arbeit damit zur Korrektur und

---

[4] Hideo Kishimoto, *An Operational Definition of Religion*, in: X. Internationaler Kongreß für Religionsgeschichte, 11.–17. Sept. 1960 in Marburg/Lahn. Hrsg. vom Organisationsausschuß, Marburg 1961, S. 193. C. J. Bleeker, *The Sacred Bridge*, Leiden 1963 (Studies in the History of Religions. Suppl. to Numen VII), S. 36–51. Vgl. jetzt auch den etwas anders gelagerten, aber letztlich gleichen Versuch von R. D. Baird, *Category Formation and the History of Religions*. The Hague 1971 (Religion and Reason I), S. 17 ff.: „Religion is ultimate concern", eine an P. Tillich angelehnte Formulierung, die ebenso weit, wie philosophisch-theologisch ist. Das Buch enthält darüber hinaus sehr wertvolle, anregende und vor allem kritische Fragestellungen, die ich anderen Orts diskutiere (ThLZ 104, 1979, 21). R. van Dülmen klagt m. R., daß die religionshistorischen Definitionsversuche entweder zu different und dadurch gegenseitig ausschließbar oder zu formal und allgemein, und so für die historische Arbeit unzureichend sind (Religion und Gesellschaft, Frankfurt M. 1989, 221)

[5] Vgl. a.a.O.S. 84 ff.

[6] *The Definition of Religion. On the Methodology of Historical-Comparative Research.* In: Problems and Methods of the History of Religions. Proceedings of the Study Conference organized by the Italian Society for the History of Religions on the occasion of the tenth anniversary of the death of R. Pettazzoni, Roma 6th to 8th Dec. 1969. Papers and Discussions. Ed. by U. Bianchi, C. J. Bleeker, A. Bausani, Leiden 1972 (Studies in the History of Religions. Suppl. to Numen XIX), S. 15–26.

[7] Bianchi, ebd. S.20, spricht von „a certain idea of religion", die der Forscher besitzt; s. auch S. 28 f., wo etwas mißverständlich von „historiographical experience" gesprochen wird. Zur Rolle des Vorverständnisses vgl. auch H. Seiffert, *Einführung in die Wissenschaftstheorie*, 2. Bd. *Geisteswissenschaftliche Arbeitsmethoden*. München 3 1971, S. 93 ff., 108 f., 116.

Erweiterung seiner Erfahrung geführt wird; es ist quasi das „Nach-(trägliche) Verständnis". Auf diese Art ist auf induktive und positive Weise ohne Rückgriff auf eine Idee a priori zu einer Religionsdefinition zu kommen, die der Komplexität des Gegenstandes gerecht wird. Möglich ist das jedoch nur auf Grund *analoger* und *vergleichbarer* Züge in den einzelnen Religionen und ihrer Phänomene; sie führen zur Feststellung gemeinsamer Aspekte oder „Familieneigenschaften" zwischen den religiösen Formen.[8] Insofern ist eine Religionsdefinition immer *in fieri*[9], indem sie einerseits auf der weiteren Materialerforschung beruht, andererseits auf dem Vorverständnis des Forschers und seiner sukzessiven Erweiterung zu einem möglichst umfassenden historischen Verständnis. Ich meine, daß diese „Dialektik" von Forschung, Hypothese und Erkenntnis der einzig mögliche Weg ist, aus den bisherigen Sackgassen in dieser Angelegenheit herauszukommen und das Definitionsproblem unmittelbar in den „Methodos" der Forschung einzubeziehen. Wir werden sehen, daß auf diese Weise auch historische und phänomenologische Arbeit zu verbinden sind.

Die bisherigen Darlegungen haben zunächst deutlich gemacht, daß der häufig beschworene Gegenstand „Religion" nicht einfach zu umschreiben ist. Dies liegt nicht nur am häufigen Mangel an dieser Einsicht, als vielmehr an dem Tatbestand als solchem. Jede einzelne Religion ist eine Welt für sich und ihre unleugbaren Gemeinsamkeiten mit anderen Religionen sind auf diese direkte Weise nicht so ohne weiteres aufeinander beziehbar. Wir müssen uns, wie Bianchi sehr richtig sagt, der Komplexität und Mannigfaltigkeit der historischen Tatsachen und Prozesse, die wir „religiös" nennen, bewußt bleiben[10]. Nur wenn wir genügend Erfahrung und bessere Erkenntnisse besitzen, sind wir in der Lage, dem Begriff „religiös" (und auch „Religion") einen positiven, historischen und phänomenologischen Inhalt zu geben[11]. Hinzu kommt noch ein weiteres, das zu unser aller Vorverständnis gehört, nämlich die eigene abendländische jüdisch-christliche Religionsauffassung, die sich im Laufe der Zeit, besonders seit dem 18.Jh. zwar erheblich gewandelt hat, aber die doch im Kern unser

---

[8] Vgl. Bianchi a.a.O.S. 24 („family ambiance" ist offensichtlich ein Druckfehler!).
[9] Ebd. S. 33, s. auch S. 21 f.
[10] Ebd. S. 26.
[11] So F. Bolgiani in einem beachtenswerten Diskussionsbeitrag ebd. S. 29. Vgl. auch Ders., *Per un dibattito sulla „storia religiosa"*, in: Rivista di storia e letteratura religiosa 1969, S. 1–22.

Forschen und Trachten bis heute bestimmt. Es ist festgestellt worden, daß der heutige Religionsbegriff zu einer gewissen Ablösung von der konkreten christlichen Grundlage hervorging und in dieser „Abstraktion" zunächst gegen die offizielle Manifestation der „positiven" christlichen Religion gerichtet war[12]. Dieser „abstrakte" Religionsbegriff der Aufklärung, der Norm und Kriterium der natürlichen Glaubensform ist („Naturreligion" = „Urreligion"; Deismus), an der jede positive Religion gemessen wurde und auf die sie zurückzuführen war, ist der Vater unseres modernen Wortes, das den ursprünglichen ciceronischen Sinn (*religio id est cultus deorum*) kaum noch erkennen läßt, da es durch die Aufklärung und schon vorher in Reformation und Humanismus einen stark lehrhaften Gehalt annahm (Religion = richtige Lehre, richtigen Glauben an Gott haben). Auch auf diesem Hintergrund erscheint es angebracht, mit der unreflektierten einfachen Verwendung des Wortes vorsichtig zu sein, vor allem bei der Arbeit mit den außereuropäischen Kulturen und Traditionen. Unser Religionsbegriff ist meistenteils viel zu eng, zu sehr an Lehre und Vorstellung gebunden.[12a]

Es bleibt noch eine weitere Seite zu bedenken. Trotz der engen Verflochtenheit von Religion und Kultur, wie sie in letzter Zeit, besonders von Th. P. van Baaren und seinem Groninger Arbeitskreis gegenüber einer zu schnellen Herauslösung von Religion aus ihrem natürlichen Kontext herausgearbeitet wurde, darf die Eigenständigkeit der Religion nicht zu kurz kommen. Gerade hier scheint es mir an der Zeit zu sein, deutlich zu machen,

---

[12] Vgl. J. Matthes, *Religion und Gesellschaft. Einführung in die Religionssoziologie* I. Reinbek bei Hamburg 1967 (Rowohlts Deutsche Enzyklopädie 279/80), S. 33 ff.

[12a] Dazu H. Seiwert: „Solange wir religiöse Weltdeutungen auf Fragen nach dem letzten Sinn, die Bewältigung von drohender Anomie oder den Bezug zur Transzendenz reduzieren, verstellen wir uns den Weg, Religion dort wahrzunehmen und im Rahmen wissenschaftlicher Theorie zu deuten, wo sie auch Bedeutung besitzt: im alltäglichen Leben von Individuen und Gesellschaften. Hier sollte sich die Religionswissenschaft und insbesondere die Religionssoziologie der Gefahr bewußt sein, die die abendländische Genese unserer Wissenschaft mit sich bringt. Wo die Erfahrung des Christentums unvermeidbar das Vorverständnis von Religion entscheidend prägt und hier wiederum die Theologie das Wesentliche vom Unwesentlichen scheidet, muß damit gerechnet werden, daß wir uns immer wieder in den Netzen verfangen, die die Theologie geknüpft hat. Kein Wunder, daß Religion zur *conditio sine qua non* menschlicher Existenz wird. Es mag sein, daß sie es ist, aber dies könnte allenfalls das Ergebnis und nicht schon die definitorisch festgelegte Prämisse religionswissenschaftlicher Erkenntnis sein." (Annual Rev. for the Social Sciences of Religion 5, 1981, 90)

daß das, was spezieller Gegenstand der Religionswissenschaft zu sein hat, eben nicht ganz in seinem Kontext aufgeht, sonst wäre es eben den anderen Wissenschaftszweigen wie Ethnologie, Philologie usw. überlassen, darüber restlos zu befinden. Es ist immerhin auffällig, daß die moderne Ethnologie, besonders soweit sie von Funktionalismus und Strukturalismus bestimmt ist, ihre Religionsauffassung so abfaßt daß sie nur selten von Religionswissenschaftlern akzeptiert werden kann[13]. Hier geht es m.E. darum, auf der Gegenstandsbeziehung der Religionswissenschaft zu bestehen und diesen Anspruch gegenüber anderen Auffassungen entschieden aufrecht zu erhalten. Es muß auch für die Religionswissenschaft gelten, was für den „Objektbereich der Geisteswissenschaften" (nach Habermas) generell gilt, daß er „sich nicht erst unter den transzendentalen Bedingungen der Methodologie der Forschung" konstituiert, sondern „er wird als konstituiert bereits vorgefunden"[14]. In welcher Form, das ist allerdings das Problem.

Nun haben wir allerdings genug von der Schwierigkeit über die Gegenstandsdefinition der Religionswissenschaft gehört. Es ist durchaus möglich, am Ende vieler Untersuchungen eine *Rahmendefinition* zu geben, etwa derart, wie ich sie gelegentlich meinen Studenten auf ihr Drängen hin gebe: Der von einer Tradition bestimmte Glaube einer Gemeinschaft oder eines Individuums an den Einfluß übermenschlicher oder überirdischer wirksamer Mächte unterschiedlicher Art auf das natürliche und gesellschaftliche Geschehen und die daraus resultierende Verehrung derselben durch bestimmte Handlungen, die von der Gemeinschaft in festen Formen überliefert werden (Tradition), und um die sich ein Bestand von lehrhaften, schriftlich oder mündlich tradierten Vorstellungen gruppiert. Sicher, eine solche Definition umfaßt Wesentliches, jedoch nicht alles, sie ist auch nur ein heuristisches Mittel und eine Art „Faustregel" zum Hausgebrauch sozusagen, die dem oben genannten „Vorverständnis" gleichkommt und der Rechtfertigung durch die weitere Forschung bedarf.[14a]

Für unsere grundsätzliche Problemstellung ist es jedoch im Augenblick besser, davon auszugehen, daß uns die Religionen

---

[13] Vgl. z.B. die Auseinandersetzung Bianchis mit E. Spiro (a.a.O.S. 16 ff.)
[14] J. Habermas, *Erkenntnis und Interesse*, Frankfurt/M. 1970 (Theorie Suhrkamp Verlag), S. 238.
[14a] Vgl. auch die Definition von K. Jaspers (zitiert oben S. 22 Anm. 50), die dem Sachverhalt nahekommt.

in ganz bestimmten Manifestationen und Äußerungen entgegentreten, die jedem sichtbar und greifbar sind. Es handelt sich um Sachverhalte, die man aufgrund eines bestimmten Referenzrahmens „religiös" nennen kann. Sie umfassen verschiedene „Klassen", und wir können auf diese Weise von „außen" nach „innen" gehen: vom Kultischen, den allen sichtbaren Handlungen, den Orten, an denen diese stattfinden, von den Menschen, die sie begehen usw., von der Gemeinschaft, die uns entgegentritt unter bestimmten auffälligen Erscheinungsformen, ihren Funktionären, ihren heiligen Schriften, Gebeten und Liedern—alles das ist der e*mpirische* Tatbestand im strengsten Sinn des Wortes, und hier stößt auch der eingefleischteste Skeptiker und Bestreiter einer Religionswissenschaft zunächst einmal auf das, was ich den positiven Gegenstandsbereich nennen möchte, dem jede echte Wissenschaft gegenübersteht. Der Neugierde und dem methodisch gezügelten Forschungsdrang liegt es ob, in diesen Gegenstandsbereich auf unterschiedliche Weise einzudringen und die beobachtbaren, offenliegenden Äußerungen nicht nur zu beschreiben, sondern zu „verstehen", ihren Sinn zu begreifen und zu sehen, wie sie entstanden, und wie sie sich entwickelt haben könnten. Auf diese recht einfache, aber deutliche Weise stößt der Forscher auf Tatbestände, die ihn die Realität einer menschlichen Äußerung lehren, die des Studiums wert ist, und ohne die menschliches Denken und Handeln nicht voll begreifbar ist. Damit ist eigentlich die „Geburt" einer einfachen „Religionswissenschaft" geschehen. Über ihren dazu nötigen Apparat werden wir uns noch unterhalten müssen.

„Religion" oder besser schlichter religiöse Sachverhalte sind also bis heute in ihren Äußerungsformen ein Ausschnitt aus der menschlichen Welt. Ihr häufiger Anspruch, nicht von dieser Welt zu sein, müssen wir vom wissenschaftlichen Standpunkt erst einmal „einklammern" und als *Glaubensaussage* zur Kenntnis nehmen, die zum Selbstverständnis der betreffenden Glaubensform wichtig ist, aber die wissenschaftliche Forschung nicht unmittelbar berührt. Es handelt sich um ein Stück, und je weiter wir zurückschauen, um ein sehr umfangreiches Stück Geschichte und Kultur auf unserem Planeten, das bis in die Gegenwart gereicht hat. Daß sich darum eine spezielle Wissenschaft in erster Linie und nicht nur hin und wieder, je nach dem Erfordernis einer Untersuchung, kümmert, ist der legitime Grund für die Existenz unserer Disziplin. Auch wenn ihr Anspruch nicht voll zu realisieren ist, da es an Institutionen, Mitarbeitern u.a. mangelt und der Umfang ihres Gegenstandes daher weit ihr gegenwärtiges Vermögen übersteigt, ist allein sie die rechte und legitime Platzhalterin im Kosmos der Geistes– oder Gesellschaftswissenschaften für diesen Gegenstandsbereich. Das kann ihr von keiner Seite streitig gemacht werden. Weder Philologie noch Soziologie, Psychologie noch Ethnologie können letztlich die Aufgaben und Ansprüche der Religionswissenschaft übernehmen. Die Beschäftigung der genannten Disziplinen mit religionsgeschichtlichem Material ist nicht ihre primäre Aufgabe, sondern eine gelegentliche, eine unter anderen. Sicherlich gibt es jeweilige Fachvertreter, die sich hauptsächlich mit Religionsdingen befassen, so wie der Religionswissenschaftler sich zu seinem eigenen Nutzen als Spezialist betätigt und immer wieder betätigen soll, aber dies ist im ersten Falle nicht die Regel und den subjektiven Interessen, der Ausbildung des Forschers und dem jeweiligen Forschungsprogramm entsprungen, nicht aber von der zu Grunde liegenden Wissenschaftskonzeption aus, auch wenn es für die vollständige Erfassung des Gegenstandes dieser einzelnen Disziplinen unumgänglich ist. Übrigens sind auch diese Wissenschaftsrichtungen keinesfalls so autonom, wie es oft den Anschein hat; auch ihre Objekte unterliegen schwierigen Definitionsproblemen, wie z.B. der der Sprache, der Gesellschaft, der Kunst, der Literatur, der Musik usw., und auch ihre Arbeit ist ohne Zuhilfenahme der benachbarten Disziplinen nicht voll zu leisten. Darin zeigt sich, daß keine Geistes– oder Gesellschaftswissenschaft auf einer restlosen Autonomie oder gar Autarkie bestehen kann, sie würde sich selbst der Verkümmerung und Verkürzung preisgeben. Mehr als bisher gilt das für unsere Zeit, in der die einzelnen Wissenschaften, insbesondere die historischen, enger zusammenrücken, als es vielfach nach außen hin den Anschein hat, sind sie doch auch einstmals aus einer Wurzel entstanden. Jede menschliche Kulturerscheinung kann historisch-wissenschaftlich behandelt werden, dies ist der Aufgabenbereich der allgemeinen Geschichtswissenschaft, zu der die Religionswissenschaft und die anderen Teildisziplinen gehören.

In welcher Weise die Religionswissenschaft ihrem Gegenstand nun voll gerecht werden kann, wird von diesem selbst nahegelegt. Denn was uns an dem entgegentritt, was wir in unseren Breiten mit „Religion" zu bezeichnen gewöhnt sind, gehört folgenden Bereichen an:

dem sozial-politischen (d.h. generell historischen),
dem soziologischen,
dem psychologischen,

dem philologisch-literarischen (Tradition),
dem künstlerischen,
dem philosophisch-theologischen.

Für alle diese Seiten gibt es spezielle Arbeitsweisen oder Methoden, deren sich die Religionswissenschaft bedient, um ihrem Programm, dem Studium der Religionen in allen ihren Aspekten, also ihren historischen, sozialen, psychischen und sprachlich-literarischen „Sachverhaeten", gerecht zu werden.[14b] Nur die philosophisch-theologische Seite überläßt sie aus grundsätzlichen Erwägungen heraus ganz den sog. normativen Wissenschaften, die für sie zuständig sind. Doch möchte ich darauf hier nicht weiter eingehen, da es dazu einer eigenen Ausführung bedarf. Mir scheint es aber angebracht, festzustellen, daß sich die Religionswissenschaft nicht strikt von den Fragen fernhalten kann, die in das philosophische oder gar theologische Gebiet hineinführen. Denn die Frage danach, was hinter den Religionen und ihren vielfältigen Äußerungen letztlich steht, also jeweils von historischen, soziologischen und psychologischen Realitäten, kann auch einen Religionshistoriker oder –wissenschaftler nicht kalt lassen, und er ist an solchen Fragen interessiert, so wie ein Sprach- oder Kunstwissenschaftler daran interessiert ist, zu erfahren, was „Sprache" oder „Kunst" eigentlich ist, wenn er auch selbst dazu von seiner Wissenschaftsauffassung her nichts *direkt* zur Lösung beitragen kann.[15] Er bleibt häufig der kritisch-skeptische Frager! Ohne seine Arbeit ist auch die Diskussion über den Realitäts–

[14b] Abzulehnen ist der Ausdruck „Erscheinungen" (Phänomene), denn er setzt die von der idealistischen Philosophie (Plato, Hegel) eingeführte Dualität von „Wesen" und „Erscheinung" voraus, die die Rw auf Abwege geführt hat, indem sie immer wieder das *genus* Religion in den Religionen suchte und die „Phänomene" als ein bloßes Äußeres des Eigentlichen oder des Inneren ansah (theologisch: Offenbarung) Daher ist es besser und unverfänglicher, von „Sachverhalten" (matters) zu sprechen (H. Seiwert).

[15] Aufschlußreich sind in dieser Hinsicht die Äußerungen, die der polnische Philosoph L. Kolakowski dazu gemacht hat, als er dem Sinn und der Realität religiöser Symbole nachging (in: *Geist und Ungeist christlicher Traditionen*, Stuttgart 1971, S. 90 ff; dieser Aufsatz erschien zuerst in polnischer Sprache 1967 in Warschau). Sie sind, formuliert er, unübersetzbare, sozusagen nicht kodierbare Werkzeuge der Kommunikation, und er wirft die Frage auf, warum ausgerechnet solche Symbole, wie sie die religiösen vielfach sind, von der Gemeinschaft benötigt werden. Warum gerade „eine solche ideologische Form" wie Mythen und Symbole? Die Urtatsache, die hinter diesem Bedürfnis steckt, ist für ihn empirisch nicht weiter beschreibbar, da dies jede religionswissenschaftliche Fragestellung überschreitet (96). Die Reduktion auf falsches Wissen oder Bewußtsein verrückt nur die Erklärung, warum gerade so und nicht anders die religiösen Vorstellungen ihre Funktion ausüben. „Um anderen Werten

und Sinngehalt religiöser Vorstellungen nicht zu führen. Sie ist hier zunächst einmal die primäre Sachwalterin.

II

Als zweite Säule der Religionswissenschaft ist ihre *Methode* oder besser sind ihre *Methoden* zu prüfen. Von ihrem Gegenstand her, der eine, wie ich zu zeigen versuchte, unverwechselbare Eigenständig- und Eigentümlichkeit besitzt, erhebt sich sofort die Frage, ob demselben gegenüber eine eigene Methode angemessen und erforderlich ist. Dies ist verschiedentlich behauptet und dargelegt worden, insbes. von philosophischer und theologischer Seite her. Dabei spielte die intuitive Schau, das spezifische

---

gegenüber organisierende Funktionen tatsächlich erfüllen zu können, müssen die religiösen Symbole unabdingbar gewissen Eigenwert besitzen, nicht–herleitbaren Wert *sui generis*" (102). Die spezifisch religiösen Werte sind nicht weiter zerlegbar, d.h. ihre instrumentale Funktion erfüllen sie insofern, als sie selbst nicht instrumental sind. „Man darf annehmen, daß ein Bereich des Lebens und der menschlichen Bedürfnisse existiert, der eigentümlich mit den religiösen Symbolen korreliert oder auch intentional auf eine bestimmte Wirklichkeit bezogen ist, die ausschließlich durch diese Gattung von Symbolen zugänglich wird". (103). So stößt die empirische Feststellung über die Funktionen religiöser Werte und Symbole bei einer weiterführenden Fragestellung über ihren eigentlichen Eigenwert in zunächst schwer beantwortbare Bereiche. K. erläutert dies auch vom historischen Werden aus, bes. aus der Stellung des Menschen zur Natur, mit sehr bemerkenswerten Einsichten und kommt zu dem Schluß, daß die religiösen Symbole einen Zugang zum Absoluten versprechen, den andere nicht gehen können. Die Religion gibt dem Menschen dem ihm von der Natur nicht erwerbbaren Status der Sache wieder durch den Bezug auf das Absolute, „d.h. sie bringt das Leben des Menschen, das Leid und den Tod im Rahmen einer rational gedachten Ordnung unter, worin sie sich als Werte erweisen" (106). Nicht der Schrecken vor der Natur habe die Götter erzeugt, sondern „der Schrecken vor sich selbst, wie man selbst der Natur entfremdet ist" (ebd.). Für die Gegenwart allerdings gilt, daß die Religion abnehmen wird, „zugunsten einer Interpretation, wonach die religiösen Symbole als nicht-rationales Verfahren zum Nahebringen einer grundsätzlich durch die Sprache der überprüfbaren Annahmen nicht beschreibbaren Wirklichkeit als Hilfsmittel akzeptiert werden, um aus der Welt der Überzeugungen in eine Welt grundsätzlich der Beschreibung nicht zugänglicher Transzendenz, umzuspringen," (107 mit Verweis auf Tillich). Es bleibt aber jedenfalls auch für K. bei dem Tatbestand, daß die religiösen Vorstellungen letztlich nicht gelegentlichen, zufälligen oder flüchtigen historischen Umständen ihr Dasein verdanken, sondern die „Versuchungen", wie sie K. nennt, die zu ihnen führten und immer noch führen, „sind verwurzelt in der fundamentalen Bezogenheit der menschlichen Gattung auf die Natur (und die Gesellschaft bzw. Geschichte, muß hinzugefügt werden!) und führen zu Versuchen fiktiver Außerkraftsetzung dieser Situation, die nichtfiktiv nicht außer Kraft gesetzt werden kann" (112). Ich glaube, auch diese Einsichten sind für die Frage nach dem Gegenstand der Religionswissenschaft nicht bedeutungslos, sondern vertiefen und festigen nur, was über ihre relativ autonome Rolle in Bezug auf ihr Objekt gesagt worden ist.

Einfühlungsvermögen oder „Verstehen", ja, der Besitz divinatorischer Fähigkeiten eine primäre Rolle. Die Religionswissenschaft hat sich erst mühsam von solchen „Zugangswegen" zu ihrem Objekt befreit. In der heutigen Situation ist davon nur noch höchst selten (in der Regel von Außenseitern) die Rede, und wenn, dann nur im engeren theologischen oder religionsphilosophischen Rahmen.

Geht man davon aus, daß der Gegenstand unserer Disziplin wissenschaftlich erfaßbar sein muß, so ist in erster Linie seine historische Seite zu nennen, d.h. die Religionen treten uns primär als historische Gebilde mit ihren Überlieferungen und Manifestationen der verschiedensten Art entgegen. „Alles", sagt Rothacker, „was lebende Menschen—und andere kennen wir nicht— je von Ideellem und Werthaftem faktisch je gewußt haben und wissen werden, muß notwendig in ein einmaliges historisches Phänomen sich verwandeln, und zwar nicht etwa nur dank seiner räumlich-zeitlich-psychischen Verwirklichung in den Gedanken eines unvermeidlich historisch lokalisierten Wesens, sondern gerade auch seinem Gehalte nach"[16]. Historischen Gebilden gegenüber existieren historische Methoden und so ist es primär diese Methode, die der Religionswissenschaft zur Verfügung steht und der sie sich bei ihrer Arbeit in der Hauptsache bedient. Dies bedeutet zugleich, daß es die Religionsgeschichte (histoire des religions, History of Religions) ist, die die Basis der Religionswissenschaft bildet, ja, ich gehe so weit zu sagen, daß die Religionswissenschaft auf Grund dieser Tatsache eben im Kern eine historische Wissenschaft ist (s.o.). Im Mittelpunkt ihrer Arbeit stehen die Religionen und ihre Sachverhalte als historische Erscheinungen; alle anderen Aspekte, die wir bereits anführten, sind diesem nach- oder untergeordnet. Die Religionswissenschaft übernimmt also in Gestalt der Religionsgeschichte die allgemein ausgearbeitete historische Methode mit ihren verschiedenen Arbeitsweisen, wie sie sich seit dem 19.Jh. herausgebildet haben. Darüber gibt es kaum große Diskrepanzen in unserer Disziplin, und die Sachlage ist seit J. Wach ziemlich geklärt. Daß die Geschichtswissenschaft selbst ihre Probleme hat und in einer ständigen Methodendiskussion steht, ändert daran nichts, im Gegenteil es wäre zu wünschen, daß sich die Religionswissenschaft aktiv daran beteiligt. Bei der Anwendung der historischen

---

[16] E. Rothacker, *Geschichtsphilosophie*, München-Wien 1971 (Überarbeitete Fassung aus dem „Handbuch der Philosophie", Abt. IV, Beitrag F), S. 27.

Methode durch die Religionsgeschichte treten natürlich spezielle Probleme auf, die dazu führen daß sie gewisse Abwandlungen und Erweiterungen erfährt, die der religionsgeschichtliche Gegenstand erforderlich macht, und über die ebenfalls schon J. Wach gehandelt hat[17].

Wie erwähnt, hat es die Religionswissenschaft auch mit der soziologischen und psychologischen Seite der Religionen zu tun, wofür sie der Hilfe von Seiten der Soziologie (bes. auch der Sozialgeschichte) und Psychologie bedarf; das gleiche gilt für die Probleme, die sich auf philologisch-literarischem oder ästhetischem Gebiet seines Gegenstandes für den Religionshistoriker einstellen. So ist es eine Kombination von Untersuchungsmethoden, der er sich bedienen muß, meist in enger, ungetrennter Verbindung ohne primäre Methodendiskussion, die sowieso erst bei der Beschäftigung mit den Sachen aufbricht und nicht a priori gelöst werden kann[18]. Diese spezifische Kombination von Methoden ist zwar nicht alleinige Eigenart der Religionswissenschaft, ihr aber besonder auf den Leib geschrieben und so auch ein Zeichen ihrer Sonderstellung, die ihr oft etwas Zwitterhaftes und Unselbständiges verleiht. Ihr daraus aber einen Vorwurf zu machen, ist ungerechtfertigt. Denn, wie gesagt worden ist, „jede Wissenschaft befindet sich gegenüber allen anderen Wissenschaften im Status einer Hilfswissenschaft, ohne damit ihre relative Autonomie zu verlieren"[19].

Nun wird der Fachspezialist, bes. der Philologe und Ethnologe, fragen, was zeichnet den Religionshistoriker vor ihm aus, der er selbst häufig mit religionsgeschichtlichen Problemen beschäftigt ist und bei deren Lösung er die gleichen Methoden anwendet wie der Religionshistoriker im allgemeinen. Um darauf

---

[17] *Religionswissenschaft*, S. 137 ff. Vgl. darüber auch M. Smith, *Historical Method in the Study of Religion*, in: On Method in the History of Religions, ed. by Y. S. Helfer = History and Theory. Studies in the Philosophy of History, Beiheft 8, 1969, S. 8–16, und meinen Aufsatz *Das Problem einer Entwicklung in der Religionsgeschichte*, in: Kairos 13, 1971, S. 95–118. (s.u. S. 121–156). Über die historische Methode vgl. meinen Beitrag „The Position of Source Research in Religious Studies", in: L. Honko, Ed., Science of Religion. Studies in Methodology, The Hague 1979, 98 ff; 68ff. unten S. 68ff.

[18] Vgl. dazu sehr klar N. Hartmann, *Das Problem des geistigen Seins*, Berlin³ 1962, S.29 ff. „Es gibt keine vorgreifende Methodenerkenntnis vor der Sacherkenntnis, deren Methode sie zum Gegenstand macht" (30). „Jede Wissenschaft arbeitet unausgesetzt an ihrer Methode ..., indem sie ganz an ihr Objekt hingegeben ist". „Die Methode erwächst ihr unter den Händen in der Arbeit an der Sache" (31). Schon Goethe bemerkte: „Zur Methode wird nur der getrieben, dem die Empirie lästig wird" (Artemis-Gedenkausgabe, 9, 652).

[19] K. G. Faber, *Theorie der Geschichtswissenschaft*, München 1971, S. 43.

eine Antwort zu geben, bedarf es noch der Diskussion einer weiteren in der Religionswissenschaft heimischen Methode, der vergleichenden oder systematischen bzw. phänomenologischen.

Auch hier ist es der Gegenstand selbst, der einen solchen Einsatz von Methoden erforderlich macht! Der Religionswissenschaftler stößt bei seiner Arbeit auf Zusammenhänge, Analogien, Ähnlichkeiten, gleichlaufende Prozesse, die ihn veranlassen, die ursprünglich aus der Sprachwissenschaft stammende vergleichende Methode anzuwenden, um seinem Objekt voll gerecht werden zu können. Auf dieser Ebene liegen die eigentlich theoretischen Probleme der Religionswissenschaft. Es ist vor allem diese sogenannte „Vergleichende Religionswissenschaft", die einem ständigen Kreuzfeuer der Kritik von Seiten der Historiker, Philologen u.a. ausgesetzt ist[20]. Nun ist zunächst festzustellen, daß die vergleichende Methode eine legitime Arbeitsweise mehrerer Geisteswissenschaften ist und ihre Probleme also nicht auf die Religionswissenschaft beschränkt sind. Ich möchte hier vor allem auf die Diskussion im Raum der Geschichtswissenschaft selbst aufmerksam machen, von der die Religionswissenschaft viel mehr profitieren kann, als sie es bisher getan hat[21]. Dabei läßt sich beobachten, daß die vergleichende Arbeitsweise als eine historische systematische Methode verstanden wird, die als wichtiges heuristisches Mittel der Gegenstandserkenntnis fungiert. Sie steht in unmittelbarem Zusammenhang mit der Herausarbeitung von Typen und Strukturen, d.h. sie ist an Klassifizierungen und generellen Aussagen interessiert, ohne wie gleich zu sehen ist, eine völlig generalisierende Arbeitsweise zu sein. Ohne hier näher darauf eingehen zu können, scheint es mir doch angebracht, darauf hinzuweisen, daß die Vergleichung in der Geschichtswissenschaft zunächst als ein Instrument verstanden wird, zu „genauen Unterscheidungen" vorzudringen[22]. Schon E. Troeltsch sagte: „Die Vergleichung kann wohl helfen, die Eigentümlichkeiten besser zu erfassen ...[23]". Der Historiker Th. Schieder stellt ihr zwei Hauptaufgaben: „einmal die Herausbildung

---

[20] Vgl. zuletzt J. Z. Smith, *Adde parvum parvo magnus acervur erit*, in: History of Religion II/I, 1971, S. 67–90; *Map is not Territory*, Leiden 1978, S. 208ff., 240ff.
[21] Vgl. z.B. Th. Schieder, *Geschichte als Wissenschaft*, München 1965, S. 187 ff.; R. Wittram, *Das Interesse an der Geschichte*, Göttingen 1958, S. 46 ff.; E. Rothacker, *Die vergleichende Methode in den Geisteswissenschaften*, in: Ztschr. f. vergl. Rechtswissenschaft 60, 1957, S. 13 ff.; F. Hampl u. J. Weiler, *Vergleichende Geschichtswissenschaft*, Darmstadt 1978.
[22] Wittram, a.a.O. S. 50.
[23] *Der Historismus und seine Probleme* I, Tübingen 1922, S. 191, zitiert bei Schieder, a.a.O. S. 198.

von historischen Individualitäten durch Abgrenzung von anderen oder Konfrontation mit anderen; und dann die Erarbeitung allgemeiner Begriffe durch vergleichende Zusammenschau ihrer einzelnen historisch-individuellen Erscheinungsformen"[24]. Und in gleicher Weise sagt Wittram: „Wenn man das Ganze in Betracht zieht, wird das Vergleichen immer dazu führen, daß man die Unterschiede genau wahrnimmt und gerade das Andersartige schärfer herausarbeitet. Erst wenn man alles herausgeholt hat, was die Individualität der geschichtlichen Erscheinung ausmacht, wird man in die Hand nehmen dürfen, was eben doch noch gemeinsam ist, wird es wägen und bezeichnen dürfen"[25]. Schieder nennt letzteres den „synthetischen Vergleich", der zur „Konstituierung von synthetischen Einheiten geschichtlichen Lebens" fähig ist (wozu die Bildung von „Typen" dient). Demgegenüber geht es beim „individualisierenden Vergleich" um die Herausarbeitung der Verschiedenheit, der Differenz[26]. Der Historiker muß sich nur dessen bewußt bleiben, „daß der Vergleich und die vergleichende Methode dienende Funktion besitzen und niemals Zweck an sich sein dürfen"[27]. Schieder gibt auch 6 Grundregeln an, die bei dem Vergleichen zu beachten sind[28]. Darunter ist hervorzuheben, daß einmal die durch die synthetische Vergleichung gewonnenen „Einheiten höherer Ordnung" nicht mit den Idealtypen gleichgesetzt werden dürfen, da sie durchaus als historisch real aufgefaßt werden, zum anderen — und das ist eine der wichtigsten Grundregeln — „die in Vergleich gesetzten historischen Phänomene müssen in irgendeiner Weise verifizierbaren Sinneinheiten angehören, zu denen wir Kulturkreise, soziale Strukturen, Epochen, Staaten und Nationen, mit Vorbehalt auch morphologische Verwandtschaften im Sinne der Kulturlehre Spenglers oder Toynbees rechnen können"[29]. Und noch etwas:

---

[24] A.a.O.S. 199.
[25] A.a.O.S. 50.
[26] A.a.O.S. 201.
[27] Ebd. S. 209. Vgl. auch Wittram S. 50: „Vergleiche müssen ihren methodischen und heuristischen Charakter behalten, und damit eine Nähe zu den Objekten, die es verhindert, daß die Gegenüberstellung sich zu einem Gedankenspiel verflüchtigt".
[28] A.a.O.S. 209 ff.
[29] Ebd. S. 210. Vgl. auch Wittram S. 50: Punkt 2: „Der Vergleich ist sinnvoll nur dort, wo wir Gemeinsamkeiten voraussetzen dürfen, seien es Gemeinsamkeiten der zeitgenössischen Zuordnung oder einer Zusammengehörigkeit, die alle Grade vom Ostensiblen bis zum Hintergründigen haben kann und keineswegs auf ein Entwicklungsschema bezogen zu sein braucht".

„Vergleiche sind nur möglich, wenn unser Überblick so weit und allgemein geworden ist, daß wir die Zustände in ihren Grundzügen erkennen ..."[30]. Vergleiche dieser Art „setzen Forschungsergebnisse vieler Geschlechter voraus"[31]. Kein Geringerer als Georg Wissowa hat im Vorwort zu seiner klassischen Monographie über „Religion und Kultus der Römer", eine der besten religionsgeschichtlichen Werke, die es gibt, gegenüber der zu seiner Zeit üppig ins Kraut geschossenen vergleichenden Mythenforschung verlangt, „daß man nur solche Objekte vergleiche, die vorher, ein jedes für sich, nach allen Regeln wissenschaftlicher Kritik und ohne Rücksicht auf die spätere Vergleichung festgestellt sind, nicht aber der Vergleichung zuliebe die Tatsachen zurechtbiege und zurechtschiebe oder die schlechte Überlieferung der guten darum vorziehe, weil sie allein zur Vergleichung sich eignet; so einleuchtend und selbstverständlich diese Forderung ist, so oft wird gegen sie gesündigt"[32]. Am gleichen Ort hat er die berechtigte Frage gestellt, die die vergleichende Religionswissenschaft zu oft vernachlässigt und sich damit in Mißkredit gebracht hat, „ob denn 'Religiosität' wirklich ein völlig feststehender und für alle Zeiten und Völker konstanter Begriff ist". „Wer freilich meint", fährt er fort, „daß die Religionen der Griechen, Römer, Inder usw. nur durch den Stoff verschieden seien, im übrigen aber allesamt dieselbe Art der Betrachtung zulassen oder erfordern, mit dem wird schwer eine Verständigung zu erzielen sein"[33]. Auf diesen Punkt hat Th. P. van Baaren den Finger gelegt, und Ugo Bianchi hat es gleichfalls getan[34]. Dies sind Bedingungen sine qua non jeder ernsthaften vergleichenden Religionswissenschaft.

Worauf es nun aber zunächst einmal ankommt, ist nicht, diese häufigen „Sünden" der vergleichenden Methode anzuführen, sondern zu zeigen, daß die Vergleichung, um mit Schieder zu

---

[30] Wittram S.50.
[31] Ebda.
[32] 2. Auflage München 1912 (Unveränd. Nachdruck 1971). S. IX.
[33] ebd. S. VIII.
[34] A.a.O. (s.o.A. 6), S. 23: „the religions are not all religions in the same meaning of this term ... the religions are no ‚species' of a ‚genus' that would precisely be religion". Daher sagt *R. van Dülmen* (*Religion und Gesellschaft*, 220) m.h.: „Religion, Religiosität bzw. religiöse Phänomene lassen sich inhaltlich und formal also nicht generell aus sich selbst bestimmen, sondern nur in der sozialen Ordnung adäquat beschreiben und analysieren, in der sie konkrete Erscheinungsformen hervorbringen und in der sie für den Menschen und die Gesellschaft Wirklichkeit sind als religiöse Institution und gesellschaftliches Bewußtsein."

reden, „keine neue Gattung, sondern nur eine Methode begründet, die neben andere methodische Untersuchungsweisen tritt"[35]. Die Vergleichende Religionswissenschaft ist also ein integrierender Bestandteil der Religionswissenschaft, der auch nicht von der Religionsgeschichte loslösbar ist, sondern nur in enger Zusammenarbeit mit ihr zu wirklich fruchtbaren Ergebnissen kommen kann, die auf Allgemeingültigkeit Anspruch erheben können. Arbeitet die Religionsgeschichte vorwiegend diachron, so die vergleichende Religionswissenschaft synchron; beide Arbeitsweisen gegeneinander auszuschließen, halte ich für eine gefährliche Tendenz — denn sie zerstört unsere Disziplin und ihren Anspruch auf vollgültige, universale Erkenntnis ihres Gegenstandes. Daß diese Gegenstandserkenntnis immer unabgeschlossen ist, — dieses „Undsofort" — gehört zum Wesen der Dinge, wie sich Husserl einmal ausdrückte[36] und ist jeder wissenschaftlichen Bemühung eigen.

Es erhebt sich jetzt die Frage nach der Rolle der sog. systematischen bzw. phänomenologischen Religionswissenschaft. Dazu ist nach dem eben Dargelegten zu sagen, daß die systematische Religionswissenschaft, wie sie mustergültig von Th. P. van Baaren konzipiert worden ist, keine grundsätzlich andere Aufgabe hat, als durch die Vergleichung das Material zu ordnen, zu klassifizieren oder zu „systematisieren" und damit tiefer zu verstehen, d.h. ihre Methode ist die der Vergleichung, ohne die nicht „systematisiert" oder „sortiert" werden kann. Die systematische Religionswissenschaft ist also im Kern eine vergleichende Religionswissenschaft bzw. mit dieser identisch[36a]. Versteht man Systematik nicht in Analogie zur sog. systematischen Theologie, die eigentlich dogmatische oder normative Theologie ist und so heißen sollte, sondern im Sinne der systematischen Geisteswissenschaften, die den Einzelwissenschaften gegenüber stehen und

---

[35] A.a.O.S. 210 f.
[36] Nach C. A. van Peursen, *Phänomenologie und analytische Philosophie*, Stuttgart 1969 (Urban-Bücher 123), S. 152.
[36a] Anders bei H. Seiwert, ZMR 61, 1977, 1–18. Nach ihm ist die Systematik eine generelle Forschungsrichtung neben der historisch-idealisierenden, da sie auf Regel und Gesetzmäßiges ausgerichtet sei; dies schließe aber ein anderes Erkenntnisziel ein, als es die vergleichende Methode anstrebt. Die Unterscheidung sei also durch das *telos* bedingt nicht durch die Methode. Ich bin anderer Meinung und möchte daran anknüpfen, daß auch in der Geschichtswissenschaft die systematische Betrachtung heimisch ist, bzw. nicht als etwas Fremdes betrachtet wird. Seiwert ist allerdings wie ich der Auffassung, daß die Identität der Rw als eigenständiger Disziplin erst durch die „systematische Rw gewährleistet ist" (a.a.O.S.4).

auf Grund des geschichtlich-gesellschaftlichen Lebens allgemeine Zusammenfassungen und Theorien entwickeln, eben durch methodische Vergleichungen[37], so ist die systematische Religionswissenschaft nur ein anderer Name für vergleichende Religionswissenschaft und insofern würde ich nicht, wie Th. P. van Baaren sagen[38], daß die systematische Religionswissenschaft kein historisches Fach ist, weil sie systematisch arbeitet und die empirische Forschung hinter sich läßt, sondern vorsichtiger von einem geschichtswissenschaftlichen Arbeitsbereich, der primär die vergleichende-historische Methode mit ihren systematisch-theoretischen Implikationen anwendet. Wenn nach J. Habermas für die systematischen Geisteswissenschaften „die methodologische Grundlage der historischen offensichtlich zu schmal" ist, um „gesetzmäßige Beziehungen zwischen empirischen Größen" zu analysieren, so bleiben aber auch sie, sofern sie historische Wissenschaften sind — der historischen Grundlage verhaftet[39]. Doch führt dies unmittelbar in die hermeneutische Debatte, auf die ich hier aus Zeitgründen nicht eingehen möchte. Jedenfalls scheint mir der Unterschied zwischen systematischen und historischen Wissenschaften nur relativ und nicht grundsätzlicher Natur zu sein, da weder der Historiker noch der Systematiker (Theoretiker) ohne Zuhilfenahme der Arbeit und der Überlegungen des anderen zu Rande kommt[40]. Dies gilt auch für die Religionswissenschaft.

Die als Ziele sog. systematischer Untersuchungen gestellten Theoriebildungen, seien es die Aufstellung von Gesetzen, Regeln,

---

[37] Eine merkwürdig konfuse Terminologie stellt in dieser Hinsicht H. Seiffert, *Einführung in die Wissenschaftstheorie* 2, S. 152 ff. auf, indem er in den alten Fehler zurückfällt, systematisch mit „normativ" oder gar „praktisch" gleichzusetzen (systematische Wissenschaften sind dann sog. „Handlungs"-Wissenschaften, S. 155, 185). Die vergleichende Methode, die seit über 150 Jahren in der Geschichtswissenschaft heimisch ist, kommt überhaupt nicht in den Blick, und auch was über das „Historische" gesagt wird (158 ff.), zeigt, daß der Verf. wenig Ahnung von historischen Fragestellungen hat.
[38] *Inleiding tot de systematische Godsdienstwetenschap*. 2. Fassung (vervielfältigtes Exemplar), S. 12.
[39] *Erkenntnis und Interesse*, S. 232 f. H. spricht hier selbst „vom Boden der Universalgeschichte", von der sich diese Wissenschaften nicht einfach ablösen lassen.
[40] Vgl. Faber, *Theorie* S. 43 f: „Weil aber ... der Historiker zur Erklärung der Geschichte ohne systematisierende Denkakte nicht auskommt und weil andererseits die Vertreter der anderen Sozialwissenschaften ohne das aus der Geschichte überlieferte, quasi zeitlose Material nicht bestehen könnten, scheint der Unterschied zwischen historischen und systematischen Wissenschaften nur relativ zu sein".

Kategorien, Begriffen, Typen, Strukturen, sind m.E. jedenfalls ohne vergleichende Methode nicht erreichbar, auch wenn sie dann in einem Akt höherer Abstraktion darüber hinausgehen, was aber keine spezifisch neue Methode bedingt, es sei denn man gerät in philosophische Gewässer und damit in eine grundsätzlich andere Strömung. Auch hier belehrt uns ein Blick auf die Geschichtswissenschaft, daß die „Typologie" und „Strukturforschung" in die historische Arbeit eingebaut worden ist[41]. „Das Typisieren in der Historie", heißt es in einer der jüngsten geschichtstheoretischen Zusammenfassungen, „zielt auf das relativ Allgemeine und ist insofern eine Spielart des Spezifierens"[42]. Die von der Historik aufgestellten Typenbegriffe, wie „Simultan– oder Strukturtypus", „Kausal– oder Verlaufstypen", „Gestalttypus", „Idealtypus", „Realtypus", „Verhaltenstypus", ganz abgesehen von den unreflektierten „Kryptotypen" (zu denen der Begriff „Religion" und ein Großteil anderer gehören), sind aus dem Vergleich gewonnen und ermöglichen ihn auch immer wieder; sie haben „eine Qualität der Übersetzbarkeit"[43]. „Typen" sind „begriffliche Schemata mit heuristischer und hermeneutischer Funktion"[44]. Das gleiche gilt für den neubelebten Modebegriff „Struktur", den man früher mit System, Organisation, Ordnung, Gefüge, Prägung oder vor kurzem noch in der Ethnologie mit „Pattern" wiedergab[45]. Man hat inzwischen festgestellt, daß „Struktur" eine besondere Spielart des Simultantypus ist[46]. Seine Eruierung aus dem historischen Material dient der historischen Erkenntnis, im Falle der Religionswissenschaft, dem tieferen Verständnis der religiösen Erscheinungen in ihrer Komplexität und Zusammengehörigkeit. „Unhistorisch wird dieses Verfahren erst dann, wenn die herauspräparierten Strukturen in ihrer scheinbaren Ruhe hypostasiert werden oder wenn einer einzigen Struktur eine absolute Dominanz über alle anderen Faktoren des geschichtlichen Lebens zuerkannt wird"[47]. Eine Auseinandersetzung

---

[41] Vgl. Schieder, *Geschichte als Wissenschaft*, S. 158 ff.; *Staat und Gesellschaft im Wandel* unserer Zeit, München 1958, S. 172 ff.; Wittram, *Das Interesse*, S. 54 ff.; P. Bollhagen, *Soziologie und Geschichte*, Berlin 1966, S. 23 ff. u.ö.; Faber, *Theorie*, 89 ff.; Seiffert, *Einführung 2*, S. 146 f.; E. Betti, *Allgemeine Auslegungslehre als Methodik der Geisteswissenschaften*, Tübingen 1967. S. 95 ff.
[42] Faber, *Theorie*, s. 92.
[43] So Habermas, op. cit. S. 321.
[44] Betti, op. cit. S. 95.
[45] Vgl. Faber, a.a.O., S. 101 ff.
[46] Ebd. S. 102.
[47] Faber S. 107.

mit dem modernen französischen Strukturalismus von Seiten der Religionswissenschaft hat J. H. Kamstra geliefert[48]. Er hat zugleich gezeigt, daß damit der Religionswissenschaft nichts grundsätzlich Neues begegnet, wenn man G. van der Leeuws und einige andere religionswissenschaftliche Arbeiten in diesem Lichte besieht. Es bleibt zukünftiger Arbeit vorbehalten, eine religionsgeschichtliche Typologie auf regionalem und universalem Gebiet auszuarbeiten, die sich nicht in belanglose Spielereien (wie etwa bei Mensching) verliert und ebenso eine religionswissenschaftliche Struktur- oder „Gefüge"-Forschung in Angriff zu nehmen, die geschichtswissenschaftlichen Ansprüchen genügt. Allein auf diese Weise können sie als generelle Instrumente umfassender Gegenstandserkenntnis der Religionswissenschaft dienen.

Es bleibt uns noch übrig, etwas über die „Phänomenologie der Religion" oder die phänomenologische Methode zu sagen. Ich habe absichtlich vermieden, diese Termini bisher großzügig anzuwenden, da ich sie für sehr problematisch halte. G. van der Leeuw hat den Begriff „Religionsphänomenologie" in einer m.E. sehr singulären und nur von ihm so konzipierten Weise in die Religionswissenschaft einbauen wollen, die es eigentlich voraussehen ließ, daß sie entweder den Rahmen der Religionswissenschaft stark verändern oder sich selbst außerhalb der Religionswissenschaft stellen würde[48a]. Ohne dies näher ausführen zu können, liegt dies einmal an den theologisch-religionsphilosophischen Zielsetzungen v. d. Leeuws, zum anderen an seiner engen Bindung an die phänomenologische Methode Husserls und Heideggers, die er, geleitet von einem zunächst rein strukturpsychologischen Ansatz her, in sehr origineller Weise in die religionswissenschaftliche Arbeit einfließen läßt. Beides belastet natürlich die Religionswissenschaft mit einer nicht leicht zu bewältigenden Hypothek, und so nimmt es nicht wunder, daß es keinen strengen Nachfolger van der Leeuws in der Religionswissenschaft geben konnte. Alle späteren Religionsphänomenologen weichen entweder grundsätzlich von ihm ab oder verwenden den Begriff „Phänomenologie" in einer sehr einfachen, dem ursprünglichen

---

[48] Structuralisme en Godsdienstwetenschap, in: Tijdschrift voor filosofie 31, 1969, S. 706–731. Vgl. auch A.M.G. van Dijk, Etnocentrisme, zending en godsdienstwetenschap, in: Vox Theologica 42, No. 4, Juli 1972, S. 182–202. Zur Strukturalismuskritik s. meine Bemerkungen bei L. Honko (Hrsg.), Science of Religion, 102 f. (betr. Dumézil und Lévi-Strauss).

[48a] Über v.d. Leeuw s. Waardenburg, Religion between Reality and Idea (s.o. A.1), S. 161–183, O. Petterson/H. Åkerberg (Hg.), Interpreting Religious Phenomena, Stockholm 1981 (Acta Univ. Lund. Sectio I, 36), S. 23–31

Wortsinn gemäßen Weise, nämlich für Vergleichende oder Systematische Religionswissenschaft[49]. Inzwischen haben sich sogar Stimmen gemeldet, die kritisch überprüfen, in wie weit die Phänomenologie überhaupt eine religionswissenschaftliche Methode sein kann[50]. Wie auch immer man über ihren Wert denken mag, so bleibt doch m.E. festzustellen, daß entweder die Beibehaltung der van der Leeuw'schen Zielstellung und Arbeitsweise die Religionswissenschaft um eine dritte Methode (neben der historischen und vergleichenden), eben die phänomenologische, ergänzt wird, oder „Religionsphänomenologie" wird, wie schon bei Chantepie de la Saussaye, ein wohlklingender Name für Vergleichende Religionswissenschaft. Ich selbst entscheide mich für das letztere, und zwar aus folgenden Gründen: einmal weil die Methode der Phänomenologie, wenn man von van der Leeuw absieht, im Grunde genommen die vergleichende bzw. systematische ist, zum anderen sie nur in diesem Verstande die Einheit der Religionswissenschaft als einer geschichtswissenschaftlichen Disziplin gewährleisten kann. Die Phänomenologie van der Leeuws führt nämlich—trotz gegenseitiger Beteuerungen—auf ihre Weise die Religionsphilosophie wieder in die Religionswissenschaft ein, quasi durch eine Hintertür und sprengt damit das Gebäude der Religionswissenschaft. Verwendet man Husserls Arbeitsweise (bei van der Leeuw paradoxerweise mit einem psychologischen Gedankengang verknüpft), dann muß man

---

[49] Vgl. z.B. Th. P. van Baaren, *Inleiding* (s.A. 38), S. 9 f.; G. Widengren, *Religionsphänomenologie*, Berlin 1969, S. I (vgl. meine Bemerkungen in der ThLZ 69, 1971, Sp. 243). Stärker an die phänomenologische Tradition v. d. Leeuws lehnt sich K. A. H. Hidding an (*Godsdienstfenomenologie en filosofie*, in: Vox Theologica 42, 1972, No. 4, S. 168–181). Über van Baaren und Hidding vgl. Waardenburg, a.a.O. S. 190 ff. und 196 ff.

[50] H. H. Penner, *Is Phenomenology a Method for the Study of Religion?* In: Bucknell Review 38, 1970. S. 29–34 (ich verdanke Koll. J. M. Robinson eine Kopie dieses Aufsatzes); zustimmend J. Z. Smith, a.a.O. (s. Anm. 20), S. 80 A. 39. Penner setzt sich in der Hauptsache nur mit Husserl auseinander, leider nicht mit der praktischen Anwendung seiner Methode durch die Religionsphänomenologie, vor allem durch v. d. Leeuw. „Its purpose would remain ‚critical clarification'" (34). Insofern sei sie kein Feind der Natur– oder Kulturwissenschaften. Eine „Phänomenologie der Religion" könne im Geiste Husserls nur bleiben „Ideas Toward a Phenomenology of Religion". Abgesehen von den Arbeiten Th. P. van Baarens hat sich P. Lambrechts sehr scharfsinnig und kritisch mit *De fenomenologische Methode in de Godsdienstwetenschap* (Med. van de Kon. Vlaamse Acad. v. Wet., Lett. en schone Kunsten v. België, K. der Lett. Jg. XXVI, 1964, Nr. 6, S. 1–49) an Hand konkreter Einzelbeispiele aus der Spätantike beschäftigt. Der Drang der Phänomenologie zur Synthese und Verallgemeinerung läßt allzuoft die kritische und geduldige Behandlung der Dokumente zu kurz kommen (44). Vgl. oben S. 53 die Zitate von Wissowa!

„Wesensschau" treiben, Wesenheiten betrachten, eidetisch reduzieren usw., auch wenn man sich formal davon abzugrenzen sucht[51]. Es kann sein, daß für die Theologie die Phänomenologie van der Leeuws eine bequeme Einstiegsmöglichkeit in die Religionswissenschaft ist (die Arbeiten von einigen Theologen dazu sind sehr aufschlußreich, bes. die von Jan Hermelink[52]). Aber von religionswissenschaftlicher Seite her möchte ich dies ablehnen, um der Selbständigkeit unserer Disziplin willen, die sich lange genug in den Klammern von Theologie und Religionsphilosophie befunden hat. Ich bin der Meinung, daß der oft beschworene und beklagte Dualismus von Phänomenologie und Religionsgeschichte, den Pettazzoni klar gesehen hatte, auf van der Leeuw in erster Linie zurückgeht und nur durch Rückkehr auf die ursprünglichen Ziele der Vergleichenden Religionswissenschaft zu beseitigen ist.

Ein kurzer Blick auf einige neuere Bemühungen um die Phänomenologie soll das illustrieren. *G. Widengren* z.B. handelte kürzlich über die „Vergleichende Methode zwischen

---

[51] Ich verweise hierfür auf die ausgezeichnete Einführung von C. A. van Peursen, *Phänomenologie und analytische Philosophie*, Stuttgart 1969 (Urbanbücher 123). Vgl. auch R. Boehm, *Vom Gesichtspunkt der Phänomenologie*, Den Haag 1968, bes. S. 5 ff., 119 ff., 186 ff.
Waardenburg, a.a.O. (S. 168 A. 105, 171 A. 111, 201 A. 183) sieht keine nähere Bekanntschaft v. d. Leeuws mit der Phänomenologie Husserls und stellt stattdessen die Abhängigkeit von der Strukturpsychologie seiner Zeit sehr deutlich heraus. Ohne letzteres einzuschränken, liegt doch dieser Einfluß offen zutage (vgl. bereits E. Hirschmann, *Phänomenologie der Religion*, 1940, S. 95 ff.) und zeigt eine psychologische Grundlegung der Religionsphänomenologie, wie sie seit Schleiermacher üblich ist (am „Erlebnis" orientiert), bin ich der Auffassung, daß bei v. d. Leeuw ebenso direkt (er nimmt ausdrücklich Bezug auf Husserl und Heidegger: *Phänomenologie der Religion*, I, Aufl. 1933, S. 640, 641, 642; *Einführung in die Phänomenologie der Religion*, 1925, S. 4 Anm. I) und indirekt die zeitgenössische philosophische Phänomenologie eingewirkt hat, vor allem mit ihrer Methode und Terminologie der Sinnfindung durch eidetische Reduktion, bei ihm natürlich nicht im Dienste einer Bewußtseinslehre (vgl. *Einführung* S. 7 A. 1!), sondern angewandt auf den Gegenstand (Geschichte und Erlebnis) der Religionswissenschaft mit dem Ziel, hinter den Sinn, das „Wesen" der Phänomene zu kommen, dabei geleitet von einem strukturpsychologischen Ansatz (der Husserls Intention natürlich umbiegt) und einer verkappten „natürlichen Theologie". Waardenburg hat auch nicht den Einfluß der sog. „Lebensphilosophie" auf v. d. Leeuw beachtet, obwohl er Dilthey und Spranger anführt. „Leben" ist, neben „Macht", ein häufiger term. techn. bei v. d. Leeuw! Eine gründliche Analyse seines Werkes (einschließlich des unveröffentlichten Teiles in Groningen) ist ein dringendes Desiderat.
[52] Verstehen und Bezeugen. Der theologische Ertrag de *Phänomenologie der Religion* von Gerardus van der Leeuw, München 1960. Vgl. auch Waardenburg, a.a.O. S. 176 ff.

Philologie und Phänomenologie"⁵³, ohne deutlich zu sehen, daß das, was er unter letzterer verstand, einfach die Vergleichende Religionswissenschaft ist, nicht die Religionsphänomenologie van der Leeuws. Religionsphänomenologie ist für ihn systematische Ordnung und Bedeutungsanalyse, ohne die historischen Tatsachen zu verletzen und unter starker Einbeziehung der Philologie. Die phänomenologische Methode basiert, sagt er, auf Philologie und vergleichender Methode, die sich wie zwei aufeinander folgende Stadien verhalten⁵⁴. Die vier von ihm aufgeführten Stufen (Beschreibung der Tatsachen, Systematisierung derselben, Interpretation und Aufstellung eines Typs, einer Struktur o.ä.) decken sich völlig mit der von uns dargelegten Arbeitsweise der Vergleichenden Religionswissenschaft. Es fragt sich bloß, ob Punkt 2 und 3 (Systematisierung und Interpretation) so abzugrenzen sind; die ersten 3 Punkte sind m.E. vielfach in einem Arbeitsgang verbunden, nur der letzte ist eine neue Stufe. Also:

1. Philologisch-historische Arbeit mit Beschreibung, Ordnung und Deutung.
2. Vergleichung, Typisierung etc.

Ähnliches läßt sich auch hinter den beachtenswerten Ausführungen von Å. *Hultkrantz* ablesen⁵⁵. Auch für ihn ist die Religionsphänomenologie nur sinnvoll mit dem „Gefühl für die historische Perspektive". Sie hat nach ihm drei Aufgaben: 1. Die Suche nach Formen und Strukturen der Religionen und letztlich der Religion, 2. der Versuch, die religiösen Phänomene zu verstehen, 3. die Ausstattung der Religionsgeschichte mit einem Sinn, in dem sie diese zusammenhält und sie zu einer alle Religionen umspannenden Disziplin macht. Der 3. Punkt scheint mir tatsächlich wesentlich zu sein: erst die Vergleichende Religionswissenschaft oder Religionsphänomenologie erhebt die Religionsgeschichte zu einer universalen Disziplin, die sie von den anderen Fachrichtungen deutlicher unterscheiden läßt. Daß die Vergleichende Religionswissenschaft nicht von vornherein im allgemeinsten Sinne, d.h. global arbeitet, sondern sich zunächst auf bestimmte Bereiche und Kulturzonen beschränkt, d.h. regional

---

⁵³ *La méthode comparative entre philologie et phénoménologie.* In: Numen XVIII, 1971, S. 161–172, und Problems and Methods of the History of Religions (s.o. Anm. 6), S. 3–14. Vgl. dazu Petterson/Åkerberg, a.a.O. S. 69ff.
⁵⁴ Ebd. S. 14.
⁵⁵ *The Phenomenology of Religion. Aims and Methods,* in: Temenos 6, 1970, s. 68–88. Vgl. dazu auch Petterson/Åkerberg, a.a.O., S. 56ff.

arbeiten soll, ist von Hultkrantz sehr deutlich hervorgehoben worden[56]. Wir müssen tatsächlich wieder lernen, die Vergleichung bescheidener anzuwenden, die „regionale Phänomenologie", wie sie Hultkrantz, I. Paulson u. A. geübt haben, vor der „globalen" zu bevorzugen, um ein tragfähiges Gerüst für universale Vergleiche zu erhalten. Wenn Hultkrantz dann die Arbeitsweise der Phänomenologie beschreibt mit: Inventarisierung, Identifizierung, Klassifizierung, Vergleichung und Systematisierung[57], so meint er genau die Methode der Vergleichenden Religionswissenschaft, wie ich sie verstehe. Auch für sie besteht das Ziel darin, adäquate und sinnvolle Definitionen zu formulieren[58], die für die *religionsgeschichtliche* Arbeit von erheblichem Nutzen sein können. Dazu bedarf es also keinerlei religionsphilosophischer Kategorienlehre i.S. Paul Tillichs[59].

Auch bei *C. F. Bleeker* ist das Bemühen deutlich, den Beitrag der Phänomenologie für die Religionsgeschichte herauszustellen und beide Arbeitsrichtungen in engen Zusammenhang zu bringen[60]. Allerdings ähnelt seine Auffassung der van der Leeuws viel stärker, und er legt daher Wert auf die Unterscheidung von Vergleichender Religionswissenschaft und Religionsphänomenologie, zu denen er noch als bes. Abteilungen Religionsgeschichte und Allgemeine Religionsgeschichte stellt: also gar 4 Arbeitsbereiche! Wenn Bleeker formuliert: Phänomenologie der Religion „is a systematization of historical facts in order to grasp their religious value"[61], so ist der Unterschied zur Vergleichenden

---

[56] Ebd. S. 82 f., 85 ff.
[57] Ebd. S. 84.
[58] Ebd. S. 86.
[59] Ich beziehe mich hierfür auf seine *Religionsphilosophie*, die 1925 im 2. Band des Lehrbuchs der Philosophie, hrsg. von M. Dessoir, S. 769–835, erschien und jetzt im 1. Band seiner Gesammelten Werke (*Frühe Hauptwerke*), Stuttgart 1959, S. 295–364, abgedruckt ist (gesondert auch als Urban-Buch 93 im Kohlhammer-Verlag, Stuttgart, 1962 erschienen). Tillich handelt hier u.a. von der Religionsphilosophie als „Lehre von der religiösen Funktion und ihren Kategorien" (773), die er im 2. Teil näher beschreibt (820 ff). Diese Arbeit läßt sich ohne die Berücksichtigung der Vergl. (Systemat.) Religionswissenschaft nicht sachgemäß durchführen und nicht durch philosophische Intuition ersetzen. Diese Abgrenzung von Tillich ist nötig, um seinen hervorragenden, vielfach treffsicheren Formulierungen gerecht zu werden und den ihnen zukommenden Stellenwert zu erkennen.
[60] Vgl. ob. Anm. 4. Zuletzt in: *Problems and Methods* (ob. Anm. 6), S. 35–45 u.d.T. *The Contribution of the Phenomenology of Religion to the Study of the History of Religions*. Ferner seine Besprechung von Widengrens Religionsphänomenologie in der Bibl. Orient. XXVIII, 1971, S. 302–307, u.d.T. *Wie steht es um die Religionsphänomenologie?* Vgl. jetzt auch Waardenburg, a.a.O. S. 183 ff.
[61] *The Contribution*, S. 41.

Religionswissenschaft nicht grundlegend. Denn jede Vergleichung geht nicht im bloßen Vergleichen oder Klassifizieren auf, sondern führt direkt zur Frage nach Sinn und einem tieferen Verständnis der „Phänomene", bzw. führt unmittelbar zu ihr hin; denn dies ist ja das Telos der Vergleichung! Mißverständlich ist nur die Formulierung „religiöser Wert", da sie nicht klar macht, welche „Wertbeziehung" damit gemeint sein soll. Offenbar ist dies aus der dreifachen Aufgabenstellung zu ersehen, die Bleeker der Religionsphänomenologie zuspricht: *theoria*, *logos* und *entelecheia* der religiösen Phänomene zu untersuchen[62]. Mit welchen methodischen Hilfsmitteln dies aber erfolgen soll, führt er leider nicht weiter aus. Hier scheint er offenbar an die phänomenologische „Wesensschau" zu denken, wie sie van der Leeuw vorschwebte. Der Beitrag, den die Religionsphänomenologie nach ihm für die Religionsgeschichte leisten kann, ist dagegen sehr treffend beschrieben und berührt sich eng mit der Auffassung von Hultkrantz:[63]

1. Klärung der Grundlagen und Voraussetzungen der Religionsgeschichte.
2. Schärfung des Blickes für die spezifische Natur von Religion bzw. ihres autonomen Wertes.
3. Klärung des Sinnes eines religiösen Phänomens.
4. Einsicht in Wesen und Struktur eines religiösen Phänomens.
5. Klärung des Religionsbegriffes, den der Historiker verwendet.

Alle diese Punkte lassen sich allerdings ohne historische Rückfrage nicht behandeln, wenn sie nicht ins Wesenlose hineinstoßen wollen. Es ist, wie ich sagen möchte, ein dialektisches Arbeiten, das den Religionswissenschaftler vor dem Fachspezialisten auszeichnet.[64]

---

[62] Ebd. S. 42. Einen Niederschlag hat diese Aufgabenstellung in dem von Bleeker und Widengren betreuten Handbuch *Historia Religionum*, 2 Bde. Leiden 1969/1971, gefunden, zu dem Bleeker auch ein Epilogomena verfaßt hat (II, 642 ff.). Vgl. Anm. 64.

[63] Ebd. S. 43 ff.; vgl. damit Hultkrantz a.a.O. S. 77 ff.

[64] Eingehend hat sich auch *H. Seiwert* in einem eigenen Beitrag zur Systematischen Rw befaßt (ZMR 61, 1971, 1–18) und zwar unter Heranziehung der analytischen Philosophie bzw. Wissenschaftstheorie (bes. Poppers, Hempels und Oppenheimers). Er sieht sie in erster Linie als generalisierende Arbeitsweise, die der Ordnung des Materials in Form von Klassifikationen, Typologien, Morphologien o.ä. dient (5). Insbesondere gehört zu ihr die Aufstellung von Theorien und deren Überprüfung (Verifikation und Falsifikation). Theorien

Damit kehre ich zu der vorhin aufgeworfenen Frage nach dem Eigenwert der religionswissenschaftlichen, speziell religionshistorischen Arbeit gegenüber der gleichlaufenden Arbeit der Fachphilologen und Regionalwissenschaftler zurück. Dieser Eigenwert dokumentiert sich gerade in dem von der vergleichenden Religionswissenschaft erhaltenen größeren Rahmen, in den der Religionshistoriker seine Forschungen zu stellen bemüht ist. Ich sehe gerade hierin den eigentlichen Beitrag, den die Religionswissenschaft für die Geschichte und Philologie leisten kann, und der ihr ein eigenes Recht auf Gehör im Kreise der Spezial- und Regionalfächer verschaffen sollte, allerdings nur unter der Voraussetzung ernsthafter, streng wissenschaftlicher und möglichst umfassend orientierter Forschung. Die Vergleichende Religionswissenschaft, die aus der religionsgeschichtlichen Arbeit selbst erwächst, stellt das Untersuchungsobjekt in eine weitere, größere Perspektive, als es der Fachphilologe oder Historiker zu stellen

---

sind Mittel der Forschung, die nicht ohne generelle Aussagen auskommt. Die Rw ist voll solcher genereller Begriffe bzw. Kategorien: Mystik, Schamanismus, Mythos, Prophetie usw. Die damit verknüpften Hypothesen oder Theorien, d.h. allgemeingültige Sätze, lassen sich mit Hilfe der von der philosoph. Wissenschaftstheorie entwickelten Überprüfungsmethoden analysieren, d.h. falsifizieren oder verifizieren. Insofern ist die syst. Rw eine wichtige Arbeitsweise, die auf die Grenzen ihrer Leistungsfähigkeit i.S. der rationalen Überprüfbarkeit ihrer Aussagen hinzielt. Sie sichert zugleich ihren empirischen und wissenschaftlichen Charakter, da Irrationales eben nicht überprüfbar ist und aus der Rw ausscheidet (10 ff, 13). Die Abgrenzung wird gegenüber Philosophie und Theologie (s.o.) geklärt. Nichtwissenschaftliche Ambitionen und Tendenzen können leicht aus der Rw eleminiert werden (17, bezogen auf meine Punkte 7 u.8). Die Auffassung von S. ist begrüßenswert, wenn ich auch nicht in allen Punkten einverstanden bin (s.o. Anm. 36). Die Forderung nach einer Theorie der Religion bw. religiöser Sachverhalte ist verständlich und grundsätzlich in das Arbeitsgebiet der Rw aufzunehmen, unter der Bedingung, daß sie sich nicht zum „Theoriegötzen" ausweitet und das „Gefüge" der historisch-philologischen. Rw zu ihren Gunsten verschiebt. Eine Überprüfung der rel.wiss. Kategorien und Theorien ist immer notwendig: sie bildet den Fortschritt oder besser die Dynamik der Rw, aber sie läßt sich ohne historisch-philologische Forschung eben nicht erledigen; hier bedarf es eben der individualisierenden Korrektur an generellen Aussagen (z.B. über Mystik). Im übrigen sind die von S. in anderem Zusammenhang näher vorgestellten 4 Erklärungsmodelle für religiöse Sachverhalte durchaus angebracht, die rel.wiss. Theoriebildung zu befördern; es handelt sich um 1. die historisch-genetische Erklärung, 2. die „motivationale" (teleologische), 3. die „funktionale" und 4. die „hypothetisch-deduktive" in: *G. Stephenson*, Hrsg., *Der Religionswandel unserer Zeit im Spiegel der Religionswissenschaft*, Darmstadt 1976, 309–322: Religiöser Wandel: Alternativen religionswissenschaftlicher Fragestellungen und Erklärungsmodelle.Ob das Vorbild wissenschaftstheoretischer Erklärungsmethode, die weithin an der Naturwissenschaft orientiert sind (E. Nagel, Hempel, Stegmüller) immer in der Rw anwendbar sind, bleibe dahingestellt und kann hier nicht mehr weiter verfolgt werden. Anregend sind sie auf jeden Fall.

gewohnt ist. Der Religionswissenschaftler, der in seiner Person immer religionshistorischer Spezialist (also Religionshistoriker im engeren Sinne) und „Komparatist" oder „Systematiker" sein sollte, da er sich nur so als eigenständig i.S. seiner Disziplin erweisen kann, ist notwendig daran interessiert, das Einzelne im Zusammenhang, sei es zunächst regional oder dann global, zu sehen. Auf diese Weise bereichert und ergänzt der Religionshistoriker die Arbeit des Philologen, Ethnologen, Soziologen oder Regionalhistorikers. Seine in großen Zusammenhängen stehenden Fragestellungen decken neue Seiten des Untersuchungsobjektes auf, zeigen Verbindungen auf, führen zur Klärung von verwendeten Begriffen oder zur notwendigen Aufstellung neuer und regen zu bisher unbekannten Problemstellungen und deren Lösung an[65]. Dergestalt wird die religionswissenschaftliche Disziplin ihre Legitimation in erster Linie unter Beweis stellen können. Jeder Religionswissenschaftler hat diese Erfahrung sicherlich in der Zusammenarbeit mit Vertretern der benachbarten Disziplinen gemacht. Fast jeder in der religionsgeschichtlichen Arbeit verwendete Terminus führt mehr oder weniger über das Spezialgebiet hinaus und so zu den universalen Fragestellungen, die einer Beantwortung bedürfen, die allein der Vergleichende Religionswissenschaftler leisten kann und sollte. So ist es die Komplexität von universaler und spezialer, globaler und regionaler Arbeitsweise, aber auch die Verschränkung von diachroner und synchroner Sicht, wenn man so sagen will, die die Religionswissenschaft auf ihrem Felde auszeichnet und zugleich ihre Selbständigkeit dokumentiert. Es ist letztlich der Gegenstand selbst, der zu dieser Arbeitsweise führt, da er nicht von einer einzelnen Spezialdisziplin, die auf nur eine Region, eine Kultur, ein Volk beschränkt ist, bewältigt werden kann,

---

[65] Dies hat U. Bianchi, a.a.O. S. 25, in gleicher Weise hervorgehoben. Vgl. auch den Beitrag A. Bausanis, *Islam in the History of Religions*, im gleichen Sammelband S. 55 ff., und das der neuen *Historia Religionum*, hrsg. von Bleeker u. Widengren, zugrundegelegte gleiche Schema (S. VII) für die einzelnen Religionen, das auf seine Art versucht, unmittelbar religionshistorische und religionswissenschaftliche Arbeit zu verbinden, inwieweit mit Erfolg, habe ich in einer Sammelbesprechung für die ThLZ 98 (1973), 401–418 untersucht, die sich mit einer Reihe erschienener religionshistorischer Handbücher beschäftigt. Zu M. Eliades großangelegtem Konzept s. unten S. 381ff. Als vorbildlich für die von mir oben aufgestellten Grundsätze von historischer und systematischvergleichender Arbeitsweise gilt mir H. Seiwert, Orakelwesen und Zukunftsdeutung im chinesischen Altertum. Eine rel.gesch. Untersuchung zur Entwicklung des Welt- und Menschenbildes während der Zhou-Dynastie. Phil. Diss. Bonn 1979.

sondern von einer viele Arbeitsgebiete umspannenden und sie zusammenführenden Wissenschaft, was im Zeitalter der zunehmenden Spezialisierung ein notwendiges und verheißungsvolles Korrektiv bedeutet.

Abschließend hierzu möchte ich noch darauf hinweisen, daß für die Vergleichende Religionswissenschaft die Aufgabe vor der Tür steht, die von der Kybernetik und Datenverarbeitung inaugurierte „multivariate Faktorenanalyse" für ihre Arbeit fruchtbar zu machen, um dadurch einerseits der zunehmenden Stoffülle besser Herr zu werden und andererseits neuen Zusammenhängen auf die Spur zu kommen, die uns bisher verborgen geblieben sind. Hiermit würde dem universalen Charakter unserer Disziplin ein weiteres Element wissenschaftlicher Analyse hinzugefügt werden. Wie sie in der Vergangenheit möglichst viele Arbeitsweisen in ihre Untersuchungen einbezog, sollte sie es auch fernerhin tun, zum Nutzen der Sache und zum Vorteil für die auch von der Religionswissenschaft abgelegte Rechenschaft über einen zentralen Bestandteil der menschlichen Kultur und Geschichte, der uns bis heute mehr oder weniger bestimmt.

Aus meinen Betrachtungen, die sicherlich im Hinblick auf den Umfang und die Kompliziertheit des Themas, nicht ganz zufriedenstellend sein können, ergibt sich mir nicht nur die relative Autonomie der Religionswissenschaft, sondern auch ihre Integrität. Sie ergibt sich nahezu logisch aus ihrem Gegenstand, der nur auf verschiedene Weise bestimmbar und verstehbar ist, wie wir gesehen haben. Zu den grundlegenden, ihre Einheit gewährleistenden und sichernden Methoden gehört einerseits die philologisch-histo-rische, andererseits die vergleichend-systematische, beide in enger, „dialektischer" Weise verbunden: die zu ihnen tretende soziologische und psychologische Methode sind wichtig, aber nicht grundlegend und die Integrität wahrend. Die von der Religionsgeschichte gegebenen Impulse nimmt die Vergleichende Religionswissenschaft auf, die wiederum befruchtend auf die religionshistorische Arbeit einwirkt, ein Vorgang, der für jede Geschichtswissenschaft gilt. Die von beiden nicht zu lösenden Fragen wird sie, einsichtig genug, der Philosophie und Theologie überlassen müssen, aber sie wird dadurch nicht unvollkommen, sondern bleibt gewissermaßen auch dann in sich ruhend und kann von sich aus beanspruchen ihrem Gegenstand, den geschichtlichen Religionen oder religiösen Überlieferungen in der menschlichen Geschichte auf ihre Weise gerecht zu werden. „Die Religion wird nicht bedroht durch die wahre Wissenschaft, welche nach rechter Methode arbeitet und ihrer Grenzen bewußt bleibt", bemerkte der holländische Religionshistoriker und einer der Archegeten unserer Fachrichtung C. P. Tiele schon Anfang unseres Jahrhunderts.[66]

---

[66] *Grundzüge der Religionswissenschaft*, Tübingen u. Leipzig 1904, S. 68 (zu Tiele s. auch Waardenburg, a.a.O. S. 131 ff.). Hinzufügen möchte ich allerdings im Hinblick auf gewisse irrationalistisch-ahistorische Strömungen in der heutigen Religionswissenschaft, was. K. Mannheim einmal treffend so formulierte: „Wer das Irrationale schon dort haben möchte, wo de jure noch die Klarheit und Herbheit des Verstandes walten muß, der hat Angst, dem Geheimnis an seinem wahren Orte ins Auge zu sehen" (*Wissenssoziologie*. Hrsg. von K. H. Wolff, Neuwied, Luchterhand, 2 1970, S. 163; die Passage entstammt dem Vortrag *Die Bedeutung der Konkurrenz im Gebiet des Geistigen* auf dem 6.dt. Soziologentag v. 17.–19. Sept. 1928 in Zürich, erschienen 1929 in Tübingen).

3.

GRUNDPOSITIONEN DER 'RELIGIONSWISSENSCHAFT'

Sinn, Aufgabe und Inhalt der RW sind immer wieder Gegenstand von Diskussionen; ihre Beantwortung drückt nicht nur das jeweilig bestimmte Selbstbewßtsein des Forschers aus, sondern die kulturelle Bewußtseinslage seiner Umgebung. Eingedenk dieser Einsicht sind auch die folgenden Ausführungen zu verstehen als ein Beitrag zum Selbstverständnis unserer Disziplin, wie es sich mir nach jahrzehntelanger Vertretung des Faches an der Alma mater Lipsiensis darstellt. Dabei versuche ich Anspruch und Wesen religionswissenschaftlicher Arbeit sowohl aus ihrem wissenschaftshistorischen Ursprung als auch gegenwärtiger Problematik zu verstehen. Es kann sich natürlich nur um recht knappe Bemerkungen handeln, die nicht alle Seiten einschließen können.

1. Die Herkunft der RW aus einer ganz spezifischen Epoche abendländischer Geistesgeschichte, der der Aufklärung, hat m.E. bis heute ihr Wesen entscheidend geprägt und kann daher nicht verleugnet werden. Es ist der Geist der „vernünftigen" Weltauffassung, des unbeschränkten Forscherdranges, des Erschließens fremder Kulturen, des toleranten Umgangs mit Andersgläubigen, des kritischen Hinterfragens der eigenen Tradition, gerade auch der religiösen (d.h. christlich-kirchlichen), dem Rückgang auf die Wurzeln des Menschseins, sei es im freireligiösen (naturreligiösen) oder a-religiösen, a-theistischen Sinne. „Religion" in Gestalt abendländischen Christentums wird zum Problem rationaler, wissenschaftlicher, autoritätsfreier Forschung. In diesem Milieu lagen die Ansätze und ersten Versuche religionswissenschaftlicher, d.h. undogmatischer, relativ vorurteilsfreier Forschung. Das 19. Jh., die Zeit der Grundlegung der weitaus meisten gesellschaftswissenschaftlichen Disziplinen, insbesondere der historischen und philologischen, gibt diesen Ansätzen ihre ausformende Gestalt, indem der eminent historische Geist im rechten Verständnis eigener und fremdkultureller „Entwicklung" (auch das ein Zauberwort der Zeit) ein weiteres, wesentliches Moment unserer Disziplin zufügt, und damit die rationalistische Traditionskritik in neuer Weise vertieft wird. Sprachwissenschaftliche

Komparatistik gibt der jungen religionswissenschaftlichen Vergleichung methodische Hilfestellung, die aufstrebende, ebenfalls aufs Historische abzielende Völkerkunde (Ethnologie) mit ihrem gesamtmenschlichen Aspekt befruchtet mit ihrem Material und seiner theoretischen Durchdringung die religionswissenschaftliche Theoriebildung (besonders bei der Frage von Genese und Wesen religiöser Ideen). Die alten und neuen Philologien, bes. des Vorderen Orients, fördern nicht nur die Ausweitung des Horizonts in Breite und (historischer) Tiefe, sondern stärken die philologische Grundlage der RW, die ihr ein sicheres Gewicht gibt (vgl. H. Usener). Soziologie (Marx, Durkheim, Weber) und Psychologie (Wundt, James, Girgensohn, Freud, Jung) beeinflussen mit ihren unterschiedlichen Schulrichtungen die religionswissenschaftliche Forschung, ja prägen sie oft sehr nachhaltig. So ist die RW ein Kind des 18. und 19. Jh.s mit allen Fasern und bleibt es auch in seiner Reifung bis heute. *Toleranz, Kritik, Objektivität, Geschichte, Humanität* sind ihre alten und heutigen Wesenszüge.

2. Ein ebenso unverlierbares Erbe des 19. Jh.s ist die philologische Grundlage der RW, wie wir eben kurz angedeutet haben. Um klar zu machen, was damit gemeint ist, sei auf die m.E. bis heute gültigen Worte Albrecht Dieterichs, eines führenden deutschen Philologen und Religionshistorikers, verwiesen, die er auf dem 2. Internationalen Kongreß für Religionsgeschichte in Basel 1904 ausgeführt hat: „Es ist wissenschaftlich das Zeitalter der Religionsgeschichte, in dem wir leben. Das Material, das uns lockt und abschreckt zugleich, ist nur zu bewältigen mit philologischgeschichtlicher Forschung—Philologie, verstanden als die wissenschaftliche Erforschung der Gesamtkultur eines Volkes. Und diese Erforschung, soweit sie auf Vergangenes geht, beruht nur auf der Interpretation der Denkmale in Sprache und Kunst, der Texte und der Monumente. „Ethnologie" ist nach jenem Begriff ebensogut Philologie; auch die wilden Völker können nur durch solche Philologie wirklich erforscht werden. Auf den Namen kommt nichts an; aber das ist für die Zukunft unserer großen Wissenschaft über alles wichtig: nur wer die ganze Kultur eines Volkes kennt und im ganzen zu erkennen sucht, kann Religionsgeschichte und ihre tieferen Probleme fördern. Wer aus einer ganzen Kultur hier nur ein religiöses Stück oder eine religiöse Literatur kennt, aus einer großen Kultur dort nur ein paar zufällige Notizen besitzt und nun vergleicht, nützt der Wissenschaft nichts oder wenig und schadet ihr viel. Religionswis-

senschaft in diesem Sinne und Religionshistoriker dieser Art in Reinkultur kann und sollte es nicht geben. Aber Philologen und Ethnologen, die sie zum Hauptproblem ihres Lebens machen, muß es immer geben. Und das müssen und sollen wir alle fordern, daß die wissenschaftlichen Arbeiten, die sich innerhalb der verschiedenen Fachgebiete den religionsgeschichtlichen Aufgaben widmen, gerade so viel Recht auf einen festen Platz, auf ihren Sitz an der Sonne haben, als andre, die sich andern Teilen ihrer Fächer vorwiegend widmen"[1]. Diese Worte haben von ihrer Aktualität auch nach 76 Jahren noch nicht viel verloren und erinnern uns an die immer wieder ins Auge zu fassende Aufgabe, der RW ihren festen Platz im Kosmos der Wissenschaften zu bewahren oder gar noch zu erkämpfen.

Daß der Philologie, in diesem universalen Sinne als Kulturwissenschaft, dabei immer wieder eine dominierende Rolle zufallen mußte, geht auch aus einer ihrer anderen Eigenschaften hervor, die ebenfalls einer unserer Archegeten, nämlich Hermann Usener, so gekennzeichnet hat: „Unter allen historischen Methoden kommt allein der philologischen eine in sich selbst ruhende Sicherheit zu", daher gehört sie zu den „grundlegenden, maßgebenden Methoden der Geschichtswissenschaft"[2]. Sicherlich sind das Äußerungen aus einer Zeit, in der die Philologie die Krone der Geisteswissenschaft gewesen ist und eine lange, ungebrochene Tradition erfolgreicher Forschungsarbeit hinter sich hatte, aber ich glaube, daß der Rückbezug auf diese Fundamente, die von unseren Archegeten in dieser Beziehung gelegt worden

---

[1] Verhandlungen des II. Internationalen Kongresses für Allgemeine Religionsgeschichte in Basel (1904), Basel 1905, S. 75 f.; von mir bereits in meiner Arbeit: Die Religionsgeschichte an der Leipziger Universität und die Entwicklung der Religionswissenschaft, Berlin 1962 (SB Sächs. Akad. d. Wiss. zu Leipzig, Philol.-hist. Kl. 107,1), S. 48 f. zitiert. Zum Hintergrund vgl. jetzt H. Flashar, K. Gründer, A. Horstmann (Hrsg.), Philologie und Hermeneutik im 19. Jahrhundert. Zur Geschichte und Methodologie der Geisteswissenschaften, Göttingen 1979. Es ist das Programm von Boeckh und Wilamowitz-Moellendorf, das sich hier Ausdruck auch in der RW verschafft hat und das oft übersehen wird, wenn Philologie einseitig nur auf Sprache und Grammatik reduziert wird.

[2] Vorträge und Aufsätze, Leipzig 1907, S. 26, 31 f. Zu Useners Stellung in der Wissenschaftsgeschichte vgl. Flashar, Gründer, Horstmann, op. cit., S. 160 ff.; H. J. Mette, Nekrolog einer Epoche: Hermann Usener und seine Schule. Lustrum 22 (1979–80); Aspetti di Hermann Usener. Filologo della Religione, a cura G. Arrighetti, R. Bodei etc. Prefazione di A. Momigliano, Pisa 1982 (Bibliotheca di Studi Antichi 39). Ich verdanke letzteres dem großen italienischen Gelehrten Arnoldo Momigliano, dessen Seminare in Chicago über deutsche Geistes- und Wissenschaftsgeschichte mir unvergessen bleiben werden und mich in meinen methodologischen Überlegungen gefördert und bestärkt haben.

sind, immer heilsam ist und trotz aller neuer Methoden, die in den letzten 50 Jahren in der RW mit mehr oder weniger Erfolg praktiziert worden sind, nur zu ihrem Schaden vergessen werden kann. Gerade H. Usener hat in der Philologie einen festen Damm gesehen gegen zu viel Spekulation und Philosophie (Hegel war insbesondere damit gemeint). „Von keiner Sphäre des menschlichen Geistes", sagt er in großartiger Einseitigkeit, „haben wir philosophische Spekulation ferner zu halten als von der Religion". „Nur unablässige eindringliche Beschäftigung mit Sprache und Literatur eines Volkes", heißt es dann weiter, „vermag den Worten des Dichters und Schriftstellers das Geheimnis der Volksseele zu entlocken; nur philologische Vertiefung in den Stoff und ausdauernde Geduld mag hoffen, in unermüdetem Ringen mit diesen Problemen die fremde Sprache von Mythus und Gottesdienst zu erlauschen und mit den seit Jahrtausenden ruhenden Geschlechtern gleich empfinden, gleich denken zu lernen"[3]. Er beschwört in diesem Zusammenhang „die Feinfühligkeit philologischen Nachempfindens" und nimmt damit den Behauptungen derer den Wind aus den Segeln, die da behaupten, „Verstehen" und Philologie seien zwei verschiedene Dinge; nein, es sind zwei Seiten einer Münze, die sich nicht auseinanderreißen lassen. Die überwiegenden Quellen und Dokumente der Religionsgeschichte sind historischer Natur, bis zur Gegenwart; so treten uns Religionen außerhalb ihres aktuellen Vollzugs im Verhalten und Bekennen direkt entgegen — und auch im gegenwärtigen Sein und Handeln ist die Tradition eingeschlossen, ja sie manifestiert sich auf diese Weise. Soll da nicht die philologisch-historische Arbeitsweise nach wie vor ihre uneingeschränkte Rolle spielen und einer Grundlage unserer Fachrichtung gehören?

---

[3] A.a.O., S. 60 f. Der bekannte Romanist E. R. Curtius hat einmal gesprochen von dem „periodisch wiederkehrenden Irrglauben an eine höhere Erkenntnisform, die der historisch philologischen Forschung überlegen sein soll. Es ist ein gnostischer Glaube, der durch Argumente nicht zu erschüttern ist" (nach W. Krauss, Zur Dichtungsgeschichte der romanischen Vöker, Leipzig (Reclam) 1965, S. 27. Verwiesen sei auch auf P. Szondi, Traktat über philologische Erkenntnis, in: Ders., Hölderlin-Studien, Frankfurt/M. 1967 (2. Aufl. 1970, 3. Aufl. 1977), S. 7–34 (ursprünglich in: Die Neue Rundschau 73. Jhg., Heft 1, 1962, S. 146–165; ferner u.d.T. „Zur Erkenntnisproblematik in der Literaturwissenschaft" in: Universitätstage 1962, Berlin 1962, S. 73–91); von mir verwendet in meinem Beitrag „The Foundations of the History of Religions and Its Future Task", in: J.M. Kitagawa (ed.), The History of Religions. Retrospect and Prospect, New York 1985, S. 105–120.

Doch Philologie allein ist, wie ich selbst schon an anderer Stelle herausgearbeitet habe, nicht ausreichend, um die RW als eigenständig auszuweisen[4]; sie wäre so nur eine äußerliche Zusammenstellung einzelner philologisch-historischer Beschäftigungen mit religiösen Sachverhalten. Es muß noch eine weitere Arbeitsweise hinzutreten, die *vergleichende oder systematische*, auch sie ein Kind des 19. Jh.s und Basis der „Comparative Religion" oder „vergleichend-systematischen RW". Sie ist von R. Pettazzoni einmal als das Endziel der religionshistorischen Arbeit bezeichnet worden[5]; das ist sie auch, da für die RW nur ein induktiver Weg der Erkenntnisfindung möglich ist. Aber sie ist nicht nur Endziel, Krone ihres Bemühens, sondern praktisch schon in die Religionsgeschichte selbst zu integrieren, insofern komparative Beleuchtungen bei der religionshistorischen Untersuchung ein wesentlich erhellendes Erkenntnismittel sein kann. Vergleichende Betrachtung stellt das Untersuchungsobjekt (darüber ist noch zu sprechen) in regionale oder universale Zusammenhänge, sei es im Sinne von Analogien, Homologien oder—und das darf nicht vergessen werden—Kontrasten (im Sinne von „Kontrastdiagnosen", wie sich S. Morenz auszudrücken pflegte). Die Anwendung dieser komparativen Methode, die in sich sowohl systematisch (synchron) als auch historisch (diachron) sein kann, je nach dem Untersuchungszweck und dem Wechsel des Gesichtspunktes, ist ein Wesensmerkmal jeder echten religionswissenschaftlichen Arbeit, indem sie nicht beim einzelnen Gegenstand haften bleibt, sondern darüber hinaus geht und allgemeine Zusammenhänge zur Sprache bringt. RW ist daher eine nicht nur pragmatische, sondern notwendige Verknüpfung, ja Verschränkung oder auch „Dialektik" von geschichtlicher und systematischer (vergleichender) Betrachtungsweise. Dies ist ihr spezifischer Beitrag zur Hermeneutik, wie ich noch unter 4. ausführen werde.

3. „Die erste Aufgabe jeder Wissenschaft", hat B. Malinowski gesagt, „besteht darin, ihren rechtmäßigen Untersuchungsgegenstand zu erkennen". Dann sollte sie „Methoden der genauen Identifikation oder Isolation der relevanten Seiten eines Forschungsgebietes erarbeiten" zum Zweck der Auffindung

---

[4] Vgl. dazu meine Bemerkungen in: Das Problem der Autonomie und Integrität der Religionswissenschaft, oben S. 37ff.
[5] Essays on the History of Religions, Leiden 1967 (Studies in the History of Religions. Suppl. to NUMEN I), S. 215–219.

allgemeiner Gesetze und Begriffe[6]. Für die RW ist ihrem Namen nach „die Religion" ihr Forschungsgegenstand, aber damit ist nicht viel geholfen, denn was unter Religion gemeint ist, bleibt recht problematisch. Zunächst ist vom historischen Standpunkt der Singular „die Religion" unangebracht; sie gibt es in diesem Sinne nicht: „die Religion" ist eine Abstraktion, sei es eine philosophische oder theologische. Daher nennt sich unsere internationale Gesellschaft ja auch „for the History of Religion*s*". Inwieweit der Historiker das Material für eine der berühmten oder berüchtigten „Wesensdefinition" fruchtbringend einbringen kann, ist ein hier nicht weiter zu behandelndes Problem. Bleiben wir bei den „Religionen" als Untersuchungsobjekt, so ist sofort wieder zu fragen, was darunter verstanden wird und ob wirklich dieses „Großobjekt" unmittelbarer Forschungsgegenstand der RW ist.

Es ist heute kein Geheimnis mehr, daß die RW von ihrer europäischen Entstehung her einen Religionsbegriff sanktioniert hat, der aus der abendländisch-christlichen Tradition gewonnen und mit dem zunächst weltweit operiert worden ist. Selbst der kritische Hebel in den Anfängen unserer Disziplin, mit dem „Religion", i.S. einer anthropologischen („natürlichen") Grundgegebenheit gegen die verfestigten Traditionskomplexe christlich-kirchlicher, orthodox-theologischer Bastionen, ins Spiel gebracht worden ist, bleibt letztlich diesem gleichen Erbe, nämlich der Christentumsgeschichte des 16.–18. Jh.s verhaftet. Der RWler hat es daher mit drei Bezugsrahmen zu tun (wobei der übersichtlichkeit halber der Zeitfaktor einmal ausgeklammert wird):

(1.) dem der eigenen Tradition, sozusagen das „Vorverständnis", sei es persönlich-individuell als auch gesellschaftlich-generell,
(2.) dem der fremden Tradition i.S. des anvisierten Forschungsobjekts,
(3.) dem der wissenschaftlichen Untersuchung i.S. der historisch-kritischen, soziologischen oder psychologischen Methode, wozu u.a. die Herauslösung aus dem Bezugsrahmen i.S. der *epoché* gehört.

Die Aufgabe besteht nun darin, im jeweils speziellen Fall diese Bezugsrahmen zueinander in Beziehung zu setzen und aus dem so gewonnenen Schnittpunkt das eigentliche Objekt der Unter-

---

[6] Eine wissenschaftliche Theorie der Kultur, Frankfurt/M. 1975, S. 55. Vgl. auch Ders., The Dynamics of Culture Change, New Haven 1961, S. 41 ff.

suchung zu gewinnen. Dazu dient in erster Linie die kritische Selbstreflexion des eigenen Vorverständnisses (1.), das wiederum durch das Gegenüber der Fremdtradition (2.) korrigiert oder verfeinert wird, alles zusammengehalten durch den objektivierenden wissenschaftlichen Zugang, der das ganze Geflecht überhaupt in Gang setzt und trägt. Diese recht schematische und einfache Beschreibung (ohne den Zeitfaktor!) ist eigentlich in jeder rw. Untersuchung anzutreffen und ohne sie kann RW als solche nicht existieren: sie ist kritische Reflexion der eigenen und fremden Tradition, bzw. des gesellschaftlich-ideologischen Kontextes; dies ist ihr „ideologiekritisches" Geschäft, ein m.E. unumkehrbarer Vorgang wissenschaftlicher Methode (s.u. 4.).

Was nun den Religionsbegriff anbelangt, so ist er als umfassende Gegenstandsbestimmung Resultat eines solchen dialektischen Durchdenkens, dessen, was unter Religion und Religionen angeboten wird bzw. historisch und aktuell vorliegt. Eine feste Definition i. S. der „Minimaldefinition" des 19. Jh.s bringt uns m.E. nicht weiter, da sie die Probleme nur verschleiert und nicht löst. M.E. kommen wir hier nur weiter, wenn wir eine religionswissenschaftliche „Theorie von Religion" erarbeiten, die als tragfähiges Gerüst unseren Untersuchungen zugrunde liegen kann. In erster Linie ist dabei „Religion" als Teil und Funktion von Kultur zu verstehen, wie es Th. B. van Baaren und seine Arbeitsgruppe in Groningen seinerzeit dargelegt haben[7].

Nun hat es der RWler oder Religionshistoriker nur in seltenen Fällen mit dem Gesamtobjekt einer „Religion" zu tun; in der Mehrzahl geht es um Teile daraus, nennen wir es (religiöse) „Sachverhalte", Überlieferungs- und Ideenkomplexe[8]. Daß sie eingebettet sind in den Strukturzusammenhang einer Religion, ist eine Binsenweisheit, die nicht weiter ausgeführt zu werden braucht. Trotzdem ist dieser Gesichtspunkt für jeden religiösen Sachverhalt wesentlich. Die Konstruktion—und jede wissenschaftliche Untersuchung beinhaltet streng genommen eine solche Re- oder Konstruktion—solcher Sachverhalte ist gebunden an die oben geschilderten historischen und systematischen Arbeitsweisen. RW ist demnach eine historische und systematische Disziplin, die Sachverhalte zum Gegenstand ihrer reflektierenden und rekon-

---

[7] Vgl. NThT 24, 1960/70, S. 81 ff.; Th. P. van Baaren/ H. J. W. Drijvers (Hrsg.) Religion, Culture and Methodology. The Hague 1973 (Religion and Reason 8).
[8] Vgl. H. Seiwert, „Religiöse Bedeutung" als wissenschaftliche Kategorie, in: Annual Review for the Social Sciences of Religion, Vol. 5 (1981), S. 57–99, spez. 96 f.; dazu oben S. 43 Anm. 12a.

struierenden Untersuchung erhebt, die Teile menschlicher Kultur i.S. von Tradition, Verhaltensweisen und Vorstellungen (Ideen) sind und unter dem (lateinischen) Begriff „Religion" subsumiert werden (d.h. letztlich unter einem „eurozentrischen" Begriff, der allerdings gerade durch die RW sukzessive erweitert bzw. verändert worden ist, so daß er international verwendet wird). Zu ihr gehören als charakteristische Merkmale: Glaube an übermenschliche Wesen oder Kräfte, kultische Begehungen, lehrmäßige Überlieferungen bzw. Aussagen, ethische Verhaltensweisen, gesellschaftliche Formen und Konsequenzen (Wirkungen). Dabei möchte ich es hier bewenden lassen[9].

4. Gegenstandserkenntnis und Methodik gehören zusammen; beide bedingen einander. Die Tagungen über Methodenprobleme der RW in Turku (Åbo) 1973 und Warschau (1979) haben darüber ausführlich Rechenschaft gegeben, wie umfangreich und kompliziert dieses Thema ist[10]. Meinen eigenen Standpunkt, insbes. zur Quellenbehandlung und ihren grundlegenden Charakter, habe ich dort umrissen; ich brauche ihn nicht zu wiederholen[11]. Wiederholt sei aber die Mahnung, Methodologie nicht zum Selbstzweck werden zu lassen. T. W. Adorno hat dies einmal im Hinblick auf É. Durkheim so formuliert: „So legitim Methode als Gegenmittel gegen unkritisches Drauflosdenken bleibt, sie wird selbst zum Falschen, sobald sie, bestimmbar, der Wechselwirkung mit dem Gegenstand sich entäußert und sich nach ihren eigenen Maßstäben unverrückbar einrichtet, anstatt in dem sich zu reflektieren, worauf sie geht"[12]. Dieser Gefahr zu entgehen ist nur möglich, wenn in der RW Objekterkenntnis (der religiösen Sachverhalte) und dazu nötige Methodik in enger, pragmatischer Verbindung bleiben.

Es gibt m.E. keine spezifisch religionswissenschaftliche Methode, sondern die RW arbeitet mit verschiedenen Methoden, die in

---

[9] Zu erörtern wäre das Verhältnis von Objekt- und Metasprache, das bisher in der Rw. kaum thematisiert worden ist, obwohl es gerade in terminologischen Fragen fruchtbar und weiterführend ist.

[10] L. Honko (Hrsg.), Studies in the Methodology of the Science of Religions, The Hague/Berlin 1978 (Religion and Reason 13); W. Tyloch (Hrsg.), Current Progress in the Methodology of the Science of Religions, Warsaw 1984.

[11] The Position of Source Research in Religious Studies, in: Honko, Studies, S. 98–109; Ideologiekritik und Religionswissenschaft, in: Tyloch, Current Progress, S. 203–209. Weitergeführt in meinem Beitrag „Texte als religionswissenschaftliche ‚Quellen'" zu H. Zinser (Hrsg.), Religionswissenschaft, Berlin 1988, S. 38–54.

[12] Einleitung zu Émile Durkheim, Soziologie und Philosophie, Frankfurt/M. 1970, S. 28.

anderen Disziplinen entwickelt worden sind, von ihr aber auf den religiösen Gegenstand angewendet und entsprechend abgewandelt werden. Grundlegend ist die philologisch-historische Methode, die von der komparativ-systematischen begleitet oder ergänzt wird (s. o.). In dieser Kombination läßt sich wahrscheinlich eine Eigenart religionswissenschaftlicher Methodtik am ehesten beschreiben. Doch treten—meist in Einheit mit der unmittelbaren Praxis des Arbeitens—die soziologische und psychologische hinzu; erstere mit deutlichem Vorrang, da religiöse Objekte grundsätzlich gesellschaftliche Relevanz und Äußerungsformen besitzen, während die Psychologie mehr an die Gegenwart und das Individuum gebunden ist (die Sozial- und Rollenpsychologie sollten dabei nicht vergessen sein); für bestimmte Erscheinungen ist sie allerdings von erheblichem Wert (Schamanismus bzw. Ekstatikertum und Mystik). Die Religionsgeographie hat neue Dimensionen angenommen, so daß auch von ihr im Hinblick auf die Verflochtenheit von Religion und Umwelt mehr zu erwarten ist als bisher[13].

Es gibt nun eine Reihe immer wieder auftretender Probleme bei der Erörterung der Methodik: das Problem der sog. Religionsphänomenologie oder „phänomenologischen Methode", des Verhältnisses von „Erklären und Verstehen", und das von religiösem Selbstverständnis und kritischer Forschung. Ich möchte darauf kurz eingehen, da es sich tatsächlich um zentrale Anliegen handelt.

Zunächst zur Phänomenologie: sie ist eigentlich nur durch G. van der Leeuw in die RW eingeführt worden und hat sich mit recht unterschiedlichem Erfolg behaupten können: entweder ist sie einfach als andere Bezeichnung für die alte Vergleichende RW aufgefaßt worden (wie G. Widengrens „Religionsphänomenologie") oder als eine Art neuer *theologia naturalis* oder *philosophia religionis*. Letzteres ist durchaus Konsequenz des Ansatzes von Van der Leeuw, ersteres hat mehr pragmatischen Charakter, ist aber gerade wegen der Prämissen, die dem Ausdruck anhaften, recht problematisch (vgl. dazu oben S. 57ff.). Es ist vor allem die „phänomenologische Methode", die Van der Leeuw aus der Philosophie (Husserls und Heideggers) entliehen hat, die sich schwer in die RW integrieren läßt und ihren aphilosophischen

---

[13] Vgl. die Literaturangaben oben S. 19 Anm. 46; meinen Beitrag unten S. 104–117.

Charakter zu untergraben droht[14]. Die dabei wirksame Unterscheidung von „Wesen" und „Erscheinung" ist darüber hinaus ein recht idealistisches, wenn nicht romantisches Grundkonzept, das der Religionsgeschichte nicht dienlich ist, vor allem wenn sie mit der Methode der Intuition und des esoterischen „Verstehens" notwendig verkoppelt wird.

Damit ist schon das andere Problem angeschnitten: Verstehen und/oder Erklären. Auch hier werden Gegensätze aufgestellt, die der Wirklichkeit nicht entsprechen: Erklären als wissenschaftliche Erkenntnissuche nach Gesetzen, Regeln oder Prinzipien i.S. der Feststellung von Ursache und Wirkung, ist ebenso für die RW gültig, wie das „Verstehen" ihres Gegenstandes, d.h. seiner Sinnintention. „Jemanden etwas erklären bedeutet grob gesprochen, es ihm klar und verständlich machen, so daß er es versteht", sagt auch C.G. Hempel[15]. Beides gehört zum notwendigen Inventar rw/religionsgeschichtlicher Arbeit: „Verstehen" oder Sinnfindung ohne „Erklärung" eines Kausalzusammenhangs ist unvollständig und umgekehrt. Es war m.E. verhängnisvoll, daß sich die RW zu schnell und fast ausschließlich der geschichtswissenschaftlichen Methode (Hermeneutik) des „Verstehens" i.S. von Dilthey und seiner Nachfolger auslieferte (vor allem durch J. Wach!), ohne genügend die Einseitigkeit derselben, ihren letztlich irrationalistischen Charakter zu reflektieren. Offensichtlich entsprach er dem damals zeitgenössischen Trend der RW, sich nicht nur bestimmten theologischen, von Schleiermacher abhängigen Ansichten anzuschließen, sondern damit korrespondierende irrationalistische, lebensphilosophische und existentialistische Strömungen aufzunehmen: sie dürfen aber heute nicht mehr ungeprüft weitertradiert oder gar sanktioniert werden. Es gilt den objektiven Wissenschaftscharakter der RW festzuhalten; auch für sie ist Rationalität ein normativ-kritischer und auch erklärender Begriff[16].

Von dieser Position ist auch die alte Streitfrage, ob das Selbstverständnis des/der Gläubigen (des religiösen Subjekts) oder die

---

[14] Daher halte ich auch den Versuch von C. Colpe „Zur Neubegründung einer Phänomenologie der Religionen und der Religion" bei Zinser, a.a.O., S. 131–154, für nicht überzeugend.
[15] Aspekte wissenschaftlicher Erklärung, Berlin 1977, S. 143. Vgl. auch G. Patzig, Erklären und Verstehen, in: Neue Rundschau 84, 1973, S. 392–413 (= Tatsachen, Normen, Sätze, Stuttgart 1980, S. 44–75).
[16] Vgl. Hempel, a.a.O., S. 191–222. Zum Wissenschaftsbegriff vgl. die bündige Darstellung von W. Theimer, Was ist Wissenschaft? Tübingen 1985 (UTB 1352)

wissenschaftliche Einsicht (Erkenntnis) den Vorrang i.S. eines Kriteriums der Wahrheit bzw. Richtigkeit haben soll. Sicher ist die Betrachtung von „Innen" ein beachtenswerter Aspekt historischen „Verstehens" und darf nicht vernachlässigt werden (bes. beim Traditionsverständnis), aber sie kann nicht Beurteilungsinstanz i.S. historischer Wahrheit sein; dies würde die RW in eine Pluralität religiöser Selbstaussagen auflösen, denn der „Innenaspekt" ist ja keineswegs einheitlich, und ihren Wissenschaftscharakter untergraben. Wissenschaft schafft Distanz auch zum religiösen Gegenstand, löst ihn aus dem Zustand des unreflektierten Gegebenseins, zerstört durch ihr methodisches Vorgehen, ihre Fragestellung, d.h. historisch-kritische Hinterfragung religiöser Traditionen und Überzeugungen, deren („gottgegebene") Natürlichkeit. Damit ist ein unumkehrbarer Prozeß eingeleitet, der von den oben geschilderten Anfängen der RW her datiert und dem modernen Wissenschaftsverständnis entspricht; auch die RW kann sich dem nicht ohne Selbstaufgabe entziehen. Sie steht „draußen" auf dem Standpunkt des Beobachters, sicherlich weithin mit Sympathie, Respekt und „Verständnis", aber sie ist an ihre Regeln gebunden, die es ihr nicht gestatten in ein religiöses Bekenntnis (oder sogar mehrere!) zu entfliehen (was für den einzelnen Forscher durchaus existentiell gegeben sein kann, aber nicht muß: dies ist seine persönliche Angelegenheit). Insofern impliziert jede religionswissenschaftliche Arbeit ein ideologiekritisches Geschäft[17]. Wir können die Zeichen oder Symbole der Religionen, sagt P. Ricoeur m.R., „heute nicht mehr anders denn durch die Unbarmherzigkeit der reduzierenden Hermeneutik lesen und verstehen"[18]. Das kritische Bewußtsein, daß uns spätestens seit dem 18. Jh. beherrscht, ist kein bloßer Ethnozentrismus europäischer Wissenschaftler, wie mitunter behauptet wird, sondern eine notwendige Bewußtseinsstufe im fortschreitenden Prozeß der Selbst- und Fremdreflexion menschlicher Vernunft, darin haben Hegel und seine Schüler ohne Zweifel Recht.

Auch diese Einsicht gehört zur religionswissenschaftlichen Grundposition und bestimmt die oft gestellte Frage nach der Notwendigkeit oder Nichtnotwendigkeit religiöser Voraussetzung

---

[17] Vgl. dazu unten S. 81ff.
[18] De l'interprétation, Paris 1965, S. 542; vgl. auch Ders. Hermeneutik und Strukturalismus I, München, S. 11–36 (frz. Le conflict des interprétations. Essays d'hermeneutique, Paris 1969).

des Religionshistorikers. Die Position der Wissenschaft als kritische Rationalität gebietet eine objektiv-neutrale Stellung (in den Grenzen unumgänglicher Relativität), verbietet eine bewußte Verzeichnung in religiös-theologischer oder antireligiös-atheistischer Absicht (Agitation bzw. Propaganda). Kritische Distanz zu den eigenen und fremden Voraussetzungen ist ein Gebot redlichen Bemühens um Sachlichkeit, das natürlich nicht immer leicht erfüllbar, aber jederzeit angestrebt werden muß[19]. Die ebenso alte wie anhaltende Kontroverse über das „Verstehen" fremder Religionen und ihrer Sachverhalte, läßt sich m.E. nur auf dem Wege kritischer Betrachtung der Voraussetzung des Forschers im Sinne der oben angeführten drei Bezugsrahmen religionswissenschaftlicher Arbeit weiterführen[20]. Bei der Untersuchung 'fremder' Glaubenssysteme müssen wir ein schwieriges Ziel anstreben, nämlich „die zeitweilige Suspendierung der kognitiven Postulate unserer Gesellschaft"[21]. Daß wir dies einigermaßen vermögen, verdanken wir dem Ethos wissenschaftlicher Sach- und Redlichkeit!

5. Diese Bilanz wissenschaftlicher Methodik in der RW hat nun nicht nur innerwissenschaftliche praktische Konsequenzen, die die religionswissenschaftliche Arbeit als solche betreffen, sondern darüberhinaus allgemeine Wirkungen, die ich hier (z.T. aus früheren Veröffentlichungen wiederholend) zusammenfassend nennen möchte. Sie bilden einen unmittelbaren Beitrag zum Thema des Kongresses in Winnipeg/Kanada 1980 über „Tradition und Wandel"[22] und unterstreichen die Rolle der RW im gegenwärtigen Entwicklungsprozeß der Menschheit (vgl. unten S. 99ff.):

5.1. Die emanzipatorische Wirkung religionswissenschaftlicher Arbeit gegenüber einem oft noch verfestigten und naiven religiösen Selbstverständnis ist ein Beitrag zur Freisetzung von

---

[19] Vgl. dazu S. Körber, Bedingtheit und Distanzbemühen, in: G. Stephenson (Hrsg.), Der Religionswandel unserer Zeit im Spiegel der Religionswissenschaft, Darmstadt 1976, S. 293–307.

[20] Beachtenswerte Stimmen dazu finden sich in dt. übersetzung bei H. G. Kippenberg/ B. Luchesi (Hrsg.), Magie. Die sozialwissenschaftliche Kontroverse über das Verstehen fremden Denkens, Frankfurt/M. 1978.

[21] J.D.Y. Peel, ebda, S. 173 (aus: The British Journal of Sociology 20, 1969, S. 69–84).

[22] P. Slater/ D. Wiebe (Hrsg.), Traditions in Contact and Change, Selected Proceedings of the XIVth Congress of the International Association for the History of Religions. Waterloo/Ontario (Canada) 1983.

Energien, Perspektiven und Einsichten im Hinblick auf traditionelle Sachzwänge, denen manche Kulturen und Völker immer wieder verheerend ausgeliefert sind.

5.2. Die Verantwortung, die der RW daraus erwächst ist vor allem in der sog. „Dritten Welt" zu sehen, die sich in einem tiefgreifenden Emanzipationsprozeß befindet, der sich auch auf die weithin religiös geprägten Traditionen und Ideenwelten erstreckt. Die RW ist hier aufgerufen, eine Hilfestellung zu geben, um ein neues kritisch-reflektiertes Verhältnis zur Überlieferung und religiösen Vorstellungswelt zu erarbeiten, das einen lebenvermittelnden Impetus aus sich entläßt und so Emanzipation, Kritik, Wissenschaft und Leben wieder zusammenführt, ohne fremde Anleihen im selbstzerstörerischen Maße zu machen.

5.3. Die von der RW eingeleitete und praktizierte Relativierung religiöser Bekenntnisse und Traditionen sollte zu einem Abbau gegenseitiger religiöser Vorurteile und Mißverständnisse führen. Auf diese Weise hat die kritische Arbeit unserer Disziplin eine durchaus positive Bedeutung für das Zusammenleben der Menschheit, eine Wirkung, die nicht immer erkannt worden ist. H. Usener hat auch hier schon richtig gesehen, als er der „Mythologie", wie er die RW bezeichnete, die Aufgabe zuschrieb, die Reinigung und Klärung des religiösen Bewußtseins durchzuführen, so wie im 16. Jh. Scaliger versuchte habe, mit Hilfe der Philologie und Exegese die verfeindeten christlichen Konfessionen zu vereinen[23]. Unter dem Zeichen der Toleranz hat die RW ihre ersten Schritte getan, sie sollte auch heute, wo sie festen Tritt gefaßt hat, davon nicht abrücken.

5.4. Schließlich ist daran zu erinnern, daß RW einen erheblichen Beitrag zur Erweiterung des eigenen Selbstverständnisses leistet. Ihr hermeneutisches Verfahren überwindet Entfernungen, in chronologischer und geographisch-kultureller Hinsicht, insofern liegt in ihrem Bemühen, ob bewußt oder unbewußt, eine Erweiterung des Selbstverständnisses „auf dem Umweg über das Verstehen des anderen" zugrunde[24]. RW verhilft zur Ausweitung des Horizontes, zur Überwindung falscher Ethnozentrismen, aber auch zur Befreiung aus überholten, ins Wanken geratenen Bedingungen wie sie Fatalismus, ungeschichtliches Denken, Desinteresse und Passivität, Traditionalismus und Irrationalismus darstellen, die oft gerade von Religionen und ihren Vertretern

---

[23] Vorträge und Aufsätze, S. 65.
[24] Vgl. P. Ricoeur, Hermeneutik und Strukturalismus, S. 27.

sanktioniert werden, im Widerspruch zu den eigenen Voraussetzungen, Verheißungen und Botschaften (es ist das selbstkritische Element religiöser Traditionen, das oft verdeckt ist)[25]. So bringt RW ein humanistisches Anliegen zum Ausdruck, ist sie doch selbst ein Kind des Humanismus. Kein geringerer als Goethe gab über den praktischen Wert der Geisteswissenschaften folgendes Urteil ab: „Bloß die Naturwissenschaften lassen sich praktisch machen und dadurch wohltätig für die Menschheit. Die abstrakten, der Philosophie und Philologie, führen, wenn sie metaphysisch sind, ins Absurde der Möncherei und Scholastik, sind sie historisch, in das Revolutionäre der Welt- und Staatsverbesserung"[26] (damit sind diese Wissenschaften aber auch *praktisch!*)

---

[25] Vgl. unten S. 92ff.
[26] Artemis-Goethe Gedenkausgabe Band 22, S. 326.

4.

DIE ‚IDEOLOGIEKRITISCHE' FUNKTION DER RELIGIONSWISSENSCHAFT

In den meisten der sog. gesellschafts- oder geisteswissenschaftlichen Disziplinen ist ‚Ideologiekritik' ein häufig diskutiertes Schlagwort, das sich großer Beliebtheit erfreut. Von Philosophie und Soziologie angeführt, die diesen Begriff überhaupt erst aus der Taufe hoben, haben Geschichts-, Literatur-, Sprach- und Kunstwissenschaft sich zunehmend ‚ideologiekritisch' in den lezten Jahren beschäftigt (um nicht zu sagen „gebärdet") und ohne Zweifel gewichtige Erkenntnisfortschritte auf ihren Gebieten gemacht. Eine gewisse Ausnahme stellt die Religionswissenschaft (= Rw) dar, da sie in diesem Strom nicht mitschwamm. Die Gründe dafür werden wir noch zur Sprache bringen; sie sind unterschiedlich, wissenschaftsgeschichtlicher und methodischer Herkunft. Es wird aber an der Zeit, daß sich auch die Rw ernsthaft mit dieser Problematik beschäftigt, nicht nur weil sie vom wissenschaftlichen Standpunkt opportun ist, sondern weil sich hinter ihr die unmittelbar politisch-gesellschaftliche Wirklichkeit unserer Zeit zu Wort meldet.

Meine Ausführungen können nur erste Überlegungen zu diesem aktuellen Thema sein.[1] Bereits anläßlich des 13. „Internationalen Kongresses für Religionsgeschichte" in Lancaster 1975 (15.–22. August) habe ich wenigstens schriftlich ein kurzes Resumee eingereicht, das meine Gedanken dazu enthielt, inzwischen aber gewisse Änderungen erfahren hat. An das Problem läßt sich gut in dreierlei Weise herangehen: zunächst durch eine kurze Verständigung über die Begriffe ‚Ideologie' und ‚Ideologiekritik' und ihre Beziehung zu ‚Religion' und ‚Religionswissen-

---

[1] Sie sind Grundlage eines am 15.11.1976 im „Institut für Judaistik" der Universität Wien gehaltenen Vortrages. Herrn Koll. Prof. K. Schubert bin ich für diese Müglichkeit zu großem Dank verpflichtet, ebenso dankbar gedenke ich der lebhaften und anregenden Diskussion, die sich meinen Ausführungen anschloß und deren Ergebnisse im vorliegenden Druck teilweise eingegangen sind.

schaft' (I), dann ein Ausflug in die Geschichte, der den Wandel im Verhältnis von Rw und 'Ideologie- bzw. ‚Religionskritik' umreißen und verständlich machen soll, warum sich die Rw in der ideologiekritischen Debatte bisher zurückhielt (II), schließlich sind die Schwerpunkte und Aufgaben der religionswissenschaftlichen Ideologiekritik mit ihren praktischen Konsequenzen darzulegen (III). Alles das natürlich nur in der notwendigen Kürze.

I.

I. 1. *Ideologie*' ist eines der gegenwärtig gängigsten Schlagworte, über dessen Herkunft und Bedeutung man sich vielfach ausschweigt, um so mehr man es verwendet. Seinen Ursprung hat das Wort im französischen (materialistischen) Sensualismus des späten 18.Jh.s.[2] Abbé Bonnot de Condillac (1735–80) hatte mit der Analyse des menschlichen Bewußtseins als einer Umsetzung von sinnlichen Wahrnehmungen begonnen und fand in dem Physiologen Cabanis (1757–1808) und dem Grafen Destutt de Tracy (1754–1836) einflußreiche Nachfolger, die man als ‚Ideologen' bezeichnete, da sie die psychologische Zergliederung der menschlichen Vorstellungen (Ideen) als Hauptaufgabe der Philosophie betrachteten. In seinen 5 bändigen Éléments d'idéologie (1801–1805), die nur einen Teil des geplanten Werkes ausmachen, hat de Tracy u.a. die Entstehung der Ideen (Ideologie) im sensualistischen Sinne ausgeführt, und dies machte ihn zum Vater des Ideologismus, der fast das ganze 19. Jh. in Frankreich Mode war. Da diese ‚Ideologen' aus ihren Ergebnissen auch praktische Regeln für Erziehung, Staat und Recht ableiteten, kamen sie mit den Herrschenden in Konflikt, und kein geringerer als Napoleon I. hat sich über sie sehr geringschätzig geäußert, indem er sie für weltfremde Theoretiker erklärte, deren Ideen nur Hirngespinste und nutzlose Lehren

---

[2] Darüber orientiert kurz H. Gouthier, L'idéologie et les idéologies, in: Démythisation et Idéologie. Actes du Colloque organisé par Centre Internationale d'Etudes humanistes et par l'Institut d'Etudes philosophiques de Rome, Rome 4–9 Jan. 1973, aux soins de Enrico Castelli, Paris (Aubier) 1973, S. 83–92 (m. Lit.); und der Art. „Ideologie" im Hist. Wörterbuch der Philosophie, hrsg. von J. Ritter/K. Gründer, Bd. 4 (1976), 158–164 Über de Condillac und de Tracy s. auch H. Barth, Wahrheit und Ideologie, Frankfurt/M. 1974 (Suhrkamp tw 68), 13 ff. Condillacs „Essai über den Ursprung der menschlichen Erkenntnisse" liegt in einer neuen dt. Übersetzung u. mit ausführlieher Einleitung von U. Ricken bei Reclam (Leipzig 1977) vor.

seien, die praktisch keine Bedeutung hätten.³ Damit war der Begriff schon gleich anfangs auch im negativen Sinne stigmatisiert worden, was seine Wirkung bis in die Gegenwart hinein gehabt hat. Ein ‚Ideologe' ist ein ‚Philosoph', der sich mit wirklichkeitsfremden Dingen beschäftigt (in Frankreich war lange Zeit Ideologe und Philosoph identisch). So haftete dem Wort ‚Ideologie' von vornherein ein Gegensatz zu Praxis und Politik an.

Eine Weiterverfolgung der Wort- und Bedeutungsgeschichte dieses Begriffs kann hier nicht erfolgen. Bekannt ist, daß K. Marx und F. Engels den Begriff im zeitgenössischen Sinne aufgegriffen haben.⁴ In ihrer zu Lebzeiten unveröffentlichten „Deutschen Ideologie" (verfaßt 1845/46; postum veröffentlicht 1932) ist Ideologie zwar weithin negativ verwendet zur Umschreibung der (damals) „neuesten deutschen Philosophie in ihren Repräsentanten Feuerbach, B. Bauer und Stirner und des deutschen Sozialismus in seinen verschiedenen Propheten" (Untertitel). Aber es gibt auch eine allgemeine Bedeutung des Wortes i.S. eines Teiles (wörtlich: „eine der Seiten") der menschlichen Geschichte, der allerdings eine „verdrehte Auffassung dieser Geschichte" oder „eine gänzliche Abstraktion von ihr" enthält.⁵ Es ist die menschliche bewußte Vorstellungswelt, die damit gemeint ist, von der Marx und Engels nachwiesen, daß sie ihren Ursprung in konkreten gesellschaftlichen, politisch-ökonomischen Bedingungen haben, auch wenn sie nicht mit ihnen konform geht. Sehr kraß sagen Marx und Engels an einer Stelle des zitierten Buches gegenüber Max Stirner: „Die sämtlichen ‚Gespenster', die wir Revue passieren ließen waren Vorstellungen. Diese Vorstellungen, abgesehen von ihrer realen Grundlage (von der Stirner absieht), als Vorstellungen innerhalb des Bewußtseins, als Gedanken im Kopfe der Menschen gefaßt, aus ihrer Gegenständlichkeit in das Subjekt zurückgenommen, aus der Substanz ins Selbstbewußtsein

---

³ Vgl. Gouhier, a.a.O. S. 85 f; Barth, a.a.O. S. 22 ff. Das Bonmot Napoleons wird von seinem Sekretär Bourienne überliefert (Mémoires, zit. bei F. Brunot, Histoire de la langue française des origines à nos jours, t. X, IIᵉ partie 650 n. 2).

⁴ Vgl. Gouhier, a.a.O. S. 86 ff; H. Barth, a.a.O. S. 74 f. Marx bezieht sich ausdrücklich auf die Einschätzung Napoleons: MEGA III 299 (zit. bei Barth S. 303 A. 39). Über Marx Auffassung von Ideologie und Ideologiekritik vgl. inzwischen auch Jorge Larrain, Marxism and Ideology, New York 1983, 6–45, 204–271.

⁵ So in einer im Manuskript gestrichenen Stelle: Marx/Engels, Werke Bd. 3, S. 18.

erhoben, sind—der Sparren oder die fixe Idee".[6] Die ‚Ideologie' der Linkshegelianer besteht also darin, daß sie die Ideen, wie schon ihr Vater Hegel, als die treibenden Kräfte der Geschichte ansehen, diese damit zu einer „Geister- und Gespenstergeschichte" machen, statt beim „wirklichen Leben",[7] der „empirischen Geschichte"[8] als der wahren Grundlage der Ideengeschichte einzusetzen: damit hat „die wirkliche, positive Wissenschaft" zu beginnen.[9] So zeigt sich hier, daß Marx und Engels einerseits den zeitgemäßen Gebrauch von Ideologie aufnehmen, ihm andererseits aber durch ihre konkret-historische Sicht einen neuen Klang geben, der sich in der Folgezeit als sehr wirkungsvoll bemerkbar macht und von dem noch die moderne Soziologie—über die Wissenssoziologie der 20er Jahre hinweg—vielfach bestimmt ist. In einem Brief an F. Mehring vom 14.6.93 schreibt Engels kurz und bündig: „Die Ideologie ist ein Prozeß, der zwar mit Bewußtsein vom sogenannten Denker vollzogen wird, aber mit einem falschen Bewußtsein. Die eigentlichen Triebkräfte, die ihn bewegen, bleiben ihm unbekannt; sonst wäre es eben kein ideologischer Prozeß".[10] Ideologie ist demnach vom Standpunkt des Marxismus vornehmlich verkehrtes Bewußtsein, das sich kein richtiges Bild von der Geschichte macht und, da die gesellschaftlichen Verhältnisse es auch nicht ermöglichen, nicht machen kann. Erst die richtige, marxistische Einsicht führt auch zu einem korrekten Bewußtsein und damit zu einer den tatsächlichen Triebkräften der Geschichte entsprechenden Ideologie. Man spricht deshalb heute auch durchaus von einer „sozialistischen Ideologie",[11] die mit dem Marxismus-Leninismus identisch ist. Ideologie ist nach heutiger marxistischer Auffassung eine bestimmte Summe gesellschaftlicher Anschauungen (wozu Philosophie, Religion, Musik und Wissenschaft gehören können, also der sog. „Überbau"), die einzelnen Klasseninteressen dienen oder das „gesellschaftliche Bewußtsein"[12] der Klassenkräfte. Über ihre Richtigkeit oder Falschheit bestimmt die Stellung zu den Auseinandersetzungen der Klassen, der auch ihren Inhalt bestimmt. Ideologie ist danach eine funktionale Angelegenheit, keine absolute.

---

[6] Ebd. S. 143.
[7] Ebd. S. 27.
[8] Ebd. S. 113.
[9] Ebd. S. 27.
[10] Marx/Engels, Ausgewählte Werke, Bd. 6, S. 596.
[11] G. Klaus/M. Buhr, Philosophisches Wörterbuch, Leipzig[7] 1970, Bd. 1, 505.
[12] Ebd. S. 506.

Die nicht-marxistische Auffassung hat demgegenüber einen uneinheitlichen Charakter und tendiert, soweit ich das überhaupt überblicken und beurteilen kann, von einer dem Marxismus verpflichteten Ansicht bis zu den positivistischen Konzeptionen, wie sie sehr einflußreich Theodor Geiger vertrat, für den Ideologie die Nicht-Übereinstimmung mit der Wirklichkeit bedeutete, wozu dann alle metaphysischen und theologischen Aussagen gehörten, da sie ihre subjektiven Werturteile als objektive Erkenntnisaussagen von „Ist-Charakter" ausgeben.[13] Der von Kurt Lenk herausgegebene Band „Ideologie" macht die Disparatheit mehr als deutlich.[14] Nicht einmal der Herausgeber wagt sich an eine Definition des Wortes, sondern umschreibt die verschiedenen Standpunkte in einer phänomenologisch-typologischen Übersicht. Faßt man Ideologie einmal neutral i.S. eines wissenschaftlichen terminus technicus, so müßte man streng genommen bei seinem Ursprung und seiner sprachlichen Grundbedeutung ansetzen und ihn als „Lehre von den Ideen" bestimmen. Da dies aber zu unhistorisch ist und der bald 200-jährigen Verwendung und Debatte nicht entsprechen würde, ist es m.E. besser, unter diesem Begriff die historisch entstandenen und weltanschaulich geprägten Vorstellungen der Menschen zu verstehen, die ihr Denken, Empfinden und Verhalten in ausschlaggebender Weise bestimmen.[15] Die Vielfalt, die dabei in einen unanschaulichen abstrakten Begriff zusammengezogen wird, läßt sich bei der Anwendung nur wieder zur Geltung bringen,

---

[13] Th. Geiger, Ideologie und Wahrheit. Eine soziologische Kritik des Denkens, 1. Aufl. Wien 1953, 2. Aufl. Neuwied/Rh. (Luchterhand), 1968. An Geiger knüpft u.a. K. Acham, Vernunft und Engagement, Wien 1972, S. 22 ff ausdrücklich an (s.u. A. 15).

[14] „Soziologische Studientexte" bei Luchterhand/Neuwied a. Rhein, 4. Aufl. 1970.

[15] Damit umgehe ich die rein pejorativ und am exakten Wissenschaftsideal orientierte Definition von K. Acham, a.a.O. S. 20 u. 216, der sich dabei auf W. Hofmann, Wissenschaft, in: Arch. f. Rechts- u. Sozialphilosophie 53, 1967, 197–213, bes. 201f beruft: „Ideologien sind unzutreffende Auffassungen und Aussagen, an deren Entstehung, Verbreitung und Bewahrung sich gesellschaftliche Interessen knüpfen". Letzteres ist unbestritten, ersteres ein erst nachträglich mit der Wahrheitsfrage verbundenes, nicht rein objektives Urteil. Acham, der sich an Geiger orientiert (s.o. A. 13), sieht in der Ideologie eine „Festhaltung überholter Auffassungen", eine „Scheintheorie" (21), die „stets hinter der bereits möglich gewordenen oder bereits einmal erreichten Einsicht" zurückbleibt und damit den Charakter des „denkgeschichtlichen Regresses" trägt (216), muß davon aber noch zusätzlich (wie W. Hofmann a.a.O.) den „Irrtum" unterscheiden (21). Der Bezug ist hier der Wissenschaftstheorie und philosophische (gnoseologische) Weltdeutung als die von uns anvisierte allgemeine Vorstellungswelt als Ideologie, in die jene zwar eingehen und wirksam sind, aber nur einen Teil (z.B. betr. der Religion) bilden.

indem man ihn der konkret historischen oder philosophischen Arbeit dienstbar macht. Dabei wird sich auch durch selbstkritische Reflexion zu bewähren haben, ob der so verwendete Ideologie-begriff selbst ideologisch anfällig geworden ist; er darf sich gegen eine Selbstanwendung nicht abschirmen.[16]

Diese längere Einleitung zum Ideologieverständnis war unumgänglich, da sie für unser Thema grundlegend ist. Es ergibt sich nämlich jetzt die Frage, inwieweit das, was man herkömmlich unter *„Religion"* versteht, unter dem Begriff „Ideologie" subsumieren kann. Gemacht worden ist es schon häufig, auch soweit gehend, daß man kaum noch differenzierte und z.B. Religionsgeschichte in Ideologiegeschichte auflöste. Ohne hier an eine längere Diskussion anzuknüpfen, möchte ich meine Meinung dazu folgendermaßen zusammenfassen: Religion, um diesen unhistorischen Begriff in der Einzahl einmal bequemerweise zu verwenden, ist nur teilweise unter Ideologie im oben genannten Sinne einzuordnen, denn sie umfaßt in ihren historischen und gegenwärtigen Gestalten mehr als nur „Ideen", bzw. Vorstellungen. Der ganze Kult und die Organisation (Priesterschaft!), abgesehen von den durch sie geprägten Lebensformen, lassen einen beträchtlichen Teil dessen, was man bei den einzelnen Religionen und Religionsformen vorfindet und zu ihnen auch *wesenhaft* gehört, aus dem Ideologiebegriff herausfallen. Erscheinungen, wie die christlichen Kirchen—ganz deutlich bei der römisch-katholischen Kirche—oder des traditionellen Lamaismus, sind zwar von einer „religiösen Ideologie" bestimmt, die ihr Wesen überhaupt ausmacht, aber sie ist nur die eine Seite, die andere wird von der Praxis und dem Leben in Kult, Ethik, gesellschaftlicher Organisation eingenommen. Religion besteht, um es einmal so zu formulieren, aus einer „Ideologie", d.h. einer „religiösen Ideologie" oder „Ideologie einer Religion" und einer sozialen, politischen und ethisch-moralischen Praxis. Daß hierbei die verschiedenen historischen und gesellschaftlichen Verhältnisse von Einfluß und Bedeutung für die jeweiligen Formen sind, versteht sich von selbst und braucht in diesem Zusammenhang nicht ausgeführt zu werden.

I. 2. Im Schatten der Anwendung von ‚Ideologie' findet sich fast ständig die *Ideologiekritik*, mit der wir uns nunmehr beschäftigen

---

[16] Vgl. R. Bubner, in: Hermeneutik und Ideologiekritik. Theorie-Diskussion. Suhrkamp-Verlag, Frankfurt/M. 1975, S. 237. Zur Kritik am soziologischen Ideologismus s. auch H. Barth, Wahrheit und Ideologie, S. 284 ff.

müssen. Schon der Überblick über einige Seiten der Geschichte des Ideologiebegriffs gab einen Geschmack davon, wie seine Verwendung unmittelbar eine kritische Funkton beinhaltete. Vor allem im marxistischen Gebrauch ist dies sehr deutlich und braucht nicht weiter erörtert werden. Die kritische Einschätzung der herrschenden Ideologie, wie sie Marx und Engels vortrugen, hat dem gesamten marxistischen Ideologieverständnis den maßgebenden Stempel aufgedrückt, so daß ein neutraler Gebrauch des Wortes nicht aufkommen konnte. „Ideologischer Klassenkampf" ist eine wesentliche Form der Auseinandersetzung mit der „bürgerlichen Ideologie", der auch im Zeichen friedlicher Koexistenz nicht aufgehört hat; es ist allerdings ein mehr friedlicher Kampf, ein Kampf mit den Waffen des Geistes, wie man es nennen kann.

Die nicht-marxistische Auffassung von Ideologiekritik ist, gleich wie im Falle der ‚Ideologie' recht differenziert und kann nur schwer auf einen Nenner gebracht werden (abgesehen davon, daß man sie natürlich generell als „bürgerliche Ideologiekritik" bezeichnen kann). Aus der Kenntnis der hierfür herange-zogenen Literatur habe ich mir zur Regel gemacht, verschiedene Arten von „Ideologiekritik" zu unterscheiden. Schon Th. Geiger sprach von „pragmatischer" Ideologiekritik, die für ihn keine wissenschaftliche Angelegenheit war, „theoretischer" oder „logischer" Ideologiekritik, die als wissenschaftliches Vorhaben die Denkfehler der Ideologie bloßlegen sollte.[17] Meine Einteilung besteht aus philosophischer Ideologiekritik, soziologischer Ideo-logiekritik, historischer Ideologiekritik und politischer (pragmatischer) Ideologiekritik. Diese vier können ineinander Übergehen und haben es auch häufig getan, da sie voneinander abhängig oder aufeinander angewiesen sind. Für unseren Fall sind die soziologische und historische Ideologiekritik diejenigen, die sich zunächst am besten mit der Rw verbinden lassen, was nicht ausschließt, daß auch die philosophische und pragma-

---

[17] Ideologie u. Wahrheit (s.o. Anm. 13), S. 155 ff, 160f. Leider hat A. Heuß in seinem lesenswerten Traktat über „Ideologiekritik" (Berlin 1975) sich dieser differenzierenden Kritik behoben, indem er vornehmlich eine Art von Ideologiekritik, die pragmatisch orientiert ist, soziologisch aufs Korn nimmt (die wiederum nur einer Schulrichtung, der „neomarxistischen" von Marcuse und Habermas zugehört). Das Moment der „Aburteilung" (52), der „Diffamierung" (56), des „Dezisionismus" (67) und was deren Beschreibungen noch mehr sind, ist daher noch kein Grund, Ideologiekritik überhaupt fallen zu lassen. Man muß ihre Formen unterscheiden und von einem mehr neutralen Gebrauch von Ideologie ausgehen.

tischpolitische Ideologiekritik für die Rw von Bedeutung sein können. Generell vom Selbstverständnis der Rw als einer primär historisch-philologischen Disziplin ist aber die historische Ideologiekritik ihr am nächststehenden und läßt sich in ihren Aufgabenbereich o.w. integrieren, wie wir sehen werden. Unter historischer Ideologiekritik verstehe ich eine sachliche, um Objektivität bemühte Kritik, die sich aus dem Geschäft der historischen Arbeit als solche ergibt, angefangen von der Quellen- und Überlieferungskritik bis zu der sich daraus ergebenden kritischen Reflexion der religiösen Vorstellungswelt mit ihren emanzipatorischen Konsequenzen.[17a]

Damit wäre zugleich auch das Verhältnis zur *Religionskritik* angeschnitten, das sich zusammen mit der Ideologiekritik einstellt. Wenn Ideologie und Religion zusammenfallen, ist auch ihre Kritik ein gemeinsamer Vorgang, der sich einem gleichen Objekt widmet. Wir haben aber gesehen, daß diese Gleichsetzung nicht o.w. angeht, so daß auch auf der Ebene der Kritik zu differenzieren ist. Außerdem ist unsere Unterscheidung von mehreren Ideologiekritiken hilfreich für die Auseinanderhaltung von „Religionskritik" im engeren Sinne und Ideologiekritik. Ist erstere im pragmatischen Sinne gemeint, so kann sie nicht Aufgabe der Rw sein. Eine soziologische und historische Religionskritik hat dagegen durchaus Recht auf einen Platz in der Rw, insofern sie deren Geschäft befruchten kann (s.u.). Religionskritik ist dann eine Ideologiekritik, die sich auf eine religiöse Ideologie oder die Ideologie einer oder mehrerer Religionen bezieht und hat ihre dementsprechenden unterschiedlichen Aspekte, wie wir sie aufgeführt haben. Religionskritik ist also nicht gleich Religionskritik! Sie ist von den ihr jeweils zugrundeliegenden Absichten und den verwendeten Methoden abhängig und bestimmt. Die Rw bedient sich bei ihren ideologiekritischen Ambitionen, wie wir sie noch beschreiben werden, insofern auch religionskritischer Überlegungen, sieht es allerdings nicht als ihre Hauptaufgabe an oder geht gar darin völlig auf. Für sie sind religionskritische Konsequenzen Teil und Ergebnis einer Ideologiekritik, die sie als historisch-philologische Disziplin implizit (und auch explizit) betreibt.

[17a] Vgl. R. Kosellek, Wozu noch Historie? In: Seminar: Geschichte und Theorie, Hrsg. von H.M. Baumgartner/J. Rüsen, Frankfurt/M. 1976, 27, 29, über Ideologiekritik als Ergebnis einer philol.-hist. Methode; C. Hartlich, Historisch-kritische Methode in ihrer Anwendung auf Geschehnisaussagen der Hl. Schrift, in: ZThK 75 (1978), 467–484

In welcher Weise vom eben gesprochenen Methodischen her für die Rw eine Verbindung mit der Ideologiekritik geboten erscheint, zeigen Überlegungen, die (wie K.-O. Apel) „szientistische" und „hermeneutische", oder anders ausgedrückt naturwissenschaftliche „Erklärung" mit dem geisteswissenschaftlichen „Verstehen" in der ‚Ideologiekritik' zu vermitteln suchen.[18] Die Rw ist bekanntlich ein immer wieder herangezogenes Beispiel für eine nur mit hermeneutischem „Verstehensbegriff", wie ihn Dilthey und seine Schule entwickelte, arbeitende „Geisteswissenschaft". Man sprach von einer „Rw des Verstehens" (G. Mensching) als der Krönung religionswissenschaftlicher Methode und Arbeit überhaupt. Die Gefahren, die damit verbunden waren, sind uns heute deutlicher als früher, da inzwischen auch diese Art Hermeneutik generell ins Kreuzfeuer der Kritik geraten ist. Man hat demgegenüber an die neopositivistischen Erklärungsmodelle, wie sie die anglo-amerikanische Wissenschaftstheorie entwickelte, apelliert und „Verstehen" als einen psychologischen Vorfeldakt des eigentlichen wissenschaftlichen „Erklärens", d.h. der Erkenntnis von Ursache, Wirkung und Subsumtion unter Gesetze, aufgefaßt. Ohne hier diese aktuelle Problematik weiter zu erörtern, muß bemerkt werden, daß die von einer einseitigen hermeneutischen Methode des „Verstehens" her eingetretene Vernachlässigung der Kritik von Überlieferung und Wirkungsgeschichte, ein Korrektiv von seiten des analytischen und kritischen Rationalismus nötig hat.[19] Eine Brücke zu schlagen zwischen beiden Bemühungen, geschichtswissenschaftliche Erkenntnis zu begründen und methodisch zu sichern, haben H. Albert[20] auf

---

[18] In: Wiener Jahrbuch für Philosophie 1, 1968, 15–45; Hermeneutik und Ideologiekritik. Theorie-Diskussion (s.o. A. 16), S. 7–44.
[19] Vgl. H. Albert, 'Theorie, Verstehen und Geschichte', in: Ztschr. f. Allgem. Wissenschaftstheorie I, 1970, S. 2–23; Traktat über kritische Vernunft, Tübingen³ 1975, S. 13 ff, 135 ff, 206 f. Von religionswissenschaftlicher Seite: K. Rudolph, The Position of Source Research in Religious Studies, in: Methodology of the Science of Religion. Proceedings of the Study Conference of the I.A.H.R. in Turku, Finland, Aug. 27–31, 1973, The Hague 1978 (Religion and Reason 12), S. 148 ff; H. Seiwert, Systematische Religionswissenschaft: Theoriebildung und Empiriebezug, in: Ztschr. f. Missions- und Religionswiss. 61, 1977, 1–18; Ders., Möglichkeiten und Grenzen einer Anwendung der Prinzipien des kritischen Rationalismus im Rahmen der Religionswissenschaft, ungedruckte Magisterschrift Bonn 1977; G. Neuf, Religionswissenschaft aus der Sicht der Analytischen Philosophie, in: G. Stephenson (Hrsg.), Der Religionswandel unserer Zeit im Spiegel der Religionswissenschaft, Darmstadt 1976, S. 339–354.
[20] Hermeneutik und Realwissenschaft, in: Sozialtheorie und soziale Praxis, Meisenheim 1971; abgedruckt in: Kritische Vernunft und menschliche Praxis, Stuttgart (Reclam) 1977, 127–179

der einen und K.-O. Apel[21] auf der anderen Seite unternommen. Von beiden wird dabei der ‚Ideologiekritik' eine ausschlaggebende Position zugeschrieben. Für Albert liegt ihr Sinn darin, Aufklärung, Vorurteilsfreiheit, wissenschaftliches und antidogmatisches Denken zu fördern,[22] für Apel darin, die reflexiv vom „Verstehen" nicht einzuholenden, „vernunftlosen Momente unseres geschichtlichen Daseins", also das (naturhaft) Irratio-nale, aufzuheben, wobei er an „‚Psychoanalyse' der menschlichen Sozialgeschichte" und „Psychotherapie' der aktuellen Krisen des menschlichen Handelns" denkt, die für ihn „die einzig sinnvolle logische Begründung und moralische Rechtfertigung der objektiv erklärenden Wissenschaften vom Menschen darstellen".[23] Auch H.-G. Gadamer gesteht zu, daß hermeneutische Reflexion gleichfalls ‚praktisch', d.h. in diesem Sinne ‚ideologiekritisch' zu werden vermag: „sie macht jede Ideologie verdächtig, indem sie Vorurteile bewußt macht".[24] Hermeneutik und Ideologiekritik durchdringen sich also. Rw kann jedenfalls auch aus diesen geschichtsphilosophischen Bemühungen ihr gutes Recht ableiten, ideologiekritische Probleme in ihrem Bereich zur Sprache zu bringen.

I. 3. Damit ist zugleich ein Übergang zu der eigentlich ideologiekritischen Funktion der Rw aus ihrem Wesen und ihrem Gegenstand heraus gefunden. Wie schon anderenorts von mir ausgeführt wurde,[25] ist die Rw als eine objektiv arbeitende philologisch-historische und vergleichend-systematische Disziplin der Geisteswissenschaften an kein religiöses Weltbild oder Urteil gebunden, ja kennt streng genommen kein „Heiliges" als solches, das sie zur Streckung ihrer Waffen zwingen könnte. Dieses Wissenschaftsideal, das einen „methodischen Atheismus"[25a]

---

[21] Vgl. oben Anm. 18.
[22] Traktat über kritische Vernunft, S. 88 f.
[23] In: Hermeneutik und Ideologiekritik, S. 38f, 43 f.
[24] Ebd. S. 208, 300, 313 f u.o. Auch bei K. Acham ist Ideologiekritik primär als Vorurteilskritik verstanden (Vernunft und Engagement, S. 215 ff). Vgl. dazu unten Abschn. III (S. 16).
[25] Die Problematik der Religionswissenschaft als akademisches Lehrfach, in: Kairos IX, 1967, S. 22–42, bes. 40 (s. oben S. 32).
[25a] Vgl. dazu R. Bultmann, Prostestant Theology and Atheism, in: Journal of Religion 52 (1972), 331–335, bes. 332. Der Ausdruck ist auch im Gebrauch bei W. Lütgert, A. Schlatter, H. Gollwitzer und C. Colpe (Theologie, Ideologie, Religionswissenschaft, 294). Vielleicht ist es besser von „methodologischen Agnostizismus" oder „methodologischen Neutralismus" zu reden, wie N. Smart, The Science of Religion and the Sociology of Knowledge, Princeton 1977, 22 f., 38 ff., 57 ff., 63 ff., 158 ff.

einschließt, ist für den Gegenstand der Rw insofern schon „ideologiekritisch" wirksam, als der Anspruch, den religiöse Aussagen in ihren Traditionen zur Geltung bringen, von der Rw „eingeklammert" und nicht weiter in seinem existentiellen Bezug ernst genommen wird und werden kann (da sie sonst sich in einen Pluralismus religiöser Bekenntnisse auflösen müßte). Die hermeneutische Problematik, die sich hier der Rw in einer sehr delikaten Weise stellt, ist schon wiederholt Gegenstand der Debatte gewesen und trennt auch heute noch die einzelnen religionswissenschaftlichen Schulen.[26] Sie hier erneut aufzunehmen, fehlt es an Raum, aber im Zusammenhang unseres Themas zeigt sich wieder, daß sich hier die Weichen für die Selbständigkeit der Rw als einer eigenen Disziplin stellen.[27] Die von ihr geforderte wissenschaftliche Distanz gegenüber ihrem Gegenstand, die kein interesseloses Zuschauen bedeuten muß, bringt sie von vornherein in eine ideologie- bzw. religionskritische Situation: Religionen werden ihres Anspruchs Wahrheit, Autorität und göttliche Offenbarung zu sein, entkleidet und auf dem geschichtswissenschaftlichen, soziologischen und psychologischen Seziertisch analysiert. Dies klingt zwar banal und manchen Ohren erschreckend, ist aber nicht zu umgehen. Wissenschaft ist nun einmal Kritik, die bis zu den Wurzeln des Seins schneiden kann. So ist die Rw ein besonders anschauliches Beispiel dafür, wie wissenschaftlich-kritisches Vorgehen ein ideologiekritisches Bewußtsein voraussetzt bzw. impliziert und entsprechende Konsequenzen zeitigt. Die wissenschaftliche Methode vertreibt auch in diesem, für die Menschheit so existentiell tiefen Bereich ihres Erkennens und Handelns, wenn sie sich ihm zuwendet, den Hauch und Glanz des überirdischen Nimbus, der Epiphanie des Göttlichen oder der „Letzten Wirklichkeit". Dies ist m.E. auch nicht in das Belieben des einzelnen Religionswissenschaftlers bzw. -historikers gestellt, sondern ist eine unumgängliche und *unumkehrbare* Funktion der Rw selbst, sofern man sie als eine wissenschaftliche Angelegenheit betreibt.[27a] (Eine Diskussion über den hier verwendeten

---

[26] Vgl. den Überblick von H. Pummer, Religionswissenschaft or Religiology? Numen 19, 1972, S. 91–127 und U. Bianchi, The History of Religions, Leiden 1975, S. 163 ff.

[27] Meine Position, wie sie in dem Anm. 25 angeführten Aufsatz dargestellt ist: Das Problem der Autonomie und Integration der Religionswissenschaft, Ned. Theol. Tijdschr. 27, 1973, S. 105–131 (s. oben S. 37–66). The Position of Source Research (s.o. Anm. 19).

[27a] Zustimmend inzwischen auch P. Antes, Systematische Religionswissenschaft, in: Humanitas Religiosa. Festschrift für Haralds Biezais, Stockholm 1979, 213–221, bes. 219.

Wissenschaftsbegriff kann natürlich einiges von meinen Voraussetzungen klären, aber m.E. nicht grundsätzlich ändern).

Ist so das ideologie- bzw. religions-kritische Geschäft bereits aus Wesen und Methode der Rw verstehbar gemacht, so ist übrigens auch darauf einzugehen, daß von ihrem Gegenstand, den Religionen, ein „kritisches Bewußtsein" nicht ungefragt ist, ja Religionskritik sogar als ein innerreligiöses Phänomen betrachtet werden kann. Darauf ist in jüngster Zeit Richard Schaeffler in seinem Buch „Religion und kritisches Bewußtsein"[28] näher eingegangen. Für ihn hat die Gegenüberstellung von kritischem und religiösem Bewußtsein keinen ausschließenden Charakter, da auch Religion „kritisches Bewußtsein" enthält und zu seiner Entwicklung beigetragen hat. Auch wenn ich nicht mit allen Ansichten und Folgerungen des Verf.s einverstanden bin (sowohl auf philosophischer als auch historischer Ebene), so ist es ihm m.E. doch gelungen, eine nähere Verbindung (Sch. spricht sogar von einer Korrelation) von „Religion" und „Kritik" nachzuweisen. Es gibt demnach eine „Relevanz der Religion für das Selbstverständnis des kritischen Bewußtseins".[29] Einmal gibt es neben der philosophischen Form des kritischen Bewußtseins auch eine religiöse Gestalt eines solchen, die sogar älter ist und jene vorbereitet (Mythenkritik), zum anderen ist die Religionskritik nicht nur eine philosophische, sondern auch teilweise eine religiöse Angelegenheit. Letztere sieht Sch. etwas unglücklich in der Anwendung der Kategorie des Heiligen zur Durchführung kommen: als Mittel der Welt-, Erkenntnis- und Religionskritik.[30] Die Kategorie des Heiligen mache das religiöse Bewußtsein fähig, kritisch zu sein.[31] Dies erinnert an das „protestantische Prinzip" Paul Tillichs, von dem Sch. überhaupt (neben R. Otto) abhängig zu sein scheint. Es läßt sich nicht leugnen, daß damit eine Erscheinung in der Religionsgeschichte philosophisch-theologisch zur Sprache gebracht wird, die Sch. als „religionskritische Religionen" bezeichnet, und die er als Ausdruck solcher kritischer Impulse der Religion ansieht.[32] Er führt die „religiöse Revolution" des Echnaton, die Mysterienkulte (Osirisgericht!) und Zoroaster dafür an und sieht in ihnen Vorbereitungen zur

---

[28] München: Alber 1973.
[29] Ebd. S. 415 ff.
[30] Ebd. S. 107–253.
[31] Ebd. S. 212, 421.
[32] Ebd. S. 352 ff.

philosophischen Religionskritik, wie sie in Griechenland auftritt.[33] Auch das Christentum gehört dazu, da es das moderne kritische, säkulare Bewußtsein vorbereitet und aus sich entläßt.[34]

Eine ausführliche Diskussion der Thesen von Schaeffler verbietet sich hier und ist für unser Thema auch nicht unmittelbar nötig. Sch. übersieht natürlich, daß das, was er als „innerreligiöse Kritik" bezeichnet, oft von außen in die Religion hineingetragen und nicht immer als autochthon religiös zu betrachten ist. Richtig ist daran aber, daß das *eine* menschliche Bewußtsein in kritischer Funktion sowohl in Religion als auch Philosophie tätig sein kann. Ferner ist mit Recht der Gedanke der „Entfremdung" und seine Überwindung auch im religiösen Bereich von Sch. zur Sprache gebracht worden.[35] Die sog. „religionskritischen Religionen" sind natürlich nur *cum grano salis* so zu verstehen: es sind spezifische Religionsformen, die die herkömmliche Tradition sprengen und zu überwinden suchen. Es ist der Geist der Propheten und Reformatoren, der hier in Rede steht. Dahinter verbirgt sich das tatsächlich erstaunliche Phänomen, daß sich Religionen in einzelnen Vertretern oder Gruppen (vor allem sofern sie „Buchreligionen" sind) selbstkritisch in Frage stellen können—alle großen Weltreligionen sind aus einem solchen Akt geboren worden. Die Ursachen dafür sind dabei nicht „rein" religiös zu sehen, sondern sind vielgestaltig, aber sie werden unter religiösen Vorzeichen verstanden. Die theologische Tradition hat darüber hinaus wiederholt das Recht der Selbstkritik in Anspruch genommen.[36] „Die Religion ist in sich selbst und mit sich selbst kritisch: als Kritik ihrer Prinzipien

---

[33] Ebd. S. 354 ff. Völlig übersehen hat Sch. das Alte Testament und seine Religionskritik, wie sie H. D. Preuß, Die Verspottung fremder Religionen in AT, Neukirchen/Vluyn 1971 zuletzt ausführlich behandelt hat. Vgl. auch H. Breit, Überlegungen zur Religionskritik des AT, in: H. Breit u. K.-D. Nörenberg (Hrsg.), Religionskritik als theologische Herausforderung, München 1972 (Theol. Existenz heute 170), S. 9–29.

[34] Vgl. Schaeffler, a.a.O. S. 315 ff, 329 ff, 387 ff. Diese These hat bekanntlich als erster der evangelische Theologe F. Gogarten formuliert und näher begründet.

[35] A.a.O. S. 184 ff.

[36] Vgl. dazu J. Splett, Zur Kritik und Selbstkritik der Religion, in: Ztschr. f. kath. Theol. 92, 1970, S. 48–59; K.-H. Weger (Hrsg.), Religionskritik. Beitr. zur atheist. Religionskritik der Gegenwart, München 1976, S. 31 (positive Religionskritik als Polemik gegen religiöse Fehlformen). Ob daraus auch eine Aufnahme des Themas „Religionskritik" als ein eigenständiges Arbeitsgebiet in die Rw gefolgert werden sollte, wie es in letzter Zeit bes. von katholischer Seite (H. R. Schlette, Zur Erforschung der Religionskritik, in: Kairos 24, 1982, 67–86) verlangt wurde, ist m.E. nicht notwendig, da sie sowohl theologisch apologetischen als

an der Wirklichkeit oder als kritische Differenz zwischen dem, was sie ihrem Wesen nach sein soll, und dem, was sie in ihrer Erscheinung ist".[37]

Die Rw kann aus diesen selbstkritischen Vorgängen in den Religionen entnehmen, daß ihrem Gegenstand selbst ein kritisches Geschäft nicht fremd ist und „Religionskritik" daher durchaus auch religiöse Ursachen haben kann. Darüber hinaus ist es für den einer Religion verbundenen Religionswissenschaftler durchaus möglich, von seinem kritischen ‚religiösen' Bewußtsein aus, die religions- und ideologiekritische Arbeit auf seinem Gebiet voranzutreiben. Es gibt *keinerlei* Grund religiöses Bewußtsein, sofern es selbstkritisch reflektiert erscheint, als Hemmnis für eine objektive, historisch-kritische Rw anzusehen oder gar als unangebracht zu desavouieren. Im christlichen Traditionsbereich ist die Rw entstanden, wenn auch oft im Widerspruch zu ihr, und hat von hier auch ihre kritischen Voraussetzungen erhalten; dies sollte trotz allem nicht vergessen werden (s.u.).

---

auch antireligiösen Ambitionen in der Rw Vorschub leisten könnte. Im wesentlichen handelts es sich dabei ja um theologische oder metaphysische (philosophische) Fragen, weniger um philologisch-historische, und die gehören m.E. nicht zu ihr (der Rw). Wenn C. Colpe die Ideologiekritik in der Rw mit dem Bekenntnis zum ersten biblischen Gebot begründet, so ist das eine theologische (und persönliche), keine religionswissenschaftliche (Theologie, Ideologie, Religionswissenschaft, München 1980, 115). Über „Die religionskritischen Traditionen in der Religionswissenschaft" handele ich kurz bei H. G. Kippenberg & B. Luchesi (Hrsg.), Religionswissenschaft und Kulturkritik, Marburg 1991, 149–156. Vgl. auch unten S. 96ff.

[37] D. Rössler, Die Vernunft der Religion, München 1976 (Slg. Piper 135), S. 9. Vor einiger Zeit hat der bekannte Göttinger Theologe *H.-J. Kraus* eine „Theologische Religionskritik" (Neukirchen 1982) vom Standpunkt der dialektischen Theologie vorgelegt, die ihre Wurzeln bei Luther und Calvin sieht. Die protestantische Kritik der herkömmlichen Religion als Gesetzesdienst und eigenmächtiges Begreifen Gottes gegenüber der wahren Religion der Gnade und Rechtfertigung wird zur Richtschnur der Religionsbetrachtung, die sehr extrem von K. Barth verfochten wurde, der im christlichen Offenbarungsglauben das Ende jeder Religion sah. Kraus kann daher ebenso wie Barth einen positiven Bezug zu Feuerbach und Marx in ihrer Analyse von Religion finden und ihn als Beitrag zur Selbstentfremdung des Menschen von Gott sehen, abgesehen davon, daß die marxistische Gesellschaftskritik von Theologie und Kirche als berechtigt akzeptiert werden muß. Diese Fragestellung überschreitet den Horizont der Rw bei weitem und kann daher nicht weiter verfolgt werden. Es ist aber deutlich geworden, daß Religion selbst sich theologisch als „Religionskritik" etabliert—nicht nur gegenüber anderen Religionen: das hat eine uralte Tradition–, sondern auch gegen die eigene Geschichte und „Ideologie". Es gibt schon zu denken, wenn Luther Feuerbach vorwegnehmend Religion als „Wunschwesen" erkannte (Kraus 131, 177 f) und sich andererseits Feuerbach besonders Luther als Kronzeugen für diese seine Auffassung hernahm (ib. 175 ff). Die Religionskritik hat also durchaus auch religiöse Wurzeln. „Die Religionskritik als kritische Beurteilung konkreter Religion am Maßstab ihrer Idee gehört

Zum Schluß dieses Abschnittes sollte noch auf eine Art ideologiekritisches Vorgehen hingewiesen werden, von der die Rw einiges lernen kann, und das unmittelbar ihre eigene diesbezügliche Arbeit berührt. Es sind die ideologiekritischen Untersuchungen von Ernst Topitsch.[38] Seine Analysen des mythologisch-metaphysischen Weltbildes von seinen primitiven Ursprüngen bis zu seinen verwandelten, aber noch deutlich sichtbaren Nachwirkungen in den modernen Weltauffassungen haben durch den Nachweis der Abhängigkeit dieser Strukturen von dem frühgeschichtlichen Erfahrungsraster eine unmittelbar ideologiekritische Wirkung. Biomorphe, anthropomorphe, technomorphe und soziomorphe Modellvorstellungen sind die prägenden Muster eines größten Teils unserer traditionellen religiösen, philosophischen, politischen und ästhetischen Welterklärung oder Weltanschauung und des menschlichen Selbstverständnisses. Der Projektionsmechanismus, der hier in der Nachfolge von Feuerbach und Freud aufgewiesen wird, ist auch für die Rw von unmittelbarem Gewicht, da die religiös-mythologische Überlieferung einen wesentlichen Anteil an der Formung, Tradierung und Erhaltung dieses Weltbildes hat. Verhängnisvoll war, daß es dabei weniger auf Richtigkeit, als vielmehr auf psychologische und unmittelbar praktisch-politische Wirksamkeit ankam. Nur so erklärt sich die jahrtausendelange Gültigkeit dieser Weltauffassung.[39] Aus der „normativen Rückanwendung der intentionalen Modelle" ergeben sich nur „leere Formeln", die gerade deshalb „psychologisch-politisch eine schlechthin universelle Verwendbarkeit besitzen".[40] Der Rw wird hier anschaulich gezeigt, in welcher Weise ein ideologiekritisches Durchleuchten von Überlieferungen von unmittelbarer Relevanz für unser gegenwärtiges Welt- und Menschenbild sein kann. „Die wissenschaftliche Erkenntnis", bemerkt Topitsch, „muß die Erfüllung vieler Wünsche versagen, sie vermag keinen Trost und kein Gefühl

---

zur Religion selbst hinzu" (D. Rössler, Die Vernunft der Religion, München 1976, 25). Dies kann natürlich nur der Fall sein, wo ein solcher Maßstab (etwa in Form heiliger Urkunden) vorhanden ist oder darüber überhaupt reflektiert wird (was für die alten Volksreligionen weithin nicht zutrifft).

[38] Vgl. die Arbeiten: Vom Ursprung und Ende der Metaphysik, Wien 1958 (dtv München 1972); Sozialphilosophie swischen Ideologie und Wissenschaft, Neuwied/Rh. 1961 2, 1966; Mythos-Philosophie-Politik, Freiburg/B. 1969; Gottwerdung und Revolution, München 1973. Erkenntnis und Illusion. Tübingen 2. Aufl. 1988; Heil und Ziel, Tübingen 1990. Dazu gehört im weiteren Sinne auch die sprachkritische Untersuchung von A. Demandt, Metaphern für Geschichte, München 1978.

[39] Vom Ursprung (dtv-Ausgabe), S. 11.

[40] Ebd. S. 271.

der Geborgenheit zu vermitteln und muß in letzter Konsequenz auch die subtile Kunst der Selbstillusionierung, die mit Hilfe jener Leerformeln geübt wurde und wird, als solche aufdecken".[41] Daher ist sie auch nicht immer opportun.

II.

Ein kurzer Ausflug in die *Geschichte der Rw* soll uns klar machen, wie wechselvoll das Verhältnis von Ideologie- bzw. Religionskritik und Rw gewesen ist. Sofern man nicht bis zu Herodot zurückgreifen will, liegen die Ursprünge der modernen Rw im 17. und 18. Jh., und hier sind sie eng mit der Religionskritik der sog. „Aufklärung" verbunden. Diese Religionskritik bezog sich in erster Linie auf das in Kirchen organisierte Christentum. Mit Hilfe zweier einflußreicher Gedanken versuchte man nicht nur eine historisch-soziologische und philosophische, sondern auch eine pragmatische Religionskritik in die Wege zu leiten: einmal mit der Theorie vom Priesterbetrug, zum anderen mit der von der sog. natürlichen Religion. Während erstere sich vor allem im vorrevolutionären Frankreich gegen das mit der Kirche verknüpfte ancien régime richtete und so direkt politische Bedeutung erhielt, kam die Idee von der angeborenen Religion des Menschen zwar als Pendant einer gleichen Tendenz entgegen, hatte aber weiterwirkende Bedeutung. Für beide Theorien suchte man in unterschiedlicher Weise Begründungen aus dem zur Verfügung stehenden Material, das die Religionsgeschichte bot (bes. das große Werk von Picart über die „Sitten und Gebräuche der Völker" von 1723/28). Die dabei geübte Überlieferungskritik wurde vielfach unmittelbar in die Religionskritik umgemünzt (dieser Aspekt der Traditionskritik in der Aufklärung ist übrigens ein Aspekt, den F. Meinecke in seiner „Entstehung des Historismus" von 1936 übersehen hat; auch dieser hat das historische Denken vorbereitet).

Es waren natürlich vornehmlich Philosophen, die sich hier engagierten, während die als erste Religionshistoriker zu bezeichnenden Gelehrten (Meiners, Kleuker und Flügge) sich bescheideten, sachlich zu arbeiten und mit dem Ohr bei den historischen Quellen zu bleiben.[42] Aber auch sie wendeten sich gegen

---

[41] Sozialphilosophie, S. 341.
[42] Vgl. K. Rudolph, Die Religionsgeschichte an der Leipziger Universität und die Entwicklung der Religionswissenschaft, Berlin 1962 (Sitz. Ber. d. Sächs. Akad. d. Wiss. Philol.-hist. Kl. 107:1), S. 41 ff.

die übermächtige christliche Dogmatik und fochten für eine unbefangene Religionsbetrachtung, die sich ihre Ergebnisse nicht vorschreiben ließ und auch in anderen Religionen „Wahrheit" fand, nicht bloß Irrtum und verwerfenswertes Heidentum.[43] Herder war dafür maßgebend und in seiner Nachfolge hat dann Schleiermacher eine Religionsbestimmung durchgeführt, die für die Rw des 19. Jh.s weithin bestimmend wurde. Religion ist eine Naturanlage des Menschen, die auch außerhalb der christlichen ihren Wert hat, da sie als „Anschauung des Unendlichen" Gottes natürliche Offenbarung darstellt. Hier ist das Erbe der Aufklärung mit einem theologisch-romantischen Geist verknüpft worden. Das emanzipatorische Interesse der Religionsbeschäftigung des 18. Jh.s, das zu einer neuen Form von Religionsphilosophie gegenüber der alten dogmatischen „natürlichen Theologie" fand,[44] hat sich zwar nicht in einer direkten religions- oder ideologiekritischen Haltung durchgehalten, ist aber in verwandelter Weise in den allgemeinen Religionsbegriff, der sich gegenüber dem theologisch-dogmatischen immer mehr durchsetzte, eingegangen.

Im 19. Jh. war es Feuerbach, der den religionskritischen Geist repräsentierte, aber jetzt in einer von der Hegelschen Dialektik geschulten Weise. Seine Wirkung war allerdings, rückblickend gesehen, auf die philosophische Religionskritik, insbesondere die des Marxismus, beschränkt. Auf die junge Rw hatte sie einen kaum merklichen Einfluß; sie zehrte von dem Erbe Herders und Schleiermachers, was die Religionsphilosophie anbelangte, ohne zu begreifen, daß es gerade diese Religionsauffassung (des Herzens, Gemüts, Gefühls, der Phantasie) war, die Feuerbach zum Ausgangspunkt der Kritik gemacht hatte.[45] Die ideologiekritischen Ansätze und der anthropologische Ausgangspunkt bei Feuerbach hatten auf die Rw keinen Einfluß, dafür schwamm sie viel zu sehr noch im offiziell theologischen Fahrwasser. Sie hatte sich allerdings eine kritische Funktion bewahrt, die sich aus ihrer von Haus aus eigenen Toleranz, Universalität (Vergleichung!) und allgemeinen Religions- und Gottesauffassung ergab. Es war der vor allem bei Max Müller sichtbare Zug, eine Rw zu entwerfen, die sich selbständig neben den anderen jungen

---

[43] G. Stephenson, Geschichte und Religionswissenschaft im ausgehenden 18. Jh., in: Numen XIII, 1966, S. 43–79.
[44] Vgl. dazu K. Feiereis, Die Umprägung der natürlichen Theologie in Religionsphilosophie, Leipzig 1965 (Erfurter Theol. Studien 18).
[45] Vgl. H.-J. Braun, Die Religionsphilosophie L. Feuerbachs, Stuttgart 1972, bes. S. 24 f, 87 ff, 124 ff.

geisteswissenschaftlichen Disziplinen sehen lassen konnte, und die sich nicht als eine bloße theologische oder religionsphilosophische Abteilung verstand. Die von ihr mit Hilfe ihrer Schwesterwissenschaften ausgeübte historisch-philologische Methode gelangte zu ungeahnter Meisterschaft auf dem Gebiet der Religionsgeschichte und gab auf diesem Felde einen bis heute wirkenden Beweis für ihre Fähigkeit kritisch zu arbeiten. Diese kritische Verfahrensweise, die zunächst auf dem nichtchristlichen religionsgeschichtlichen Gebiet Blüten trieb, wurde in Gestalt der „Religionsgeschichtlichen Schule" auch im christlich-theologischen Raum wirksam, wobei sich die dabei sichtbaren kritischen Ambitionen bis in ideologiekritische Ansätze verwandelten (Christentum als besondere Form ohne Absolutheitscharakter).

Das 20. Jh. ist für die Rw eine Periode, die in erhöhtem Maße soziologische und psychologische Fragestellungen für sie einbrachte. E. Durkheim und M. Weber sind recht einflußreiche Denker auch für sie gewesen. Hatte im 19. Jh. die Ethnologie und Philologie weithin das Feld beherrscht, so waren es jetzt Psychologie und Soziologie. Mit ihnen zog auch ein verstärkter ideologie- und religionskritischer Geist wieder in sie ein, nicht in pragmatischer Weise wie im 18. Jh., sondern eben mit psychologischem und soziologischem Tenor.[46] Die ideologiekritischen Debatten der 20er Jahre (Scheler, Mannheim) hatten zwar keine unmittelbare Nachwirkung in der Rw gehabt, desto mehr beginnt sie es aber in der Gegenwart zu haben, wozu meine Ausführungen einen Beitrag leisten wollen. Der Ertrag, der sich daraus ergibt, ist für das Selbstverständnis und die (relative) Selbständigkeit der Rw von ausschlaggebender Wichtigkeit, denn die zurückgewonnene kritische Haltung zu ihrem Gegenstand, den religiösen Überlieferungen und Deutungssystemen und die damit eingeleitete Beseitigung von Vorurteilen wird dazu beitragen, sie aus der theologischen und missionswissenschaftlichen Umklammerung (sichtbar bis in den Universitäts– und Studienbetrieb), in die sie teilweise geraten ist, zu befreien. Direkt und indirekt hat die Rw bis in die Gegenwart wiederholt der

---

[46] Einen kurzen Einblick davon vermittelt die Dokumentation bei J. Waardenburg, Classical Approaches to the Study of Religion, Vol. 1, The Hague-Paris 1973, S. 300 ff (Durkheim, Mauss, Lévy-Bruhl, Weber, Freud). Vgl. auch C. Elsas (Hrsg.), Religion. Ein Jahrhundert theologischer, philosophischer, soziologischer und psychologischer Interpretationsansätze, München 1975 (Theol. Bücherei 56).

Selbstbegründung des Christentums gedient, oder sie bemühte sich, streckenweise einer allgemeinen religiösen Bewußtseinslage im Sinne einer anzustrebenden „Menschheitsreligion" gerecht zu werden bzw. sie gar zu fördern (R. Otto, F. Heiler). Die letzten internationalen Kongresse für Religionsgeschichte sind immer wieder mit diesem Problem konfrontiert worden. Nur dank der leitenden Gremien der IAHR und der überwiegenden Mehrheit ihrer Mitglieder ist ein Abgleiten in einen Religionskongreß wie dem von 1893 in Chicago bisher verhindert worden. Um dies auch in Zukunft zu gewährleisten und die Autonomie der Rw zu fördern, ist es m.E. notwendig, neben der Herausarbeitung ihrer methodischen Eigenheiten[47] auch ihre religions- bzw. ideologiekritische Funktion wieder zu beleben.

III.

Damit sind wir unmittelbar zu den *Aufgaben der religionswissenschaftlichen Ideologiekritik* gelangt, die es jetzt zu skizzieren gilt. Ich sehe sie vor allem auf 5 Ebenen wirksam werden:

1. In der Überlieferungs- (Traditions-)Kritik, die in allen religionshistorischen Untersuchungen implizit enthalten ist; sie sollte mehr als bisher auch als bewußter Beitrag der Rw zur allgemeinen ideologiekritischen Diskussion herausgestellt werden (vgl. 2 u. 3).

2. In der „aufklärerischen" und emanzipatorischen Wirkung dieses eben genannten Beitrages auf das teilweise noch stark verfestigte („orthodox-dogmatische") Selbstverständnis der gegenwärtigen Religionen. Die „Fremderkenntnis", sollte hier zugleich zur „Selbsterkenntnis" verhelfen. Zum „Wesen der geschichtlichen Wissenschaften" gehört, wie H.-G. Gadamer es formuliert, „innere Durchdringung kritischer Aufklärung, die die naive Fortgeltung von Überlieferungen kritisiert, und fortwirkender Tradition, die den geschichtlichen Horizont mitbestimmt".[48]

---

[47] Vgl. dazu meine Ausführungen in: Das Problem der Autonomie (so. S. #).
[48] In: Hermeneutik und Ideologiekritik (s.o. Anm. 16, S. 300. Vgl. oben S. 90 über Ideologiekritik als Vorurteilskritik. Die emanzipatorische Funktion der Geschichtswissenschaft wird von H.-U. Wehler betont (Geschichte als Historische Sozialwissenschaft, Frankfurt/M.: edition suhrkamp 650, 1977, S. 27f.). Vgl. bereits sehr klar W. Dilthey (Ges. Schriften Bd. 8, S. 225): „Das historische Bewußtsein zerbricht die letzten Ketten, die Philosophie und Naturforschung nicht zerreißen konnten".

Die der religionswissenschaftlichen Arbeit implizite Komponente der Reflexion ist ein nicht zu unterschätzender Faktor bei der Herausbildung und Förderung kritischen Denkens. „Die konkrete, historische Signatur wird mittels der ideologiekritischen Zurüstung der Reflexion an den reflektierten Gegenständen transparent".[49]

3. In der Untersuchung, d.h. kritischen Analyse der wechselvollen Verflechtung von „Religion" und „Politik", „Thron und Altar", vor allem im Hinblick auf die vielfältigen religiösen Herrschaftsideologien in Vergangenheit und Gegenwart, die der Manipulation der Religion dienstbar gemacht worden sind.[50]

4. In der Verfolgung und historischen Nachprüfung der Gedanken von K. Marx über die Religion einerseits als „Opium des Volkes", andererseits als „Protestation gegen das wirkliche Elend".[51] An Hand eines solchen Leitfadens lassen sich gewisse Einsichten in die Bedeutung und operative Verwendung religiöser Vorstellungen gewinnen (Religion und Wirtschaft, Religion und Gesellschaftsstruktur; Eschatologie, Apokalyptik und Heilserwartung).

5. In der notwendigen Ausweitung des Arbeitsgebietes der Rw auf pseudo- krypto- und parareligiöse Bewegungen, den „religiösen Untergrund in unserer Welt", wie der Untertitel eines sich mit diesen Phänomenen beschäftigenden Buches heißt.[52] Aus diesem Bereich ergibt sich, daß das „Problem der Religion" neue

---

[49] R. Bubner, in: Hermeneutik und Ideologiekritik, S. 220.
[50] Ein vorzügliches Beispiel dafür liefert der Beitrag von H. Cancik, Christus Imperator. Zum Gebrauch militärischer Titulaturen im römischen Herrscherkult und im Christentum, in: H. von Stietencron (Hrsg.), Der Name Gottes, Düsseldorf 1975 (Patmos-Paperback), S. 112 ff. „Die Kritik der 'göttlichen Gewalt' bleibt eine der wichtigsten Aufgaben der Religionswissenschaft" (126). Vgl. auch E. Peters u.E. Kirsch, Religionskritik bei Heinrich Heine, Leipzig 1976 (Erfurter Theol. Schriften 13), bes. S. 101 ff. G. Kehrer (Hrsg.), Zur Religionsgeschichte der Bundesrepublik Deutschland, München 1980 (Forum Religionswissenschaft 2); H.G. Kippenberg/B. Luchesi (Hrsg.), Religionswissenschaft und Kulturkritik, Marburg/L. 1991.
[51] K. Marx/F. Engels, Über Religion, Berlin 1958, S. 10 (2. Aufl. Berlin 1976, S. 99). Vgl. dazu W. Post, Kritik der Religion bei Karl Marx, München 1969, S. 157 ff; J. Kadenbach, Das Religionsverständnis von Karl Marx, München-Paderborn-Wien 1970, 176 ff.
[52] F. W. Haack, Von Gott und der Welt verlassen, Düsseldorf 1974. Weitere Literatur zu diesen Phänomenen: M.-D. Marsch, Plädoyers in Sachen Religion, Gütersloh 1973; G. Lanczkowski, Die neuen Religionen, Frankfurt/M. 1974; E. Benz, Neue Religionen, Stuttgart 1971; H. Reller, Handbuch religiöser Gemeinschaften, Gütersloh 1976. J. Needleman, The New Religions, New York 2. Aufl. 1984. Die rw-liche Arbeit auf diesem Gebiet hat inzwischen erheblich zugenommen.

Formen annimmt, mit denen sich die Rw beschäftigen muß.[53] Mit Hilfe ihrer Methode und Erkenntnisfindung können diese Erscheinungen nicht nur historisch, traditionsgeschichtlich „erklärt", sondern auch als Ausdruck eines weltweiten Neuauflebens unterdrückter natürlicher Religiosität verstanden werden. Diese Analyse zeitigt zugleich die von mir aufgezeigte emanzipatorisch-desillusionistische, eben ideologiekritische Wirkung.

Aus diesen Aufgaben erwächst der Rw nicht nur eine neue Dimension ihrer Arbeit, sondern auch eine große Verantwortung, vor allem in der sog. „Dritten Welt", die sich in einem tiefgreifenden Emanzipationsprozeß befindet, der sich auch auf die eigene Überlieferung erstreckt. „Die „Unmittelbarkeit der dogmatisch-normativen (institutionell festgelegten und sozial verbindlichen) ‚Applikation' des Traditionsverständnisses, wie sie bis in die Aufklärungszeit hinein in Europa, und bis in die Gegenwart hinein in den meisten außereuropäischen Kulturen, funktionierte", urteilt K. O. Apel mit Recht, kann nicht wiederhergestellt werden".[54] Diese Kulturen „werden durch die für sie unvermeidliche Verfremdung ihrer eigenen Tradition auch sogleich auf die Tatsachen hingewiesen, daß geistige Sinndeutungen der Welt, z.B. religiös-moralische Wertordnungen, im engsten Zusammenhang mit den sozialen Lebensformen (den Institutionen) zu begreifen sind. Was sie daher vor allem suchen, ist eine philosophisch-wissenschaftliche Orientierung, welche das hermeneutische Verständnis der eigenen und fremden Sinn-Traditionen durch soziologische Analysen der jeweils zugehörigen Wirtschafts- und Gesellschaftsordnungen vermittelt. Dies vor allem macht die Faszinationskraft des Marxismus für die Intellektuellen der Entwicklungsländer verständlich".[55]

In dieser Situation kann die Rw eine Hilfe bei der Gewinnung eines neuen kritisch-reflektierten Verhältnisses zur weithin stark religiös geprägten Tradition sein. Denn, um Apel noch einmal zu zitieren, „Traditionsvermittlung muß zu einem komplizierten, wissenschaftlich vermittelten Prozeß werden, sobald die, wenn

---

[53] Vgl. bereits die Untersuchungen von G. Stephenson, Zum Religionsverständnis der Gegenwart, in: Ztschr. f. Religions- u. Missionswiss. 60, 1976, S. 181–216, und R. J. Zwi Werblowsky, Beyond Tradition and Modernity, London 1976 (Jordan Lectures 1974).
[54] In: Hermeneutik und Ideologiekritik (s.o. Anm. 16), S. 35; Transformation der Philosophie, Bavel 2, Frankfurt/M 1981, 121
[55] Ebd. S. 37.

auch nur provisorische, Objektivierung und Distanzierung des zu verstehenden Sinnes durch hermeneutische Abstraktion von der normativen Geltung möglich geworden ist".[56]

Weiterhin ist m.E. allein durch die angedeutete, von der religionswissenschaftlichen Arbeit eingeleitete kritische Relativierung der religiösen Bekenntnisse und Überlieferungen ein Abbau gegenseitiger Vorurteile und Mißverständnisse möglich. Insofern hat die religionswissenschaftliche (historische, philologische, soziologische, psychologische) Kritik auch eine durchaus positive Bedeutung für das Zusammenleben der Menscheit: sie fördert Verständnis, Toleranz und gegenseitige Anerkennung auf dem Boden eines gleichen Zuganges zur nicht unbesehen hingenommenen Tradition. „Kultur und Wissenschaft können den Menschen sowohl von seiner natürlichen, unkultivierten Umwelt befreien, wie auch . . . aus seiner Versklavung durch seine eigene Irrationalität".[57]

Es ist bemerkens- und sehr begrüßenswert, daß gerade auch von theologischer Seite in letzter Zeit zu diesen Fragen Weiterführendes gesagt worden ist. Hans Küng hat in seinem bekannten Buch „Christ sein" einen Abschnitt über die „Herausforderung der Weltreligionen" geschrieben, der für mich zu den herausragendsten, besten Äußerungen gehört, die in letzter Zeit zu diesem Thema von seiten eines engagierten christlichen Theologen vorgetragen worden sind.[58] Es geht mir aber jetzt nicht primär um das von echtem christlichem Toleranzdenken getragene Verständnis für die anderen Religionen, das Küng zum Ausdruck bringt, sondern darum daß hier an „eine unvoreingenommene sachlich arbeitende Religionsgeschichte, Religionsphänomenologie, Religionspsychologie, Religionssoziologie und Religionstheologie" appelliert wird, die zu einer ernsthaften Auseinandersetzung zwischen Christentum und den nichtchristlichen

---

[56] Ebd. 35. Eine Stimme zu dem anvisierten Problem „3. Welt und Rw" ist z.B. G. O. M. Tasie, Africans and the Religions Dimension. An Appraisal, in: Africana Marburgensia IX, 1, 1976, S. 34–70. Verwiesen sei auch auf das bekannte Buch von J. S. Mbiti, Afrikanische Religion und Weltanschauung, Berlin 1974.

[57] Urial Tal, in: Concilium 10, H. 10 (Okt. 1974), S. 607 im Zusammenhang der jüdisch-christlichen Debatte. Vgl. H. Usener, Vorträge und Aufsätze, Leipzig 1907, 65, Über den befreienden Charakter der „Mythologie", wie er die Rw. nannte. Ferner: „Wenn jemand die Religionen der Welt studiert, um eine Bestätigung für das zu finden, was er ohnehin schon glaubt, dann ist sein Forschen unfruchtbar. Er möchte nur sein Selbstgefühl steigern, indem er sich versichert, daß die Großen mit ihm einer Meinung sind" (W. Kaufmann, Religion und Philosophie, München 1965, S. 448)

[58] München/Zürich 1974 (2. Auf.), S. 81–107 (A III).

Religionen provozieren kann.⁵⁹ Küng weiß um die „geistige Unbeweglichkeit" und Abkapselung der fremden Religionen, die sich der „völlig neue(n) Form von Bewußtsein", des „unumgängliche(n) Säkularismus", die beide mit den ökonomischen und gesellschaftlichen Veränderungen unseres Zeitalters in diese außereuropäischen Länder Einzug gehalten haben, noch nicht voll bewußt geworden sind. Dafür zeugen die ungenügenden Antworten, die von ihnen darauf oftmals gegeben werden. Küng läßt es aber nicht bei dieser Feststellung, sondern gibt im Sinne der „helfenden Diagnose" einige Punkte an, die einer kritischen Reflexion (K. nennt den Islam, Buddhismus, Hinduismus, Dschainismus, Konfuzianismus) bedürfen (wobei er übrigens— und das zeichnet sein selbstkritisches Bemühen aus—in diese Fragen auch das Christentum einbezieht): Ungeschichtlichkeit (Fehlen eines historisch-kritischen Denkens), zyklisches Denken, der daraus resultierende Fatalismus und Pessimismus, Weltlosigkeit, Passivität, Kastengeist, soziales Desinteresse, Traditionalismus.⁶⁰ Dies sind die Tatsachen, die die Rw schon länger zur Kenntnis genommen hat, sie oft aber nur als Objekt ihrer Untersuchungen mit teilweise unkritischer Bewunderung betrachtete. Dies sollte sich im Anblick der gegenwärtigen industriellen, wirtschaftlichen und politischen Prozesse gründlich ändern und zu dem von mir anvisierten „ideologiekritischen" Verhältnis der Rw zu ihrem Gegenstand verhelfen. Sie will nicht mutwillig zerstören, aber sie weiß von ihrem Ursprung und ihrer Sache her, daß Religionen, ihre Formen und „Ideologien" immer einem Wandel ausgesetzt waren, der von den Ursachen her nicht aufzuhalten war und sein wird. Es gibt religiöse Traditionen und Formen, die überlebt sind und deren Beibehalten bzw. Fortexistenz kein Gewinn, sondern Verhängnis und Verlust an Schöpfertum, ja einer neuen Identitätsfindung hinderlich sein können. Das Ethos wissenschaftlicher Wahrheitssuche läßt für die Rw die Autorität des „Heiligen" zwar in der kritischen Reflexion „untergehen" (im Hegelschen Sinne), aber sie hat ein Maß an Achtung für eine durch das Feuer der Kritik gegangene und erprobte Religiosität, die dem Forscher selbst eignen kann.

---

[59] Ebd. S. 97.
[60] Ebd. S. 98–102.

5.

ZUR GESCHICHTE UND ZUM STAND DER RELIGION/UMWELT–FORSCHUNG AUS RELIGIONSWISSENSCHAFTLICHER SICHT*

1. Religionswissenschaft—Aufgabe und Struktur

Die moderne Religionswissenschaft (Rw) hat wie viele ihrer geisteswissenschaftlichen Schwestern ihre Wurzeln in der Aufklärungszeit und der anschließenden historischen Romantik, falls man nicht noch weiter in die Antike zurückgehen will, wo Herodot ja schon aufmerksamer Beobachter der nicht-griechischen Religionswelt gewesen ist. Ohne näher in die Wissenschaftsgeschichte einzusteigen, möchte ich folgende Tatsachen ins Gedächtnis rufen, die nach meinen eigenen Forschungen wesentlich zur Etablierung der Rw als eigenständiger Disziplin beigetragen haben[1]:

1. *der Toleranzgedanke*, der es ermöglichte, fremde Konfessionen und Religionen in ihrer Eigenart erstmalig ohne Polemik oder Apologetik in den Blick zu bekommen;

2. die zunehmende Ausweitung des europäischen Horizonts, einsetzend mit den *Entdeckungsreisen* des 15./16 Jh.s, die zur unerwarteten Begegnung mit fremdreligiösen Überlieferungen und Glaubensweisen führten;

3. die dadurch geförderte *vergleichende und historische* Betrachtung, zuerst in der Philologie (Vergleichende Sprachwissenschaft), dann übergreifend auf fast alle kulturwissenschaftlichen Fächer;

4. die kritische Untersuchung der Quellen zum Christentum führte auch zu gleichem Vorgehen in den nicht-christlichen

---

* Für den Druck bearbeitetes Einleitungsreferat auf dem Internationalen Symposium zur Religion/Umwelt-Forschung 6.–8. Mai 1988 an der Kath. Universität Eichstätt/Bayern.

[1] Vgl. meine (ergänzungsbedürftige) Arbeit: Die Religionsgeschichte an der Leipziger Universität und die Entwicklung der Religionswissenschaft. Ein Beitrag zur Wissenschaftsgeschichte und zum Problem der Religionswissenschaft. Berlin (DDR) 1962. (SB Sächs.-Akad. d. Wiss. zu Leipzig. Philol.-hist. Kl. 107: Heft 1).

Religionsbereichen, was zwar einen erweiterten, aber oft auch noch zu eurozentrischen Religionsbegriff einschloß.

Ich schenke mir weitere Indizien für die aufgehende Blüte der religionshistorischen Forschung des 19. Jh.s, die sich um die Namen Friedrich Max Müller, Cornelius Peter Tiele, Chantepie de la Saussaye, Jean Reville, Nathan Söderblom rankte, wobei nur die Religionshistoriker im engeren Sinne angeführt seien, die bekanntlich umgeben sind von den großen Philologen der klassischen und neu entstandenen Disziplinen (wie Assyriologie und Ägyptologie), oder den einflußreichen Theoretikern der jungen Ethnologie (Tylor, Marett). Die Verbindung von Geschichte, Philologie und Komparatistik bestimmte die junge Rw in dieser Zeit entscheidend und gab ihr ein festes Gerüst, das es ihr zunehmend ermöglichte, sich von theologischen und philosophischen Ambitionen zu befreien und ein eigenes Profil zu gewinnen.

Die verschiedenen Entwürfe wissenschaftstheoretischer Grundlegung der jungen Disziplinen gipfelten in der 1924 veröffentlichten Leipziger Habilitationsschrift von Joachim Wach über „Religionswissenschaft".[2] Damit war erstmalig einleuchtend und klar Aufbau und Aufgabe der Rw umrissen worden, wie sie bis heute weithin verstanden wird. Erst 1988 erfolgte eine englische Übersetzung dieses Buches in den USA,[3] nachdem Wach ja selbst 1935 aus rassistischen Gründen Leipzig verlassen mußte und in den USA eine neue Wirksamkeit entfaltete. Für ihn—und ich bin nach wie vor seiner Meinung—hat die Rw zwei Säulen, auf denen sie ruht: *Die Religionsgeschichte* und die *Vergleichende* oder *Systematische Religionswissenschaft*; erstere ist an den einzelnen Religionen quasi in Längsschnitten durch die Religionswelten orientiert, letztere legt Querschnitte durch diese Welt zum Zwecke der Vergleichung, Typologie und Klassifizierung religiöser Tatbestände. Für ihre Arbeit bedarf die Rw noch weiterer Methoden und Arbeitsbereiche, die ihren traditionellen Schwerpunkt nicht in ihr haben, aber die sie unabdingbar für *Verstehen* und *Erklärung*—beides ist der Rw eigen—ihres Gegenstandes, d. h. der religiösen Tatbestände bzw. Sachverhalte in Vergangen-

---

[2] Religionswissenschaft. Prolegomena zu ihrer wissenschaftstheoretischen Grundlegung, Leipzig. 1924 (Veräff. d. Forschungsinstituts für vergleichende Religionsgeschichte an der Universität Leipzig. Nr. 10). Vgl. unten über Wackh S. 355–365.
[3] Introduction to the History of Religions. Ed. by J. M. KITAGAWA and G. D. ALLES, New York (Macmillan) 1988.

heit und Gegenwart, benötigt. Dazu gehören, wie schon Wach feststellte, in erster Linie *Religionssoziologie* und *Religionspsychologie.* Ich würde sagen, daß eine Religionsgeschichte ohne Religionssoziologie blind, aber Religionssoziologie ohne Religionsgeschichte leer bliebe. Die *Religionsphilosophie* hat Wach mit Recht aus der Rw ausgeschlossen; sie wird von einzelnen Religionswissenschaftlern wohl noch hinzugerechnet (z. B. von Friedrich Heiler), aber sie führt streng genommen über die Religionswissenschaft als historisch-philologisch und komparative Fachrichtung hinaus.[4]

2. Stellung und Rolle der Religionsgeographie in der Religionswissenschaft

Noch nicht angeführt hatte Wach die Religionsgeographie als Teil der Rw. Der Grund dafür lag wohl darin, daß diese Betrachtung von Religion/Religionen nur in der Geographie gepflegt wurde und auch da nur ein Randdasein führte (die Zeit Carl Ritters war längst vergangen). Was von solchen Bemühungen bekannt war, versammelte sich entweder in den Handbüchern (Ratzel, Passarge, Banse, Hettner), Monographien oder Spezialarbeiten, von denen manche über das Ziel hinausschossen (wie z.B. E. Friedrich, W. Gebel). Weiteres war aus der Ethnologie/ Ethnographie bekannt und galt mehr als völkerkundliches Problem als ein spezifisch geographisches (A. Bastian, O. Peschel, Ratzel, Buschan, H. Schurtz) oder ein wirtschaftswissenschaftliches (E. Hahn). Natürlich bedeutete das in keiner Weise, daß Religionshistoriker sich des Einflusses von Religionen auf die geographische Umwelt und umgekehrt nicht bewußt waren: Bei Behandlung von Kult- und Tempelanlagen, den Ausbreitungsbewegungen (Missionstätigkeit oder Wanderungen) oder dem historischen Wechsel von Land zu Stadt und umgekehrt, kam man auch darauf zu sprechen, wie viele ältere religionswissenschaftliche Darstellungen zeigen. Es wurde aber kaum über diese Zusammenhänge näher reflektiert oder gar wissenschaftstheoretisch daraus Konsequenzen gezogen. So ist der Beitrag der Rw zur „Religionsgeographie" sehr gering gewesen.[5]

---

[4] Vgl. WACH, Religionswissenschaft, S. 129 ff.; RUDOLPH, Historical Fundamentals and the Study of Religions. Haskell-Lectures delivered at the University of Chicago. New York (Macmillan) 1985, 33 ff.; oben S. 19f.

[5] Vgl. K. HOHEISEL, Geographische Umwelt und Religion in der Religionswissenschaft, in: Geographia Religionum I (1985), 123–164.

Es ist daher durchaus korrekt, wenn Manfred Büttner in seinen Publikationen wiederholt den Entwicklungsgang der Religionsgeographie als eine Emanzipation aus der Theologie beschreibt, die mit B. Keckermann (1616 Systema geographicum) einsetzt und bei Kant einen bahnbrechenden Durchbruch erreichte.[6] Das, was Kant als „theologische Geographie" beschreibt, ist das, was man heute als Religionsgeographie verstehen würde (abzüglich der auch von Kant noch auf die biblische Schöpfung bezogenen Bewertungen). Bekanntlich wird G. H. Kasche mit seinen „Ideen über religiöse Geographie" (1795) als Beginn der deterministisch vorgehenden Religionsgeographie verstanden,[7] die sich in dieser Form mit mehreren Unterbrechungen bis in die Anfänge unseres Jahrhunderts fortsetzte, das heißt, Religion und ihre Erscheinungsformen wurden in erster Linie als abhängig von der geographisch-klimatologischen Umwelt gesehen. Ein Wandel trat erst ein, als—nach mehreren vorangehenden Spezialarbeiten über einzelne Religionsprovinzen—eine stärkere Reflexion über das Beziehungsgeflecht von „Religion" und „Umwelt" einsetzte, zunächst aber noch vorwiegend bei den Geographen (P. Fickeler, P. Deffontaines, W. Troll, O. Maull, D. Sopher, H.-G. Zimpel, E. Wirth, A. Sievers).[8] Ausnahmen von religionswissenschaftlicher Seite aus der Vorkriegs- und Kriegszeit sind H. Rust (1933) und H. Frick (1943). Letzterer allerdings im Trend der damaligen nazistischen Geopolitik und Bodenmystik, die nicht zum Ansehen derartiger Arbeiten geführt hat. Erst der Indologe H. J. Sprockhoff hat nach dem Kriege eine zusammenfassende Reaktion auf die von der Geographie lange Zeit allein betriebene Religionsgeographie geliefert (1963, 1964).[9] Kurze Artikel in

---

[6] M. BÜTTNER, Die Geographia Generalis vor Varenius. Geographisches Weltbild und Providentialehre, Wiesbaden 1973 (Erdwissenschaftliche Forschung VII), 172 ff.; Bartholomäus KECKERMANN (1572-1609), in: M. BÜTTNER (Hrsg.), Wandlungen im geographischen Denken von Aristoteles bis Kant, Paderborn 1979 (Abhandlungen u. Quellen zur Geschichte der Geographie und Kosmologie Bd. I), 153–172; Zur Geschichte und Systematik der Religionsgeographie, in: Geographia Religionum I (1985), 211.
[7] Vgl. M. SCHWIND (Hrsg.), Religionsgeographie, Darmstadt 1975 (Wege der Forschung 397), 3 ff.; M. BÜTTNER, Zur Geschichte, 24 f. Zur Bedeutung Kasches als früher Religionshistoriker s. F. R. MERKEL, Zur Religionsforschung der Aufklärungszeit, in: Festschrift A. BERTHOLET, Tübingen 1950, 359 f.
[8] Vgl. die von M. SCHWIND besorgte Auswahl (op. cit.) und Bibliographie (381–388); umfassend BÜTTNER, Zur Geschichte 82–121.
[9] Zur Problematik einer Religionsgeographie, in: Mitt. der Geograph. Gesellschaft in München, 48(1963), 107–121; Religiöse Lebensformen und Gestalt der Lebensräume. Über das Verhältnis von Religionsgeographie und Religionswissenschaft, in: Numen 11 (1964), 85–146.

religionswissenschaftlichen Fachlexika schlossen sich an, wie im „Religionswissenschaftlichen Wörterbuch" (1956) von F. König[10] oder in „Die Religion in Geschichte und Gegenwart", 3. Aufl. (1957/65) von W. Holsten. Nicht vergessen sind die beiden französischen Forscher: Guy le Bras, Religions- und Kirchensoziologe[11] und Xavier de Planhol, Geograph und Islamwissenschaftler.[12]

De Planhol ist sich bereits sehr klar über die Wechselwirkung zwischen Religion und Landschaft, die er regelrecht gesetzmäßig nennt: „Eine Religion, entstanden aus bestimmten auslösenden Anpassungen, determiniert durch heute oft noch unbekannte Faktoren, die jedoch durch eine vertiefte Analyse sich fast immer aufdecken lassen, geht auf Eroberung aus und trägt ihre besondere Konzeption vom Verhältnis zwischen Mensch und Natur weithin in Gegenden, die oft von ihrem Ursprungsgebiet völlig verschieden sind. Ein materielles Substrat geht den religiösen Schöpfungen voraus, die jedoch ihrerseits wieder auf jenes zurückwirken."[13]

Der Aufbruch in eine neue Form der Religionsgeographie beginnt erst mit D. Sopher (1967) und M. Büttner (1972), d. h. also von Seiten der Geographie. Dahinter steht ein Wandel der Geographie als solcher, der auffälligerweise auf einen schon länger einsetzenden Wandel in der Rw (wenigstens in Deutschland) trifft. Kern des Wandels in beiden Disziplinen ist die verstärkte Öffnung zur Soziologie und zur sozial-kulturellen Umwelt als dominierender Faktor.[14] In der Rw geht dies einher mit dem Verlassen individualistisch-psychologischer Ansätze bei der Frage nach der Entstehung und dem Wesen von „Religion",

---

[10] In der Neuauflage, hrsg. von H. WALDENFELS, Freiburg/B. 1987, von K. HOHEISEL verfaßt (539–543). Vgl. auch Ders. Religionsgeographie und Religionsgeschichte, in: H. ZINSER, ed., Religionswissenschaft, Berlin 1988, 114–130.

[11] Géographie et religions, Paris 1948; Valeur et limités de l'explication religieuse en géographie humaine, in: Diogène No. 2 (1953) 64–79.

[12] „Le monde islamique. Essai de géographie religieuse", Paris 1957; verbesserte englische Übersetzung: „The World of Islam", Ithaca 1959; „Les fondements géographiques de l'histoire de l'Islam", Paris 1968; deutsche Übersetzung von H. Halm mit verändertem Titel (!) „Kulturgeographische Grundlagen der islamischen Geschichte", Zürich 1975.

[13] Vorwort S. 9 (deutsche Übersetzung).

[14] Vgl. dazu meinen Beitrag „Religionswissenschaftliche Überlegungen zur Religionsgeographie" in der FS Büttner „Geisteshaltung und Umwelt", hrsg. von W. KREISEL, Aachen 1988 (Abh. u. Quellen zur Geschichte der Geographie u. Kosmologie 4), 415–425.

in der Geographie mit der Aufgabe der bloßen Zweidimensionalität des Raumes als Objekt der Forschung zugunsten der Dreidimensionalität, wie ihn die Sozialgeographie verlangt. Erfolgte die Betrachtung der Wirkung von religiösen Tatbeständen im Raum in der klassischen Geographie entweder in der Kultur- oder Anthropo-Geographie, so wurde jetzt, eben wie bei Sopher und Büttner, die soziale Einheit, seien es Gruppen, Gemeinschaften oder „Kirchen" als Vermittler und „Schaltstelle" für die Wandlungen in den Veränderungen der Religion (Ideologie)/Umwelt-Beziehung in den Blick genommen (quasi als Objekt und Subjekt von Religion). Ja, man erkannte anhand von Feldforschungen, wie sie Büttner bei überschaubaren Religionsgruppen vornahm, rasch, daß der Ablauf solcher Vorgänge natürlich nur als Prozeß verstanden werden kann, d. h. mit Einbeziehung des zeitlichen Verlaufs sozusagen vierdimensional. Damit war das statische Modell der klassischen Geographie endgültig aufgegeben und durch ein dynamisches abgelöst worden, das es den Humanwissenschaften leichter machte, geographisches Denken in ihre Arbeit aufzunehmen. Auf diesem Wege gelang es der modernen Religionsgeographie zunehmend, die Rw für sich zu interessieren und zu einer Zusammenarbeit zu gewinnen. Konsequenzen daraus sehen wir auf diesem Symposion, wo erstmalig die verschiedenen Disziplinen zusammengekommen sind, die sonst jeweils auf ihren Spezialtagungen nur unter sich sind.

Inwieweit daraus überhaupt ein endgültiges Aufbrechen der herkömmlichen Fachgebietsgrenzen möglich sein wird, ist noch abzuwarten. M. Büttner möchte weite Teile der Humanwissenschaften im Anschluß an Kant nach ihrem Schwerpunkt in Raum oder Zeit einteilen und von daher die Arbeitsteilung von Geschichte und Geographie in eine enge fachliche Verbindung bringen.[15] Rw müßte dann ihre klassische, in einem langen Prozeß gewonnene Struktur aufgeben und die religionsgeographische Betrachtung als gleichberechtigt neben die religionshistorische und religionssoziologische stellen. Dies ist ohne Zweifel für die letztere Arbeitsweise, d. h. die religionssoziologische berechtigt, da Religionsgeographie als vorwiegend sozialgeographisch arbeitende Disziplin ohne weiteres mit der Religionssoziologie ver-

---

[15] Grundsätzliches zu den Schöpfungsmythen aus religionsgeographischer Sicht, in: H. H. SCHMID (Hrsg.) Mythos und Rationalität, Gütersloh 1988, 382–393, spez. 386 Anm. 10.

knüpfbar ist (und praktisch oft schon ist). Schwieriger ist es, die *Religionsgeschichte* als philologisch-historische Säule der Rw durch eine Synthese mit der Religionsgeographie abzulösen. Ich halte das für unmöglich, da in der Geschichte Zeit und Raum eng zusammengehören und nicht auseinanderdividiert werden können. Anstrebenswert und realisierbar ist aber ohne weiteres der verstärkte Einsatz religionsgeographischen Denkens oder eines entsprechenden Problembewußtseins in die religionshistorische Forschung als solche. Ein Alleinanspruch kann keine Betrachtensweise für sich in Anspruch nehmen. Aus wissenschaftstheoretischen und praktisch-institutionellen Voraussetzungen werden wohl auch in Zukunft Rw und Religionsgeographie in ihre Bereiche eingeteilt bleiben, aber mit einem zunehmenden Trend der Zusammenarbeit, sei es auf eigenen Tagungen oder gemeinsamen Forschungsprojekten. Damit bin ich zum dritten und letzten Punkt meiner Ausführungen gelangt.

3. Aufgabe der dialektischen Religion/Umwelt-Forschung

Nach dem jetzt erreichten Stand der religionsgeographischen Arbeitsweise kann es sich dabei nur um eine Analyse der wechselseitigen Beziehungen zwischen dem „Umfeld", dem religiösen Ideengehalt und dem Religionskörper (Gesellschaft, Gemeinschaft, „Kirche") handeln und zwar möglichst unter Beteiligung von Religionsgeschichte, Religionssoziologie und auch Religionspsychologie (als Teil der Sozialpsychologie gehört sie weithin dazu). Dabei sind mehrere Vorgaben näher zu bestimmen: Was ist Umwelt oder Umfeld (environment), was ist Religion oder religiöser Tatbestand bzw. Sachverhalt und wie verläuft die Beziehung zwischen diesen sowohl räumlich als auch zeitlich. Da wir hier entscheidende Grundprobleme unserer Arbeit berühren, die noch nicht restlos geklärt sind—weshalb wir ja hier zusammengekommen sind, möchte ich mir erlauben, dazu meine Auffassung kurz zu umreißen; alles weitere bleibt der Tagung, ihrer Arbeit und ihren Diskussionen überlassen.[16]

Unter „Umwelt" ist der natürliche, soziale und kulturelle „Sitz im Leben" einer Religionsgemeinschaft und ihrer Überlieferungen zu verstehen, der von vornherein Leben, Verhalten und

---

[16] Ich verweise auf die weiterführenden Beiträge von D. PAHNKE, H. SEIWERT und D. ZELLER in Geographia Religionum 6 (1989), 25ff., 39ff., 103ff. und auf H. G. KIPPENBERG, Verländlichung des Gno-stizismus als Folge seiner staatlichen Unterdrückung, in: W. KREISEL (Hrsg.), Geisteshaltung und Umwelt. FS M. BÜTTNER, 309–320.

Denken mitbestimmt, aber im Laufe der Geschichte und Entwicklung dem Wandel ausgesetzt ist.

Unter „Religion" ist eigentlich vom historischen Standpunkt nur *ein* Ausschnitt der Religionsgeschichte zu verstehen, da der Historiker nur „Religionen" und die von ihnen jeweils bestimmten oder getragenen „Sachverhalte" (Tatbestände, früher oft „Erscheinungen" oder „Phänomene" genannt) kennt. Der eurozentrische, d. h. antik-christlich geprägte Begriff Religion ist nur als gewisser erkenntnisleitender „umbrella term" zu verwenden, um die objektsprachlichen Gegebenheiten mit der metasprachlichen Terminologie der Rw verbinden zu können.[17] Für uns genügt es hier unter „Religion" verschiedene Tatbestände in Geschichte und Gegenwart zu verstehen, die durch bestimmte gesellschaftliche (soziale), geistig-ideele und praktisch-ethische Sachverhalte repräsentiert sind und entsprechend studiert werden können: *Glaubensweisen* (belief-systems), *Gemeinschaftsformen* und *Verhaltensweisen* im Leben stellen die tragenden Komponenten von „Religion" dar.

Die Beziehungen zwischen den beiden genannten Größen, Religion und Umwelt, sind bekanntlich nicht statisch, sondern dynamisch, sei es in langen oder kürzeren Zeiträumen. Im Grunde genommen greifen wir hier in die Fülle der gesamten Religionsgeschichte ein, denn diese ist in ihren einzelnen Kultur- und Lebensräumen eben ein dichtes Beziehungsgeflecht von Geist, Raum und Zeit. Wir können daher nur die uns in diesem Zusammenhang einer religionsgeographischen Tagung in erster Linie angehenden Zusammenhänge thematisieren.

3.1. Die klassische Aufgabenstellung der Religionsgeographie war und ist m. E. immer noch die *Relation von „Religion" oder „Belief-systems" in ihrer prägenden Kraft auf die Umwelt*. Die Abhängigkeit bestimmter Kulturlandschaften von religiösen Verhaltensweisen ist der unumstößliche Beweis für die raumverändernde Kraft von Religionsgemeinschaft. Darüber gibt es die meiste Literatur, die sich entweder mit Tempel- und Kultanlagen, Pilgerzentren, Friedhöfen, Siedlungen, Tätigkeiten aus

---

[17] Zur Geschichte des Begriffs liegt jetzt eine vorzügliche, allerdings nur bis ins 16. Jh. reichende Arbeit vor: E. FEIL, Religio. Die Geschichte eines neuzeitlichen Grundbegriffs vom Frühchristentum bis zur Reformation. Göttingen 1986 (Forsch. z. Kirchen- u. Dogmengeschichte 36). Meine eigene Ansicht dazu findet sich kurz oben S. 20f, 39ff., und in einem Vortrag "Inwieweit ist der Begriff 'Religion' eurozentrisch?" auf dem 16. Internationalen Kongreß für Religionsgeschichte Sept. 1990 in Rom, der demnächst in den Proceedings erscheinen wird.

religiösen Motiven, die den Anbau von Genußmitteln betreiben usw., beschäftigt.[18] Auch die Wirkung religiöser Überzeugungen, versammelt in der Kraft sozialer Gruppen, auf Wirtschaft und Gesellschaft sind zu bekannt, als daß ich sie hier näher belegen müßte. Dabei denke ich einerseits an Max Webers bekannte These von der Wirkung protestantischer Ethik auf kapitalistisches Wirtschaftsverhalten, andererseits an die Schwierigkeit, die z. B. in der Mongolei die Einführung des Ackerbaus immer noch hat: Die traditionelle Viehzucht-Wirtschaft vertrug sich mit dem buddhistisch-lamaistischen Gebot des Schutzes der Erde, letzteres aber nicht mit der bäuerlichen Arbeitsweise.

3.2. Schwieriger und daher umstritten ist die *prägende Kraft der Umwelt auf den religiösen Ideengehalt* dergestalt, daß dafür keine anderen Ursachen nachweisbar sind. Dazu gehören alle aus Natur und Kultur in die Glaubenswelt eingegangenen Vorstellungen, die oft nicht wieder verschwinden, obwohl sich die „Umwelt" inzwischen längst verändert hat. In den alten Volksreligionen werden die Gottheiten auf Bergen, an Quellen und in Wäldern anwesend gedacht, oder bei Seevölkern vornehmlich im Wasser, bei Nomaden im Himmel oder in der endlosen Steppe, bei den Jägern unter den Tieren.[19] Die Religionsgeschichte akkumulierte alle diese Vorstellungen zu einer Symbiose, die allerdings die verschiedenen Herkunftsbereiche nicht überdeckt hat. Der Kult von Nahrungsmitteln (Reis, Jams, Banane) bei den Stammesreligionen ist bekannt, auch in Form religiös-personaler Manifestation (Reisgott usw.). Sonne, Mond und Sterne (als atmosphärische Teile der Umwelt) sind der religiösen Apperzeption offen. Kultische Begehungen aller Art, wie Waschungen, Taufen, Pilgerreisen, Andachtsübungen, sind an Plätze gebunden, die in die Glaubenswelt—auch in die sogenannten Dogmen—eingegangen sind (z. B. Jerusalem, Mekka,

---

[18] Vgl. die allbekannten Beispiele bei P. FICKELER (SCHWIND, op. cit. 48–96) und D. SOPHER (ib. 333–372), ferner die relevanten Beiträge in Geogr. Relig. 4 (1988) u. 5–7 (1989/90) zum „Pilgerphänomen" und „Religion und Siedlung". Es ist schon anachronistisch, daß in dem Studienbuch „Die Formung der Erdoberfläche unter dem Einfluß des Menschen" von C. RATHJENS (Stuttgart 1979) diesem Aspekt menschlichen Handelns keinerlei Aufmerksamkeit geschenkt wird (obwohl der Verf. ein Zitat von Max WEBER seinem Buch vorangestellt hat). Bisher kaum thematisierte Aspekte religiöser Bedeutung der privaten Wohnräume (domestic spaces) behandelt *Juan E. Campo* in seinem bahnbrechenden Buch "The Other Side of Paradise. Explorations into the Religious Meanings of Domestic Space in Islam", Columbia/SCa 1991.

[19] Vgl. die Beiträge von E. OTTO, R. WENNING, R. FEINBERG, W. KREISEL, P. GERLITZ in: Geographia Religionum 6 (1989), 225 f.; 243 ff.; 7 (1989), 1 ff.; 29 ff.; 65 ff. H. JANSSEN, Ferner Hong-key YOON, Maori Mind, Maori Land, Frankfurt/M. 1986.

Rom, Lhasa). Die Landschaften der Religionsgründungen sind überall Teil der religiösen Überlieferungen geblieben (in unseren christlichen Glaubensbekenntnissen ist die historische Gestalt des Pilatus nicht nur eine Erinnerung an die Zeit, sondern auch an den Raum: Palästina). Bemerkenswert und oft wenig reflektiert, sind die Jenseitslehren und Bilder der Endzeit, die vom einstigen Ausgangspunkt religiöser Tradition bestimmt sind: Das Paradies zehrt von den ersehnten Oasen der Ruhe, die Hölle von den Strafen der zeitgenössischen Strafjustiz. Natürlich sind derartige, letztlich geographisch bedingte Ideengehalte im Laufe der Geschichte durch die Arbeit der Theologen sublimiert oder interpretiert worden, aber der tatsächliche Hintergrund bleibt bestehen und verbindet jede Religion mit ihrer irdischen Herkunft.

Es gibt immer wieder Versuche, Kernaussagen religiöser Glaubenswelten mit geographisch-klimatischen Gegebenheiten zu verbinden. So hat Hideo Suzuki 1981 den Monotheismus der biblischen Religionen auf derartige Ursachen zurückgeführt, wie seine eigene Tradition der „Intuition" (lemma) auf die schwer überschreitbare Waldlandschaft Japans.[20] Nun, solche Überlegungen sind immer wieder bemerkenswert, aber sie können nur *cum grano salis* zur Kenntnis genommen werden, da der historische Prozeß komplizierter und geographisch-klimatische Bedingungen nur vermittelt durch viele Zwischenglieder eine Rolle spielen können. So wissen wir heute längst, daß die islamische Bewegung nach Mohammed nicht durch Klimaschwankungen verursacht worden ist, obwohl in einem längeren Zeitraum vor Mohammed derartiges nachweisbar ist.[21] Auch die früheren Wanderbewegungen semitischer Völker (angefangen von den Akkadern über die Aramäer bis eben zu den Arabern) sind mehr historisch-kulturelle Vorgänge als direkt klimatisch verursacht; dies betrifft auch die germanische Völkerwanderung. Richtig ist allein, daß die geographische Voraussetzung des Unterschiedes von Kulturland und Steppe ein wichtiger

---

[20] The Transcendent and Environments. Yokohama 1981; World Distribution of Basic Words 1.2 in: Bulletin of the Dpt. of Geography University of Tokyo 14 (1982), 29–63; 15 (1983), 33–46.
[21] Vgl. K. W. BUTZER, Der Umweltfaktor in der großen arabischen Expansion, in: Saeculum 8 (1957) 359–371; G. H. BOUSQUET, Observations sur la nature et les causes de la conquête arabe, in: Studia Islamica 6 (1956) 37–52 (macht die Schwäche der umliegenden Großmächte, Mohammeds Lehre und die Genialität der militärischen Führer der Araber dafür verantwortlich).

Bedingungsfaktor für die jahrtausendealten Bewegungen dieser Art gewesen sind. Vom „Wüstencharakter" des Islams hat man längst Abschied genommen, wie auch vom Nomadenzug des jüdischen Volkes (was die Anfänge des Jahweglaubens in einer solchen Welt nicht ausschließt, aber der „vektorische" Charakter dieses Glaubens ist durchbrochen vom „sedimentären" des Kulturlandes).[22]

3.3. Die bisherigen Ausführungen könnten wieder an die veraltete, statisch vorgehende religionsgeographische Arbeit erinnern, aber dies wäre abwegig. Abgesehen davon, daß man in der mündlichen oder schriftlichen Wiedergabe nur ein Neben- oder Nacheinander, nicht das Ineinander eines Verlaufs wiedergeben kann, möchte ich zum Abschluß *das eigentlich Neue der religionsgeographischen Bemühungen,* die auch unser Symposion kennzeichnen sollen, zur Sprache bringen. Gemeint ist der obengenannte „vierdimensionale" Prozeß der Religion/Umwelt-Relation, vor allem in unserer Zeit. Bekannt ist die von M. Büttner wiederholt publizierte graphische Zeichnung der Religion-Umwelt-Spirale, die die dialektische Bewegung vom Anfangsstadium über Konflikt- und Einpendelungsstadium darzustellen sucht.[23] Als modellhafte Wiedergabe ist dies sehr anschaulich. Natürlich ist eine solche Entwicklung nur in Umrissen und meist nur in kleineren Religionsgemeinschaften exakt festzustellen und zu beschreiben.[24] In den großen, überregionalen Religionsgebilden lassen sich solche Prozesse nur teilweise in begrenzten Räumen näher untersuchen (z. B. in der bekannten Pilgergeographie).

Es ist nun interessant zu beobachten, daß in den letzten Jahren auch von theologischer Seite geographisches Denken um sich greift. Ich meine hier in erster Linie die historischen und exegetischen Disziplinen. So wird von führenden Neutestamentlern (H. Köster, J. M. Robinson, D. Lührmann, H. D.

---

[22] Vgl. dazu V. MAAG, Kultur, Kulturkontakt und Religion. Gesammelte Studien zur allgemeinen und alttestamentlichen Religionsgeschichte, Göttingen 1980, 203–221, 256–299; E. OTTO, Stadt und Land im spätbronzezeitlichen und früheisenzeitlichen Palästina, in: Geogr. Relig. 6 (1989), 225–241; ferner A. OHLER, Religion und Land. Zur Geschichte und ihrer Wechselbeziehungen am Beispiel Alt-Israels, in: Geographia Religionum 2 (1986), 83–104. Noch nicht verfügbar war mir das Buch von A. DESREUMAUX et F. SCHMIDT, ed., Moise géographie. Recherches sur les representations juives et chrétiennes de l'espace, Paris 1988 (Librairie philosophique J. Vrin XXIX).
[23] Zuletzt in Geographia Religionum I (1985), 36, 38, 45.
[24] Beispielsweise bei der südirakischen Gemeinde der Mandäer, wozu ich in der FS Büttner (s. Anm. 14) einiges bemerkt habe.

Betz) nicht nur eine stärkere Rückbesinnung auf das Erbe der Religionsgeschichtlichen Schule gefordert, sondern das Abrücken von chronologischem Nacheinander der verschiedenen frühen „Christentümer" des Ostens.[25] Hier empfiehlt sich eine räumlich-geographische Einteilung des Nebeneinanders: der Jerusalemer-Palästina-Kreis, der neben dem zum dominanten Zentrum werdenden ältesten Kirchenraum der östlichen Mittelmeerküste in Kleinasien und dem syrischen Antiochien steht, dem sich zeitlich wahrscheinlich der ostsyrisch- mesopotamische Lebensraum anschloß. Die Vorgänge oder Prozesse, die sich hier im frühen Christentum zwischen „Geisteshaltung" (Glaubenssystem bzw. Tradition), Umwelt und Gemeinden abspielen, sind noch wenig erforscht: Wir wissen nur, daß der semitische Kultur- und Sprachkreis eben ein anderes Christentum erzeugte als dann der griechische oder gar der lateinische Westen. Der Übergang von der Landgemeinde zur Stadtgemeinde, der sehr bald nach Jesus einsetzte[26] ist im Christentum wiederholt erfolgt, auch in umgekehrter Richtung, wenn es sich um das Überleben sogenannter häretischer Gruppen handelte; fast regelmäßig ist eine Einpendelung auf die neue Situation erfolgt. Der soziale und geistige Anpassungsmechanismus des Menschen hat immer wieder seine Triumphe gefeiert. Daher steht die Forderung nach einer „historischen Geographie des Christentums" auf der Tagesordnung moderner Kirchengeschichtsschreibung (U. Köpf).[27] Augustin ist der große Vertreter des Stadtchristentums am Ende der Antike; er ist der Verteidiger der Civitas im Angesicht der Zerstörung Roms.[28] Seitdem ist für die Christen in erster Linie die Stadt ein religiöses Zentrum, wo Kathedralen und Kirchen stehen. Der Prozeß der Änderung, daß nicht mehr Kirchen das

---

[25] H. KÖSTER und J. M. ROBINSON, Entwicklungslinien durch die Welt des frühen Christentums, Tübingen 1971; D. LÜHRMANN, Erwägungen zur Geschichte des Urchristentums, in: Evang. Theologie 32 (1972) 452–467. Th.A. Robinson, The Bauer Thesis Examined. The Geography of Heresy in the Early Christian Church, Lewiston, N.Y./Queenston, Ont. 1988 (Studies in the Bible and Early Christianity 11).
[26] Mein neutestamentlicher Leipziger Lehrer Joh. Leipoldt gründete darauf den Unterschied zwischen Jesus (dörfliche Umwelt) und Paulus (Stadt); s. Jesus und Paulus—Jesus oder Paulus? Leipzig 1936, 29 ff. u. pass.
[27] Vgl. seine bahnbrechenden Studien: Kirchengeschichte und Geographie, in: ZThK 77 (1980) 42–68; Die geschichtl. Dimension in der Religionsgeographie. Überlegungen am Beispiel der Geschichte des Christentums, in: Geographia Religionum I (1985), 165–181.
[28] Vgl. P. S. HAWKINS, ed., Civitas. Religious Interpretation of the City. Atlanta (Scholars Press) (1986), XIII; 105–122 (J. DOUGHERTY, „Exiles in the Earthly City: The Heritage of St. Augustin").

geistige Zentrum der Städte sind, sondern die neuen Hochhäuser, ist ein weltweiter Vorgang, den man „Manhattanization" genannt hat. Die Einstellung darauf von Seiten der Religionen, denn dies betrifft auch z. B. den Islam und den Buddhismus, ist noch im Gange. Die religiöse Geisteshaltung ist dadurch herausgefordert, sich damit auseinanderzusetzen: Es wird argumentiert, daß auch in der Frühzeit des Christentums Kirchen keine dominanten Symbole einer Stadt gewesen sind. Daß sich hinter den Hochhäusern unserer Städte die Säkularisierung manifestiert, ist nicht zu leugnen. Auffällig ist, daß solche Zentren quasi-religiöse oder pseudoreligiöse Züge erhalten können (wie z. B. New York).[29]

Eine viel wichtigere Seite ist die Gefahr der Zerstörung unserer natürlichen und kulturellen Umwelt durch Technik und Zivilisation. Hier ist für den Religionswissenschaftler, Religionsgeographen und Theologen ein neues Feld der Analyse und aktiven Mitarbeit, nämlich an der das Verhalten der Menschen steuernden Problemorientierung, an der auch Religion beteiligt ist. Religiöses Verhalten, geboren aus einer jahrtausendealten Geistestradition, die letztlich auf übernatürliche Herkunft rekurriert, ist aufgerufen, einen Prozeß mit zu verändern helfen, der durch es selbst direkt oder indirekt verschuldet oder unverschuldet—darüber wird noch diskutiert—mit in Gang gesetzt worden ist. Dieses sogenannte „neue" Umweltbewußtsein ist offenbar zuerst in den westlichen Ländern (zuerst meines Wissens in Californien!)[30] entstanden. Der zunehmend in Zerstörung begriffene Lebensraum des modernen Menschen verlangt eine Änderung der Geisteshaltung, und dafür bietet sich auch eine andere, neue Rückbesinnung auf die religiöse Überlieferung und ihre traditionelle Auslegung an, worüber auch auf unserem Symposion diskutiert worden ist.[31] Inwieweit diese vor allem im christlichen Raum thematisierte Sachlage auch bereits in anderen

---

[29] Vgl. ib. XVIII f.; 123–133 (B. PIKE, the City as Cultural Hieroglyph). Zur Rolle der Stadt als sakrales Zentrum in nichteuro-amerikanischen Kulturen cf. den Sammelband „The City as a Sacred Center" ed. by B. SMITH and H. B. REYNOLDS, Leiden (Brill) 1987 (erörtert werden 6 asiatische Städte: Madurai, Anuradhapura, Polounaruva, Burma, Lamphun, Chiang Mai, Peking). Das Buch ist ein bemerkenswerter Beitrag zur 'Dialektik' von Geisteshaltung (Religion) und Raum.

[30] Vgl. J. B. COBB, Is It Too Late, New York 1972.

[31] Vgl. die Beiträge zum Thema „Umwelttheologie" in Geogr. Relig. 6 (1989), 167 ff. (R. Gill; W. Ustorf; M. L. Pirouet; K. Fiedler). Zum Umgang mit der Tierwelt s. bereits die kritischen Feststellungen von Schopenhauer, Parerga und Paralipomena II, § 177 (Sämtl. Werke Bd. 5, 437ff.), der hier die Mängel der jüdisch-christlichen Tradition aufs Korn nimmt.

großen Religionen (Islam, Buddhismus, Hinduismus) eine Rolle spielt, ist mir unbekannt. Der Religionswissenschaftler hat hier eine neue Aufgabe vor sich, vor allem gegenüber manchen konservativ-christlichen Auffassungen, nämlich die unterschiedliche Stellung zu Natur und Umwelt in anderen religiösen Überlieferungen zur Sprache zu bringen (z. B. im Buddhismus). Wir kennen solche Vorgänge bereits aus der Zerstörung der Umwelt von kolonialisierten und christianisierten Stammeskulturen. Als fatales Objekt unserer Untersuchung sind uns Indianer, Australier oder Afrikaner durchaus bekannt, die um ihr Überleben in einer nicht von ihnen veränderten Welt ringen. Was können wir daraus lernen? Werden wir nicht selbst das Opfer unserer eigenen Verhaltensweisen? Wurde jahrhundertelang—mit christlicher Duldung oder gar Förderung—westlich-europäische Zivilisation und Technik ungehemmt exportiert und damit die Zerstörung auch außerhalb unseres Lebensraumes eingeleitet, so trifft es uns nun doppelt hart, weil wir meinten, wir hätten uns angepaßt und die Umwelt im Griff: Diesem Irrglauben sollte Religion, die an die Verantwortung des Menschen im Angesicht des Schöpfers und Erhalters glaubt, entschieden absagen. So sind die Bemühungen unserer Tagung hoffentlich auch ein Beitrag zum notwendigen „Innovationsschub", der Theorie und Praxis einschließt.

II.
TERMINOLOGISCHE PROBLEME

6.

DAS PROBLEM EINER ENTWICKLUNG IN DER RELIGIONSGESCHICHTE[1]

I

Wer die älteren Darstellungen über „Allgemeine Religionsgeschichte" bes. des 19. Jhs. kennt, weiß, daß in ihnen der Gedanke einer mehr oder weniger geradlinigen Entwicklung oder Evolution *der* Religion von ihren primitiven Anfängen bis zu den geistigen Höhen der Weltreligionen, insbesondere des Christentums, eine große, ziemlich ungebrochene Rolle spielt. Nun, dies war zeitgemäß bedingt und vor allem nach der Ausarbeitung der biologisch-anthropologischen Entwicklungslehre, dem Evolutionismus im engeren Sinne, begreiflich. „Modern Science", schrieb der amerikanische Sanskritist und Sprachwissenschaftler *W. D. Whitney* 1872 in Auseinandersetzung mit L. Steinthal, „claims to be proving, by the most careful and exhaustive study of man and his works, that our race began its existence on earth at the bottom of the scale, instead of at the top, and has been gradually working upward; that human powers have had a history of development; that all the elements of culture—as the arts of life, art, science, language, religion, philosophy—have been wrought out by slow and painful efforts, in the conflict between the soul and mind of man on the one hand, and external nature on the other—a conflict in which man has, in favored races and under exceptional conditions of endowment and circumstance,

---

[1] Für den Druck bearbeiteter Vortrag an der Universität Wien (26. 11. 69). Herrn Koll. K. Schubert gilt wiederum mein Dank für seine Einladung und Betreuung. Ich trug diese Gedanken noch einmal am 9. 12. 69 im ägyptologischen Seminar „Neue Forschungen" an der Leipziger Universität vor; es war die vorletzte Sitzung dieser anregenden, verschiedene Wissenschaften vereinigenden Einrichtung, an der ihr unvergessener Initiator Siegfried Morenz teilnahm. Wie stets hat er auch diesmal in Einwürfen und Diskussionsbeiträgen zur Förderung der Sache beigetragen. Wenn ihn auch mein erneuter Dank nicht mehr erreichen kann, so soll doch noch einmal daran erinnert werden, auch an das, was ich bereits vorher in dieser Ztschr. XII (1970), 183 dazu ganz kurz angedeutet habe (s.u. S. 157 A.1).

been triumphantly the victor, and is still going on to new conquests."² Am einflußreichsten für die Religionswissenschaft war in dieser Beziehung E. B. Tylor, der für eine ganze Generation, und wohl noch mehr, von Ethnologen und Religionshistorikern richtungsweisend wurde. Das „Wachsen" des menschlichen Denkens von seinen primitiven, einfachen Anfängen, wie es bei den „Naturvölkern" noch zu studieren ist, zur Höhe der gegenwärtigen Wissenschaft und Philosophie „may bear comparison with one of the great changes in the mental life of the individual man, perhaps rather with the expansion and fixing of the mind which accompanies the passage from infancy into youth, than with the later steps from youth into manhood, or from manhood into old age".³ Wie man Ontogenese und Phylogenese einander in der Biologie parallelisierte, so auch die biologische Entwicklung des Menschen mit der Weltgeschichte, ein Verfahren, das allerdings schon älter ist („Lebensaltertheorie").⁴

---

² Oriental and Linguistic Studies, New York 1873, 341 [aus: Steinthal and the Psychological Theory of Language, urspr. erschienen in der North American Review Vol. 114 (1872)]. Das Zitat wird in entstellter und falscher Übersetzung auch von *K. F. Kohlenberg*, Völkerkunde, Düsseldorf 1968, 99 angeführt (ohne genauen Nachweis).
³ *E. B. Tylor*, Researches into the Early History of Mankind and the Development of Civilisation, London 1865, 371; vgl. bes. 150 ff. Tylor setzt sich in erster Linie mit der Theorie auseinander, nach der die sog. Naturvölker ihr Dasein einer Degeneration verdanken, statt eine ältere Stufe der menschlichen Entwicklung zu repräsentieren. In seinem Standardwerk „Primitive Culture" zieht er wiederholt die Linie vom „primitiven" Spiritismus (= Animismus) bis zur Geistesphilosophie des 19. Jhs. — Das obige Zitat wird gleichfalls in falscher Übersetzung bei Kohlenberg wiedergegeben.
⁴ Die Übertragung der individuellen Entwicklung auf die Universalgeschichte findet sich bereits bei *G. Vico* (Die neue Wissenschaft über die gemeinschaftliche Natur der Völker. Nach der Ausgabe von 1744 übersetzt von E. Auerbach, Rowohlt-Verlag 1966, 32 ff; *F. Meinecke*, Die Entstehung des Historismus, Berlin ⁴ 1965, 57), dann bei Iselin (*F. Speiser*, Isaak Iselin über die Geschichte der Menschheit, Basel 1926, 12 f), Condorcet [Esquisse d'un tableau historique des progrßs de l'esprit humain, Paris 1795, 3, nach *R. Schott*, Saeculum 12 (1961), 66], Herder (*Meinecke*, aaO., 373, 393), Goethe (ebda 556) und Hegel (nach *Schott*, aaO., 70); ferner bei *L. Frobenius* (aaO., 86). Nach *Meinecke* (aaO., 393) ist diese „Lebensaltertheorie" schon Florus und Augustin eigen. Abgelehnt wird diese Übertragung von *K. Birket-Smith*, Geschichte der Kultur, Zürich 1948, der dafür von „Stafettenlauf" spricht (nach: *Schott*, 81) und vor allem von *E. Brandenburg*, Der Begriff der Entwicklung und seine Anwendung auf die Geschichte, Leipzig 1941 (Ber. über d. Verh. d. Sächs. Akad. d. Wiss. Leipzig, Philol.-hist. Kl. 93:4), 11 ff. 17 ff. „Das, was man auf dem ontogenetischen Gebiet 'Entwicklung' nennt, kann nur in übertragenem Sinne, im Sinne eines verdeutlichenden Vergleiches so genannt werden" (19).

Ein lehrreiches und typisches Beispiel für die Anwendung dieser Evolutionsideen auf *die* Religion, aber auch ihrer Abwandlung, bietet *C. P. Tiele*, bekanntlich ein Archeget der Religionswissenschaft. In seinen „Grundzügen der Religionswissenschaft", die eine kurze Einführung in die Religionsgeschichte darstellen,[5] schreibt Tiele gleich eingangs über den „Begriff der Entwicklung der Religion" (6f). Ausdrücklich wird hier die biologische Präformationslehre angewendet, nach der die Entwicklungsstadien bereits im Keim enthalten sind, der wiederum durch Assimilation zur Reife kommt, d. h. Entwicklung ist „keine Ersetzung eines Dinges durch ein anderes, von ihm verschiedenes, sondern ein Heranwachsen wie das des Kindes zum Jüngling und Manne, der Eichel zur Eiche . . ." (6). Auf die Religion bezogen, heißt das: „Religiöse Entwicklung ist ein innerer Prozeß, nämlich des religiösen Bewußtseins und der religiösen Gesinnung. Sie ist die Arbeit des menschlichen Geistes, welche für die sich mehr und mehr klärende religiöse Idee einen geeigneten und vollkommenen Ausdruck zu finden strebt." Es ist letztlich „die Entwicklung der Menschheit als von Natur religiöser" (7.31). Hier sind, wie vielfach zu beobachten, Idealismus und Biologismus verbunden, was auf einer, wie wir noch sehen werden, inneren Verwandtschaft im Entwicklungsbegriff selbst beruht. Die „Entwicklungsstufen der Religion" sind nach Tiele Zeugen für die Klärung, Reinigung, Vertiefung und Erhöhung des religiösen Bewußtseins. Wie wir oben schon gehört haben, ist auch Tiele der Auffassung, daß—soweit die Geschichte reicht—„sich das Höhere aus dem Niederen entwickelt"; das gilt natürlich auch für die Religion. Tiele entscheidet sich für eine Einteilung der Religionen in „Naturreligionen" und „ethische Religionen". Diese beiden Kategorien werden von ihm noch weiter aufgeteilt: in niedere, höhere und höchste Naturreligionen, was gleichbedeutend ist mit der Entwicklungsreihe: Spiritismus (bzw. Animismus) und Fetischismus, Polytheismus, therianthropisch-magische und anthropische oder hemiethische Religionen. Auch die ethischen Religionen haben ihre Klassifikationen in partikularistische oder nomistische und universalistische oder Missionsre-

---

[5] Erschienen 1901 in Leiden, in autorisierter deutscher Bearbeitung von G. Gehrich 1904 bei J. C. B. Mohr in Tübingen. Über Tiele als Religionshistoriker s. *Cramer*, in: Herzog-Hauck, Realencyklopädie für Prot. Theol. u. Kirche, (3 1907), 766-775; *Eva Hirschmann*, Phänomenologie der Religion, Würzburg 1940 (theol. Diss. Groningen 1940), 20 ff; *Rudolph*, Die Religionsgeschichte an der Leipziger Universität, Berlin 1962 (SB Sächs. Akad. Wiss. Leipzig, philol.–hist. Kl. Bd. 107, H. 1), 21 f.; J. Waardenburg, Religion between Reality and Idea (s.o. 37 A. 1), 131ff.

ligionen erhalten. Tiele sieht dabei nicht nur eine vertikale Entwicklung, sondern auch eine horizontale in Gestalt von Religionsfamilien, doch soll uns das hier nicht weiter beschäftigen. Alle Religionen haben nach Tiele in irgendeiner Weise zur Entwicklung der Religion beigetragen (21 ff.), auch das Individuum ist daran beteiligt (23 f.).

Die „Gesetze", nach denen sich die Entwicklung vollzieht, sind für Tiele keine Naturgesetze im engeren Sinne, auch keine strengen historischen Gesetze, sondern „gewisse Bedingungen, denen genügt werden muß, wenn Entwicklung möglich sein soll und ohne die sie jedenfalls gestört wird, feste Daten also, an welche die Entwicklung gebunden ist" (25). „Es sind unentbehrliche Arbeitshypothesen", die in der Ethnologie, Psychologie und der Geschichtswissenschaft angewandt werden, also auch für die Religionswissenschaft fruchtbar gemacht werden können. Hierbei allerdings kommt Tiele zu dem Schluß: „Meint man, daß keine besonderen Gesetze für die religiöse Entwicklung existierten, so ist das insofern richtig, als streng genommen nicht die Religion, sondern der religiöse Mensch sich entwickelt, und demnach eigentlich nur von Gesetzen gesprochen werden kann, denen die Entwicklung des menschlichen Geistes folgt, und zwar hier in ihrer Anwendung auf die Religion" (25). Und solche „Geistesgesetze" sind nach Tiele: das der Einheit des Geistes, dessen Zentrum die „religiöse Überzeugung" ist, das Gesetz der Entwicklung durch geistigen Verkehr und Assimilation, das Gesetz der Kontinuität oder Konzentration und Expansion (hier spricht T. über den Übergang zwischen Entwicklungsperioden, das Aufkommen und Ende von Religionsformen), das Gesetz des Gleichgewichts oder der Synthese. Worin nun die Entwicklung der Religion eigentlich besteht, sagt Tiele zum Schluß dieses Teils. Trotz des Aufstiegs, der Blüte und des Abstiegs einzelner Religionen und Religionsformen geht die „niemals aufhörende Entwicklung der Religion" weiter; sie ist nicht an die vergänglichen Formen gebunden, ja diese Vergänglichkeit der äußeren Formen sei geradezu ein Beweis für den ununterbrochenen weitergehenden „Fortschritt vom Niederen zum Höheren, von unten nach oben" in der religiösen Entwicklung der Menschheit. Diese ist allerdings nicht zu verwechseln mit dem Fortschritt des sittlichen Bewußtseins, dem bloßen Fortschritt vom Sinnlichen zum Geistigen und der Entwicklung zur vollständigen Integrierung aller anderen Bereiche in die Religion (30 f.). Die eigentliche und wesentliche Entwicklung der Religion besteht darin, „daß die Religion immer mehr von nichtreligiösen Elementen gereinigt und dadurch zugleich selbständiger und innerlich stärker wird" (32). Das Movens dieses Vorgangs besteht nach Tiele in dem Zusammenwirken zweier Faktoren: in unbewußt wirkenden Faktoren, wie die „Tendenz zur Differenzierung" und die zur „Vereinigung und Verbrüderung" (eine Art sozialpsychologischer Faktoren also), und die bewußten Faktoren in Gestalt der „besonders religiös veranlagten Individuen", seien es Lehrer, Prediger, Reformatoren oder Religionsstifter (32).

Zusammenfassend kann man sagen, daß es für Tiele im Grunde genommen zwei „Entwicklungen" gibt: eine an der Oberfläche, der äußeren Schale, d. h. bei den Religionsformen bzw. Religionen, und eine andere im Inneren, dem Kern, der allgemeinen Religion; die letztere ist eine Entwicklung des religiösen Geistes bzw. Bewußtseins der Menschheit.

Dieser Einblick in eine repräsentative Entwicklungstheorie der Religion spricht für sich. In ähnlicher Weise läßt sie sich auch anderwärts belegen. Nicht grundsätzlich anders hat z. B. *E. Troeltsch*, der Systematiker der sog. „Religionsgeschichtlichen Schule", eine religionsgeschichtliche Entwicklung konzipiert, die allerdings den inzwischen stärker gewordenen historischen oder historistischen Belangen gerecht zu werden sucht: „So sehr wir überzeugt sein müssen, daß in der Religionsgeschichte ein zusammenhängender *Fortschritt* erfolgt, der auf der inneren Bewegung des göttlichen Geistes im menschlichen beruht, so können wir doch einen allgemeinen Begriff der Religion als die Triebkraft dieser Entwicklung aufstellen und das Christentum als dessen notwendige Vollendung erweisen." „Allerdings", heißt es weiterhin, „bilden die Religionen eine im Ganzen aufsteigende Einheit und ist eine allgemeine Tendenz erkennbar, die auf zunehmende Vergeistigung, Verinnerlichung, Versittlichung und Individualisierung und damit auf die Herausbildung eines immer tieferen Erlösungsglaubens gerichtet ist ... In allen großen Religionen findet die hiermit gekennzeichnete Entwicklung statt".[6] Für Troeltsch ist diese dem Gewirr der Religionsgeschichte entnehmbare Entwicklungstendenz zum Allgemeinen, Humanen, zum Individuell-Persönlichen im Christentum zunächst ins Ziel gekommen: „In allen Wandlungen und Verschmelzungen, allen Karikaturen und Greueln, allen Stagnationen und Verholzungen bekundete doch das Christentum diesen alles überragenden Zug

---

[6] Zur religiösen Lage, Religionsphilosophie und Ethik, Tübingen 1913 (= Gesammelte Schriften II), 353 f (aus: Christentum und Religionsgeschichte).

zum Individuell-Persönlichen, Allgemein-Humanen und Spannungsreich-Totalen. Das bestätigt dann aber doch auch der Blick auf die andern großen Universalreligionen, die allein neben dem Christentum in Betracht kommen können."[7] „So lichtet sich das Gewirr der Religionsgeschichte und zeigt sich eine Entwicklungstendenz, in der wir die Richtung der Zukunft erkennen dürfen."[8] Es ist, wie bei Tiele, ein Aufwärtssteigen von der Naturverbundenheit zum geistigen Selbstbewußtsein, das sich im Christentum realisiert. Bei Troeltsch ist wiederum die verborgene Kombination von idealistischer Bewußtseinsphilosophie und der modernen historischen Entwicklungslehre deutlich spürbar. Die gleichen Gedanken finden sich auch bei W. *Bousset*, hier besonders geprägt durch den Einfluß des Neofriesianismus. „Zunächst erwacht die Religion in dem ganz dumpfen Gefühl des Grausens und in dem Trieb der unbedingten Hingabe, und ihre Gefühle entwickeln sich planlos und oft sinnlos an jedem beliebigen Gegenstand. Dann erfolgt ihre allmähliche Gestaltung; der Fortschritt in der Religion richtet sich nach den Symbolen, die sich die Andacht wählt. Erst sind es dem Menschen ganz nahestehende irdische Mächte, dann die hohen Naturkräfte und Himmelsmächte, dann findet man das Walten der Götter in der Geschichte, endlich sucht man die Gottheit in den Werten menschlichen Gemeinschaftslebens, in den großen führenden Persönlichkeiten."[9] Andere Vertreter der „Religionsgeschichtlichen Schule" schlagen die gleichen Töne an, wie z. B. *H. Gunkel*.[10] Schließlich gehört zu diesen Geistesverwandten auch *R. Otto*, der diese Gedanken durch seinen einflußreichen Bestseller „Das Heilige" (1917, [35]1963) geradezu zum Gemeingut in der Religionswissenschaft gemacht hat. Bei ihm ist die Religionsgeschichte eine Art Wechselspiel von religöser Anlage und äußeren Reizen; die innere Entwicklung der Religion besteht in der Auswicklung dieser Anlage bis zur höchsten Stufe im Christentum, die sich in den äußeren Objektivationen niederschlägt; wesentlich ist allein die innere Geschichte, da sie überhaupt bestimmt, was Religion ist.[11]

---

[7] Ebda 351.
[8] Ebda 357.
[9] Die Bedeutung der Person Jesu für den Glauben. Historische und rationale Grundlagen des Glaubens. Vortrag. Sonderausgabe aus dem Protokoll des 5. Weltkongresses für Freies Christentum und religiösen Fortschritt, Berlin 1910, 15.
[10] Vgl. W. *Klatt*, Hermann Gunkel, Göttingen 1969, 96 ff.
[11] Vgl. bes. die Abschnitte 15. 17. 18. 20–23. Dazu s. bes. *E. Troeltsch*, Zur Religionsphilosophie. Aus Anlaß des Buches von R. Otto über „Das Heilige"

Nun, wir wissen alle mehr oder weniger, daß diese Auffassungen sukzessive in den letzten Jahrzehnten erschüttert wurden. Einmal erfolgte der Angriff auf die optimistische Fortschrittsgläubigkeit von ethnologischer und historischer Seite, bes. in Gestalt der kulturhistorischen Schule, die dann durch P. W. Schmidt zum geraden Gegenteil einer Evolution, nämlich zu einer Devolutionstheorie überging, wobei unverkennbar theologische Motive eine Rolle gespielt haben, ebenso wie bei den älteren theologischen Evolutionisten, was von seinen heutigen Nachfahren auch unumwunden zugegeben wird.[12] Zweitens begann auch von der Naturwissenschaft, insbesondere von der Biologie aus, eine

---

(Breslau 1917), in: Kant-Studien XXIII (1918), 65–76, bes. 73 ff. „Für Otto gibt es ... im Grunde keine wirkliche innere Bewegung und Veränderung in der Entwicklung, sondern nur die Herausstellung des von Anfang und Grund an in der religiösen Anlage wie in der Vernunft überhaupt schon Implizierten" (73). Andererseits ist „das Ganze überdies mit einer spiritualistischen Entwicklungslehre verbunden" (76), die einer mystischen Inspirations– oder Offenbarungstradition verhaftet ist (75). Vgl. jetzt auch A. Paus, Religiöser Erkenntnisgrund, Herkunft und Wesen der Aprioritheorie R. Ottos, Leiden 1966, 173-188, bes. 177 ff, über den Entwicklungsbegriff bei Otto, der der Präformationslehre verpflichtet ist. Für Otto ist die Geschichte nur Illustration für „eine vorgreifende apriorische Konstruktion im Geiste" (177). Sein Geschichtsbegriff ist mit dem Fortschrittsbegriff gekoppelt „und besagt genauerhin eine im Bereich der geistig-sittlichen Sphäre sich abspielende Vervollkommnung" (178). Der Sinnträger der Entwicklung der Religion ist das Apriori, hinter dem, wie Paus zeigt, letztlich die scintilla-Lehre der deutschen Mystik steckt (164 ff). Die geschichtlichen, außersubjektiven Objekte spielen nur „die Rolle von Reizobjekten, die das numinose Gefühl so wecken, daß es sich in seiner ganzen möglichen Breite darleben kann" (184). Im Christentum gilt die „geschichtliche Entwicklungsmöglichkeit hinsichtlich des religiösen Apriori als abgeschlossen" (186). In die Terminologie der idealistischen Bewußtseinsphilosophie übertragen, in deren Tradition über Fries und Apelt hinweg ja Otto steht, heißt das: „Insofern die transzendentale Apperzeption auf dem Wege über das empirische Bewußtsein an die empirische Wirklichkeit gebunden erscheint, ist auch sie ein Objekt geschichtlicher Veränderung und Entwicklung. Sie ist das der Entwicklung der Religion zugrunde liegende Prinzip, das 'Gemütsgehalte' zum Inhalt hat, die sich im Laufe der Zeit wie aus einem Senfkorn mehr und mehr entfalten. Wenngleich sich dieser Entwicklungsträger in seinem inneren Gehalt entfaltet, so bleibt er sich aber doch im Wesen immer gleich" (188).

[12] Vgl. den ausgezeichneten Überblick von R. Schott: Der Entwicklungsgedanke in der modernen Ethnologie, Saeculum 12 (1961), 61–122 (mit Literatur); ferner W. E. Mühlmann, Entwicklung und Geschichte, Archiv für Kulturgeschichte 34 (1952), 107–129; F. Kern, Geschichte und Entwicklung (Evolution). Aus dem Nachlaß hrsg. von L. Kern, Bern 1952; A. E. Jensen, Mythos und Kult bei Naturvölkern, Wiesbaden 1951, 46 ff, ² 1960, 42 ff (über den Fortschrittsbegriff). Bereits R. Thurnwald vertrat eine differenzierte Entwicklungstheorie: Die menschliche Gesellschaft in ihren ethno-soziologischen Grundlagen, IV. (Werden, Wandel und Gestaltung von Staat und Kultur), Berlin 1935, 266–289 („Fortschritt und Zyklus") 290-306 („Entwicklung, Rückstand, Variation und Ablauf"). „Es gibt keine rationale einlinige 'Entwicklung'", sagt Thurnwald „wie sie die ältere evolutionistische Theorie annahm. Aber es wäre falsch, wenn man den Ge-

kritische Revision des Evolutionismus einzusetzen, die neue Gesichtspunkte und das Verlassen veralteter überspitzter Theorien zur Folge hatte, vor allem auch eine stärkere Differenzierung der Entwicklungsgesetze mit sich brachte.[13] Als dritten Faktor kann man das stärkere Vordringen der Phänomenologie und schließlich des Strukturalismus mit seiner Absage an die

---

danken einer 'Entwicklung' radikal ablehnen würde. Sie liegt im Fortschreiten und in der Anhäufung von Fertigkeiten, Kenntnissen und Erkenntnissen latent enthalten. Es findet zweifellos so etwas wie eine Entwicklung der menschlichen Psyche statt. Bloß ist sie nicht so einfach greifbar, wie man ehedem meinte." (Des Menschengeistes Erwachen, Wachsen und Irren, Berlin 1956, 9). Zur kulturhistorischen Richtung speziell s. außer *Schott* aaO., 74 ff, vor allem *A. Closs*, Kulturhistorie und Evolution, Mitt. d. Anthropol. Ges. Wien 86 (1956), 1–47, eine kritische Revision der „alten" Wiener Schule mit Neuansätzen und vorsichtigen neuen Fragestellungen. Das Hauptproblem der ethnologischen Entwicklungstheorien bis weit in das 20. Jh. hinein war die Frage des Ursprungs (von daher versuchte man auch im Bereich der Religionswissenschaft das Wesen der Religion zu erklären): „Da der empirische Nachweis überhaupt nicht zu erbringen war", bemerkt Schott dazu, „dachte man sich nach den ethnozentrischen Wertmaßstäben der bü rgerlichen Gesellschaft des 19. Jahrhunderts besonders bizarr und 'primitiv' anmutende Verhältnisse als 'Urzustände' zurecht, aus denen man sich dann 'höhere', 'fortgeschrittenere' Kulturgebilde entwickeln ließ. Um solche scheinbar geschichtlichen Entwicklungsreihen aufzustellen, zögerte man nicht, ganz heterogene, oft nur sich äußerlich ähnelnde ethnographische Tatbestände aus den verschiedensten Kulturzusammenhängen heranzuziehen" (aaO., 73). Die heutige Auffassung faßt Schott demgegenüber so zusammen: „Denn in der geschichtlichen Wirklichkeit gibt es ... keine phaseologischen 'Gesetzmäßigkeiten'. Wohl aber gibt es bestimmte Tendenzen — besonders der technischen und der wirtschaftlichen Entwicklung—, die sich unter ähnlich gearteten Bedingungen mit einer gewissen Regelmäßigkeit gegen alle Wechselfälle des Geschehens immer wieder durchzusetzen pflegen" (ebd. S. 111). In ähnlicher Weise spricht *Mühlmann* von „typischen Abläufen" (aaO., 121). Vgl. auch *K. R. Popper*, Das Elend des Historizismus, Tübingen 2 1969, 36 ff, 27 ff, wo versucht wird zu zeigen „daß die 'Richtungen' oder 'Tendenzen', welche die Historizisten in der mit Geschichte benannten Abfolge von Ereignissen entdecken, keine Gesetze sind, sondern höchstens Trends" (34)—dies ist natürlich eine etwas einseitige, neopositivistische Formulierung. In den USA hat sich in den letzten Jahrzehnten eine Art Neoevolutionismus herausgebildet, dessen Hauptvertreter *L. A. White* ist (s. dazu *Schott*, 104 ff). Es ist natürlich berechtigt, eine überspitzte Kritik am Evolutionismus, die dessen berechtigte Anliegen und sachbegründete Ergebnisse einfach negiert, abzulehnen, wie es *A. Rüstow*, Ortsbestimmung der Gegenwart I, Zürich 1950, 25 f (zitiert bei Schott, 80) tut. Für die marxistische Ethnologie s. jetzt *G. Guhr*, Karl Marx und theoretische Probleme der Ethnographie, Berlin 1969 (Beih. Jb. d. Museums f. Völkerkunde zu Leipzig Bd. XXVI); danach hat sich schon K. Marx „verschiedentlich gegen die einlinige Evolution als Notwendigkeit" ausgesprochen (58).

[13] Als Laie auf diesem Gebiet geht mir natürlich ein sachgemäßes Urteil darü ber ab. Ich orientiere mich bei: *B. Bavink*, Ergebnisse und Probleme der Naturwissenschaften, Leipzig 1944, 328 ff, 559 ff; *G. Heberer*, Allgemeine Abstammungslehre, Göttingen 1949; *ders.*, Neue Ergebnisse der menschlichen Abstammungslehre, Göttingen 1951; *ders.*, Art. 'Deszendenztheorie' in RGG II (3 1958), 89-96; *ders.* u. *F. Schwanitz*, Hundert Jahre Evolutionsforschung, Stuttgart

diachrone Arbeitsweise überhaupt ansehen.¹⁴ Und last but not least sind es die tatsächlichen politischen, also konkret historischen Ereignisse gewesen, die für den Abbau des evolutionistischen Optimismus gesorgt haben, vielleicht gründlicher als jeder andere Faktor. Es würde zu weit führen und auch meine Kenntnis übersteigen, diesen ganzen sehr verwickelten Prozeß näher zu schildern; eine Studie darüber fehlt m. E. bislang.¹⁵

Die Entthronung des Entwicklungsgedankens aus der allgemeinen Religionsgeschichte läßt sich sehr leicht durch einen Blick in die drei Auflagen des bekannten Handwörterbuches „Die Religion in Geschichte und Gegenwart" (RGG) dokumen-

---

1960; *H. L. Dörrie*, Genesis, München 1959, 116 ff; 163 ff; *A. Portmann*, Zoologie und das neue Bild des Menschen, Basel 1951 (neue Gesichtspunkte); ders., Biologie und Geist, Zürich 1956 (= Herder-Bücherei 137, Freiburg 1963): hier wird das Menschliche in seiner spezifischen Eigenart, insbesondere die Geschichtlichkeit, miteinbezogen in die Erforschung des Lebens. „Die Evolutionsforschung ist in voller Bewegung; sie ist noch nicht zu Ergebnissen gelangt, die jenseits aller Diskussion feststehen" (ebda 60). Demgegenüber versucht *B. Rensch* eine Reihe von Regeln der tierischen Evolution auch für die Kulturgeschichte als gültig zu erweisen (Homo sapiens, Göttingen 1959, 104); nach ihm gelten die biologischen Gesetze auch für die Kulturgeschichte. „Die Kulturentwicklung verlief deshalb und verläuft noch heute zwangsläufig auf Grund des Auslesegesetzes im Sinne einer Höherentwicklung" (105 ff). An anderer Stelle hat *Rensch* zehn „Evolutionsgesetze" im engeren Sinne aufgestellt und folgert daraus die „Allgültigkeit der Kausalgesetzlichkeit" mit einer determinierenden Dominante, ja eine „Finalität der Evolution" für die Welt des Lebendigen ganz allgemein (Evolution und Fortschritt in: Die Philosophie und die Frage nach dem Fortschritt. Hrsg. von H. Kuhn u. F. Weidmann, München 1964, 179 ff; bes. 185 f). Rensch vertritt einen „Hylopsychismus" (aaO., 202 ff) und eine Epigenesislehre (205). Vgl. auch die bemerkenswerte Diskussion hierzu (aaO., 328 ff). Eine kritische Analyse des biologischen Evolutionismus und seiner Übertragung auf die Geschichte vom Standpunkt des Historikers unternahm F. Kern, aaO., 13–56 (Auseinandersetzung mit T. u. J. Huxley und A. Keith). Kern unterscheidet vier Entwicklungsbegriffe (14 f): einen logischen (Veränderung), phylogenetischen (Abstammung), axiologischen (Fortschritt—Rückschritt) und ontogenetischen (Entfaltung), denen R. Schott, aaO., 63, noch zwei hinzufügt: integrationistische und additive Entwicklung.

¹⁴ Vgl. *G. van der Leeuw* (im Unterschied zu Tiele etwa); s. die zusammenfassende Darstellung von *E. Hirschmann*, aaO., 95 ff; *G. Dumézil* im Vorwort zu M. Eliade, Traité d'histoire des religions, Paris 1949, 6.

¹⁵ Es gibt eine uferlose Einzelliteratur zu unterschiedlichen Problemen der „Entwicklung" auf den verschiedenen Spezialgebieten, von der einige ethnologische und historische angeführt wurden. Philosophische Probleme werden in dem genannten Werk „Die Philosophie und die Frage nach dem Fortschritt" erörtert (aufschlußreich ist der Diskussionsteil!). Vgl. auch *A. Lalande*, Les illusions évolutionistes, Paris 1930. Was fehlt, ist eine zusammenfassende Studie über den Wandel des Entwicklungsbegriffs in den Geisteswissenschaften des 20. Jhs. Reiche Belehrung über den Entwicklungsbegriff bei den neueren Historikern und Geschichtsphilosophen findet man bei E. Troeltsch, Der Historismus und seine Probleme I, Tübingen 1922 (Ges. Schriften 3).

tieren. Nur in der 1. Auflage findet sich das Stichwort „religiöse Entwicklung des Menschen" (Band 2, 1910, Sp. 369–377, von *P. Kalweit*), in den übrigen Auflagen fehlt es! Dafür findet man in der 2. Auflage (Band 4, Sp. 1875–77) unter Religion III die „religionsgeschichtliche Entwicklung" von *G. van der Leeuw* kritisch abgehandelt (s. u. Anm. 55 und 75), ebenso in der 3. Auflage (Band 5, Sp. 966–968) unter der gleichen Rubrik von *G. Mensching*, der das Wort Entwicklung überhaupt zugunsten von „Wandlung" meiden möchte (s. u. Anm. 20, 23, 25). Es ist daher verständlich, daß die meisten religionswissenschaftlichen Handbücher der letzten Jahrzehnte eine religionsgeschichtliche Entwicklung entweder überhaupt nicht oder nur mit Skepsis behandeln.[16] Einen der letzten Angriffe gegen den Evolutionismus in der Religionswissenschaft starteten *G. Widengren* (seine „Religionsphänomenologie" vermeidet daher alle diesbezüglichen Ambitionen) und *W. Baetke*.[17] Beibehalten wurde vielfach nur das altererbte Schema: Primitivreligionen und Hochreligionen oder: Naturreligionen, Kulturreligionen und Weltreligionen oder ähnliche Einteilungen.[18]

---

[16] Der gediegene kleine „Grundriß der Allgemeinen Religionsgeschichte", den *H. Ringgren* und *A. V. Ström* erarbeiteten (Die Religionen der Völker, deutsche Ausgabe von I. Ringgren und C. M. Schröder, Stuttgart 1959) behandelt das Problem ganz kurz (15 ff) und lehnt den üblichen religionshistorischen Evolutionismus mit guten Gründen ab. „Das besagt jedoch nicht, daß es in der Welt der Religion keine Entwicklung gäbe ... Eine Religion ist wesensgemäß ein lebendiger Organismus, der verwelkt, wenn er zu statischem Dogmatismus oder zu Unbeweglichkeit in Ethik und Ausdrucksformen gezwungen wird." (17). Man hält also trotz allem an einem gemäßigten biologischen Entwicklungsbegriff fest.

[17] *G. Widengren*, Evolutionism and the Problem of the Origin of Religion, Ethnos 10, 1945, 57–96; ders., Religionsphänomenologie, Berlin 1969 (die erste schwedische Auflage erschien bereits 1945!); *W. Baetke*, Aufgabe und Struktur der Religionswissenschaft (in: Grundriß des Theologiestudiums, Hrsg. v. M. Doerne, 3. Teil), Berlin 1954, 212 f. Unter den älteren Kritikern nenne ich *P. Oltramare*, L'évolutionisme et l'histoire des religions, Actes du 1er Congrès Internat. d'histoire des religions, Paris 1900, III, 40 ff; RHR 1901, 174–184; *G. Foucart*, Histoire des religions, Paris 1912; *N. Söderblom*, Das Werden des Gottesglaubens, Leipzig ² 1926, 6. Vgl. auch *R. Pettazzoni*, Il metodo comparativo, Numen 6 (1959), 1–14.

[18] Auf die Probleme dieser weitverbreiteten „Einteilungen", denen der evolutionistische Ursprung meist noch anhaftet, kann hier nicht eingegangen werden. Sie halten meist einer ernsthaften Kritik nicht stand (z. B. Natur- und Kulturreligionen). Vielfach sind sie auch theologischer Herkunft. *Ringgren-Ström* teilen ganz allgemein in Schrift- und schriftlose Kulturen ein, innerhalb derer wieder nach sprachlichen (indogermanisch!) oder kulturellen und geographischen Gesichtspunkten (vorderasiatisch, ostasiatisch, einzelne Länder) geordnet wird. Dieses Verfahren scheint mir noch am ehesten vertretbar. Vgl. meinen Artikel „Historia Religionum", in; ThLZ 98 (1973), 401–418. Zu Eliade s. u. S. 393ff.

Bemühungen, neue Ansätze für die Anwendung des Entwicklungsgedankens in der Religionsgeschichte zu gewinnen, sind nur zaghaft und sehr sporadisch erfolgt. Zu den bemerkenswertesten dieser Versuche gehört der von *H. Frick*[19], dem sich auch *G. Mensching* anschließt.[20] Frick macht den Versuch einer Differenzierung, indem er zwischen „morphologischem Stadium", „geschichtlicher Periode" und „allgemeiner Entwicklungsstufe" unterscheidet. Während geschichtliche Perioden in jeder Religion nachweisbar und Thema der speziellen Religionsgeschichte sind, sind die „Stadien" in Anlehnung an die Pflanzenmorphologie als eine Art Wachstumsstadien aufzufassen, die allerdings wie diese nur in derselben Art gültig sind, nicht für das Allgemeine überhaupt; sie entbehren jeder Zwangsläufigkeit und Regelmäßigkeit, sind also keine Gesetze. Es sind „typologische Stadien", keine allgemeinen Entwicklungsstufen, die nur für eine hypothetische Gesamtentwicklung „des religiösen Lebens der Menschheit" zu verwenden sind. Die Stadien können dagegen bei einem Vergleich verschiedener Religionsgebilde zur Feststellung von Parallelen führen, die den Gedanken einer Strukturverwandtschaft der Religionen nahelegen.[21] *Mensching*, der à la Otto die Entwicklung auf die Erkenntnis des Heiligen und dessen Ausdruck bezieht, also auf die Veränderungen desselben in der Zeit,[22] lehnt den Entwicklungsbegriff als rein zeitliche, nicht finale Abfolge für die Religionsgeschichte ab, da dadurch der embryonal angelegte Ganzheitscharakter der Religionen zu kurz käme. Auch eine Höherentwicklung i.S. einer Wertsteigerung, eines Fortschritts wird abgelehnt; eine Religion kann nur „entarten",

---

[19] Vergleichende Religionswissenschaft, Berlin/Leipzig 1928 (Slg. Göschen 208), 59 ff. über Frick als Religionswissenschaftler vgl. *Hirschmann*, aaO., 74 ff (es muß hier in der Überschrift *Heinrich* Frick heißen).

[20] Vergleichende Religionswissenschaft, Leipzig 1938, 127 ff; Heidelberg ² 1949, 165 ff; Die Religion, Stuttgart 1959, 285 ff (der Abschnitt „Das Problem der Entwicklung in der Religionsgeschichte" erschien bereits 1954 in: Studium generale, H. 3, und konnte erst nachträglich von mir benutzt werden). Mensching hat bereits in einem früheren Aufsatz über „Religion und Geschichte" [Ztschr. f. Missionskde. u. Rel.wiss. 44 (1929), 6–11] die Probleme des Fortschritts und der Entwicklung in der Religionsgeschichte kurz behandelt. Vgl. auch Geschichte der Religionswissenschaft, Bonn 1948, 71 f. Mensching knüpft ebda S. 72 ausdrücklich an *Wach* an, der in seiner „Religionswissenschaft", Leipzig 1924, 84, schreibt, daß es „die wichtigste Aufgabe der Religionsgeschichte" sein muß, „das Werden der *einzelnen* Religionen zu ergründen, die Entwicklung als die *Entfaltung des in ihnen liegenden Prinzips* zu verstehen".

[21] aaO., 62.

[22] Vgl. Rel.wiss., 165, 167.

sich aber nicht „verbessern".[23] Möglich sei allein eine Höherentwicklung der „Idee Religion" auf Grund der in den Einzelreligionen erreichten Gotteserkenntnis; hierzu bedürfe es der Aufgabe einer „Religionsmessung". Mensching will die Entwicklung als „Entfaltung der in der Ganzheit gegebenen Möglichkeiten" auffassen, sowohl in der Einzel- als auch in der Gesamtentwicklung. „Im Wesen Religion liegen, wie in jeder lebendigen Ganzheit, Möglichkeiten, die teils in der einen, teils in der anderen Religion wirklich werden."[24] Religionsgeschichte wird hier als „Entfaltung immanenter Möglichkeiten" verstanden. Solche Entwicklungen sind in typischer Weise quer durch die einzelnen Religionen nachweisbar und in ihnen „fassen wir etwas von dem geheimnisvollen ganzheitlichen Wesen *der* Religion". Diese „Entfaltung" betrifft aber nur die menschliche Seite der Religion, nicht ihre numinose; nur in der ersteren, also in den Reaktionsweisen des Menschen auf das ihm begegnende Heilige (das aber nach Otto ja in ihm angelegt ist, also ein Bewußtseinsphänomen ist!), ist ein „Wandel der Religion" im Sinne von Stadien feststellbar. Ein solches Stadium ist ein „aus dem Wesen der Religion *notwendig* folgender Zustand, der wiederum in sachlicher Beziehung zu anderen vorausgehenden oder folgenden Zuständen steht und

---

[23] In seinem älteren Aufsatz scheint *Mensching* dagegen einen religiösen Fortschritt zu bejahen (7 f); er besteht in den drei Momenten: der *„Vergeistigung der Religion"* (nicht zu verwechseln mit einer Rationalisierung, sondern als „Vordringen zur Fülle und Tiefe des religiösen *Erlebnisses*" zu verstehen), „der immer nur annäherungsweise bleibenden Angleichung der Form der religiösen Erkenntnis an ihren irrationalen und ewigen Gehalt" (Ausgleichung „der Spannung zwischen anthropomorpher Vorstellungsform und religiösem Gehalt"), die „fortschreitende Reife religiöser *theoretischer* Erkenntnis; d. h. die Entfaltung der Gedanken über die Religion, mithin das, was man Theologie nennt". Die beiden letzten Momente sind jedenfalls nicht ohne gleichzeitige Rationalisierung erreichbar. In dem angeführten RGG-Artikel, der wesentlich vorsichtiger ist, spricht Mensching mehr von „Wandlung" und sieht sie analog zum Wandel des Existenzverständnisses und der Struktur des menschlichen Geistes. Wissenschaftlich sei eine „Entwicklung *der* Religion", insbesondere zu hoher Vollkommenheit, nicht feststellbar, da dafür keinerlei Wertmaßstäbe vorhanden sind (968). Aber auch die Wandlungen innerhalb der Einzelreligionen lassen sich nicht in ein „Entwicklungsschema" pressen (ebda). Er nennt hierfür wieder den Bewußtseinswandel vom Mythos zum Logos in Griechenland, die Ethisierung, Neuschöpfungen und Reformationen als Beispiele. Etwas näher ausgeführt in: Die Religion, 300 ff. Hier heißt es u. a.: „Es gibt keine geradlinige Entwicklung im Sinne organischen Wachsens in Religion und Religionen" (304, 292). „Es gibt keine Entwicklung im Sinne des Fortschreitens zu höherer Vollkommenheit *der* Religion und Religionen" (304). Die Fülle von Wandlungen, die aus sehr verschiedenen Motiven herzuleiten sind, lassen sich nicht unter ein Entwicklungsschema subsumieren (305).

[24] Vgl. Religionswiss.[2], 167.

mit ihnen ein ganzheitliches Geschehen bildet". Eine chronologische Aufeinanderfolge sei damit nicht verbunden. An jedem Religionsorganismus müssen solche Stadien nachweisbar sein. Mensching führt als solche Stadien auf: das der „Anfangsverbundenheit" (bei Frick: das der Unmittelbarkeit), d. h. der unmittelbare und unreflektierte Eindruck des Numinosen, das Stadium der Organisierung und der Konfessionalisierung, das der Reformation und des Unterganges.[25]

Wir stellen bei Mensching eine Rückkehr zur Religionswissenschaft des 19. Jhs. fest, insofern hier wieder mit dem Abstraktum „die Religion" als innere Seite der akzidentellen religionsgeschichtlichen Entwicklung gearbeitet wird. Doch ist das weniger eine Rückkehr als vielmehr eine Fortsetzung der älteren Religionswissenschaft, aus der R. Otto hervorgegangen ist und deren Programm in dieser Hinsicht wir oben schon kurz kennengelernt haben. Es ist das Erbe idealistischer Bewußtseinsphilosophie und des liberalen Protestantismus der „Religionsgeschichtlichen Schule".

Es macht sich also trotz dieser letzten Versuche nötig, eine neue Überdenkung dieser Problematik vorzunehmen, und dazu möchte ich jetzt übergehen.

II.

„Vors Erste fragt es sich, was Entwicklung ist", sagt *Hegel* in der Einleitung zu seiner Geschichte der Philosophie[26] und fährt fort: „Man nimmt Entwicklung als eine bekannte Vorstellung und glaubt deswegen, einer Erörterung darüber enthoben zu

---

[25] Vgl. ebda S. 168 ff; Die Religion, 307 ff (leicht abgewandelt). In der früheren Arbeit heißen diese „Stufen": das „Kollektivbewußtsein" (wird offenbar mit der „Naturreligion" gleichgesetzt), das der „geschichtlichen Religion" (!), das mit der „Volksreligion" gleichzusetzen ist, und schließlich die Weltreligion in Gestalt des Christentums (9 f). Die Entgegensetzung von Natur- und Geschichtsreligion ist mehr als überholt, da diese Konzeption an der Naturmythologie orientiert ist. Bei Mensching ist hier, wie auch sonst, die Verquickung von theologischen und empirischen Daten nachweisbar. Es wird ziemlich ungeschützt mit den Begriffen „Heilsgeschichte" und „Offenbarung" gearbeitet. Im RGG-Artikel legt Mensching in ähnlicher Weise Wert auf den Wandel (im Rahmen der sog. „Achsenzeit" von K. Jaspers) von „frühreligiöser" zur „universalreligiösen" Haltung, die beide allerdings weiterhin nebeneinander bestehen können, da sie zugleich Ausdrucksformen menschlicher Geistesstruktur sind bzw. analog zur unterschiedlichen menschlichen „Ichwerdung" zu verstehen sind.
[26] Sämtliche Werke. Kritische Ausgabe. Bd. XV a: System und Geschichte der Philosophie, neu hrsg. von J. Hoffmeister, Leipzig 1944, 101.

sein." „In betreff nun der Entwicklung als solcher müssen wir zweierlei — sozusagen zwei Zustände-unterscheiden: die Anlage, das Vermögen, das Ansichsein (*Potentia*, δύναμις) und das Fürsichsein, die Wirklichkeit (*actus*, ἐνέργεια)." Das erstere vergleicht Hegel mit dem Keim der Pflanze: in ihm ist bereits der Baum enthalten, aber noch nicht er selbst, dazu muß er sich erst entfalten, entwickeln. „Sich entwickeln heißt: sich setzen, in die Existenz treten, als ein Unterschiedenes sein." Für Hegel ist Entwicklung also Entfaltung, Bewegung, Lebendigkeit, Dynamik, die seiner ganzen Philosophie ja das Gepräge gibt.[27] Immer wieder rekurriert Hegel dabei auf die Entwicklung, das Wachstum der Pflanze.[28] Nach ihm ist der Begriff der Entwicklung ein ganz allgemeiner Begriff, eben der „Lebendigkeit, der Bewegung überhaupt".[29] In ihm unterscheidet Hegel Stufen, die eine Art dialektische Leiter des Fortschritts vom Ärmeren zum Reicheren (wie bei der Pflanze!) sind. „Die Entwicklung läßt nur dies ursprüngliche Innere *erscheinen,* sie setzt das darin schon enthaltene Konkrete ... nur *heraus.*"[30] Ich lasse die spezifische Anwendung auf Gedanke und Geist beiseite. Es kam nur darauf an, zu zeigen, in welcher Weise der Entwicklungsbegriff bis in die Gegenwart von Hegel bestimmt worden ist.

Die Verwendung bei Hegel entspricht genau dem deutschen Sprachgebrauch und ist etymologisch richtig, wie ein Blick ins Grimmsche Wörterbuch lehrt.[31] Entwickeln ist auswickeln, „entfalten" (*explicare*). Dafür bietet auch Goethe häufige Beispiele: Rätsel entwickeln, d. h. es wie einen Knäuel lösen, ein Talent oder Tugenden entwickeln, einen verworrenen Zustand entwickeln und die Fäden auf einen Knäuel winden, die Knospe entwickeln, aus einem Zustand in einen anderen entwickeln, ein Verhältnis entwickeln usw. Es wird als i. S. eines Hervorbringens, eines Wachsens, eines Enthüllens und eines Entstehens gebraucht.[32]

---

[27] Ebda 106 ff.
[28] Ebda 107 f.
[29] Ebda 141.
[30] Ebda 114.
[31] IV, 1862, 658 f.
[32] Vgl. auch *Herder,* Ideen zur Philosophie der Geschichte der Menschheit, 5 Buch, V (Unsere Humanität ist nur Vorübung, die Knospe zu einer zukünftigen Blume). Das deutsche Wort geht auf eine Lehnübersetzung aus dem Französischen zurück, nämlich auf développement und évolution (das seit 1718 offiziell zugelassen war). Beide Worte sind wiederum von Plotin beeinflußt (vgl. *H. Dörrie,* RAC V, 477.491; *N. Hartmann,* Teleologisches Denken, Berlin 1966, 30). Die Begriffe spielten im 18. Jh. bereits eine naturwissenschaftliche Rolle

Ist dieser Entwicklungsbegriff heute noch verwendbar? Wir sahen, daß er bis in die jüngsten Versuche immer noch wirksam ist (etwa wie bei Mensching, der Entwicklung und Entfaltung identifiziert, ohne zu wissen, daß er im Grunde zweimal dasselbe sagt; daß diese Erläuterung nötig ist, zeigt aber die Veränderung des Begriffes Entwicklung). Die moderne Biologie hat sich längst von der alten Präformationslehre gelöst und sich mehr der Epigenesistheorie genähert; doch sind wohl diese aus dem 18. Jh. stammenden Gegensätze heutzutage nicht mehr auktuell, da man ganz andere, neue Gesichtspunkte besitzt (Problem der organischen Ganzheiten usw.)[33] Auch im geschichtlichen Bereich ist die Auffassung von der Entwicklung als einer bloßen Entfaltung oder Auswicklung nicht mehr haltbar. Denn in diesem Sinne ist Geschichte, wie *E. Brandenburg* hervorhob, „nicht das Abrollen eines durch die Prägung (so statt Prügung, K. R.) des ersten Menschenkeims prädestinierten Verlaufes von Vorgängen, sondern das Werk handelnder, in die Zukunft blickender, auf praktische Ziele und Verwirklichung von Idealen hinstrebender Menschen, die immer Neues und vorher nicht Berechenbares hervorbringen. Sie ist ihrem innersten Wesen nach eben nicht Entwicklung, die etwas von den Uranfängen an unsichtbar

---

im Streit zwischen Präformations- und Epigenesistheorie; sie sind weitgehend im Neuplatonismus vorgebildet. Im 20. Jh. wird Entwicklung (Evolution) als „organisches Werden" aufgefaßt und nähert sich damit wieder stärker dem antiken Denken (dazu Dörrie, aaO., 480). Trotzdem ist natürlich der moderne Entwicklungsbegriff „von Grund auf unantik" (aaO., 505). „Aber in dem, was gegen die moderne Entwicklungslehre geäußert worden ist, steckt sehr viel antikes Gedankengut; die Kräfte, die sich dem Entwicklungsdenken entgegenstellten, waren zum guten Teil aus antikem Denken genährt" (ebda). Aber die Antike kannte schon alle „wesentlichen Grundfiguren" einer universalen menschlichen Entwicklungslehre (*R. Schott*, aaO., 65); sowohl die Dreistufenlehre (Urzustand, Nomaden- und Jägertum, Bauerntum und Viehzucht), als auch die Gegensätze einer optimistischen, aufsteigenden und einer pessimistischen, absteigenden Linie, neben denen die zyklische Theorie stand (s. *Schott*, aaO., 64 ff; Dörrie, aaO., bes. 496 ff über die spätantike Stufungslehre). über das antike Fortschrittsdenken s. auch W. Thraede, Art.: 'Fortschritt', RAC VIII, 141 ff; vgl. auch unten Anm. 76.

[33] *E. Brandenburg* hat sich, wie schon erwähnt, kritisch mit den biologischen Theorien beschäftigt (Der Begriff der Entwicklung, 66 ff). Nach ihm ist das Urbild des Entwicklungsbegriffes der biologische und weiterhin die Präformationstheorie Evolution im strengsten Sinne des Wortes. Demgegenüber sei die Epigenesislehre (Epigenese = ‚Dazuentwicklung') eine unpassende Bezeichnung, die der Entwicklung einen anderen Sinn unterschiebt: „‚Epigenese' ist eben in Wahrheit nicht eine besondere Art der Entwicklung, sondern etwas anderes wie (sic!) Entwicklung. Die Vorstellung selbst, die hier mit dem Wort ‚Epigenese' bezeichnet wird, ist zutreffend für die organische Entwicklung. Aber die Bezeichnung dafür ist irreführend" (7 Anm. 1).

Dagewesenes allmählich zur Erscheinung bringt, sondern ureigenste Tat des Menschengeschlechts".[34] Kein Geringerer als *Fr. Meinecke* hat dem in einer Rezension der Brandenburgschen Abhandlung zugestimmt: „Vollkommen richtig ist es und im Geiste der großen deutschen Geschichtsschreibung gedacht, in der Geschichte nicht das Abrollen eines keimhaft prädestinierten Verlaufes zu sehen."[35] Man hat stattdessen vorgeschlagen, den Entwicklungsbegriff so zu denken, daß er „eine in sich zusammenhängende Reihe von sich ändernden Zuständen und Fakten besagt, die einer prospektiven Ordnung der ontologisch konzipierten Zeit zugeordnet werden kann".[36] Die Übertragung des organischen (organologischen) Entwicklungsbegriffs, wie ihn schon Herder und Hegel kannten, und der dann von Darwin ins gesetzmäßig Naturhafte, quasi Selbsttätige erhoben wurde, auf die Geschichte, ist eben bedenklich gewesen und zeitigt bis heute seine Konsequenzen.[37] „Die Anwendung des Entwicklungsbegriffs auf die Geschichte der Menschen", stellt Brandenburg fest, „ist ein Teilvorgang jener großen Welle biologischen Denkens, welche in der Zeit der *Romantik* gemäß ihrer antirationalistischen Grundstimmung in die Geisteswissenschaften hineinflutete. Sie

---

[34] Ebda 28. *Brandenburg* wehrt sich mit Entschiedenheit gegen die Übertragung des Organismusbegriffes auf die Geschichte (25), ja lehnt überhaupt strenge Gesetze für die Geschichte ab. Die Verwendung des Vergleiches kulturellhistorischer Vorgänge mit biologischen Vorgängen ist allein möglich, wenn man sich dabei darüber klar ist, daß es sich nur um einen reinen Vergleich, eine bildliche Redeweise, eine „Hilfskonstruktion" handelt, aber „für die kausale Erklärung der Erscheinungen damit gar nichts gewonnen wird" (27). „Auf dem Gebiete des Kulturlebens sind die Ursachen der Veränderungen immer handelnde Menschen, deren Tun durch in der Zukunft liegende Ziele bestimmt wird, während alles, was ihnen die Vergangenheit überliefert und was ihnen von außen zustößt, unter die Kategorie der Bedingungen ihres Handelns gehört" (ebda). Vgl. auch *N. Hartmann*, Teleologisches Denken, 30 f, 52 ff.
[35] Ein Wort über geschichtliche Entwicklung (in: Aphorismen und Skizzen zur Geschichte, Leipzig 1942, 91–113), 93 f; wiedergegeben auch in: *F. Meinecke*, Zur Theorie und Philosophie der Geschichte. Hrsg. u. eingel. von E. Kessel, Stuttgart 1952, 2 1965 (Werke IV), 102–116.
[36] *A. Paus*, Religiöser Erkenntnisgrund, 204.
[37] Vgl. dazu auch *E. H. Carr*, Was ist Geschichte?, Stuttgart 1963, 110 ff; engl. Originalausgabe: What is History? London 1961, 104 ff. „Die mit dem Wort ‚Entwicklung' Operierenden implizieren meist unbeachtet die gewaltigen Vorentscheidungen, die in der Übertragung des Terminus auf die menschliche Geschichte liegen, als sei sie selbstverständlich ... Erst aus Folgerungen, die sich ergeben, erkennt man, was in den schillernden Terminus hineingelegt wurde, der im modischen Gebrauch oft völlig nichtssagend geworden ist" sagt *F. Kern*, Geschichte und Entwicklung, 19, Anm. 4. Bei *N. Hartmann*, aaO. ist nachzulesen, daß dem Entwicklungsbegriff auf Grund seiner (neuplatonischen) Herkunft der teleologische Gesichtspunkt angeboren war: „So wenigstens ist es im eigentlichen und streng verstandenen Entwicklungsbegriff, in dem der

gehört eng zusammen mit den Vorstellungen vom Volksgeist und Zeitgeist, vor allen Dingen mit dem Gedanken, daß Völker oder Staaten Organismen seien. So wertvoll der Hinweis auf das Lebendige gegenüber der immer stärker dem reinen Materialismus und Mechanismus verfallenden Aufklärung war, so unheilvoll waren doch auch die Folgen davon, daß man sich gewöhnte, Bilder, die als Vergleiche ihren guten Sinn hatten, für das Wesen der Sache selbst zu nehmen und weittragende Folgerungen aus den so gewonnenen Voraussetzungen zu ziehen".[38]

Es entsteht daher die Frage, ob man den Entwicklungsbegriff entweder in einem anderen als seinem ursprünglichen Sinn weiterverwenden, oder ihn überhaupt fallen lassen soll. Letzteres scheint mir nicht möglich zu sein, also bleibt nur übrig, ihn in dem Sinne zu verwenden, wie er sich schon weithin eingebürgert hat: als Ausdruck für Fortgang, Werden, Bewegung, Dynamik, so wie ihn gleichfalls schon Hegel beschrieb. F. Meinecke hat den Entwicklungsgedanken gegenüber den Angriffen Brandenburgs für die Geschichtswissenschaft zu retten gewußt, indem er ihn von seinen organologischen, naturwissenschaftlichen Schalen löste. Er hat ihn den „menschlichgeschichtlichen Entwicklungsbegriff" gennant, da er an der Erfahrung des geistigen Individuums und des geschichtlichen Lebens selbst gewonnen wurde.[39] Wo „ein ununterbrochener Lebenszusammenhang" und

---

Wortsinn des 'Auswickelns' noch nicht verblaßt ist" (4). „Der Komplementärbegriff der Entwicklung ist daher der des 'Angelegtseins' auf das Endstadium, oder schlechthin der 'Anlage' ($\delta\upsilon\nu\alpha\mu\iota\varsigma$, potentia)". Durch die Anwendung dieses Begriffes auf die verschiedensten Gebiete im Laufe des 19. Jhs. „bekam die Sachlage ein ernstes Gesicht. Das Schillern des Entwicklungsbegriffes bewirkte nun, daß man ihn harmlos als Bezeichnung für beliebige Prozesse einführen und dann viel später, wenn man den Sinn der Einführung längst vergessen hatte, sich seines anderen Gesichts erinnern konnte. Dieses andere Gesicht aber zeigte sich dann als ein teleologisches" (30). Zwar hat das nicht immer zum „Mißbrauch geführt", aber gerade bei der Beschreibung von geschichtlichen Vorgängen mit Hilfe des Entwicklungsbegriffes „zeigte er deutlich sein anderes Gesicht, und die Konsequenz, den Vorgang teleologisch zu verstehen, lag nah. Darin aber steckte eine geschichtsphilosophische Vorentscheidung, die sich rächen mußte. Das Schillern des Begriffes konnte jederzeit so oder so umschlagen. Und wo das teleologisch-weltanschauliche Interesse überwog, konnte es aus ihm mit Leichtigkeit seine Scheinbeweise ziehen" (31). Meinecke zufolge hat bereits Goethe den teleologischen Bann vor Ranke gebrochen (Historismus, 527 f. 564, 565 f), wie er auch den Entwicklungsbegriff vom Gedanken einer bloßen Entfaltung abzuheben bemüht war (ebda 560!).
[38] AaO., 27 f.
[39] AaO., 101.103. Vgl. auch „Die Entstehung des Historismus", hrsg. v. C. Hinrichs, München 1965 (*Fr. Meinecke*, Werke III), XXXV ff (über die Entstehung

„irgendeine von innen her bestimmte, wenn auch immer dabei von äußeren Einflüssen abhängige und dadurch mitbestimmte Zielrichtung" da ist, kann man auch von Entwicklung sprechen.[40] Geschichte ist, wie das Wort lehrt, ein Geschehen, ein Ereignis, ein unmittelbarer Hergang oder eine Erzählung über Geschehenes bzw. von Geschehenem. In dieser Weise haben wir seit Herder, der als erster eine entwicklungsgeschichtliche Betrachtungsweise besaß, Geschichte zu verstehen und begreifen gesucht.[41] Geschichte ist Werden in Gestalt eines Vorher und Nachher. Geschichte ist „Erfassung der Beziehung zwischen Vorher und Nachher", sagt sehr richtig Cl. Lévi-Strauss.[42] Insofern ist die Anwendung des Entwicklungsgedankens auf die Geschichte keine bloße „bildliche Redeweise" oder „Hilfskonstruktion", wie Brandenburg meinte,[43] sondern eine Konsequenz,

---

des *historischen* Entwicklungsbegriffes bei Meinecke). In diesem Werk kommt Meinecke öfters darauf zu sprechen (5, 35, 595), bes. 159 bei der Darstellung von Montesquieu: „Indivdualitätsbegriff und Entwicklungsbegriff hängen im historischen Denken eng zusammen. Genauer gesagt, von den verschiedenen Entwicklungsbegriffen, die möglich sind, fordert der historische Individualitätsbegriff einen ganz bestimmten Entwicklungsbegriff als Komplement—nämlich denjenigen, der zu den Merkmalen einer bloß biologischen und pflanzenhaften Entwicklung, das heißt einer bloßen Entfaltung nach angeborener Tendenz, noch die Merkmale der geistigen Spontanität des sich Entwickelnden und seiner plastischen Wandlungsfähigkeit unter dem Einflusse singulärer Faktoren fügt und demnach Notwendigkeit und Freiheit überall untrennbar verschmolzen sieht."
[40] Aphorismen, 96 f.
[41] Vgl. dazu *Meinecke*, Entstehung, 386–444; ders., Vom geschichtlichen Sinn und vom Sinn der Geschichte, Leipzig [4] 1939, 92 f; *Th. Litt*, Kant und Herder als Deuter der geistigen Welt, Leipzig 1930, 4. Teil; ders., Die Befreiung des geschichtlichen Bewußtseins durch J. G. Herder, Leipzig 1942; *F. Kern*, aaO., 58 ff; *V. M. Schirmunski*, Johann Gottfried Herder, Berlin 1963, 86 ff. Bekanntlich hat Herder zugleich eine kritische Einstellung gegenüber dem einlinigen, optimistischen Fortschrittsbegriff eingenommen (s. die Zitate bei Schirmunski, 91; bes. den 3. Abschnitt von „Auch eine Philosophie der Geschichte zur Bildung der Menschheit"); er zog daher den Ausdruck „Fortgang" (Prozeß) dem Wort „Fortschritt" (Progreß) vor (*Kern*, 60). Die historische Sicht der Religionen hatte bereits Hamann begründet (*Schirmunski*, 13 f). Die Entdeckung des historischen Individuums als Geschichte hervorbringendes und von Geschichte bestimmtes wird Vico zugeschrieben (vgl. *Meinecke*, Entstehung, 53 ff). Vico wußte um die Geschichte als einem dynamischen Prozeß, der dem menschlichen Vermögen entspringt und von ihm in Gang gehalten wird.
[42] Das wilde Denken, Frankfurt 1968, 298.
[43] AaO., 27f.; 28. Die Auseinanderreißung, ja Gegenüberstellung von Geschichte und Entwicklung, wie sie *Mühlmann* zum Ausdruck bringt (Entwicklung u. Geschichte, 114–116), leuchtet mir nicht ein; andererseits stellt auch er fest, daß Geschichte Entwicklung einschließt (aaO., 108, 119). S. *Morenz* sagte in einem Gespräch über diese Probleme: Geschichte ist ja Entwicklung (natürlich in dem eben aufgezeigten, nichtorganologischen, naturwissenschaftlichen Sinn).

die aus dem Begriff der Geschichte selber folgt. *F. Kern* hat deshalb den von E. Bergson her bekannten Ausdruck „schöpferische Entwicklung" eingeführt, um dem „dramatischen" Charakter der Geschichte und der schöpferischen Kraft der menschlichen Individualität gerecht zu werden, gegenüber der evolutiven Biohistorie, die ein „schöpferisches Wirken inmitten eines Werdens" nicht kennt.[44] „Der Biologismus unterbestimmt die Menschheit, wie der Mechanismus das Leben unterbestimmt. Die wesenhaften Unterschiede zwischen diesen drei Wirklichkeitsbereichen gehören wie ihre Verbindung zu den Voraussetzungen universaler Geschichte. Die schöpferische Entwicklung aber steht in keinem Widerstreit zum Drama der Geschichte, ist vielmehr ein integrierender Bestandteil desselben."[45] Meinecke, der Lebenszusammenhang statt Kausalzusammenhang für die Geschichte reklamiert, da dieser „ein nach Gestaltung drängendes und formendes Prinzip" impliziert,[46] legt anerkanntermaßen Wert auf die Individualität der geschichtlichen Gestalten, und hier ist eben auch von Entwicklung zu reden. „Denn Individualität ist nichts Fertiges, ein für allemal Festgelegtes, sondern

---

Er stimmte dem von naturwissenschaftlichen, biologischen Schalen befreiten Entwicklungsbegriff, wie ihn Meinecke konzipierte, voll zu, und sah darin ein Beispiel für die 'Kontrastdiagnose' im Verhältnis von geistes- und naturwissenschaftlicher Methodik.

[44] Geschichte u. Entwicklung, 35 ff, bes. 50 ff. Auch *N. Hartmann*, aaO., 52 f, hat sehr klar gesehen, daß der streng genommene Entwicklungsgedanke „nur unter Preisgabe des eigentlich produktiven Charakters im Hervorbringen" verwendet werden kann. Das „Entstehen eines Neuartigen, das vorher nicht vorhanden war" würde dadurch zu einem bloßen „Entwickelungsprozeß", der das Eingewickelte auswickelt, also unproduktiv ist. „Der echte Kausalprozeß dagegen, in dem nichts vorgezeichnet ist, ist ein schöpferischer Prozeß" (52). „Hier gilt es, radikal umzulernen über die traditionellen Begriffe. Solange ‚Entwicklung' für produktiv, Kausalität für steril und 'mechanisch' gilt, ist es unmöglich, dem spekulativ-metaphysischen Antrieb des Denkens zur Teleologisierung des Kausalverhältnisses zu begegnen. Dieser Antrieb aber ist ebenso tief eingewurzelt wie die Ungeklärtheit der genannten Begriffe" (53). Da dem Entwicklungsbegriff auch in der Geschichtswissenschaft nicht zu entrinnen ist, muß er im Sinne eines *historischen* Entwicklungsgedankens präzisiert und definiert werden, der Produktivität einschließt.

[45] AaO., 56.

[46] Aphorismen, 102. *Meinecke* hat hier natürlich den Kausalbegriff im mechanischen Sinne im Auge, den Hartmann gerade bekämpft hat (vgl. aaO., 46 ff, 71 ff, 121 ff). Es ist das Verhängnis ungeklärter Termini, daß hier nach außen hin keine Einigkeit besteht, die doch im Grunde genommen vorhanden ist. Meinecke unterscheidet drei Kausalitäten: die mechanische, biologische und geistig-sittliche; alle drei sind in der Geschichte untrennbar miteinander verwoben und können daher nicht unabhängig voneinander begriffen werden, da sie jedes geschichtliche Gebilde in irgendeiner Weise prägen (Zur Theorie u. Philosophie d. Geschichte, 61 ff).

tätige Auswirkung innerer gestaltender Kräfte, deren eine, aber nicht einzige, der bewußte Wille ist."[47] „Auch die Gemeinschaften sind geprägte Formen", sagt Meinecke, „die der Mensch lebend weiterentwickelt".[48] Auch überpersönliche, aus der Vergangenheit stammende Tendenzen, die das Handeln der Menschen bestimmen, können von diesen selbst ergriffen und vielleicht umgebogen, „eben weiter ‚entwickelt' werden".[49] „Denn weder Mensch noch Idee können ein getrenntes Eigenleben führen." Dabei geht es um keine naturhaft-notwendige Entwicklung, sondern um ein „geheimnisvolles Ineinander von Notwendigkeit und Freiheit", die allem geschichtlichen Leben von Grund auf eigen ist.[50] Meinecke fordert daher eine mikroskopische und makroskopische Betrachtungsweise zugleich, die eine auf das Handeln der Individuen gerichtet, die andere auf die daraus hervorgehenden individuellen Gebilde des objektiven Geistes.[51]

Diese Ausführungen zeigen m. E. die Richtung an, in der auch für die Religionsgeschichte der Entwicklungsbegriff als einer historischen „Interpretationskategorie"[52] erneut nutzbar zu machen ist, bei gleichzeitiger Vermeidung eines überholten Evolutionismus, der, wie das Wort lehrt, eben ein falsch verstandener und mißbräuchlich angewandter, unhistorischer Entwicklungsgedanke ist.

III

Im folgenden möchte ich in gegliederter Form eine Reihe von Aspekten, die sich mir aus den bisherigen Darlegungen für die Religionswissenschaft ergeben, zur Diskussion stellen.

---

[47] AaO., 103; Zur Theorie u. Philos. d. Gesch., 79; „Was sich historisch entwickelt, sind immer nur Individualitäten, und nur durch Entwicklung offenbaren sie sich", mit Verweis auf *H. Rickert*, Probleme der Geschichtsphilosophie³, 47 („Historische Entwicklungen sind nichts anderes als historische Individualitäten in ihrem Werden und Wachsen aufgefaßt"). Vgl. auch *W. Wieland* (RGG ³II, 512): „Jeder Entwicklungsträger ist eine Individualität (im streng historischen Sinn), und umgekehrt kann jede historische Individualität dadurch definiert werden, daß sie einer Entwicklung unterworfen ist."
[48] AaO., 105.
[49] AaO., 106.
[50] AaO., 107. Dies ist auch gewissermaßen das Anliegen von *N. Hartmann* (vgl. aaO., 98 f, 119 ff).
[51] AaO., 111.
[52] *Wieland*, RGG ³II, 510.

1. Die Religionen sind historische Erscheinungen, wenigstens primär für den Religionshistoriker. Für diesen steht demnach fest, daß er es nur mit Religionen zu tun hat, nicht mit *der* Religion: denn das ist ein Abstraktum, das er in der Geschichte als solches nicht vorfinden kann.[53] Dieses Abstraktum „Religion" ist, wie jedes Abstraktum, ein ahistorisches Phänomen, das der Philosophie oder Theologie zur Untersuchung überlassen bleibt; es kann dergestalt als (richtiges oder falsches) Bewußtseinsphänomen bzw. als Geistesprodukt, als Offenbarungs- oder als „heilsgeschichtliches" Phänomen interpretiert werden.

2. Hat es der Religionshistoriker nur mit Religionen zu tun, so bedeutet das zugleich, daß er dieselben nur in enger Verflochtenheit mit der allgemeinen Geschichte der jeweiligen Kultur bzw. des jeweiligen Volkes oder Stammes vorfindet und sie nur sachgerecht in diesem Zusammenhang erforschen und darstellen kann. Religionsgeschichte kann ernsthaft nur mit Rücksicht auf Kultur-, Sozial-, Wirtschafts- und politische Geschichte, ja auch Sprachgeschichte betrieben werden, anderenfalls würde das zu gefährlichen Einseitigkeiten und Verzeichnungen führen. Ja, der Religionshistoriker beraubt sich eines wichtigen Mittels des Verstehens und der Erklärung, wenn er auf diese Schwesterdisziplinen keine Rücksicht nimmt. Zwar wird dadurch die Arbeit umfangreicher und komplizierter, aber die Ergebnisse werden präziser und reichhaltiger. Ein Religionshistoriker, der die Verflochtenheit seines Untersuchungsgegenstandes nicht zur Kenntnis nimmt, vergibt sich die Möglichkeit, seinem Gegenstand gerecht zu werden; er wird unweigerlich zum Ahistoriker! Was Fr. Meinecke als Lebenszusammenhang bezeichnet, möchte ich auf diesen Kulturzusammenhang beziehen, von dem die jeweilige Religion ein Teil ist.[54] Es ist z. B. heute nicht mehr

---

[53] Vgl. bereits Kairos 9 (1967), 32 f. (s.o. S. 204.). Das hat auch Mensching in seinen späteren Arbeiten anerkannt (vgl. Die Religion, 20, 288): „Religion an sich gibt es in der Ebene der Geschichte nicht." Daher trägt die Frage nach einer Entwicklung der Religion „deutlich abstrakt spekulativen Charakter" (288).

[54] Das hat schon *A. von Harnack* klar erkannt und daraus seine Kritik an der „Allgemeinen Religionsgeschichte" überhaupt abgeleitet; s. Die Aufgabe der theologischen Fakultäten und die allgemeine Religionsgeschichte, Gießen 1901; ders., Reden und Aufsätze, II., 1904, 159 ff; von mir besprochen und zitiert in Kairos 9 (1967), 24 ff. (s.o. S. 6ff.). „Die Geschichte der Religion, der Rechtsgelehrsamkeit, der Philosophie, der Künste und schönen Wissenschaften ist auf sichere Weise von der Staatsgeschichte unzertrennlich..." schrieb *J. Möser* 1768 in der Osnabrückischen Geschichte (6, XXI, nach *Meinecke*, Historismus, 329).

möglich, Dogmengeschichte ohne Rücksicht auf die Politik zu treiben; man hat geradezu von „Dogmenpolitik" gesprochen.

2.1. In diesem Zusammenhang *entwickelt* sich nun auch die jeweilige Religion, d. h. sie nimmt teil an der allgemein-geschichtlichen Bewegung, Lebendigkeit, Dynamik.[55] Dabei spielt sich das auf unterschiedlichen Ebenen der gesellschaftlichen Strukturale ab: etwa auf der „Massenebene" oder den unteren Volksschichten, der „Eliteebene", dem Königshof usw. Die Klassen- und Standesstruktur ist für die religionsgeschichtliche Entwicklung von besonderem Einfluß, ja ein wichtiges Movens. Dies läßt sich für jedes historische Religionsgebilde belegen (bes. gut bei den alten Volksreligionen) und ist dem Kenner einiger von ihnen sofort gegenwärtig, weshalb ich mir Beispiele schenken kann. Dies bedeutet keine Einebnung der Religion, sondern eine *Einfügung* in den Gesamtablauf, in dem die Religion einen selbständigen Faden, verflochten mit den anderen Fäden darstellt. Daher kann es durchaus sein, daß dieser Faden eine hervortretende Rolle spielt, die die Entwicklung beeinflußt, aber auch hier ist sie an ihren Hinter- und Untergrund gebunden, der sie mitprägt.[56]

---

[55] Dafür kann die *Kategorie der Wechselwirkung* herangezogen werden, die N. *Hartmann*, aaO., 90, als „das Gegenteil einer hybriden Kategorie" bezeichnet. „Ihr reicher Problemgehalt ist wohl überhaupt erst in der Analyse des 'dynamischen Gefüges' und seiner ihm eigenen Determinationsformen ans Licht gekommen" (ebda mit Verweis auf „Philosophie der Natur", Kap. 36a, b und 38b). Diesen Gedanken der Wechselwirkung hatten schon Herder und Goethe konzipiert (vgl. *Meinecke*, Historismus, 428 f, 459, 542 f). Es ist hier auch an G. *van der Leeuw* zu erinnern, der in seinem angef. Artikel in der RGG ²IV, Sp. 1876 f, ausdrücklich den dynamischen Charakter des Entwicklungsgedankens betonte, der die „Welt der Religion" nicht zu einer statischen mache; Für ihn besteht die wichtigste Einsicht, die dieser Gedanke auch der Religionswissenschaft vermittelt, darin, „daß die Menschheit sich bewegt und nicht tote Dinge uns umgeben, sondern ein lebendiges Ganzes—daß Geschichte nicht eine Reihe von Tatsachen ist, sondern ein lebender Strom ..." (1877).

[56] „Eine Kultur läuft nicht als ein geschlossenes Ganzes ab", bemerkt *Mühl--mann*, „sondern ihre einzelnen Sphären, Technik, Wirtschaft, Recht, Kunst, Religion usw. weisen verschiedene Tempi der Veränderungen auf" (aaO., 124). Dasselbe erkennt auch Mensching an, wenn er die religionsgeschichtlichen Wandlungen mit dem Wandel des Existenzverständnisses oder des Bewußtseins usw. verknüpft, die phaseologisch unterschiedlich verlaufen (RGG ³V, Sp. 967 f.; Die Religion, 301 f). Es fragt sich nur, was alles zu ihren Ursachen gehört. Zur Frage der „Volksreligion" i. e. S. gibt es mehrere Arbeiten, die darauf Antworten suchen: P.H. Vrijhof/J.J. Waardenburg (Hrsg.), Official and Popular Religion, The Hague 1979; O. Petterson, Der Begriff „Volksreligion", ein religionsgeschichtliches Problem, in: Ethnologia Europaea 4 (1970), 62–66; H. Biezais, Religion des Volkes und Religion der Gelehrten, in: H.P. Duerr (Hrsg.), Der Wissenschaftler und das Irrationale, Frankfurt/M. 1981, Bd. 1, 565–600; M. Eliade, History of Religious and 'Popular' Cultures, in: Hist. of Rel. 20 (1980), 1–26.

2.2. Die Entwicklung der einzelnen Religion ist also jeweils von der Entwicklung der zu ihr gehörenden Gesamtkultur abhängig, d. h., es ist kaum möglich, eigenständige religionsgeschichtliche Perioden festzulegen. Die Periodisierung der jeweiligen Religionsgeschichte ist ohne Rücksicht auf die allgemein geschichtliche Periodisierung nicht möglich. Man kann es tun und hat es oft getan, aber zum Schaden der Sache und des Ansehens der Religionswissenschaft. Schon ein einigermaßen verständnisvoller Blick auf die Periodisierung einzelner „Religionsgeschichten" lehrt, daß sie nicht ohne Rücksicht auf die Periodisierung des allgemeinen Geschichtsablaufes aufgestellt worden ist (vgl. z. B. Islam, Buddhismus, Christentum).[57]

2.3. Im beschränkten Rahmen gibt es eigenständige religionsgeschichtliche Entwicklungen, z. B. wenn es sich um kleinere religiöse Gebilde (z. B. Sekten) handelt, die keine enge Beziehung zur dominanten Entwicklung der Gesamtkultur haben.

2.4. Es gibt „Stadien"[58]—ich behalte dieses Wort einmal bei—die bei einzelnen Religionen in ähnlicher oder paralleler Weise auftreten bzw. nachweisbar sind. Solche „Stadien" oder „Perioden" sind etwa solche, die *Frick* zusammengestellt hat, allerdings ohne viel Rücksicht auf die allgemeinen Zusammenhänge zu nehmen, mit denen sie verbunden sind, und zu einseitig an den „Weltreligionen" orientiert.[59] Teilweise sind sie schon bei Tiele zu finden, der sie als eine Art sozialpsycholo-gischer Gesetze ansieht.[60] Sie sind in erster Linie bei den Stifterreligionen anzutreffen: die Anfangsstadien, die einer Religion typischen Merkmale, ihren Habitus, wie sie W. *Baetke* genannt hat,[61] geben,

---

[57] Vgl. dazu oben Anm. 18.
[58] Es scheint mir besser als 'Stufen', die den Gedanken einer aufwärtsführenden Leiter oder Treppe implizieren und damit einen teleologischen Prozeß vortäuschen. Unter Stadium ist ein historisch feststellbarer und abgrenzbarer Bereich in einer ebenfallls historisch nachweisbaren oder rekonstruierbaren (mehr oder weniger hypothetischen!) Aufeinanderfolge (Sequenz) zu verstehen. Erwägenswert wäre auch die Anwendung des Begriffes „Phase"; zu „Phasenverschiebung" vgl. *R. Schott*, aaO., 116; *Mühlmann*, aaO., 124 f. Alle diese Ausdrücke sind Mittel, das historische „heterogene Kontinuum" (Rickert) zu beschreiben.
[59] Vgl. Rel.wiss., 37 ff; *Mensching*, Die Religion, 307 ff und 321 ff (hier werden noch typische „Spannungen", wie Tradition-Neuschöpfung, Form-Geist usw. angeführt). Vgl. zur Kritik *W. Baetke*, Aufgabe und Struktur, 214 mit A. 1.
[60] Grundzüge, 26 ff. Das geht natürlich zu weit. Es handelt sich um gewisse „typische Abläufe" oder „Gleichläufe", die auf der Grundlage ähnlicher Voraussetzungen und Situationen erfolgen (vgl. *Mühlmann*, 120 f anläßlich der Diskussion von Diffussion und Parallelismus).

die in der weiteren Entwicklung erhalten bleiben und sie von anderen Religionen unterscheiden (Stadium der Stiftung und Konsolidation). Dann die durch „Ausbreitung" verursachte Anpassung (Assimilation), Substitition (z. B. die *Interpretatio* fremder Götternamen) oder „Isolierung"; dann Deformationen und „Verkrustungen", denen Revolutionen und Reformationen folgen können; es kann zu Häresien und Schismen kommen; schließlich zu Säkularisierung und Untergang, beides nicht gleichmäßig untersuchte Erscheinungen.[62] Untergang kann aber auch Metamorphose bedeuten (z. B. diejenigen von einem Götterkult in einen Heiligenkult und umgekehrt).[63] Ein wichtiges Phänomen ist das „Werden" einer Religion zur „Buchreligion", wie es verschiedentlich zu beobachten ist; es hängt mit dem Übergang einer schriftlosen Kultur zu einer Schriftkultur zusammen.[64]

---

[61] Aufgabe, 215. In übertragenem Sinne könnte man dafür auch den Begriff „Anlage" (vgl. Hartmann, aaO., 4; oben Anm. 37) in Anspruch nehmen, doch ist das aus den besagten Gründen, den biologischen Ambitionen, zu vermeiden.

[62] Es sei hier auf die Versuche A. *Gehlens* verwiesen, in der Phase einer „Spätkultur" bestimmte Kategorien festzustellen, die auch für die Religionsgeschichte anwendbar sind: „Abwechslung innerhalb eines stationären Gesamtzusammenhangs", „stationäre Bewegungen", „Kristallisation" („gemeint ist etwas wie Fossilierung im Modus der Beweglichkeit"), „Primitivisierung" und „Sim-plifizierung", beide als Modi des Dauerns. Vgl. die kurze Zusammenfassung „Über kulturelle Evolutionen", in: Die Philosophie und die Frage nach dem Fortschritt, München 1964, 202 ff, bes. 213–217. Der schon mehrfach erwähnte Sammelband enthält auch mehrere Stimmen zur Säkularisierungsdebatte (221–265 mit Diskussion 333 ff). *L. Shiner* stellt fünf Formen der Säkularisation heute fest [The Meaning of Secularization, Int. Jb. f. Religionssoz. 3 (1967), 51–62]: Verfall von Religion, Konformität mit der Welt, Entsakralisierung der Welt, Absonderung der Gesellschaft von der Religion (Differenzierung des weltlichen Bereiches), Übertragung religiöser Glaubensinhalte und Verhaltensmuster auf die „weltliche Sphäre" (z. B. Webers berühmte These von der Entstehung des Kapitalismus).

[63] Vgl. etwa *J. Leipoldt,* Von Epidauros bis Lourdes, Leipzig 1957; *R. Kriss-H. Kriss-Heinrich,* Volksglaube im Bereich des Islam, I., Wiesbaden 1960.
Auf Entwicklungsphasen und Metamorphosen in der Geschichte des Islams" geht *R. Paret* in: Arabic and Islamic Studies in Honor of Hamilton A. R. Gibb, ed. by G. Makdisi, Leiden 1965, 525–37, ein. Danach sind im Islam drei Metamorphosen festzustellen: eine allgemeine in Gestalt der „Verwandlung" des Islams aus einer „Nationalreligion" in eine „Weltreligion" (abgeschlossen zu Beginn der Abbasidenzeit), eine partielle in Form der Schi'a und eine in statu nascendi, nämlich die durch die moderne sukzessive Abbauung der Gültigkeit des islam. Rechts hervorgerufene, theologisch noch nicht bewältigte Krise. Als unvermeidbare „geradlinige Entwicklung" sieht Paret das Werden der prophetischen Botschaft zu einem Glaubens– und Rechtssystem, wie es für „jede prophetische Verkündigung, die über ihre eigene Zeit hinaus wirksam bleibt", zutrifft (532). Das letztere hat geradezu gesetzmäßige Natur.

[64] Vgl. dazu *S. Morenz,* Entstehung und Wesen der Buchreligion, ThLZ 75 (1950), 709–716; *J. Leipoldt-S. Morenz,* Heilige Schriften, Leipzig 1953; *Morenz,*

2.5. Als bestimmende „Triebkräfte" sind bei einer religionsgeschichtlichen Entwicklung vor allem zwei Elemente wirksam: der „Habitus" einer Religion (greifbar in der schriftlichen oder mündlichen heiligen Überlieferung), der die Anhänger einer Religion zur Ausgestaltung und Weiterführung im Zusammenhang der allgemeinen geschichtlichen Entwicklung treibt, und die eben genannte allgemeine Entwicklung, die allerdings schon für den „Habitus" von Bedeutung ist, wie auch umgekehrt der religiöse Habitus die Kultur prägen kann. Religiöse Ideen wandeln nicht als Gespenster durch die Geschichte, sondern in den Köpfen der Menschen werden sie zu Kräften, die ihr Handeln bestimmen, aber unter Rücksicht auf die Bedürfnisse der Umwelt, der Kultur, der Politik usw.[65] Hier entspringt auch das Problem von Glaube und Handeln, von religiöser Lehre und Praxis, das den Religionshistoriker ebenso beschäftigt wie den Theologen.

3. Es gibt weiterhin nicht nur eine Entwicklung der Religionen im Zusammenhang ihrer Kultur und Umwelt, sondern auch eine Entwicklung einzelner religiöser Formen und Lehren. Hier hat die Phänomenologie viel erarbeitet, aber vielfach auf ahistorische Weise, wie die Werke von G. van der Leeuw und M. Eliade lehren. Die Gefahr der phänomenologischen Methode gibt sich vor allem dadurch deutlich kund, daß sie die Geschichte auszuklammern sucht, um die „Phänomene" als eine Art Destillat oder Präparat vor sich zu haben. Die phänomenologische „Einklammerung", die für die Bewußtseinsphänomene i. S. Husserls möglich ist, ist m. E. für die Geschichtswissenschaft ein *protos pseudos*, eine Art erster Sündenfall; doch will ich dieses Problem hier auf sich beruhen lassen. Auch die religiösen 'Phänomene' sind ohne den Lebenszusammenhang nicht verstehbar, ja sie sind überhaupt nur von daher verstehbar und nicht von ihrer mehr oder weniger entsprechenden Parallele in einer anderen

---

Gott und Mensch im Alten Ägypten, Leipzig 1965, 19 ff. Ferner: *F. F. Bruce* and *E. G. Rupp* (Ed.), Holy Book and Holy Tradition, Manchester 1968; F. M. Denny and R. L. Taylor (Ed.), The Holy Book in Comparative Perspective, Columbia (South Carolina) 1985. Für die iranischen Religionen vgl. *G. Widengren*, Die Religionen Irans, Stuttgart 1965, 197 ff, 245 ff

[65] Vgl. außer *Marx-Engels* (bes. in der „Deutschen Ideologie", Berlin 1953, 126 u. ö.) z. B. auch *E. Brandenburg*, 23: Entwicklungsträger ist der Mensch, nicht der Begriff, „und zwar der Mensch als Mitglied einer besonderen Gruppe; denn nur innerhalb einer solchen werden jene menschlichen Leistungen, die man als Kulturgüter oder Kulturerzeugnisse bezeichnet, möglich."

religionsgeschichtlichen Überlieferung; schon gar nicht aus einem allgemeinen Räsonnement.[66]

3.1. Diese 'Phänomene', etwa Mythos, Kult, Götterlehre, Priester, haben daher auch keine selbständige Entwicklung, d. h. vom Zu-sammenhang gelöste, sondern sind abhängig von den Be-dingungen, mit denen sie verflochten sind; etwa der Mythos oder Kult eines Gottes vom Habitus der Religion und der geschichtlichen Umwelt und ihrer Entwicklung.

3.2 Es gibt eine relative Selbständigkeit in der Entwicklung solcher 'Phänomene', und zwar auf verschiedenen Ebenen, die es erlauben, eine solche Entwicklungsgeschichte zu schreiben (z. B. eines Götterkultes).[67] Doch ist hierbei oft die Grenze überschritten worden, wie etwa in den Untersuchungen G. Dumézils und der „Myth-and-Ritual-School". Bei beiden Richtungen hat der strukturalistische Ansatz, der als solcher fruchtbar sein kann, die Geschichte verdrängt. Die Synchronie wurde der Diachronie zum Verhängnis! Die Diachronie wurde häufig dadurch zu einer Pseudogeschichte. Die Abhebung eines religiösen 'Phänomens' von seinem Wurzelboden und die Konstruktion ihrer „Geschichte", die eine Geschichte zweiter Ordnung oder eben eine Pseudogeschichte in Form eines abstrakten Pattern, eines Schemas, einer Idee usw. wurde, verläßt die historische Wirklichkeit. In anderer Weise hat *S. Morenz* die ägyptische Religionsge- schichte unter das Zentralthema der „Heraufkunft des transzendenten Gottes" gestellt, wobei allerdings die historischen Konturen nicht verwischt worden sind, sondern sehr deutlich gemacht werden (das Absinken der göttlichen Macht im König, durch ge-schichtliche Ereignisse eingeleitet, führt immer mehr zur Kon-zipierung eines transzendenten Gottesbegriffs).[68]

---

[66] Vgl. die Kritik von *Th. P. van Baaren,* Inleiding tot de Systematische Godsdienstwetenschap (vervielfältigtes Exemplar 1969) 11 f; Ned. Theol. Tijdschr. 24 (1970), 81 f. „Kritik an der phänomenologischen Methode auf Grund des individuell-schöpferischen Charakters der historischen Erscheinungen" hat auch *P. Tillich* verschiedentlich vorgetragen (s. Frühe Hauptwerke = Ges. Werke I, Stuttgart 1959, 133 f, 237, 309 f, 311). Die Gefahren der Typologie zeigt *N. Hartmann,* aaO., 105 ff sehr klar auf.

[67] „Ein Stück Entwickelung antiken Götterglaubens" behandelt z. B. auch *A. Bertholet,* Götterspaltung und Göttervereinigung, Tübingen 1933 (Slg. gemeinverst. Vortr. 164).

[68] *S. Morenz,* Die Heraufkunft des transzendenten Gottes in Ägypten, Berlin 1964 (SB Sächs. Akad. d. Wiss. Leipzig, Philol.–hist. Kl. 109:2); *ders.,* ThLZ 90 (1965), 669 ff; *ders.,* Gott und Mensch im alten Ägypten, 40 ff. Kritisch: *J. Zandee,* ThLZ 91 (1966), 261 ff. Etwas ungeschützt ist hierbei die Verwendung des Begriffes 'Gott'. S. Morenz hat in der Diskussion über das Verhältnis von Dia–

3.3. Das Fortwirken oder Fortleben eines religiösen Sachverhalts ist möglich im Rahmen einer Tradition oder durch Neuaufnahme in die Tradition, die dann deren Sachverhalte erneut formt. So ist z. B. die Vorstellung von der Himmelsreise, wie C. *Colpe* gezeigt hat, eben in ihrer Bedeutung und in ihrem Sinne abhängig, in welchem Zusammenhang sie eingebettet und übernommen ist.[69] Auch hier ist deutlich festzustellen, wie der religiöse Sachverhalt von der allgemeinen Entwicklung der Kultur abhängig bzw. beeinflußt ist: die „Himmelfahrt der Seele" im Hellenismus ist eben etwas anderes als die im Schamanismus und seiner Ekstasetechnik. Auch wenn die Techniken (für Ekstase) bleiben, so kann doch der Inhalt und die Vorstellung, die damit verbunden sind, von Kultur zu Kultur bzw. von Religion zu Religion wechseln.

3.4. Man muß die Entwicklung religiöser Sachverhalte in einer Religion von der in mehreren Religionen unterscheiden. Im angegebenen Beispiel der Himmelfahrt der Seele kann ihre Entwicklung in einer Kultur und einer Religion verfolgt werden (z. B. bei den Griechen und der Gnosis), aber auch, und Colpe hat es kurz getan, *Eliade* ausführlicher, in mehreren Religionen,[70] wobei die verschiedenen Umweltfaktoren das Entwicklungsbild prägen.

4. Wie steht es nun, um die Frage noch einmal zu stellen, mit der Entwicklung *der* Religion? Ich habe gesagt, daß diese Entwicklung nur philosophisch oder theologisch beschreibbar ist, wie etwa bei *Rudolf Otto*: „Wer Geistesgeschichte will, muß qualifizierten Geist wollen; wer Religionsgeschichte meint, meint Geschichte eines für Religion qualifizierten Geistes."[71] Wie

---

und Synchronie folgendes bemerkt: Strukturale Forschung kann als solche nur fruchtbar sein, wenn sie Fühlung mit der Geschichte behält. Sehr anschaulich läßt sich das durch ein Koordinatenkreuz darstellen, dessen Senkrechte die Phänomenologie bedeutet, die Waagerechte die Geschichte; die Phänomene, die in den Feldern liegend vorgestellt werden müssen, sind zuerst auf die 'historische Koordinate' zu beziehen, dann auf die phänomenologische-strukturale.

[69] Die „Himmelsreise der Seele" als philosophie- und religionsgeschichtliches Problem, in: Festschrift für Joseph Klein zum 70. Geburtstag. Hrsg. v. E. Fries, Göttingen 1967, 85-104. Ein anderes derartiges Phänomen untersuchten S. *Morenz* u. *J. Schubert*, Der Gott auf der Blume. Eine ägyptische Kosmogonie und ihre weltweite Bildwirkung, Ascona 1954 (Artibus Asiae Suppl. 12).
[70] Schamanismus und archaische Ekstasetechnik, Zürich 1957.
[71] Das Heilige[36], 196; vgl. dazu oben Anm. 25!

ebenfalls schon bemerkt, ist uns dieser „innere Gang" des Abstraktums Religion nicht verfügbar, zummindest nicht historisch.[72]

4.1. Es läßt sich nur in einer Religion die Entwicklung des religiösen Bewußtseins anhand seiner Manifestationen in Lehre und Theologie (z. B. hinsichtlich der Gottesidee) ablesen.

4.2. Weiterhin lassen sich in einer Kultur, die mehrere Religionen hervorgebracht hat bzw. ihr eigen nennt, Entwicklungen in deren gegenseitigen Beziehungen aufzeigen, die zu einer Gemeinsamkeit geführt haben (z. B. im Hellenismus). Eine solche Entwicklung ist auch im größeren Rahmen rekonstruierbar, wie etwa im vorderorientalisch-europäischen Raum gegenüber dem fernöstlich-indischen. So sind das Judentum, Christentum und der Islam ohne die religionsgeschichtliche Entwicklung im Vorderen Orient nicht begreifbar, wie andererseits der Buddhismus nicht ohne die religiöse Entwicklung im alten Indien und Ostasien.

4.3. Bei einer solchen Betrachtung ist nicht vom Fortschreiten im wertenden Sinne zu sprechen. Die Annahme eines Telos der religionsgeschichtlichen Entwicklung im Christentum ist ein reines theologisches Urteil und wird von einem anderen Standpunkt bestritten (z. B. von einem Muslim, der als höchste Stufe des Monotheismus eben seine Religion ansehen wird).[73] Übrigens sind auch im europäisch-christlichen Raum unterschiedliche Stellungnahmen dazu erfolgt; während z. B. *E. Troeltsch* die christliche Gottesidee für den vorläufigen Höhepunkt der religiösen Entwicklung hält, hat das genaue Gegenteil *Nietzsche* gesagt.[74] Für den Religionshistoriker bleibt es daher dabei, daß

---

[72] Vgl. auch *Baetke*, Aufgabe, 213: „Eine Geschichte 'der Religion' läßt sich auf diese Weise nicht gewinnen. Von ihr kann man sinnvoll überhaupt nur reden, wenn man die Geschichte meint, die aus den geschichtlichen Beziehungen der einzelnen Religionen zueinander erwachsen ist." Bei der Anwendung des Entwicklungsbegriffs in diesem Zusammenhang besteht außerdem immer die Gefahr, daß der Entwicklungsträger als „beharrende Substanz" verstanden wird im Unterschied zu den sich wandelnden Eigenschaften. Der Entwicklungsbegriff ist aber historisch nur sinnvoll, wenn er sich auf „Substanz" und „Eigenschaften" erstreckt (so *W. Wieland*, RGG ³II, 512).

[73] Es sei hier noch einmal an die glänzende Kritik des „teleologischen Denkens" durch *N. Hartmann* erinnert.

[74] „Der christliche Gottesbegriff — Gott als Krankengott, Gott als Spinne, Gott als Geist — ist einer der korruptesten Gottesbegriffe, die auf Erden erreicht worden sind. Er stellt vielleicht selbst den Pegel des Tiefstandes in der absteigenden Entwicklung des Götter-Typus dar" (Antichrist Nr. 18, Werke in drei Bänden, hrsg. von K. Schlechta, II., 1178).

er sich derartiger Wertungen enthält. Für ihn gibt es einen relativen „Fortschritt", ebenso wie Rückentwicklungen. Mensching bestreitet zwar, daß es eine Höherentwicklung im Sinne einer „Verbesserung" in einer Religion gibt; man könne nur von einer „Entartung" sprechen.[75] Ich glaube, daß dies ein Vorurteil ist, das durch einseitige Orientierung an den Weltreligionen entstand. Es gibt „Vervollkommnung" oder Weiterentwicklung i. S. eines Fortschreitens, einer Anagenesis, in einer Religion.[76] Allerdings ist bei einer wertbezogenen Auffassung das Kriterium dafür Ansichtssache und historisch nicht weiter verifizierbar. Es ist außerdem im nachhinein festgestellt. Die Entwicklung der Gottesidee in Ägypten und in Israel führte in einem bestimmten Stadium zu einer Vergeistigung und Transzendentalisierung.[77] Das ist historisches Faktum und ein objektiv nachweisbarer „Fortgang". Ist das ein wertbezogener Fortschritt? Für uns moderne Christen ja, ob für einen Polytheisten, ist schwer zu sagen. Man sieht also, wie schwierig es ist, einen allgemein gültigen Maßstab zu finden für die Beurteilung derartiger „Entwicklungen".

---

[75] Vgl. Rel.wiss.², 166; auch *Tiele-Söderblom,* Kompendium d. Religionsgeschichte⁶, 6, sprechen von „Entartung" oder „Fortschritt". G. van der Leeuw lehnt den Aufstiegs– und Fortschrittsbegriff mehr aus theologischen Gründen ab, da er dem „einmaligen und absoluten Charakter des religiösen Erlebnisses", dem Offenbarungserlebnis widerspricht; alle religiösen Anschauungen stehen unmittelbar zu Gott (s. u. S. 118).
[76] „Natürlich gibt es auch in der Religion eine Entwicklung von niederen zu höheren Formen. Aber auch in ihr gibt es verschiedene Arten und Entwicklungstendenzen" (*W. Baetke,* Aufgabe, 213). Über den „Fortschrittsbegriff" hat *M. Weber* maßgebend gehandelt in seinem Aufsatz: Der Sinn der „Wertfreiheit" der soziologischen und ökonomischen Wissenschaften, abgedruckt in: Gesammelte Aufsätze zur Wissenschaftslehre, hrsg. von J. Wickelmann, Tübingen ³1968, 489–540, bes. 518–527. Man muß unterscheiden: „Fortschritt" als objektivhistorische (soziologische) Kategorie (orientiert am zweckvollen Handeln und Denken) und „Fortschritt" als wertbezogener Begriff. Vgl. auch *Mühlmann,* Entwicklung u. Geschichte, 110 f. Das deutsche Wort „Fortschritt" wurde zuerst 1751 von C. M. Wieland für das franz. progrés gebraucht (*D. Heyde,* Die Philosophie u. d. Frage nach dem Fortschritt, 332). Es wäre für die Sache gut, wenn sich für die objektive ‚Fortschritts'-Kategorie das schon von Herder verwendete Wort „*Fortgang*" (Prozeß) einbürgerte, zum Unterschied von dem wertbezogenen, vielfach noch emotional bedingten ‚*Fortschritt*' (Progreß); s. o. Anm. 41. Der alte Goethe hat die Bezeichnung „Steigerung" dem des „Fortschreitens" vorgezogen (*Meinecke,* aaO., 569).
[77] Ich denke an den universalen Gottesbegriff der großen Propheten und seine Transzendentalisierung im Frühjudentum; in Ägypten an die „Verkündigung des Jati („Aton")-Glaubens" unter Amenophis IV. (Achanjati/Echnaton) im 14. Jh. v. Chr. und die sukzessive Herausbildung einer transzendenten (übermenschlichen) Gottesvorstellung. Vgl. auch für den indischen Raum: *H. Jacobi,* Die Entwicklung der Gottesidee bei den Indern, Bonn-Leipzig 1923. Das Problem verdient in größerem Zusammenhang untersucht zu werden.

Historisch gesehen ist ein solcher Vorgang, der eine Weiterführung, ja eine Vervollkommnung vorausgehender Vorstellungen und des religiösen Habitus beinhaltet, beschreibbar (an Hand von Dokumenten und Inschriften), eine Wertung dieses Vorgangs bleibt jedoch im Bereich des Subjektiven, des jeweiligen Standpunktes (der natürlich ebenfalls historisch bestimmt ist). Glaubensurteile sind keine wissenschaftlichen oder historischen Urteile und scheiden daher für die Religionswissenschaft aus, es sei denn als Objekte ihrer Untersuchungen.

4.4. „Die allgemeine Religionsgeschichte versucht", sagt Frick, „—in Analogie zur allgemeinen Geschichte der Menschheit—aus den Einzelabläufen historischer Religionen ein Bild von dem allgemeinen Werdegang des religiösen Lebens der Menschheit seit grauer Vorzeit zu gewinnen. Das geht natürlich nicht ohne eine kühne, ans Künstlerische streifende, fast dichterische Zusammenschau der Jahrtausende".[78] Frick will nur dafür den Begriff „Entwicklung" gebrauchen, da es sich darum handelt, „in das vom Entwicklungsbegriff beherrschte moderne Weltbild auch das religiöse Leben der Menschheit einzubauen". Das Anliegen ist berechtigt und führt uns zu einem abschließenden Schritt: Der Einbau der Religion im historischen Verstande in eine Weltges-

---

[78] Vgl. Religionswiss., 60. Aufs Ganze gesehen läßt sich, worauf *Mensching*, Die Religion, 80 f, verweist, in der Religionsgeschichte ein Trend von der Fülle der Stammes- und Volksreligionen zu wenigen Welt- und Großreligionen feststellen, was gleichbedeutend ist mit einer Zunahme des „Typenreichtums, jedoch innerhalb einer abnehmenden Zahl von Religionen" (81). Man könnte fast sagen, daß der Verlust der Vielzahl der Einzelreligionen durch eine Zunahme von Einzeltypen wettgemacht wird; es ist eine Art Konstante der Vielgestaltigkeit in der religiösen Welt, die natürlich ihre historischen Wurzeln hat. Von hier aus ist auch eine Prognose auf die Bildung *einer* Weltreligion gegeben (s. u. S. 154f.). Die jüngste Darstellung einer religiosen Weltgeschichte legte bekanntlich M. Éliade in seiner mehrbändigen „Geschichte der religiösen Ideen" (1976 bzw. 1978–1990). Sie ist orientiert an historischen und religionsphänomenologischen Daten. Dahinter verbirgt sich eine Verbindung von Gedanken des 19. Jh.s (Tylor: Ideengeschichte) mit der modernen Skepsis gegen „die Religion"; an die Stelle der letzteren treten die „religiösen Ideen" u. Ideenkomplexe, religiöse Sachverhalte im weiteren Sinne, d.h. dominante Züge religiöser Vorstellungswelt und Praxis, angefangen von ihrer vermutlichen Entstehung oder besser ihrem „ersten Auftreten" bis (in fast chronologischer Folge) zur Gegenwart, verborgen unter vielfaltigen Strömungen (z.B der Theologie und Philosophie). Die gemachten Querschnitte zerlegen dabei natürlich die religiösen Zusammenhänge und erschweren die Einsicht in die Einheit dieser Vorgänge. Eliades Stufenschema ist eine Verschränkung von Geschichte (Chronologie) und Religionskulturen und -typen; eine „innere (religiöse!) Geschichte" wird auch damit nicht sichtbar oder gar demonstriert. Vgl. auch unten S. 382ff. zu Eliade als „Religionshistoriker".

chichte. Auch hierbei gilt es, einen alten Fehler zu vermeiden: die Entwicklungsstufen in einer rein auf die religiöse Entwicklung bezogenen Weise festzustellen. Die ältere Religionswissenschaft stand hier bekanntlich in enger Abhängigkeit von der Ethnologie und dem Positivismus, wie die einflußreiche „Entwicklungsreihe": Fetischismus, Animismus, Polytheismus, Monotheismus lehrt,[79] oder diejenige, die gar vom Atheismus über den Fetischismus usw. zum Monotheismus läuft. Während die Ethnologie sich weitgehend von derartigen Theorien und Evolutionismen befreit hat, sind sie in der Religionswissenschaft noch lange wirksam gewesen. Heutzutage werden diese Bezeichnungen nur noch als Phänomenbeschreibungen geduldet, ohne sie in eine historische, abfolgende Entwicklungslinie zu stellen.[80]

---

[79] Ein einprägsames Beispiel findet sich bei *M. Bakunin* in seinem großen Dokument „Gott und Staat" von 1871: „So entwickelte sich der gemeinsame geschichtliche Wahnsinn, den man Religion nennt, vom Fetischismus, durch alle Grade des Polytheismus, bis zum christlichen Monotheismus" (*Michail Bakunin*, Philosophie der Tat. Eingel. u. hrsg. von R. Beer, Köln 1968, 182). Vorher heißt es: „Sobald einmal die übernatürliche, die göttliche Welt sich in der überlieferten Einbildung der Völker festgesetzt hatte, ging die Entwicklung der verschiedenen religiösen Systeme ihren natürlichen und logischen Lauf (!K. R.), immer übrigens der gleichzeitigen Entwicklung der wirtschaftlichen und politischen Beziehungen entsprechend, deren treue Wiedergabe und göttliche Weihe in der Welt der religiösen Phantasie sie stets war."

[80] Auch die marxistische Religionswissenschaft rückt von einigen alten evolutionistischen Schemata ab, wie ein Blick in das Philosophische Wörterbuch, hrsg. von *G. Klaus* und *M. Buhr*, Berlin [6] 1969 (2 Bde.), s. v. Religion, lehrt. Man lehnt die Theorien des Fetischismus, Animismus, Präanimismus und Urmonotheismus ab, setzt dafür an den Anfang in die Gentilgesellschaft Magie, Jagdzauber und Totemismus als „religiöse Frühformen", was natürlich auch nicht über die religionswissenschaftlichen Auffassungen des 19. Jhs. hinausführt, auch darin nicht, daß weiterhin eine Herausbildung sogen. „Naturreligionen" angenommen wird; neu ist nur die dritte Stufe, die „Geschichtsreligion". Eine ähnliche Einteilung fanden wir auch bei Mensching (s. o. Anm. 25)! Wesentlich vereinfachter liest sich der Art. „Religion" im „Kleinen Wörterbuch der marxistisch-leninistischen Philosophie" von *M. Buhr* u. *A. Kosing*, Berlin 1966: religiöse Frühformen in der Urgesellschaft (wie oben), polytheistische Stammes- und Volksreligionen, entwickelte Formen des Monotheismus. Demgegenüber hat der sowjetische Ethnologe *S. A. Tokarew*, Die Religion in der Geschichte der Völker, Berlin 1968 (russ. Religija w istoriji narodow mira, Moskwa 1964, [2] 1965) eine aus guter Kenntnis der Sache gewonnene Darstellung vorgelegt, die veraltete Schemata vermeidet und vor allem bei der Behandlung der schriftlosen Völker eine differenzierte Beschreibung bietet, ohne seine marxistische Grundkonzeption deswegen preiszugeben. Er unterscheidet „die Religion (!K. R.) in der Urgesellschaft und in der Übergangsperiode zur Klassengesellschaft" von den „Religionen (!) der Klassengesellschaft"; innerhalb dieser Bereiche folgt Tokarew geographischen, historisch-kulturellen oder sprachlichen Gruppierungen. Vgl. ob. Anm. 18!

5. Hat die Religionswissenschaft früher viele Anleihen bei der Völkerkunde gemacht, so sollte sie es auch heute wieder tun. Von ihr kann sie lernen, wie es möglich ist, die menschliche Entwicklung in einem Zusammenspiel von Wirtschafts-, Sozial- und Kulturgeschichte zu begreifen.[81] Ich bin überzeugt davon, daß nur unter Aufnahme dieser Forschungen und Ergebnisse auch eine sachgerechte religionsgeschichtliche Entwicklung im universalen Maßstab darstellbar ist. Aus diesem Grunde stelle ich folgende Entwicklungsstadien, die zugleich jeweils gesellschaftliche „Funktionsgefüge" (S. Morenz) und phänomenologische Einheiten (Morpheme) bilden, als derzeitiges idealtypisches Modell vor:[82]

1. Religion(en) der Sammler und Jäger (Wildbeuter)
2. Religion(en) der Pflanzer
3. Religion(en) der Viehzüchter
4. Religion(en) der Pflugbauern
} Stammesreligionen
5. Religion(en) der Hochkulturen

---

[81] Vorbild darin sind mir die Arbeiten von. R. Thurnwald, in erster Linie sein großes Werk über „Die menschliche Gesellschaft", bes. Band III u. IV (Berlin 1932, 1935; s. o. Anm. 12) und die letzte, zusammenfassende Darstellung: Des Menschengeistes Erwachen, Wachsen und Irren, Berlin 1951.

[82] Vgl. außer den gen. Arbeiten von R. Thurnwald vor allem K. Dittmer, Allgemeine Völkerkunde, Braunschweig 1954, 136–278; C. Meinhof, Die Religionen der Afrikaner in ihrem Zusammenhang mit dem Wirtschaftsleben, Oslo 1926 (Inst. f. Sammenl. Kulturforskning A III); F. Herrmann, Symbolik in den Religionen der Naturvölker, Stuttgart 1961 (Symbolik d. Religionen IX), 202 ff (Der Kult im Kulturwandel); A. E. Jensen, Das Weltbild einer frühen Kultur, Stuttgart 1948 (^{2}1966 unter dem Titel: Die getötete Gottheit; betr. das Weltbild der Pflanzerkultur); ders., Mythos und Kult bei Naturvölkern, Wiesbaden 1951, ^{2}1960, bes. 122 ff. 132 ff, 154 ff; eine zusammenfassende Darlegung bietet auch das Handbuch der Urgeschichte, hrsg. von K. J. Narr, I, Bern — München 1966, bes. 173 ff, 193 ff, 298 ff, 407 ff (von Narr, Haekel u. Schott); ferner G. Clark, Frühgeschichte der Menschheit, Stuttgart 1964 (engl. World Prehistory– an Outline, London 1960).—In der Diskussion dieses Teils meines Vortrages hat vor allem die einseitige Orientierung an den Wirtschaftsstufen Kritik ausgelöst. Es soll damit aber keine einseitige Dependenz zum Ausdruck gebracht werden; es handelt sich um Kulturstufen, die jeweils ein ‚Gefüge' (von S. Morenz bevorzugter Terminus) der verschiedenen Elemente (Wirtschaft, Gesellschaft, Religion, Kunst usw.) darstellen. Die Bezeichnungen, die aus der Wirtschaftswissenschaft und Ethnologie stammen, sind m. e. für eine Art Idealtyp-Feststellung (i. S. Webers) auch für die Religionswissenschaft ertragreich. Eine vorbildliche Untersuchung eines solchen Gefüges gab S. Morenz für Ägypten: Prestige-Wirtschaft im alten Ägypten, München 1969 (SB Bayr. Akad. Wiss. Phil.-hist. Kl. 1969: 4), unter Anknüpfung an Th. Veblens „Theorie der feinen Leute". — Die vom Vulgärmarxismus aufgebrachte Ansicht, daß die 'Wirtschaft' alles andere direkt bestimme bzw. bedinge, kann sich nicht auf Marx berufen, auch wenn einige seiner Ausführungen (und die von Engels) solches mitunter nahelegen sollten. Marx selbst treibt eher eine 'Tiefensoziologie' (G. Gurvitch), wie man

5.1 Die alten Volksreligionen
5.2 Kosmopolitische (oder: „ökumenische") Religionen[83]
6. Die Weltreligionen (Buddhismus, Christentum, Manichäismus, Islam).

5.2. Sicherlich wird hier mancherlei Kritik laut werden, weil man eine Neuauflage des überwundenen Evolutionismus wittert, aber das ist nach den vorausgehenden Ausführungen nicht der Fall. Ich sehe hier die Möglichkeit, eine religionsgeschichtliche Entwicklung im universalen Rahmen zu schreiben, die die folgenden Einseitigkeiten der älteren Versuche dieser Art überwindet: die Aufspaltung von Religion und Religionen als innen und außen, die einseitige Orientierung am Religiösen ohne Rücksicht auf seine Verflochtenheit mit der Gesamtgeschichte und die einlinige, evolutionistische Entwicklungsidee. Es soll damit keine Uniliniarität vertreten werden (nicht alle Religionen „durch-

---

heute sagen würde, nach der es in der Gesellschaft um ein komplexes Geflecht gegenseitiger Abhängigkeit geht, in der sich die einzelnen Teile indirekt und vermittelt bedingen. Vgl. *Guhr*, Karl Marx, 54 ff, 63 ff. „Im Gegenteil, Marx zog die geistige Sache stets in die Betrachtung ein, für ihn spielte sie eine erstrangige Rolle, aber eben nicht die erste, sondern die von den materiellen Bedingungen abgeleitete, deren Aktivitäten selbst auf die materielle Seite ausgerichtet sind. Überall wo der Mensch wirkt, wirkt er mittels seines Denkens und Handelns. Die Arbeit des Menschen zeichnet sich dadurch aus, daß der Mensch sich ihr Ergebnis in seinem Denken bereits vor dem eigentlichen Arbeitsvorgang und der Beendigung vorstellt (Kapital, I MEW 23, 193)" (ebda S. 55). Natürlich stellt für Marx und Engels die Ökonomie eine entscheidende Dominante dar, doch ist diese nach neueren Untersuchungen gleichfalls in das soziale Gefüge eingebettet und kann nicht isoliert (z. B. von der Sozial- und Ideenlage) betrachtet werden. Daß der Mensch und sein Denken von seiner Lebensweise geprägt werden, hat schon Herder mustergültig aufgewiesen; er überschreibt im 8. Buch seiner „Ideen" den 3. Abschnitt mit der These: „Der praktische Verstand des Menschengeschlechts ist allenthalben unter Bedürfnissen der Lebensweise erwachsen; allenthalben aber ist er eine Blüte des Genius der Völker, ein Sohn der Tradition und Gewohnheit" (hrsg. von H. Stolpe, Berlin 1965, I., 301 ff); der 4. Abschnitt lautet: „Die Empfindungen und Triebe der Menschen sind allenthalben dem Zustande, worin sie leben, und ihrer Organisation gemäß; allenthalben aber werden sie von Meinungen und von der Gewohnheit regieret" (ebda S. 310 ff). Es geht um das „Mitbedingtsein", nicht um das ausschließliche „Bedingtsein" (vgl. *Th. Geiger*, Ideologie und Wahrheit, 1968, 22 und bes. *M. Weber*, Ges. Aufsätze zur Religionssoziologie I, 83, 192 Anm., 205 f). Kritische Stimmen zum gegenwärtigen „Soziologismus": *A. Hilckmann*, Saeculum 12 (1961), 406 ff, 417 ff; *H. Krüger*, Radius 1969, H. 4 (Dez.), 26 ff. „Der Mensch wird durch Gesellschaft bestimmt, aber er geht in ihrem System nie ganz auf, er ist mehr" (ebda S. 31).

[83] Vgl. *U. Bianchi*, Probleme der Religionsgeschichte, Göttingen 1964, 29 ff, bes. 35 f; *S. Morenz*, Die Begegnung Europas mit Ägypten, Berlin 1968 (SB Sächs. Akad. d. Wiss. Leipzig, Philol.-hist. Kl. 115, H. 5), 93. Diese Religionsform stellt selbstverständlich keine notwendige „Stufe" für die Entstehung einer Weltreligion dar (vgl. die Entstehung des Buddhismus und des Islams!).

laufen" diese Stadien bzw. Stufen), sondern eine Pluralität in einem übersichtlichen Gesamtrahmen historischer Entwicklung. „Die Kommensurabilität der geschichtlichen Erscheinungen", sagt A. *Heuß*,[84] „die durch den Max Weberschen Idealtyp zur Gewißheit berufen ist, schließt die Verpflichtung ein, historische Phänomene nicht einfach hinzunehmen, sondern sie auf jenem weltweiten Hintergrund zu sehen, welcher durch den Idealtyp bzw. die Idealtypen erhellt wird". Dies gilt auch für eine „Weltgeschichte" der Religionen.

Die eigentliche Schwierigkeit beginnt mit der Entstehung der Hochkulturen,[85] da von hier an die religiösen Gestaltungen eine noch größere Vielfalt und Breite erlangen als vorher, einerseits als Erbe der vorausgehenden Perioden, andererseits als Spiegelbild der zunehmenden Kompliziertheit der historischen Vorgänge als solcher. Auf diesem Boden entstehen auch die großen „Weltreligionen"; keine entstand früher. Zwischen den einzelnen Stufen gibt es natürlich Übergänge, wie sie sowohl kulturhistorisch als auch religionshistorisch nachweisbar sind. Innerhalb derselben sind Querverbindungen vorhanden, aber sie bilden keine notwendigen allgemeingültigen Abfolgen. Das Problem von Aufwärtsentwicklung i. S. eines Fortganges oder „Fortschrittes" stellt sich natürlich neu ein: es ist verbunden mit der menschheitlichen Entwicklung als solcher. Es muß sich zeigen, welche religionsgeschichtliche Form der heutigen Weltzivilisation entspricht. Wird es bei einem friedlichen Nebeneinander der Weltreligionen bleiben—den nur um sie kann es sich noch handeln: die Stammesreligionen der einfachen Kulturen verschwinden unaufhaltsam, die Volksreligionen sind größtenteils bereits

---

[84] Zur Theorie der Weltgeschichte, Berlin 1968, 74.

[85] Über dieses sowohl von der Ethnologie als auch von der Historik häufig diskutierte Thema hat 1961 in Salzburg ein Kongreß der „Internationalen Gesellschaft für vergleichende Kulturforschung" stattgefunden, worüber *O. Köhler,* Saeculum 12 (1961), 306 ff, referiert hat. Danach sei keine Klärung über die gemeinsamen Merkmale einer Hochkultur erfolgt und es sei daher noch nicht angängig, „von der Stufe der 'Hochkulturen' als einem gesicherten Ergebnis universalhistorischer Betrachtung auszugehen" (309). Vgl. aber die synthetische Studie von *R. Coulborn,* Der Ursprung der Hochkulturen, Stuttgart 1962 (Urban Bücher 65); ferner *R. Thurnwald,* Des Menschengeisters Erwachen, 50 ff, 305 ff. Man kann mit *A. Heuß* vier Zivilisationen eruieren, die Weltcharakter beanspruchen können: die europäische (einschließlich der amerikanischen), die islamische, die indische und die chinesische (aaO., 19). Vgl. auch Elman R. Service, Origins of the State and Civilisation. The Process of Cultural Evolution, N.Y. 1975; (dt. Ursprünge des Staates u. der Zivilisation, Frankfurt/M 1977); K. Eder, Die Entstehung staatlich organisierter Gesellschaften, Frankfurt/M. 1976. Ders. als Hrsg.: Seminar: Die Entstehung von Klassengesellschaften, Frankfurt/M. 1973.

verschwunden—oder wird es zur Synthese einer wirklichen Weltreligion im strengen Sinne der heutigen Bedeutung von Welt kommen?

5.3. Für die allgemeine Religionsgeschichte sehe ich als Zukunftsaufgabe eine zielgerichtete Erforschung und Darstellung des religionsgeschichtlichen Materials im Hinblick auf das obige Modell einer Universalgeschichte der Religionen. Auch in der Geschichtswissenschaft sind gleiche Aufgaben in jüngster Zeit zunehmend in Angriff genommen worden.[86] „Entscheidend für das Gelingen einer Menschheitsgeschichte wird es sein, ob sich in der historischen Welt geschlossene Gebilde, echte Einheiten als Komplexe, die wesenhaft mehr sind als die Summe ihrer Teile, überzeugend bestimmen lassen."[87] Gegenüber den früheren Intuitionen einer Menschheitsgeschichte muß „eine methodisch aufgebaute, rational nachprüfbare Synthese" unter Mitarbeit aller daran beteiligten Disziplinen erarbeitet werden.[88] „Wenn auch die theoretische Möglichkeit einer Weltgeschichte noch so einleuchtend vorgestellt wird, in praxi stehen wir methodisch vor einem Experiment, das erst seiner Durchführung harrt."[89] Für die Religionsphilosophen und Theologen bleibt dann die Aufgabe bestehen, eine Interpretation des Hintergrundes oder Untergrundes einer solchen Entwicklung zu geben. Für den christlichen Theologen speziell müßte eine Aufgabe darin bestehen, damit anzufangen, was es eigentlich besagt, daß die christliche Gottesidee historisch gesehen in der „Stufe" der Viehzüchterkul-

---

[86] *J. Vogt*, Wege zum historischen Universum, Stuttgart 1961 (Urban Bücher 51); *A. Heuß*, Zur Theorie der Weltgeschichte; *R. Wittram*, Das Interesse an der Geschichte, Göttingen 1958, 122 ff (theologisch motiviert); *A. Randa* [Hrsg.], Mensch und Weltgeschichte, Salzburg—München 1969 [Internat. Forschungszentrum f. Grundfragen d. Wissenschaften Salzburg]); die Zeitschriften „Saeculum" und „Cahiers d'histoire mondiale"; die modernen Universalgeschichten: Propyläen-Weltgeschichte (hrsg. von G. Mann), Historia Mundi (hrsg. von F. Kern u. F. Valjavec) u. a.

[87] Vogt, aaO., 134. „Die Welthaftigkeit der Geschichte in ihren einzelnen Verlaufseinheiten, d. h. ihre Exposition, vorgenommen jeweils an den großen vier Hochkulturen, würde Aufgabe einer Weltgeschichte sein" bemerkt *A. Heuß*, aaO., 23.

[88] „Wir lassen uns", sagt *F. Kern*, Geschichte u. Entwicklung, 70, „durch das Bedürfnis nicht über die Schranken der historischen Kritik hinausreißen, weil wir wissen, daß wir einen streng und kritisch gewordenen Wahrheitssinn zu befriedigen haben. Darum ist ein Ignoramus, ja Ignorabimus auszusprechen, wo eine verbürgte Tatsache nicht dargeboten werden kann, und eine Hypothese auch so zu nennen."

[89] *Heuß*, aaO., 47.

tur verwurzelt ist. Wahrscheinlich hat *P. Tillich* aber Recht, wenn er (gegenüber Scheler) eine stufenweise Entwicklung *der* Religion, ihr Emporsteigen von unten ablehnt und klarstellt: „Es gibt keine Stufen, die zum Unbedingten führen; die höchste wie die niedrigste ist von dem Unbedingten gleich weit entfernt."[90]

---

[90] Frühe Hauptwerke (Ges. Werke I), 376.

7.

DER BEITRAG DER RELIGIONSWISSENSCHAFT ZUM PROBLEM DER SOGENANNTEN ENTMYTHOLOGISIERUNG

Ein Versuch[1]

*Dem Gedenken an Siegfried Morenz († 14. 1. 1970),
dem unvergeßlichen, unersetzlichen Lehrer und
Kollegen.
Verba docent, exempla trahunt.*

Wenn die folgenden Ausführungen ausdrücklich als „ein Versuch" gekennzeichnet werden, so hat das subjektive wie objektive Gründe. Zu den ersteren gehören eine Reihe Überlegungen, die keineswegs das letzte Wort der Religionswissenschaft sein können, sondern, was ich betonen möchte, die Auffassungen eines Religionswissenschaftlers bzw. Religionshistorikers von einigen durch die Debatte über die sogenannte „Entmythologisierung" der nt-lichen Botschaft aufgeworfenen Fragen sind, die auch die Religionswissenschaft angehen. Denn, auch wenn ich entschieden eine Trennung von Religionswissenschaft und Theologie vertrete,[2] so haben doch beide einen Gegenstand ihrer wissenschaftlichen Bemühungen gemeinsam: den von religiösem Denken und Handeln bestimmten Menschen in Vergangenheit und Gegenwart, nur daß die christliche Theologie vornehmlich und allein sachgemäß dem von *einer* Religion bestimmten

---

[1] Die folgenden Gedanken wurden erstmalig in einer Gastvorlesung vor der Evangelisch-Theologischen Fakultät der Martin-Luther-Universität Halle-Wittenberg am 13. 12. 68 entwickelt, dann in einem Forschungsseminar des ägyptologisch-archäologischen Fachbereichs der Karl-Marx-Universität Leipzig diskutiert und schließlich (obwohl zuerst dafür bestimmt) am Institut für Judaistik der Universität Wien am 24. 11. 69 vorgetragen. Ich möchte den genannten Institutionen, insbesonders den Herren Kollegen S. Morenz, K. Schubert und G. Wallis, für ihre freundlichen Einladungen nochmals danken, gleichzeitig aber auch allen, die mir in der jeweils anschließenden Diskussion weitergeholfen haben. Während der Fertigstellung des Manuskriptes für den Druck verstarb völlig unerwartet der Leipziger Ägyptologe und Religionshistoriker *Siegfried Morenz*. Mit seinem frühen Tode ist eine Lücke in die dünne Reihe der

Menschen, ihrer Botschaft, ihrem Sinn, ihrer Geschichte und ihrer Zukunft gewidmet ist. Damit habe ich schon an die objektiven Gründe gerührt, die mich bestimmen, meinen Überlegungen den Untertitel „Versuch" zu geben; es sind die Beziehungen von Theologie und Religionswissenschaft allgemein. Es ist, das muß betont werden, von religionswissenschaftlicher Seite bisher nur sporadisch zum Problem der „Entmythologisierung" Stellung genommen worden. Zwar ist im 1. Bande der Reihe „Kerygma und Mythos (^{1}1948) bereits "eine Stimme aus der Religionswissenschaft lautgewordens (*Paul Olivier*), aber die von ihr sehr scharfsinnig gestellten Fragen und ihre Interpretation des Bultmannschen Programms, sind m. E. keine im strengen Sinne religionswissenschaftlichen Fragen, sondern eher religionsphilosophisch-theologische.[3] Weitere Stellungnahmen aus dem religionswissenschaftlichen Bereich, soweit sie mir vor Augen gekommen sind, sind, das muß gesagt werden, ausnahmslos negativ zum Entmythologisierungsprogramm verlaufen.[4] Woran das liegt, möchte ich hier nicht erörtern, es wird aber z. T. aus meinen Ausführungen hervorgehen.

Nun muß allerdings sehr klar gemacht werden, was von der Religionswissenschaft und Religionsgeschichte zu diesem Problem erwartet werden kann und was nicht. Ich halte diesen Ausgangspunkt für grundlegend wichtig, da er die Kompetenzen der Religionswissenschaft klar abzeichnet und von vornherein berechtigte und unberechtigte Erwartungen gegeneinander abgrenzt. In der gegenwärtigen Wissenschaftssituation ist gerade die Frage nach den Kompetenzen einer Disziplin eine zentrale, vor allem, wenn es um interdisziplinäre Gespräche geht.—Kompetenzstreitigkeiten sind bekanntlich sehr unangenehm und ich

---

ernsthaften Religionshistoriker gerissen worden, die nicht zu schließen ist. Ich bekenne mit ständiger Dankbarkeit, daß die Impulse, die von ihm als Mensch und Wissenschaftler in jahrelangem Kontakt, sei es als Schüler oder als Mitarbeiter, ausgingen, meine Überlegungen und Arbeiten in vielfältiger Weise bestimmt haben und weiter bestimmen werden. Auch an dem vorliegenden Beitrag, der in seinem ständigen Seminar „Neue Forschungen" vorgetragen wurde, hat seine lebendige Anteilnahme in vielen Punkten klärend und berichtigend gewirkt. Eine kürzere, veränderte Fassung liegt unter dem Titel „Mythos—Mythologie—Entmythologisierung" in dem Sammelband von H. H. Schmid (Hrsg.), Mythos und Rationalität, Gütersloh 1988, 368–381, vor.

[2] Vgl. meine Darlegungen in Kairos 9 (1967), 21–42 u. 10 (1968), 290f. (oben S. 19f., 22ff.)

[3] Kerygma und Mythos. Ein theologisches Gespräch. Hrsg. v. *H. W. Bartsch*, Hamburg 1948 (Theologische Forschung 1), 233–241 (Bultmanns Vorverständnis).

[4] Z. B. K. *Goldammer*, ThLZ 78 (1953), 749–764.

möchte sie von vornherein vermeiden. Dies ist vor allem bei der Religionswissenschaft und Theologie besonders dringlich. Ohne hier dafür zu viel Raum in Anspruch zu nehmen, möchte ich dazu bemerken, daß eine eigenständige Religionswissenschaft weder theologische noch—was noch gefährlicher ist—pseudo- oder kryptotheologische Voraussetzungen mitbringen oder vertreten darf. Ich habe die hiermit verbundenen Grundprobleme wiederholt erörtert und muß das als bekannt voraussetzen.[5] Jedenfalls ist gerade in unserer heutigen Fragestellung diese Grenzziehung besonders nötig und aktuell. Nur von einer „atheologischen" Religionswissenschaft können der Theologie unverfälschte, nicht von theologisierenden bzw. kryptotheologischen Voraussetzungen gefilterte Ergebnisse religionswissenschaftlicher Forschungen geboten werden, die sie für ihren Gegenstandsbereich als annähernd objektive Aussagen verwenden kann.

Also was kann in unserem Falle die Religionswissenschaft nicht bieten und was kann sie bieten? Zuerst das Negative: 1. sie kann weder eine theologische oder kryptotheologische noch eine philosophische Analyse vorlegen, 2. sie kann keine Anleitungen oder Vorschriften zum Handeln geben, d. h. konkret, sie kann das Programm der sog. Entmythologisierung als Aufgabe der Theologie nicht direkt unterstützen, auch wenn sie es, wie in meinem Falle gesagt sei, durchaus für notwendig ansieht. Über das „Wie" und „Was" hat allein die Theologie selbst zu befinden! Damit ist bereits der Übergang zum Positiven erreicht: die Religionswissenschaft als eine historisch-philologische Disziplin, wie ich sie verstehe, kann eine historische und systematisch-wissenschaftliche Analyse einiger mit besagtem Programm verbundener religiöser und religionsgeschichtlicher Phänomene vornehmen, um so falsche Schlußfolgerungen auf diesem Gebiet zu verhüten. Bekanntlich sind die Mehrzahl der Wissenschaften heute darauf aus, Begriffe und Aussagen auf ihre Berechtigung zu überprüfen. Die analytische Philosophie und die „Sprachtherapie" Wittgensteins haben hierzu wichtige Vorarbeit geleistet und leisten sie noch. Es ist nun auf dem Gebiet der Theologie und Religionswissenschaft ebenfalls notwendig, diese Arbeit aufzunehmen und ihre Redeweise in terminologischer, sprachlicher und semantischer Hinsicht unter die Lupe zu nehmen. Es wird sich dann zeigen, daß sich hierbei auch eine ganze Reihe von „Scheinproblemen" herausstellen werden. Für noch wesentlicher aber

---

[5] Vgl. Anm. 2; spez. Kairos (1967), 38 ff. (s.o. S. 28ff.)

halte ich es, terminologische Sauberkeit zu erreichen. Die Eindeutigkeit und Klarheit der Begriffe und Aussagen, und ihre Verifizierbarkeit an den von ihnen intendierten Gegenständen und Phänomenen, ist auch für jede Geisteswissenschaft das A und Z ihrer wissenschaftlichen Arbeit. Doch will ich hier darauf nicht weiter eingehen, da es dazu einer besonderen Darlegung bedarf. Es geht mir darum, die in der Entmythologisierungsdebatte aufgetretenen Begriffe religionsgeschichtlicher Relevanz einer kritischen Überprüfung zu unterziehen und die auf Grund des mitunter erschreckenden Mangels religionswissenschaftlicher Bildung unter Theologen auftretenden Kurzschlüsse zu beseitigen. Dies bedeutet zugleich die Beseitigung von „Scheinproblemen" oder die Abriegelung von verführerischen Sackgassen. Wir sind dazu auch von niemand anderem aufgerufen als von R. Bultmann selbst, wenn er schreibt: „Vom Mythos ist also hier in dem Sinne die Rede, wie die religionsgeschichtliche Forschung ihn versteht".[6]

Damit ist schon ein Hauptbegriff genannt, zu dem die Religionswissenschaft aufgefordert ist, Stellung zu nehmen: *Mythos und Mythologie*. Als weitere Themen, die eng damit zusammenhängen und von der Religionswissenschaft legitim behandelt werden, kommen in Frage: *Religion und Mythos, Religion und Mythologie*, oder schon unserem Problem zugeordnet: Religion mit / ohne Mythos bzw. Mythologie. Ferner: *Symbol und Mythos*, Symbolik und Mythologie, *Mythos und Geschichte*, existentiale *Auslegung des Mythos.* Jeder dieser Problemkreise erforderte zwecks sachlicher Behandlung eine eigene Abhandlung, daher beschränke ich mich jetzt auf das zuerst genannte Thema, das zugleich wohl als das zentrale zu betrachten ist: *Mythos und Mythologie* in religionswissenschaftlicher Sicht. Ich werde darüber hinaus versuchen, die anderen Themen kurz mit anzuführen, besonders das der Auslegung des Mythos (bzw. Mythologie) und das der Symbolik.

Die Forschungsgeschichte von Mythos und Mythologie gibt einen bemerkenswerten Ausschnitt aus der Geschichte der Religionswissenschaft. Man kann sie kurz zusammenfassen: Das 19. Jh. war bestimmt einmal von einer romantischen Gleichsetzung von Mythologie und Religion, zum anderen von den Versuchen, die Mythologie (in erster Linie die hauptsächlich zugängliche

---

[6] Kerygma und Mythos Bd. 1, 23 Anm. 1.

griechisch-römische und indoeuropäische) mit Hilfe naturmythologischer bzw. naturphilosophischer und astralmythologischer Theorien zu erklären und zu verstehen (A. Kuhn, M. Müller, Roscher, H. Usener). Die Nachwirkung der naturmythologischen Schule ist bis heute greifbar. Erst gegen Ende des Jahrhunderts und am Anfang des 20. Jhs. erfolgte (offenbar durch Einfluß des Positivismus) eine Gegenreaktion: Hatte man bis dahin Mythos und Mythologie in ihrer Bedeutung für Religion und Religionsgeschichte überschätzt, so kam man jetzt (vor allem auf Grund der neuen naturvölkischen Quellen) zu einer Neubewertung des kultisch-praktischen Elements. Sehr deutlich kommt das in dem Artikel „Mythus" von *H. Greßmann*, einem Vertreter der sog. „Religionsgeschichtlichen Schule", der ja auch R. Bultmann entstammt, in der 1. Aufl. der RGG zum Ausdruck[7]: hier wird behauptet, daß der Mythos für die Religion unwichtig „peripherisch" sei; entscheidend sei der Kult, der Ritus, das praktische Handeln. Der Mythos sei bloße dichterische Erzählung, daher mehr literarisch als religiös zu werten. Sein Zweck liege in einer Art primitiver Wissenschaft, die versucht, Unerklärliches mit primitiven Mitteln zu erklären, daher sei die Aitiologie vorherrschend. Damit war das eine Extrem, die Überschätzung von Mythos und Mythologie, durch ein anderes Extrem, die Unterschätzung von Mythos und Mythologie zugunsten des Kultes, ersetzt worden. Es konnte daher nicht lange ausbleiben, daß ein erneuter Gegenschlag die Rolle des Mythos neu bewertete. Bemerkenswerterweise kam diese Neubewertung des Mythos wieder durch die Ethnologie zustande. Der Archeget dieser Richtung war der anglopolnische Anthropologe *B. Malinowski*, der von seiner Feldarbeit in Melanesien her, also aus der unmittelbaren praktischen Anschauung, den „Mythus in Funktion" erlebt hatte und seine große Rolle für Religion und Gesellschaft einfacher Kulturen erkannte.[8] Zu ähnlichen Ergebnissen kam auch *K. Th. Preuß* auf

---

[7] Die Religion in Geschichte und Gegenwart, Hrsg. von *F. M. Schiele* und *L. Zscharnack*, 4. Bd., Tübingen 1913, 618–621. Hand in Hand damit geht die (berechtigte) Kritik der Naturmythologie, die Greßmann in einem jetzt veröffentlichten Brief v. 26. 10. 1908 an H. Gunkel sehr treffend vorträgt (bei *W. Klatt*, Hermann Gunkel, Göttingen 1969, 196): „als ob alle Mythologie durch Naturbeobachtung allein angeregt sei". Die mythenschaffenden Dichter sind durch mancherlei Dinge beeinflußt, durch die sozialen Verhältnisse, das Publikum, Zaubervorstellungen, Kultgegenstände, –lieder und –riten.
[8] Myth in Primitive Psychology, London 1926; abgedruckt in: Magic, Science and Religion and other Essays, Garden City, New York 1954 (Doubleday Anchor Books 23).

Grund seiner Südamerikaexpeditionen.[9] Die kulturmorphologische Schule von Leo Frobenius hatte schon vorher ähnliche Ansichten vertreten und den Mythos als wichtiges Element zur Erkenntnis der schriftlosen Kulturen verwendet. Der aus dieser Schule hervorgegangene Ethnologe *A. E. Jensen* schrieb dann ein zusammenfassendes und bahnbrechendes Werk über „Mythos und Kult bei Naturvölkern", das bereits im Titel der neuen Situation Rechnung trug.[10] Von der Ethnologie aus, die schon häufig die Religionswissenschaft befruchtet hatte, wurde die neue Einschätzung von Mythos und Mythologie bald auch auf anderen Bereichen von Einfluß. Es kam zur Entstehung der sogenannten „Myth and Ritual-School", die übrigens ein Ableger des von Malinowski u. a. begründeten Funktionalismus ist.[11] In der Religionswissenschaft sind es *R. Pettazzoni* und *M. Eliade*, die weiterführende Konsequenzen aus der neuen Lage gezogen haben.[12] Offensichtlich gelangte man in dieser Phase nicht wieder zu einer Unterbewertung des Kultes und Ritus, wie im romantisch-idealistischen Protestantismus mit seiner Aversion gegen den Kult, sondern zu einer fruchtbaren Erkenntnis der Wechselwirkung der beiden grundlegenden Phänomene einer jeden Religion, dem Mythos und dem Ritus: beide sind, sofern sie noch lebendig sind, zwei Seiten der einen Sache: des menschlichen Bemühens in Handeln und Denken um die übermenschlichen Mächte.

---

[9] Die religiöse Bedeutung der Mythen, Tübingen 1933 (Slg. gemeinverständl. Vorträge 162).

[10] „Studien zur Kulturkunde" 10. Bd. Wiesbaden 1951, 2. Aufl. 1960. Ich beziehe mich auf die 2. Auflage.

[11] Darüber orientiert sehr kenntnisreich *H. Lowie*, The History of Ethnological Theory, London 1937, 288 ff. Repräsentative Beispiele: *S. H. Hooke* (Hrsg.), Myth and Ritual, London 1933; Myth, Ritual and Kingship, Oxford 1958; Th. H. Gaster, Thespis, New York 1950, ^{2}1961; Myth and Story, Numen (1954), 184 ff.

[12] *R. Pettazzoni*, Die Wahrheit des Mythos, Paideuma 4 (1950), 1–10; The Truth of Myth, in: Essays on the History of Religions. Translat. by H. J. Rose, Leiden 1954, 2 1967 (Supplements to Numen 1), 11–23; die vollständige italienische Fassung erschien bereits in der Zeitschrift Studi e materiali di storia delle religioni (SMSR) 21 (1947/48), 104–116; jetzt auch abgedruckt in der von M. Gandini besorgten Aufsatzsammlung Pettazzonis „religione e società", Bologna 1966, 7–18. Von *M. Eliade* erwähne ich in diesem Zusammenhang bes. Der Mythos der ewigen Wiederkehr, Düsseldorf 1953; als Rowohlt–Taschenbuch (rde 260) unter dem Titel „Kosmos und Geschichte" 1966 neu aufgelegt; die franz. Originalausgabe erschien 1949 (Le mythe de l'éternel retour); vgl. auch Mythen, Träume und Mysterien, Salzburg 1958, 11 f. 13.19 ff; 222 ff; Das Heilige und das Profane, Hamburg 1957 (rde 31), 56 ff. Vgl. jetzt auch *G. Widengren*, Religionsphänomenologie, Berlin 1969, Kap. 6 (Der Mythos). Zu Eliade vgl. unten S. 399ff.

So ist etwa ganz kurz die heutige Forschungssituation. Es gilt nun, den bisher mehr oder weniger bloß vorausgesetzten Begriff des Mythos und der Mythologie unter Berücksichtigung der beschriebenen neuen Erkenntnisse näher zu bestimmen, um von da aus für ensere Fragestellung eine Antwort zu erhalten. Der beschränkte Raum zwingt mich allerdings dazu, aus der Not eine Tugend zu machen, und zwar eine in philosophischen und technischen Kreisen beliebte Tugend, die Ergebnisse der Untersuchungen, mitunter thesenhaft, in gegliederter, logisch sauberer Manier vorzutragen, wobei nicht verschwiegen sei, daß hierbei an die Sprachspielmodelle L. Wittgensteins angeknüpft wurde (ohne damit die Schwierigkeiten einer Zusammenbindung von sprachanalytischer Philosophie und geisteswissenschaftlicher Methodik zu übersehen).[13]

1.) *Mythos* (lat. *Mythus*) hat von seinem griechischen Ursprung her[14] zunächst einfach die Bedeutung „Wort, Rede, Aussage", oft im Zusammenhang von „ein Wort sagen" (etwa in einer öffentlichen Versammlung). Als bestimmtes Wort ist *mythos* der „Auftrag", das „Geheiß" als Gegensatz zur Tat. Allgemein kann es aber auch „Erzählung", „Geschichte" oder gar „Gerücht", „Botschaft" sein.

Die Gegenüberstellung zum Logos und damit die Bedeutung von „erdichtete Geschichte" erhält *mythos* bei den Philosophen (besonders bei Plato), aber schon Pindar kennt diese Bedeutung. Von hier aus leitet sich dann die lateinische Übersetzung mit „*fabula*" her, die auf das Griechische zurückgeht (Aisop; *mythus legein* = „fabeln"). In dieser Verwendung hat sich *mythos* eigentlich bis heute durchgesetzt, vermittelt durch das NT, wo es „unwahre Geschichte" „Fabel", „Märchen" bedeutet (2 Petr 1,16; Tit 1,14; 4,7). Es scheint mir, daß man auf den ursprünglichen Sinn des Wortes wieder zurückgehen muß.

1.1 Es gibt verschiedene *Formen des Mythos*, die zu berücksichtigen man bisher weithin unterlassen hat. Es ist m. W. erst

---

[13] Vgl. die Arbeiten von K. O. Apel, Wittgenstein und das Problem des hermeneutischen Verstehens, in: ZThK 63 (1966), 49–87 (= Transformation der Philosophie Bd. 1, Frankfurt/M. 1976, 335–377); Die Entfaltung der „sprachanalytischen" Philosophie und das Problem der „Geisteswissenschaften", in: Philos. Jb. 72 (1965), 239–289 (= ebd. Bd. 2, Frankfurt/M. 1973, 28–95), die mir hierfür bes. wichtig erscheinen.

[14] Eine neuere Spezialuntersuchung darüber ist mir bisher nicht bekannt geworden. Ich beziehe mich auf das Material in den Wörterbüchern (Pape, Kittel, ThWNT, Liddell-Scott, Lampe). Vgl. auch Kerényi, Die antike Religion, Leipzig-Berlin 1940, 16 ff.; Düsseldorf-Köln ²1952, 22 ff.

C. Colpe zu verdanken, eine genauere Differenzierung durchgeführt zu haben[15], der ich mich mit einigen nötigen Abwandlungen und Ergänzungen zunächst anschließe.

1.1.1. *Mythos mit mythischer Valenz* oder „ungebrochener Mythos", „Mythos in Funktion", auch mit „echter Mythos" oder „lebendiger Mythos" zu bezeichnen, ist der in einer Religion bzw. einer Kultur oder Gesellschaft in Geltung stehende Mythos, d. h. entweder in enger Bindung an den Kult oder selbst kultisch wirksam. Er gilt hier als „wahr" und seine Rezitation als „heilige Geschichte" ist wesentlich für den Vollzug des Kultes. Er begründet ihn und damit die „Ideologie" dieser Religion als solche. Auf diese Weise gehört dieser Mythos „zu den wesentlichen Elementen des Bewußtseins; er ist eine Realität des Kollektivbewußtseins, die sich im individuellen Bewußtsein spiegelt, nicht anders als etwa die Sprache."[16] Dieses Bewußtsein kann man daher „mythisches Bewußtsein" nennen (s. 1.3.4). Alles was Malinowski u. a. hierüber berichten, gilt diesem Mythos. Die „Naturvölker" selbst scheiden mitunter belanglose Geschichten, Märchen u. ä. von den „Sacred tales or myths".[17] „Die Kenntnis einer guten Erzählung", sagte ein Navaho, „schützt Heim, Kinder und Eigentum. Ein Mythos ist wie ein großes Steinfundament, es dauert

---

[15] Das Phänomen der nachchristlichen Religion in Mythos und Messianismus, Neue Ztschr. f. system. Theol. u. Religionsphil. 9 (1967), 42–62 (zuerst auf dem Ev. Theologen-Kongreß wien 26.–30. Sept. 1966 vorgetragen); ferner: Mythische und religiöse Aussage außerhalb und innerhalb des Christentums, in: Beiträge zur Theorie des neuzeitlichen Christentums. Festschrift W. Trillhaas z. 65. Geburtstag, hrsg. v. H.-J. Birkner u. D. Rössler, Berlin 1968, 16–36; Theologie, Ideologie, Religionswissenschaft, München 1980, 84–106.

[16] Paul Grimal, Mythen der Völker, Band 1, Frankfurt/M. 1967 (Fischer-Bücherei 789), 19; frz. Ausgabe: Mythologies, Paris 1963, Vol. 1, 9.

[17] Vgl. *Pettazzoni* aaO; *Malinowski*, Myth 23 ff. „Myth as it exists in a savage community, that is, in its living primitive form, is not merely a story told but a reality lived. It is not of the nature of fiction such as we read today in a novel, but it is a living reality, believed to have once happened in primeval times, and continuing ever since to influence the world and human destinies. This myth is to the savage what, to a fully believing Christian, is the Biblical story of Creation, of the Fall, of the Redemption by Christ's Sacrifice on the Cross. As our sacred story lives in our ritual, in our morality, as it governs our faith and controls our conduct, even so does his myth for the savage" (21). „Myth fulfills in primitive culture an indispensable function: it expresses, enhances, and codifies belief; it safeguards and enforces morality; it vouches for the efficiency of ritual and contains practical rules for the guidance of man. Myth is thus a vital ingredient of human civilization; it is not an idle tale, but a hard-worked active force; it is not an intellectual explanation or an artistic imagery, but a pragmatic charter of primitive faith and moral wisdom" (23).

lange Zeit."[18] Diese Mythen geben die Urbilder (Vorbilder) des Verhaltens an, daher spielen sie in der Urzeit, oder wie Eliade sagt, *„in illo tempore"*. Mythos und Urzeit kann geradezu identisch werden (mythisch = urzeitlich). Die Ursache einer Sitte, eines Ritus wird begründet durch die von den Vorfahren überlieferte „heilige Erzählung". Sie integriert die Gemeinschaft, sie ist die Grundlage für Glaube und Kult. Ritus und Mythos wiederholen Urzeitereignisse als von den Geistern oder Göttern eingesetzte Verhaltensweisen. Von ihrem Vollzug hängt Wohl und Wehe der Gemeinschaft ab. Mythos ist hier quasi die „ideologische" Seite des Kultes und der Sitte, also der Praxis. Zweck des Mythos ist daher nicht primär die Erklärung, es handelt sich nicht um „primitive Wissenschaft", sondern um Stiftung, Beglaubigung, Begründung. Da hierbei der Kult die Verwirklichung des zyklisch wiederholten Mythos ist, ist als echter, „religiöser" Mythos der zu betrachten, der mit dem Kult und damit der Frömmigkeit im e. S. in Beziehung steht.[19] Man hat diesen Mythos auch als „archaischen Mythos" bezeichnet (Eliade).

1.1.2. *Mythos ohne mythische oder kultische Valenz*, „gebrochener Mythos"[20] oder dem kultisch-praktischen Bereich entfremdeter Mythos, „unechter Mythos". Dieser Mythos kann als „unwahr" empfunden werden; es sind die oben genannten „belanglosen Geschichten".[21] Dieser „entfunktionierte" Mythos kann und wird oft *umfunktioniert*. Als Mittel dieser Umfunktionierung eines

---

[18] Leider ist es mir bis jetzt nicht gelungen, die Herkunft des Zitates zu ermitteln; bekanntlich existiert gerade über die Navaho eine umfangreiche Primär- und Sekundärliteratur.

[19] Weiteres dazu vor allem in den zusammenfassenden Werken von *Malinowski, Jensen* und *Eliade*. Vgl. auch die trefflichen Charakterisierungen, die Th. P. van Baaren vom Mythos gibt: Doolhof der Goden, Amsterdam 1960, 164 ff. (Het heilige Woord); Menschen wie wir, Gütersloh 1964, 184 ff.

[20] Diesen Ausdruck, wie auch den des „ungebrochenen Mythos" fand ich schon von *P. Tillich* geprägt und verwendet: s. Die Frage nach dem Unbedingten: Schriften zur Religionsphilosophie, Stuttgart 1964 (Gesammelte Werke V), 187, 190, 193 (es handelt sich um den Art. Mythos und Mythologie in der 2. Aufl. der RGG, Bd. 4, Tübingen 1930, 363 ff); ib. 203f (aus: Die religiöse Verwirklichung, Berlin 1930). *V. Maag*, Eschatologie als Funktion des Geschichtserlebnisses, Saeculum 12 (1961), 123–130, 124 Anm. 3, will konsequent den Ausdruck Mythos nur verwendet wissen „als terminus technicus für die Bezeichnung von rituell gebundener, magisch sein wollender Erzählung". Was nach Zerfall des magisch-rituellen und weltanschaulichen Gehalts übrigbleibt, ist „Mythus minus magisch-rituelles Verständnis" bzw. „Mythus minus kultische Situation"; dies sei „alte Mär" oder ein „Mythenrest".

[21] *Malinowski*, Myth 25 ff; *Jensen*, aaO, 81 ff.

Mythos dient die Allegorie und die Symbolik. Es erhebt sich die Frage, ob man diesen Mythos noch als einen Mythos bezeichnen sollte. Jedenfalls ist er von dem in 1.1.1. geschilderten Mythos streng zu trennen, da er religiös oft bedeutungslos ist.

1.2. Da der Mythos wesentlich Aussage ist, spielt seine Formulierung eine wichtige Rolle. Der Mythos ist zunächst von seiner Form nicht ohne weiteres zu trennen. Form und Inhalt sind hier oft aufeinander angewiesen. Um auch hier differenzieren zu können, hat Colpe vorgeschlagen, den Begriff der „Ratio" damit zu verbinden, d. h. ein formulierter und schriftlich fixierter Mythos ist ein „Mythos mit Ratio".[22] Derselbe tritt nun entsprechend den genannten zwei Formen auf.

1.2.1. *Mythos mit Ratio und mythischer oder kultischer Valenz*, dabei ist an die Rezitation des Mythos zu denken, die entweder als solche eine kultisch-dramatische Handlung impliziert oder vergegenwärtigt („Mythos als Ritus") oder eine kultischrituelle Handlung begleitet, ihren Sinn begründend und erläuternd. Diese Art des Mythos ist in den alten Schrift- oder Hochkulturen überall vorhanden (z. B. der Osirismythos) und ist gleich den entsprechenden Phänomenen bei den schriftlosen Völkern (s. 1.1.1.). In diesen Bereich gehören auch eine Reihe aitiologische Erzählungen, die vielfach noch eine religiös-kultische Bedeutung besitzen, aber bereits auf dem Weg zur nächsten Gruppe sind.

1.2.2. *Mythos mit Ratio ohne mythische oder kultische Valenz*. Diese Art Mythos ist bereits bloße Dichtung und Literatur geworden. Sie wird im einzelnen Fall auf religiös-kultische Wurzeln zurückgehen, was durch Untersuchungen festgestellt ist, aber der eigentliche Sinn und Inhalt des Mythos ist depraviert, auch wenn seine Form ihn noch in die sakrale Literatur einreiht. Auf dieser Stufe, die z. B. in Griechenland schon im 6. Jh. einsetzt, ist der Weg beschritten, der Mythos zur Fabel, zum Märchen, zur Sage, zur bloßen Poesie werden läßt. Die „Mythologie" ist ein Reservoir, in der diese Mythen münden. Auch diese „Mythen"

---

[22] Dies bleibt natürlich eine etwas unglückliche Formulierung, da ja jede irgendwie gemacht Aussage etwas mit Ratio zu tun hat, sofern sie auf Verständlichkeit und Kommunikation Anspruch erhebt. Vgl. Colpe, Mythische u. religiöse Aussage, 22. Daher habe ich in meiner späteren Fassung (s. o. Anm. 1), diesen Teil weggelassen, da Mythos nicht das Ende der Ratio, sondern ihr Beginn ist, d.h. zur Stufe der Bewußtwerdung gehört; Mythos u. Rationalität sind keine Gegensätze, sondern kontemplementäre Vorgänge oder Sachverhalte (ebd. S. 372). Dagegen ist die Begegnung mit dem (griech.) Logos eine eigene Stufe des Prozesses mythischen 'Denkens'. 'Logos' und 'ratio' werden, obwohl antike Parallelübersetzunge, hier hermeneutisch unterschieden.

gibt es schon bei den schriftlosen Kulturen (s. o. 1.1.2). Aitiologie ist ein beliebter Inhalt dieser „Mythen", oft ohne existentielle Beziehung. Allegorie und Symbolik sind entweder herrschendes Interpretationsmittel oder bereits in derartige Erzählungen eingeschaltet. Auch hier stellt sich die berechtigte Frage, ob derartige „Mythen" noch diesen Titel führen sollten.[23]

1.3. Noch eine andere Form des Mythos läßt sich mit Colpe eruieren: der *„Mythos mit Logos"*. Obwohl Gegensätze, sind Mythos und Logos unter bestimmten Bedingungen eine Verbindung eingegangen und zwar dann, wenn der Mythos, um mit Colpe zu sprechen, „die Einsicht in die grundsätzliche Problematik der Konstatierung von Kausalzusammenhängen hinter sich hat und dementsprechend kontrollierbar und reflektierbar begründet."[24] In dieser Form hat der Mythos nicht nur ein „rationelles" Element, sondern ein „logisches", ein „philosophisches". Auch hier gilt es wieder die beiden Weisen der Geltung zu unterscheiden.

1.3.1. *Der Mythos mit Logos und mythischer Valenz* ist ein stark reflektierter Mythos, dessen Aussage religiös-mythische Bedeutung hat, aber mit Hilfe symbolischer und abstrakter Begriffe arbeitet, die einer tiefsinnigen Weltauslegung dienen. Als Beispiele sind der Manichäismus, der Gnostizismus, der iranische Zurvanismus, die altindische Atman-Brahman-Lehre, vielleicht auch der alte Taoismus zu nennen. Es ist dabei oft nicht immer klar erkennbar, inwiefern man hier von einem „echten Mythos" sprechen kann: er ist auf alle Fälle noch „in Funktion", aber vom Logos quasi angebrochen, reflektiert. Man hat dabei oft von einem *„Kunstmythos"* gesprochen, doch ist das m. E. ein unpassender Begriff.[25] Der Mythos dient hier als religiös bedeutsames Bild oder als Vergegenständlichung einer metaphysischen Aussage. Auch zum Kult hat diese Art Mythos mitunter noch Beziehung, ja er kann ihn begründen.[26] Der Übergang zur *Mythologie* ist hier leicht gegeben.

---

[23] Dies ist z. B. im Hinblick auf die homerischen Mythen ein Problem, das sehr unterschiedliche Lösungen gefunden hat, wie die Diskrepanz etwa zwischen *M. P. Nilsson* und *W. F. Otto* sehr deutlich lehrt.
[24] Das Phänomen, 60.
[25] Er erinnert zu sehr an die „Kunstmythologie", wie sie die griechisch-römische Archäologie des 18. und 19. Jh.s vertrat.
[26] Wie z. B. in gnostischen Sekten. Zur „Künstlichkeit" des Mythos in der Gnosis vgl. zuletzt auch *H. Jonas*, in: Le Origini dello Gnosticismo. Colloquio di Messina 13–18 Aprile 1966, pubbl. U. Bianchi, Leiden 1967, 100 f.

1.3.2. Einen *Mythos mit Logos ohne mythische Valenz* finden wir vor allem bei Platon, da er hier nur Mittel ist, Unanschauliches anschaulicher zu machen, zu erklären, was bildlich leichter ist, als es der bloße Logos vermag.[27] Der Mythos hat hier eine spielende, belanglose Funktion (vgl. Phaidon, Symposium, Staat). Offenbar ist, wie Colpe bemerkt, dieser „philosophische Mythos" auch von den Kirchenvätern übernommen und danach an uns weitergegeben worden. Die Kirche fand so schon einen entsakralisierten Mythos vor, der ihrer Theologie, Philosophie und Dichtung dienlich sein konnte. Auch der indischen und chinesischen Philosophie dient der Mythos vielfach in dieser bildhaften, ästhetischen Weise (z. B. bei den taoistischen Weisen). Mythos ist hier bloße Fabel, bildliche Fassung einer philosophischen Idee, symbolisch-allegorische (mitunter ironische) Rede—ohne spezifisch religiös-kultische Bedeutung. In dieser Form kann der Mythos auch der Wissenschaft dienen, da er der bloßen Anschaulichkeit dient. Aber damit ist sein Weg zur bloßen Ideologie hin geöffnet, der zu einer neuen Bindung führt, die natürlich nicht mehr religiös, sondern höchstens pseudoreligiös sein kann.

1.3.3. *Mythos als Ideologie*[28] ist als eine besondere Form des „logischen Mythos" aufzufassen, die das spielende Element zugunsten einer neuen verpflichtenden Bindung aufgegeben hat, ohne den Anschluß an den Mythos mit mythisch-religiöser Valenz

---

[27] Vgl. Colpe aaO, 61; *E. Hoffmann*, Platon, Hamburg 1961 (rde 142), 45 (Mythos ist Sinnbild, Gleichnis), 109 (Allegorie), 112, 123 (im Timaios); diese Art des „Mythos" ist nicht von Plato selbst geschaffen worden. *G. Krüger*, Einsicht und Leidenschaft, Frankfurt/M. 21948, 29 ff. 49 ff, hat das in mustergültiger Form herausgearbeitet. Vgl. auch *E. Grassi*, Kunst und Mythos, Hamburg (rde 36), 95 ff, betr. Aristoteles, dessen Mythosdefinition „das Faktum der Säkularisation des Mythos" umschreibt. Für ihn ist der Mythos die Aussage, die nichts Verpflichtendes mehr hat", 96); *H. Dörrie*, Der Mythos und seine Funktion in der antiken Philosophie, Innsbruck 1972 (Innsbr. Beitr. z. Kulturwiss. 2).

[28] Es liegt mir hier fern in die Ideologiedebatte einzugreifen. „Ideologie" ist hier zu unterscheiden von der Bezeichnung aller Ideenbildungen, zu der ja alle Formen des Mythos gehören, mit diesem umstrittenen Wort (s.o.1.1.1.: Mythos als „ideologische" Seite des Kultes). Der „ideologische Mythos" i. e. S. ist durch seine quasi religiöse (pseudo– oder kryptoreligiöse) Bedeutung gekennzeichnet; er steht im Dienste moderner weltanschaulicher Theorien und Gedankenbildungen, die als vermeintliche Sachaussagen die Wirklichkeit verschleiern oder zumindest dazu verleiten (Ideologiekritik). Der Mythosbegriff, der in diesem Zusammenhang gebraucht wird, hat dadurch eine bes. Nuance bekommen, die er von Haus aus nicht hat: die der Unwahrheit, der Vereinfachung und Einseitigkeit, der Verschleierung, der Lüge, der Verzerrung, des Mißbrauchs und des falschen Bewußtseins (was man natürlich von einem bestimmten Standpunkt aus, dem mythischen Denken insgesamt anhängen kann). Ich bin mir der Problematik der Verwendung dieses Mythosbegriffes wohl bewußt, sehe aber z. Zt. noch keine Möglichkeit, der eingerissenen

zu erlangen, auch wenn es mitunter so scheint, als hätte er dies erreicht. Dieser „ideologische Mythos" wird in eindrucksvoller Weise von *R. Barthes* in seinen strukturalistischen Studien über die „Mythen des Alltags" (franz. mythologies!) beschrieben.[29] Auch wenn hier der Mythosbegriff quasi selbst ideologisch wird und daraus nicht immer akzeptable Folgerungen gezogen werden, halte ich das Büchlein für eine der wichtigsten Untersuchungen der modernen „mythischen Ideologie"; es sind, wie Barthes sagt, „einige substantielle Psychoanalysen mythischer Objekte".[30] Danach können alle Dinge zum Mythos, d. h. zu einer Aussage, einer Botschaft gemacht werden. Seine Beschreibung gehört nach Barthes in die Semiologie, die „Zeichen- oder Formenlehre", die die „Bedeutungen unabhängig von ihrem Gehalt untersucht". Die Mythologie ist demnach für ihn eine formale Wissenschaft, sei es Semiologie oder Ideologie, die als historische Wissenschaft „Ideen in Form" untersucht. Der Mythos selbst ist eine Metasprache, eine Sprache, die über die bloße Aussage hinausgeht. Er hat eine zweifache Funktion: er bezeichnet und zeigt an, er gibt zu verstehen und schreibt vor. Weitere Kennzeichen dieser „Mythen" sind: die Deformation oder Abwandlung statt Aufhebung oder Auflösung des Sinnes, die Motivierung der Form durch den Begriff, den er darstellt, Verwandlung eines Sinnes in Form, die Vorspiegelung des Faktischen (so daß der „Verbraucher" des Mythos ihn als Faktensystem liest, statt als ein bloßes semiologisches System usw.), die Entpolitisierung oder „ideologische Umkehrung", die Entleerung des Realen oder Historischen, Vereinfachung und Idealisierung, Unterdrückung jeder Dialektik, die Reduzierung jeder Qualität auf eine Quantität. „Denn der Zweck der Mythen ist, die Welt unbeweglich zu machen."[31] Der Mythos weist auf den essentialisierten unbeweglichen Prototyp, der an Stelle des Menschen lebt. „Die Mythen sind nichts anderes als das unaufhörliche, unermüdliche Ersuchen, die hinterlistige und unbeugsame Forderung, die verlangt, daß alle Menschen sich in dem ewigen—und doch datierten—Bild erkennen, das

---

Anwendung desselben (zuerst von G. Sorel!) in dieser Hinsicht, im Rahmen meiner Ausführungen gerecht zu werden. Über „Ideologie" in diesem Sinne habe ich viel aus *Th. Geiger*, Ideologie und Wahrheit, Neuwied-Berlin 1968, und dem Sammelband „Ideologie" von *K. Lenk*, Neuwied-Berlin, [3]1967, gelernt. Vgl. auch oben S. 82ff.
[29] Paris 1957; Frankfurt/M. 1964. Ich zitiere nach der deutschen Ausgabe. über die weitere Entwicklung von Barthes orientiert jetzt kurz G. Schiwy. Der französische Strukturalismus, Reinbek 1969 (rde 310/11), 77 ff, 149 ff (Texte).
[30] AaO, 150 A. 1.
[31] Ib. 147.

man eines Tages von ihnen gemacht hat, als ob es für alle Zeiten sein müßte."[32] Diese nur kurz aufgereihten Beschreibungen (der „bürgerlichen Ideologie") aus dem inhaltsreichen 2. Teil des angeführten Werkes zeigen Berührungen mit den „religiös funktionierenden Mythen", die wir bisher im Auge hatten, aber es ist eine andere Ebene, die Ebene der Ideologie im e. S. oder des „Ideologismus."[33] Welche Gefahr in solchen „ideologischen Mythen" steckt, lehrte der Rosenbergsche „Mythos des 20. Jahrhunderts".

1.3.4. Das häufig verwendete Eigenschaftswort *„mythisch"* muß zunächst definiert werden als die dem Mythos zugehörige Einstellung des Denkens und Handelns; es ist die den Mythos erzeugende, überliefernde und praktizierende Geisteshaltung, das „mythenschaffende und—erhaltende Bewußtsein". Seine Verbindung mit dem Mythos als solchem kann gelöst sein, wie wir gesehen haben. „Mythos" impliziert nicht notwendig mythisches Denken, ist jedoch von Haus aus seine Ursache. „Mythisch" ist nicht identisch mit „magisch"; beides kann verbunden sein (wie bei den Mythen als Riten). Mythisches Denken kann zu magischem depraviert werden, ebenso wie „mythisch" zu „ideologisch" werden kann.[34]

---

[32] Ib. 147.

[33] Ib. 150. Die Analysen von Barthes sind natürlich unter einem spezifisch strukturalistischen Gesichtspunkt vorgenommen, wie wir ihn auch bei C. Lévi-Strauss (s. u. Anm. 35) finden, auch wenn beide Strukturalisten sich nicht nur dem Arbeitsbereich nach unterscheiden (s. *Schiwy*, aaO, 13 ff, 21 ff, 45 ff, 66 ff); der Mythos ist hier Objekt der Semiologie, die zeigt, daß er von der Verdoppelung der Welt lebt (in seiner spezifischen Eigenart als Zeichen in einem sekundären semiologischen System), als „Metasprache", wie Barthes, S. 93 sagt. „Nichts ähnelt dem mythischen Denken mehr als die politische Ideologie" bemerkt *Lévi-Strauss*, Strukturale Anthropologie, Frankfurt/M. 1967, 230.— Wenn Mortimer Taube vom „Mythos der Denkmaschine" in seinen kritischen Betrachtungen zur modernen Kybernetik spricht, so will er ausdrücklich gegen wissenschaftliche Irrlehren als eine Art Religionsersatz Front machen (Reinbek: Rowohlt 1966: rde 245, engl.: Computers and Common Sense. The Myth of Thinking Machines). Über Versuche neuerer künstlicher Mythenschöpfung in Literatur und Kunst berichtet M. *Hochgesang*, Mythos und Logik im 20. Jahrhundert, München 1965, 41 ff, wobei allerdings ein einseitiger Begriff des „Mythischen" angewandt wird (s. nächste Anm.). P. *Valéry* definiert Mythos so: „Mythe est le nom de tout ce qui n'existe et ne subsiste qu' ayant la parole pour cause" (ib. 155 A. 72; dazu 62).

[34] *Hochgesang*, aaO, 79, nennt die moderne Kunst und Dichtung „Kunst einer mythischen Zeit ohne Mythos". Er versteht unter „mythisch" ein „stark vom Anschaulichen" bestimmtes Denken (im Anschluß an W. F. Otto) im Gegensatz zum abstrakten logischen Denken (11 ff); des weiteren parallelisiert H. häufig mythisch mit primitiv, prälogisch, kindisch (76, 78, 79), antilogisch (89). Ich halte diese Definition für einseitig, da auch das „mythische Denken" Logik

1.4 *Zum Inhalt des Mythos* ist zu bemerken, daß er mehrere Konstituenden aufweist, die zwar nicht immer vertreten sein brauchen, aber zu ihm wesentlich gehören. Mittelpunkt jedes Mythos ist eine bestimmte Aussage, die er ausdrücken will; man kann das seine „Botschaft" oder sein „Kerygma" nennen.[35]

---

enthält, wie C. *Lévi-Strauss* gezeigt hat: „Die Logik des mythischen Denkens erschien uns ebenso anspruchsvoll wie die, auf der das positive Denken beruht, und im Grunde kaum anders. Denn der Unterschied liegt weniger in der Qualität der intellektuellen Operationen als in der Natur der Dinge, auf die sich diese Operationen richten. Übrigens haben die Technologen dies schon längst auf ihrem Gebiet festgestellt: eine eiserne Axt ist nicht wertvoller als eine Steinaxt, nur weil sie besser gemacht ist. Beide sind gleich gut gemacht, aber Eisen ist nicht daselbe wie Stein" (Strukturale Anthropologie, 253f; s. u. A. 35). Bereits die sog. Naturvölker schritten, wie *Jensen* zeigt, auf dem Weg der intellektuellen Erkenntnis vom Anschaulichen zum Unanschaulichen fort (aaO, 41f); die „Fremdartigkeit" dieses Denkens liegt aber auch nach Jensen vielfach in der „Anschaulichkeit", in die der Erkenntnisgehalt gekleidet ist. — „Mythisch" i. S. von wirklichkeitsfremd, unrealistisch, unhistorisch wird heute häufig gebraucht (vgl. z. B. bei *E. Kogon*, in: Radius 1969, H. 4, 17: „der mythische Glaube" der linksradikalen Studenten an die Verwandlungskraft des Aktionismus; S. 14 wird vom „Revolutionsmythos" gesprochen).

[35] *R. Barthes* sagt, „daß der Mythos ein Mitteilungssystem, eine Botschaft ist" (aaO, 85). Es ist hier der Ort der bahnbrechenden Untersuchungen von *Claude Lévi-Strauss* zu gedenken, die Mythos und Mythologie in ein neues Licht gerückt haben. Der französische Anthropologe und Philosoph will mit Hilfe strukturalistischer Analyse (s. o. Anm. 33) dem geheimen Ordnungsprinzip des Mythos auf die Spur kommen [s. bes. seine programmatischen Darlegungen: Die Struktur der Mythen, in: Strukturale Anthropologie, Frankfurt/M. 1967, 327–40; zuerst in: Journal of American Folklore 78 (1955), 428–444 erschienen]. „Die Substanz des Mythos", sagt er hier, „liegt weder im Stil noch in der Erzählweise oder der Syntax, sondern in der *Geschichte*, die darin erzählt wird. Der Mythos ist Sprache, aber eine Sprache, die auf einem sehr hohen Niveau arbeitet, wo der Sinn, wenn man so sagen darf, sich vom Sprachuntergrund ablöst, auf dem er anfänglich lag" (231). Er ist „gleichzeitig in der Sprache und jenseits der Sprache" (229). Der Sinn der Mythen liegt in der Zusammensetzung seiner Elemente, die Lévi-Strauss Mytheme („große konstitutive Einheiten") nennt, und die nach ihm auf einem höheren Niveau liegen als die linguistischen Kategorien Phoneme, Morpheme, Semanteme. Die von Lévi-Strauss gegebenen Beispiele seiner Analysen, z. B. der Ödipusmythos, die sog. totemistischen Mythen (weiteres in den drei Bänden: Le cru et le cuit, Paris 1964; Du miel aux cendres, Paris 1966; L'origine des manières de table, Paris 1968) zeigen, daß hier tatsächlich ganz neue Seiten aufgeschlagen werden, die allerdings den ahistorischen und „psychoanalytischen" Charakter nicht verleugnen. Das Ziel ist ja die unbewußte Geistestätigkeit des Menschen freizulegen, die über Zeit und Raum gleich ist. Zu diesem Zweck sei das Ganze eines Mythos „durch allmähliche Vereinfachungen logischen Operationen zu unterwerfen, so daß man schließlich das Strukturalgesetz des betreffenden Mythos erhält ..." (Struktur, 240). Dieses löbliche Unterfangen, das zunächst einmal gegenüber den älteren Versuchen das rationallogische Element im mythischen Denken herausstellt (s. o. Anm. 34), darf allerdings nicht dazu verführen, die historische und geographische Singularität auszulöschen. Eine Differenzierung des Mythosbegriffes, wie wir sie vornehmen, fehlt dabei völlig. Bedenken habe ich speziell gegen die Ausgangsbasis:

TERMINOLOGISCHE PROBLEME

1.4.1. Die Begründung einer kultischen oder religiösen Handlung durch ein prototypisches Verhalten von übermenschlichen oder vormenschlichen Wesen. „Einen Ritus ohne Mythos kann es nicht geben", sagte schon Durkheim.[36]

---

den jeweiligen Mythos durch die Gesamtheit seiner Fassungen zu definieren, da dadurch die traditionshistorische und literarkritische Forschung zur Bedeutungslosigkeit verurteilt wird (das angedeutete Verfahren ist ja bereits bei G. Dumézil anzutreffen). Vgl. zur Kritik *L. Goldmann* (abgedruckt bei Schiwy, aaO, 147 ff). Lévi-Strauss setzt voraus, daß jedem Mythos in allen seinen Fassungen und Varianten eine immanente Logik innewohnen muß. Wird sie nicht mitunter von ihm erst hineingelegt; z. B. deutlich bei der Formulierung der Themen der Ödipusmytheme (es ist ein Kampf gegen den Zufall!). Eine Veränderung des Objektes durch die „strukturalistische Tätigkeit" wird von *R. Barthes* ausdrücklich zugegeben (bei Schiwy aaO, 153 ff). Besser steht es m. E. bei der Behandlung der sog. totemistischen u. ä. Mythen, deren bisherige Auslegung ja *Lévi-Strauss* im großen und ganzen glänzend widerlegt hat (Le Totémisme aujord'hui, Paris 1962; dt. Das Ende des Totemismus, Frankfurt/M. 1965; La pensée sauvage, Paris 1962; ders. Das wilde Denken, Frankfurt/M. 1968). Das letzte Werk, eine Art Gegenschrift gegen *L. Lévy-Bruhls* bekannte Arbeiten über das „primitive' prälogische Denken", enthält u. a. eine Reihe beachtenswerter Feststellungen über Mythos und mythisches Denken, die ich noch kurz zur Sprache bringen möchte, da sie mir außerordentlich wichtig erscheinen. *Lévi-Strauss* vergleicht das mythische Denken mit einer Art „intellektueller Bastelei" (29 ff, 49). Der Mythologe verhält sich zum Wissenschaftler, wie der Bastler zum Ingenieur (s. o. das Zitat in Anm. 34). Insofern kann auch das mythische Denken „wissenschaftlich" sein; es ist „verallgemeinernd", „obwohl es in den Bildern gefangen ist"; es arbeitet mit Analogien und Vergleichen (34). Der Mythos schafft Strukturen mittels Ereignissen (36,40); er konkretisiert „Gesamtheiten" mittels einer Struktur (40), „denn jeder Mythos erzählt eine Geschichte". Sein Ziel ist die Integration von Struktur und Ereignis, d. h. von Notwendigem und Zufälligen (35 vgl. dazu die Auslegung totemistischer Riten und Mythen in Kap. 8). Es ist hier kein Platz, noch weiter darauf einzugehen, doch wird sich die Religionswissenschaft in Zukunft mit Lévi-Strauss stärker beschäftigen müssen als bisher; auch die Entmythologisierungsfrage erhält dadurch ein neues Gesicht. Es bleibt die Problematik der Struktur als solcher, die bei den Strukturalisten von der Linguistik her bestimmt ist (vgl. dazu P. *Ricoeur*, bei Schiwy 16f; 214 ff); ist sie Ordnung, Gesetz, Prinzip, psychologisch oder logisch-gnoseologisch, im kantischen Sinne ein „Vermögen?". Sie hat in jeder Disziplin eine andere Bedeutung (s. *H. Friedrich*, bei Schiwy, 220). Eine Definition von Struktur gibt *Van Baaren*, Menschen wie wir, 35, mit der der Historiker mehr anfangen kann. Vgl. auch *L. Goldmann*, bei Schiwy 174 ff. Kernproblem scheint mir darüber hinaus überhaupt das Verhältnis von synchroner und diachroner Betrachtungsweise zu sein; beide müssen zusammenarbeiten, quasi dialektisch, nicht gegen- oder nebeneinander (wie es etwa *L. Sebag* im Auge hat; bei Schiwy 186 ff). Das Fehlen der historischen Fragestellung, eben nach dem Entstehen und Werden der Mythen, läßt Lévi-Strauss offen bzw. klammert sie aus, da er primär daran interessiert ist, mit Hilfe der Strukturalistischen Semiologie (Problem der Sprachstruktur!) die unbewußte Geistestätigkeit bloßzulegen, die dem Menschen Macht über die Natur verleiht. Die Anm. 1 auf S. 35 ist daher für einen Historiker mehr als rätselhaft; wie soll man sich danach die älteste Form des Mythus (s. o. 1.1.1.) vorstellen, wenn er seine „ideologischen Gebäude aus dem Schutt eines vergangenen gesellschaftlichen Diskurses errichtet"? Eine kritische Betrachtung der strukturalistischen

1.4.2. Die geschilderten Vorgänge spielen in der Ur- und Vorzeit (mythischer Zeitbegriff): *in illo tempore, in illud tempus*; oder
1.4.3. umgekehrt in der Endzeit: *in illa die* (Apokalyptik, Eschatologie).[37]

Mythosanalyse legt jetzt auch *J. Guiart*, Des multiples niveaux de signification du mythe, in: Archive, de Sociologie des Religions 26 (13e année, 1968), 55–71, an Hand eines melanesischen Beispiels vor. Es zeigt sich dabei, daß die strukturale Analyse dem Inhalt eines Mythos nicht gerecht wird, da sie gewisse soziologische Tatsachen (z. B. der Überlieferung und Formulierung) nicht berücksichtigt. „C'est là le danger des mythes reçus en confidence, s'ils ne sont à chaque fois confrontés avec la constellation des rapports sociaux, hérités ou construits, qui déterminent l'informateur autant que celui-ci sait les manier à loisir. Ainsi le mythe contient-il à tout le moins deux messages: celui que decryptera le structuraliste, qui étudie son texte en tant que véhicule de l'ensemble du donné culturel; celui qu'y dépose le récitant, qui est résumé de sa position sociale, affirmation d'une ambition déçue ou en cours de réalisation, protestation pour une spoliation subie" (57).—Die strukturalistische Einschätzung des Mythos, wie sie Lévi-Strauss vertritt, ist übrigens der der marxistischen verwandt. So hat *R. Garandy*, Vom Bannfluch zum Dialog, in: Garaudy-Metz-Rahner, Der Dialog, Reinbek: Rowohlt 1966, 72 ff.75.77, Mythus mit Wissenschaft, Ritus mit Technik parallelisiert: zwischen Mythos und Wissenschaft bestehe eine Funktionsverwandtschaft, da beide ein Zugang zur Welt der Ursachen jenseits der Welt der sinnlichen Wirkungen darstellen; Mythos sei also erste Wissenschaft, ein Daseinsentwurf. „Der Mythos ist gleichzeitig die Vergangenheit der Wissenschaft und das Gegenteil der Wissenschaft, die gegen den Mythos gewinnt" (74), „Der Mythos ist ein nicht durch die experimentielle Methode verifiziertes Modell" (7). Zur stark von der zeitgemäßen Naturmythologie bestimmten Auffassung des Mythos bzw. der Mythologie bei *K. Marx* selbst s. Grundrisse der Kritik der politischen Ökonomie, Berlin 1953, 30 f, 47, 681; *Sannwald*, Marx und die Antike, Zürich 1957, 172 ff.—Kritik an der einseitigen Mythosauffassung als primitiver Wissenschaft hat bes. *Jensen* verschiedentlich geübt (zuletzt in: Die getötete Gottheit, Stuttgart 1966, 16).

[36] „Zur Definition religiöser Phänomene" (De la définition des phénomènes religieux, in: L'Année sociologique 1899), übers. bei *J. Matthes*, Religion und Gesellschaft, Reinbek 1967, 136 A. 9 (diese Ausführungen D.s sind leider wenig beachtet worden; sie überwinden bereits damals den Gegensatz in der Frage nach der Priorität von Mythus und Ritus. „Die religiöse Bedeutung des Mythus", sagt *W. Baetke*, „ruht in seiner Bezogenheit auf den des religiösen Glaubens und Kultus, der in ihm im eigentlichen Sinne des Wortes vor-gestellt wird; jeder Kultakt setzt die mythische Vorstellung voraus" (Aufgabe und Struktur der Religionswissenschaft, in: *M. Doerne*, Grundriß des Theologiestudiums, 3. Teil, Berlin 1954. 220; Baetke, Kleine Schriften, Weimar 1973, 22). Vgl. auch Lévi-Strauss, Das wilde Denken, 271 ff; Strukturale Anthropologie, 255 ff (über die dialektische Beziehung von Mythos und Ritual); *C. Kluckhohn*, Myths and Rituals, a General Theory, Harv. Theol. Rev. 35 (1942), 61 ff; *G. Widengren*, Religionsphänomenologie 150 ff. (Mythos als Ritualtext), 209 ff. (Ritus); *M. E. Spiro*, Religion and the Irrational (in: Proceedings of the 1964 Annual Spring Meeting of the American Ethnological Society, Seattle 1964, 102–125), 103 ff. Im ursprünglichen Mythos feiert eine Kultgemeinde die sie begründende, „versammelnde" (Heraklit) Wahrheit als den Aufgang einer Theophanie (E. Fuchs, Hermeneutik, Bad Cannstatt, 21958, 168 f).

[37] Daher hat *Th. P. van Baaren* mit Recht folgende Definition von Mythos vorgelegt: „die heilige Erzählung von den Geschehnissen in der Urzeit oder

1.4.4. Das zyklische Denken, wie es Eliade beschrieben hat: der Mythos tendiert auf „ewige Wiederkehr". Nur eine Historisierung von Mythen kann dieses zyklische Moment beseitigen oder umwandeln.

1.4.5. Das „anaklitische Denken", wie es Colpe genannt hat, d. h. die Rückbeziehung auf das im Mythos dargestellte Vorbild (1.1.4.1).

1.4.6. Ein dynamisches Element[38]: Der Mythos hat einen dramatischen Inhalt, der sich auch praktisch-rituell ausdrücken kann.

1.4.7. Verwischung des Unterschieds zwischen Welt und Überwelt, Himmel und Erde, Welt und Mensch, Tier und Mensch, falls überhaupt unterschieden (Partizipation, sympathetische Naturauffassung).[39]

1.4.8. Anthropo- und theriomorphe Darstellung übermenschlicher Wesen und Ereignisse.

1.4.9. Phantasievoller, physiognomischer und emotionaler Charakter.[40]

1.4.10. Das weltanschauliche Moment: Mythos als Objektivation der Weltanschauung einer Gemeinschaft oder Kultur, z. B. der Sammler und Jäger, der Pflanzer, Viehzüchter usw. Dieses Moment bietet ein wichtiges Kriterium für die Bestimmung des Ursprungs, der Herkunft der Mythen bzw. mythischen Elemente.[41]

---

in der eschatologischen Zukunft, die noch dem Heute zugrunde liegen und die eine Aussicht auf die Zukunft bieten" (Menschen wie wir, 185).

[38] Vgl. *E. Cassirer*, Was ist der Mensch, Stuttgart 1960, 99.

[39] Vgl. 105 ff. Cassirer hat in diesem Buch gegenüber früheren Aussagen die Lévy-Bruhlsche Theorie vom „prälogischen Denken" aufgegeben (aaO, 103 unter Berufung auf Malinowski); dennoch sieht er auch weiterhin die Grundlage des mythischen Denkens wesentlich mehr im Fühlen als im Denken, mehr im synthetischen als im analytischen Denken (vgl. auch *J. Zandee*, Het ongedifferentieerde Denken der oude Egyptenaren, Leiden 1966). Aber auch er hat schon gesehen, was jetzt Lévi-Strauss zum Ausgang seiner Analysen gemacht hat: „Der Mythos hat gleichsam ein doppeltes Gesicht: Einerseits zeigt er eine begrifflich-logische, andererseits eine ontologische Struktur" (ib., 98).

[40] Vgl. ib., 99f. Der Zusammenhang von Dichtung bzw. Kunst und Mythos ist schon oft behandelt worden (vgl. ib., 97; *Cassirer*, Sprache und Mythos, Leipzig-Berlin 1925; *K. Kerényi*, Umgang mit Göttlichem, Göttingen 1961, 39f. u. anderwärts; *Lévi-Strauss*, Das wilde Denken, 36 ff.). Darin liegt die Affinität der Literatur und bildenden Kunst zum „Mythischen" (vgl. *Hochgesang*, op. cit. pass.).

[41] Vgl. die Arbeiten von *Hans Baumann*; bes. Schöpfung und Urzeit des Menschen im Mythus der afrikanischen Völker, Berlin 1936, 2 (an P. Ehrenreich anknüpfend): „Mythus ist anschauliche Darstellung der Weltanschauung von Gemeinschaften", also ein kulturgeschichtliches Phänomen. Hierher gehören auch die Untersuchungen von *L. Frobenius* und seiner Schule; bes. *Jensen*, Mythos und Kult, 49 ff u. pass.: Mythos und Erkenntnis, Paideuma 9 (1962), 63–75. Auch von strukturalistischer Seite wird dieses Element berücksichtigt:

1.4.11. Je nach Zweck und Inhalt lassen sich etwa unterscheiden: Theogonische, kosmogonische, anthrogonische, Urzeit-, Transformations-, eschatologische, Natur-, Astral- und kosmologische Mythen; ferner historisierte Mythen und mythische Historien.[42]

2.) Vom Mythos zu unterscheiden ist die *Mythologie*. Das griechische Wort bedeutet ursprünglich einfach „das Erzählen eines Mythos, einer Geschichte", dann nach der Abwertung des Mythos zur Fabel „das Erzählen von Fabeln, erdichteten Geschichten". Eine Mythologie ist eine unwahre, fabelhafte Erzählung. Als Terminus technicus ist Mythologie Umschreibung für die in den Mythen niedergelegte Götterlehre, das System der Mythen, eben die „*Mythologie*".

2.1. Die letztere Bedeutung ist auch von uns übernehmbar: Mythologie ist ein bewußt (oder auch unbewußt) geschaffenes System aus einzelnen Mythen.[43] Dazu kommt es bei Vorhandensein eines Standes, der die einzelnen Mythen sammelt, ordnet, klassifiziert. Schon bei schriftlosen Kulturen gibt es bereits „Formulierer der Mythen", die „Denker", wie sie *P. Radin* nannte.[44] Ihre Arbeit bereitet den Weg zur Mythologie, die vor allem Werk der Priester, dann der Dichter ist. Dadurch ist dieser Vorgang verbunden mit einer Theologisierung, erhöhten Rationalisierung,

---

L. Sebag (bei Schiwy, Der frz. Strukturalismus, 186 ff, bes. 189 f.): durch den Mythos „denkt sich eine Gesellschaft, das heißt sie entwickelt und systematisiert, was sie in allen ihren Tätigkeitszweigen skizziert . . ." (ib. 195).

[42] Nach *J. Haekel* in der 3. Aufl. der RGG IV, 1268 ff. Vgl. jetzt auch *G. Widengren*, Religionsphänomenologie, 157 ff über „verschiedene Kategorien von Mythen".

[43] So auch *P. Tillich*, Ges. Wke, V, 192 (= RGG2 IV Sp. 367 f). Eine andere Auffassung vertritt offenbar A. Brelich, Mitologia, contributo a un problem di fenomenologia religiosa, in: Liber Amicorum. Studies in Honour of C. J. Bleeker, Leiden, 55–68, da er den engen Zusammenhang von Mythos und Mythologie in der Weise sieht, daß ersterer ohne die letztere nicht voll verstehbar sei; der einzelne Mythos ist in eine Mythologie eingebettet und alle seine Elemente sind nur aus dem weiten Organismus der Mythologie erklärbar. Brelich schließt daraus, daß eine Phänomenologie des Mythos auf die Mythologie Rücksicht nehmen muß, d. h. eine Phänomenologie der Mythologie ist ebenso nötig (68). Trotz beachtenswerter Feststellungen, muß es m. E. dabei bleiben, zunächst zu versuchen, jeden Mythos aus sich zu erklären, nicht aus der Mythologie im o. gen. Sinne. Natürlich haben die Mythen einer Kultur, eines Stammes oder Volkes alle gemeinsame Züge (s. 1.4.10), aber eine Systematisierung ist m. E. ein sekundärer Vorgang. Daß der Mythenforscher auf die Mythologien zurückgreift, ist selbstverständlich, aber er muß wissen, was er damit tut (z. B. in der griechischen Mythologie).

[44] U. a. in: Primitive Man as Philosopher, New York 1927, ²1957, 230 ff, 292 ff; Gott und Mensch in der primitiven Welt, Zürich o. J., 46 ff, 110 ff; Die religiöse Erfahrung bei Naturvölkern, Zürich 1951, 73 ff, 108 ff.

Literarisierung und Ästhetisierung.⁴⁵ Mittel sind hierfür oft Allegorie und Symbolik. Sie werden nötig, da das ursprüngliche Verständnis der Mythen geschwunden ist. Mythologie fußt daher entweder auf den „Mythen mit Ratio" oder „mit Logos" und steht entweder kurz vor oder nach dem Verlust der mythischen Valenz. Man kann davon sprechen, daß die Mythologisierung der Mythen bereits ein Akt der „Entmythisierung" sein kann (s. u.). Trotzdem muß auch hierbei noch einmal unterschieden werden.

2.1.1. *Mythologie* kann noch *mythische Valenz* besitzen, d. h. sie kann glaubensmäßig verwurzelt sein und kultisch verwendet werden. Der Grad dieser Verwendung hängt von der Beziehung der Mythologie zur lebendigen Religion ab und der Stufe des Logos, der Reflexion, des Bewußtseins, dem wissenschaftlich-philosophischen Denken. Als Beispiele dafür kann auf einige alte Kulturvölker (z. B. Ägypten, Babylonien, Japan) und den Gnostizismus verwiesen werden. Die Sachlage läßt sich im jeweiligen Fall nicht immer leicht klären (z. B. bei der germanischen und griechischen Mythologie). In einzelnen Fällen kann es zur sekundären Ritualisierung von Mythologien oder Mythologemen (s. 2.1.5) kommen. Da das ungebrochene Verhältnis zum Inhalt längst geschwunden ist, setzen sich von Haus aus fremde Erklärungen und sekundäre „Anwendungen" in den Mythen fest.⁴⁶

2.1.2. Weitaus mehr gilt von der *Mythologie*, daß sie keine *mythische Valenz* mehr besitzt. In ihr hat der Logos den Mythos verschlungen oder besiegt (Mytho-Logie!). Diese Art Mythologie hat in der Hauptsache nur noch literarisch-dichterischen

---

⁴⁵ Der Ägyptologe *R. Anthes* stellt m. R. fest, daß die ägyptische Mythologie an Stelle der Dogmen steht, aber wegen ihres undogmatischen Charakters eben vielgestaltig und uneinheitlich ist, wobei die Symbolisierung eine wichtige Rolle spielt. Mythologie und der gesunde Menschenverstand in Ägypten, Mitt. d. dt. Orient-Ges. zu Berlin 96 (1965), 5–40, bes. 15 f, 17 ff). Dies dürfte auch für die überwiegende Mehrheit der alten Volksreligionen zutreffen.

⁴⁶ Den Terminus „Stadium der Anwendung" verwendet *A. E. Jensen* in einem speziellen Sinne: als Gegensatz zum primären Stadium des (schöpferischen) „Ausdrucks", der im „Ergriffenheits-Zustand" eine Welterkenntnis gestaltet (Mythos und Kult, 5 ff; 72 ff). An anderer Stelle spricht er von „Pseudozwecken" (23 ff), was m. E. insofern besser ist, da die Ansicht, Mythos und Ritus sei von Haus aus zweckfrei, den Tatsachen nicht gerecht wird. Bei Verlust des ursprünglichen Sinnes und Zweckes eines Mythos (oder eines Ritus) tritt, falls nicht die Sinnlosigkeit überhaupt Platz greift (Absinken zu Survivals), eine sekundäre Sinn– oder Zweckgebung auf den Plan (vgl. ib. 72 ff). Zur Kritik an Jensen s. *F. R. Lehmann*, DLZ 74 (1953), 35 ff; 83 (1962), 148 ff; *R. Schott*, Saeculum 12 (1961), 86f. „Man darf nicht vergessen", schreibt *Radin*, daß die Mythen bei den primitiven Völkern fast überall sekundären literarischen Deutungen ausgesetzt waren" (Gott und Mensch, 327).

Charakter und ihr religiöser Wert ist gleich null, es sei denn er wird künstlich, vor allem mit ästhetisch-künstlerischen Mitteln aufgefrischt (Kunstmythologie).[47] Mythologie wird hier weithin zur phantasievollen Lehre, ihr Inhalt durch Allegorie, symbolische oder philosophische Auslegung entleert oder eben „erklärt". Die Wiederaufnahme von mythologischem Stoff in Schauspiel und Oper bieten Beispiele für die Überzeitlichkeit derartiger entfunktionierten Mythologeme.[48]

2.1.3. Auf dieser Stufe kann dann *Mythologie* zur bloßen *Ideologie* in e. S. umfunktioniert werden.[49] Oder: Die Stelle der Mythologie wird von einer Ideologie eingenommen, die Züge der Mythologie trägt (s. 1.3.3.). Das Pendant dazu ist die Mythologisierbarkeit wissenschaftlicher Begriffe.[50] Mythologie wird nicht nur zur Ideologie, sondern auch Mittel einer Behelfssprache.

2.1.4. Parallel zum Begriff „mythisch" wird der Ausdruck „*mythologisch*" verwendet. Er bezeichnet hier die einer oder der Mythologie gemäße Denkart, die uns in der Mythologie, sei es als Weltbild, Götterlehre, Kosmologie, Anthropologie usw.

---

[47] Vgl. Anm. 25.

[48] Ein bekanntes Beispiel hierfür bietet Richard Wagner, wozu *F. Nietzsche* in den Vorarbeiten zu der „Unzeitgemäßen Betrachtung" über „Richard Wagner in Bayreuth" (Sommer 1875) treffende Worte gefunden hat [erstmalig vollständiger Text in der italien. Ausgabe IV, I, 279 f; zitiert nach *G. Picht*, Zum Problem der „Genealogie der Moral" in: Weltgespräch 6 (Schuld und religiöse Erfahrung), Freiburg 1968, 41ff]: „Wenn nun Wagner bald den christlich-germanischen Mythus, bald Schiffahrer-Legenden, bald buddhaistische, bald heidnisch-deutsche Mythen, bald protestantisches Bürgerthum nimmt, so ist deutlich, daß er über der religiösen Bedeutung dieser Mythen *frei* steht und dies auch von seinen Zuhörern verlangt; so wie die griechischen Dramatiker darüber frei standen und schon Homer. Auch Aeschylus wechselte nach Belieben seine Vorstellungen, selbst von Zeus. Fromm ist ein Dichter niemals. Es gibt keinen Cultus, keine Furcht und Angst (und) Schmeichelei vor diesen Göttern, man *glaubt nicht an sie*. Der Grieche, der im Bühnenhelden in abergläubischer Weise den Gott sah, war nicht der Zuschauer, den Aeschylus wollte. Die Religiosität der Götzen und Fetische muß vorüber sein, wenn jemand so frei in Vorgängen denken soll, als Dichter. Wagner fand einen ungeheuren Zeitpunkt vor: wo alle Religion aller *früheren Zeiten in ihrer dogmatischen Götzen- und Fetischwirkung* wankt: er ist der tragische Dichter am Schluß aller Religion, der 'Götterdämmerung'. So hat er die ganze Geschichte sich dienstbar gemacht, er nimmt die Historie als sein Denkbereich in Anspruch: so ungemein ist sein Schaffen, daß er durch alles *Gewordene* nicht erdrückt wird, sondern nur in ihm sich auszusprechen vermag." Vgl. jetzt D. *Borchmeyer* (Hg.), Wege des Mythos in der Moderne. Richard Wagner "Der Ring des Nibelungen", München 1987; Ders. in: P. *Kemper* (Hg.), Macht des Mythos - Ohnmacht der Vernunft, Frankfurt/M 1989, 176ff.

[49] Für *R. Barthes* sind Mythologien gleich Ideologien.

[50] Vgl. *Colpe*, Das Phänomen, 79 ff; das oben gen. Buch von *M. Taube* über „Mythos der Denkmaschine". Auf diese Möglichkeit geht *Hochgesang*, aaO, leider gar nicht ein. Die gesamte Problematik des oben nur thesenhaft Angedeuteten ist zu kompliziert, als das sie hier näher behandelt werden könnte.

entgegentritt. Sie entstammt dem „mythischen Bewußtsein", ist aber bereits von der ordnenden und erhellenden Macht des Logos durchwaltet, daher nicht mehr bloß „mythisch", sondern „mythologisch". Den Nebensinn von „phantastisch", „unwirklich" hat dieser Ausdruck schon im Griechischen und wir haben ihn so übernommen. Er kann in dieser Weise von Mythologie getrennt sein, d. h. er ist nicht notwendig mit einer Mythologie verbunden (s. 1.3.4, wo wir das gleiche Verhältnis zwischen „mythisch" und „Mythos" feststellten).

2.1.5. Unter *Mythologem* ist ein der Mythologie entstammendes Thema zu verstehen, das inhaltlich einen Ausschnitt daraus wiedergibt. Es braucht nicht identisch zu sein mit dem zugrundeliegenden Mythos. Es ist ein Stück der Mythologie, nicht des Mythos, dessen Teile man mit Lévi-Strauss „Mytheme" nennen kann.[51]

2.3. Der Mythologie und Mythologisierung gegenüber steht die *„Entmythologisierung"*, seltener „Entmythisierung" genannt. Der Ausdruck ist neueren Datums. Ich bin seiner Geschichte noch nicht nachgegangen (hat ihn Bultmann geprägt?). Er ist, wie man wiederholt festgestellt hat, etwas unglücklich, aber wohl kaum jetzt noch ersetzbar.[52] Auch hier gilt es eine Reihe Bestimmungen und notwendiger Differenzierungen vorzunehmen.

---

[51] S. oben Anm. 35. In einer wenig differenzierten Weise verwendet *K. Kerényi* den Begriff „Mythologem" (Die antike Religion,11940, 33 f.216; 21952, 37f.204).

[52] *S. Morenz* äußerte in der Diskussion zu diesem Punkt, daß es zwar besser sei von „Entmythisierung" zu sprechen (vgl. auch *Colpe*, Mythische und religiöse Aussage, 22; Das Phänomen, 86 Anm. 94; der Ausdruck ist schon bei dem Altphilologen *C. Koch* zu finden: s. u. Anm. 54), aber der Ausdruck Ent– sei überhaupt bedenklich, da er immer ein „Abschaffen" bedeute, analog von „Entrümpelung" „Entnazifizierung" u. a Im Grunde ginge es nur um die „Reduzierung mythischer Elemente", ein Problem, das die alten Liberalen ehrlicher zu lösen versucht hätten als Bultmann und seine Schule, denen es ja doch nur um die Interpretation oder Neuauslegung des Mythos ginge. Wir werden sehen, daß es tatsächlich um nichts anderes geht, insofern ist der Ausdruck „Entmyth(olog)isierung" tatsächlich mehr als unglücklich. Andererseits gibt es ja auch den Vorgang der „Re-myth(olog)isierung" (z. B. im esoterischen Judentum; s. 3.2.4), so daß man auch von einer „Entmyth(olog)isierung" sprechen kann. Ein Werturteil sollte damit nicht verbunden sein: denn der Mythos oder die Mythologie ist weder etwas Verwerfliches, das insofern einer Beseitigung bedarf, sondern eine bestimmte Form menschlicher Rede und menschlichen Denkens, die mit Religion eng zusammenhängt; da auch diese Form dem geschichtlichen Werden unterliegt, bedarf es wiederum des menschlichen Bemühens sich mit ihr auseinanderzusetzen, sie in u. S. kritisch zu reflektieren, wie es—und das ist meine These—schon in verschiedenen Versuchen in der Religionsgeschichte als legitimer Akt theologischen Denkens unternommen worden ist, wenn auch lange nicht so radikal wie in unserer Zeit. Eine Unterscheidung von „Entmythisierung" und „Entmythologisierung" nimmt auch

2.3.1. *Entmythisierung* ist die Befreiung vom Mythos und dem in ihm manifestierten mythischen Denken als konkreter realistischer Aussage. Sie setzt bereits ein durch *Aufhören der mythischen Valenz.*[53] Dieser weithin irreversible Vorgang gibt den Boden her für die Entmythisierung. Dies kann erfolgen der Form und dem Inhalt nach:

2.3.1.1. Durch Historisierung.[54]

W. H. Schmidt, Mythos im Alten Testament, EvTheol 27, NF 22 (1967), 237–254, bes. 242 vor: erstere sei eine Destruierung des Mythus, wie sie das AT und NT vornimmt, letztere eine Auslegungsmethode, die den Mythos umdeute; so habe Israel nur entmythisiert, nicht entmythologisiert (s. u. Anm. 52). Mir ist diese Differenzierung nicht klar und sachgemäß genug. — Vom strukturalistischen Ansatz her ergibt sich übrigens ein anderer Aspekt: hiernach wäre die sog. Entmyth(olog)isierung in der Hauptsache eine Rücknahme der zweiten Ebene, der Bedeutung, der Metasprache, eine Reduzierung auf die einfache Aussage, das primäre, semiologische System (vgl. *Barthes*, Mythen 92 ff). Eine Äußerung zur Frage der Entmythologisierung von strukturalistischer Seite habe ich bisher nicht finden können. Die Arbeit der Strukturalisten selbst ist ja ein entmyth(olog)isierender Akt! Vgl. Barthes, 121 (zitiert unten Anm. 58).
[53] Vgl. *Colpe*, Mythische u. relig. Aussage, 17: „Der Mensch versteht sich entweder *im* Urzeit- bzw. Endzeitgeschehen, oder er steht ihm *gegenüber*. Der Mythos ist ihm entweder Tatsache oder Literatur. Der Mythos vermag etwas über den Menschen oder nicht, wirkt mit magischer Kraft auf ihn ein oder läßt ihn frei von sich, hat mythische (hier = magische) Valenz oder hat keine". Daß dieser Vorgang in allen Religionen vorkommt, stellt Colpe ausdrücklich fest (ib., 22). Vgl. auch *E. Betti*, Allgemeine Auslegungslehre als Methodik der Geisteswissenschaften, Tübingen 1967, 327 ff über die Dialektik des mythischen Denkens, bes. 328, wo der Ansatz zur „Entmythisierung" markiert ist.
[54] Dieser allgemein bekannte Vorgang sei durch folgende Hinweise belegt: *M. Noth*, Die Historisierung des Mythos im AT, in: Christentum u. Wissenschaft 4 (1928), 265–272.301–309 (= Gesammelte Studien zum AT, II, München 1969, 29–47); *G. Widengren*, Myth and History in Israelite-Jewish Thought, in: Culture in History. Essays in Honor of P. Radin, Ed. by S. Diamond, New York 1960, 467–495, bes. 478 ff; *R. Rendtorff*, Kult, Mythos und Geschichte im alten Israel, in: Sammlung und Sendung. Festgabe für H. Rendtorff 1958, 121–129 (sieht in der Historisierung des Mythos zugleich eine Mythisierung der Geschichte); *W. H. Schmidt*, Mythos im AT (s. o. Anm. 52), 243 ff. (demonstriert den differenzierten, kritischen Umgang sowohl mit dem Mythos als auch mit mythischen Vorstellungen im AT); *F. M. Th. de Liagre* Böhl, Mythos und Geschichte in der altbabylonischen Dichtung, in: Opera Minora, Groningen 1953, 217–233.497f; *Ulrich Luft*, Beiträge zur Historisierung der Götterwelt und der Mythenschreibung, Budapest 1978 (Studia Aegyptiaca IV). In der römischen Religion, die als Beispiel einer mythenfreien Religion gilt, scheint offenbar schon früh eine „Entmythisierung" (so C. Koch, Der römische Juppiter, Frankfurt/M. 1937, 28, 31 f, 50 ff, 84 ff, 130; Religio, Nürnberg 1960, 77 ff.101 ff u. a.; vgl. auch K. Kerényi, Die antike Religion, 1. Aufl., 181 f, 215 ff; 2. Aufl., 174 f, 202 ff) eingesetzt zu Gunsten einer Historisierung und „Ritualisierung" (nach Kerényi eine „Übersetzung des Mythos in Kultus", ib. [1]217, [2]204); das römische Mythologem sie „der Mythos als die Geschichte der Urzeit"; vgl. dazu (außer den umstrittenen Arbeiten von G. Dumézil) auch J. Bayet, Histoire politique et psychologique religion romain, Paris 1957, 47.

2.3.1.2. Durch Allegorisierung[55]
2.3.1.3. Durch Symbolisierung[56]
2.3.1.4. Durch „Mythologisierung", im Sinne von Poetisierung, Literarisierung, Ästhetisierung (s. 2.1.2.).
2.3.1.5. Durch Szientifizierung (Rationalisierung)[57]
2.3.1.6. Durch Entideologisierung[58]
2.3.1.7. Durch Psychologisierung[59]
2.3.1.8. Durch Existentialisierung[60]
2.3.2. *Die Entmythologisierung* ist der gleiche Vorgang auf der Stufe oder im Bereich der Mythologie und des dementsprechenden mythologischen Weltbildes, das sie ausdrückt oder konserviert. Dabei ist zu beobachten, daß sich entmythologisierende Vorgänge primär gegen das „Mythologische", also gegen die Aussageweise richten, weniger gegen die Mythologie als solche.

---

[55] Vgl. *Betti*, aaO, 285 ff. (eine berechtigte theologische Auslegungsmethode); vorzüglich an einem Beispiel demonstriert von *I. Christiansen*, Die Technik der allegorischen Auslegungswissenschaft bei Philon von Alexandrien, Tübingen 1969 (Beiträge z. Gesch. d. bibl. Hermeneutik 7).

[56] Vgl. *Betti*, 289 ff, 294 ff (es geht um die Ausdeutung des mythischen Semantems im Lichte des Logos und der erweiterten Erfahrungserkenntnis); *Christiansen*, aaO, 47 ff (Die Technik der Symbolfindung). *R. Merkelbach*. Inhalt und Form symbolischer Erzählungen der Antike, Eranos Jahrbuch 35 (1966), 145 ff. Vom strukturalistischen Standpunkt aus ist das wilde Denken „durch einen verzehrenden Ehrgeiz nach Symbolisierung definiert ... und durch eine gewissenhafte, ganz und gar dem Konkreten zugewandte Aufmerksamkeit ..." (*Lévi-Strauss*, Das wilde Denken, 254). Vgl. jetzt auch *H. Münkler*, Odysseus und Kassandra. Politik im Mythos, Frankfurt/M. 1990.

[57] Diese Form ist natürlich mit den vorhergehenden Interpretationsweisen zu verbinden, da auch diese eine Rationalisierung nach dem jeweiligen Erkenntnisstand darstellen. Vgl. speziell zur Rationalisierung des Mythos *E. Topitsch*, Philosophie zwischen Mythos und Wissenschaft, in: Die Zukunft der Philosophie, Hrsg. von H. R. Schlette, Freiburg i. Br. 1968, 203–221, bes. 211f, 219. „Dieser Prozeß ist für den Übergang von den archaischen Vollformen des Mythos zu seinen rationalisierten Spätformen in der traditionellen Philosophie charakteristisch" (211). Eine Art Zwischenstufe zwischen Mythos und Wissenschaft bilden die „Scholastiken" (P. Honigsheim). Topitsch nennt diese Arten der Mythosauslegung (unbewußte oder bewußte) *„Immunisierungsstrategien"* (211, 215). Vgl. auch ders. „Mythologisches Denken" in: Ideologie. Hrsg. v. K. Lenk, Kap. 2. Ferner: J. Habermas, Der befremdliche Mythos, in: Phil. Rundschau 1958, 215–228.

[58] Vgl. *Barthes*, aaO, 121: „Die beste Waffe gegen den Mythos ist in Wirklichkeit vielleicht, ihn selbst zu mythifizieren, das heißt einen künstlichen Mythos zu schaffen. Dieser konstruierte Mythos würde eine wahre Mythologie sein. Da der Mythos die Sprache entwendet, warum nicht den Mythos entwenden?" Als Beispiel solcher „künstlicher Mythologien" in der Literatur nennt Barthes Flauberts „Bouvard et Pécuchet".

[59] Etwa im Sinne Freuds oder C. G. Jungs; letzterer hat im Eranos-Kreis ein wichtiges Instrument für diese Form der Mythenauslegung geschaffen. Auch K. Kerényi ist hier zu nennen.

[60] Darunter fallen religionshistorisch gesehen eben die Versuche von R. Bultmann und seiner Schule.

Das hängt damit zusammen, daß die Mythologien, d. h. die Götterlehren und -systeme, durch ihre Literarisierung bereits der Kritik entzogen werden: sie sind Dichtung und unterstehen deren Gesetz, so daß ihre Stoffe zu jeder Zeit aufgenommen und eine neue Funktion erhalten können (s. 2. 1.2.). Eine Entmythologisierung kann wiederum erfolgen durch
2.3.2.1. Historisierung (z. B. Euhemerismus).
2.3.2.2. Allegorisierung
2.3.2.3. Symbolisierung
2.3.2.4. Szientifizierung (durch Dogmatik und Philosophie)[61]
2.3.2.5. Entideologisierung
2.3.2.6. Psychologisierung
2.3.2.7. Existentialisierung.
2.3.3. Sowohl Entmythisierung als auch Entmythologisierung zehren von der Beseitigung der mythischen Valenz ihrer Grundelemente. „Wenn dies geschieht", sagt *P. Grimal*, „wenn die Mythologie ihr lebendiges Dasein aufgibt, umhüllt sie sich mit dem Schleier des Geheimnisvollen; ihre innere Wahrheit, ihre Wirksamkeit dringen nicht mehr nach außen, und man beginnt nach ihrer Bedeutung zu fragen—was während ihrer Lebenszeit undenkbar gewesen wäre".[62]
2.3.4. *Der Vorgang der Entmyth(olog)isierung* kann verursacht sein durch
2.3.4.1. *externe (exogene) Ursachen:* Überschichtung von unterschiedlichen Mythen und Mythologien, Zerstörung der Kultur- und Religionsgemeinschaft, Zusammenstoß verschiedener Religionen und ihre gegenseitige Durchdringung (unter Anwendung der Interpretatio), Ausbreitung durch Mission (Problem der Anpassung), Änderung des Weltbildes, Aufkommen von Wissenschaft und Philosophie.
2.3.4.2. *interne (endogene) Ursachen:* Historische Entwicklung seit der Archaik, Verlust des mythischen unreflektierten Denkens, Ausbildung eines Priesterstandes, Reformationen und Revolutionen, Entwicklung und Fortschritt des philosophischen, wissenschaftlichen und technischen Denkens; Verfall der Kult- und Religionsgemeinde.
2.3.4.3. Die legitime Form, in der Entmythisierung und Entmythologisierung erfolgt, ist die in allen Religionen der

---

[61] Auch K. Kerényi begreift die Theologie (= Mythologie minus dessen, was sich nicht auf die Götter bezieht) als einen Akt der Entmythologisierung, denn sie tritt an Stelle der „fabulierenden Mythologie" (133). Vgl. auch *Francis Bacon*, Weisheit der Alten. Hrsg. von Ph. Rippel, Frankfurt/M. 1990.
[62] Mythen der Völker I, 21.

Schriftkulturen beheimatete Auslegung und Interpretation (Hermeneutik). Sie hat ihre eigene Problematik, die wir hier nicht erörtern können.[63] Über die Legitimität und Adäquatheit dieser Auslegung befindet die jeweilige Gemeinschaft, in erster Linie die maßgebenden Vertreter.[64]

2.3.4.4. Die Entmythisierung/Entmythologisierung ist meistens zunächst beschränkt auf die Kreise der „Elite", seien es Philosophen, Theologen oder Mythologen. Entmythisierung/Entmythologisierung besteht daher neben bzw. zusammen mit dem teilweisen Fortbestehen des mythischen oder mythologischen Weltbildes.

Es ist unmöglich, die aufgezählten Thesen ausführlich zu behandeln, da dies eine Geschichte der gesamten Hermeneutik in der Religionsgeschichte einschließen müßte. Nur ein Thema sei noch ausgeführt, das für die Entmythologisierungsfrage von großer Bedeutung ist, das von *Religion, Mythos und Mythologie*. Auch hierbei kann ich vorläufig nur thesenartig meine Auffassung darstellen.

3.) 1. *Religion und Mythos*

3.1.1. Eine einwandfreie *Definition von „Religion"* kann ich nicht geben, da es nicht einfach ist, aus der Fülle der historisch-nachweisbaren Religionsformen ein Destillat zu gewinnen, das allen Ansprüchen gerecht wird.[65] Selbstverständlich zu sagen ist,

---

[63] Auch hier gäbe es für die Theologie bei der Religionswissenschaft viel zu lernen. Leider existiert noch keine größere, zusammenfassende Arbeit über die Hermeneutik in den Religionen.

[64] Vgl. etwa das bemerkenswerte, anonyme 'Idschma-Prinzip des Islams.

[65] Vgl. bereits meine Bemerkungen in Kairos 9 (1967), 32f mit Anm. 50. (oben. S. 21) Ergänzend hierzu sei auf die wichtigen Erörterungen von *Th. P. van Baaren*, Menschen wie wir, 40f, verwiesen; derselbe Gelehrte hat in Zusammenarbeit mit einem Team an der Universität Groningen den Versuch einer Religionsdefinition unternommen [Systematische Religionswissenschaft, in: Ned. Theol. Tijdschr. 24 (1970), 81–88, bes. 84 f]; er schließt sich eng an die Ausführungen von *M. E. Spiro*, A Definition of 'Religion', in: Anthropological Approaches to the Study of Religion. Ed. by M. Banton, London 1966, 96 ff, an, die ich ebenfalls für weiterführend ansehe (Betonung des Zusammenhangs von Religion und Kultur; Funktionsgefüge). Die Definition, die *Colpe*, Mythische u. relig. Aussage, 19, vorlegt, ist mir zu abstrakt und formal. Mir scheint der Versuch *Tillichs*, den Religionsbegriff in der Religionsphilosophie überhaupt zu überwinden (zuerst in den Kantstudien 27 [1922], 446 ff = Ges. Werke I, 367 ff, dann in der Religionsphilosophie von 1925 = Ges. Werke I, 297 ff, bes. 318 ff) bisher noch viel zu wenig berücksichtigt worden zu sein. Die gegenseitige (dialektische) Beziehung von „Religion" und Kultur ist nämlich tatsächlich auch vom historischen Gesichtspunkt her begründet. S.o. S. 111.

daß für den Religionshistoriker auch das Christentum in diesen Reigen gehört. Zu einer Religion, die immer Teil einer Kultur ist und in einem Funktionszusammenhang mit anderen Phänomenen derselben steht, gehören meiner Meinung nach auf jeden Fall: eine Gemeinschaft, der Glaube an die Wirksamkeit einer oder mehrerer übermenschlichen Mächte, die unterschiedlich aufgefaßt werden, die praktische Beziehung zu ihnen in Gestalt eines Kultes und eine sakrale Überlieferung, sei es mündlicher oder schriftlicher Art, die die Norm des Verhaltens in Denken, Reden und Tun enthält.

3.1.2. Der Mythos als „heilige Erzählung"[66] ist in jeder Religion bzw. jedem Kultus in irgendeiner Form vorhanden, und sei es in der einfachen Weise der Aussage über die Götter und ihr Tun, die den Kult begründet (wie etwa in der römischen Religion).[67]

3.1.3. Diese „heilige Erzählung" oder „heiligen Erzählungen" beinhalten die zentralen Aussagen einer Religion oder eines Kults, ohne sie ist er nicht begreifbar, sondern wird zum bloßen *sinnlosen* Vollzug (s. 1.4.1.).

3.1.4. Entsprechend der früher aufgeführten Formen des Mythos sind auch z. T. seine Beziehungen zur Religion. Es gibt also:

3.1.4.1. Religionen mit lebendigem Mythenbestand,

3.1.4.2. Religionen mit, wie wir jetzt sagen können, entmythisierten „Mythen" auf Grund der oben aufgeführten Auslegungsweisen, wie Historisierung, Allegorisierung, Symbolisierung, Rationalisierung (etwa in Gestalt von Dogmen).[68]

---

[66] Vgl. auch *Van Baaren*, aaO, 185 (zitiert oben Anm. 37).
[67] Vgl *F. Bömer*, Ahnenkult und Ahnenglaube im alten Rom, Leipzig 1943 (Beih. z. ARW 1), 95f.; oben Anm. 54. „Es gibt keinen Kult, keinen Frömmigkeitsakt ohne mythischen Inhalt. Und umgekehrt: kein Mythos ist religiös, der nicht in Kultus und Frömmigkeit lebendig ist" (*Tillich*, Ges. Wke, V, 189). Vgl. auch *Colpe*, aaO, 22 über den „religiösen Mythos". „Religiöse Mythen lassen sich erst mit Hilfe religiöser Daten als solche erkennen", sagte schon *W. Baetke*, „d. h. man muß den umgekehrten Weg einschlagen: nicht vom Mythos oder seinem „weltanschaulichen" Gehalt zum Kult und zur Religion, sondern von der Religion und dem Kult zur Mythendeutung" (Geist u. Erbe Thules, 1944, 153; Kleine Schriften, 204, betr. hier die Eddainterpretation; s. auch das Zitat oben in Anm. 36). Es ist nur nicht immer möglich, diesen Weg zu gehen, weil oft keine anderen Quellen als die Mythen zur Verfügung stehen; außerdem bedarf es der von Colpe und mir vorgelegten Differenzierung von Mythos und Mythologie. „Im ganzen Verlauf ihrer Geschichte ist die Religion unlösbar mit mythischen Elementen verbunden und von ihnen durchsetzt" (*Cassirer*, Was ist der Mensch, 113).
[68] Dogma „ist Mythos auf dem Boden der nachmythischen Geisteslage, ist religiös und wissenschaftlich gebrochener Mythos und ist die Form, in der die unzerreißbare mythische Verbindung von Wissenschaft und Religion manifesti-

3.1.4.3. Religionen mit rationalisierten Mythen in Gestalt einer „philosophischen Religion" (z. B. der Buddhismus).

3.1.5. Es gibt jedoch keine kultische Religion—und dazu gehören alle bisher bekannten Religionen—, die ihren zentralen Mythos, d. h. die „heilige Erzählung" als solche abgeschafft hat. Er bzw. sie ist nur inhaltlich ausgelegt, umgedeutet, aber als solcher nicht entfunktionalisiert worden.[69] Denn der Kult macht seine Gegenwart unumgänglich. „Im Kultus kann der Mythos dagegen nicht entbehrt werden ..." sagt *S. Holm* sehr richtig.[70] Da der Kult das Zentrum jeder Religion ist, ist es auch das mit ihm verbundene „heilige Wort".

3.2. *Religion und Mythologie* sind in ihrem Verhältnis sehr unterschiedlich deutbar:

3.2.1. Ein positives Verhältnis ist überall dort vorhanden, wo die Mythologie zum Bestand der religiösen Überlieferung gehört (wie bei den Griechen, Indern usw.). Dabei ist der Stellenwert der Mythologie jeweils davon abhängig, inwieweit sie noch myth(olog)ische Valenz oder keine myth(olog)ische Valenz mehr besitzt.

3.2.2. Bei dem Verlust der mythischen bzw. mythologischen Valenz und dem Versuch, diese Valenz durch Auslegung in neuer Weise zu etablieren, kann es zu einer negativen Beziehung von Religion und Mythologie, oder Teilen derselben kommen. Konsequenzen daraus sind entweder:

3.2.2.1. Eliminierung von mythologischen Bestandteilen (Mythologemen) oder

3.2.2.2. Umdeutung mit Hilfe der bewährten Mittel der Auslegung.

3.2.3. In diesem Prozeß kann es zu einer weitgehenden demythologisierten Religionsform kommen, wie etwa in Israel, im Islam, im Christentum, im Buddhismus, im Zoroastrismus.

---

ert wird. Am Dogma wirken mit die unmittelbar religiöse Rede mit ihren gebrochenen mythischen Symbolen und die rational metaphysische Rede mit ihren gebrochenen mythischen Begriffen ..." (*Tillich*, aaO, 192). Vgl. auch oben Anm. 45 und 57. „Mythen und Dogmen sind geistige Zustände sui *generis*" formulierte bereits *Durkheim*, aaO, 132.

[69] „Versteht man unter Entmythologisierung dagegen auch die Beseitigung bzw. faktisch beseitigende Interpretation des Mythos ohne mythische Valenz, der sakralen Literatur, der einfachen Erzählung eines religiösen Inhalts, so würden wir uns bei der Anwendung auf vor- und nichtchristliche Religionen in den Bereich des absolut Fiktiven begeben" (*Colpe*, aaO, 22 f).

[70] ThLZ 93 (1968), 572; s. o. 1.1.1 und 1.4.1.

3.2.4. Eine entgegengesetzte Entwicklung führt zu der oft beobachteten *Remythologisierung*[71], etwa wie im jüngeren Zoroastrismus, im Laienbuddhismus, im Früh- und esoterischen Judentum.

3.2.5. Die Formen der Entmythologisierung führen in vielen Fällen zur Aufdeckung des Kerns einer Religion, indem sie diesen von der Überwucherung durch die Mythologie befreit. Daraus folgt, daß

3.2.6. eine Religion ohne Mythologie existieren kann. Der religionshistorische und -phänomenologische Befund läßt keinen Zweifel daran, daß die Mythologie nur sehr bedingt mythisch-religiösen Wert besitzt, im Unterschied zum „echten", kultisch-relevanten Mythos als „heiliger Geschichte".

4.) In gleicher Weise wie im Vorangehenden wäre das Verhältnis von *Religion und Symbol*[72] zu bestimmen, auf Grund der historischen Gegebenheiten. Da dies wieder zu weit führen würde, sei nur angedeutet, daß

4.1. eine Religion ohne Symbole nicht möglich ist[73], dafür aber

4.2. mit Symbolen notwendig verbunden ist, weil

---

[71] Auch dieser Vorgang müßte näher differenziert werden; er spielt sich m. E. immer dann ab, wenn die entmyth(olog)isierenden Tendenzen einen bestimmten Grad erreicht haben, die im Zusammenhang mit konkreten historischen Vorgängen eine Neubewertung des eigenen oder fremden myth(olog)ischen Erbes veranlassen. Dabei ist eine Wiederholung der ursprünglichen myth(olog)ischen Valenz nicht mehr erreichbar, sondern es herrscht doch der „gebrochene Mythos" in allegorischer oder symbolischer (= rationalisierter) Gestalt vor. Die Versuche künstlicher Neubelebung des Mythos oder der Mythologie, nach ihrer Zersetzung durch Ratio und Logos bilden eine „Künstlichkeit zweiten Grades", die noch leichter zersetzbar ist als diejenige „ersten Grades". „Solche Wiederbelebungsversuche belegen das Faktum der Entmythologisierung genau so wie deren direkte Programmierung" (*Colpe*, Mythische u. religiöse Aussage, 22).

[72] Die besten Arbeiten zum Symbolbegriff hat *P. Tillich* vorgelegt, s. bes. Ges. Wke V, 196 ff (Das religiöse Symbol, aus: Religiöse Verwirklichung, 1930), 213 ff (Das Wesen der religiösen Sprache), 223 ff (Existentialanalyse und religiöse Symbole); Symbol und Wirklichkeit, Göttingen 1962 (Kleine Vandenhoeck Reihe 151). Vgl. auch *Hans Looff*, Symbol und Transzendenz mit bes. Berücksichtigung des Problems der Entmythologisierung der christlichen Religion, Studium generale 6 (1953), 324–332; Der Symbolbegriff in der neueren Religionsphilosophie und Theologie, Köln 1955 (Kantstudien 69); H. *Biezais* (Hg.), Religious Symbols and Their Functions, Stockholm 1979 (Scr. Inst. Donn. Aboensis X); H.G. *Hubbeling*/H.G. *Kippenberg* (Hg.), Zur Symbolischen Repräsentation von Religion, Berlin 1986 (= NZTh 27, 1985, 1–118).

4.2.1. der Inhalt eines Mythos symbolisch ausgelegt werden kann[74],

4.2.2. das Fehlen dieser Möglichkeit zum Ende des Mythos führt und damit zum Verlust eines wesentlichen Elements der Religion.[75]

4.3 Hinzuzufügen ist noch, daß ein Mythos mit mythischer Valenz eine symbolische Auslegung nur erhalten wird, wenn diese Valenz im Schwinden begriffen ist und eine Neuaufwertung nötig macht. Ein Mythos ohne mythische Valenz ist für die Symbolisierung jederzeit offen.

5.) Aus den bisherigen Darlegungen, die sich auf religionshistorisches Material stützen, können für die von der protestantischen Theologie inaugurierte „Entmythologisierungsdebatte" einige Folgerungen gezogen werden, die, wie eingangs gesagt, vor allem einer Klärung grundlegender Begriffe und Ausgangspositionen dienen. Es mag noch bemerkt werden, daß für den Religionshistoriker dieses Phänomen einer kritischen Reflexion der eigenen Voraussetzungen bisher einmalig in der Religionsgeschichte ist (vergleichbar sind nur bestimmte Richtungen des Mahāyāna-Buddhismus). Ganz sicher ist diese Möglichkeit selbst im Christentum angelegt, aber der Religionswissenschaftler sieht sich hier doch einer Tatsache gegenüber, die alle bisherigen Entmythologisierungsversuche, die wir aufgeführt haben, in den Schatten stellt. Da dieser Vorgang aus der betreffenden Religion selbst entstanden ist und nur von außen, d. h. vom modernen wissenschaftlichen Weltbild, ausgelöst wurde, ist er besonders bemerkenswert und bietet dem Religionswissenschaftler eine neue Einsicht in seinen Gegenstand (auch er kann also von der Theologie lernen!).[76] Ich muß mich wieder sehr kurz fassen und greife wieder zu der bisher praktizierten thesenhaften Darstellungsweise.

5.1. *Im Terminologischen* ist zu vermeiden eine Verwechslung von

5.1.1. Mythos und Mythologie (leider hat auch Bultmann

---

[73] „Wenn die Symbole einer Religion ihre Macht verloren haben, dann stirbt auch die Religion ab" *Tillich*, Symbol u. Wirklichkeit, 11 = Ges. Wke V, 243).

[74] *Tillich*, aaO, 205 f.

[75] „Ist eine Religion ohne religiöse Symbolik, die analogisch auf ein Höheres und damit Überexistentielles hinweist, noch legitime Religion, d. h. Glaube an eine Überwelt?" (*Loof*, aaO, 332).

[76] Es sei hier auf die grundlegende Untersuchung von *Chr. Hartlich* und *W. Sachs*, Der Ursprung des Mythosbegriffes in der modernen Bibelwissenschaft, Tübingen 1952, verwiesen. Eine ähnliche noch weiter ausholende Arbeit legte *P. Barthel*, Interpretation du language mythique et théologie biblique, Leiden

verschiedentlich dieser Verwechslung Vorschub geleistet, s. 5.3)
5.1.2. von mythisch und mythologisch,
5.1.3. von mythologisch und ideologisch[77],
5.1.4. von Mythos und Weltbild, denn der Mythos hat zwar von Haus aus ein mythisches Weltbild in sich, aber er kann es verlieren; an seine Stelle kann ein anderes treten mittels Auslegung.
5.2. Was tritt uns *im Neuen Testament* (NT) von diesen Phänomenen entgegen? Bultmann hat dies zwar gleich anfangs aufgezählt, leider aber nicht genau differenziert, wie wir es bisher versucht haben. Es gilt, diese Erkenntnisse mit denen Bultmanns zu konfrontieren und gegebenenfalls zu korrigieren. Im NT findet sich nach unserer Klassifizierung:
5.2.1. Ein Mythos mit Ratio und mythisch/kultischer Valenz im Sinne einer „heiligen Erzählung": die Geschichte von Jesus Christus und seiner Bedeutung für das Heil aller Menschen.
5.2.2. Reste eines mythischen Weltbildes (in den Dämonen–, Heilungs– und Endzeitgeschichten),
5.2.3. keine Mythologie als solche (darin hat Bultmann Unrecht, wenn er von „Jesus Christus und der Mythologie" spricht), sondern nur
5.2.4. mythologische Elemente oder Mythologeme in Form
5.2.4.1. eines mythologischen Weltbildes (Kosmosauffassung, Geisterwelt) und
5.2.4.2. von mythologischen Darstellungsweisen (bes. in dem Bereich des *„in illa die"*, der Erlöservorstellung, der Auferstehung, der Wunder). Damit nimmt das NT teil an seiner Umwelt: es unterscheidet sich in dieser Weise in nichts von ihr.
5.2.5. Bereits entmythisierte und entmythologisierte Formen religiöser Rede, übernommen aus dem Alten Testament, der griechisch-hellenistischen Philosophie oder gnostischen Religion, und zwar:
5.2.5.1. Historisierte oder legendarisierte Mythologeme, wie z. B. in der Geburtsgeschichte,
5.2.5.2. *Theios anēr*-Bilder,
5.2.5.3. Erlöservorstellungen (Soteriologie).
5.2.6. Mythen mit Logos und mythischer Valenz, wie die Logos- und Geistchristologie; gnostische Elemente, die teilweise durch die Christianisierung weiter entmythologisiert worden sind (= entkosmologisiert oder historisiert).

1963, 2. Aufl. 1967, vor.
[77] Vgl. sehr richtig *R. Bultmann* in: Kerygma und Mythos I, 23, Anm. 2: „Es ist vom 'Mythos' also nicht in jenem modernen Sinne die Rede, wonach er nichts weiter bedeutet als Ideologie".

5.2.7. Teile des wissenschaftlichen Weltbildes der Antike. Hierauf wurde bisher wenig geachtet (kugelfürmiges Weltmodell in der Apk.). Es ist ja keinesfalls so, daß das antike Weltbild bloß mythologisch gewesen sei—das ist falsch. Es gibt bereits ein wissenschaftliches Weltbild, an dem die Griechen schon seit den milesischen Naturphilosophen gearbeitet haben. Das großartigste ist das von Platon vorgelegte, von der Geometrie bestimmte Weltbild. So laufen bereits in der Antike eine wissenschaftlich oder philosophisch erarbeitete Kosmologie neben einer noch mythischmythologischen einher (das gleiche gilt übrigens für die Theologie!). Leider ist das NT in diesem Fall hauptsächlich der letzteren, also der mythologischen Kosmologie, verpflichtet, die sich vor allem auch aus dem Alten Orient speist.[78]

5.3. In R. Bultmanns Entmythologisierungsprogramm steht bekanntlich, trotz des bereits gerügten Mangels einer besseren Differenzierung, eine ganz bestimmte Mythos- bzw. Mythologieauffassung Pate. Bultmann ist der Überzeugung, daß diese der modernen religionswissenschaftlichen Forschung entspricht. Dies ist zwar durchaus berechtigt, es scheint mir aber, daß ihm die Erkenntnisse der modernen Ethnologie noch nicht voll zur Verfügung standen, die, wie wir gesehen haben, den Mythos in einem ganz neuen Lichte zeigen. Bultmann, der ja aus der mythenfeindlichen „Religionsgeschichtlichen Schule" stammt, hat allerdings darauf weniger Wert gelegt.

5.3.1. Worauf es ihm zunächst ankommt, ist eine *philosophischontologische Auslegung* des Mythos: Der Mythos, sagt er, „redet vom Unweltlichen weltlich, von den Göttern menschlich"[79] oder an anderer Stelle: „Man kann sagen, Mythen geben der transzendenten Wirklichkeit eine immanente Objektivität. Der Mythos objektiviert das Jenseitige zum Diesseitigen".[80] Dieser Auslegung ist zuzustimmen. Der Ägyptologe R. Anthes sagt ganz ähnlich: „Grundfaktor der Mythologie ist der religiöse Versuch, das Unfaßbare sich begreifbar oder vorstellbar zu machen".[81]

---

[78] Vgl. bes. W. *Schadewaldt,* Das Weltmodell der Griechen, in: Hellas und Hesperien, Zürich 1960, 426–450; *Svante Arrhenius,* Die Vorstellungen vom Weltgebäude im Wandel der Zeiten, Leipzig 1921; S. *Samburski,* Das physikalische Weltbild der Antike, Zürich 1965.
[79] Kerygma und Mythos I, 23.
[80] Jesus Christus und die Mythologie, Hamburg 1964, 17.
[81] AaO, (oben Anm. 45), 15f.

5.3.2. *Mythologisch* ist dann für Bultmann „die Vorstellungsweise, in der das Unweltliche, Göttliche als Weltliches, Menschliches, das Jenseitige als Diesseitiges erscheint, in der z. B. Gottes Jenseitigkeit als räumliche Ferne gedacht wird".[82]

5.3.3. Dann kommt es Bultmann darauf an, eine *existentiale (fundamentalontologische) Interpretation des Mythos* und der Mythologie zu geben. Er sagt bekanntlich: „Der eigentliche Sinn des Mythos ist nicht der, ein objektives Weltbild zu geben; vielmehr spricht sich in ihm aus, wie sich der Mensch selbst in seiner Welt versteht; der Mythos will nicht kosmologisch, sondern anthropologisch—besser: existential interpretiert werden".[83] Oder ähnlich: „Die Mythologie ist der Ausdruck eines bestimmten Verständnisses der menschlichen Existenz."[84] Daher ist die Mythologie nur teilweise „primitive Wissenschaft", bemerkt Bultmann sehr richtig.[85] Wir haben gesehen, daß die Aitiologie nicht ihre primäre Absicht ist. „Mythen sind Ausdruck für die Einsicht, daß der Mensch nicht Herr der Welt und seines Lebens ist, daß die Welt, in der er lebt, voller Rätsel und Geheimnisse steckt, und daß auch das Menschenleben eine Fülle von Rätseln und Geheimnissen birgt."[86]

5.3.4. Diese existentiale Auslegung ist durchaus legitim, wenn man z. B. damit die Darstellung des Ethnologen *A. E. Jensen* über die Demamythen vergleicht.[87] Die Mythen stehen, mit *R. Merkelbach* zu sagen, quasi an Stelle unserer geschichtlichen Kategorien.[88] Jeder echte Mythos hat irgendwie eine existentielle Bedeutsamkeit und existentiale Grundlage, die in ihm zum Ausdruck kommt. Tatsache ist aber, daß mit dieser Interpretation schon der Akt der Entmythisierung bzw. Entmythologisierung einsetzt, der dem mythisch-realistischen Sinn des Mythos als objektivierende Redeweise, in seiner Einheit von Form und Inhalt, verwandelt. Daher habe ich gewisse Bedenken gegen die Äußerung Bultmanns, daß der Mythos selbst schon das Motiv zu seiner

---

[82] Kerygma u. Mythos I, 23 Anm. 1.
[83] Ib., 23; vgl. auch S. 28!
[84] Jesus Christus, 17.
[85] Ib., 16; Daß in Mythos und Mythologie Anfänge wissenschaftlichen Denkens stecken ist wiederholt, aber oft zu einseitig festgestellt worden (s. o. Anm. 35). Vgl. z. B. *H. Junker*, Die Geisteshaltung der Ägypter in der Frühzeit, Wien 1961 (SB Öst. Akad. Wiss. Philos.-hist. Kl. 253: 1), 24 f.
[86] Jesus Christus, 17.
[87] Mythus u. Kult, 103 ff; Die getötete Gottheit, Stuttgart 1966.
[88] Eranos Jahrbuch 35 (1966), 147 ff. Die Mythen haben nach *Mühlmann*, Völkerkunde, in: Universitas Litterarum. Handbuch d. Wissenschaftskunde 4 (1954), 284, die „Funktion eines geschichtlichen Bewußtseins"; kritisch dazu *R. Schott*, Saeculum 12 (1961), 61 Anm. 2.

Kritik an die Hand gibt: „Im Mythos selbst ist also das Motiv zur Kritik seiner selbst, d. h. seiner objektivierenden Vorstellungen, enthalten, insofern seine eigentliche Absicht, von einer jenseitigen Macht zu reden, welcher Welt und Mensch unterworfen sind, durch den objektivierenden Charakter seiner Aussagen gehemmt und verdeckt wird."[89] Nun, das letzte ist nicht im Mythos, sondern nur von uns heute so gesehen.

5.3.5. Diese unsere heutige Sicht ist allerdings notwendig und sie steht hier in einer langen Tradition legitimer und nichtlegitimer Entmythologisierungsversuche, dem Mythos bzw. der Mythologie, soweit sie überhaupt noch mythische und religiöse Valenz haben, einen Sinn abzugewinnen. *Hans Jonas* faßt die existentiale Entmythologisierung in die Worte: „Die Übersetzung der mythologischen Ausdrücke in existentiale Begriffe—in gewissem Sinne eine Rückübersetzung—sollte die vorgefundene Aussage in größere Nähe zu der Substanz zurückbringen, aus der sie entsprungen war, nämlich der Dynamik und Selbsterfahrung menschlicher Existenz. So bedeutet Entmythologisierung die Wiedergewinnung und sozusagen Befreiung dieser Substanz aus der dichtesten, unnachgiebigsten, entfremdendsten Form der Objektivation, in die sie eingeschlossen war."[90] Die Frage ist dabei nur, inwieweit diese „Übersetzung" gehen kann, hier trennt sich übrigens selbst Jonas von seinem Lehrer.

5.4. Damit ist der *Ansatz Bultmanns* von der Religionswissenschaft aus grundsätzlich zu rechtfertigen und nicht als illegitim anzusehen. Das Problem, ob die *existentiale* Auslegung in jeder Weise dem von Mythos und Mythologie Ausgedrückten adäquat ist, muß allerdings verneint werden. Hier können andere Weisen der Entmythologisierung zu Hilfe kommen.

5.4.1. Eine der beliebtesten ist die der symbolischen Auslegung. „Dort, wo Adäquatheit nicht einmal mögliches Ziel ist, hört die Zuständigkeit des Begriffs auf und muß symbolische Rede beginnen", schreibt Jonas.[91] Wie wir gesehen haben, ist die Symbolik eine Form der Entmyth(olog)isierung. *S. Holm*, der sich dieser Frage kürzlich widmete[92], hat das sehr klar erkannt: „Ob wir hier Entmythologisierung oder Symbolisierung sagen, ist untergeordnet; denn in beiden Fällen bewegen wir uns fort

---

[89] Kerygma u. Mythos I, 23.
[90] Heidegger und die Theologie, Ev Theol (1964), 640.
[91] Ib., 241.
[92] Mythos und Symbol, in: ThLZ 93 (1968), 561–72.

von dem ursprünglichen Sinn des Mythos".[93] Die symbolische (wie auch die allegorische) Entmythologisierung ist zwar „eine religionsgeschichtliche Mißdeutung", wie Holm bemerkt, aber sie ist das einzige Mittel, die von der existentialen Auslegung offen gelassenen Lücken zu schließen, und sie ist vor allem eine gleichfalls religionsgeschichtlich nachweisbar legitime Auslegungsmethode, die schon bei Herodot und den Ägyptern nachweisbar ist.[94] Ich kann hier nicht auf Wesen und Funktion des Symbolbegriffs eingehen (Tillich und Holm haben darüber viel Richtiges gesagt).[95] Man muß sich darüber klar sein, daß die symbolische Auslegung dem Mythos einiges raubt: er wird nicht nur entmythisiert, sondern typisiert, entdramatisiert und entaktiviert.[96] Die Konsequenz dieser Art Entmyth(olog)isierung ist eine „symbolische Theologie" (meiner Meinung nach in vorbildlicher Weise bisher nur von P. Tillich verwirklicht!).

5.4.2. Auch Bultmann gibt einen Ansatz, die „Entmythologisierung" weiter zu fassen als eine nur existentiale Auslegung, wenn er schreibt, daß die entmythologisierende Auslegung versucht „die tiefere Bedeutung hinter der mythologischen Vorstellung wieder aufzudecken". „Ziel ist nicht", fährt er fort, „das Entfernen mythologischer Aussagen, sondern ihre Auslegung. Es ist eine Deutungsmethode".[97] Andere haben neben ihr ebenfalls Berechtigung.

5.4.3. Aus diesem Grunde bin ich der Meinung, daß der echte Mythos als solcher, d. h. die „heilige Erzählung" auch im Christentum beibehalten werden muß, nicht nur wegen seiner Bindung an den „Gottesdienst" (Kult). Er entspricht phänomenologisch den „Mythen" anderer Religionen, nur ist er hier historisch verankert. Was die „urzeitliche" Anaklisis im archaischen Mythos ist, ist hier die Rückbesinnung auf die Stiftung im historischen Licht. Das zyklische Element, jedem echten Mythos eigen, ist im christlichen Kirchenjahr vorhanden (trotz der Finalität und Teleologie der christlichen Geschichtsauffassung). Der Kult und sein begründender Mythos ist notwendig auf Wiederholung angelegt. Daran hat bisher keine historische Religionsstiftung im Grunde etwas ändern können.

---

[93] Ib., Sp. 571.
[94] *Merkelbach*, aaO, 152 ff betr. Herodot I, 96–100, III 80–82; *Anthes*, aaO, 17; H. *Junker*, Die Geisteshaltung, 52f).
[95] S. die Literatur oben Anm. 72.
[96] Vgl. Holm, aaO, 566 f; 571 ob.
[97] Jesus Christus, 16.

5.4.4. Der echte Mythos ist also vom religionswissenschaftlichen Standpunkt *nicht eliminierbar*, sondern nur *interpretierbar*. Dies ist allein möglich, weil jeder Mythos mit Hilfe der Ratio und des Logos auf eine zeitgemäß verständliche, aber auch „überzeitliche" Aussage reduzierbar ist. Was an ihm nicht vom Logos und der Ratio erfaßbar ist, muß entweder als unverständlich fallen oder als existentiale und symbolische Aussage belassen werden. Das moderne Weltbild, das uns durchweg bestimmt, ist nicht vereinbar mit der Mythologie als solcher, aber mit dem vom Logos erhellten Mythos als einer „heiligen Erzählung" mit existentiellem Gewicht.

5.4.5. Es ist gut, wenn H. Jonas, der die existentiale Auslegung mit inauguriert hat, zu der Einsicht kommt, daß das Symbol die letzte religiöse Aussagemöglichkeit ist: „Das letzte Geheimnis könnte wohl besser in den Symbolen des Mythos als in den Begriffen des Denkens geschützt sein. Wo das Mysterium rechtens zu Hause ist, da 'sehen wir dunkel in einem Spiegel'. Was heißt, dunkel in einem Spiegel'? In mythischer Gestalt. Es ist leichter, die offenbare Dichtigkeit des Mythos irgendwie für das Unsagbare durchscheinend zu halten, als die scheinbare Transparenz des Begriffs, die hier letztlich so undurchsichtig ist, wie jede Sprache es sein muß. Mythos wörtlich verstanden ist gröbste Objektivierung. Mythos allegorisch verstanden ist verfeinerte Objektivierung. Mythos symbolisch verstanden ist der Spiegel, in dem wir dunkel schaun."[98]

---

[98] AaO, 641 f; vgl. dazu *Tillich*, Ges. Wke V, 206: „Die Kategorie des Mythischen schließt also wesenhaft die des Symbolischen ein, und zwar im Unterschied von den übrigen Sinngebieten, die genau in dem Maße Symbolisches aufnehmen, als sie in den Dienst des Mythischen treten". Das „mythische Symbol" aber tritt erst hervor, wenn das mythische Bewußtsein zerbrochen ist, der Mythos ein gebrochener ist (204 f). In dem mir nach 1989 wieder zugänglichen Leipziger "Nachlass", den meine Schüler dort bewahrten, fand ich eine Karte von *Rudolf Bultmann* vom 8. Feb. 1971 als Antwort auf meinen ihm damals zugesandten Aufsatz; er schreibt: "Für Ihren Aufsatz "Der Beitrag der Religionswiss. zum Problem der sog. Entmythologisierung" danke ich Ihnen herzlich. Ich habe ihn mit Belehrung u. Zustimmung gelesen. Wir sind darin einig, daß der echte Mythos nicht eliminierbar, sondern nur interpretierbar ist. Ihren Kritischen Bemerkungen zu meiner existentialen Interpretation muß ich zustimmen. Ich muß freilich gestehen, daß ich über das Verhältnis der symbolischen Interpretation zur existentialen noch nicht im Klaren bin."

8.

SYNKRETISMUS—VOM THEOLOGISCHEN SCHELTWORT ZUM RELIGIONSWISSENSCHAFTLICHEN BEGRIFF

Die Religionswissenschaft (= Rw) hat unter ihrem reichhaltigen Vokabular eine ganze Anzahl von Begriffen, die zum allgemein anerkannten und verwendeten Wortschatz ihrer Forschung gehören. Einige derselben haben in letzter Zeit eine kritische Betrachtung auf sich gezogen (Mythos, Entwicklung u. a.), andere sind überhaupt immer wieder Gegenstand der Reflexion (wie „Religion"). Dieser Akt der terminologischen Selbstbesinnung gehört zum lebendigen Wesen einer Wissenschaftsdisziplin und bildet ein Vehikel ihrer methodologischen Bemühung, dem vielgestaltigen Wissenschaftsgegenstand möglichst gerecht zu werden, und zwar i.S. eines atheologischen philologisch-historischen Faches. Auch der schillernde Begriff „Synkretismus" (– S.), der zum zentralen Inventar religionsgeschichtlicher bzw.—wissenschaftlicher Arbeit gehört, bedarf dringend einer solchen Betrachtung, nachdem bereits verschiedentlich in jüngster Zeit darüber gehandelt worden ist. Zunächst (1.) sind einige Bemerkungen zur Bedeutungs– und Wortgeschichte zu machen, dann (2.) zur Diskussion in der neueren Rw über S. und schließlich (3.) ein Versuch zu einer „Typologie" oder „Phänomenologie" des S. im Ansatz vorzulegen[1].

1.

Nach dem heutigen Stand unserer Kenntnis geht der Ausdruck „S." offenbar auf Plutarch zurück, der ihn in seiner Schrift *De fraterno amore* (περὶ φιλαδελφίας), die in die Sammlung der „Moralia" eingegangen ist, an einer Stelle so einführt (§ 19 = 490 B. Teubner-Ausgabe Leipzig 1972, 3, 249): Wenn Brüder und Freunde, die in Streit liegen, sich angesichts einer gemeinsamen

---

[1] Die hier dem verehrten und geschätzten Jubilar Harolds Biezai's gewidmeten Überlegungen wurden in einer ersten Fassung am 18.10.1978 auf der Jahrestagung des „Theologischen Arbeitskreises für Religionssoziologie und Religiöse Volkskunde" in Berlin (DDR) vorgetragen und diskutiert.

Gefahr verbünden und nicht mit dem Feinde, so ahme man die Bewohner Kretas nach, „die zwar oft sich gegeneinander empörten und bekriegten, aber sich wieder versöhnten und zusammenstanden, wenn von außen Feinde anrückten; dies nannten sie ‚*synkretismos*'"; also etwa „auf kretische Weise zusammenhalten". Diese Etymologie, die sich aus der Politik herleitet und die Plutarch vielleicht aus älteren Quellen (Aristoteles?) kannte, hat sich bis in die byzantinische Literatur erhalten (Etymologicum magnum; Suda: „*sykretisai*—wie die Kreter denken"). Eine andere Ableitung, nämlich von κεράννυμι „mischen" (σύγκρατος „zusammengemischt") ist zwar nicht ganz auszuschließen, aber hat keine Belege weiter hinter sich und beruht m. E. auf sekundärer Erwähnung der dem Wort später (im 17. Jh.) zugewachsenen Bedeutung „Mischung" (scil. von Unvereinbaren). Für die Neuzeit hat den Ausdruck erst wieder Erasmus aufgegriffen. Auch er versteht ihn im Sinne der Plutarchstelle: ein Zusammengehen gegen einen gemeinsamen Feind trotz unterschiedlicher Ansichten[2]. In einem Brief an Melanchthon vom 22.4.1519 schreibt er: „Du siehst, mit welchem Hasse gewisse Leute sich gegen die Wissenschaft verschwören. Da ist es nicht mehr als billig, daß auch wir uns zusammenschließen. Eintracht ist ein großer Schutz" (*aequum est nos quoque synkretizein. Ingens praedium est concordia*). Diese positive Wertung des S. als der Gemeinschaft (der Humanisten) unter Dissentierenden findet dann auch bei Zwingli (im Zusammenhang des Baseler Abendmahlstreites), Melanchthon und Butzer Eingang. Bemerkbar macht sich aber im gleichen Zeitraum eine negative Einschätzung dieses Zusammenhaltens vor allem unter den Lutheranern (Melanchthon, Staphylus), die dieses Verfahren als eine Verschwörung gegen Gott und Christus ansahen. Diese negative Wertung des S. hat dann im 17. Jh. zugenommen und ihm den eigentlich anrüchigen Charakter verliehen, der ihn bis heute nicht ganz verlassen hat. Es ist ein theologisches Schimpfwort geworden!

Im Zusammenhang mit der Fixierung und Ausarbeitung der konfessionellen „reinen" Lehren galt der S. als ein „falscher Frieden" unter den christlichen Bekenntnissen (so der Jesuit Adam Contzen 1616). Einen Höhepunkt erhielt diese Entwicklung, als der Helmstädter Theologe Calixt († 1656) mit seinen (bewundernswerten) Einigungs- und Friedensbemühungen in das Kreuzfeuer der orthodoxen Polemik von allen Seiten geriet. Sein

---

[2] Vgl. RE 19, 240f., wo auch Belege für das Folgende verzeichnet sind.

Versuch des Ausgleiches wurde (zuerst 1645) als S. gebrandmarkt, sowohl von Lutheranern als auch Katholiken (daher „synkretistische Streitigkeiten" genannt). Der Jesuit Veit Erbermann zieht in seinem Eirenikon Catholicum (1645) aus der These Calixts daß Einigkeit in der Berufung auf das Apostolikum zu erreichen sei, den Schluß, daß damit Verschiedenes zum Schein verbunden würde. So würde nicht nur die Vereinigung von Menschen verschiedener Religion sondern auch von verschiedenen Religionen gutgeheißen[3]. Hier liegt offenbar erstmalig eine religionswissenschaftliche Anwendung von S. vor, im Sinne eines „Zusammenwerfens" verschiedener Religionen, d. h. der Begriff wird zur Bezeichnung für „Religionsmengerei", nicht nur wie bisher und in der Nachfolge Plutarchs für den Zusammenhalt lehrmäßig Getrennter gegen einen gemeinsamen Feind. S. wird jetzt von „vermengen, mischen" abgeleitet und erhält (bes. durch das Wirken von Calov) den ausschließlich negativen Sinn von „falsher, unvereinbarer Eintracht" (Synkretisten sind „Sündechristen"). Der elsässische Lutheraner Joh. Konrad Dannhauer verfaßte 1648 dementsprechend eine umfangreiche Monographie über die Geschichte des S. als der Mischung von Dingen, die nicht zusammengehören, die schon bei Eva und der Schlange, Israel in Ägypten usw, einsetzt und bis Melanchthon, Grotius und Calixt führt (*Mysterium syncretismi detecti, proscripti et symphonismo compensati*, Straßburg 1648). D. unterscheidet nach physikalischem oder chemischem Vorbild drei Formen von S.: die Verbindung zweier Formen zu einer neuen (*digestio absorpotiva*), die Minderung der verbundenen Eigenschaften (*digestio temperativa*) und die Vermengung zu einem Gewirr (*colluvies; digestio conservativa*). Ein bemerkenswerter Vorläufer moderner Typologie!

So steht an der Wiege unseres Begriffs einerseits eine politische Anwendung, die einer positiven Wertung der Eintracht unter sonst Streitenden im Angesicht von Gefährdung des Gemeinwesens entspringt, zum anderen eine theologische, die eine negative Einschätzung eines solchen Vorgangs einführt und das Wort zu einem Scheltwort der „Verbindung" unvereinbarer Elemente (Lehren), der „Religionsmischung" machte. Das letztere hat dem Ausruck bis heute den Stempel aufgedrückt und ist nach wie vor, bes. in theologischen Kreisen, ein Mittel der Apologetik und der Verunglimpfung anderer Religionen oder Religionsformen

---

[3] Ebd. 242.

geblieben. Daran hat auch die im 19. Jh. aufkommende religionswissenschaftliche Anwendung des Schlagwortes grundsätzlich nicht viel ändern können.

2.

Die Aufwertung des Begriffs im 19. Jh. setzt ein mit seiner Anwendung auf die Kultur- und Religionslandschaft der Spätantike, wie sie der „Hellenismus" (vgl. Droysen) durch Alexander d. Gr. eingeleitet hatte (zuerst nachweisbar in Fraser's Magazine for town and country 47, London 1853, 294)[4]. Es war dann insbesondere die „Religionsgeschichtliche Schule" die dem Ausdruck in diesem Sinne eine breite Geltung verschaffte und die auch nicht zögerte, ihn auf das Urchristentum selbst anzuwenden (Gunkel, Bousset, Bultmann)[5]. Damit war ein erster Schritt zu einer gewissen Objektivierung getan, aber ein abwertender Klang blieb ihm insofern erhalten, als S. oder „synkretistisch" eben das Kennzeichen einer Spätstufe einer sekundären Entwicklung, war, die sich aus Elementen, sei es in Ideologie oder kultischer Praxis, zusammensetzte, die ursprünglich nichts miteinander zu tun hatten und durch ihre „Vermischung" natürlich ihre angestammte „Reinheit" oder Integrität verloren. S. wurde zum typischen Spätzeitproblem, dem die Frische des Anfangs fehlte. Hinzu kam seine vornehmliche Einschränkung auf sektenhafte Bewegungen (bes. der orientalischen Kulte der Römerzeit, der Mysterien), so daß das Wort auch von dieser Seite her einen abschätzigen Charakter behielt. S. war eine Eigenschaft von Religionsgebilden, die sich neben und zwischen den großen Religionen gebildet hatten oder noch bilden.

Die religionswissenschaftliche Diskussion, um die es uns hier in erster Linie geht, über Inhalt und Wesen des S. als religionsgeschichtliche Kategorie setzt m. E. erst in unserem Jh. ein. Als erster hat sich G. van der Leeuw in seiner „Phänomenologie der Religion" kurz damit beschäftigt[6]. In § 19 „Mächte" bezeichnet er den Prozeß, „der immer wieder vom Polydämonismus zum Polytheismus führt", mit S. (^{1}153, ^{2}186), d. h. er ist für ihn eine unumgängliche Erscheinungsform der Religion, eine Art Entwicklungsstufe, die mit dem „Fortschreiten der Kultur" (ebd.)

---

[4] Nach Colpe 1975a, 1648 f.
[5] Vgl. dazu Rudolph 29ff.; unten S. 299ff.
[6] Beide Auflagen werden mit hochgestellten Ziffern angeführt.

notwendig verbunden ist. Näherhin wird der S. dann der „Dynamik der Religionen" zugeordnet und zusammen mit der Mission behandelt (¹§ 93, ²§ 94). Van der Leeuw zitiert hier zustimmend den Satz von Wach[7], daß jede Religion von ihrer Vorgeschichte her gesehen gewissermaßen ein „S." ist. „Jede historische Religion ist nicht eine, sondern mehrere; natürlich nicht in der Weise, daß sie die Summe verschiedener Gestalten wäre, sondern in der Weise, daß verschiedene Gestalten in ihre Gestalt hinein–, und zu dieser Gestalt zusammengewachen sind" (¹577, ²692). Dies gilt bes. auch von den Weltreligionen, wie Islam und Christentum, wofür van der Leeuw Belege anführt (²690 f.). Einen grundsätzlichen (bewußten?) S. vertreten die modernen okkulten Strömungen, da sie von der Einheit aller Religionen ausgehen. Aber der „moderne Mensch" sei überhaupt ein Synkretist, da sein Glaube sich aus vielen Quellen speist, philosophische, religiöse, „wissenschaftliche". Es ist der Boden des „verallgemeinerten Christentums", der hier Pate stand. Das Wesen dieses S. sieht van der Leeuw nun im Begriff der „Verschiebung" (¹578 f.; ²693 f.). Sie ist „die in der Dynamik der Religionen stattfindende Änderung der Bedeutung einer Erscheinug, während die Form dieselbe bleibt". Sie treten vor allem in Reformationen und in der Mission auf (z.B. „verschob" die protestantische Reformation nur die Bedeutung des Abendmahls, schaffte es aber nicht ab; die Propheten interpretierten den Dekalog im religiös-ethischen Sinn). Dabei geht manchmal der eigentliche Charakter eines Phänomens völlig verloren. Van der Leeuw hat (wie bereits Pettazzoni 1933 in einer Schrift) auch den engen Zusammenhang von Mission und S. erkannt (²694 ff., erweitert gegenüber ¹579 f.). Die Mission und Ausbreitung einer Religion führt notwendigerweise zum S., wie die Areopagrede des Paulus in Apg. 17 zeigt. Die drei von Frick[8] aufgestellten Formen, unter denen religiöse Ausbreitung bzw. Mission erfolgt, nämlich „Assimilation", „Substitution" und „Isolierung" (v. d. L. sagt „Isolation") werden dabei als Leitfaden benutzt. Sie sind tatsächlich wichtige Erscheinungsweisen des S., von denen keine Religion „verschont" worden ist.

So hat van der Leeuw wichtige Einsichten in das Wesen des S. gewonnen und diesen Ausdruck so verallgemeinert, daß seine einseitig-abwertende Bedeutung verblaßte. Die ganze fast

---

[7] Wach 86.
[8] Frick 53 f.

„synkretistisch" zu nennende Art der Darstellung und andere hier nicht näher zu behandelnde Schwächen an seinem Werk, haben allerdings eine systematische Erfassung und gründliche Durchdenkung des S. bei van der Leeuw verhindert. Es klafft auch ein gewisser Widerspruch zwischen der Anwendung des Ausdrucks in § 19 und § 93 (94), worauf ich hier nur hinweisen möchte.

Nach v.d. Leeuw ist es dann wieder ein Holländer gewesen, der sich dem S. eigens gewidmet hat und zwar unter primär missionswissenschaftlichem Gesichtspunkt: Kraemer (1937; 1938; 1959). Er möchte den Ausdruck möglichst auf die nicht-christlichen, vor allem fernöstlichen Religionen angewandt wissen, die er naturalistisch nennt, im Unterschied zu den prophetischen Religionen der jüdisch-christlichen Tradition (einschl. des Islam[9]. Der „unbewußte" (historisch bedingte) S. aller Weltreligionen ist zu unterscheiden von dem bewußten, der Amalgamierung offenen S. des „Heidentums"[10]. In dieser hier nicht näher auszuführenden Unterscheidung wird im Grunde wieder der alte theologische Gebrauch von S. neubelebt und der Apologetik dienstbar gemacht[11]. Dies ist auch inzwischen von den folgenden Arbeiten zum S. deutlich und kritisch zur Sprache gebracht worden.

So hat Baird in einer 1971 erschienenen Studie den S. als eine „inadaequate Kategorie" der Rw. behandelt[12]. Dabei setzte er sich vor allem mit Kraemer auseinander, der die Unangemessenheit des Begriffs zum Verständnis fremder Religionen in seiner normativen und uneinheitlichen Verwendung erst richtig offenbar gemacht habe. Wird S. als ein historisches Phänomen betrachtet, so bezeichnet er die Zwischenbeziehungen (*interrelationship*) von Ideen und Bewegungen, die historisch gesehen, universal und unausweichlich sind, und auch das Christentum

---

[9] Vgl. bes. Kraemer 1959, 349 ff.

[10] Ebd. 389 ff. unterscheidet K. die Absorbtion oder „Aufsaugung" als „unvermeidliches Ergebnis" der Begegnung verschiedener geistiger Welten, als e. A. Nebenprodukt eines Kulturkontaktes, vom eigentlichen bewußten Synkretismus, um so der Ansicht entgegenzutreten, das Christentum sei auch ein S. Demgegenüber sei der „spontane primitive S." ein „naiv-unreflektiertes" Produkt der Massenreligiosität, der Volksreligion (392 ff.), während der bewußte, reflektierte S. eine Eigenart der „Geheimreligion der Gebildeten" sei (394). Ersterer sei der Mutterboden des genuinen selbstbewußten S., wie sie den indischen und fernöstlichen Religionen eigen sei (ebd.).

[11] Obwohl sich K. der negativen Verwendung des Wortes aus der Geschichte bewußt ist (vgl. ebd. 379 ff.).

[12] Baird 42 ff.

einschließen. Damit wird der Begriff allerdings unscharf und nur zu einer Variante von „geschichtlich" überhaupt, anwendbar für alle religiösen Erscheinungen („religious expressions", 146). Die theologische Verwendung dagegen, wie sie Kraemer übt, im Sinne einer Fusion von verschiedenen gegensätzlichen Glaubensweisen und Praktiken sei insofern ungenau und sinnlos, da sie nur eine Harmonie oder Synthese bilden können, wenn sie nicht in Konflikt stehen; andernfalls ist der S. ein Widerspruch in sich (148). Diese Auffassung wurzelt aber nach B. nur darin, daß kein Gläubiger seine eigene Religion als synkretistisch beschreiben wird; es ist immer eine Kennzeichnung von außen: So betrachtet der Christ Kraemer eben die östlichen Religionen als S., während der Hindu Radhakrishnan das Christentum ebenso einschätzt[13]. Die Vertreter der Religionen selbst sehen das anders (149f.). Der Begriff S. als eine illegitime Verbindung ist für das Verständnis unbrauchbar, eine Schlußfolgerung, die allerdings nicht eingängig ist, da hier (wie überhaupt in der Schule von Smith, der B. zugehört) keine klare Vorstellung von der Aufgabe der Rw herrscht: sie ist in keinem Falle an das Selbstverständnis der Gläubigen als Kriterium rechten Verstehens in ihrem wissenschaftlichen Urteil gebunden, sondern folgt ihren eigenen historisch-kritischen Gesetzen. Hier werden theologische und religionswissenschaftliche Standpunkte verwechselt bzw. zur Deckung gebracht.

B. sieht nun den einzig sinnvollen Gebrauch des Terminus S. darin, ihn als (historische) Beschreibung einer Situation zu gebrauchen, in der „conflicting ideas or practices are together into a new complex which is devoid of coherence" (151). Damit ist aber mit S. ein pejorativer Sinn verbunden, der einen Mangel (an „*coherence*") ausdrückt und nur von außen gesehen ist: er ist selbst Teil der Begegnung mit einer Religion, und zwar von der Außenseite her (anders ist von der Rw her aber auch nicht zu verfahren!). „Da Synkretismus", schließt B. seine Ausführungen, „in seinem historischen Sinne universal anwendbar ist und da sein theologischer Sinn eine Barriere für ein authentisches religionshistorisches Verständnis ist, sollte seine Verwendung in der religionshistorischen Forschung vermieden werden" (152). Dieses Ergebnis ist von der o.g. Voraussetzung diktiert, daß die Rw der „Innenseite" einer Religion verpflichtet sein muß, um richtig verstehen zu können und keine objektiven Aussagen ohne

---

[13] Radhakrishnan, 62, zitiert bei Kraemer, 1959, 126, der sich damit auseinandersetzt (115 ff.), wie ich meine, mit untauglichen Mitteln.

das Kriterium des Glaubens machen kann. Der pejorative Sinn des S. ist nur für denjenigen vorhanden, der diesen Terminus eben im herkömmlichen theologischen Sinne verwendet und sich nicht mit dem neutralen Gebrauch der Rw anfreunden kann. Im übrigen stimmt es nicht, daß Gläubige ihre Religion nicht als synkretistisch bezeichnen würden; christliche Theologen haben es schon wiederholt getan und auch aufgeklärte Hindus werden an dem Ausdruck keinen Anstoß nehmen.

In dieser Weise hat ein dritter holländischer Gelehrter, der sich mit dem Phänomen des S. ausführlicher befaßt, Stellung genommen. Kamstra ist derjenige, der in seiner umfangreichen Monographie über den japanischen Buddhismus[14] speziell aber (1970) in seiner aber Amsterdamer Antrittsvorlesung (als Nachfolger Bleekers) über „Synkretisme op de grens tussen Theologie en Godsdienstfenomenologie"[15] neue Ansätze in der Diskussion über unser Thema vorgetragen hat, wobei ihm sein langjähriger Aufenthalt in Japan zustatten kam. Den üblichen theologischen Gebrauch von S. hält er für unangemessen, wie Kraemer lehrt (16 ff.). Die Verwendung im apologetischen Sinn ist daher aufzugeben, da das Christentum von den gleichen Vorwürfen getroffen wird, wie andere Religionen. K. setzt daher die Wurzel des S. bereits im Menschsein als solchem an, nicht in einem irgendwie gearteten „heidnischen" Naturalismus o.ä. „Mens zijn is nu eenmal synkretist zijn ofwel met de Cretenzen leven" (23). Es gibt daher keine „reine" Religion; auch die Propheten machen davon keine Ausnahme. Jede Offenbarung stößt hier auf eine Grenze: der Mensch kann sie nicht voll begreifen und verarbeiten. K. beruft sich auf Lévi-Strauss und sieht im sog. „wilden Denken" eine Wurzel des S., erst das domestizierte Denken, die Reflexion, kann damit etwas aufräumen (wie in den prophetischen Religionen). „Wir sind alle unbewußt Synkretisten", sagt K. „Der Synkretismus beginnt unvermeidlich beim Verstehen der Offenbarung für mich" (24). Daher kann nach K. der S. nicht unterdrückt werden; er gehört zum Wesen des Menschen. Dieser seiner theologischen Auffassung stellt K. eine phänomenologische zur Seite, indem er unter Aufnahme von G. van der Leeuws Gedanken den S. mit der Dynamik der Religion verbindet (25 ff.). Als sein wesentliches Kriterium versteht er die „Verfremdung", wobei er an van der Leeuws „Verschiebung" anknüpft (25). S. ist demnach das Ergebnis von

---

[14] Kamstra 1967.
[15] Ders. 1970.

Verfremdung innerhalb einer bestehenden Religion. Sein Prozeß verläuft auf doppelte Weise: von außen zur Assimilation einer anderen Form führend, von innen zu einem losen und mechanischen Zusammenhang ursprünglich ganz gremder Elemente. Die Ursache für solche Erscheinungen (K. nennt dafür solche aus Japan und dem modernen Christentum) liegt in der veränderten Struktur der Gesellschaft: es ist ein Vorgang, der zur „Pluriformität" führt und der den unbewußten, verdeckten S. zu Tage bringt (29). K. sieht auch in der modernen Theologie solche Tendenzen wirksam (wie schon bei Thomas von Aquin). Einerseits wurden durch sie alte Synkretismen aufgebrochen, andererseits bilden sie neue (31).

Diese den S. als allgemein menschliches Problem auffassende Deutung ist sehr beeindruckend und läßt im ersten Augenblick an seiner Verwendung kaum noch die alte abwertende Bedeutung erkennen: höchstens insofern eben jetzt der Mensch als solcher naturaliter dem S. verfallen ist und ihm nur zeitweise durch Reflexion entrinnen kann. Der Ausdruck der „Verfremdung" deutet an, daß auch K. noch einer kryptotheologischen Tradition verhaftet ist (die ja schon in seiner Offenbarungskonzeption zu Tage trat). Wenn S. „Verfremdung" ist und jeder Mensch von Haus aus ein Synkretist ist (23), ist demnach jeder Mensch „verfremdet" oder im Marx'schen Sinne „entfremdet"—von was und wozu? Seiner wahren Natur, der er aber nicht anders entrinnen kann als in Gestalt des S.? Es ist offensichtlich die Geschichte, die hier wesentlich ins Spiel zu bringen ist und die den Menschen zum Erben seiner Tradition im weitesten Sinne macht. Theologisch gesprochen ist jede Offenbarung „verfremdet" in der Gestalt, die der (religiöse) Mensch aus ihr macht. Mir scheint, daß K. hier nicht nur die Grenzen der Rw überschritten hat, sondern den S. ontologisch in einer Weise verarbeitet, daß der Historiker daraus nur die Konsequenz eines unendlichen und uranfänglichen Prozesses der kontinuierlichen Synkretisierung als einem Überlieferungsstrom zu akzeptieren hat. Hier werden dann alle Katzen grau!

Den Versuch einer Differenzierung bzw. Typologisierung des S. hat K. an anderer Stelle unternommen: in einem Beitrag zu einer populären Religionsphänomenologie mit dem Titel: „Antworten"[16]. K. hat dieses Kapitel „das Spinngewebe"

---

[16] Ders. 1977, 182 ff.

überschrieben, worunter er die synkretistischen Religionen aus alter und jüngster Zeit versteht, die sich zwischen den Hauptästen der großen religiösen Überlieferungen gebildet haben und immer noch bilden, wobei die Hauptäste ebenfalls untereinander Verbindung haben, eben wie ein „Spinngewebe" (dazu eine eindrucksvolle Zeichnung S. 812!). Im Text unterscheidet K. einen „bewußten" von einem „unbewußten" S. (183). Beide sind Ausdruck einer „Begegnung" der Religionen und ihrer Folge, die eben entweder zufällig oder bewußt gesucht sein kann. Erstere sind „Konfrontationen", die einerseits zum konservativen Beharren oder der Verabsolutierung einer Kultur bzw. Religion führen kann oder zur Übernahme von Elementen aus dem anderen Bereich (bewußt oder unbewußt!). Jede Religion ist von ihrer Umwelt geprägt—sie ist synkretistisch von Natur aus (183b). Eine „reine Religion" (etwa als „reines Wort Gottes") ist undenkbar; die Behauptung einer solchen ist eine Selbstüberschätzung des eigenen Standpunktes als absolute Wahrheit, die die Grenzen des Menschseins überschreitet. Die Identität einer Religion schließt den S. nicht aus, da sie wie ein Wurzelstock zu verstehen ist, die an einem Ende abstirbt und am anderen Ende weiterwächst (186). Umbildung und Dynamik gehören zu jeder Religion. K. beschreibt in der Folge (1844 ff.) einige Beispiele für die beiden Formen des S. Zu den unbewußten gehören: das Christentum (seit seinen Anfängen!), moderne buddhistische Erscheinungen in Burma, der Caodaismus in Vietnam; bewußten S. zeigen viele der nativistischen, messianistischen und millenaristischen Bewegungen, die Mystiker, Rosenkreutzer, Spiritisten, Freimaurer, Theosophen, modernen Sufi- und Yoga-Sekten, die Jesus-People; ältere asiatische sind der Zen-Buddhismus, der Lamaismus und die Sikh-Religion (194 ff.).

Mit Kamstra hat sich in einem eigenen Artikel der englische Religionswissenschaftler Pye (Leeds) auseinandergesetzt[17] und ihm – daran ist nicht zu zweifeln – auch einen theologischen Standpunkt zugeschrieben, der nur eine Alternative zu dem von Kraemer ist. Vor allem meint P., fehle bei Kamstra die Bedeutungsanalyse, die Sinnfindung (*meaning*), ferner sei dem dynamischen Element zu wenig Beachtung geschenkt worden. Das Kriterium der „Verfremdung" sei zu ungenügend und zu sehr „von innen" her gesehen, vom Gedanken, daß Religionen

---

[17] Pye 1971, 83 ff. Vgl. auch seine Rezension 1971a, 78.

„declining things" sind, die innerlich zerissen sind und von außen attackiert werden. P. stellt demgegenüber den Begriff der „Ambiguität" (Doppeldeutigkeit) als „Schlüsel" zum Verständnis des S. zur Diskussion (90). Er beruft sich dazu auf den japanisch-buddhistischen S., der die friedliche Koexistenz fremder Elemente in einem religiösen Kontext aufwest: Die schintoistischen Gottheiten (Kamis) sind zugleich Buddhas bzw. Bodhisattvas. Diese Doppeldeutigkeit religiöser Erscheinungen sei ein Kennzeichen der meisten Religionen und ihres „bewegenden Aspekts" (92). Auch P. stellt den S. als Erscheinungsform der Dynamik der Religion hin. Dadurch ist er aber immer zeitlich begrenzt. Drei Lösungsmöglichkeiten bieten sich in diesem Prozeß immer wieder an: die Assimilation, die Fusion und die Dissolation (92). Die Spannungen in den Bedeutungen religiöser Phänomene begrenzen notwendig den Zeitraum eines S., auch wenn dieser sehr lang ist. Sein Wesen besteht in der „temporary ambiguous coexistence of elements from diverse religions and other contexts within a coherent religious pattern" (93). P. hat sicher recht mit seiner Kritik an Kamstra, besonders an dessen „Verfremdungs"-Begriff, ist aber zu sehr von dem Beispiel des japanischen S. beeinflußt, als daß sein Kriterium der Ambiguität ausreicht, das Phänomen des S. allgemein zu erfassen; dieses Kriterium betrifft nur einen Teilaspekt des S., den der *Interpretatio*. Auch P. ist im übrigen nicht frei von der „Innenansicht" und berücksichtigt zu wenig den historisch-sozialen Verlaufscharakter, der dem S. zugrunde liegt.

Eine weitere Stimme zur S.-Diskussion, auf die ich eingehen möchte, ist die von Colpe, der sich unter den deutschen Religionshistorikern am intensivsten mit dieser Problematik beschäftigt hat. Sein Augenmerk gilt dabei nicht nur der Spätantike als traditionellem Ort des S., sondern vor allem auch den modernen Erscheinungen des S.[18] Für unsere Fragestellung ist vor allem sein Beitrag zum S.-Symposion in Reinhausen bei Göttingen 1971 wichtig, der 1975 in den Akten dieser Tagung unter dem Titel „Die Vereinbarkeit historischer und struktureller Bestimmungen des S." erschienen ist[19]. C., der sich über Herkunft und Geschich-te des Wortes kurz Rechenschaft gibt, hat gegen seine Verwendung i. S. von „Mischung" von Kultur- und Religions-

---

[18] Vgl. Colpe 1974, 441 ff.; Ders., 1977, 158 ff.
[19] Colpe 1975, 15 ff.; 1980, 162 ff (leicht verändert). Vgl. auch Ders. 1975a, 1648 ff.

phänomenen nichts einzuwenden, im Unterschied zum linguistischen Gebrauch (z. B. „Kasus-Synkretismus" bei B. Delbrück), der unangebracht ist (17f.). Es sind nach ihm drei Züge, die den S. oder ein „synkretistisches Strukturgesetz" bestimmen: 1. die Bestandteile des synkretistischen Gebildes müssen lange genug selbständig gewesen bzw. geblieben sein, oder sich in ihm wieder merklich durchzusetzen trachten. 2. Diese Bestandteile müssen sich dabei zwischen Erhaltung der Selbständigkeit und ihrer Auflösung die Waage halten. 3. Ihre Verbindung „muß die Fähigkeit zum Weiterleben in der Geschichte vermitteln" (19). Im Anschluß daran entwirft C. eine Typologie, deren Typen „Grade verschiedener Intensität von Verbindungen zu einer Form" bilden: Symbiose (meist unpersönlich und ethnisch bedingt), Akkultura-tion (Integration, meist bewußt), Identifikation (*Interpretatio*, „geistiger Imperialismus"). In den Synkretismen, die aus „getrennten Komponenten entstanden sind" lassen sich ferner drei weitere Typen unterscheiden: 1. der Typ, in dem die überlagernde Komponente herrscht, ohne die unterlegene restlos auszulöschen, so daß sie sich wieder bemerkbar machen kann (z. B. in Hatra), 2. der Typ, in dem das Substrat herrscht (z. B. Sumer-Akkad), 3. derjenige, in dem ein Gleichgewicht der Komponenten eingetreten ist (z. B. Manichäismus). Ein Sonderproblem bildet die „Metamorphose", die sich in modernen revolutionären Bewegungen häufig feststellen läßt (23 A. 21). Fragt man nach dem Verhältnis der einzelnen nachweisbaren Synkretismen auf sprachlicher, kultureller und religiöser Ebene zueinander, so lassen sich Unterschiede und Verschiebungen feststellen; sie sind nicht immer zur Deckung zu bringen (25). C. sieht auch hier drei Weisen (25 ff.): eine Mischkultur, die auch einen religiösen S. hervorbringt (z. B. im hellenistischen Ägypten), eine solche, die dies nicht zur Folge hat (wie die prophetische Religion Israels), und ein religiöser S., der keiner Mischkultur entsprungen ist (Bahai-Religion, Spiritismus). Letzteres bedeutet, daß synkretistische Religionen von einer Kultur, auch einer synkretistischen, grundsätzlich trennbar sind (28).

Dieser phänomenologisch-typologischen Betrachtung schließt C. eine von der analytischen Geschichtsphilosophie (Hempel, Dray) bestimmte „produktive Anwendung" siner Erkenntnisse an, um sie zu konkretisieren, zu korrigieren und zu verifiziern (28 ff.). Darauf näher einzugehen, ist hier nicht Raum und Ort. Hervorgehoben sei nur, daß C. mit Recht im S.-begriff eine „latenten kritische Tendenz" erkennt, die sich gegen die „Reinheit" von Kultur als Ausdruck eines romantischen „Aristokratismus des Geistes" wendet, der seine eigene Herkunft vergessen hat und im S. nur Zersetzung, Entartung und Verfall begreifen kann (29). Hier spukt die alte Tradition des S.- verständnisses weiter! Die universelle Anwendung des neutralisierten Begriffs hat nun nicht nur seine Ausschaltung als „Wertungskategorie" zur Folge, sondern es bedarf seiner selbstkritischen Umfunktionierung zu einer (historischen) „Erklärungskategorie" (30). Auf diese Weise gewinnt er einen eminent heuristischen Wert: er hilft die „Antecedensdaten" zu finden, die einer historisch-genetischen Erklärung einer (synkretistischen) Erscheinung oder Situation zugrunde liegen. C. begibt sich bei diesen seinen Überlegungen allerdings plötzlich in ein deduktiv-nomologisches Fahrwasser, indem er den Mangel an Antecedensdaten, den eine kritische S.-forschung erhebt, als Hindernis für eine historische Genesis überhaupt erklärt (32 f.). Der S.–Begriff wird damit von einem Explanandum zu einem Explanans, d. h. von dem mit S. bezeichneten Resultat des Prozesses, der zu eben dem S. führt, wird er zu einer Stufe im Prozeß selbst, insofern er als „erklärende Auswahl-und Interpretations-kategorie" dient (33). Ohne hier die nicht immer verständlichen Aussagen weiter zu interpretieren, muß festgehalten werden, daß sich C. redliche Mühe gibt, dem S.–begriff seine kritische Funktion als historische Kategorie zu bewahren, zugleich aber seine unangemessene, generelle Anwendung zu vermeiden (z. B. das Urchristentum eben nicht als S. zu betrachten: 33). Er kommt dabei allerdings mit seinem eigenen Ansatz in Konflikt, indem er geschichtliche Forschung mit analytischer Methodenreflexion (durchkreuzt von Zügen neukantianischer Geschichtsmethodologie) in eins setzen will und als apologetisches Mittel einsetzt, um den S.-Vorwurf an das Christentum entkräften zu können. Er schlägt sich damit sein selbst gezimmertes S.–modell aus der Hand, wenn er plötzlich wieder mit Ausnahmen operiert, d. h. nichts anderes, als daß er S. als Wertungskategorie zur Hintertür doch wieder einführt: das Christentum ist eben wie das Mittelalter nicht synkretistisch, eine die Ausnahme bestätigende Regel (34). Am Schluß seiner Ausführungen wird sein kryptotheologisches Anliegen deutlicher, indem hier direkte theologische Belange zur Sprache kommen (37 m. A. 50). Vorher finden sich aber noch einige wichtige Feststellungen für unser Problem: Religiöser S. hat komplexere Antecedensdaten als andere S.en, wobei die „Dimension der Heterogonie", die „Heterogonie der Religion", immer eine Rolle spielt (35 f.). Das „Reservoir der gesellschaftlichen und ökonomischen Antecedensdaten" bietet die Chance, wirkliche Erklärungen und nicht nur „Parallelisierungen" oder Filiationen von religiösen Motiven zu liefern (36). Die Bereitschaft zum S. in historischen Prozessen bewegt sich auf einer breiten Skala, je nachdem sie sich der „äußeren" oder „inneren Macht" bedient, um Traditionen neue Bedeutungen zu vermitteln. Sie kann daher imperial, wie bei den Römern, subversiv wie in der Gnosis sein. Ein Ausgleich kommt am besten dort zustande, wo auch die Position der Selbstbehauptung (einer Tradition bzw. Gruppe) sozialpsychologisch eingebaut ist (unter Ausklammerung oder Relativierung der Wahrheitsfrage, bemerkt C. dazu, eine m. E. historisch nicht relevante Frage).

Im Rahmen des einstigen „Sonderforschungsbereich 13" der Universität Göttingen, der sich „der Erforschung der Religions- und Geistesgeschichte des Vorderen Orients von der hellenistischen Periode bis zur Entstehung des byzantinischen Reiches im 7. Jh." widmete, ist dem Problem des S. als ein Wesenszug dieser Periode besondere Aufmerksamkeit geschenkt worden, worüber der 1978 erschienene Band „Synkretismusforschung, Theorie und Praxis" unterrichtet[20]. Als Grundlage für diese Arbeit hat Berner ein „heuristisches Modell der Synkretismus-Forschung" entworfen (11ff.), das er bereits anderenorts zur Diskussion gestellt hatte[21], und auf das hier noch kurz eingegangen sei. B. versteht unter S. eine der möglichen Reaktionen auf eine Situation der Verunsicherung durch Begegnung verschiedener Religionsssyteme (12). Die Aufhebung dieser Verunsichering erfolgt im S. durch die Aufhebung der Grenzen und des „Konkurrenz-Charakters" der „Systeme" (12). Der S. hat insofern Prozeßcharakter und „ist festgelegt auf einen Prozeß zwischen zwei Religionen" (13). Der von B. gewählte Ansatz beim „System-Begriff" (angeregt von Berger/Luckmann) ermöglicht es ihm, den Vorgang des S., „auf zwei verschiedenen Ebenen unabhängig voneinander zu betrachten": auf der Ebene der Systeme (aufgefaßt als Sinnzusammenhang)[22] und der Elemente. Durch eine „konsequent metasprachliche Terminologie" versucht B. diese zwei Ebenen noch weiter zu klassifizieren, indem er mit drei terminologischen „Ebenen" (besser wäre: Beschreibungshortizonten) rechnet (16ff. bzw. 65ff.): 1. der eigentlich metasprachlichen Ebene als Formen der

---

[20] Synk. 1978. Das Heft faßt die Beiträge zu einem Kolloquium am 28./29.10.1977 in Göttingen zusammen. Vgl. dazu auch Colpe, 1980, 300f. (Nr. 8).
[21] Berner 59 ff.
[22] Vgl. ebd. 62.

„Systematisierung" und „Rationalisierung" (die als Prozeßbeschreibungen noch weiter differenziert werden). 2. der „System-Ebene" mit den Kategorien „S. auf Meta-System-Ebene" oder „Pseudo-Synthese", „Synthese", „Evolution", „Relationierung" (die wieder in harmonisierende, hierarchische, evalutive, epistemologische, chronologische, genetische, inklusive und distanzierende aufgeteilt wird). 3. schließlich die „Element-Ebene" mit den möglichen (bloßen) „Relationierungen" und Synkretismen, wie absorbierenden, differenzierenden, additiven, äquivalentierenden, agglomerativen S. (zum letzteren wird die Identifikation, Transformation, Umfunktionierung, Substitution und Legalisierung gerechnet). Obwohl B. die Gefahr der „Spielerei" mit metasprachlicher Terminologie kennt (15), ist er ihr m. E. doch erlegen: durch die verwirrende Vielfalt (manches hat garnichts mit S. zu tun!) und wenig aufeinander abgestimmten Sprachebenen („System" und „Elemente" stehen sich völlig unverbunden gegenüber) wird das Messer der historischen Heuristik in diesem Falle wieder stumpf und führt nicht zur unmittelbaren Hilfe in der Sachforschung, sondern erst wieder zur Anpassung des „Modells" oder zur nachträglichen (äußerlichen) Etikettierung der Fakten mit seinen terminologischen Bestandteilen, wie die nachfolgenden Beiträge weithin lehren[23] (die im übrigen eigentlich wenig vom Erfolg des „Modells" spüren lassen; diskutiert worden ist es, wie zu erwarten gewesen wäre, offenbar überhaupt nicht!). Die Übernahme des von Haus relativ statisch angelegten System-Element-Modells (im Anklang an die Kybernetik) wird dem von B. selbst beschworenen "prozessual konzipierten" S. -begriff kaum gerecht (ihn gibt est eigentlich nur auf der „Element-Ebene" in seiner historischen Vielfalt) und verführt zudem schnell zur unhistorischen Auseinanderreißung der beiden Ebenen, d. h. zur Unterschlagung der gewichtigen Traditionsgeschichte im Rahmen des generellen „Sinnzusammenhangs" einer Religion. Von den soziologischen Aspekten und Bindungen des S. ist dabei garnicht erst die Rede.

---

[23] Vgl. Synk. 1978, 107, 116 f., 133, wo einfach die Terminologie des „Modells" am Schluß der Fachvorträge plötzlich aufgenommen und „bestätigt" wird. Vgl. dazu ausführlich Berner 1979, 68–85; 1982, 95–114; auf die spätere größere Arbeit von ihm (1982) gehe ich hier nicht ein, da die grundlegenden Gedanken nicht verändert sind, auch wenn inzwischen deutlich geworden ist, daß meine Kritik auf einem „Mißverständnis der Intention des ‚Synkretismus–Modells'" beruht (115f.). Trotzdem halte ich die folgenden Äußerungen dazu aufrecht, weil mir gerade in der Anwendung auf Origenes (Kap. III 117f.) und der Gnosis (dazu fehlt noch die ausführliche Anwendung!) Bedenken bleiben (s.u.).

Immerhin sind die Bemühungen von B. ein Schritt auf dem richtigen Wege, vor allem wenn er in einem weiteren Beitrag sein S.-modell „als Instrument einer historischen Religionsphänomenologie" verstehen möchte (27–37) und der bisherigen Rw die Vernachlässigung dieses Teils der Religionsgeschichte vorwirft (bes. 30 ff. bzw. 59 ff.). Die Suche nach „Beschreibungskategorien" (35) zur Ordnung der Vielfalt der „synkretismusverdächtigen Phänomene" (36) sollte tatsächlich zu einer „Theorie des S. als Teil einer zukünftigen Religionstheorie" (37) führen, aber stärker vom Gegenstand der Rw selbst her als von geborgten fremden Modellen (die sicherlich anregend wirken können). Jedenfalls halte ich die Erprobung des S.-modells von B. auch in seinem Origenes-Beitrag (39–57) nicht für gelungen, da es m. E. am ungeeigneten Objekt und mit den beschriebenen untauglichen terminologischen Mitteln (Gegenüberstellung von Synthese und S.!) unternommen wurde. Daß dabei auch wieder die theologische Wertung einfließt, zeigt das pauschale Urteil (56): Origenes biete eine Synthese, die Gnosis einen „Synkretismus von Glaube und Wissenschaft" (!?).

Damit sind die wichtigsten Äußerungen zum S.-Problem aus der modernen Rw vorgestellt und diskutiert worden. Das Material, das zwei Symposien zum Thema—1966 im Donner-Institut zu Åbo[24] und 1971 in Reinhausen bei Göttingen[25]—beitrugen, ist weniger für die unmittelbare Theoriediskussion von Gewicht als vielmehr für die religionhistorische Spezialforschung und bedarf erst einer religions-systematischen Erschließung.

3.

Aus der Debatte lassen sich folgende Ergebnisse gewinnen:

1. Der Begriff S. hat eine universale, relativ wertungsfreie Anwendung für eine Form des Kultur- und Religionskontaktes gefunden, die man als „Mischung" bezeichnet und von der es kaum Ausnahmen in der Religionsgeschichte gibt.

2. Dieser universale Gebrauch verlangt eine Aufgliederung und Typologisierung seiner unterschiedlichen Erscheinungsformen;

---

[24] Sync.
[25] Synk 1975. Ausführlich diskutiert Berner 1980, Kap I (5–80), die ältere u. neuere Literatur.

eine einheitliche Terminologie dafür ist aber noch nicht erreicht worden. Man begegnet folgenden Bezeichnungen:
Symbiose, Akkulturation, Identifikation, Theokrasie, Amalgamation, Fusion, Assimilation, Amelioration (Verbesserung), Transformation, Metamorphose, Substitution, Eklektizismus, Dissolation, Isolation (Isolierung), Synthese, Relationierung.
3. Das Wesen des S. ist durch Schlagworte wie „Verschiebung" (van der Leeuw), „Verfremdung" (Kamstra) oder „Ambiguität (Pye) umschrieben worden, auch hier erfolgte noch keine Übereinstimmung, außer daß der S. als Ausdruck der Dynamik der Religionen betrachtet wird.

Geht man davon aus, daß S. sich eingebürgert hat für „Religionsmischung" und eine konsequent historische Betrachtung keine „reinen Religionen", d. h. von Umwelt und „fremden" Traditionen unbeeinflußte, mit sich selbst identische Urzeitüberlieferung kennt, so ist der Ausdruck Umschreibung für den Tatbestand, daß sich keine Religion oder religiöse Überlieferung (von Kultur ganz zu schweigen) außerhalb derselben befindet (abgesehen vielleicht von sehr isolierten Restvölkern oder Gruppen an Kulturrändern). Dies gilt auch für das Christentum, wie ich anderenorts gezeigt habe[26]. Es stimmt schon, was Wach seinerzeit formulierte und G. van der Leeuw wiederaufnahm, daß unter dem Aspekt der Vorgeschichte der Religionen eine jede Religion ein S. ist. Aber nicht nur von der *Vorgeschichte,* sondern auch von ihrer Geschichte selbst: der Prozeß ihrer komplizierten *Entwicklung* ist ohne S. nicht vorstellbar, es sind höchstens Grade oder Stärken, die dabei Unterschiede ausmachen. Grundlage dafür ist einerseits der Kulturkontakt allgemein, zum anderen die dem Menschen eigene Aufnahme- und Verarbeitungsfähigkeit unterschiedlicher Traditionen und Vorstellungskomplexe, die sich auch unmittelbar oder vermittelt in seiner Praxis auswirken (Kult-praxis). Es ist die *„Begegnung",* der *„Kontakt",* einschließlich der *„Konfrontation",* der die universale Voraussetzung und das Movens des S. ist. Seine Arten sind natürlich verschieden und machen Gliederungen unumgänglich (auch im Sinne von Einschrän-kungen).

Ich halte die wiederholt vorgetragene Scheidung von *„unbewußtem"* und *„bewußtem"* S. durchaus für zutreffend und grundlegend wichtig. Ersteren kann man auch „naiven", „spontanen"

---

[26] Vgl. Rudolph 29 ff.; s.u. S. 299ff.

oder „vegetativen"[27] nennen. Er ist der von der Vorgeschichte her laufende Prozeß der religionsgeschichtlichen Entwicklung, der die Basis aller Religionserscheinungen ist. Die sog. Volks- oder Nationalreligionen, die die antike Religionsgeschichte prägen, zeigen überall Spuren eines solchen S. und haben ihre späteren Erblasser (vor allem die Weltreligionen) davon nicht unberührt gelassen (Volksglaube!). Ihre jeweilige Identität und Konstitution als eigenständige Tradition und Ausprägung des je eigenen Volkes oder einer Bevölkerungsgruppe hat sich weithin trotzdem durchgehalten, nicht zuletzt durch Sprache, Kultur und Politik, in die die Religion integriert war. Auch die „Stammesreligionen" machen davon keine Ausnahme[28].

Der „bewußte" S., der ein reflektierter, ein „gestifteter" ist, zieht aus dem „unbewußten" S. seiner Zeit die Konsequenzen einer überbrückenden Einheitsstiftung in eine neue Religionsform, in die wesentliche Elemente der religiösen und ideologischen Überlieferung integriert werden (bestes Beispiel ist der Manichäismus, aber auch in Japan der Ryôbu-Shintô). Die meisten der spiritistischen und theosophischen Sekten der Neuzeit gehören unter diese Rubrik.

Diese Einteilung ist natürlich ein recht grobes Raster, das nur der ersten Klassifizierung dienen kann. Die Vielfältigkeit der *„Begegnung"* (Encounter)[29] und „Ausbreitung" von Kultur und Religion durch die geschichtlichen (politischen) Ereignisse und Verlaufsformen, bestimmt auch Werden und Geschichte des S. und führt zu Variationen, die sich, wie die Diskussion lehrt, nicht so rasch einfangen lassen. Auf der Makroebene der großen Religionen, der regionalen, lokalen sozialen und individuellen[30] sind differenzierte S.en zu finden. Das Problem der Erfassung dieser Prozesse in ein systematisches Konzept wird vor allem dadurch erschwert, daß eben Religionen keine in sich geschlossenen homogenen Einheiten sind. Dies gilt vor allem, wenn man die *soziale Schichtung* und die damit verbundenen Aufnahme

---

[27] So Colpe 1975, 21.
[28] Vgl. Hultkrantz 15 ff.; ferner die diesbezüglichen Aufsätze von H. Sieger, J. Mbiti, H.-L. Swantz u. R. Harjula, Te 12, 93 ff., 125 ff., 136 ff., 149 ff.
[29] Diesem Thema ist vor allem „Temenos", 12(1976), gewidmet, der Vorträge eines Symposions vom 19./20. Sept. 1975 in Helsinki enthält, die natürlich auch den gegenwärtigen „interreligiösen Dialog" im Auge haben, der mit dem Problem des S. nur am Rande zu tun hat.
[30] Vgl. Pentikäinen 11f.

und Verarbeitung der religiösen Traditionen berücksichtigt[31]. Dieser „vertikale" Schnitt durch eine Religion und ihre Träger bietet das bekannte Bild einer unterschiedlichen Haltung: die bewußten Träger der Überlieferung und reflektierenden Bearbeiter des Glaubensgutes (Priester, Theologen, Mythologen) und die breite Masse der Laien und einfachen Gläubigen, die nicht nur die passiven Akzeptierer und Objekte der Belehrung und Indoktrination sind, sondern recht selbständige Formen der religiösen Überlieferung ausbilden: es ist der religiöse Volksglaube, die breite Basis aller Religionen. Man hat (in der nordamerikanischen Ethnologie und Rw) von *„großer"* und *„kleiner"* Tradition gesprochen, nicht nach der Quantität, sondern nach dem Gewicht, das sie für die Gestalt der Religion jeweils bedeuten; so ist die erstere eben die (schriftliche!) Tradition der Elite, letztere die des Volkes (aufgewiesen in Studien zum ceylonesischen und hinterindischen Buddhismus)[32]. Diese „kleine Tradition" des Volksglaubens ist der Hort des unbewußten S., der sich durch die Jahrhunderte zieht (also auch die Horizontale mitbildet) und auch heute den „religiösen Untergrund" unserer Zeit bildet; er ist immer offen für alte und neue Arten religiöser Vorstellungen. Hier begegnet sich übrigens Religionsgeschichte und religiöse Volkskunde am intensivsten.

Die Gestalten des S. sind also nicht nur religionhistorisch, sondern auch religionssoziologisch zu eruieren und zu verstehen bzw. zu erklären, wobei bei dieser Fragestellung auch die sozialpsychologische Relevanz eine Rolle spielt. Als heuristische Mittel für die S.-forschung sind unter den angeführten Typen vor allem folgende relevant (Colpe hat sie im wesentlichen schon bestimmt):

– die *Symbiose*, nicht nur im Sinne einer neugewonnenen Einheit zweier oder mehrerer Traditionskomponenten, sondern auch im „Zusammenleben" zwar äußerlich getrennter, bei den Gläubigen aber als relative Einheit aufgefaßter religiöser Ausdrucksformen, wie in China oder Japan zwei oder drei Religionen nebeneinander existieren und von der Mehrzahl für jeweilige eingespielte Belange in Anspruch genommen werden (Konfuzianismus, Taoismus, Buddhismus; Shintoismus und Buddhismus). Auch Indien und Java bieten dafür beeindruckende Beispiele.

---

[31] Von Robertson, 199f., hervorgehoben und mit der Analyse der javanesischen Religion durch Geertz, 1960, belegt.
[32] Eingeführt von Obeyesekere, 142 ff.; s. dazu Gothóni 62 ff. Kritische Bemerkungen bei H. Bechert, *Jahrbuch* 270 f.

– die *Amalgamation* (Verschmelzung), auch „Fusion" zu nennen, ist als eine typische S.-form zu verstehen (verbreitet in der Spätantike), die wiederum verschiedene Ausprägungen haben kann: *Akkulturation, Adaption* und *Assimilation,* wie sie in neuer und alter Form bei Ausbreitungen von Religionen und religiösen Bewegungen häufig anzutreffen ist. Hierunter ist wohl auch der *Eklektizismus* einzuordnen, der eine nicht geglückte, restlose Vereinigung seiner Elemente beinhaltet. Auch die *Theokrasie* gehört teilweise hierher[33].

– die *Identifikation,* die vor allem in Rahmen der Göttervorstellungen heimisch ist (*Interpretatio*); sie kann sich zur *Substitution*[34] und *Transformation*[35] steigern.

– die *Metamorphose* bzw. Transformation (Um- oder Verwandlung) als ein besonders gelungenes Ergebnis des S., zu dem die Amalgamation und Identifikation in einer Synthese gelangen kann[36].

– Die *Isolation* oder auch Dissolation, die bei Religionskontakten und Missionsabsichten eintreten kann und z. B. dazu führt, daß überwundene Religionsformen in den Untergrund abgedrängt werden, meist nicht ohne einer Wandlung zu unterliegen (Volks- und Aberglaube).

Diese Typen von S., deren Illustrierung durch Beispiele ich mir hier schenken muß, sagen zwar viel über seine Äußerungen aus, aber können sein Wesen nicht ganz erfassen. Darüber noch einige Worte. Grundsätzlich gehört der S., wie schon van der Leeuw klar gesehen hat, zum *dynamischen* Charakter religiöser Erscheinungen; er ist ein spezieller Ausdruck oder ein Ausschnitt aus dem *Wandel* einer oder mehrerer Religionen und ihrer

---

[33] Bonnet, 40 ff., sieht in der innerägyptischen „Götterverschmelzung" einen Wesenszug ägyptischen Denkens, den er als S. bezeichnet und mit Hilfe der Theorie des Dynamismus zu erklären sucht (bes. 44f., 48). Den Ägyptern wird eine Neigung zum S. zugeschrieben; er liege ihnen im Blut (41). Er sei eine Überwindung des Polytheismus, bahne dem Monotheismus den Weg und bereite die Ethisierung der Götterwelt vor (48 f.). Ich halte die Anwendung des S.-begriffs in diesem Fall für unangebracht, auch wenn Wesenszüge des S. von Bonnet beschrieben werden. Es handelt sich eher um Denkformen ägyptischer Welt- und Seinsdeutung, der eine ausgeprägte „Relationierung" in der Götterwelt eigen ist (vgl. auch Junge, Synk. 1978, 106 f.).

[34] Vgl. Diehl 137 ff. Zur *Interpretatio Graeca* ägyptischer Gottheiten vgl. den Beitrag von Bergman (Sync. 207 ff.); zur *Interpretatio Babylonica* sumerischer Gottheiten van Dijk (Sync. 171 ff.); zur *Interpretatio Buddhistica* des Christentums Edsman, Te 12, 100 ff.

[35] Vgl. Biezais 5 ff.

[36] Vgl. Segelberg 228 ff.; Hartman 263 ff.; Schenkel 109 ff.; Wießner 119 ff. 133.

Erscheinungsformen. Daher ist er auch auf der Zeitebene eingeordnet und hat Anfang und Ende; letzteres im Sinne einer neuen Verwandlung oder Aufhebung in eine neue Gestalt. Die Gewichte, die die Komponenten eines werdenden S. erhalten, sind je nach den historischen oder politischen Machtkonstellationen oder der Resistenz des Substrats, verschieden[37]: Überlagerung bzw. Überfremdung von oben (Herrschaft) oder unten (Substrat) oder Ausgleich. Darin zeigt sich das Wesen des S. in deutlicher Weise: es geht bei ihm weder um eine bloße „Verschiebung" noch „Verfremdung" (beides mag durchaus der Fall sein), sondern um die *„Verschränkung"* religiös-kultureller Elemente verschiedener Herkunft in einer Kontaktsituation, die, wie im Falle etwa der chemischen Osmose, einen Zustand des Ausgleichs oder der Anpassung nach sich ziehen kann, oder zu einer, was durchaus vorgekommen ist, Konfrontation mit abgrenzender, ausschließender Wirkung (vgl. Islam und Christentum im Mittelalter). Voraussetzung für einen lebensfähigen S. ist dabei, daß die in Kontakt tretenden Züge religiös-kultureller Traditionen und Ideen zu einer *funktionierenden Synthese* finden[38], die als Ergebnis des synkretistischen Prozesses Teil des Glaubensgutes werden kann, so daß der Gläubige „von innen" her gesehen am S. als solchen keinen Anstoß als Überfremdung o. ä. nimmt[39]. Dies ist, wie gesagt, oft ein länger andauernder Prozeß, der unbewußt und bewußt (Theologie!) vor sich geht. Die historisch-politischen und sozialen Vorgänge bestimmen dabei vielfach den Verlauf, sind aber gleichzeitig als ideologischer Ausdruck eben dieser Vorgänge auch von Wirkung auf diese selbst, so daß die Steuerung des synkretistischen Wandels in den Religionen von zwei Seiten erfolgt: von der Praxis und der Theorie – eine Erkenntnis, die für alle religionsgeschichtlichen Prozesse Gültigkeit hat und gegen deren Nutzanwendung oft genug verstoßen wird.

---

[37] Vgl. Colpe, 1975, 21 ff. (mit Beispielen und Literaturhinweisen), 35f.
[38] Darauf legt u.a. Wießner im Vorwort zum Synk. 1978, 11f., Wert. Robertson, 119, spricht von „einer relativ kohärenten Doktrin", zu denen sich die verschiedenen Elemente „herauskristallisierten".
[39] Daher ist das Problem des S. vor allem ein solches des Religionshistorikers, nicht des Gläubigen!

LITERATURVERZEICHNIS

RE   Realenzyklopädie für protestantische Theologie und Kirche 19. Leipzig 1907.
Sync Syncretism. Ed. S. Hartman. Scripta Instituti Donneriani Aboensis 3. Uppsala.
Synk 1975, Synkretismus im syrisch–persischen Grenzgebiet. Hrsg. A. Dietrich (= Abh. D. Akad. d. Wiss. in Göttingen. Philol.-hist. Kl. 3. Folge, 96). Göttingen.
Synk 1978, Synkretismusforschung, Theorie und Praxis. Hrsg. G. Wießner. Göttinger Orientforschung. Reihe: Grundlagen und Ergebnisse 1. Wiesbaden.
Te   Temenos.

Baird, D., 1967/68, Syncretism and the history of religions. *The journal of religious thought* 24.
——*Category formation and the history of religions*. Religion and Reason 1. The Hague, 1971.
Berner, U., 1976, Entwurf eines heuristischen Modells zur Synkretismusforschung. *Göttinger Miszellen* 19.
——1979, Der Begriff „Synktretismus"–ein Instrument historischer Erkenntnis? Saeculum 30.
——1982, Untersuchungen zur Verwendung des Synkretismus – Begriffes. Wiesbaden (Göttingen Orientforschungen. Grundlagen und Ergebnisse Bd.2)
Biezais, H., 1975, Transformation und Identifikation der Götter im Synkretismus. Te 11.
Bonnet, H., 1939, Zum Verständnis des Synkretismus. *Zeitschrift für ägyptische Sprache und Altertumskunde* 75.
Colpe, C., 1974, Synkretismus, Renaissance, Säkularisation und Neubildung von Religionen in der Gegewart. *Handbuch der Religionsgeschichte* 3. Hrsg. J. Asmussen, J. Loessøe, C. Colpe, Göttingen.
——1975, Die Vereinbarkeit historischer und struktureller Bestimmungen des Synkretismus. Synk 1975. Theologie, Ideologie, Religionswissenschaft, München 1980, 162–185.
——1975a, Synkretismus, *Der kleine Pauly* 5. München.
——1977, Syncretism and secularisation: complementary and antithetical trends in new religious movements. *History of Religions* 17.
Diehl, C.-G. 1969, Replacement or substitution in the meeting of religions. Sync.
Frick, H., 1928, Vergleichende Religionswissenschaft, Sammlung Göschen 208. Berlin.
Geertz, C., 1960, *The religion of Java*. New York.
Gothóni, R., 1976, Buddhism and Sinhalese – culture a macro analysis. *Te* 12.
Hartman, S., 1969, Les identifications de Gayomart à l'époque islamique. Sync.
Hultkrantz, Å., 1969, Pagan and Christian elements in the religious syncretism among the Shoshoni Indians of Wyoming. Sync.
Jahrbuch, 1968, *Jahrbuch für Religionssoziologie* 4.
Kamstra, J., 1967, Encounter or syncretism. Leiden.
——1970, *Synkretisme op grens tussen Theologie en Godsdienstfenomenologie*. Leiden.
——1977, Antworten. Ein Vergleich der großen Weltreligionen in Wort und Bild. Hrsg. J. Sperna-Weiland. Zürich.
Kraemer, H., 1937, *De Wortelen van het Syncretisms*. Gravenhage.
——1938, The *Christian message in a non-Christian world*. London.
——1959, *Religion und christlicher Glaube*, Göttingen.

Obeyesekere, G., 1963, The Great tradition and the Little in the perspective on Sinhalese Buddhism,. *The journal of Asian studies* 22.
Pye, M., 1971, Syncretism and ambiguity. *Numen* 18.
——1971a, [Rez.] Kamstra, Syncretisme op de Grens tussen Theologie en Godsdienstfenomenologie. *Religion* 1.
Pentikäinen, J., 1976, The encounter of religions as a religio-scientific problem. *Te* 12.
Radhakrishnan, S., 1933. East and west in religion. Oxford.
Robertson, R., 1973, *Einführung in die Religionssoziologie*. München.
Rudolph, K., 1977, Das frühe Christentum als religionsgeschichtliches Phänomen. *Das Korpus der Griechischen Christlichen Schriftsteller*. Hrsg. J. Irmscher, K. Treu. (Texte und Untersuchungen zur Geschichte der altchristlichen Literatur 120) Berlin. (S. u. S. 299–320)
Schenkel, W., 1978, Kultmythos und Märtyrerlegende. Synk 1978.
Segelberg, E., Old and New Testament figures in Mandaean version. Sync.
Wach, J., 1924, *Religionswissenschaft*. Leipzig.
Van der Leeuw, G., 1933, 1956, *Phänomenologie der Religion*. Tübingen.
Wießner, G., 1971, Die Behnam-Legende. Synk 1978.

9.

WESEN UND STRUKTUR DER SEKTE *

Bemerkungen zum Stand der Diskussion in Religionwissenschaft und -soziologie

I.

In der Apostelgeschichte wird in der Anklagerede gegen Paulus vom Anwalt Tertullus des jüdischen Hohenpriesters Ananias vor dem römischen Statthalter Felix folgendes gesagt (24, 5); „Diesen Mann haben wir als eine Pest kennengelernt und als einen Unruhestifter unter den Juden in aller Welt, er ist der Hauptträdelsführer (*prōstatēs*) der Häresie (Sekte) der Nazoräer". Paulus verteidigt sich daraufhin u. a. mit den Worten (V. 14): „Ich diene dem Gott meiner Väter nach dem Lehrpfad, den sie eine Häresie (Sekte) heißen". Und noch einmal ist von der Häresie (Sekte) des christlichen Glaubens im Munde der Juden Roms die Rede, als Paulus als Gefangener des Kaisers sich zunächst vor ihnen zu rechtfertigen sucht: „Von dieser Häresie (Sekte) ist uns nur bekannt, daß sie überall Widerspruch findet" (28, 22). Der griechische Text verwendet in diesen Passagen das Wort *hairesis*, das die Vulgata dann mit *secta* übersetzt, beides noch mit der neutralen Bedeutung „Lehrmeinung", „Partei", „Schule", wie auch an den zwei anderen Stellen der Apg, in denen die Sadduzäer (5, 17) und Pharisäer (15, 5) damit umschrieben werden. Demgegenüber ist die Verwendung in den Briefen eindeutig negativ. 1 Kor 11,19 tadelt Paulus, daß es „Parteiungen" (gr. Häresien, lat. Sekten) unter den Korinthern gibt, was in Gal 5,20 dazu führt, daß so etwas in den Lasterkatalog aufgenommen wird, und 2 Petr 2,1 wird nachträglich vor „falschen" einführen und „faslchen Lehrern" gewarnt, die „verderbliche Häresien (lat. Sekten" einführen. So haben wir im NT schon einige Grundzüge

---

* Text eines Vortrages gehalten im Rahmen der Studientagung „Anthropologie und Eschatologie" in Salzburg, vom 21. bis 24. Nov. 1979. Ein auschliefender Vortrag von mir galt dem Thema „Gnosis–Weltreligion oder Sekte (publiziert ebenfalls in KAIROS 21,1979, 255–263).

zusammen, die das Wort „Sekte" im Laufe seiner Geschichte angenommen hat: falsche Lehre, Abspaltung von der Gemeinde. Da Luther in den angeführten Stellen (bis auf Gal 5,20 und 1 Kor 11,19 wo er „Rotten" schreibt) das lat. „Sekten" beibehalten hat, ist es durch ihn in den deutschen Sprachgebrauch gelangt, und zwar in der Verwendung der Briefe, bes. des 2 Petr. (die älteren dt. Bibelübersetzungen geben *hairesis* meist mit „Irrtum, Ketzerei" wieder). Unterstrichen wird das noch durch entsprechende Äußerungen in den Tischreden, wo Luther wiederholt von „Schwärmern, Rotten und Sekten" spricht. Dieser Sprachgebrauch ist dann auch in die lutherischen Bekenntnisschriften eingegangen. In der Konkordienformel von 1580 handelt der 12. Abschnitt „Von anderen Rotten und Secten, so sich niemals zu der Augsburgischen Confession bekannt" (lat. *De aliis haereticis et sectariis* etc.) worunter Wiedertäufer, Schwenckfeldianer, Unitarier und Antitrinitarier gehören. Damit ist die offizielle Wortverwendung (nicht nur die kirchliche) relativ normiert worden und hat sich bis heute erhalten.

Dieser Einstieg in unser Thema von der Sprachgeschichte her bietet sich, wie bei einem Großteil der religionswissenschaftlichen und theologischen Nomenklatur von selbst an, da er den Reflexionsprozeß in einer Weise in Gang setzt, der das selbst- und ideologiekritische Geschäft gleich eingangs von der semantischen Analyse her, und zwar diachronisch, aufrollt. Bleiben wird daher noch etwas bei dieser „Geschichte"!

Die volksetymologische (sogar in den früheren Auflagen des „Kluge-Götze" noch zu findende)[1] Verknüpfung von Sekte (*secta*) mit *secare* „zerschneiden", ist zwar wissenschaftlich nicht haltbar, hat aber selbst unter Gebildeten dem Wort eine entsprechende Bedeutung verliehen und es dem Schisma gleichgestellt (obwohl kirchenrechtlich beides unterschieden wird). Die klassische Latinität stellt das Wort eindeutig zu *sequor* „folgen, nachfolgen", zu *seco* nur insofern es mit *sequor* identisch ist (*secutus*). *Secta* ist also eindeutig (nach Belegen aus Cicero) von der Grundbedeutung „befolgter Grundsatz, befolgte Denk- und Handlungsweise" aus in der allgemeinen Verwendung für 1. „Partei", „Richtung", 2. „philosophische Lehre oder Schule", anzutreffen. Dies lehrt auch seine Gleichsetzung mit gr. *hairēsis*, das eine

---

[1] Vgl. jetzt die Neubearbeitung von E. Seebold: F. Kluge, Etymologisches Wörterbuch der deutschen Sprache, 22. Aufl., Berlin 1989, 665, die daran weiterhin festhält.

ähnliche Bedeutung bekommen hat. Der altchristliche Sprachgebrauch, der sich schon im NT ankündigt, ist dann durch die Ketzergestzgebungen der christlichen Kaiser bestimmt worden, allerdings überwiegt hier wie auch sonst im Kirchenrecht das latinisierte *haeresis* (auch bei Augustin in der Auseinandersetzung mit Manichäern und Donatisten bemerkbar), so daß *secta* in dieser Entwicklung nicht völlig aufging und für eine neue technische (rechtliche) Verwendung offen war. Damit ist bereits eine weitere Seite des Begriffs angeschnitten worden, die rechtliche.

Im Verlaufe der reformatorischen Bewegungen, die zur Auflösung des mittelalterlichen Kirchenbegriffs und zur Bildung zahlreicher religiöser Gruppierungen außerhalb der reichsrechtlich anerkannten katholischen, lutherischen und reformierten Kirchen, den *ecclesiae receptate,* wie es im westfälischen Friedensvertrag von 1648 heißt, führte, wurden diejenigen Religionsgemeinschaften, die keine derartige reichsrechtliche Legitimation besaßen, als Sekten bezeichnet; sie erlangten teilweise in den einzelnen Ländern Duldung, aber erst im 19. und 20. Jh. auch einige Rechte. Dieser staatsrechtliche Sektenbegriff ist in seinem Einfluß auf den offiziellen Sprachgebrauch von erheblicher Wirkung gewesen, da er ihn um den Zug des Illegitimen, ja Asozialen (i. S. minderer sozialer Geltung) bereicherte. So entstand die Auffassung, die auch das evang. Kirchenrecht heute teilt, daß unter Sekten „religiöse Sondergemeinschaften" zu verstehen sind, die in grundlegenden Punkten der Lehre von den Volks- und Freikirchen abweichen. Sie sind nicht Kirche, gehören aber in den christlichen Bereich. Ihr Geltungsprinzip ist das personale (das Kirchenprinzip das regionale). Für die katholische Kirche hat dies allerdings keine Bedeutung, da sie dem Grundsatz *extra ecclesiam nulla salus* folgt und keine Sekten anerkennt. Allerdings hat auf evang. Seite eine gewisse Wandlung des Sektenbegriffs im Zusammenhang mit den Veränderungen des Staatskirchentums Platz gegriffen, insofern frühere „Sekten" (wie der Methodismus) rechtlich zu „Kirchen" anvancierten. Diese Entwicklung läßt sich z. B. in Preußen verfolgen, wo im 19. Jh. die Anerkennung von Sekten (zu denen paradoxerweise quasi von 1830–1849 auch die die Unionskirche ablehnenden Altlutheraner zählten) die Schaffung von Sonderrechten nach sich zogen (in der bürgerlichen Gesetzgebung von 1848/50; Zivilstandsgesetzegebung 1875; Bürgerliches Gestzbuch 1896). Korporations– und Vereinsrecht findet zunehmend Anwendung, so daß die Sekten wenigstens privatrechtliche Sicherheiten erhielten. Heute gelten in den meisten Staaten christlicher Tradition neben den „alten" offiziallen Konfessionen die „Freikirchen" und „Sekten" als „Religionsgemeinschaften", die entweder Körperschaften öffentlichen Rechts oder eingetragene und nicht eingetragene Vereine sind. Selbst von offizieller (ev.) kirchlicher Seite wird das Wort „Sekte" möglichst vermieden und „von religiösen Sondergemeinschaften" gesprochen (so in der „Handreichung" des Konfessionskundl. Arbeits- und Forschungswerkes der Evang. Kirchen in der DDR, ²1977).

Dieser Ausflug in die rechtlichen Aspekte des Sektenverständnisses war nötig, nicht nur um den Sprachgebrauch zu erläutern, sondern auch die typisch europäisch-christliche Prägung desselben bloßzulegen, nämlich die am rechtlich-institutionellen Kirchenbegriff orientierte Bestimmung von „Sekte" und „Sektierertum", die, wie wir gleich sehen werden, in ihrer fast dualistischen oder dialektischen Formulierung die moderne religionswissenschaftliche und -soziologische Diskussion bestimmt hat.

II.

Die moderne wissenschaftliche Diskussion über das Phänomen der Sekten im Rahmen des Christentums setzt bekanntlich von der Soziologie her ein, eröffnet von keinem Geringeren als *Max Weber*. Seine Reise in die USA 1904 bestätigte ihm einerseits schon gewonnene Erkenntnisse, andererseits eröffnete sie ihm erst voll die Bedeutung der protestantischen Sekten für die Entstehung des kapitalistischen Geistes oder „Rationalismus". In seinem aus persönlichem Erleben geborenen Aufsatz „Kirchen und Sekten in Nordamerika" (zuerst in der Frankfurter Zeitung 1906, dann erweitert in der Christlichen Welt 1906, 558 ff, 577 ff), den er umgearbeitet u. d. T. „Die protestantischen Sekten und der Geist des Kapitalismus" im 1. Band seiner Aufsätze zur Religionssoziologie (1920) erneut publizierte (207–236), erfaßte er erstmalig das Wesen der Sekte als „freiwilliger Verein religiös Qualifizierter" im Unterschied zum Typ der Kirche, der ein Anstaltscharakter eignet. Weber sieht zwischen beiden Typen einen grundsätzlichen Unterschied, dessen verschiedene „Strukturprinzipien" in gegensätzlichen religiösen „Grundgedanken" wurzeln. Die Sekte ist die Gemeinde der „Auserwählten", der „religiösen Elite", die die unsichtbare „Kirche" sichtbar werden lassen will, nämlich in persönlicher Bewährung und Reinheit des einzelnen Individuums. Daher sieht W. hier den Ankergrund für die Autonomie des Individuums, der den modernen Individualismus hervorbrachte, und den der rigoristischen Ethik, die den protestantischen Geist in Reinkultur zeitigte mit den bekannten (hypothetischen) Folgen. Der Natur nach ist die Sekte zwar ein „partikularistisches Gebilde", der Frömmigkeit nach aber eines der spezifischsten Formen lebendiger „Volksreligiosität (392). In dieser dialektischen Beziehung liegt die weiterwirkende Bedeutung dieses „Sektengeistes" für die moderne, speziell angelsächsische Welt (395 f, 427 f).

Weber hat diese Erkenntnisse näherhin in seinem systematischen Hauptwerk „Wirtschaft und Gesellschaft" (1921) ausgeführt, worauf wir nur kurz eingehen können. Der Gegesatz „Kirche" —und „Sekte" wird gleich in der vorangestellten „Kategorienlehre" definiert (I 41): einerseits „Anstaltscharakter" oder „Gnadenanstalt", andererseits „Verein", der die „religiös Qualifizierten in sich aufnimmt" (cf. auch I 916). Die Eigenart jeder Sekte beruht „auf der geschlossenen Vergesellschaftung der einzelnen örtlichen Gemeinden" (358). Ausführlich ist dann im Abschnitt über die „Herrschaftssoziologie" davon die Rede (916 ff). Hier wird gleich eingangs festgestellt, daß eine Sekte im *soziologischen* Sinne keine „kleinere" oder von einer anderen Gemeinschaft abgesplitterte religiöse Gemeinde sei, die „nicht anerkannt", verfolgt oder verketzert ist, sondern „sie ist eine solche, welche ihrem Sinn und Wesen nach notwendig auf Universalität ver-zichten und notwendig auf durchaus freier Vereinbarung ihrer Mitglieder beruhen muß" (916). Sie ist ein „aristokratisches Gebilde", da ihr Wesen in einer Auslese der „Qualifizierten" aus den Unqualifizierten besteht. Diese Sicht führt bei Weber dazu, daß er den Calvinismus in die Nähe der Sekten rückt (917). Kommt es zu größeren Zusammenschlüssen von Sekten, so ist dieser ein bloßer Zweckverband; idealiter und „gesegnet" bleibt immer die Kleingemeinde, die „ecclesiola" der Pietisten (917). W. betont auch erneut die Legitimation des einzelnen aufgrund seiner persönlichen Qualifikation (918 f), die die besagten (unbeabsichtigten) ökonomischen Wirkungen hat, während die Ablehnung des Amtscharisma und der hierarchischen Anstaltskirche eine innere Wahlverwandtschaft mit der Struktur der Demokratie besitzt (920). Schließlich ist die apolitische, ja antipolitische Sektenmentalität auch Wurzelboden für Freiheit und Toleranz geworden (920 f).

Diese positive Einschätzung des Phänomens der Sekte als einer Grundstruktur religiöser Vergesselschaftung, die wesentlich von der bisherigen theologischen Bewertung abweicht (Gottfried Arnolds „Kirchen– und Ketzerhistorie" einmal ausgenommen), ist eine von der Soziologie her geübte Objektivierung, die durch Ernst *Troeltsch* aufgenommen und in seinen „Soziallehren der christlichen Kirchen und Gruppen" (1912, ²1919) zu einem Grundgerüst christentums-geschichtlicher Darstellung verarbeitet wurde. (Über diese Aufnahme seines Sektenbegriffs bei Troeltsch hat sich Weber ausdrücklich gefreut und seine eigenen ursprünglichen Erörterungen stellenweise zugunsten eines Hinweises auf das ausführliche Werk Troeltsch gestrichen: Gesammelte Aufsätze zur Religionssoziologie, I 207 A. 1).

Auch Tr. versteht die Sekte (er behält in der Darstellung diesen Namen trotz seiner negativen Belastung bei, S. 367) als einen grundlegenden Strukturtyp, einen „Christentumstyp", der dem der „Kirche" gegenübersteht, die auch in ihrer Soziallehre differieren, und zu denen noch als 3. Typ die „Mystik" tritt. Hatte Weber den Sektentyp vor allem seit der Reformation im Auge, so zieht Tr. die Linien noch weiter rückwärts, bis in die Anfänge des Christentums, ja das Evangelium selbst. Die Sekten sind Vertreter eines christlich-ethischen Radikalismus gegen die offizielle christliche Einheitskultur; sie haben eine „Tendenz auf kleine Kreise" (135), sind am Evangelium orientiert und am absoluten Naturrecht, auch das Mönchtum gehört von Haus aus auf ihre Seite. Eine Entfaltung der latenten (und kontingenten) Dualiät oder Polarität von „Kirche" und „Sekte" ist allerdings erst im Spätmittelalter und der Reformationszeit anzutreffen im Zusammenhang mit dem Aufstieg neuer, nämlich unterer Klassen und Schichten in den Städten (371, 376, 386 f), ein wesentlicher Gesichtspunkt, der erstmalig im theologischen Bereich bei Tr. auftaucht. Die Ansätze sind aber älter: schon bei den Donatisten regt sich das Problem (367) und in der gregorianischen Kirchenreform (383 f).

Tr. behandelt Typologie und Geschichte der Sekten am ausführlichsten (und seiner Art entsprechend oft wiederholend und breit) im Abschnitt II 9 über „das absolute Gottes- und Naturrecht und die Sekten" (358–426). Als eigener, gleichberechtigter Gestaltungstyp des Christentums neben dem der Kirche (360 A. 163) ist die Sekte Manifestation einer seit der Predigt Jesu vorhandenen individualistischen auf persönlicher Leistung beruhenden Frömmigkeit, auch wenn sie erst im 16. Jh. in Erscheinung tritt und auf dem Boden des Protestantismus voll zur Blüte kommt. Während der „Kirchentyp" seinen Ausgang bei Paulus nimmt und ein Produkt der Ausbreitung und Anpassung des Christentums, des Kompromisses mit der Welt und des Staates, der „Massenkirche", ist (368 f., 376), verbindet Tr. das in der

Sekte Gestalt gewonnene Christentum unmittelbar mit Jesus (366 A. 376): es ist der weltfeindliche Radikalismus, die chiliastisch-eschatologische Erwartung, der Protest gegen die Verweltlichung und Verstaatlichung der Kirche, die persönliche, individualistische Frömmigkeit, die auf Heiligung, Werkgerechtigkeit und Gesetzlichkeit (371) beruht und nur Christus als Herrn anerkennt; der immer wieder unternommene Versuch, die Welt nach dem christlichen Ideal umzugestalten (370 ff.). Vertritt die Kirche die „Universalität", den Gedanken der christlichen Kultur und der geistigen Reinheit, so die Sekte die „Intensität", „das Prinzip der subjektivpersönlichen Wahrheit und Verbundenheit und der kompromißlosen evangelischen Maßstäbe" (371 u. 424), mit der Konsequenz des Verlustes der geistigen Weite (371). „Die Kirche betont und objetiviert den Gedanken der Gnade, die Sekte betont und verwirklicht den der subjektiven Heiligkeit. Die Kirche hält sich in der Bibel an die erlösende Stiftung, die Sekte an das Gesetz Gottes und Christi" (371). Beide soziologieschen Typen wurzeln im NT und sind Konsequenzen des Evangeliums; beide bilden erst überhaupt den Umkreis seiner Wirkungen in soziologischer und sozialer Hinsicht (375). Tr. betont, daß die Kirche nicht Abfall vom Evangelium sei, sondern Fortführung eines Verhaltens Jesu (375 f.). Aber auch die Sekte ist nicht bloß die Vereinseitigung kirchlicher Lebenselemente, sondern „unmittelbare Fortsetzung des evangelischen Gedankens" (376). „Das Neue Testament wirkt sowohl kirchenbildend als sektenbildend" stellt Tr. fest (ebd.). Die Kirche hat (durch Paulus) den Vorsprung durch Weltmission und Ausbreitung, die sektenbildende Tendenz setzt sich daher erst nach der Vollendung der Kirche durch, und zwar im Zusammenhang sozialer Bewegungen (376). Konnte die katholische Kirche die sektierischen Tendenzen auffangen und eingliedern (in Form der Orden und Bruderschaften), so brachte die Reformation mit dem Gedanken des allgemeinen Priestertums und der evangelischen Freiheit den Sektentyp zur Eigenständigkeit (794 ff.). Der Protestantismus hat ihn immer neben sich dulden müssen als Fleisch von seinem Fleische. Er konnte ihn nicht voll integrieren, aber auch nicht vernichten, sondern nur dulden, empfing aber von ihm „stärkste Rückwirkungen" (811). Die Sekte blieb daher auch im Protestantismus ein selbständiger Zweig der christlichen Idee, hat allerdings hier einen fruchtbaren Boden gefunden. Der Protestantismus ist deshalb begleitet von einer „mächtigen Sektenbwegung" (812), die sich unterschiedlich ausprägte (Puritanismus, Präzisismus, Pietismus).

Im Verlaufe seiner Darstellung stellt Tr. immer wieder die Unterschiede und Gegensätze seiner beiden „Typen", die auch „Anstaltskirchen" und „Freiwilligkeitskirchen" genannt werden können (325) zusammen (cf. 362 f., 371 ff.); dabei zeigt sich, wie bei ihm „Idealtyp" und konkret historische Erscheinungen ineinander verlaufen, wie sich beide Typen jeweils in bestimmter Weise realisieren und wie die „historisch-normative Ausrichtung" seiner Religionssoziologie das Gepräge gibt (vgl. G. Spaleck, Religionssoziologische Grundbegriffe bei Troeltsch, Leipzig 1937, 18 f., 35 ff., 43 f.).

Kirche	*Sekte*
Überwiegend konservative	Revolutionär
Relative weltbejahend	Weltablehnend oder -indifferent
Massenbeherrschend	Verzicht auf Weltbeherrschung
Universal orientiert (Universaler Organismus)	Persönlich-innerliche Durchbildung
	Persönlich-unmittelbare Verknüpfung der Mitglieder
Zwangsunterwerfung	Kleinheit
Eingliederung des Staates (Staatskirche)	Staatsfeindschaft
Beziehung zur herrschenden Klasse, deren Indienststellung	Beziehung zu den unteren Klassen und Schichten. Armutsideal
Von oben wirkend	Von unten wirkend
Anstaltscharakter	*„Gemeinschft der Freiwilligkeit"* (372)
Hineingeboren und -getauft werden	Voluntaristischer Anschluß Persönliche Leistung bedingt Mitgliedschaft. Bekehrung
Priestertum	Laienchristentum
Sakramentsgnade	Unmittelbarkeit der Gnade und des Heilsbesitzes. Keine Sakramentsgnade
Sicherung des Heils durch Jurisdiktion	Gemeinschaft durch gleichberechtigte Teilhabe der einzelnen and Streben nach Vollkommenheit. „Die S. erzieht daher nicht Völker oder Massen, sondern sammelt die
Permanenz des Gottmenschen; Fortsetzung der Menschwerdung (372), Heiligkeit und	

Göttlichkeit der Anstalt, trotz Unzulänglichkeit.	Elite der Berufenen und stellt sie derWelt gegenüber" (373)
Objektiver Besitz der Gnade und Heilskräfte. Vermittelte Gottesbeziehung (auch über den Staat).	
Erziehung der Völker	
Weltanpassung	Eschatologisch orientiert
Integration der Askese in den Anstaltsorganismus (Tugendmittel)	Askese. Streng religiöse Lebenshaltung. Liebeskommunismus Bergpredigt—Ethik. Rigorismus. Absolute Geltung des Naturrechts in Gestalt der Bergpredigt (379).
Doppelheit der Moral	
Relativierung des Naturrechts (Sündenstand)	

Tr. hat die „Organisationsformen" der Sekte als „Orden" oder „Verein" (Genossenschaft) bestimmt (839). Erstere ist die in die Kirche integrierte Sekte, letztere die selbständige Form. Weiterhin unterscheidet Tr. „aggressive" und „duldende" Sekten (842 f., 942); erstere mit revolutionärem, weltverneinendem Zug (sie sind seit dem 17. Jh. erschöpft und setzen sich im christlichen Sozialismus fort), letztere als leidende, weltindifferente Form, die die Mehrzahl seit dem 17. Jh. bestimmt (Mennoniten, Baptisten, Quäker); sie bilden das mit der Welt und Kirche relativ ausgesöhnte Sektentum der Neuzeit („im Kapitalismus", 843); sie sind „Kirchen" geworden, aber staatsunabhängig und mit strenger Zugehörigkeitsforderung (949). Eine weitere Einteilung von Sekten in „nomistische" und „enthusiastische" findet sich ebenfalls bei Tr. (382 f.), trägt aber für die Darstellung als solche nicht viel aus (wie überhaupt Tr. denkbar „unsystematisch" vorgeht).

Zwei Spezialprobleme haben Tr. noch näher beschäftigt, da sie für die Geschichte und Charakter der Sekten von Bedeutung waren: die Stellung zum Naturrecht und die zur Mystik bzw. zum Spiritualismus (378 f., 794 ff.). Während die radikale Aufnahme der Naturrechtsforderung in den protestantischen Sekten die Wurzel für demokratische und kommunistische Ideen mit ihren revolutionären Wirkungen bildete (379 f.), ist die auf protestantischem Boden erfolgte Verbindung von Sekte und Mystik zwar in gewisser Weise eine Fortsetzung ihrer Komplementärbewegung aus dem Mittelalter (794 f.), aber hat hier erstmalig auch ihre selbständige organisatorische Form gefunden; denn die Mystik folgt, wenn sie sich organisiert, dem Sektentyp und kann nur dadurch dem Aufgehen in bloße Zufallsgruppierungen entgehen (383). „Die Sekte strebt hinüber nach der Verinnerlichung der Mystik, die Mystik nach der heiligen Gemeinschaft der Sekte" (877). Enthusiasmus und Spiritualismus haben dabei selbst die Grundlage der Sekten oft gesprengt (869 f.).

Wie schon hervorgehoben, hat Tr. den spezifisch sozialen Charakter der Sektenträger erkannt: die Sekte repräsentiert nicht nur einen anderen Christentumstyp als die „Kirche", sondern ist Ausdruck der unterdrückten Klasse. In der reformatorischen Entwicklung gingen die bürgerlichen Elemente mit der konservativ gesinnten Reformation zusammen, „während das Proletariat dem radikalen protestantischen Sektentypus größtenteils folgte" (433). Die protestantischen Soziallehren stehen daher den katholischen näher als denen der Sekten (511). Es ist von Tr. auch ausdrücklich festgehalten worden, daß das Sektenideal nur dort zum Durchbruch kam, wo die allgemeine soziale Entwicklung es in Bewegung setzte (961). Der auslösende Faktor war also die „Welt". Hier kündigt sich das religionssoziologische brisante Problem von religiöser Ideologie und sozialen Bewegungen an: stehen sie in einseitiger Abhängigkeit oder in dialektischer Beziehung? Jedenfalls hat Tr. die Sekte in enger Verbindung mit den sozialrevolutionären Strömungen gesehen, nicht nur rein kirchen- und ideologiegeschichtlich. Seine Definition der Sekte lautet am Schluß seines Buches kurz so (967): „Die Sekte ist freie Vereinigung strenger und bewußter Christen, die als wahrhaft Widergeborene (sic! K. R.) zusammentreten, von der Welt sich scheiden, auf kleine Kreise beschränkt bleiben, statt der Gnade das Gesetz betonen und in ihrem Kreis mit größerem oder geringerem Radikalismus die christliche Lebensordnung der Liebe aufrichten, alles zur Anbahnung und in der Erwartung des kommenden Gottesreiches".

Die Diskussion wurde seit Tr. von seiner Thse eines Dualismus von Kirche und Sekte im Christentum bestimmt, in Zustimmung, Ablehnung oder Korrektur. Noch in jüngster Zeit ist gerade in der anglo-amerikanischen religionssoziologischen Forschung, wo seit 1945 in zunehmendem Maße eine Rezeption der von M. Weber und E. Troeltsch vorgetragenen Analysen und Hypothesen zum „protestantischen Geist" einsetzte und damit Nachholbedarf über die eigene Geschichte aus europäischer bzw. deutscher Sicht zu Tage trat, diese Problematik noch ganz lebendig. So geht z. B. einer der führenden englischen Sektenspezialisten, Bryan *Wilson*, ausdrücklich auf Troeltsch ein (Religiöse Sekten, dt. München 1970). Auch für ihn sind—soziologisch betrachtet—alle Sekten „religiöse Protestbewegungen", die Unzufriedenheit und Streben nach Veränderung in der Gesellschaft zum Ausdruck bringen, ja Vorboten und Motor sozialer Neuordnungen sind (13, 228 ff.). Die Definition der Sekte als „abgesonderte und auf freiwilliger Basis entstandener Gruppen religiöser Minderheiten" (18) nimmt Impulse von Weber und Troeltsch auf. Natürlich sieht Wilson heute die Grenze dieser Analysen (25 ff.): es ist nicht nur die Problematik des „Idealtyps", sondern der zu enge Ausgang Tr.s von den millenaristischen Sekten (26) und die überzeichnete Polarität von Kirche und Sekte, die in der Moderne nicht mehr existiert, wenigstens in England und den USA, wo ein „toleranter Pluralismus" floriert; auch die enge Bindung von Sekte und unteren Schichten, wie sie Tr. vorträgt, ist nach Wilson zu einseitig (27). Für W. ist die Sekte aber nach wie vor auf Freiwilligkeit, Solidarität, Gewissenhaftigkeit, Rigorismus (in Moral und Ethik) und elitäres Selbstbewußtsein aufgebaut (28f.). Allerdings berücksichtigt er, daß diese Züge von Fall zu Fall eingeschränkt werden können (30 ff.). So ist die Freiwilligkeitsforderung oft einer Tradition in den Trägerkreisen gewichen, die Würdigkeit wird oft nur formal geprüft, da eine Geburtsgemeinschaft entstanden ist (z. B. bei den Quäkern); die Exklusivität kann zugunsten von Sympathisanten und Nichtvollmitgliedern verschwimmen (32), die Gewissenhaftigkeit wird in Spätstadien nachlassen. Jedenfalls will W. damit zum Ausdruck bringen, daß unsere Kategorien vielfach eindeutiger sind als die Realität; die empirischen Fakten seien komplexer als die Definitionen (36) – eine alte Weisheit, die bekanntlich zu den Grundproblemen wissenschaftlicher Arbeitsweise überhaupt führt. W. sieht in der Verhältnisbestimmung der Sekten zur Welt ein Mittel den Stoff typologisch in die Hand zu bekommen (38 ff., wo 7 Typen aufgeführt werden, die der anschließenden Darstellung zugrunde liegen).

In ähnlicher Weise setzt *R. Robertson* in seiner „Einführung in die Religionssoziologie" (engl. 1970; dt. 1973) im Kapitel über die „Religiösen Gemeinschaften" mit einer Diskussion des „Kirche-Sekten-Ansatzes von Tr. ein (126 ff.), wobei er sehr treffend bemerkt, daß die dichotomische Formulierung „lediglich ein analytischer Ausdruck der Tatsache (ist), daß die Gesellschaften, über die er schrieb, im Verhältnis zur modernen Daseinsform dieser selben Gesellschaften und zur modernen amerikanischen Gesellschaft *polarisiert und undifferenziert waren*" (127). Also die radikale Durchführung des Gegensatzes ist eine Widerspiegelung zeitgenössischer Verhältnisse von „Kirchen" und „Sekten". Daher ist auch, ganz abgesehen vom christlichen

Rahmen überhaupt, die Anwendung der Kirche-Sekte-Typologie nach R. für die Außerchristliche Welt problematisch; es handelt sich um eine typisch christlich-theologische und europäische Sicht (131 f.). R. selbst strebt eine Neuformulierung aufgrund der sozialen Beziehung, nicht der Lehrmeinung an. Die zwei Hauptkriterien für eine Typologie sind (134): „1. die Basis religiöser Legitimiät, wie sie im Selbstbewußtsein der Führer der Organisationen vertreten wird, und 2. das Prinzip der Mitgliedschaft (Aufnahme/Praxis)". Danach ergibt sich die exklusive „institutionalisierte" oder „etablierte" Sekte (156 A. 37) und die inklusive „Denomination", beide mit einem oder mehreren legitimen Trägern; wird die Gemeinschaft als einzig legitimer religiöser Träger betrachtet, so steht nach dem Prinzip der Mitgliedschaft die exklusive „Sekte" der inklusiven „Kirche" gegenüber (vgl. Übersicht 135). Auch diese Typologie steht, wie R. zugibt, in der „Troeltsch'schen Tradition". Von großem Einfluß sind die Faktoren: Umwelt, Sozialstruktur, Kultur und innere Organisation (cf. 139 u. 85). Die Kennzeichen der Sekten bleiben auch für R.: Freiwilligkeit, persönliches Verdienst, elitäres Selbstverständnis, Vervollkommnung der Persönlichkeit, Priestertum aller Gläubigen (143 f.). Daß es hierbei durch den Raum- und Zeitfaktor zu Einschränkungen und Abstrichen kommt (wie beim Freiwilligkeitsprinzip), wird von R. gleichfalls konstatiert (147 ff.). Ein Sozialisierungsprozeß und Kontrollmechanismen mit Zwangscharakter eignet auch der Sekte (148). Daher sind auch die oft beschworenen „demokratischen Züge" in ihr nur beschränkt wirksam; autoritäre Strukturen durchkreuzen sie (153).

Die beiden englischen Autoren zeigen, daß die Thesen von Troeltsch nach wie vor aktuell sind. Das gleiche könnte leicht an deutschsprachigen Publikationen zum Thema aufgewiesen werden. So hat Joachim *Wach* in seiner „Religionssoziologie" (dt. 1951) das Phänomen der Sekte als „spezifisch religiöse Organisation der Gesellschaft" unter der Rubrik „soziologische Folgen des radikalen Protestes: Sezession" abgehandelt (222–232). Die Dialektik von Kirche und Sekte wird hervorgehoben und die Beschreibung der Sekte in enger Anlehnung an Tr. vorgenommen (224 f.). Dessen Einteilung in emotional-revolutionäre und gemäßigt-passive Sekten ließe sich generell auf die Religionsgeschichte übertragen (226 ff.). Obwohl Wach bekanntlich den Standpunkt vertritt, daß der Geist die Form bestimmt (225), sieht er doch die unterschiedlichen Motivationen, seien es politische, religiöse oder sittliche, in den „sektiererischen" Protestbewegungen gegen die offizielle Religion oder den Staat wirksam

(231 f., vgl. auch 255, 230). Es sind eher charakteristische Haltungen als theologische oder philosophiche Lehren, die den soziologischen Typ einer Sekte bestimmen (228). Ein volles Verständnis der Sekte ist nach Wach allerdings nur unter Einbeziehung der Selbstinterpretation erreichbar (222).

In einer anderen neueren „Religionssoziologie" wird der Gegesatz von Kirche und Sekte recht schematisch überhaupt zum Leitfaden der Darstellung gemacht. W. *Stark* (Grundriß der Religionssoziologie, 1974) faßt die Sekte als eine Art staats- und gesellschaftsfeindliche Glaubensgemeinschaft auf (36 ff.). „Die Sekte", heißt es bei ihm, „ist in ihrer ursprünglichen Form eine religiöse Opposition oder eine oppositionelle Religion; sie ist ein Sammelbecken für jene Außenseiter, die ihre Entfremdung von der Welt in religiöser Weise zum Ausdruck bringen" (36). Wie bei Troeltsch treten die „Vollsekten" erst im 16. Jh. auf, während es vorher nur „Halbsekten" gegeben habe (38). Kirche und Sekte verhalten sich wie die Sonne zum Schatten (ebd.). Als Ursprung von Sekten sind soziale Unzufriedenheit und Unterdrückung festzustellen, die Träger daher meist untere und unterste Schichten (38 ff.). Das Wesen der Sekte liege daher in der „Befreiung von Dauerdepression und in der Überkompensation von Minderkeitskomplexen" (45 ff.). Selbstüberschätzung, Kongregationalismus, Antirationalismus, Emotionalität, Abgrenzung (bis in Verhalten und Sprache) von der Welt sind Züge des Sektierertums (46 ff.). Sein Verfall wird durch Institutionalisierung, Anpassung, Emigration, Abkapselung und Spaltungen (Schismen) eingeleitet (59 ff.). als Typen kennt Stark nur die rückwärtsgewandte und die vorwärtsgerichtete Sekte (55f.; zur ersteren gehören z. B. die Raskolniki, zur letzteren der Protestantismus). Ferner sind Rigorismus und Antinomismus bei den Sekten keine absoluten Gegensätze, sondern Entwicklungsstufen (56 f., erläutert an den Skopzen und Chlysten).

Dieser Einblick in die religionssoziologische Literatur zum Sektenproblem lehrt ohne Zweifel, daß die soziologische Fragestellung einen erheblichen Erkenntniszuwachs für unser Thema gebracht hat und immer noch (bes. durch Feldforschungen) in der Lage ist, neue Gesichtspunkte in die Debatte zu werfen. Trotzdem bleibt sie unbefriedigend, weil sie, ihren Ansatz nicht überschreitend, ausgeliefert und fixiert ist auf die gesellschaftliche Beziehung und Relevanz der Thematik und nicht den religonsgeschichtlichen und –phänomenologischen Blickpunkt einbezieht. Ausnahmen bestätigen nur die Regel, wie J. Wach, der wenigstens stellenweise darauf zu sprechen kommt.

III.

Es fehlt, übrigens auch bei Weber und Troeltsch, die Beziehung der Sekte auf den Rahmen, in dem sie auftritt und nur auftreten kann. Ich meine damit den Religionstyp, der Sekte i. S. einer „Häresie" (im neusprachlichen Sinne) und Abspaltung überhaupt möglich macht. Im folgenden möchte ich daher auf Äußerungen zurückgreifen, die zu diesem Thema von mir schon einmal gemacht wurden (Ex orbe religionum. Studia Geo Widengren oblata, Leiden 1972, Teil 2, 326–39).[1]

Dem Religionshistoriker ist bekannt, daß „Häresie", „Sekte", „Schisma", „Ketzerei" streng genommen nur im Bereich der sog. Stifter- oder besser „Bekenntnisreligionen" auftreten. Denn in allen Stammes- und Volksreligionen, die nicht ausdrücklich auf einen „Stifter" zurückgeführt werden oder eine kanonische Offenbarungsurkunde beistzen (wie Zoroastrismus und Judentum) gibt es keine Häresien i. s. von Ketzerei oder Schismen im speziellen Sinne, da ein „Abfall" zugleich ein Ausscheiden aus dem miteinander identischen Kult-, Rechts- und Volksverband bedeutete. Einer Stammes- oder Volksreligion ist außerdem ein verpflichtendes Bekenntnis als eine Art Glaubensregel oder—norm völlig fremd, und infolgedessen führen z. B. unterschiedliche Auffassungen über die Natur der Götter o. ä. zunächst noch zu keinem Bruch mit der Tradition und damit zu „Abspaltungen" oder Häresien. Volksreligionen sind daher im wesentlichen toleranter und zeigen, sofern nichts gegen das zentrale Kultleben gerichtet ist, eine Großzügigkeit gegenüber anderen Götterkulten; das probate Mittel der Interpretatio fremder Gottheiten bietet Ausgleich und Anpassung. Sicherlich gibt es auch in Volksreligionen Gemeinschaften oder Vereine (die Ausdrücke „Secta" und „Hairesis" sind ja dafür Zeuge), aber sie sind in den meisten Fällen einfach bestimmte Äußerungsformen des religiös-sozialen Lebens (z. B. die „Mysterien", die Altersklassen, Geheim- und Männerbünde). Der neuralgische Punkt in diesen Religionen ist der Kult im weitesten Sinne (weshalb man sie auch „Kultreligionen" nennen kann). Die Akzeption der offiziellen Götterverehrung und ihr Vollzug entscheider allein über „Rechtgläubigkeit", um einmal dieses Wort hier zu verwenden, oder nicht. Daher gibt es in einer „Kultreligion" zwar keine Häresien

---

[1] Vgl. jetzt auch meinen entsprechenden Artikel „Heresy" In: M. Eliade u. a. (Hrsg.), The Encyclopedia of Religion, Vol. 6 (1987), 269–275 (Bibl.)

und Schismen i. e. S., aber Neu- und Umgestaltungen oder „Reformationen" nämlich durch Kritik am traditionellen Kult und Überlieferungsgut, durch eine Person oder eine Gruppe von Personen, die dann gegebenenfalls zu einer „Stiftung" einer neuen Religion oder eines Kults kommen kann (vgl. Zarathustra, Buddha, Jesus, Mohammed). Zu „Schulbildungen" (Sekten, Häresien im ursprünglichen Sinn) kann es natürlich im Bereich der Philosophie kommen (z. B. in Griechenland oder Altindien); hier gibt es dann „Abweichungen" von einer Lehre, die zu „Spaltungen" führen kann. Unsere term. techn. entstammen ja gerade diesem Bereich (s. o.).

Ganz anders steht es dagegen mit den sog. Stifterreligionen, die alle eine irgendwie normierte Lehre ihr eigen nennen, die sie als göttliche „Offenbarung" bezeichnen (daher mitunter auch „Offenbarungsreligionen" genannt). Sicherlich ist dies nicht von vorneherein als ein festes Glaubensbekenntnis oder ein Offenbarungsdokument zu verstehen, aber doch als ein zentraler Überlieferungs- und Lehrbestand, an dem sich „wahr" und „falsch" scheiden lassen und der—bei Vorhandensein der Schrift—in Gestalt eines schriftlichen Kanons festgehalten ist. Man kann diese Form auch als „Buchreligion" bezeichnen. Der Historiker weiß natürlich um die Herausbildung dieser „Buch- und Bekenntnisreligionen" aus ihren Vorstufen und zu der Gestalt, in der sich eine „Orthodoxie" oder „-praxis" herausgebildet hat. Diese ist erwiesenermaßen immer ein sekundäres Produkt, das sich in der Auseinandersetzung mit den unterschiedlichsten Auslegungen der „ersten Lehre" des Stifters durchsetzt. Die bekannte These W. Bauers, von der langsamen Herausbildung der christlichen „Rechtgläubigkeit" aus einer Anzahl verschiedener, zunächst gleichberechtigter Richtungen des Frühchristentums hat weithin auch für die übrigen Religionen dieses Typs Geltung. Es geht dabei vorwiegend um die Interpretation der vom Stifter hinterlassenen „Botschaft" oder „Lehre"; dieser Prozeß beinhaltet den Kampf der nachkommenden Gruppenbildungen innerhalb der Religionsgemeinde, die von äußeren (sozialen, politischen, ökonomischen, geographischen) und inneren Faktoren bestimmt werden. Ist auch die „Botschaft" eines Religionsstifters im einzelnen vielfältigen Deutungen offen, so ist doch, vor allem wenn es zur schriftlichen Fixierung des von ihm mehr oder weniger authentisch Überlieferten kommt, ein Rahmen abgesteckt, innerhalb dessen es eine gewisse Gleichförmigkeit gibt, die als Glaubens- und Verhaltensnormen fungieren.

Eine kurze Zusammenfassung typischer Bildungen in der

Entwicklung solcher Religionen lehrt, daß „Kirche" im Sinne der (orthodoxen) Großgemeinde und „Sekte" als (heterodoxe) Kleingemeinde unumgängliche Ergebnisse derselben sind. Bereits zu Lebzeiten eines Religionsgründers kommt es oft zu Gruppenbildungen, in Lehr- oder Verhaltensfragen (z. B. Buddha und Devadatta über Fragen der Askese); dies setzt sich erst recht fort nach Ableben des charismatischen Stifters. In Auseinandersetzung dieser zunächst gleichberechtigten Gruppen setzt sich, vielfach infolge eines Kompromisses, diejenige Richtung durch, die das Erbe des Stifters in „rechtgläubiger" Weise auslegt und überliefert. Im einzelnen ist es schwierig festzustellen, weshalb sich eine solche Richtung als „orthodox" durchsetzen konnte; in den meisten Fällen bewahrt sie die Tradition der „Anfänge" in relativ ausgeglichener und allgemein anerkannter Weise. Häufig kommt es nur zu einer recht groben Festlegung von „Orthodoxie", was eine Mannigfaltigkeit gleichberechtigter Gruppen auch nach Etablierung einer „rechtgläubigen Großgemeinde (Kirche)" zur Folge hat (wie im frühen indischen Buddhismus und dem späten ostasiatischen; der ältere Zoroastrismus im Verhältnis zur sassanidischen Staatsreligion; auch der Islam bietet in Gestalt von „Sunna" und Schī'a ein Beispiel). Jedenfalls ist erst mit der Herausbildung einer orthodoxen Großgemeinde der Zeitpunkt eingetreten, an dem es zu „Häresien" oder „Sekten" i. e. S. kommen kann, oder genauer gesagt, wo Gruppenbildungen gegenüber der offiziellen Großgemeinde entsprechend eingestuft und stigmatisiert werden. Das spannungsreiche Gegenüber von „Rechtgläubigkeit" und „Ketzerei", von „Kirche" und „Sekte" begleitet die gesamte Geschichte aller Stifter- und Buchreligionen (wie E. Troeltsch für das Christentum am eindringlichsten gezeigt hat).
Die Ursachen für die Entstehung der „Sekten" sind vielfältig und lassen sich etwa in folgender Weise zusammenfassen:

1. Dogmatisch-theologische Fragen als Probleme der Lehrüberlieferung und ihrer Interpretation, wobei auch persönliche Momente eine Rolle spielen können (Abfall von Jüngern). Lehrfragen bilden in nahezu allen Häresien und Sekten das ideologische Rückgrat; jede von ihnen sucht auf diese Weise Rechtfertigung als Ausdruck ihres Selbstbewußtseins (Legitimationsstrategie).
2. Fragen der Lebenshaltung bzw. der Ethik und Moral, d. h. praktische Probleme, oft mit Lehrfragen eng verbunden. In der Mehrzahl vertreten Sekten einen rigorosen, radikalen Kurs, neigen also zu Extremen (betr. Askese und Ordenszucht).
3. Fragen rituell-kultischer Observanz, auch meist mit Lehr-

problemen verknüpft; diese Ursache ist in den „Buchreligionen" allerdings nicht so häufig (vgl. aber den Osterstreit im frühen Christentum).

4. Soziale Probleme, eng mit moralisch-ethischen verbunden. Viele der sozial-revolutionären Bewegungen drücken sich in eindeutig religiös bestimmten Kulturen als religiöse Gruppenbildungen aus. Soziale Spannungen und Belastungen in einer staatskirchlich organisierten Gesellschaft führen zu religiössozialen Protestbewegungen. Dies hat Troeltsch erkannt und die meisten Soziologen erheben diese Gründe überhaupt zum Kennzeichen der Sekten (W. B. Wilson, W. Stark u. a.). Die früher sicher unterschätzte Rolle, die derartige Hinter– oder Untergründe spielen, sollte allerdings nicht dazu führen, jede religiöse Sekte zu einer verkappten sozial-revolutionären zu machen; dies würde zu einer einseitigen (monistischen) Erklärungsweise führen, die im Grunde genommen nichts erklärt, sondern nur einen bequemen Schlüssel handhabt.

5. Politische Gründe, häufig eng mit den sozialen verkoppelt, da politisch-religiöse Ambitionen einer Schicht oder Klasse meist zugleich soziale (und ökonomische) Belange betreffen, die innerhalb einer Staatsreligion unseres Typs zu Sektenbildungen führen (vorzügliche Beispiele liefert die Sektenbildung im Islam, die sich an den Problemen des Gemeindeleiters entzündete).

6. Kulturelle, anthropologische (rassische) und ethnische Faktoren, wie sie für das islamische Weltreich (Persien!) und die oreintalisch-christliche Kirchengeschichte (Nationalkirchen!), teilweise auch im Buddhismus, nachweisbar sind. Hierher gehört auch die Fortwirkung von „Religionssubstraten", d. h. überlagerter oder in den Untergrund abgedrängter Religionsformen (das sog. „Heidentum", der Paganismus), die entweder selbst Anstoß oder zumindest ideologisches Material für aufbrechende Häresien abgeben (vgl. z. B. Gnostizismus und Manichäismus; Negersekten; Nuṣairī und Drusen). Es ist der „Volksglaube", der sich von dem der Gebildeten unterscheidet und sich u. a. auch in der Sektenmentalität Ausdruck verschafft.

7. Bei den aufgeführten Entstehungsursachen ist die Rolle eines charismatischen Leiters nicht zu unterschätzen. Er ist für die Prägung einer Häresie (Sekte) und ihre weitere Ausbildung oft von ausschlaggebender Wirkung; er kann von einem Sekten zu einem neuen Religionsstifter werden, d. h. wenn die Sekte den Rahmen sprengt und selbst zum Ausgangspunkt einer neuen Großgemeinde mit selbständigem Glaubens-, Lehr- und Verhaltensmuster wird.

IV.

Wir können nun zum Abschluß kommen und ein gewisses Fazit aus unseren Darlegungen ziehen: Eine Sekte ist *eine religiöse Gruppe oder Gemeinschaft, die sich im Rahmen einer Stifter–, Buch–, Offenbarungs– oder Bekenntnisreligion gebildet hat*; sie steht an Trägerzahl und Verbreitung meist hinter der offiziellen Großgemeinde („Kirche") zurück und hat auch lehrmäßig ein gewisses Defizit ihr gegenüber. Sekte ist kurz gesagt religionswissenschaftlich *„Kleingemeinde"* im Gegensatz zur behrrschenden *„Großgemeinde"*. Zu ihren weiteren Wesenszügen gehören in erster Linie der (zumindest theoretisch festgehaltene, anfangs immer praktizierte) *Freiwilligkeitscharakter* (gegenüber dem von der Großgemeinde ausgeprägten Anstaltscharakter, der staatlich sanktioniert sein kann), die *Ablehnung der Großgemeinde* oder bestimmte Züge (in ihrer Lehre oder Praxis), der damit verbundene *Protest gegen* sie und die mit ihr verbundene Staatsautorität, die *Rückbeziehung auf bestimmte ausgewählte Seiten der Offenbarungsurkunde (in Lehre oder Praxis)*, ein häufig in Rigorismus verfallender Anspruch auf die rechte Lehre und das rechte Verhalten (wird von der Großgemeinde widergespiegelt!), *charismatische Führungspersönlichkeiten* (religiöses Autoritätsprinzip der Sektengründer und -leiter), *Elitedenken* (die „religiöse Erwählung" wird praktiziert), damit dialektisch verknüpft eine Tendenz zum *Kongregationalismus*, d. h. der Bruderschafsgedanke dominiert auch in der Praxis, was infolge der „Kleinheit" als durchführbar erscheint. Andere Züge oder Charakteristika sind mehr vom Rahmen der Großreligion bestimmt.

Die Geschichte der Forschung zeigt, daß man vornehmlich die christlichen Sekten als Vorbild genommen hat oder den Sektenbegriff auf alle religiösen Gruppenbildungen überhaupt (auch in den Volksreligionen) angewandt hat. So kann man mit Bryan Wilson das Wesen der Sekten in der Heilssuche und—erlangung sehen (38) und zu folgenden 7 Typen kommen: konversistische, transformativ-revolutionäre, introversistische, manipulationistische, thraumaturgische, reformistische und utopische. Dabei überschneiden sich diese Züge wiederholt, so daß eine Abgrenzung streng genommen nur ansatzweise vorgenommen werden kann. Eine Phänomenologie des Sektenwesens überhaupt, d. h. im Rahmen der von uns charakterisierten Großstrukturen, ist erst eine Zukunftsaufgabe. Man kann vielleicht (wie schon Troeltsch für den christlichen Bereich) ganz allgemein nach der Einstellung zu Welt und Großgemeinde von revolutionär-aggressiven und von introvertiert-toleranten Sekten sprechen, wobei diese Einteilung auch Stufen einer Sektenbewegung beschreiben können, da bekanntlich das aggressive Pathos im Zuge der Zeit, wenn nicht zum Erfolg der Umgestaltung, entweder überhaupt sich selbst vernichtet, oder zur Assimilation führt. Es gibt Sekten, die revolutionär und konservativ sind, indem sie die Frühzeitverhältnisse als idealen Urzustand einer Religion wiederherstellen möchten, andere, die eschatologisch-utopisch und millenaristisch orientiert sind, im das Gottesreich auf Erden gegenwärtig zu machen bzw. zu realisieren. Andere sehen ihren Zweck in der Heilung von Gebrechen im weitesten Sinn: der körperlichen, der geistigen und sozialen (der letztere Zweck kann eine Sekte zu einer politischen Partei machen, wie die Soka-Gakkai).

Kennzeichen vieler Sekten der jüngsten Zeit ist ein bewußter *Synkretismus*, indem sie in Aufnahme weltzivilisatorischer Zeitströmungen ein Angebot unterschiedlicher religiöser Traditionen und Ideen vorweisen, das einer neuen Integration des entfremdeten Menschen der Gegenwart dienen soll. Damit sind die sog. „neuen Religionen" gemeint, die vielfach als Sekten begannen und sich zu neuen, originellen Gebilden auswuchsen (Baha'ī, Cao-Daì u. a.). Mit der Einbeziehung dieses „Spinngewebes", wie es J. H. Kamstra genannt hat, ist ein Gebiet beschritten, das für die Sektenproblematik zwar sehr wesentlich ist (bes. in ideologischer Hinsicht) und gerade von der Soziologie zu wenig berücksichtigt wird, aber dessen Behandlung doch zu weit abführen würde (vgl. meinen Aufsatz „Synkretismus. Vom theologischen Scheltwort zum religionswissenschaftlichen Begriff", oben S. 193ff.) Die Religionsgeschichte hat die Aufgabe, sowohl den inhaltlichen (lehrhaft-ideologischen) als auch äußerlich-formalen (soziologisch-organisatorischen) Aspekt in gleicher Weise zu berücksichtigen. Für sie ist die Sekte eine relativ eigenständige Größe religiösen Sinnangebots, der aus dem neuen und alten Überlieferungsschatz Seiten bevorzugt, die in den großen Religionen mitunter nur ein Randdasein führen. Ihr Studium öffnet daher nicht nur Einsichten in vernachlässigte und wenig bekannte Bereiche der Religionsgeschichte, sondern auch in das Menschsein mit seinem Suchen, Finden und Irren überhaupt.

III.

ZUR RELIGIONSGESCHICHTE

10.

DIE ANFÄNGE MOHAMMEDS IM LICHTE DER RELIGIONSGESCHICHTE

Betrachtet man die sog. Religionsstifter, wie Zarathuštra, Mose, Buddha, Jesus, Mani, Moḥammed, in der Reihe ihres geschichtlichen Auftretens, so kann man ohne Bedenken sagen, daß der zuletzt genannte, Moḥammed, für uns im vollen Lichte der Geschichte liegt. Von keinem anderen großen Propheten haben wir so gut bezeugte Quellen. Fassen wir demgegenüber Zarathuštra als den vermutlich ältesten in dieser Reihe ins Auge, so wird einem sehr deutlich, in welch günstiger Quellenlage wir uns beim mekkanischen Propheten befinden. Von Zarathuštra sind weder Lebenszeit noch Lebensumstände näher bekannt; das einzige, was wir von ihm besitzen, sind seine „Singstrophen" oder besser „Opferlieder" (*gāthās*), und diese enthalten kaum Anspielungen auf sein Leben, ganz abgesehen davon, daß selbst heute, nach über 100jähriger Forschungsarbeit, die Erklärung dieser schwierigen altiranischen Texte immer noch sehr umstritten ist. Jedenfalls ist Zarathuštra die erste historische Persönlichkeit, die wir in der indoarischen Religionsgeschichte greifen können[1].

Nicht viel besser steht es mit dem historischen Buddha, dem Gautama aus dem Śākyageschlecht. Auch hier ist die Stiftergestalt von Mythus und Legende zusehends überwuchert worden. Bekanntlich haben einige überkritische europäische Gelehrte an der Historizität dieser Gestalt überhaupt gezweifelt (S. Lévi, R. O. Franke). Neuere Untersuchungen haben aber gezeigt, daß

---

[1] Für Näheres verweise ich auf meine Darstellung „Zarathustra. Priester und Prophet", in: NUMEN VIII, 1961, S. 81–116; B. Schlerath (Hrsg.), Zarathuštra, Darmstadt 1970, S. 270–313 (Korrigiert und mit einem Nachwort); Vgl. auch W. Eilers, Art. Zarathuštra, in: Die Religion in Geschichte und Gegenwart (RGG), 3. Aufl., Bd. 6, Tübingen 1962, Sp. 1866–68; J. Duchesne-Guillemin, La religion de l'Iran ancien, Paris 1962, S. 135–146; M. Boyce, A History of Zoroastrianism, Vol. 1, Leiden 1975 (Handbuch der Orientalistik hrsg. v. B. Spuler I 8, 1), S. 181 ff.; Die Existenz Z.s bezweifelt neuerdings M. Molé, Culte, Mythe et Cosmologie dans l'Iran ancien, Paris 1963, S. 3 ff., 271 ff., 523 ff., 530 ff.

diese übertriebene Skepsis unbergründet ist². Einige Grundlehren des Buddhismus, bes. des Hīnajāna, lassen sich auf Gautama, den Buddha, zurückführen. Ich lasse die Erörterung beiseite, ob man ihn überhaupt im üblichen Sinne als „Religionsstifter" auffassen kann, wie ich glaube annehmen zu müssen, wenn man berücksichtigt, daß er eine originelle Erlösungslehre im Meinungsstreit seiner Epoche schuf.

An der Existenz des Mose, den die jüdische Religion als ihren Begründer betrachtet, hat noch kaum jemand gezweifelt. Aber auch seine Lebensumstände sind in Dunkel gehüllt, mythisch und legendenhaft umkleidet. Daß er der Verfasser der 5 Bücher Mose, des Pentateuch sei, wie die fromme Überlieferung wissen will, glaubt heute kein ernsthafter Forscher mehr, ja auch seine Verfasserschaft der 10 Gebote ist sehr umstritten und seine Rolle am Sinai stark legendär. Einer der bedeutendsten Alttestamentler, Martin Noth, hält nur die Tradition über das Grab Mose für echt; er betont, daß es geschichtlich kaum haltbar sei, ihn als Organisator und Gesetzgeber Israels zu bezeichnen[3]. Sicher scheint mir jedenfalls, daß er mit dem ältesten Jahwekult eng verknüpft gewesen ist[4].

Bei Jesus von Nazareth, den seine Gemeinde als Christus oder Messias erkannte, hat gerade die Forschung der letzten Jahrzehnte mehr und mehr herausgearbeitet, daß wir keine Biographie von ihm besitzen, die auf Echtheit Anspruch erheben kann. Die fromme Gemeindetradition hatte daran zunächst gar wenig Interesse, sondern nur an seiner Botschaft. Seine Existenz ist sicher—sie ist auch von seinen Gegnern bis auf die neueste Zeit nie bestrit-

---

[2] Man vgl., abgesehen von den älteren Arbeiten H. Oldenbergs (sein Buddhabuch gab H. von Glasenapp 1959 neu heraus), bes. E. Frauwallner, The historical Date we possess on the Person and the Doctrine of the Buddha, in: East and West VII, 1957, S. 309–312; ferner H. Härtel, Art. Buddha in: RGG, 1. Bd., 1469–73 und D. Schlingloff, Die Religion des Buddhismus I, Berlin 1962 (Slg. Göschen 174), bes. S. 115 ff.; H. Bechert, Die Lebenszeit des Buddha – das älteste feststehende Datum der indischen Geschichte? Göttingen 1986 (Nachr. Akad. d. Wiss. Göttingen I. Philol.–hist. Kl. 1986, Nr. 4). Letzte Zusammenfassung: H.-J. Klimkeit, Der Buddha, Stuttgart 1990, 13–24.

[3] Geschichte Israels, 2. Aufl., Berlin 1954, S. 127 f.

[4] Vgl. O. Eissfeldt, Jahwe, der Gott der Väter, ThLZ 88, 1963, Sp. 481–90 (Mose setzte Jahwe mit dem „Gott der Väter" gleich); Jakobs Begegnung mit El und Moses Begegnung mit Jahwe, OLZ 58, 1963, Sp. 325–31; H. Ringgren, Israelitische Religion, Stuttgart 1963, S. 24 ff., bes. S. 26 ff. u. 34 ff.; E. Osswald, Art. Moses, in: RGG , 4. Bd. 1151–55; Das Bild des Mose in der kritischen alttestamentl. Wissenschaft seit J. Wellhausen, Berlin 1962; H. Donner, Geschichte des Volkes Israel und seiner Nachbarn in Grundzügen, Teil I, Göttingen 1984, 107–115.

ten worden—, aber was von den Erzählungen und Worten, die man in den Evangelien auf ihn zurückführt, wirklich von ihm stammt, läßt sich nicht immer sicher nachweisen. Fest steht, daß er auf eine schriftliche Hinterlassenschaft keinen Wert gelegt hat[5].

Ganz anders dagegen Mani, der Begründer einer heute verschwundenen Weltreligion[6]. Er hat klar erkannt, daß alle Propheten vor ihm keine Schriften verfaßt hatten und daher der Verfälschung und Veränderung ihrer Lehre ausgesetzt gewesen sind. Er hat deshalb auf die schriftliche Niederlegung seiner Lehre—in besonders kunstvoller Weise offenbar—großen Wert gelegt. Leider wissen wir auch nicht allzuviel von seinem Leben, wenn auch mehr als von seinen bisher aufgeführten Vorgängern, die er ja auch bewußt als Vorläufer seiner Lehre erklärt hat, eine Vorstellung, die wir auch bei Moḥ. wiederfinden.

Es ist auffälig, daß nun bei Mohammed, ebenso wie bei Mani, ein bewußtes Interesse bestand, seine Lehren schriftlich festlegen zu lassen. Außerdem finden sich noch andere—lehrmäßige Beziehungen—zwischen den beiden Religionshelden, wie wir noch sehen werden.

Zunächst jedoch etwas Näheres über die Quellen zur Geschichte M.s.

II

Wir haben zwei Traditionen zur Verfügung, den Ḳor'ān und die islamische Überlieferung über das Leben und Wirken des arabischen Propheten, die sog. Sīra. Durch die bahnbrechenden Forschungen Ignaz Goldzihers auf dem Gebiet des islam. Traditionswesens, dem Ḥadīt, und den anschließenden Untersuchungen Caetanis, Lammens' u.a. verdient heute zu allererst der Ḳor'ān als primäre Quelle für M.s Leben und Lehre betrachtet

---

[5] Vgl. R. Bultmann, Die Geschichte der synoptischen Tradition, 3. Aufl. Göttingen 1957; E. Käsemann, Das Problem des historischen Jesus, in: Ztschr.f. Theol. u. Kirche 51, 1954, S. 125–153(=Exegetische Versuche und Besinnungen I, Göttingen 1960, S. 187–214); G. Bornkamm, Jesus von Nazareth, Stuttgart 1956; H. Conzelmann, Art. Jesus Christus, in: RGG , 3. Bd. (1959), Sp. 619–653 (mit Lit.); D. Flusser, Jesus, Reinbek 1968 (Rowohlt).

[6] Vgl. zuletzt H. Ch. Puech, Le manichéisme. Son fondateur — sa doctrine, Paris 1949; G. Widengren, Mani und der Manichäismus, Stuttgart 1961; O. Klima, Manis Zeit und Leben, Prag 1962 (umfangreichste Darstellung). Aufgrund des Kölner Mani Kodex hat sich die Forschungslage sehr verändert; vgl. meine Gnosis, 3. Aufl. Göttingen 1991, 352 ff.; S.N.C. Lieu, Manichaeism in the Later Roman Empire and Medieval China, Manchester 1985, ²1988, 25–60.

zu werden, da er aus den authentischen Äußerungen des Propheten besteht. Wir haben also hier ziemlich sicheren Boden unter den Füßen. Schon zu Lebzeiten M.s sind Sammlungen seiner „Offenbarungen" erfolgt, auch in schriftlicher Form. Anfangs offenbar nur privat betrieben, gipfelt die eigentliche Zusammenstellung zum heutigen Corpus schließlich in einer offiziellen Ausgabe, einer Art Vulgata, zur Zeit des 3. Kalifen (Othman, 644–55)[7]. Nun gibt jedoch der Ḳorān, wie die meisten Quellen dieser Art, keine Biographie. Er ist primär und ausschließlich ein religiöses Dokument, und so auf Erbauung und Belehrung rechtlicher und moralischer Art ausgerichtet, d.h. er enthält das Kerygma des Propheten, nicht seinen Lebenslauf. Einzelne historische Anspielungen und Namen bleiben für uns unbestimmt und zweideutig. Auch der Anordnung der Sūren liegt in keiner Weise eine historische Absicht zugrunde, im Gegenteil, sie ist denkbar mechanisch und ohne Rücksicht auf die Entstehungszeit vorgenommen. Die Klassifizierung und Aufgliederung in ein chronologisch-historisches Schema auf Grund stillkritischer und inhaltlicher Untersuchungen, ein unsterbliches Verdienst Theodor Nöldekes, erlaubt uns die innere Entwicklung der Botschaft M.s zu rekonstruieren. Die Nöldekesche Anordnung, von R. Blachère jüngst erneut gerechtfertigt, kommt zu vier Gruppen, die sich inhaltlich und stilistisch unterscheiden lassen. Die Letzte Gruppe enthält die Offenbarungen in Medīna, die ersten gehören in die mekknische Zeit. Aber, wie Blachère sagt, „diese Umgruppierung zielt keinesfalls darauf ab, den Ḳorān wiederherzustellen noch die koranischen Texte zur Rekonstruktion des Lebens Mohammeds zu benutzen. Die biographische Tradition hatte diesen Traum. Sie muß ihn aufgeben wie ein verführerisches Hirngespinst"[8].

Ist es also nicht möglich, den Ḳorān als solchen wie eine biographische Quelle zu gebrauchen, so ist eine zweite Quelle nötig, die ihn ergänzt, um ihn für unser Problem zum Sprechen zu bringen. Diese zweite Quelle ist die Tradition. Sie stellt sich uns in verschiedenen Formen vor: als biographsche und als historische Literatur, als Kommentare zum Ḳorān und als

---

[7] Vgl. die maßgebenden Arbeiten von Nöldeke-Schwally, Geschichte des Qorans, 2. Teil: Die Sammlung des Qorans, Leipzig 1919; Rich. Bell, Introduction to the Qur'an, Edinburgh 1953, S. 37 ff. (Neuausgabe von W. M. Watt, 1970, S. 40 ff.) R. Blachère, Introduction ou Coran, Paris 1949, S. 12 ff.; ferner A. Abel, Le Coran, Bruxelles 1951, S. 33 ff., 65 ff.

[8] Le problème de Mahomet, Paris 1952, S. 16.

Gesetzesüberlieferung. Die muslimische Tradition (ḥadīṯ,) ist ein ungeheuer weites Gebiet und dem jüdischen Talmud vergleichbar[9]. Die grundlegenden Arbeiten Goldzihers und Snouck-Hurgronjes, zu denen jetzt die Untersuchungen von J. Schacht hinzuzunehmen sind[10], haben uns Licht in das Werden dieser Literatur gebracht. Sie haben uns gelehrt, daß zumindest bei dem gesetzlichen Ḥadīṯ, der das Fundament der Sunnā, des „Weges der Väter" ist, so gut wie nichts als echt angesehen werden kann, d.h. auf den Propheten zurückgeht. Die Hauptmasse dieses Materials entstammt der ausgehenden Omaijadenzeit (2.Jh. d.H.). Für unser Problem ist aber noch wichtiger die eigentliche biographische Überlieferung, deren Scheidung von der gesetzlichen vor allem Schacht sehr gefördert hat. Hier ist die Sachlage etwas günstiger. Der Ursprung dieser sich mit dem Leben des Propheten beschäftigenden Überlieferung liegt in dem Interesse, das man schon früh an den „Kriegszügen" (maġāzī) des Propheten nahm, ganz wie in vorislam. Zeit an den Stammesfehden der Beduinen[11]. Es entstand so eine volkstümliche Literatur, deren Träger berufsmäßige Erzähler (ḳuṣṣāṣ) waren, die aber weniger daran interessiert waren, das Überkommene genau wiederzugeben als vielmehr es auszugestalten zwecks Erbauung. So nimmt es nicht wunder, wenn hier mannigfaltiges Gut der Umwelt des frühen Islams einfloß. Hier haben wir den Ursprung der legendären Prophetenbiographie vor uns. Diese schilderte M. mit den Augen der frommen Gemeinde und mit zahlreichen Reminiszenzen an die Bilder, die sich Judentum und Christentum von ihren Stiftern gemacht hatten. Ihnen wollte man ein ebenbürtiges Bild M.s an die Seite stellen. Es ist vor allem Tor Andrae zu verdanken, diesen Vorgang näher untersucht zu haben[12]. Seine Forschungen kommen zu dem Ergebnis, „daß die unbekannten Dichter der Moḥammedlegende mit vollen Händen aus dem Mythen- und Märchenschatz des hellenistischen

---

[9] Das islamische Traditionswesen ist wohl auch dem jüdischen in manchen Punkten verhaftet, wie schon Schrieke und Horovitz gezeigt haben.
[10] The Origins of the Muhammadan Jurisprudence, Oxford 1950, 1953².
[11] Nach G. von Grunebaum, JAOS LXII, 1942, S. 291 und Medieval Islam, Chicago 1954, S. 276 wurzelt diese Vorstellung allerdings in den christlichen Heiligenviten, die auch „Kämpfe" genannt wurden; der Heilige ist ein „Kämpfer, Soldat Gottes".
[12] Die Person Muhammeds in Lehre und Glaube seiner Gemeinde, Stockholm 1917 (Habil.schrift Uppsala) = Archives d'Études Orientales 16, Stockholm 1918. Vgl. jetzt auch A. Schimmel, Und Mohammed ist Sein Prophet, Köln 1981; And Muhammad is this Messenger, Chapel Hill u. London 1985 (erweitert)

Kulturgebietes geschöpft haben. Die Entlehnungen scheinen fast ausschließlich vom Judentum und Christentum vermittelt worden zu sein"[13]. Neuerdings hat G. von Grunebaum auch auf den Einfluß der persisch-sassanidischen Königsgeschlichte hingewiesen[14].

Als Hauptentstehungsort einer auf bestimmten Prinzipien beruhenden Prophetenbiographie hat Medīna zu gelten, wo verschiedene Sammler und Überlieferer, die z.T. zur Nachkommenschaft vonProphetengenossen gehörten, wirksam waren. Einer der bedeutendsten unter ihnen war offenbar ein gewisser 'Urwa b. az-Zubair (gest. 713). Auf seine Bedeutung hatte schon Caetani aufmerksam gemacht und jüngst haben Paret und Watt erneut seine Wichtigkeit hervorgehoben[15]. Als Sohn eines der ersten Prophetenanhänger und enger Freund Abū Bekrs hat er mittelbar Anschluß an die Geschichte des Propheten gehabt. Seine Berichte klingen daher oft sehr vertrauenserweckend. „Die Tatsache", sagt Paret, „daß der älteste zuverlässige nachweisbare Vertreter der Prophetenbiographie mit seiner Lebenszeit bis in das ausgehende 7. Jh. zurückreicht, ist gewiß beachtenswert"[16]. Trotzdem ist natürlich eine kritische Haltung gegenüber seinen Berichten nötig. Denn auch 50 Jahre genügen, um Umformungen in der Überlieferung eintreten zu lassen (vgl. die Jesustradition).

Das bekannteste und wohl bedeutendste Werk dieser Zeit ist das des Moḥammed b. Isḥāḳ (704–764); sein *Kitāb al-Maġāzī* stellt wohl als erstes den Propheten in weltgeschichtliche Zusammenhänge. Für ihn ist der Islām Fortsetzung und Vollendung der „heiligen Geschichte" der Juden und Christen; Moḥ. ist der Zielpunkt der Heilsgeschichte, zugleich aber auch Vertreter des zur Weltherrschaft gelangten Arabertums. Leider ist das wichtige Werk nur zu etwa zwei Dritteln in einer Bearbeitung des Baṣrenser Abd al-Malik b. Hišām († 843) erhalten, und zwar unter dem sich inzwischen eingebürgerten Titel „*as-Sīra*" „das Leben" (scil. des Propheten). A. Guillaume versuchte eine Rekonstruktion des ursprünglichen Werkes von Ibn Isḥāḳ mit Hilfe anderer Excerpte

---

[13] Op. cit. S. 52.
[14] Op. cit. S. 276 f.
[15] L. Caetani, Annali dell'Islam, Vol. I, Milano 1905; W. M. Watt, Muhammed at Mecca, Oxford 1953, S. 180–182; R. Paret, Die Lücke in der Überlieferung über den Urislam, in: West-östliche Abhandlungen (Tschudi-Festschrift), Wiesbaden 1954, S. 147–153.
[16] A. a. O. S. 151.

(z. B. aus Ṭabarī)¹⁷. Ihm ist es auch gelungen, eine neue Rezension des Ibn Isḥāḳ von Aḥmed al-Bazzāz (ca. 400 d.H.) heranzuziehen, deren Manuskript bereits 1932 entdeckt worden war; diese Rezension enthält eine Reihe Abweichungen von Ibn Hišām¹⁸. Ibn Isḥāḳ bzw. Ibn Hišām hatten mit ihrem Werk ein Muster und eine Quelle für alle folgenden Werke dieser Art geschaffen¹⁹.

Wie steht es nun mit dem Verhältnis von Sīra und Korān? H. Lammens hatte in dieser Frage einen radikalen Standpunkt eingenommen, indem er behauptete, daß die einzige Quelle der Sīra der Ḳorān selbst sei und die Tradition nur eine apokryphe Weiterentwicklung, sie also keinen ergänzenden, sondern sekundären Wert habe; nur für die medinische Zeit gab Lammens eine vage mündliche Überlieferung zu²⁰. Nicht ganz so radikal äußerte sich Fürst Caetani, obwohl er prinzipiell zu ähnlichen Ergebnissen gelangte. Dagegen haben Nöldeke, de Goeje, Buhl und Becker einen gewissen Wert einzelner Traditionen erkannt und den unhistorischen Radikalismus von Lammens zurückgewiesen. „Man kann mit ihm (Lammens) die ungeheure Bedeutung der Koranexegese (exegetischer Hadīth) und des Evangelienvorbildes auf die Ausgestaltung der Sīra anerkennen", sagt Becker, „ohne eine historische, von der Exegese unabhängige mündliche Überlieferung zu leugnen."²¹ Auch wenn also in zahlreichen Berichten der Sīra altes, echtes Material ent-

---

¹⁷ The Life of Muhammad, A Translation of Isḥāqs Sīrat Rasul Allāh, Oxford 1955; vgl. dazu R. B. Serjeant im BSOAS XXI, 1958, S. 1–14.
¹⁸ A. Guillaume, New Light on the Life of Muhammad, Manchester o. J. (Journal of Semitic Studies, Monograph 1). Rez. von Chr. Bürgel, ZDMG 113, 1963, S. 276 f.
¹⁹ Für weiteres s. Nöldeke-Schwally, op. cit. S. 122 ff.; Ed. Sachau, Zur Geschichtsüberlieferung vor Ibn Saʿd (Ibn Saad, Biographien Bd. III, 1) ed. E. Sachau, Leiden 1904, S. V–XXIX; G. Levi della Vida, Art. Sīra in der Enzyklopädie des Islams (EI), 1. Aufl., und im Handwörterbuch des Islams, hrsg. von A. J. Wensinck u. J. H. Kramers (1941); Frants Buhl, Das Leben Muhammeds. Deutsch von H. H. Schaeder, Leipzig 1930, s. 366 ff.
²⁰ Qoran et Tradition, comment fur composée la vie de Mahomet, in: Recherches de science religieuse I, Paris 1910. Neuerdings vertreten Patricia Crone u. Michael Cook ähnliche radikale Thesen, indem sie sich vorwiegend nur auf außerislamische Quellen, d.h. byzantinische oder syrische stützen (vgl. bes. Hagarism. The Making of the Islamic World, Cambridge 1977, ²1980). Die einseitige und unkritische Quellenbenutzung wird m. R. von E. Wagner, ZDMG 132 (1982), 190–192, gerügt. Vgl. ferner R.B. Serjeant in: JAOS 110, No. 3 (1990), 472–486 (über P. Crone, Meccan Trade and the Rise of Islam, Princeton 1987).
²¹ Archiv f. Religionswiss. (ARW) XV, 1912, S. 541f.; vgl. ders. Grundsätzliches zur Leben-Mohammed-Forschung, in: Islamstudien I, Berlin 1924, S. 520 ff. (= Der Islam IV, 1913, S. 263 ff.); Th. Nöldeke, Die Tradition über das Leben Mohammeds, in: Der Islam V, 1914, S. 160 ff.

halten ist–es knüpfte ja, wie neuerdings Paret hervorhebt, an die feststehenden historischen Grundtatsachen der Prophetenlaufbahn an[22]–, so muß doch der Ḳorān der Maßstab und das Kriterium bleiben. Nur insoweit, wie der Korān mit der Tradition übereinstimmt oder ihr nicht widerspricht, können wir sie verwenden. Denn es muß uns klar werden, daß wir auch aus dem Korān in vielen Punkten nur von der Überlieferung her Aufschluß erhalten. Den Korān gänzlich ohne die Befragung der Tradition der Sīra zu verwenden, wäre m.E. unangebracht und würde streckenweise großes Dunkel über M.s Laufbahn werfen. Beide Quellen müssen, wie es neuerdings vor allem von dem englischen Arabisten W. Montgomery Watt ausgedrückt worden ist, als komplimentäre Quellen betrachtet werden. Watt spricht davon, daß das Material des Ḳorān, bes. der mekkanischen Zeit, den „ideologischen Aspekt eines großen Komplexes von Ereignissen in und um Mekka" bildet, während die ökonomischen, sozialen und politischen Aspekte aus der Überlieferung zu gewinnen sind[23]. Letztere ist also zur Erklärung des ersteren unbedingt heranzuziehen. Watts Untersuchungen haben eindrücklich gezeigt, was man bei einer methodischen Befragung der Tradition herausholen kann, vor allem wenn man historisch-soziologisch arbeitet. Dabei muß man sich allerdings hüten, hier zu viel zu verlangen und einer gesunden Skepsis den Abschied zu geben. Es ist durchaus Blachère zuzustimmen, wenn er betont, daß wir über keine Urkunde verfügen, die es uns heute erlaubt, die Geschichte M.s im Detail nach einer geschlossenen und fortlaufenden Chronologie zu schreiben[24]. Damit ähnelt das „Problem Mohammed" in dieser Hinsicht auch denen der anderen Religionsstifter.

Wenden wir uns nun einem kurzen Überblick über die gesellschaftlichen und religiösen Verhältnisse in Mekka und Arabien vor Mohammed zu.

III

---

[22] A.a.O.S. 152; vgl. auch ders. Mohammed und der Ḳorān, Stuttgart 1957, S. 151–155.
[23] Op. cit. S. XV.
[24] Le probleme, S. 17. Blachère steht durchaus noch in der Tradition der skeptischen Auffassungen von Lammens. Vgl. auch Bell, Introd. S. 20. Die vorislam. Rolle Mekkas ist durch die Untersuchung von Patricia Crone, Meccan Trade and the Rise of Islam, Princeton 1987, sehr in Frage gestellt, doch von R. B. Serjeant in seiner Rezension im AOS 110 (1990), 472–486, entschieden abgelehnt worden.

Mekka besaß als alter Handelsplatz eine große Bedeutung für die umliegenden arabischen Stämme[25]. Ein uraltes Heiligtum ist wahrscheinlich der Ursprung des Ortes, an dem auch eine merkwürdige Wasserquelle zu finden ist[26]. In den meisten Darstellungen wird hervorgehoben, wie Mekkas Charakter zur Zeit Moh.s ganz von seinem Handel bestimmt wurde, auch die Religion bzw. der Kult. Der führende Stamm, die Ḳurais̆, die den Aufschwung der Stadt begründet hatten, beherrschen auf Grund ihrer Autorität und Macht das Anwesen; man hat sie als „ungemein begabte Handelsmänner und Politiker" bezeichnet[27]. Ihr Stamm zerfiel in verschiedene Untergruppen oder Klans, wie wir aus der reichen genealogischen Überlieferung schließen können. Die älteren und bedeutenderen Klans saßen um die Ka'aba, die übrigen in den Außenbezirken („Vorstädter"). Wie Watt gezeigt hat, gab es zur Zeit M.s drei rivalisierende Interessengruppen, die sich wieder aus einzelnen Gruppen zusammensetzten, die Hāsim, die 'Abd Sams und die Mahzūm[28].

Verfassungsmäßig war Mekka eine Handelsaristokratie; die Herrschaft lag in den Händen der reichsten und mächtigsten Geschlechter, der Oligarchen. Ihre Häuptlinge bildeten eine Art Senat, die malā', eine Einrichtung, die etwa dem Stammesrat (maglis) der Beduinen entspricht. Der Einfluß dieser quasi-Regierung darf nicht überschätzt werden. Eigentliche Zwangsmittel fehlten, abgesehen davon, daß man offenbar wirtschaftlichen Boykott ausüben konnte. Wichtig war immer, auch für die Einzelnen, die Macht und das Ansehen der Klans, zu denen der Einzelne gehörte.

Trotz der Rivalitäten hatte sich in Mekka ein „Gemeingeist" entwickelt, der der Stadt nach außen Einheit und Kraft gab[29]. Dies erklärt auch die Rolle, die Mekka gegenüber den Beduinen spielen konnte. Durch ein geschicktes Vertragssystem beherrschten die Kaufleute Mekkas die umliegenden Nomadenstämme und spannten sie in das Netz ihrer Handelsinteressen, eine Tatsache, die schon Lammens herausgearbeitet hatte[30].

---

[25] Vgl. den Art. Mekka von Lammens u. Wensinck in der E¹ bzw. dem HI (S. 471 ff.); Buhl, op. cit. S. 101 ff.; Watt, op. cit. S. 1 ff.
[26] Der Ort wird bei Claud. Ptolemaeus, Geographia VI 7, 32 (ed. Nobbe Lips. 1845, 3, S. 105) Μακοράβα genannt, was aus dem südarab, karaba; mikrāb „Tempel, Heiligtum" ableitbar ist.
[27] Buhl, op. cit. S. 107.
[28] Op. cit. S. 7 ff.; vgl. zuch Blachère, Le probleme, S. 23.
[29] Buhl S. 109 f.; Paret, a.a. O., S. 29 ff.

In dieser Zeit wuchs M. auf, selbst aus Kaufmannskreisen stammend. Er ist „Städter", kein Beduine. In seinen Predigten lobt er verschiedentlich Sicherheit und Ordnung gegenüber den unsicheren Verhältnissen „auf dem Land" (29, 67; 28, 57; 16, 113)[31].

Es ist Watt zu verdanken, daß wir jetzt mit der Entwicklung der mekkanischen Gesellschaft zur Zeit Mohammeds etwas besser vertraut sind. Watt weist auf gewisse krisenhafte Erscheinungen, die ihre Ursache in der Wandlung einer nomadischen in eine merkantile Wirtschaftsform haben. Der wachsende Unterschied zwischen Arm und Reich, die zunehmende Ungerechtigkeit der herrschenden Schichten gegenüber den Unbemittelten, Gewinnstreben – dies alles finden wir auch in M.s frühen Predigten angeprangert wieder. Es ist schon so: M. trat in einer krisenhaften Zeit auf und gab mit seinem Auftreten den Versuch einer Lösung im Rahmen seiner religiösen Weltauffasung[32].

Es ist mir nicht unbekannt, daß der französische Arabist G. H. Bousquet eine scharfe Absage an Watts Auffassung erteilt hat[33]. Aber trotz der teilweise berechtigten Kritik an gewissen falschen Begriffen, die Watt in der Nachfolge Lammens leichtfertigerweise auf die mekkanischen Verhältnisse anwendet (wie Kapitalismus, Hochfinanz, Banquiers)[34], ist grundsätzlich an seiner Konzeption festzuhalten[35]. Es ist schließlich unhistorisch, eine religiöse Ideologie nur auf religiöse Motive oder Ursachen zurückzuführen, ohne ihre Verwurzelung in den notwendigen

---

[30] Vgl. jetzt Watt, S. 10f.; 154 ff. (The Aḥābīsh).

[31] Paret, S. 27, überhaupt S. 23 ff. Ich zitiere den Ḳorān nach der in Europa verbreiteten Flügelschen Verszählung, nicht nach der kufisch-ägyptischen, wie sie jetzt von Paret in seiner vorzüglichen Koranübersetzung (Stuttgart 1966; Taschenbuchausgabe 1979 4. Aufl.: 1985) zugrunde gelegt ist. Eine nützliche Vergleichstafel bringt Bell, Introd. S. IXf.

[32] Op. cit. S. 16 ff., 72 ff.; Muhammad at Medina, Oxford, 1956, S. 261–302; Muhammad. Prophet and Statesman, Oxford 1961, S. 7 ff. u. 46 ff.

[33] Es handelt sich um den Aufsatz: „Une explication marxiste de l'Islam par un ecclésiastique épiscopaliens", in: Hespéris, ann. 1954, tom XLI, S. 231–247; vgl. auch ders. Observations sociologiques sur les origines de l'Islam, in: Studia Islamica II, 1954, S. 61–88.

[34] Une explication S. 238 ff.

[35] Das hat auch M. Rodinson festgehalten: vgl. Vues nouvelles sur les origines de l'Islam, in: Revue de l'histoire des religions, t. CLIII (1958), S. 122–126; ib. t. CLXIV (1963), S. 251 ff.; Préface zur franz. Ausgabe von Watt, Mahomet à Mecque, Paris 1958.

gesellschaftlichen Veränderungen zu suchen, deren eine solche Bewegung, wie M. sie entfacht hat, entsprossen ist[36].

Beschäftigen wir uns aber jetzt mit den religiösen Verhältnissen. Wir können mit vier Komponenten rechnen, die vor Moh. in Arabien, bes. aber in der Handelsmetropole Mekka, eine Rolle spielten und deren Einfluß wir in der Botschaft M.s widerfinden.

1) Die angestammte altarabische Religion, die, wenn man Südarabien berücksichtigt, eine lange Geschichte hat[37]. Wir finden bereits in den südarabischen Inschriften Gottheiten, die wir überall im arabischen Raum antreffen, wie Šams, ʿUzzai(ān), Wadd, ʾIl bzw. ʾIlāh und ʾIlat. Hinter ʾIl bsw. ʾIlāh hat man einen verblaßten Hochgott vermutet[38]. Tatsache ist jedenfalls, daß diese Gottheit vielen arqabischen Stämmen gemein war; jeder Gott konnte ʾIl, jede Göttin ʾIlat genannt werden. Name oder Beiname eines Gottes ist auch Raḥīm, „der Barmherzige, Milde"; Raḥmānān ist schon vor Moh. als Umschreibung des jüdischen und christlichen Gottes anzutreffen (vgl. die Abrahainschrift)[39]. Im kultischen Bereich finden wir Opfer aller Art, Wallfahrten (ḥagg), Verehrung heiliger Plätze und Steine (ḥrm), Bußzeremonien. Die arabische Religion, in die Moh. hineinwuchs, können wir weiterhin sehr gut aus den nordarabischen Inschriften der einzelnen Beduinenstaaten erschließen, wie den liḥjānischen, palmyrenischen und nabaṭäischen; alles Material aus Nordarabien,

---

[36] Vgl. auch Rodinson, Vues nouvelles, S. 126.

[37] An neuerer Literatur nenne ich: C.A. Nallino, L'Arabia preislamica (in: Raccolta di Scritti editi e inediti. Vol. III, Roma 1941, S. 1–47), S. 9 ff.; 30 f.; Il Yemen nell'eta preislamica (ib. S. 48–63), S. 57 ff.; M. Guidi, La religione nell'Arabia preislamica, in: Studi e Materiali di Storia delle Religioni 21, 1948, S. 1 ff.; J. Ryckmans, Les religions arabes préislamiques, in: Histoire générale des religions ed. Gorce et Mortier, Vol. IV, Paris 1946 (1952), S. 307–332 (als erweit. Sonderdruck Louvain 1951); A. Jamme, Le panthéon sud-arabe prèislamique, in: Le Museon 60, 1947, S. 57–147; W. Caskel, Die alten semitischen Gottheiten in Arabien, in: Le antiche divinità semitiche, Studi di J. Bottero, M. J. Dahood, W. Caskel race. da S. Moscati, Roma 1958 (Studi Semitici 1), S. 95–117; Maria Höfner im Wörterbuch der Mythologie, hrsg. von H. W. Haussig, Teil 1, Stuttgart (1963), S. 409–552 (3.–4. Lief.); Ad. Grohmann, Arabien (Handbuch der Altertumswiss. III 1,3: Kulturgeschichte des Alten Orients 3,4), München 1963, S. 81–89; 243–252 (südarab.). J. Henninger, Arabia Sacra, Göttingen/Freiburg 1981.

[38] Vgl. dazu M. Höfner, a.a. O., S. 511 s.v. ʾIl (als Element theophorer Personennamen sehr verbreitet, aber selten als Eigenname!); 420 ff. (Allāh, Allāt); Caskel, a.a. O., S. 112 ff., 115 f., 117.; s. unten Anm. 57.

[39] E. Glaser, Zwei Inschriften über den Dammbruch von Mârib, Berlin 1897 (Mitt. Vorderasiat. Ges. 1897, St. 6); Grohmann, Arabien S. 246 f.; Nallino, a.a. O. S. 419 ff., bes. W. Caskel, Lihjan und Lihjanisch, Köln-Opladen 1954; Die alten semit. Gottheiten (s.o. Anm. 37), S. 96 ff., 113 ff.; J. Ryckmans, Die altsüdarab. Religion, in: W. Daum, Jemen, Innsbruck/Frankfurt/M. 1987, S. 115.

das teilweise schon stark synkretistischen Charakter trägt[40]. Fr. Altheim hat hervorgehoben, daß bereits vor Moḥ. der arabisch-syrische Sonnengott ein Weltgott geworden war (2./ 3.Jh.n.Chr)[41].

Schwieriger ist es mit den zentralarabischen Verhältnissen, da uns hier keine Inschriften zur Verfügung stehen. Das Beduinendasein verhinderte einen festen Kult[42]. Als Hauptquelle dient hier, neben dem Ḳorān selbst, das geringe Material, das uns die islamischen Historiker beibringen; darunter ragt bes. das *Kitāb al-aṣnām* des Ibn al-Kalbī hervor, das Wellhausen seinem bekannten Buch „Reste arabischen Heidentums" zugrunde legte[43]. Die erhaltenen Belege lassen uns einzelne Lokalheiligtümer einfacher Art mit ihren Gottheiten kennenlernen. Die bekanntesten Gottheiten, deren Verehrung weit verbreitet war, sind die drei: *'Allāt, Manāt,* und *al-'Uzzā.* Sie tauchen auch im Ḳorān auf (53, 20). Der Hauptgott Mekkas und „Herr der Ka'aba" soll nach der Überlieferung *Hubal* gewesen sein[44]. Von M. und seinen Gegnern kennen wir aber nur' *Allāh* in dieser Stellung. Hubal ist offenbar nur eine enstellte arabische Form vorm aram. *Habbaʾl*, d.h. „der Herr". Leider besitzen wir keinerlei Mythen von diesen Gottheiten, die es sicherlich gegeben hat. Der Charakter der Götter war erdgebunden, wie ihre Heiligtümer (Steine, Bäume) zeigen. Ihre siderische Natur als Astralgottheiten haben sie wohl erst sekundär erhalten[45]. An kultischen Funktionären kennen wir

---

[40] Vgl. außer Nallino S. 32 ff., M. Höfner, a. a. O. S. 419 ff., bes. W. Caskel, Lihjan und Lihjanisch, Köln-Opladen 1954; Die alten semit. Gottheiten (s. O. Anm. 37), S. 96 ff., 113 ff.

[41] Die Krise der alten Welt, Band 3: Götter und Kaiser, Berlin 1943, S. 33 ff. (Sonnenkult von Emesa).

[42] Vgl. bereits Buhl S. 72ff. und neuerdings W. Caskel, a.a. O.; Jos. Henninger, La religion bédouine préislamique, in: L'antica società beduina. Studi di W. Dostal, G. Dossin, M. Höfner, J. Henninger, F. Gabrieli racc. da F. Gabrieli, Roma 1959 (Studi Semitici 2), S. 115–140, bes. S. 125 ff (=Arabia Sacra, 11–33, bei 1911.); ferner M. Gaudefroy-Demombynes, Mahomet, Paris 1957, S. 25–53.

[43] Nach der einzigen Handschrift von R. Klinke-Rosenberger übersetzt und ediert: Das Götzenbuch des Ibn al-Kalbî, Leipzig 1941. Nicht ohne Interesse wegen ihrer euhemeristisch-rationalistischen Gedanken sind die dogmatisch-theologischen Ansichten der islamischen Schriftsteller über die *Ǧāhilīja*, dem „Heidentum".

[44] Vgl. jetzt auch M. Höfner, a.a. O. S. 447; nabat. *HBLW*, in einem Personennamen *BN-HBL*.

[45] Mit Recht hat M. Höfner betont, daß der Gestirnkult in Arabien (außerhalb Südarabiens) nicht ursprünglich beheimatet ist. Die erhaltenen Sternsagen tragen keinerlei religiösen Charakter (469); vgl. dazu bes. J. Henninger in der Ztschr. f. Ethnologie 79, 1954, S. 82–117, spez. S. 90f.; auch La religion bed. S. 132f. (= Arabia Sacra, S. 24f., 95ff). Über einen angeblichen arab. Totemismus s. Nallino S. 79 ff.

keine eigentlichen Priester, sondern nur Seher oder Wahrsager (kāhin, pl. kuhhān); sie fungieren zugleich als Dichter und Richter. Für das Opfer war der Einzelne oder das Familienhaupt verantwortlich. Als Hüter und Pfleger der Heiligtümer treten einzelne Stämme auf (wie eben die Ḳuraiš, man vgl. auch die Leviten im AT). Die Zeremonien an solchen heiligen Plätzen können wir noch heute in Mekka studieren, mit seiner Wallfahrt (ḥaǧǧ), dem Umlauf (ṭawāf) um die Ka'aba, dem Werfen von Steinen und Streicheln des Heiligtums (das ein Stein oder Gerät sein kann), ferner den Opfern und Gelübden.

Um etwas näher an die Bedeutung der Religion für den Araber zur Zeit M.s heranzukommen, stehen uns die Zeugnisse der altarabischen Dichter zur Verfügung[46]. Sie lassen sehr deutlich erkennen, daß die altarabischen Götter ihre Bedeutung in diesen Kreisen weithin eingebüßt haben. Beherrschend ist in diesen Gedichten ein eigenartiger Pessimismus und Fatalismus; allbeherrschend ist das Schicksal (dahr), dem der Mensch ausgeliefert ist. Begriffe wie „Todesverhängnis" (al-ḥimām), „Fügung" (ḳadar), „Todeslos" (manīja) tauchen wiederholt auf. Der Schicksalsglaube und das damit zusammenhängende „Memento mori" hat in der altarabischen Poesie den alten Götterglauben aufgesogen. Man hat diesen Glauben auf Einflüsse der iranischen Zurvāntheologie der Sassanidenzeit zurückführen wollen (Ringgren). Ursache ist aber sicherlich der Zerfall der altarabischen Religion durch Einfluß des Christen- und Judentums[47]. Daß aber der Schicksalsglaube kein Allgemeingut in Arabien war, lehrt uns der Ḳorān und die 'Aijām al–'Arab Erzählungen.

In Mekka und auch an den anderen Orten verehrte man die Götter und Göttinnen auf altererbte Weise, aber es stand wohl nicht mehr der alte unerschütterliche Glaube dahinter. Für Mekka hat man wiederholt den Geschäftsgeist verantwortlich gemacht, der den religiösen Geist überwuchert habe[48]. Ich glaube, man muß hier vorsichtiger im Urteil sein und darf keine modernen Vorstellungen in diese alte Zeit hineintragen. Die Polemik gegen Moḥ.s Auftreten ist nicht nur der Angst wegen eines schwindenden Geschäftes entsprungen! Das hieße die Dinge zu einfach ansehen. Die „Gottesfurcht" (taḳwā) spielte, wie die Belege zeigen,

---

[46] Vgl. dazu W. Caskel, Das Schicksal in der altarabischen Poesie, Leipzig 1926; H. Ringgren, Studies in Arabian Fatalism, Uppsala–Leipzig 1955, Kap. 1.
[47] Eine ähnliche Erscheinung stellt die stark schicksalsbestimmte Wikingerreligion dar, auch sie ist ein Endstadium einer zersetzten Volksreligion.
[48] Vgl. z. B. Buhl S. 93, 107, 109 f.

durchaus noch eine große Rolle; sie kennzeichnet überhaupt ein wesentliches Moment in der Beziehung des Arabers zur Gottheit, das hat sich auch im Islām nicht geändert[49].

Von großem Interesse ist immer schon die Frage nach einem altarabischen Monotheismus gewesen. Den besten Beweis dafür, daß es eine Gottheit gab, die intergentil verehrt wurde und an der Spitze des Pantheons stand, liefert der Ḳorān selbst. 'Allāh wurde von einem Teil der Mekkaner als höchste Gottheit verehrt (29, 63. 61. 65; 31, 24; 39, 39; 43, 8. 87; 89, 14–17 etc.)[50]. Es ist kein absoluter Monotheismus, sondern ein relativer oder eine monotheistische Tendenz (eine Art Henotheismus oder „Hochgottglaube"). Darüber lassen uns auch die Dichterzeugnisse nicht im Zweifel[51]. Auch seine Verbreitung ist nicht allgemein, sondern wohl auf eine Schicht geistig fortgeschrittener Leute beschränkt gewesen, aber kaum als „esoterische Lehre"[52]. Das einfache Volk hielt sich wohl fast durchweg an die niederen Gottheiten und Geister (ǧinn). Über den Ursprung dieses „monotheistischen" Allāhglaubens ist viel geschrieben worden. Wellhausen dachte an eine sprachlich Entwicklung (Allāh „der Gott", der allen Göttern gemeinsam war)[53], Pater W. Schmidt an eine Erbe des Urmonotheismus[54], Söderblom in ähnlicher Weise an einen „Urheber"[55]. Ich halte diese urmonotheistische Theorie für unzutreffend, da einmal das Belegmaterial zu jung und nicht zahlreich genug ist, zum anderen die Belege zu deutlich auf Abhängigkeit vom spätantik-hellenistischen und jüdisch-christlichen

---

[49] Vgl. Th. Nöldeke, Arch. f. Rel. wiss. I, 1898, S. 361 ff. Verwiesen sei auch auf den „Stammeshumanismus" (Tribal humanism) mit seinem ethischen Ideal *murūwah* „Männlichkeit", wie ihn Watt, Muh. at Mecca, S. 24 ff. und Guidi, a.a. O. S. 18, 53, 57, 82, 126 als wichtigen Bestandteil des arabisch-beduinischen Lebens dargestellt haben (Guidi: als „ewiges Gewissen"). Die Auflösung der Stammeseinheit, in der alle moralischen Begriffe verwurzelt waren, durch individualistische Tendenzen, stellt, wie Watt meint, zur Zeit Mohammeds ein ernstes Problem dar. Die pessimistisch-fatalistische Weltanschuung ist ein Resultat dieser Entwicklung. Zu „Muruwwa und Dīn', s. Goldziher, Muhammedanische Studien I (1888), S. 1–39, Vgl. untenS. 322 mit Anm. 163.

[50] Vgl. dazu jetzt Paret, Moh. S. 15 ff.

[51] S. dazu die Belege bei C. Brockelmann, Allāh und die Götzen, ARW 21, 1922, S. 99–121; vgl. auch Nallino S. 40f. u. Henninger, La religion bed. S. 133 ff.(= Arabia Sacra, S. 25ff.).

[52] Wie Brockelmann, a.a. O., S. 118 formuliert.

[53] Reste arabischen Heidentums, Berlin 1897² (Nachdruck 1927), S. 217f. Wellhausen ist hierbei abhängig von Max Müllers religionswissenschaftlicher Theorie, nach der die Sprache einen entscheidenden Anteil bei der Götterentstehung haben soll.

[54] Der Ursprund der Gottesidee I, 1926, S. 679 ff. (unter Berufung auf Brockelmann); vgl. jetzt auch Henninger, a.a. O., S. 124

[55] Das Werden des Gottesglaubens, 1926 (2. Aufl.), S. 297 ff.

Monotheismus hinweisen. Einen Beweis dafür sehe ich bereits darin, daß sich weder aus nord- und nordwest- noch aus südarabischen Inschriften eine solche monotheistische Auffasung der Gottheit Allāh nachweisen läßt. Gelehrte, wie A. von Kremer, Macdonald, Buhl, T. Andrae, Hirschberg, Fück und Watt betonen den jüdischen und christlichen Einfluß auf die vorislamische Allāhgestalt. Ich möchte darüber hinaus darauf hinweisen, daß Arabien auch nicht unberührt gewesen ist von den hellenistischen Religionsformen, die eine spätantike monotheistische Tendenz vertreten (bes. in der Kaiserzeit: *sol invictus*); wie in Arabien räumte sie noch nicht mit dem Polytheismus auf[56]. Man muß also verschiedene Komponenten bei der Entstehung des vorislamischen Allāhglaubens in Rechnung setzen[57].

Wir kennen übrigens–wenn auch nur in dunklen Umrissen– die Träger solcher aufgeklärter Gottesvorstellung; es sind die sog. Ḥanīfen, zu denen offenbar auch Moḥ. Beziehung hatte. Das Wort *ḥanīfīja* ist im Ḳorān synonym mit *muslim* gebraucht (3, 60); es bezeichnet die reine, unverfälschte Urreligion Abrahams, die nach Moḥ. dem Islām entsprochen haben soll[58]. Ḥanīf ist wohl ein syrisch-aram. Lehnwort (*ḥanpā*, *ḥanpê* bzw. *ḥānêfā*, vgl. mand. *ḥanifājā* „Götzendienst") und bezeichnet ursprünglich einen „Heiden" oder „Ketzer" (*ḥanpūṯā* ist auch der Manichäismus, s. u.)[59]. Im Arabischen wird es aber im Sinne von „Frommer", „Asket, Einsiedler" gebraucht (vgl. *taḥannafa* „sich frommen Übungen hingeben")[60]. Wir haben es hier also mit einer der bekannten Protestumkehrungen zu tun. Man darf hinter diesen Ḥanīfen keine Sekte (wie einst Sprenger) vermuten, sondern einzelne

---

[56] Vgl. die zusammenfassende Darstellung von M. P. Nilsson, Geschichte der griechischen Religion, Bd. 2, 1950, S. 546 ff.; zum hellenist. Einfluß auf Südarabien s. C. Rathjens, Kulturelle Einflüsse in Südwestarabien von den ältesten Zeiten bis zum Islam unter bes. Berücksichtigung des Hellenismus, in: Jahrbuch f. kleinasiat. Forschung hg. v. Bossert-Steinherr, Bd. 1, 1950, S. 1–42, bes. 2. 26 ff. Ferner: J. Teixidor, The Pagan God, Princeton 1977, bes. S. 13ff.; G.W. Bowersock, Hellenism in Late Antiquity, Ann Arbor 1991, S. 71ff., bes. S. 74 (zu *Qaryat al Faw*).

[57] Vgl. ob. Anm. 38. Nach M. Höfner ist kaum fehlzugehen, „wenn wir in *Allāh* die speziell arab. Form des gemeinsem. *'El* sehen" (a.a. O., S. 421). M. R. betont demgegenuber Caskel, a.a. O. S. 117: „Aber sein Wesen ändert sich völlig; dazwischen liegen eben zwei Jahrtausende voller Umwälzungen".

[58] 3, 60; 2, 129; 30, 29. Das Wort wird im Gegensatz zu Heiden-, Christen- und Judentum ververwendet: 6, 79.162; 3, 89; 16, 121.124; 2, 129; 3, 60.

[59] Brockelmann, Lex. syr., 2. Aufl., S. 244b; T. Andrae, Mohammed, sein Leben und sein Glaube, Göttingen 1932, S. 88 ff.; Buhl im HI, S. 167a; vgl. bereits O. Pautz, Muhammeds Lehre von der Offenbarung, Leipzig 1898, S. 14.

[60] Vgl. dazu J. Horovitz, Koranische Untersuchungen, Berlin 1926, S. 58; ähnlich Buhl S. 70.

"Gottsucher", religiöse Individualisten, die der angestammten Religion entfremdet waren und anderen höheren Glaubensformen anhingen, ohne deshalb einer festen Religionsgemeinschaft anzugehören[61]. Uns sind sogar (allerdings erst aus der späteren islamischen Überlieferung) einige Namen solcher Leute bekannt, darunter Waraka b. Naufāl, Zaid b.'Amr, vielleicht auch Umaijā b. Abī 'ṣ-Ṣalt, dessen Gedichte, wie Hirschberg gezeigt hat, nicht alle als unecht zu erweisen sind[62]. Wichtig ist zu beachten, daß der größte Teil dieser Leute Städter gewesen sind (aus Mekka, Ṭā'if und Medina).

Schließlich ist noch zu erwähnen, daß wir ähnliche Prophetengestalten wie Moḥ. vor oder neben ihm nachweisen können, wie den Propheten von Jamāma, Maslama (später Musailima), und den der Banū Aṣad Ṭalḥa (Ṭulaiḥa)[62a].

2) Schon genannt wurde der jüdische Einfluß[63]. Wir wissen, daß schon in vorchristlicher Zeit Juden in Arabien Fuß gefaßt hatten. Ja, es ist wahrscheinlich, daß schon seit neubabylonischer Zeit jüdische Kolonisten in den nordarabischen Oasen gesessen haben[64]. Aber eine eigentlichen Aufschwung nahm die jüdische Einwanderung wohl erst nach dem Jahre 70 und 135. Der

---

[61] Vgl. Watt, M. at Mecca, S. 162 ff. ("seekers of a new faith"); J. Fück, Muhammed – Personlichkeit und Religionsstiftung, in: Saeculum 3, 1952, S. 76; Paret S. 17 („altarabische Gottsucher"). Die etymologische Ableitung ist übrigens nicht entscheidend, sondern der Inhalt der Bezeichnung, der klar sein dürfte. „Die Existenz des Hanifentums ist ein hinlänglicher Beweis dafür, daß diejenigen religiösen Ideen, welche man gemeinhin als Beweis für Muhammeds Abhängigkeit von Juden- und Christentum ansieht, bereits vor seinem Auftreten in Arabien bekannt waren" (Fück, a.a. O.).

[62] J. W. Hirschberg, Jüdische und christliche Lehren im vor- und frühislamischen Arabien, Kraków 1939 (Polska Akademia. Mem. de la Comm. orient. No. 32), S. 8 ff.; vgl. auch A. Abel, Le Coran S. 13 f. Zu den Berichten bei M. ibn Isḥāk bzw. Ibn Hišām, K. Sīrat rasūl allāh (hrsg. von F. Wüstenfeld, Göttingen 1858/60), S. 130 ff. (Guillaume S. 90 ff.) vgl. jetzt die Varianten bei al-Bazzāz (Guillaume, New Light, S. 26 ff.).

[62a] Vgl. das Material bei Wellhausen, Skizzen und Vorarbeiten VI, Berlin 1899, S. 6–37; Nöldeke-Schwally, Geschichte des Qorāns I, S. 56f.; Havenith, Les Arabes chrétiens nomades (s.A. 70), S. 109ff.

[63] Vgl. neuerdings dazu: Hirschberg, op. cit.; C. A. Nallino, Ebrei e Christiani nell'Arabia preislamica (in den Raccolta d scritti III, S. 87–156), S. 87–121; J. Ben-Zvi, Les origines de l'etablissement des tribus d'Israel en Arabie, in: Le Museon 74, 1961, S. 143–190; Mich. Guidi, Storia e cultura degli Arabi fino alla morte di Maometto, Firenze 1951, S. 143–156; G. D. Newby, A History of the Jews of Arabia, Columbia/S. Car. 1988.

[64] Rud. Meyer, Das Gebet des Nabonid, Berlin 1962 (Sitz. ber. Sächs. Akad. Wiss., Philol.hist. Kl. 107:3), S. 67–81 (neuere Forschungen auf Grund zweier Qumranfragmente, dem Genesisapokryphon und Nabonidgebet); jetzt abgedruckt in: Zur Geschichte und Theologie des Judentums in hellenistisch-römischer Zeit, Berlin 1989, 71–129.

Schwerpunkt jüdischer Ansiedlungen lag seit alters in den Oasen NW-Arabiens (Taima, Haibar, Fadak, Wādi'l-Ḳurā, al–'Ola, al–Ḥiǧr) Besonders gut sind wir über die jüdische Kolonie in Jat̲rib (Medīna) unterrichtet, wo die jüdischen Stämme bis zum Eindringen arabischer Stämme die Herrschaft besaßen. Auch im Jemen bildeten sich einflußreiche jüdische Gemeinden heraus; einige Herrscher Südarabiens nahmen in den zwei Jahrhunderten vor Moḥ das Judentum an (4. bis 6.Jh.)[65]. Für Mekka besitzen wir zwar keinen sicheren Beleg für die ständige Anwesenheit von Juden, doch ist durch die Handelsbeziehungen auch hier Kenntnis jüdischer Sitten und Lehren vorauszusetzen, wofür ja Moh. selbst einen Beweis liefert. In der Nachbargemeinde at̲-Ṭā'if bestand nach dem Zeugnis des Beladūrī eine jüdische Gemeinde[66]. Auch aus den Zeugnissen der arabischen Dichter lassen sich jüdische Elemente nachweisen. Die alttestamentlichen Erzählungen im Koran entstammen nach dem Urteil von Sachkennern haggadischen Quellen[67]. Allzu hohe Ansprüche an den Bildungsstand der damaligen arabischen Juden dürfen wir allerdings nicht stellen[68]. Baiḍāwī behauptet, daß es in Medīna ein jüdisches Lehrhaus gegeben habe (*midrās al-jahūd*)[69] und Moh. erwähnt Rabbinen (vgl. 5, 48. 68; 3, 73 medinisch).

3) Noch bedeutsamer als der jüdische war offenbar der christliche Einfluß in Arabien gewesen[70]. Der vielzitierte Satz Wellhausens: „Wäre nicht der Islam dazwischen gekommen, so wäre voraussichtlich binnen kurzem das ganze Arabien, vom Roten Meer bis zum Persischen Meerbusen, christlich gewesen", ist nicht übertrieben[71]. Schon der Apostel Paulus weilt nach seiner

---

[65] Vgl. Buhl, Muh. S. 9 f.; M. Höfner, a.a. O. S. 486(Tafel); Rathjens, a.a. O., S. 34 f.; Grohmann, S. 29 u. 246 f. (vgl. ob. Anm. 39). Anders Nallino, a.a. O. S. 90 ff. (lehnt eine jüdische ḥimjarit. Dynastie unter Berücksichtigung der Argumente Halévys und Graetz' ab).

[66] *Kitāb futūḥ al-buldān*, Kairo 1319/1900, S. 63 (*ḳaum al-jahūd*).

[67] Zuletzt Hirschberg, a.a. O., S. 19.

[68] Vgl. z. B. Ḳorān 2, 73. H. Speyer, Art. Yāhud(ī) in EI bzw. HI (S. 802 ff.).

[69] *Tafsīr al-ḳāḍī* zu Sure 2, 91 (Comment. in Coran. ed. H. O. Fleischer, Leipzig 1848, Bd. 1, S. 74, 22); auch bei A. Geiger, Was hat Mohammed aus dem Judenthume aufgenommen?, 2. Aufl. 1902, S. 12 f. Vgl. aber Nallino, a.a. O. S. 120 f.

[70] Vgl. dazu Wellhausen, Reste, S. 230 ff.; Buhl S. 63 ff.; A. von Harnack, Die Mission und Ausbreitung des Christentums in den ersten drei Jahrhunderten, 4. Aufl. Leipzig 1924, 2. Bd., S. 699 ff.; Nallino, S. 46 f., 121–156; R. Devresse, Le Christianisme dans la province d'Arabie, in: Vivre et penser II, Paris 1943, S. 110–146; A. Havenith, Les Arabes chrétiens nomades au temps de Mohammed, Louvain-la-Neuve 1988.

[71] Reste S. 231.

Bekehrung in der arabischhen Provinz (Gal. 1, 17). Am 1. Pfingstfest der christlichen Gemeinde sollen auch die ersten Araber zum Christentum bekehrt worden sein. Im 3. Jh. stellt die Prov. Arabien bereits eine Anzahl Bischöfe, die auf Synoden selbständige Entscheidungen treffen (Zentrum ist Bostra). Auch am nicänischen Konzil 325 nehmen arabische Bischöfe teil. Der christliche Einfluß macht sich aber anscheinend nur auf die städtische Bevölkerung bemerkbar; nomadische Stämme zu christianisieren ist zunächst erfolglos. Eine vorislamische arabische Bibelübersetzung ist bis jetzt noch nicht mit Sicherheit nachgewiesen worden[72]. — Auf der arabischen Halbinsel ist Südarabien das älteste christliche Zentrum. Eusebius berichtet davon, daß hier schon um 180 ein Apostel namens Pantänus gewirkt habe[73]. Richtigen Fuß hat das Christentum aber erst im 4.Jh. gefaßt und zwar durch syrische bzw. mesopotamische (vielleicht nestorianische?) Missionare, die als Sklaven oder Kaufleute nach Südarabien (*Naǧrān*) verschlagen wurden. Es ist das asketische, stark vom Mönchtum bestimmte Christentum Syriens, das sich hier ausbreitet[74]. Andererseits griff auch vom afrikanischen Festland her das monophysitische Christentum aus Äthiopien auf den Jemen über. Nach mehreren Rückschlägen und unter Zurückdrängung des jüdischen Einflusses gelang es dann den Äthiopiern 525 Südarabien mit byzantinischer Unterstützung zu erobern, mußten es aber 50 Jahre später den Sassaniden überlassen. Unter deren Herrschaft breitete sich das nestorianische Glaubensbekenntnis aus. In der Zeit M.s war die südarabische Kirche mit ihrem Zentrum in Naǧrān nestorianisch[75]; sie hat sich später im islamischen Weltreich besondere Vorrechte sichern können.

Eine zweite Metropole des Christentums lag in Nordarabien, in *al-Ḥīra*. An diesem Ort läßt sich auch das erste Mal im

---

[72] Vgl. bereits Caetani, op. cit. Bd. II, S. 704 und Harnack, op. cit. S. 699 Anm. 4; neuerdings Widengren, Muḥammad, the Apostle of God and his Ascension, Uppsala—Wiesbaden 1955 (UUÅ 1955:1), S. 150 ff. (gegen A. Baumstarks Versuch, eine solche arab. Bibelübersetzung im 6. Jh. in Hira vorauszusetzen). R. Köbert bei F. Altheim/R. Stiehl, Die Araber in der Alten Welt, Bd. 2, Berlin 1965, S. 233–348; E. Würthwein, Der Text des Alten Testaments, Stuttgart ⁵1988, S. 114f.

[73] Kirchengesch. V 10, 3 (ed. Schwartz, Kl. Ausg. S. 193). Dazu F. Altheim/R. Stiehl, Die Araber, Bd. 4, Berlin 1967, 306U.

[74] Vgl. die Überlieferung vom Laienapostel *Faimijun* (*Phemion*) bei Ibn Isḥāk (Ibn Hišām) ed. Wüstenfeld, S. 20 ff.; Guillaume, The Life S. 14 ff.; ferner W. J. Hirschberg, Nestorian Sources of North-Arabian Traditions on the Establishment and Persecution of Christianity in Yemen, in: Roeznik Orientalistyczny XV, 1949, S. 321–338. Jrfan Shahid, The Martyrs of Naǧrān. New Documents, Brüssel 1971; Ders. The Martyrs of Najran: Miscellanous Reflexions, in: Le Muséon 93(1980), 149–161

[75] T. Andrae, Der Ursprung des Islams und das Christentum (in: Kyrkohi-

vorislamischen Arabien nachweisen, daß die Zugehörigkeit zu einem religiösen Bekenntnis die Stammeszugehörigkeit ersetzen kann. Die arabischen Christen dieser Gegend werden als ʿIbād, d.h. „Diener, Knechte" oder „Verehrer" Gottes bezeichnet[76]. Ḥīra galt als wichtiger Stützpunkt des Nestorianertums. Im 6.Jh. wurde sogar das Fürstenhaus von Ḥīra, die Laḫmīden, bekehrt. Ein Einfluß al-Ḥīras ist offenbar sehr groß gewesen, da sich hier die geistige Elite Arabiens, die Dichter und Sänger, am Laḫmīdenhofe versammelten. Dadurch wurden christliche Gedanken und Sitten in ganz Arabien bekannt.

Ein drittes Bollwerk des christlichen Arabertums waren die *Banū Ġassān*, die im Ostjordanland unter byzantinischer Oberhoheit saßen; sie bekannten sich zum monophysitischen Christentum[77]. Zur Zeit Moḥ.s scheint ihr Einfluß aber bereits zurückgegangen zu sein. Wir kennen des weiteren im byzantinischen Machtbereich noch einige christliche Araberstämme und christliche Kolonien in den nordwestlichen Oasen.

Im eigentlichen Arabien sind die Zeugnisse spärlich[78]. Wir wissen von Christen unter einigen nordarabischen Stämmen, wie den *Banū Taġlib* und *Banū Bakr*. In Mekka gab es einige Christen unter den Sklaven, vornehmlich abessinischen, aber auch syrischen (nestorian.) Bekenntnisses[79]. Nähere Beziehungen zum Christentum werden dem Geschlecht der ʿAsad zugeschrieben. Verbindungen zum nordarabischen Christentum brachten die Handelsbeziehungen mit sich. Ḥīrensische und syrische Weinhändler spielten dabei offenbar eine besondere Rolle, wie der Zusammenhang von Christen und Wein in den arabischen Gedichten andeutet[80]. Eine nicht geringe Bedeutung haben für die Verbreitung christlicher Ideen die Einsiedler gehabt, die sich aus religiösen Gründen in die einsame Wüste zurückzogen. Sie haben auf die arabischen Dichter und Moh. (vgl. 5, 28) einen nachweisbaren Eindruck gemacht[81].

---

storisk Arsskrift 1925, S. 155 ff.), S. 171; Buhl, S. 63 mit Anm. 144.

[76] G. Rothstein, Die Dynastie der Laḫmiden in Al-Hîra, Berlin 1899, S. 19–22, 24–28.

[77] Th. Nöldeke, Die ghassanidischen Fürsten aus dem Hause Gafna's, Berlin 1887 (Abh. Kgl. Akad. Wiss., Berlin, Abt. II, S. 1–63); Nallino, S. 129 ff.

[78] Buhl S. 64 ff.; Nallino, S. 141 ff., 144 ff., 148 ff.

[79] I. I. (I. H.), S. 280f. (christl. Sklave Addas in Ṭāʾif); H. Lammens, Les Chrétiens à la Mecque à veille de l'Hégire, in: L'Arabie occidentale à la veille de l'Hégire, Beirut 1928, S. 1–49; Nallino, S. 149 f.

[80] Wellhausen, Reste S. 231f.; Nallino S. 154 f.

[81] Vgl. die Belege bei Hirschberg, a.a. O., S. 64 ff.; auch T. Andrae, Ursprung, S. 192 ff. und Nallino S. 153 ff.; Havenith S. 36ff.

Die Höhenlage des Christentums in Arabien war offenbar nicht besonders hoch, wie die Dichterzeugnisse und der Ḳorān lehren[82]. Ein tiefes Verständnis der christlichen Glaubenslehren ist wohl nur selten anzutreffen gewesen; das liegt vor allem daran, daß es an einer festen kirchlichen Organisation gebrach: diese gab es nur in al-Ḥīra und Naǧrān. Es nimmt daher nicht wunder, wenn bes. häretische und sektiererische Lehren verbreitet werden. *Arabia ferax haereseōn.* Der Ḳorān 19, 38 sagt über christliche Sekten: „Die Gruppen (*'aḥzāb*) sind untereinander uneinig" (oder „sind verschiedener Meinung"). Wir wissen auch, daß arabische Christen am heidnischen Kult in Mekka teilnahmen[83].

Welche Form des Christentums auf Moḥ. den meisten Einfluß ausgeübt hat, ist noch nicht restlos geklärt. Jedenfalls hat der Nestorianismus dabei eine nicht unbedeutende Rolle gespielt, wie die eingehenden Untersuchungen Tor Andraes gezeigt haben[84]. Gegen eine Überschätzung dieser Feststellung hat sich neuerdings der italienische Arabist M. Guidi gewandt und demgegenüber auf die Bedeutung des monophystischen Christentums, bes. der Ġassāniden, für den Ursprung des Islams hingewiesen[85]. Es ist offenbar das syrische Mönchschristentums, das Moḥ. (durch arabisch-ḥanīfitische Vermittlung?) in seinen Bann gezogen hat, wie wir noch zeigen werden.

4) Dazu tritt aber bei Moḥ. noch eine besondere Komponente, die erst in letzter Zeit näher untersucht worden ist; ich meine die gnostisch-manichäische. Darüber haben schon A. von Harnack, C. Clemen, I. Goldziher, M. Lidzbarski und Tor Andrae

---

[82] Vgl. die Feststellungen Nallinos S. 151 ff. und Hirschbergs, a.a. O.

[83] Chr. Snouck Hurgronje, Het Mekkaansche Feest, in: Verspreide Geschichten I, Bonn–Leipzig 1923, S. 21 f., 85 u. 105(Belege).

[84] Vgl. dazu auch Buhl S. 128 ff.; K. Ahrens, Muhammed als Religionsstifter, Leipzig 1935 (Abh. f.d. Kunde d. Morgenlandes 19:4); Blachère, Le probl. S. 22.

[85] Storia e cultura degli Arabi fino alla morte di Maometto, S. 200 ff. Beziehungen nach Syrien belegt z. B. I. H. S. 160 (Guillaume S. 714 Anm. 151), nach Abessinien (?) ib. 260 (Guill. 180: der christl. Sklave *Ǧabr*, so Nöldeke in: Der Islam V, 1914, S. 163). Ganz allgemein über die Art des jüdisch-christlichen Einflusses handelt Watt, Muh., S. 40 ff. Er betont die Herkunft aus der mit biblischen Konzeptionen vertrauten geistigen Welt in Mekka, "not from reading or from the communication of specific individuals. Islam thus on a sense belongs to the Judaeo-Christian tradition because it sprang up in a milieu that was permeated by Biblical ideas" (41). Die Art des biblischen Materials im Ḳorān bestätigt dies, auch daß viele jüd.–christl. Ideen durch einen arabischen Filter gegangen sind (bes. von Fück betont; s. o. Anm. 61). In diesem Bereich, so muß man vermuten, war schon eine Verschmelzung verschiedener christlicher Vorstellungen vor sich gegangen, womit sich der alte Streit, welches christl. Bekenntnis M. stärker beeinflußt habe, erübrigt.

geschrieben; in jüngster Zeit sind es besonders Geo Widengren und M. Guidi gewesen, die hier neue Gesichtspunkte gebracht haben[86]. Daß gnostische Elemente im Christentum Arabiens eine Rolle spielten, läßt sich am besten aus dem Ḳorān ablesen, aber darüber hinaus muß Moḥ. bzw. das damalige arabische Geistesleben auch mit Gnostikern und Manichäern Berührung gehabt haben. Dafür gibt es ein Zeugnis, nämlich die Ṣābier (aṣ-Ṣābi'ūn). Moḥ. reiht sie neben Juden und Christen in die „Schriftreligionen", die *ahl al-kitāb*, ein (22, 17 mekk.; 2, 59 u. 5, 73 med.). Das Wort bedeutet „Täufer, Baptisten" (aus dem aram. sbʿ). In der späteren islamischen Überlieferung wird der Ausdruck zunächst speziell auf eine häretische Sekte des unteren Euphrat-Tigris-Gebietes angewandt[87]. Es sind die „Ṣābier der Sümpfe", auch *Muġtasila*, „die sich Waschenden", genannt. Später wurde der Ausdruck auf die „Ḥarrānier", d.h. auf die Vertreter des syrisch-hellenistischen Heidentums, schließlich auf alle vorislamischen Religionsgebilde, bes. auf die sog. „Sternanbeter" angewendet. Nur die älteste und erste Anwendung verdient Glaubwürdigkeit, da wir tatsächlich heute noch eine gnostische Taufsekte in der genannten Gegend vorfinden, die Mandäer oder, wie ihre alte Selbstbezeichnung lautet, *Naṣōräer*, im heutigen Iraq werden sie von den Arabern *Ṣubba* genannt[88]. Bestimmte Indizien lassen uns erkennen, daß wir hinter den erwähnten „Ṣābiern der Sümpfe" oder *Muġtasila* die Mandäer oder eine ihr sehr nahe stehende Gemeinde vor uns haben[89]. Sie sind im Besitz einer ganzen Anzahl von Schriften, die uns mit den gnostischen Lehren der Sekte bekannt machen. Nach den neuesten Forschungen geht ihr Ursprung bis in die vorchristliche Zeit zurück; sie entstammen einer einst im syrischpalästinischen Raum

---

[86] Widengren, op. cit. (s. o. Anm. 72); Guidi, op. cit. S. 157 ff.; vgl. auch Ahrens, a.a. O., Register s.v. Gnostiker u. Mani, u. H. H. Schaeder, Muhammed, in: Der Mensch in Orient und Okzident, München 1960 (Slg. Piper), S. 307–396, spez. S. 341f.

[87] vgl. dazu ausführlich D. Chwolsohn, Die Ssabier und die Ssabismus, St. Petersburg 1856, 2 Bde.; B. Carra de Vaux, Art. Ṣāb'ia im HI, S. 620 f.; J. Hjärpe, Analyse critique des traditions arabes sur les Sabiens harraniens, Diss. Uppsala 1972 (Kritik der Thesen Chwolsohns u. Versuch einer neuen Etymologie); M. Tardieu, Sabiens coraniques et „Sabiens" de Harran, in: JA 1985, 1–44.

[88] E. S. Drower, The Mandaeans of Iraq and Iran, Oxford 1937, S. 1.

[89] K. Rudolph, Die Mandäer I, Prolegomena: Das Mandäerproblem, Göttingen 1960, S. 41 ff. Der Kölner Mani-Kodex belegt allerdings jetzt, daß die Täufersekte manis Elchasaiten waren, wie schon Ibn an-Nadīm wußte. Vgl. meine Studie „Antike Baptisten", Berlin 1981 (SB Sächs. Akad. Wiss. Leipzig, Philol.-hist. Kl. 121:4), 13 ff.

(Ostjordanland) heimischen jüdischen Taufsekte. Ich bin nun der Meinung, daß der Begriff *Ṣābier* im Ḳorān auf diese Kreise anspielt[90]. Von ihnen hat Moḥ. (oder seine Gewährsmänner) auf Grund ihres Glaubens an einen siegreichen Lichtgott und auf Grund ihrer Schriften und Wasserriten Kenntnis erhalten. Gestützt wird diese Auffasung durch Elemente im Ḳorān und im frühen Islam, die offensichtlich aus gnostisch-baptistischen Milieu semijüdischer Eignart stammen[91].

Ein besonders auffälliger Tatbestand, den uns zwar nicht der Ḳorān, aber die frühislamische Überlieferung belegt, hilft uns in dieser Frage weiter. Es wird nämlich berichtet, daß die Anhänger Moḥ.s in Mekka als *Ṣābier* bezeichnet wurden (Ibn Hišām, Ṭabarī, Buḫārī, Ibn Saʿd)[92]. Schon Wellhausen hat eine m. E. richtige Erklärung dafür vorgeschlagen. Man legte den ersten Muslims diese Bezeichnung bei, da ihre rituellen Ablutionen und Reinigungen (vgl. z. B. Ḳor. 74, 4) and die Gebräuche der mesopotamischen Baptisten oder Ṣābier erinnerten[93]. Kenntnis der ṣābischen Religion und Riten erhielt man offenbar durch den Kontakt mit dem Irāḳ. Die Mandäer sind heute noch als gute Silberschmiede bekannt.

Außer diesem gnostisch-baptistischen Einfluß, gilt es noch einer zweiten Quelle für die Entstehung von M.s Religion zu gedenken. Es ist der Manichäismus. Seine Rolle in dieser Beziehung haben Andrae, Widengren und Guidi bereits hervorgehoben. Das Zentrum des Manichäismus lag lange Zeit in Babylonien (Patriarchensitz). Für Arabien besitzen wir die Nachricht bei Ibn Rosteh und Ibn Ḳutaiba, daß *Zandiḳe* in Mekka bzw. Arabien, aus al-Ḥīra eingedrungen waren[94]. Unter *Zandīḳ* sind offenbar die Manichäer

---

[90] Mandäer I, S. 36 ff. (mit. Lit.); M. P. Roncaglia, Eléments Ebionites et Elkésaites dans le Coran, in: Proche Orient-Chrétien 21 (1971), 101–126.

[91] Dazu die angef. ideenreiche und anregende Arbeit Widengrens.

[92] Die Belege hat Wellhausen, Reste S. 236 f. gesammelt; eine Ergänzung bei Buhl S. 67 Anm. 162 (Ibn Saʿd ed. Sachau IV, 1, S. 35, 22).

[93] Ähnlich auch Andrae, Mohammed S. 88 und Widengren S. 134 f. (die hier betonte Zusammengehörigkeit der sog. „ibrahimischen Ṣābier" mit den Ḥānifen, wie sie aus An-Nadīm, Fihrist ed. Flügel 22, 1 f. hervorgeht, halte ich allerdings für eine deutlich islamische Konstruktion), 176 f. (mit Verweis auf Goldziher, ARW XIII, 1910, S. 20 ff.). Anders Buhl S. 68 (unklarer Ausdruck für „Ketzer, Sektierer"). Hjärpe, a.a. O., 25 ff. („Leute aus Nisibis": Ṣuba, Ṣawba); M. Tardieu, a.a. O., 41 ff. („les adeptes des armées célestes" identisch mit den gnostischen *Stratiotikoi* oder *Archontikoi* des Epiphanius).

[94] Ibn Coteiba's Handbuch der Geschichte ed. F. Wüstenfeld, 1850, S. 299, 15 f. („Es gab das *Zindīḳ*tum bei den Kurais̆, die es aus al-Ḥīra übernommen hatten"), die gleiche Überlieferung bei Ibn Rosteh, *K. al-aʿlāk an-nafīsa* ed. de Goeje, Bibl. geogr. arab. VII, 1892, S. 217, 9 f. (Var. „*Zindīḳe*": es waren Z.e

zu verstehen[95]. Des weiteren hat H. H. Schaeder gezeigt, daß manichäische Propaganda unter der arabischsprechenden Bevölkerung von al-Ḥīra schon vor 300 getrieben worden zu sein scheint[96]. Aus dieser Stadt stammen auch nach den genannten arabischen Chronisten die *Zandiḳe*, die nach Mekka gelangten. Ferner sei daran erinnert, daß *ḥanpūtā* im Syrischen spez. auch auf die Manichäer gemünzt war[97]; wir finden das Wort im arabischen *ḥanīf* wieder. Der Prophet Maslama oder Musailima, den wir oben erwähnten, zeigt sich in seinen Lehren von der manichäisch-gnostischen Offenbarungsweisheit abhängig (Gesandter, asketische Vorschriften)[98].

Das gnostisch-manichäische Gut findet sich bei Moḥ. besonders in seiner Offenbarungslehre wieder. Denn nur die gnostische oder manichäische Literatur liefert dafür eindeutige Parallelen. Überhaupt ist offenbar die ganze Vorstellung vom „Gesandten Gottes" (*rasūl allāh*) mit seiner Bezogenheit auf ein Volk und ein Zeitalter auf Anregungen aus diesen Kreisen hin konzipiert worden. Bekanntlich ist auch die Ansicht M.s vom Tode Jesu gnostisch-manichäisch (4, 156). Über zwanzig Termini technici der gnostisch-manichäischen Kunstsprache lassen sich im Ḳorān nachweisen[99]. Dazu gehören z. B. '*ālimūn* „Äonen", *hadā'* „Leitung", Licht, „Siegel der Propheten", *ṣirāṭ mustaḳīm* „fester Weg", *furḳān* „Erlösung, Offenbarung" (aram. *purḳānā*), *al'ilmū* „Wissen", *ġaib* „Mysterium", *muḥlis eklektos*, *māreḏ* „rebellisch",

---

unter den Ḳuraiš ...). Vgl. auch al-Ja'ḳūbī, Historiae ed. Houtsma, 1883, Bd. 1, S. 298, 11 f. (einige der Araber „traten zum Christentum über und andere bekannten sich zum *Zindīḳtum* = Ketzerei der Leute, die man Dualisten nennt") u. 299, 1 (*tazandaḳa*). Buhl S. 72 u. Andraè, Moh. S. 86.

[95] Es handelt sich um ein mittelpers. Lehnwort mit der Bedeutung „Häretiker, Ketzer", das bereits im zoroastr. Sassanidenreich auf die Manichäer angewandt wurde. Vgl. Th. Nöldeke, Geschichte der Perser und Araber z. Z. der Sasaniden (Ṭabarī), 1879, S. 40 (Mānī der *Zandīq*); H. H. Schaeder, Iranische Beiträge 1, 1930, S. 274–291; L. Massignon, Art. Zindīḳ im HI, S. 827 f.; F. Gabrieli, La „Zandaqa" au Ier siècle abbaside, in: L'Élaboration de l'Islam. Colloque de Strasbourg 12-13-14 Juin 1959, Paris 1961, S. 23 ff.

[96] Gnomon IX, 1933, S. 345.

[97] Bes. in Afrahats und Āfrems Streitschriften gegen die Manichäer u. a. Sekten.

[98] Andrae, Moh. S. 90; Hirschberg, a.a. O. S. 30 ff.; Buhl im HI, 548.

[99] Vgl. bes. Widengren, op. cit. S. 7 ff., 130 ff., 162 ff., 170 ff., 231 f. (Index); M. Lidzbarski, Salām und Islām, Ztschr. f. Semit. I, 1922, S. 85 ff., bes. S. 93f., 95f.; auch ib. II, 1923, S. 181 f. (zu Sūre 7, 44: die *al-a'rāf* „Wälle, Anhöhen, Mauern" vielleicht mand. *maṭarata* „Wachthäuser"). Mani selbst ist allerdings M. unbekannt! Er hat ihn auch nicht als Vorläufer genannt, so daß kaum direkter manichäischer Einfluß vorliegt.

bāṭil „nichtig", „eitel" (vgl. bes. 17, 83 u. 45, 62 in Verbindung mit *ḥaḳḳ* „Wahrheit"), die 19 Wesen aus 74, 30 (d. i. die 12 und 7 Sterngeister)[100], Äonformeln und die „Schlüssel der verborgenen Dinge" oder „des Himmels und der Erde" (39, 63, 42, 10; *miḳlād*, mand *aḳlidê*).

Außer diesen vier näher behandelten vorislamischen Religionsformen, die für die Entstehung des islamischen Glaubens von Bedeutung gewesen sind, kann man auch noch auf Gedanken verweisen, die aus der iranisch-zoroastrischen Religionsgeschichte stammen. Sogen. „Magier" (*maǧūs*; aram. $m^eǧūš$, $m^eǧūšā$, apers. und Pahl. *magu[š]* sind uns unter den Arabern bezeugt[101]. Moḥ. nennt sie auch in seiner medinischen Zeit einmal (22, 17), hat aber kaum nähere Beziehungen zu ihnen gehabt. Der Zoroastrismus ist keine Missionsreligion, sondern eine Volks- und Staatsreligion gewesen. Das iranische Gut, was wir im Ḳorān vorfinden, ist wohl zum größten Teil durch jüdisch-christliche und besonders gnostisch-manichäische Überlieferung vermittelt worden; vor allem in den eschatologischen Vorstellungen[102], mitteliranischen Lehnworten[103] und z. B. Hārūt und Mārūt (2, 96)[104].

Damit haben wir vorgeführt, was Moḥ. in seinem Lebensraum an religiösen Erscheinungen vorgefunden hat. Er hat von allem gezehrt, ohne einer dieser Religionen ganz verfallen zu zein. (Vgl. auch die Ḥanīfen!) Trotz der zahlreichen Einflüsse, die er offenbar erfahren hat, ist es ihm gelungen, eine originelle, einheitliche Religion zu schaffen, die man keinesfalls als synkretistisch bezeichnen kann, wenn auch angenommen werden muß, daß er einem aus den aufgeführten Elementen bestehenden synkretismusartigen Milieu seiner arabischen Umgebung entstammt. Ich bin also weit davon entfernt, die religionsgeschichtliche Methode dazu zu benutzen, die Originalität des arabischen

---

[100] Vgl. dazu zuletzt F. Rosenthal, Nineteen, in: Analecta Biblica 12, 1959, S. 304–318 (S. 316 Anm. 2 auch eine Vermutung über *sąkar* „Hölle" aus aram. mand. *šiḳra* „Lüge").

[101] Ibn Ḳutaiba, op. cit. 299, 13 f. (unter den B. Tamīm), ebenso bei Ibn Rosteh, op. cit. S. 217, 6; vgl. auch Ja'ḳūbī ob. Anm. 94 und Buhl, S. 71f. Zu *maǧūs* als iran. Lehnwort s. zuletzt Widengren, op. cit., S. 193 f.

[102] Vgl. H. Gray in: Le Muséon 1903, S. 153 ff.

[103] Vgl. Widengren, S. 178 ff.; einige dieser Begriffe gehören deutlich der religiösen Kunstsprache an, wie *barzaḫ*, *dīn*, *kanz*, *ṣirāṭ*.

[104] Ib. S. 195 f. Es sind die zwei $Am^e\check{s}a$ sp^entas Hauruatāt und $Am^er^etāt$ (armen. *Haurut*, *Hōrot*, *Maurut*, *Mōrot*), was schon P. de Lagarde erkannte. Weiteres bei J. Duchesne-Guillemin, La religion de l'Iran ancien, Paris 1962, S. 358 ff.

Propheten zu leugnen[105]. Die Einzelelemente erklären nicht die Einheit, sondern diese ist geschaffen von dem Subjekt, dem Propheten selbst; wie es dazu kam, will ich nun noch zu zeigen versuchen.

IV

Bekanntlich haben wir für die frühe religiöse Entwicklung Moh.s keine sicheren Belege; was uns die Biographen darüber berichten, sind stark legendäre und oft märchenhafte Züge, die der fromme Glaube dem Gesandten Gottes verliehen hat, um seine Bedeutsamkeit zum Ausdruck zu bringen – eine Erscheinung, die wir bei allen Religionsstiftern feststellen können. Dazu gehört die Legende von der „Brustöffnung" oder der „Reinigung des Herzens", die aus einer Ḳorānstelle herausgesponnen ist (94, 1)[106]. Auch die Tätigkeit M.s als Hirte ist m. E. in das Reich der Legende zu verweisen (Motiv vom Hirtendasein eines Propheten)[107]. Ferner gehört hierzu die Reise des 12jährigen Moh. mit seinem Onkel Abū Ṭālib nach Syrien, wo ihm ein syrischer Mönch namens Baḥīrā die Prophetenlaufbahn vorausgesagt haben soll. Eine gleiche Reise unter ähnlichen Umständen soll er dann noch einmal als Mann seiner ersten Frau Ḥadīǧa unternommen haben[108]. Wir haben Belege dafür, daß er vor dem entscheidenden Erlebnis am hergebrachten Kult teilnahm, was sich ja auch

---

[105] So wie es m. R. von J. Fück (Die Originalität des arabischen Propheten, ZDMG 90, 1936, S. 509–525, und Muhammed, a.a. O., S. 77 ff.) hervorgehoben worden ist. Vgl. jetzt auch Guidi, Storia S. 213 ff. und Watt, M. at Mecca, S. 158 ff., F. Gabrieli, Geschichte der Araber, Stuttgart 1963, S. 40 f. (Das Wesen M.s liegt im Ausgleich zwischen nationaler und fremder Überlieferung.)

[106] Vgl. Ibn Isḥāḳ (Ibn Hišām) 102 f. (Guillaume S. 70); Andrae, Die Person Muhammeds, S. 52 ff. Anders H. Birkeland, The Legend of the Opening of Muhammad's Breast, Oslo 1955 (Avh. av. Det Norske Videnskaps-Akad. Oslo II, Hist. Filos. 1955:3): die Legende hat sich der Ḳorānstelle bemächtigt (dazu Paret, OLZ 1957, Sp. 248 ff.). Schrieke (in Der Islam VI, 1916, S. 1–29) verbindet die Brustöffnung mit der Himmelfahrt als Initiation in das Prophetentum nach altarab. Kāhinvorstellungen.

[107] I. I. (I. H.) 106, 15 (Guill. 72). „Der Gesandte Gottes pflegte zu sagen: ‚Es gibt keinen Propheten, der nicht eine Schafherde geweidet hätte'". Vgl. dazu Luk. 2, 8ff.; die Legenden von David, Kyros, Romulus und Mithras.

[108] I. I. (I. H.) 115–117 (Guill. 79 ff.) u. 119 f. (82). Einen Beweis für solche Reisen M.s sieht W. Barthold in gewissen Meeresschilderungen des Ḳorān (ZDMG N. F. 8, 1929, S. 37 ff.), ebenso Fück, Muh. S. 77; dagegen jetzt Paret S. 35. Zur Tendenz dieser Berichte vgl. Caetani, Ann. I, 161 f. und Abel, Le Coran, S. 16, aber S. 24 (die Baḥīrālegende hat einen wirklichen Hintergrund).

noch in seinem Prophetendasein fortsetzet (Ka'abakult)[109]. Die Kunst des Schreibens und des Lesens hat M. offenbar nicht, oder zumindest nur in sehr unvollkommener Weise beherrscht[110]. Er hat aber schriftliche Werke sehr geschätzt und fast eine abergläubische Scheu vor ihnen gehabt, weshalb er später großen Wert auf die Aufzeichnung seiner Offenbarungen legte (dies erfolgte aber durch einen Sekretär, nicht durch ihn selbst, wie er auch das Vorlesen nicht selbst besorgte). Gut bekannt war er dagegen mit gewissen Gepflogenheiten altarabischer Seher[111]. Das zeigen vor allem die stilistischen Eigentümlichkeiten der älteren Sūren, die im sog. Saǧ'–Reim abgefaßt sind[112]. Entscheidend für seine ökonomische Stellung war seine Verheiratung mit der wohlhabenden Kaufmannswitwe Hadīǧa[113]. Diese neue Situierung gab ihm wohl auch die Möglichkeit, sich seinen religiösen Neigungen stärker als bisher zu widmen. Vorher war er, wie er selbst einmal bekennt, ein armer, unangesehener Mann (vgl. 93, 8); auch seine erst späte Heirat mit 25 Jahren zeugt davon.

Um etwas mehr Licht in seine religiöse Entwicklung fallen zu lassen, möchte ich folgende Vermutungen vorbringen. Es wird nämlich einhellig berichtet, daß ein Vetter seiner Frau, namens Waraka ibn Naufal ibn 'Asad, ein religiös und fromm gesinnter Mensch, ein Ḥanīf gewesen sei, der Christ wurde[114]. Die Überlieferung läßt ihn dann als Bestätiger seiner Offenbarungen auftreten[115]. Es steht m. E. nichts im Wege, anzunehmen, daß dieser Mensch mit Moh. durch seine Frau Kontakt hatte. Buhl, Andrae und Watt haben diese Auffassung ebenfalls vertreten. Weiterhin

---

[109] I. I. (I. H.) 126 ff. (Guill. 87 ff.): Bruderschaft der Ḥums; Ibn al-Kalbī ed. Klinke-Rosenberger, arab. Text S. 12, 6 f. (Übers. S. 39): Schafopfer an al-'Uzzā; Kor. 93, 7; 4, 113; 42, 52; Blachère S. 31; auch Ahrens S. 18 f.

[110] Darüber ist schon viel Tinte vergossen worden. Wir besitzen keine sicheren Anhaltspunkte, um diese Frage restlos zu klären. Vgl. dazu Nöldeke–Schwally, Gesch. d. Qor. I, S. 12 ff.; Bell, Introd. S. 17 ff.; Blachère S. 32 f.; auch Andrae, Person M.s, S. 15 mit Anm. 1. Zu ummī i. S. von „heidnisch", d. h. weder jüdisch noch christlich in 7, 156.158 s. Horovitz, Untersuch. S. 52; Paret im HI 764; Blachère S. 32 und Guillaume, The Life, S. 252 Anm. 1 (zu I. I. 370, 14 f.).

[111] Vgl. A. Fischer, Art. Kāhin im HI 254 ff.; Buhl S. 148 f.; Ahrens S. 34 ff.; Fück, Die Originalität S. 517 u. Muh. S. 80. Über Kāhin und Šā'ir s. zuletzt Gabrieli, op. cit. (ob. Anm. 42) S. 183 f. u. Henninger, ib. S. 137 f., Arabia Sacra S. 28f., 148f.

[112] S. zuletzt paret S. 48 ff.

[113] I. I. (I. H.) 119 ff. (Guill. S. 82 ff).

[114] Ib. 100f. (Guill. 68), 107 (73), 143 (99), 149 (103), 153f. (106f.), 205 (144); Tabarī, Annales ed. de Goeje, Leiden 1879 ff., prima series, 3 (rec. P. de Jong), S. 1147 f.; 1151; Ibn Sa'd, Klassenbuch (K. at-tabakāt) ed. Sachau, I, 1, S. 130.

[115] I. I. (I. H.) 121 (Guill. 83); Tabarī u. Ibn Sa'd, a.a. O.

wird in einer anderen Tradition davon erzählt, daß Moḥ. auf dem Markt in ʿUkāẓ einen christlichen Bischof aus Südarabien predigen gehört habe; die mitgeteilte Rede erinnert in Stil und Inhalt an gewisse älteste Ḳorānsuren[116]. Aber es gibt noch eine weitere interessante Überlieferung, die uns noch näher an unser Problem heranführt. Bei Ibn Isḥāḳ bzw. Ibn Hišām heißt es (nach einer angeblichen Überlieferung von ʿUbaid b. ʿUmair b. Ḳatāda al-Laitī, gest. 98 a. H.)[117]. „Der Gesandte Gottes pflegte alljährlich einen Monat auf dem (Berge) Ḥirā ein zurückgezogenes Leben zu führen. Dies war bei den Ḳuraiš in der *Ǧāhilija taḥannaṭu* und *at-taḥannuṭu* ist Ausübung der Frömmingkeit (*at-tabarrurūn*) . . . Darauf führte der Gesandte Gottes dort einen Monat alljährlich ein zurückgezogenes (d. h. durch Askese und religiöse Versenkung ausgezeichnetes) Leben und speiste die Armen, die zu ihm kamen. Sobald der Gesandte Gottes seine Zurückgezogenheit für einen Monat dort beendet hatte, so war das erste, mit was er begann, sobald er seine Zurückgezogenheit aufgegeben hatte, die Kaʿaba siebenmal oder so oft Gott daran Gefallen hatte zu umkreisen, ehe er in sein Haus eintrat."

Dieser Text spricht für sich und erinnert sehr stark an die Sitten des syrischen Mönchschristentum, wie uns Andrae belehrt hat[118]. Nicht nur der Mönch, sondern auch der fromme Laie zog sich im syrisch Christentum zuweilen gern in die Einöde zurück, um wenigstens eine Zeitlang das vollkommene Leben des Eremiten zu führen. Es gibt auch noch weitere Belege für diese eigenartige Frömmigkeitsübung Moḥ.s[119]. Das Wort *taḥannuṭ* ist noch nicht sicher etymologisch erklärt; offensichtlich bedeutet es im 5. Stamm „Entsündigung, religiöse Läuterung suchen"[120] oder wie Watt es ausdrückt, „doing some work so as to escape from sin or crime"[121]. Dieser merkwürdige Terminus ist m. E. ein Beweis für das Alter der Überlieferung und ihre

---

[116] Vgl. dazu Andrae, Ursprung, S. 200 f.; Moh. S. 75 mit Anm. 55; Buhl S. 63 Anm. 144 (Lit.).

[117] S. 151, ult. – 152, 13 (Guillaume S. 105 f.); auch in Brünnow-Fischer, Arab. Chrestomathie, 5 Aufl. 1948, S. 40 f.; vgl. ferner Blachère S. 35.

[118] Mohammed S. 34 f.; auch Abel, Le Coran S. 24.

[119] *Buḫārī, Ṣaḥīḥ* I, *bāb kaif kān bade al-waḥ*, ed, Krehl, S. 5; Trad. par Houdas-Marçais I, S. 2 (auch bei Blachère S. 35 Anm. 1); Tabari, op. cit., S. 1147; Ibn Saʿd, Klassenbuch I, 1, S. 129; 131. In der Maġāzī-Handschrift des al-Bazzāz wird der term. techn. *nasak* verwendet, d. h. „ein asketisches, frommes Leben fuhren" (Guillaume, New Light, S. 29; Freytag, Lex. arab. IV, S. 275).

[120] So A. Fischer, Chrestomathie, Glossar S. 31 mit Verweis auf Brockelmann, Arab. Grammatik § 37c, Abs. c (12 Aufl. S. 45).

[121] Muh. at Mecca S. 44.

Authentität[122]. Die Erfindung einer solchen, dem Propheten zugeschriebenen Übung ist nicht recht einzusehen. Ich bin deshalb der Meinung, daß wir hier etwas tiefer in das Geheimnis der religiösen Seele Moḥ.s blicken können[123]. Er muß schon längere Zeit (seit wann ist unsicher) sich solchen asketischen Übungen, die Kontemplation, Meditation und Buße einschlossen, in der Einsamkeit der mekkanischen Umgebung hingegeben haben. Diese Praxis entstammt der der christlichen Eremiten und war offenbar in Mekka nicht unbekannt. Wir müssen hier aufhören, zu vermuten, nur ist m. E. so viel gewiß, daß M. auf diesem Wege zu seinen religiösen Aufgaben herangewachsen ist. Inwieweit dabei direkte Einflüsse wirksam gewesen sind, bleibt ungewiß. Blachère macht einen „christlichen Zwischenfaktor für die religiöse Krise, die Moḥammed durchlebte", verantwortlich (aber nur auf moralischer oder affektiver Ebene, nicht auf dogmatischer)[124]. Offenbar spielen hierbei auch gewisse tiefere religiöse Auffassungen des Ḥanīfentums eine wichtige, uns leider undurchsichtige Rolle (vgl. Waraḳa b. Naufal). Die verschiedentlich vertretene Auffassung, daß das geschäftstüchtige, diesseitsfreudige und leichtfertige Leben der mekkanischen Gesellschaft, bes. der Aristokratie, die Ursache für Moḥ.s Krise gewesen sei, ist nur zum Teil richtig, da sie nicht alles erklärt, vor allem nicht den Bruch mit dieser Welt, der er selbst angehörte[125]. Er war offenbar früh schon aufgeschlossen für die sozialen und religiösen Probleme seiner Vaterstadt, weshalb er, wie Watt es formulierte, „must have looked for some kind of reform in Mecca, and everything in his environment would conspire to suggest that this reform must be primarly religious"[126].

Das eigentliche Berufungserlebnis soll Moḥ. erst mit 40 Jahren gehabt haben. Auch Ort und Zeit des Geschehens werden

---

[122] Ebenso Watt, a.a. O., gegenüber Caetani, Ann. I, S. 222 Anm. 2.

[123] Blachère sagt (S. 35): „Ce récit d'Ibn Ishaq est l'un des plus suggestifs que nous possédions sur les débuts de l'expérience religieuse de Mahomet". Vgl. auch Gaudefroy-Demombynes, Mahomet, S. 68 ff. und Abel, Le Coran S. 14, 16 f. Natürlich kann nicht in Abrede gestellt werden, daß in der Sīra diese Züge einen legitimierenden Charakter bekommen haben (vgl. dazu R. Sellheim, Prophet, Chalif und Geschichte, in: Oriens 18/19, 1965/67, 33–91, bes. 57 ff.), aber sie für völlig erfunden zu halten, ist schwer zu beweisen.

[124] Le probl. S. 36. Vgl. auch Schaeder, Muhammed S. 335 („er erfuhr eine ganz bestimmte, ihn im Tiefsten erschütternde Einwirkung, die zweifelsfrei auf christlichen Ursprung hinweist").

[125] Kritisch zu der erwähnten These (bes. H. Grimmes) jetzt auch Paret S. 36 ff. Vgl. unten Anm. 160.

[126] Watt, a.a. O.

übereinstimmend überliefert; es soll wieder auf dem erwähnten Berg Ḥirā bei Mekka erfolgt sein, und zwar im Monat Ramaḍān. Wir besitzen über dieses Ereignis im wesentlichen zwei Überlieferungen, die bei Ibn Isḥāḳ bereits zu einem Bericht zusammengearbeitet worden sind, der auch auf die Tradition des 'Ubaid b. 'Umair b. Ḳatāda al-Laitī zurückgeführt wird[127].

Es handelt sich in diesen Berichten 1) um die Vision eines anonymen himmlischen Wesens oder Engels[128] im Schlafe oder Traum, verbunden mit der Lesung einer Schrift (Sūre 96)[129], 2) um eine gleiche Vision am Tage.

Auch der Ḳorān berichtet an zwei Stellen von einer Vision (*wahj*; 53, 1–18 u. die kürzeste Fassung 81, 19 ff.)[130]. Aus diesen geht hervor, daß Moh. kein Nachtgesicht, sondern eine Vision im Freien gehabt hat, die ihm zugleich zu seiner Prophetenbotschaft inspirierte. Während die Tradition nur davon spricht, daß Moh. einen Engel bzw. Gabriel gesehen habe, läßt sich wahrscheinlich aus Sūre 53 entnehmen, daß er ursprünglich der Auffassung war, Allāh selbst gesehen zu haben[131]. Diesen Glauben hatte er offenbar später als zu kühn aufgegeben, und so spricht er in 81, 19–26 nur von einem „edlen Gesandten" (*rasūl karīm*, was ursprünglich vielleicht, wie R. Bell vermutet hat, auf Moh. selbst bezogen war, wie in 69, 40; 19, 20 f. sind dann als spätere

---

[127] S. 151–153 (Guillaume 105 ff.); auch bei Brünnow-Fischer, op. cit. S. 41 f. Vgl. auch Ṭabarī, Ann. I 3, S. 1149 ff. (jetzt auch bei Guillaume S. 106 in I. I. 153 eingeschaltet) und S. 1155 f.; ferner Ibn Sa'd, a.a. O. S. 125 ff. Die neue Handschrift des al-Bazzāz enthält einen kürzeren Bericht; es fehlt die Stelle mit der Brokatseide und der Schrift und das Preisen durch Gabriel (s. Guillaume, New light S. 29). Die andere Version bei Buḫārī, a.a. O., I, 3f. und Tabari I, S. 1147 f. wird auf die Prophetengattin 'Ā'iša zurückgeführt. Zur Quellenanalyse s. Nöldeke-Schwally I, S. 78 ff.; Catani, Ann. I, S. 220 ff.; Buhl S. 134 ff.; Watt S. 39 ff.; auch Blachère, S. 39 f.

[128] Die Identifizierung mit Gabriel ist sicher sekundär; im Bericht von 'Ā'iša bei Buḫārī ist nur vom Engel (al-malak) die Rede. Vgl. auch Blachère S. 42 Anm. 1. Gabriel kommt nur zweimal im Ḳorān vor (2, 91; 66, 4 med.).

[129] Sure 96 ist wohl kaum die erste Offenbarung gewesen, wie uns die Tradition glauben machen will; sie gibt nur die Grundlage ab für eine „exegetische Tradition". Vgl. Andrae, Moh. S. 38 und Paret S. 47 f. Ein sachlicher Zussammenhang auf Grund des '*iḳrā*' „rezitiere" ist allerdings zu konstatieren; wahrscheinlich haben wir eine liturgische Textschöpfung vor uns (Paret, ähnlich auch Watt S. 46 f., Abel, a.a. O. S. 25).

[130] Vgl. dazu Blachère S. 38 f.; Watt S. 42 f.; bes. Paret S. 44 ff.

[131] So K. Ahrens, Muh. S. 39 f.; Bell, Mohammad's Call, in: Muslim World XXIV, 1934, S. 13–19; Muhammad's Visions, ib. S. 145–154; Introduction S. 31 u. 146; Watt S. 43; Paret S. 45. Vgl. auch bereits Schrieke, a.a. O., S. 20 (das '*abd* in 51, 13 verlangt als Subjekt Allāh). Anders Blachère S. 42.

Eingfügungen zu erklären)[132]. In Sūre 42, 50 (mekk.) sagt Moḥ.: „keinem Menschen kommt es zu, daß Gott mit ihm spricht, es sei denn durch Inspiration (*waḥj*), oder durch einen Vorhang (der den Menschen daran hindert, ihn zu Gesicht zu bekommen), oder indem er einen Gesandten sendet, worauf er (der Gesandte) mit seiner (Gottes) Erlaubnis (dem Menschen) inspiriert, was er (Gott) will"[133].

Wir verdanken T. Andrae eine eingehende vergleichende Analyse der Visionen und Auditionen von Propheten und Mystikern, die er auch für Moḥ. fruchtbar gemacht hat[134]. Danach gehört Moḥ. zum auditativen Typ der Inspirierten; für ihn ist nicht die Erscheinung das Wichtigste, sondern die Botschaft, also das Gehörte. Visionen gehören bei ihm zu den Ausnahmen, wie auch die berühmte Vision einer Himmelsreise, die in Sūre 17, 1 anklingt[135]. Paret bestätigt das jetzt: „Sein Sendungsbewußtsein wurde durch visionäre Erlebnisse bestärkt, hing aber nicht von ihnen ab"[136].

Der Gedanke einer Sendung im Auftrag eines himmlischen Wesens ist eine alte Vorstellung im Vorderen Orient, besonders im jüdisch-christlichen und gnostisch-manichäischen Bereich. Geo Widengren hat sich in umfangreichen Studien um eine wesentliche Klärung dieses „Patterns" vom himmlischen Gesandten bemüht. Auch in der Berufungslegende Zarathuštras und Manis bringt ein himmlisches Wesen, welches das höhere Ich des Propheten ist, die Botschaft ihres Gottes[137]. Für Moḥ. aufschlußreich ist die Erzählung von der Vision des jüdisch-gnostischen

---

[132] Muhammad's Visions S. 150 u. Paret S. 45. Ahrens nimmt eine ursprüngliche Identität von *rasūl karīm* mit *ar-rūḥ* „der Geist" an (a.a. O. S. 41 mit Verweis auf 97, 4 u. 26, 193); vgl. auch Watt S. 43.

[133] Nach Paret S. 45; vgl. auch 6, 103.

[134] Mystikens psykologie. Besatthet och inspiration, Stockholm 1926 (1968), 176 ff; Moh. S. 36 ff.

[135] Von Schrieke, a.a. O. als Inititiationshimmelfahrt ausgelegt. Vgl. jetzt ausführlich Widengren, op. cit. S. 96–114; ferner Gaudefroy-Demombynes S. 93 ff. Über die Visionen, die die spätere Tradition Moh. zuschreibt s. Nöldeke-Schwally I, S. 20 ff.; O. Pautz, op cit., S. 22 ff. u. 33 ff.; Caetani I, S. 227.

[136] Moh. S. 46. Ähnlich Fück, Muh. S. 79.

[137] Das zoroastr. Material findet sich bei A. W. Jackson, Zoroaster. The Prophet of Ancient Iran, London 1899 (2. Aufl. New York 1928), S. 36 ff.; vgl. auch W. Hinz, Zarathustra, Stuttgart 1961, S. 40; Widengren, Iranische Geisteswelt, Baden-Baden 1961, S. 141 ff., 183 ff.; ders., The Great Vohu Manah and the Apostle of God, Uppsala-Leipzig 1945 (UUÅ); dazu Rudolph in NUMEN VII, 1961, S. 106 f. Für Mani vgl. G. Flügel, Mani seine Lehren und seine Schriften, Leipzig 1862, S. 84; Widengren, Mani S. 30 ff.; Klíma, Manis Zeit und Leben S. 219 ff.

Propheten Elchasai, die sich sehr mit seinen Berufungsgeschichten berührt[138]. Vielleicht ist Moh. von einer solchen Tradition abhängig, sie hat anscheinend seine Phantasie sehr beeindruckt[139].

Bei Moḥ. spielt nun noch ein anderer Gedanke eine Rolle, der des himmlischen Buches[140]. Seiner Auffassung gemäß ist ja der Ḳorān oder genauer die Ḳorāne, d.h. „Rezitationen", Wiedergaben aus dem himmlischen Original, dem Urbuch oder der „Mutter des Buches" (*umm al-kitāb* 43, 3; 13, 39), aus der auch die anderen „Buchreligionen" ihre Schriften erhielten, wenn auch nur bruchstückhaft und später verfälscht. Diese Schriftlehre Moh.s ist bereits in seiner frühen mekkanischen Zeit nachweisbar, stammt also aus alter Zeit[141]. In der vorderorientalischen Religionsgeschichte läßt sich die Idee vom Besitz des schriftlichen Originals in den Händen eines Gottes, bis auf den babylonischen Gott Marduk zurückführen, der die Schicksalstafeln in den Händen hält. Die rabbinische Überlieferung behauptet, daß Mose die Tōrā aus dem himmlischen Original von Gott diktiert bekam[142].

Die Zeitgenossen haben M., wie er selbst bestätigt, für einen „Besessenen" (*maǧnūn*) gehalten, d. h. für einen von einem Ǧinn Besessenen[143]. Diesen Ausdruck gebrauchte man für einen Seher

---

[138] Hippolyt, Refutation IX 13, 1–3; Epiphanius, Panarion XXX, 17, 7; vgl. E. Hennecke, Neutestamentl. Apokryphen, 3. Aufl. hrsg. von W. Schneemelcher, II. Bd., Tübingen 1964, S. 530. Der Kölner Mani-Kodex (ed. A. Henrichs, L. Koenen u.C. Römer, 1988) belegt eindeutig die Existenz der Alchasaiten in Südmesopotamien im 3. Jh.; noch die arab. Geographen wußten davon (Ibn Nadīm). Vgl. meine Antiken Baptisten (s.o. Anm. 89), S. 16.
[139] Vgl. Andrae, Moh. S. 82f.; Widengren, Muh. S. 136 ff. u. 208. Havenith S. 49f
[140] Joh. Pedersen, in: Der Islam V, 1914, S. 110–115 (Rez. von E. Meyer, Ursprung u. Geschichte der Mormonen); Buhl S. 143 f.; Widengren, Muh. S. 115 ff.; Paret S. 53 ff.
[141] 53, 37f.; 87, 18f.; 52, 2; 56, 77; 85, 21 f.; 80, 13 ff.; 68, 1; 96, 4 f. Nach Pedersen, a.a. O. und Horovitz (Koran, Unters. S. 65 f.) ist auch das himmlische „Kontobuch" (83, 7 ff. 18 ff.; 84, 7.10; 69, 19.25; 82, 11) ein Teil des himml. Urbuches; ebenso Widengren S. 121 f. Anders Bell, Intr. S. 150 f. Das Material auch bei Gaudefroy-Demombynes S. 333 ff.
[142] Vgl. F. Weber, Jüdische Theologie, Leipzig 1897, S. 14 ff.; Widengren, The Apostle of God and the Heavenly Book, Uppsala–Leipzig 1950, S. 42 ff.
[143] Ḳorān 68, 2. 51; 81, 22; 44, 13; 15, 6; 23, 72; 34, 8. 45; 7, 183; 37, 34; 52, 29.
[144] 52, 29; 69, 40. 42; 52, 30; 21, 5; 36, 69; 37, 34; 74, 24; 21, 3.

oder Dichter, womit man Moh. ebenfalls verglich (*kāhin, šāʿir*, auch *šāʿir magnūn* 37, 35!)[144]. Dagegen verwahrt sich Moh. jedoch entschieden. Die Art seines Auftretens und Sprechens erinnerte also stark an die altarabischen Wahrsager. In ihren Formen ist er also anfänglich aufgetreten[145]. Vermutlich ist auch der Begriff *waḥj*, den er zur Bezeichnung seiner Eingebungen, Inspirationen oder Offenbarungen verwendet, im gleichen Sinne von den Wahrsagern oder Dichtern gebraucht worden[146]. So vereinigen sich also bei Moh. auch in diesen Erlebnissen altererbte Vorstellungen mit den neu hinzugekommenen Ideen der umliegenden Hochreligionen.

Das äußere Leben des neuen Propheten verlief nach seinem entscheidenden Erlebnis zunächst ruhig. Er war sich seiner Sendung offenbar noch ungewiß und ließ sich von seiner Gattin und ihrem Vetter Waraḳa bestätigen, was er erlebt hatte[147]. Beide bestärkten ihn in seinem Glauben. Waraḳa b. Naufal soll bei dieser Gelegenheit zu Moh. gesagt haben, daß der „große Nāmūs" (*al-nāmūs al-akbār*) zu ihm gekommen sei, wie schon vorher auch zu Mose. Dieser Beleg (nach ʿUbaid b. ʿUmair b. Ḳatāda bei Ibn Isḥāḳ 153 f.) führt uns wieder direkt an gnostische Überlieferungen heran. *Nāmūs* geht auf das syrische *nāmūsā*, gr. *nómos* zurück; es entspricht dem koranischen *tawrāh* (Tora)[148]. Die judenchristlichen Pseudoclementinen (Hom.) handeln vom wahren ewigen *Nomos*, welchen Gott zu verschiedenen Zeiten vermittelst des „Wahren Propheten" auf Mose und andere Propheten herabgesandt habe[149]. Der Begriff spielt auch nach dem Zeugnis des

---

[145] Vgl. ob. S. 262 mit Anm. 111. Zu 71, 1; 73, 7 („Einwickeln" in den *diṯar*) s. jetzt Paret S. 46 f. (beeinflußt von 74, 1: Nachtgebet oder nächtliche Vision). „Diese Feststellung", sagt Schaeder, Muh. S. 241 richtig, „darf aber nicht zu einer Bestreitung des entscheidenden christlichen Einflusses auf die Anfänge des Propheten überhaupt gesteigert werden: ohne seine Annahme wird Muhammed schlechtweg unverständlich.

[146] So Horovitz, Kor. Unters. S. 67 f. (Belege). Vgl. auch Nöldeke-Schwally I, S. 21 mit Anm. 1; Bell, Introd., S. 32 ff.

[147] Ibn Isḥāk 153 f. (Guillaume S. 107; Brünnow-Fischer, Chrest. S. 42 f.); Tabarī, Ann. I, 3, S. 1150 f.; Buhārī, Saḥīh I, S. 4 (Trad. Houdas-Marçais I, S. 3); Ibn Saʿd I, 1 S. 130. Al-Bazzāz stimmt in dieser Überlieferung mit Tabarī gegen Ibn Isḥāk bzw. Ibn Hisam überein (nach Guillaume, New Light S. 29).

[148] Watt, a.a. O., S. 51; vgl. Horovitz im HI 744 (s. v. tawrāt).

[149] Belege bei H. Waitz, Die Pseudoclementinen. Homilien und Rekognitionen, Leipzig 1904, S. 114 ff.; Die Pseudoklementinen I. Homilien, hrsg. v. B. Rehm, Berlin-Leipzig 1953, S. 62 ff. (III, 17 ff.). Vgl. auch G. Strecker, Das Judenchristentum in den Pseudoklementinen, Berlin 1958, ²1981, S.144 (*nomos*), 145 ff., 152 f., 163 ff.; J. Daniélou, Théologie du Judéo-Christianisme, Tournai 1958, S. 73, 216 ff. (*nomos* und *logos*); Schoeps, Theologie und Geschichte des Judenchristentums, Tübingen 1949, S. 98 ff.; ders. in NUMEN 4, 1957, S. 229 f. Ferner Widengren, The Apostle of God S. 45 ff.

islamischen Historiographen Šahrastānī bei den ḥarrānischen Ṣābiern eine Rolle[150]. Diese syrisch-gnostische Logosidee mag bei Waraka und offenbar schon vor der Berufung bei Moh. wirksam gewesen sein[151].

Nach diesen Erörterungen, die versuchen sollten, etwas über die Entstehung von Moh.s Prophetenberuf herauszuarbeiten, möchte ich zum Abschluß noch kurz die Hauptelemente seiner Botschaft in Mekka darstellen.

V

Das älteste Kerygma Moh.s in seiner ersten mekkanischen Periode hat zunächst ein Hauptthema, und das ist die Ankündigung des Jüngsten Gerichtes[152]. Dafür werden verschiedene Ausdrücke verwendet: „Tag des Gerichts" (*jaum ad-dīn*), „Stunde" (*as-sā'a*), „die Eintreffende" (*al-wāki'a*), „Tag der Auferstehung" (*jaum al-kijāma*), „Tag der Abrechnung (*jaum al-ḥisāb*), der Entscheidung (*jaum al-faṣl*), der Versammlung"(*jaum al-ǧam'*). Von den 48 Sūren dieser ersten Periode haben allein die Hälfte das Gericht zum Thema[153]. Dadurch ruft Moh. zur Entscheidung und zur sittlichen Verantwortung auf. Er nennt sich daher nur einen „Warner" (*naḏīr*) oder „Frohboten" (*bašīr*). Trotzdem darf man ihn nicht einen Apokalyptiker nennen. Er gefällt sich nur in kurzen, knappen Darlegungen der von ihm erwarteten Vorgänge.

Diese durch und durch eschatologische Orientierung in der frühen mekkanischen Predigt erinnert, wie T. Andrae sehr schön gezeigt hat, start an parallele Äußerungen aus der syrischen Mönchsliteratur, die von einem gleichen Ernst gekennzeichnet sind[154]. Wieder begegnen wir also diesen Beziehungen zu diesem Bereich des damaligen Christentums.

Neben diesem eschatologischen Thema steht das von Gott als dem Richter und Schöpfer. Die Auffassungen von Bell, Watt und

---

150) *K. al-milal* ed. Cureton (1846), S. 241 (bei Widengren, Muh. S. 101). Vgl. auch M. Plessner, Art. Nāmūs in der EI III, 912 f.

[151] So Andrae, Ursprung S. 110 (bzw. 204); Moh. S. 91; Widengren, Muh. S. 100 ff., 117; Watt S. 51; Abel S. 16. Anders A. Baumstark in: Islamica IV, 1931, S. 565 f. (aus der oriental. Meßliturgie).

[152] Vgl. Snouck-Hurgronje, Verspr. Geschr. I, S. 339 ff.; Andrae, Moh. S. 43; Fück, Originalität S. 515; Blachère S. 44; Paret S. 63 f.; auch Abel S. 16 u. 92; Gaudefroy-Demombynes S. 88 f.

[153] Paret S. 63 ff.; vgl. bes. 81, 1 ff.; 101; 99, 1–8; 84, 1–12; 74, 8–10; 79, 6 ff.; 77, 1–13, 53, 58–61. Das (systemat.) Material auch bei Gaudefroy-Demombynes S. 458 ff.

[154] Zustimmend auch Schaeder, Muh. S. 335 f., 342 f., Paret S. 66 u. Abel S. 16, 24. Ablehnend (begegen die Heranziehung von Afrēm) E. Beck, Ephraems Hymnen über das Paradies, 1951 (Studia Anselmiana 26), S. XI, 71 Anm. 2,

Birkeland, daß Moḥ. zunächst in erster Linie vom gütigen Schöpfergott Allāh gepredigt habe, läßt sich in dieser Form nicht halten[155]. Beide Themen, das vom Gericht und die Botschaft vom gütigen Schöpfer, gehen in die früheste Zeit zurück und sind untereinander verbunden. Dagegen ist der eindeutige Monotheismus, bekanntlich ein späteres Kennzeichen des Islāms, in dieser frühen Zeit bei Moḥ. kein Thema. Eine Polemik gegen den Götzendienst fehlt völlig, ja es gibt Anzeichen dafür, daß Moḥ. anfangs noch nicht mit Glauben und Sitten seiner Väter radikal gebrochen hat, wie die Schwüre in den Einleitungen der ältesten Suren[156], den Glauben an die Ǧinn, den er zeit seines Lebens beibehalten hat, und die zeitweilige Anerkennung der drei mekkanischen Göttinnen ʿAllāt, al–ᶜUzzā und Manāt als Fürsprecherinnen bei Allāh[157].

Verbunden mit seiner Gerichtspredigt war die Polemik gegen Reichtum, Achtlosigkeit und soziale Ungerechtigkeit[158]. Was Allāh durch ihn fordert von den Menschen ist *at-tazakkī*, d.h. etwa „Gerechtigkeit"; es ist der Zustand, der vor Gottes Gericht bestehen kann[159]. Der stark soziale Zug in M.s Verkündigung ist aber nicht Selbstzweck, wie H. Grimme einst behauptete[160], sondern dem Gottesgedanken und Gericht untergeordnet (107, 1–3; 99, 7. 8).

Wir erkennen aus den kurz angedeuteten Tatsachen, daß M.s Kerygma keine abstrakte Lehren beinhaltet, sondern die konkrete

---

99 u. o.

[155] Bell zuletzt in Introd. S. 106 f., 115 f., 119, 127 f.; Watt S. 62 ff.; H. Birkeland, The Lord Guideth, Studies an Primitive Islam, Oslo 1956 (Skrift. Det Norske Vid.–Akad. II Hist.–Filos. Kl. 1956:2); dazu Paret in der OLZ 52, 1957, Sp. 389 ff. u. Moh. S. 66 ff. Ebenso auch wieder Fück, Muh. S. 52 f. Vgl. ob. Anm. 152!

[156] Bell, Intr. S. 75 f.; Paret S. 49 f. u. 56.

[157] 53, 19 ff. und die Überlieferung bei Tabarī, Tafsīr XVII, 119f.; Ann. I, 3, S. 119 ff.; Ibn Saᶜd I, 1, S. 137, die Ibn Hišām in seiner Ausgabe des Ibn Isḥāk als anstößig ausließ (vgl. jetzt Guillaume S. 156 ff.!). Al-Bazzaz bringt die Stelle im Zesammenhang mit I. H. 241, aber merkwürdigerweise unvollständig (s. Guillaume, New Light S. 38f.). Bis auf Caetani, Ann. I, S. 280 haben die meisten neueren Biographen M.s diese Tradition für glaubhaft gehalten; so zuletzt Blachère S. 46; Bell S. 48; Fück, Muh. S. 83 f.; Watt S. 101 ff.; Paret S. 61 u. 95; auch Gaudefroy-Demombynes S. 84 ff. Ein Verbot des „Götzendienstes" findet sich in den ältesten Suren nicht; die Götter werden nur depotenziert, dämonisiert, nicht geleugnet (Ansätze dazu in 25, 44 f. 54).

[158] Vgl. etwa 102; 69, 9f.; 92, 5 ff. 8; 104, 1–4; 93, 9–11; 90, 10–16, 53, 34 f.; 89, 18–21; 69, 33–35 (dazu 51, 17–19); 70, 15–35; 83, 1–8; 81, 8f. Gaudefroy–Demombynes S. 89 f. u. Abel S. 14.

[159] Watt S. 61 ff.; 165 ff.

[160] Mohammed I. Das Leben, Münster/W. 1892, S. 14; abgeschwächt in: Die weltgeschichtl. Bedeutung Arabiens. Mohammed, München 1904 (Weltgeschichte in Karakterbildern), S. 54, und der Koran, Paderborn 1923, S. 20. Vgl. dazu zuletzt Paret S. 63 ff. und bereits Ahrens S. 37 f.; bes. Snouck -Hurgronje, Verspr. Geschr. I, S. 321–362, spez. S. 346 ff. (Mohammed était-il Socialiste?).

Situation der mekkanischen Gesellschaft vor Augen hat. Watt hat in seiner Biographie darauf als erster eigentlich richtig geachtet[161]. Der Ḳorān bezeugt die von uns schon erwähnte Wandlung einer nomadischen in eine merkantile Wirtschaftsform; die dadurch entstandenen Störungen im Gesellschaftsgefüge verursachten die sozialen Mängel, die Moḥ. angriff. Diese Widersprüche sieht er im Anblick des kommenden Gerichts; von diesem eschatologischen Standpunkt her, ist M.s Stellungnahme zu den Problemen der mekkanischen Gesellschaft zu verstehen. Er fordert keine Restauration der alten Ordnung, wie die alttestamentlichen Propheten, sondern die sittliche Verantwortlichkeit und die Anerkennung der Herrschaft Allāhs; dieser Glaube ist für ihn der einzige Weg, die gestörte Gesellschaft wieder zu heilen[162]. Die neue Basis der sozialen Ordnung liegt für ihn allein in der Religion, im Gottesglauben, begründet. Von hier aus ist auch seine Tätigkeit in Medīna verständlich. Nach Watt hat M. auch versucht, das altarabische Ideal der *Murūwah*, d.h. die beduinische „Großzügigkeit", durch die von ihm vertretene religiöse Forderung wiederherzustellen[163]. Eine Reihe seiner Forderungen gleichen tatsächlich den Geboten der *Murūwah*, aber im Mittelpunkt steht für ihn die *Tazakkī*, die Gerechtigkeit, ein moralisch-religiöser Begriff, der zugleich älteste Selbstbezeichnung seiner neuen Religion ist[164].

Ein weiterer wichtiger Punkt in seiner frühen Periode ist die Vorstellung, daß er ein spezieller Warner (*nadīr*) seines Volkes, d.h. zunächst der Mekkaner, ist[165]. Er steht in der Nachfolge anderer Gerichtsprediger, die vor ihm bereits zu anderen Völkern oder Gemeinden (beides ist bei Moḥ. nicht geschieden) gesandt waren, eine Auffassung, die zwar erst in der 2. und 3. Periode der mekkanischen Zeit des näheren belegt ist diese Lehre schon älter (es begegnen ʿĀd und Ṯamūd, Noah, Pharao und Mūsā,

---

[161] S. 72 ff.; Muhammad, 1961, S. 42 ff., 46 ff.
[162] Watt, Muh. at Mecca S. 80.
[163] Ib. S. 82 ff. (in Auseinandersetzung mit Goldziher). Insofern liegt bei M. eine restaurative Tendenz vor und in F. Engels' Bemerkung in einem Brief an K. Marx vom 6.6. 1853 (abgedruckt in: Marx–Engels, Über Religion, Berlin 1958, S. 101), daß M.s Bewegung eine beduinische Reaktion gegen die seßhaften verkommenen Fellahs der Städte sei, steckt ein Korn Wahrheit (vgl. auch ib. S. 96). Die These Watts führt übrigens S. H. al-Shamma, The ethical System underlying the Qurʾān, Tübingen 1959, aus.
[164] Watt, Muhammad at Medina, Oxford 1956, S. 303.
[165] Bisher am besten von T. Andrae, Moh. S. 77 ff. herausgearbeitet. vgl. bereits Snouck-Hurgronje, Verspr. Geschr. I, S. 341 f.; ferner Fück, Muh. S. 78; Abel S. 14 u. 16 (arabische Offenbarung); Paret S. 42.

Jonas)¹⁶⁶. Bereits in den ältesten Sūren verwendet Moh. den Terminus „Gesandter" (*rasūl*)¹⁶⁷. Der Terminus *nabī* (Prophet) findet sich erst in der 2. mekkanischen Periode. Die Konzeption vom „himmlischen Buch", aus denen M. seine Offenbarungen erhält, haben wir schon erwähnt. Ḳor'ān, ein syrisch-liturgisches Lehnwort, bezeichnet ursprünglich die einzelne Offenbarung; diese Kundgebungen des Propheten wurden vermutlich zugleich als liturgische Texte in den Gebetsübungen seiner Anhänger verwendet, daher ihre Bezeichnung Ḳor'ān, d.h. „Rezitation, Vortrag eines heiligen Textes im Gottesdienst"¹⁶⁸. Auch darin ahmte Moh. also offenbar ein christliches Vorbild nach.

Überhaupt ist seit Anfang an zu beobachten, wie sich Moh. immer wieder nach den Schriftreligionen, also Juden- und Christentum, richtet¹⁶⁹. Er versucht die Identität seiner Botschaft mit denen der Christen und Juden gerade durch die erwähnte Idee vom „himmlischen Urbuch" aller heiligen Schriften zu beweisen; alle Propheten haben nach ihm daraus geschöpft. Wir haben dafür zwar erst spätmekkanische Belege, aber bereits frühmekkanische Ansätze¹⁷⁰. Zur vollen Ausgestaltung kam diese Lehre aber erst sicherlich im Zuge der Apologie gegenüber den beiden Religionen.

Wir erkennen also die folgenden drei Grundelemente von Moh.s geistigem Milieu in den ältesten Sūren wieder, die er zu einer originellen und charakteristischen Konzeption verbunden hatte:

1) den nationalen Monotheismus (Hanīfen-Religion)
2) die syrisch-christliche, pessimistisch und eschatologisch ausgerichtete Mönchsfrömmigkeit
3) die gnostisch-manichäischen Vorstellungen und Motive in der Offenbarungs- und Prophetenlehre.

---

¹⁶⁶ 53, 51 f.; 89, 5.9' 69.4 ff.; 91, 11 ff.; 51, 38 ff. 41 ff.; 73, 16; 79, 17; 85, 18; 68, 48 ff.; Andrae, Ursprung S. 61 f.; Horovitz, Unters. S. 10 ff.; Ahrens S. 127 ff.; auch Grimme, Koran S. 20.

¹⁶⁷ 91, 13; 69, 10; vgl. auch 81, 19. Erst in mittelmekkan. Zeit wird das Wort Selbstbezeichnung M. s (25, 29. 32). Vgl. Horovitz, Unters. S. 44 ff.; Gaudefroy-Demombynes S. 81 ff.

¹⁶⁸ Vgl. dazu Horovitz, a.a. O. S. 74 f.; zuletzt: Blachère, Intr. S. 103; Bell, Intr. S. 129 f.; Paret S. 53 f. Zum christl. Vorbild vgl. Horovitz, Quran, in: Der Islam XIII, 1923, S. 66f. mit Anm. I (Belege); Widengren, Muh., S. 148 ff.

¹⁶⁹ Vgl. die Dokumentation bei Paret S.90 ff.

¹⁷⁰ S. ob. Anm. 141. Schon die ältesten Suren kennen zwei Vorstellungen des himml. Buches: als „Buch" (*kitāb*) bzw. „Rolle" (*saḥīfa*) und als „Tafel" (*lauḥ*; cf. akk. *lē'u* „Tafel, Schreibtafel"). Vgl. dazu Widengren S. 121 ff.

Ein Blick auf die erste Gemeinde Moh.s bestätigt die Auffassung, daß wir in Moh. in erster Linie einen Propheten, keinen „Sozialreformer" sehen dürfen, wenn auch beides untrennbar bei ihm zusammenhängt (wie ja der Islām von Anfang an ein religiös-soziales Gebilde ist, in dem Politik, Gesellschaftsordnung und Religion eng verbunden sind). Seine ersten Anhänger, also die ältesten Prophetengenossen, wie seine Frau Ḥadīǧa, Alī b. Abī Ṭālib, Zaid b. Hāriṯa, Abū Bekr, 'Otmān b. 'Affān u.a. stammen aus den verschiedensten Schichten der mekkanischen Gesellschaft. Es ist das große Verdienst Watts, hier ganz neue Gesichtspunkte herausgearbeitet zu haben, die sehr einleuchtend sind[171]. Er hat festgestellt, daß sich die islamische Urgemeinde aus drei Schichten zusammensetzte: 1. aus jüngeren Söhnen der besten und führenden Familien, 2. aus jungen Leuten der anderen, weniger einflußreichen Geschlechter, die aber innerhalb dieser Gruppen von größerer Bedeutung waren, und 3. aus Leuten ohne nähere Bindung an einen Klan oder Stamm. Die Vertreter der 2. und 3. Gruppe, in der Überlieferung als *mustaḍ'afūn*, „schwach angesehen" (d.h. Leute, die keinem einflußreichen Klan angehörten) bezeichnet[172], stellen das Gros der Gemeinde dar, was auch der Ḳorān bezeugt (96, 9 f.? 19, 74; 38, 62f.,; 80, 1–11). Daraus ist auch die besondere Feindschaft der herrschenden Gesellschaftsschicht gegen Moh. und die Seinen verständlich. Watt bemerkt außerdem, daß „der junge Islam wesentlich eine Bewegung junger Männer gewesen ist". Diese entstammten aber den ersten beider erwähnten Schichten[173]. Folgt man Watt – und seine Erörterungen, die erstmalig methodisch die Überlieferung nach soziologischen Gesichtspunkten eindringend untersuchen, sind sehr überzeugend –, so hat M.s Gemeinde sich weniger aus den untersten Schichten (Sklaven o.ä.) als vielmehr aus dem Mittelstand rekrutiert, der Schicht, die ihren Einfluß verloren hatte und hoffte, wieder mehr Einfluß zu gewinnen. "It was not so much a struggle between 'haves' and 'have not' as between 'haves' and 'nearly hads'"[174].

---

[171] M. at Mecca S. 87 ff. u. 170 ff.(Liste); vgl. auch Caetani I, S. 236 f., 512 ff.
[172] So Watt S. 96 im Anschluß an Ibn Sa'd, Klassenbuch III, 1, S. 177, 12 („Leute ohne Sippschaft in Makka und die weder Stärke noch Macht besaßen").
[173] Watt S. 97 ff. Vgl. Ibn Sa'd I, 1, S. 132 f. und Caetani I, S. 240. „Der Prophet rief geheim und offen zum Islām auf und darauf bekehrten sich einige von den jungen Männern und den schwachen (= einflußlosen) Leuten zu Allāh" (Überlief. von az-Zuhrī ben Ibn Sa'd, a. a. O., S. 133, 2–3).
[174] Ib. S. 96. Vgl. demgegenüber früher Buhl S. 152 (mit Verweis auf Ibn Sa'd I, 1, S. 133).

Der Bruch Moḥ.s mit der offiziellen mekkanischen Gesellschaft und damit auch im Grunde mit der Stammesreligion setzte jedoch nicht sofort ein, sondern erst als der neugeborene Prophet infolge seines Mißerfolges—trotz zeitweiliger Kompromisse— auch den offiziellen Kult anzugreifen begann. Dem Religionshistoriker ist die Erscheinung nicht unbekannt, ist doch der Kult zentrale Institution des Gemeinwesens, von der Wohl und Wehe der Gemeinschaft abhängt, besonders wenn, wie in Mekka, mit ihr Wirtschaft und Handel eng verbunden waren. Es ist daher verständlich und nur natürlich, daß jetzt eine energische Opposition, die bis zum Boykott ausarten sollte, gegen Moḥ. und seine junge Gemeinde entstand[175]. Hinzukommt, daß Moḥ.s Auftreten 'staatsgefährliche' Folgen haben konnte, wenn seine Auffassungen Einfluß gewinnen sollten; sie konnten die alte Ordnung zerstören und dem Individualismus Tor und Tür öffnen[176]. Die Polemik gegen den Polytheismus und seinen Kult, denen Moḥ. erst in dieser Zeit seines Auftretens einen entschiedenen Monotheismus entgegensetzte, rüttelte an den mit der Religion eng verbundenen wirtschaftlichen Grundlagen, den Lebensbedingungen Mekkas und seiner Kaufmannschaft (vgl. 28, 57).

Die „Zeit der Prüfung" (*fitna*)[177], die jetzt für Moḥ.s Gemeinde hereinbrach, ist nur verständlich, wenn man die neuen

---

[175] In diesem Punkt hat auch die Tradition den wirklichen Hintergrund bewahrt: vgl. I. I. (I. H.) 166 f. (Guillaume S. 117 f.) und den Brief von ʿUrwa an ʿAbd al-Malik ibn Merwan bei Ṭabarī, Ann. I, 3, S. 1180 f. (widergegeben bei Caetani I, S. 267 f.; Watt S. 100 f.): seine Stammesgenossen „waren nahe daran, auf ihn zu hören, als er sie anfangs zum Glauben aufforderte, bis er ihre Idole (*tawāġīt*) erwähnte..." (I. I.: „bis er ihre Gottheiten erwähnte und sie verächtlich machte, und als er dies tat, hielten sie sich für untragbar und machten ihm das Leben schwer und einigten sich darauf, ihm Widerstand zu leisten und ihn als Feind zu betrachten...").

[176] So Watt S. 133 ff. in Auseinandersetzung mit der älteren Auffassung, wie sie z. B. Buhl S. 153 ff. vertritt. Vgl. auch Muhammad (1961), S. 58 ff. Nach ihm hat M. nicht den Kaʿbakult als vielmehr die Nachbarheiligtümer (wie aṭ Ṭāʾif) gerade angegriffen. Man fürchtete weniger wirtschaftlichen Ruin als die sich aus M.s Auftreten ergebenden politisch-gesellschaftlichen Konsequenzen, die den Oligarchen die führende Stellung kosten konnte und die alte soziale Ordnung sprengen mußte. So verteidigte man den „Weg der Väter" gegen M., also auch Kult und Religion.

[177] Genauer: „die Zeit der hinterhältigen Manöver, um jemand von seinen Pflichten abtrünnig zu machen". I. I. (I. H.) 166 ff. (Guill. S. 117 ff.); Ṭabarī I, 3, S. 1180 ff. (Caetani I, S. 267 ff.); Blachère S. 69. Sicherlich ist hierbei auch das alte Motiv vom „Leiden eines Propheten" wirksam, das schon M. selbst kannte (s. Paret S. 89 f.). Vgl. I. I. 155, 10 ff.: „Das Prophetentum hat Beschwerden und Mühen. Nur die Beharrlichen und Starken unter den Gesandten können sie ertragen und auf sich nehmen, mit Beistand und Hilfe Allāhs, wegen

Untersuchungen von Watt mit berücksichtigt[178]. Sie zeigen anhand der Überlieferung, welche große Rolle dabei die Stammes- und Klanpolitik in Mekka spielte. Die Gegner Moḥ.s stammten vor allem aus den führenden und mächtigsten Ḳabīlen der Banū Ḳuraiš (den Mah̲zūm und ʿAbd Šams); sie hatten auch die „Finanzpolitik" Mekkas in den Händen. Ihrem Vorgehen waren aber insofern Schranken gesetzt, als nach der arabischen Stammesverfassung der Einzelne im Schutz seines Klans oder Stammes steht; eine Drangsalierung ist daher nur durch den eigenen Klan oder Stamm möglich. Schützt der Klan den Betroffenen, so ist es unmöglich oder sehr gefährlich, von seiten eines anderen Klans an ihn heranzukommen. Art und Stärke der Drangsalierung ist außerdem vom Ansehen oder der Macht der einzelnen Ḳabīla abhängig.—Moḥ. wurde durch seinen Klan, den Banū Hāšim, unter seinem Onkel (und Pflegevater) Abū Ṭālib geschützt[179]. Als eine „schwächere" Gruppe im mekkanischen Stammesverband, hatte sie (nach Watt) zunächst keine Lust, ihre Stellung durch Ausstoßung vielleicht der besten jungen Männer, die Moḥ. anhingen, noch mehr zu schwächen[180]. Wir sehen also, wie sich hier wieder religiöse und ökonomisch-politische Faktoren verquicken.

Die Ausschreitungen nahmen auch tatsächlich keine gewalttätigen Formen an; nur gegen die Sklaven, also die eigentlich Schutzlosen, ging man tätlich vor[181]. Sonst beschränkte sich die Opposition auf wörtliche Angriffe und Beleidigungen, wie sie uns auch der Ḳorān schildert, wirtschaftliche Erpressungen und, besonders bei den vornehmen Muslims, auch auf physischen Druck durch die Familie innerhalb eines Klans[182]. Gewisse bösartige Handlungen bezeugt uns auch der Ḳorān (*kaid* und *makr*, von Watt auf die prinzipielle feindliche Tätigkeit überhaupt bezogen)[183]. Diese Zeit der „Prüfung" betraf also hauptsächlich die Anhänger aus den unteren Schichten oder Klans[184].

---

dessen, was sie von den Menschen erleiden ... und was ihnen entgegnet wird auf das, was sie von Allāh bringen." Vgl. auch die Versuchungsgeschichte ib. S. 185 ff.

[178] S. 117 ff.; Muh. S. 67 ff. Quellen: Ibn Isḥāk und Ṭabarī.
[179] Vgl. I. I. 170 (Guill. S. 120 f.); Sūre 11, 93 (Paret S. 97).
[180] Vgl. Watt S. 120.
[181] Ib. S. 119; vgl. bereits Caetani I, S. 244 und die Quelle: I. I. 205 ff. (Guillaume S. 143 ff.).
[182] Watt S. 118 f.
[183] 86, 15 f.; 52, 42; 34, 32; 13, 42; 37, 96; 20, 62. 67. 72; Watt S. 131 f.
[184] S. jetzt auch Paret S. 96f. Zu den von der Tradition angeführten Einzelheiten vgl. das negative Urteil von Blachère S. 70.

Märtyrer hat es aber zunächst nicht gegeben. Als aber wirtschaftliche und gesellschaftliche Boykottmaßnahmen der herrschenden Ḳabīlen gegen die Hāšimiden und die Banū al-Muṭṭalib einsetzten und gefährlich wurden[185], zog es Moḥ. vor, eine sukzessive Abwanderung (die erste *hiǧra* also) nach dem christlichen Äthiopien zu bewerkstelligen, und zwar für einen Teil seiner Gemeinde; nach den Aufzählungen bei Ibn Isḥāḳ sind es in der überwiegenden Mehrzahl Anhänger aus den führenden Geschlechtern (woraus Watt den Schluß zieht, daß sie also unter besonderem Druck standen; man muß aber auch in Erwägung ziehen, daß sie leichter die Möglichkeit hatten auszuwandern)[186].

Die *Hiǧra* eines Teiles der Gemeinde nach Äthiopien zeigt übrigens sehr deutlich, daß Moḥ. nicht nur einen Bruch mit der alten Stammesreligion vollzogen hatte, sondern auch mit den anderen sozialen Ordnungen seiner Herkunft; die islamische Gemeinde war eine eigene, auf religiösem Grunde oder Glauben ruhende Gemeinschaft geworden, die die althergebrachte Stammesordnung hinter sich lassen konnte, also vollkommen selbständig war[187]. Dies war die eigentliche Geburtsstunde des Islāms als einer religiös-politischen Gemeinde, die dann in Medīna zur vollen Ausgestaltung heranwuchs (wobei Moḥ. ein wirkliches staatsmännisches Geschick an den Tag legte, was übrigens schon in Mekka greifbar wird, wie die Abessinien-Affäre zeigt)[188].

Die Urgemeinde hatte ja bereits von Anfang an ein eigenes kultisches Leben entwickelt. Dieser älteste islamische Kult umfaßte 1. das rituelle Gebet (*ṣalāt*), verbunden mit Waschungen, dreimal am Tage und eine Vigilie[189]; diesen Gebetsgottesdienst hat Moḥ. offenbar in Anlehnung an die christlich-syrischen Gebetsübungen

---

[185] I. I. (I. H.) 230 ff. (Guill. S. 159 ff.); Guillaume, new Light S. 34 ff. (al-Bazzaz). Dazu Watt S. 119 ff., Muh. (1961), S. 74 ff. und Blachère S. 72.

[186] Vgl. I. I. (I. H.), 208 ff. (Guill. S. 146 ff.). Buhl S. 172 mit Anm. 115; Watt, S. 110 ff.; Paret S. 99 f. Ḳorān: 7, 86; 14, 16. Bei der Wahl Abessiniens spielt die Sympathie für das Christentum sicherlich eine wichtige Rolle (Buhl S. 172 ff.; Andrae, Moh. S. 103 f.; Blachère 68f. ad Sure 30, 1 ff.); für die politischen Hintergründe zuletzt Watt S. 114 ff. (vgl. jedoch immer noch die kritischen Bemerkungen gegen solche Versuche bei Buhl 173 Anm. 116).

[187] Vgl. auch Blachère S. 71: „Le refuge demandé à un monarque chrétien est la première manifestation, à la fois logique et paradoxale, de la supériorité reconnue à l'idéal religieux sur l'attachement à la tribu".

[188] Vgl. dazu bes. Watt, Muh. at Medina, pass. u. S. 335; Muhammad (1961), S. 236 f. u. pass.; auch Paret 145 ff. u. Schaeder, Muh. S. 355 ff.

[189] 72, 31; 70, 22 ff.; 87, 14 f.; 107, 4 f.; 74, 3f. 44 ff. (!); Gebetszeiten: 52, 48 f.; 76, 25 f.; 73, 20. Zu 107, 4–7 s. Birkeland in: Stud. Islam. 9, 1958, S. 13–20 (frühmekkan.).

geschaffen[190]. Diese Zeremonie fand in der Einöde und Einsamkeit statt[191]; sie war der eigentliche Gottesdienst der Urgemeinde, und so ist er bis heute bekanntlich geblieben. Die Gegner scheinen wiederholt den Gottesdienst gestört zu haben; Moḥ. ruft daher zur Standfestigkeit im Gebet auf[192]. 2. Die Almosengabe (*zakāt*), auch sie entstammt offensichtlich dem jüdisch-christlichen Bereich[193]. 3. Das Fasten ist aus der mekkanischen Zeit nicht belegt, aber in Anbetracht der asketischen Einstellung Moḥ.s vermutlich vorauszusetzen[194]. Darüber hinaus nahm die Gemeinde offenbar noch am Ka'abakult teil (vgl. 108, 2). Moḥ. betrachtete die Ka'aba als das Heiligtum seines Gottes (106, 3; eine ähnliche Einstellung wie bei Jesus von Nazareth zum jerusalemischen Tempel). Was er entschieden ablehnte, war der mit dem Ka'abakult verbundene Polytheismus, der „Götzendienst". (Moḥ. hat offenbar nie den Kult der Ka'aba als solchen angegriffen, sondern nur die umliegenden Nebenheiligtümer, diese waren für ihn Götzenaltäre!)[195]

Aus der Darstellung, wie ich sie im Vorhergehenden gegeben habe, kann man entnehmen, wie Moḥ. bereits in seiner ältesten Zeit die Ansätze zu einer Religionsstiftung verwirkliche, obwohl ihm sicherlich diese Möglichkeit zunächst nicht bewußt gewesen

---

[190] Das Wort *ṣalāt*, das in der vorḳorān. Literatur nicht vorkommt, stammt, wie die Sache selbst, aus christlicher Umgebung (aram. *ṣl'* „beugen", *ṣᵉlōtā* term. techn. für das offizielle, auch persönliche Gebet). Vgl. Andrae, Ursprung S. 193 f.; Ahrens S. 117 f. Die „Ḳorāne" dienten offenbar nach christlichem Vorbild als älteste Rezitationstexte (Paret S. 53 ff.; vgl. bereits Snouck-Hurgronje, Verspr. Geschr. I, 342 ff.). Den Einfluß der christl. Liturgie, Kultdichtung und homilet. Literatur (?) auf den Korān macht E. Gräf, ZDMG 111, 1961, S. 396–98 (= Der Koran, hg. von R. Paret, Darmstadt 1975, S. 188–196) wahrscheinlich.

[191] I. I. (I. H.) 166, 13 ff. (Guillaume S. 118).

[192] Vgl. ib.; Ḳorān: 17, 110 (Ärgernis für die Mekkaner); 21, 73; 29, 32; 14, 40; 20, 132; 107, 4–7 (s.o. Anm. 189). In den Bekehrungsgeschichten bei I. I. und Ṭab. heißt es immer wieder: „er bekehrte sich und betete", „er wurde Muslim und betete mit ihm (dem Propheten)". Glauben und Ṣalātverrichten gehören von jeher im Islām untrennbar zusammen.

[193] 70, 25 f.; 74, 34; ferner: 76, 8 f.; 92, 18 ff.; 90, 13 ff.; 107, 2f.7; Ahrens S. 119 f.; Schacht im HI, S. 821 f.; Bell, Intr. S. 166 und Watt, M. at Medina S. 369 ff. Zu *tazakkī*, s.o. S. 270 f.

[194] Vielleicht 19, 27; *ṣaum*, von den arab. Kommentatoren mit *ṣamt* „Schweigen" erklärt; s. dazu C. C. Berg im HI, S. 650. „Ich (Maria) haben dem Barmherzigen ein Fasten Gelobt" (Paret).

[195] So Watt (s.o. Anm. 176). Sehr gut würde hierzu die Ansicht passen, die von E. Beck (in Le Museon 65, 1952, S. 73–94 = Der Koran, hg. R. Paret, S. 111–133) und Y. Moubarac (Abraham dans le Coran, Paris 1958) vertreten wird, daß nämlich Abraham ('Ibrāhīm) bereits in mekkan. Zeit von Moh mit der Ka'aba in Verbindung gebracht worden ist, nicht erst in Medina. Vgl. dazu auch Paret S. 109f. und H. Horst, ZRGG XVI, 1964, S. 54.

war, als er nämlich als einfacher, aber leidenschaftlicher von Allāh gesandter „Warner" seines Volkes auftrat. Das Wirken Moḥammeds ist ein besonders dankbares Objekt für solche religionsgeschichtliche Untersuchungen, die dem Ursprung einer Weltreligion nachspüren. Durch das verhältnismäßig reiche Material—vor allem vom Propheten selbst—ist es möglich, Einblick in Entstehen und Werden eines sog. Religionsstifters zu nehmen. Mir kam es darauf an zu zeigen, wie auch die Anfänge des Islāms in Mekka (auch die religiösen Erfahrungen des Propheten selbst) in die traditionsreiche Religionsgeschichte des Vorderen Orients eingebettet gewesen sind. Die Forschungsgeschichte lehrt, was eine exakte religionshistorische Forschung an einem geeigneten Objekt zu leisten vermag, besonders wenn dabei religionssoziologische Gesichtspunkte in ausreichendem Maße berücksichtigt werden, ein Anliegen, das unserem Jubilar seit je am Herzen lag.

11.

JUDEN—CHRISTEN—MUSLIME:
ZUM VERHÄLTNIS DER DREI MONOTHEISTISCHEN RELIGIONEN
IN RELIGIONSWISSENSCHAFTLICHER SICHT[1]

1. Voraussetzungen einer religionswissenschaftlichen Betrachtung

Eine berüchtigte ketzerische Schrift des 16. und 17. Jahrhunderts trägt den Titel „*Von den drei Betrügern*" (De Tribus Impostoribus) und meint damit die drei grossen Religionsstifter Mose, Jesus und Mohammed. Der Verfasser ist uns nicht sicher bekannt. Nach den letzten Forschungen kann es vermutlich ein spanischer oder portugiesischer Jude bzw. Marrane des 16. Jh.s gewesen sein, der nach den Niederlanden geflohen war und das Büchlein dort verlegte.[2] Er war kein Atheist, sondern sah die religiöse Wahrheit in einem sogenannten natürlichen Gottesglauben und bestritt von daher den Anspruch der drei Genannten auf eine besondere göttliche Offenbarung: dazu benutzte er geschickt die kontrovers-theologischen und konfessionellen Streitereien seiner Zeit.

„In der Tat behauptet eine jede Religionspartei (Sekte), dass alle Gelehrten (doctores) auf ihrer Seit stünden: und eine jegliche will solches durch die Erfahrung an sich erprobt haben und erprobe es noch täglich von neuem; und andere bessere Gelehrte gebe es nicht. Das führt so weit, dass man entweder allen glauben müsste, was lächerlich wäre, oder keinem, was, auf so lange bis der wahre Weg erkannt worden, sicherer ist, damit man eben beim Vergleichen keine Partei übergeht"[3]. Der Autor verweist

---

[1] Antrittsvorlesung an der Philipps-Universität Marburg vom 13. November 1987.
[2] Vgl. dazu Fr. Niewöhner, Veritas sive Varietas. Lessings Toleranzparabel und das Buch von den drei Betrügern, Heidelberg 1988, S. 354 ff., 368 ff., in Auseinandersetzung mit der These von W. Gericke. Das Buch „De Tribus Impostoribus". Berlin (Ost) 1982) Quellen. Ausgewählte Texte aus der Geschichte der christlichen Kirche. N.F. Heft 2), 50 ff., der in dem Gegner Calvins, Jacques Gernet, den Autor vermutete.
[3] Gericke, 68 (lat. Text), 83 (Übersetzung). Es handelt sich um den von Gericke entdeckten ältesten Druck der Schrift von 1645 in der Bibliothek des Ev. Prediger-Seminars zu Wittenberg.

auf die Traditionsgebundenheit der Gläubigen, die es verwehre, der Wahrheit nachzugehen, und fordert dagegen eine gerechte Prüfung der gennanten Glaubensrichtungen, ohne eine zu bevorzugen. Doch dazu ist nach ihm nur eine Elite fähig, die Trug und Täuschung der Religionen, vor allem ihrer intellektuellen Vertreter, durchschaut. In einem Zusatz zu der unvollendeten Grundschrift aus dem 16. Jh. hat dann ein gleichgesinnter Gelehrter die Prüfung durchzuführen versucht, ist allerdings nur bis zu Mose und zum Alten Testament gelangt. Interessant ist daran nur, wie er die (angeblichen) Selbstzeugnisse der Religionsstifter zur primären Grundlage seiner Argumentation macht, denen erst in zweiter Linie fremde Berichte folgen sollen. Der alte, bis in das g.Jh. im Orient nach weisbare Vorwurf des Betruges, den sich die drei Religionen Judentum, Christentum, Islam gegenseitig im Hinblick auf ihre Gründer und Religionsurkunden machen, lässt sich danach logisch als falsch erweisen, da er nur auf der eigenen Voreingenommenheit und nicht auf dem Zeugnis der jeweiligen fremden Religion basiert[4]. „Dass Mohammed ein Betrüger ist, wissen wir nicht aus eigener Erfahrung, sondern aus dem Zeugnis, und zwar nicht seiner Freunde, sondern seiner Feinde". Diese Art des Argumentierens führt nicht weiter, da sie auf jede der Religionen anwendbar ist (was der Verfasser für Mose durchführt, nicht mehr für Jesus, vielleicht aus Vorsicht). So sind sie also einerseits alle Betrüger, wenn man den entsprechenden Maßstab gleichmässig anlegt, wie es der Autor offenbar nachweisen will, andererseits stehen sie dadurch in einer Reihe, die keinem Vorrechte einräumt.

Es ist nicht der Ort und die Zeit, die Gedanken dieser Schrift weiterzuverfolgen. Sicherlich sind sie recht schockierend gewesen und daher nie richtig an das Tageslicht gekomen, es sei denn in indirekter Form in den Werken vieler religionskritischer Aufklärer des 16, und 17. Jh.s. Wir haben diese Gedanken aber auch in gemilderter Form etwa bei *Lessing* in der Ringparabel im „Nathan" und damit als zentale Idee der Toleranz, die im Grunde eine Antwort darauf ist. Die Betrugstheorie ist eine Voraussetzung der Ringparabel oder umgekehrt; beide sind

---

[4] Ich benutze für diesen Teil die Ausgabe von G. Bartsch, De Tribus Impostoribus Anno MDIIC. Von den Drei Betrügern 1598, (Moses, Jesus, Mohammed), Berlin 1960, 58 ff. und 91 ff. (lat. Text). Vgl. auch G. van Glasenapp, Ketzerphilosophie des Mittelalters. Das Buch genannt „De tribus impostoribus" 1598, Riga (eigentlich Leipzig) 1909, 29 ff.

auch oft über Jahrhunderte hinweg verbunden gewesen, bes. markant bei Maimonides (1135–1204) und dann bei Ibn Verga (1516. Jh.).[5]

Aus diesem Geist und Klima sind auch die Anfänge der Religionswissenschaft enstanden, und daher habe ich dieses Buch an den Anfang meiner Betrachtungen gestellt, nicht um zu schockieren, sondern um vorzuführen, welche Voraussetzungen für eine relative objektive Betrachtung der Religionsgeschichte vorhanden sein mussten, um sie zu einer wissenschaftlichen Disziplin unabhängig von theologischen oder religiösen Vorurteilen werden zu lassen. Der Abbau von gegenseitigen Verunglimpfungen, die Versachlichung der Argumentation gehört dazu ebenso wie die Kritik der Überlieferung und der unbestechliche Wahrheitseifer, alles Einstellungen, die wir aus dem Zeitalter der Aufklärung als unverlierbares Erbe in unsere Zeit gerettet haben und bewahren sollten.

2. Der religionswissenschaftliche Zugang

Eine religionswissenschaftliche oder religionsgeschichtliche Betrachtung, wie ich sie hier vorführen möchten, muss zuerst danach fragen, was sie leisten kann und was nicht. Ohne hier auf die fachinternen methodologischen Probleme der Religionswissenschaft näher einzugehen, die gerade in jüngster Zeit ganze internationale Fachtagungen beschäftigt haben, sei dazu folgendes bemerkt[6]: Religionswissenschaft versteht sich heute als eine nichttheologische Fachrichtung im Verbund der Geistes-, Sozial- oder Gesellschaftswissenschaften, die ihren Gegenstand, die Religionen und ihre verschiedenen Sachverhalte in philogischer, historischer, soziologischer und psychologischer Hinsicht untersucht und zur Darstellung bringt. Ihre primäre Säule ist die philologisch-historische Forschung, also die Religionsgeschichte im engeren Sinne, darüber hinaus sieht sie als Krönung ihrer Aufgabe die Vergleichung (Komparatistik) an, d.h. die zum Zweck

---

[5] Für die Geschichte beider oft verschlungener Motive, die literarisch nicht immer greifbar sind, hat F. Niewöhner eine gründliche Untersuchung vorgelegt (s. Anm. 2). Die Betrugstheorie ist älter und wurzelt in radiakl-schiitischen (qarmatischen) Kreisen des 8./9. Jh.s (s. ebd. 233 ff.; bereits R. Strothmann, Morgenländ. Geheimsekten in abendländischer Forschung. Abh. Dt. Akademie d. Wiss. Berlin 1952, Nr. 5, S. 15). Die Ringparabel, die auch orientalische Gründe hat, ist durch jüdische Vermittlung (Maimonides) nach Europa gelangt (Niewöhner 254 ff., 259 ff., 266 f., 276 f.)

[6] Vgl. dazu oben S. 3ff., 37ff., 67ff. passim.

einer vertieften Erkenntnisgewinnung über Strukturen von Religionen oder einzelner ihrer Sachverhalte angewandte systematische Methode des regionalen und universalen Vergleichs, wie sie bereits im 19. Jh. die Geschichts- und Sprachwissenschaft ausgebildet haben.

Unmittelbar verbunden mit dieser Betrachtung und mit der religionsgeschichtlichen Arbeit überhaupt ist nicht nur die Objektivität, sondern ein kritisches Element, das gerade aus dieser Objektivität fliesst, indem es im Hinblick auf die religiösen Tatbestände einen "ungläubigen" Standpunkt einnimmt, d.h. die religiösen Tatbestände werden ihres fordernden Anspruchs auf Wahrheit soweit erkennbar entkleidet oder, wie wie es auch ausgedrückt werden kann: dieser kerygmatische Charakter wird eingeklammert. Dies liegt im Wesen wissenschaftlicher Arbeit, wie sie in Europa entstanden und entwickelt worden ist; wir können uns nicht davon befreien, ohne wieder in eine vorkritische und unhistorische Zeit zurückzuverfallen und damit das kritische Denken aufzugeben. Inwieweit der religionswissenschaftlichen Erkenntnissuche damit Schranken gesetzt sind, möchte ich jetzt nicht weiter erörtern. Fest steht: Die Religionswissenschaft kann sich in keinem Fall ohne Selbstaufgabe dem religiösen Selbstverständnis ausliefern; dies ist für sie kein Kriterium für wahr oder falsch. Natürlich ist die Frage berechtigt, ob nicht jeder einzelne Religionswissenschaftler von Tradition, Kultur und Herkunft so geprägt ist, dass sich der Anspruch seiner Wissenschaft und Fragestellung als zu hoch und undurchführbar erweist. Sicher ist kein Mensch eine Tabula rasa, und der Religionshistoriker macht davon keine Ausnahme. Dies zeigt sich auch in jeder Publikation auf diesem Gebiet und nicht zuletzt auf den internationalen Kongressen, wo die unterschiedlichen Standpunkte nicht nur wissenschaftlich begründet werden, sondern in den verschiedenen religiösen und philosophischen Traditionen wurzeln, aus denen der einzelne Historiker stammt. Allerdings ist das Bemühen, diese Vorverständnisse, die jeder mitbringt, kritisch zu hinterfragen, d.h. durch Selbstreflexion des eigenen Standorts, ebenso stark wirksam; dieser Zugang ist uns gerade aufgrund wissenschaftlicher Redlichkeit möglich und sollte immer zum festen Inventar religionswissenschaftlicher Arbeit gehören. So ist es auch in unserem Fall deutlich, dass wir hier in der abendländisch-biblisch geprägten Kultur verwurzelt sind, darüber hinaus in den historisch entstandenen Religions- und Konfessionsgebilden mit ihren festen Traditionen in Denken und Handeln. Vermöge unseres modernen Bewusstseins können wir diese Herkunft nicht nur historisch erkennen und bestimmen, sondern auch insofern gewissermassen neutralisieren, indem wir, und ich halte das durchaus für einen Vorzug unserer Zeit, gemeinsam über unsere eigene Geschichte und Zusammengehörigkeit nachdenken; denn dies lässt sich schon jetzt sagen: Mit Judentum, Christentum und Islam betreten wir, streng religionshistorisch gesehen, trotz aller sichtbaren Unterschiede, ein gemeinsames Haus vorderorientalicher Gründung, das sich schon chronologisch-historisch gesehen in feste, aber durch viele Treppen verbundene Etagen teilt.

Ich möchte nun mein Thema entsprechend der religionswissenschaftlichen „Gewaltenteilung" zunäcnt phänomenologisch oder systematisch-vergleichend behandeln und daran anschliessend zu einigen historischen Aspekten übergehen; alles natürlich in der gebotenen Kürze und unter meiner Sicht der Dinge.

3. Judentum, Christentum, Islam: phänomenologische Aspekte

Phänomenologisch gesehen haben die drei Religionen gemeinsam, dass sie sogenannte *Gründer–* oder *Stifterreligionen* sind, d.h. sie beanspruchen, nicht anonym aufgetreten und entstanden zu sein, wie viele andere Religionen und Kulte, sondern auf eine historische Persönlichkeit zurückzugehen, die die Fundamente des Glaubens gelegt hat. Mose, Jesus, Mohammend sind tatsächlich mehr oder weniger greifbare historische Gestalten. Zeitlich gesehen, treten sie in dieser Reihenfolge immer stärker ans Licht der Geschichte und die historische Forschung hat es am leichtesten mit Mohammed, weniger leicht mit Jesus von Nazaret, ziemlich schwer mit Mose. Doch lassen wir diese Fragen auf sich beruhen; sie können hier nicht ausgeführt werden und sind in diesem Zusammenhang auch nicht so wesentlich. Sicher ist, dass die Abstammung von einer historischen Person den Charakter dieser Religionen entscheidend geprägt hat. Man hat sie auch *„prophetische Religionen"* genannt, indem man diesen Gründergestalten den griechischen Namen *profētēs* (wie die Septuaginta das hebräische *nabī* wiedergibt) beilegte; die Überlieferung hat dies für alle drei auch nachweislich gemacht. Bei Mohammed ist es sogar der eigentliche Ehrentitel, den er selbst in Anspruch nahm. Mit Prophet ist hier der „Mann Gottes" gemeint, der sich kraft charismatischer Auszeichnung als Deuter und Verkünder des Gotteswillens versteht und entsprechend von den Menschen ernstgenommen werden will.

Eng damit verbunden ist ein weiteres Kennzeichen für diese Religionen, nämlich das der „Offenbarung", ein Wort, das wegen seiner starken theologischen und religiösen Bedeutung nur mit Vorbehalt religionswissenschaftlich verwendbar ist, da es mit dem genannten Anspruch auf religiöse Wahrheit unmittelbar verknüpft ist[7]. Jedenfalls haben alle drei Religionen das sogenannte „Offenbarungsgeschehen" (oder psychologisch: Offenbarungserlebnis) an den Anfang ihrer Geschichte gestellt, Mose, Jesus und Mohammed handelten im Auftrag Gottes, der sich ihnen „kundtat", wie das alte deutsche Wort dafür auch heisst. Über die historischen Umstände, wie und wann das erfolgte, müssen wir jetzt auch hinweggehen: sie sind schwer zu eruieren (letzlich überhaupt nicht), aber sie sind Tatsachen, die der Historiker zur Kenntnis zu nehmen hat; auch die fromme Gemeinde weiß nicht viel mehr und hat darüber oft mehr phantasiert als gläubig vertraut. Alle drei Religionen sind übrigens herausragende Beispiele für die enorme Wirkung, die von solchen „Erlebnissen" und Personen ausgehen kann; dies sind oft die „Ideen", die den Gang bestimmen, in dem sich die Dynamik, der meschlichen Interessen fortbewegt, wie sich *Max Weber* treffend ausdrückte.

Ein weiterer wichtige typologischer Gesichtspunkt ist, dass diese Religionen alle ein „Buch" besitzen, d.h. sie sind sogenannte „Buchreligionen". Sie unterscheiden sich damit qualitativ sehr deutlich von den Religionen, die keine normierende religiöse Urkunde besitzen (man hat diese daher einfach „Kultreligionen" genannt, da für sie der Kult allein die zentrale religiöse Norm ist, an die der Gläubige gebunden ist). Wir wissen heute mehr oder weniger Bescheid darüber, wie es zu diesen „kanonischen" Büchern in den drei Religionen gekommen ist. Relativ einfach ist es bei Mohammed, dessen Äusserungen wir wohl geschlossen im Korān überliefert bekommen haben; doch kam es auch hier erst unter seinem 3. Nachfolger, dem Kalifen Othmān, zwischen 650 und 656 zu einer offiziellen Ausgabe, nachdem Unklarheit über den Umfang der verschiedenen Korane bestenden hatte. Diese Urkunde ist nach offizieller Meinung seitdem das feste Fundament für die islamische Gemeinde: Glaube, Theologie und Recht beziehen sich auf dieses „Wort Gottes", das das Kriterium für die Wahrheit des islamischen Glaubens bildet.

---

[7] Vgl. dazu W. Baetke, Kleine Schriften, Weimar 1973, 14.

Funktionell und auch strukturell steht es mit dem religiösen Kanon der Juden und Christen ebenso. Der Pentateuch oder die Tora, die mit ihrem Religion, Recht und Moral umfassenden Inhalt dem Korān am nächsten steht, ist in einem sehr langen Prozess gewachsen und erst durch Esra im 4. Jh. v.Chr. zum Buch des Judentums geworden, an das sich dann die anderen beiden Sammlungen, die „Propheten"(-bücher, *Nebi'īm*) und die „Schriften" (*Ketubīm*) anschlossen, die dann erst etwa Ende des 1. Jh. n.Chr. die „Bibel" bildeten. Über die enorme Bedeutung, die die Tora (traditionell als Werk des Mose betrachtet) für die jüdische Gemeinde hat, möchte ich hier nicht weiter handeln.

Auch für die Christen ist das „Evangelium" Jesu zu einer schriftlichen Urkunde geworden, in einem mehr als 200jährigen Vorgang; est im 4. Jh. kam es zur Einigung über die 27 Schriften des NT, wenigstens im westömischen Reich. Es kommt hinzu, dass die christliche Kirche die jüdische Bibel in der griechischen Übersetzung für sich reklamierte und zum „Alten Testament" machte, während die Schriften, die man auf Jesus und die Apostel zurückführte, als „Neues Testament" bezeichnet wurden (so schon in der 2. Hälfte des 2. Jh.s): beides bildet seitdem die „christliche Bibel" oder „die Bücher" (*ta biblia*); der Singular für griechisch *ta biblia* ist erst seit dem lateinischen Mittelalter in Gebrauch. Dieser Vorgang, der seine verwickelte Geschichte hat, ist religionsgeschichtlich fast singulär, beruht aber darauf, dass das Christentum aus dem Judentum entstand, worauf wir noch zu sprechen kommen.

Die bisher aufgewiesenen phänomenologischen Gemeinsamkeiten lassen sich auch stärker inhaltlich fortführen. Bevor wir dies aber ins Auge fassen, sei noch ein gravierender Unterschied von Judentum einerseits und Christentum und Islam andererseits zur Sprache gebracht. Nach der in der Religionswissenschaft üblichen Einteilung in *Volks– und Weltreligionen* fällt das Judentum eindeutig unter die Volks– oder ethnischen Religionen, während Christentum und Islam als Welt– oder Universalreligionen betrachtet werden. Alle solche Typologisierungen haben natürlich ihre schwachen Seiten, aber strukturell ist diese Typologie zutreffend und wichtiges Hilfsmittel der systematischen Analyse. Der jüdische Glaube hat zwar eine universale Komponente, die Gottesidee, aber er hat seine alte volksreligiöse Grundlage nie ganz abgestreift; abgesehen von den Proselyten des Altertums und etwa den Chasaren des frühen Mittelalters gibt es keine direkte missionarische Ausbreitung, wie sie Christentum und Islam vollzogen haben[8]. Dies hängt mit der engen Verbindung von Volk und Glaube im Judentum zusammen, auf die ich hier nicht weiter eingehen kann, die aber zu einem der wichtigsten Probleme des Verständnisses jüdischen Glaubens gehört und für das Judentum selbst immer wieder kontrovers beatwortet worden ist (z.B. die Problematik Israels heute — säkularer Staat oder nicht? Was ist ein Jude ohne Gottesglauben? Ist das Judentum eine Privatreligion wie jede andere?).

Demgegenüber sind zwar Christentum und Islam auf volksreligiösem ethnischen Boden erwachsen und haben sich nicht gleich von vornherein ihrer grenzüberschreitenden, den eigenen Boden transzendierenden Anlagen vergewissert, aber ihr missionarischer Impetus, der einfachen Stammes- und Volksreligionen abgeht, hat ihnen im Zuge der Zeit Eingang in völlig andere Ethnien und Kulturen verschafft. Die sogenannte „Heidenmission" erfolgte im Christentum erst unter heftigen Auseinandersetzungen zwischen dem alten „Judenchristentum", dessen Führer der Jude Paulus war; er hat strenggenommen das Christentum erst zur Weltreligion vorbereitet. Mit seinem Weg nach Kleinasien, Griechenland und Rom war der Grundstein gelegt für die universale Ausbreitung der christlichen Kirchen, wie wir sie heute vorfinden.

Auch der Islam hat diesen Weg eingeschlagen, obwohl sich Mohammed zunächst nur als Gott-Gesandter an seine arabischen Landsleute verstand. Aber der politische Charakter des Islam, der ihm seit der Gemeindegründung in Medina anhaftet, hat den Weg über die Grenzen der arabischen Halbinsel mit militärischen Mitteln beschritten, der ihn fast die ganze Ökumene des 7./8. Jh.s erobern liess. Zunächst allerdings nicht vom Bekehrungseifer beflügelt, ausser Allah die Welt zu Füssen seiner arabischen Gläubigen (die eine Art auserwähltes Volk Gottes sind) zu legen. Zur Weltreligion wurde der Islam eigentlich erst mit dem Übertritt der breiten nichtarabischen Massen des Vorderen Orients, und das erfolgte im grossen Masse erst im 8. Jh. im Abbasidenreich. Trotzdem hat der Islam stärkere volksreligiöse Züge bewahrt als das Christentum, in Gestalt der Rolle des Arabertums. Arabisch ist die heilige Sprache des Koran, der durch keine Übersetzung verdrängbar ist. Arabisch sind die

---

[8] Vgl. u.a. die kontrovers behandelte Frage bei J.R. Rosenbloom, Conversion to Judaism. From the Biblical Period to the present, Cincinnati: HUCP 1978.

heiligen Stätten in Mekka und Medina; arabisch sind viele Sitten und Gebräuche, die der Prophet selbst vorgeschrieben hat. Insofern hat der Islam eine grössere Nähe wieder zum Judentum, nicht nur in der Stellung des Gesetzes und seiner daran gebundenen Auslegung in einer umfangreichen Tradition, sondern auch in der (übrigens im Koran nicht eigens thematisierten) Beschneidung.

Kehren wir aber, bevor wir die historischen Zusammenhänge noch etwas genauer betrachten wollen, zu einer entscheidenden inhaltlichen Gemeinsamkeit zurück, die unsere drei Religionen besitzen: Es ist der *monotheistische Gottesgedanke*. Er ist kein Produkt einer anonymen Evolution aus dem polytheistischen Pluralismus, sondern ein revolutionäres Ereignis im Vorderen Orient, zu unterschiedlichen Zeiten und in verschiedenen Bereichen aufgetreten, wie z.B. Zarathustra und der Pharao Echnaton (Amenophis IV). lehren[9]. Für unser Thema ist die israelitische Gottesidee zwar nicht in ihrer grossartigen Wucht schon bei Mose anzusetzen, aber die Anfänge liegen bei ihm; anders ist seine Rolle nicht verständlich, denn er war nicht blosser Befreier von ägyptischer Unterdrückung, sondern Vertreter eines unbedingt fordernden Gottes, den er seinen Anhängern nahezubringen suchte. Wir können in den Schriften des Alten Testaments den Weg verfolgen, den diese Gottesidee im Wandel der Zeit genommen hat: Einschneidend waren die Äusserungen der grossen und kleinen Propheten des 8. und 7. Jh.s. v. Chr.; ihnen verdanken wir die Formulierung von Wesen und Wirken des biblischen Gottes, die bis heute festes Glaubensgut von Juden, Christen und Muslimen ist[10]. Mit der Rückkehr aus dem Exil tritt das israelitisch-jüdische Volk geläutert durch Leiden und Besinnung in eine neue Phase seiner Geschichte, begleitet von einem Gottesglauben, der zwar nach wie vor an sein Volk gebunden ist, aber eine ideologische Entschränkung auf die ganze Welt und Geschichte besitzt: die Universalität der monotheistischen Gottesidee ist jetzt (deutlich greifbar bei Deuterojesaja) geboren.

---

[9] Vgl. u.a. E. Hornung, Monotheismus im pharaonischen Ägypten, in: O. Keel (Hrsg.), Monotheismus im Alten Israel und seiner Umwelt, Fribourg 1980, 83 ff.; P.B. Redford, Akhenaten, The Heretic King, Princeton 1984.
[10] Vgl. z.B. F. Stolz, Monotheismus in Israel, in: O. Keel, Monotheismus (s. Anm. 9). 144–189; B. Lang, Monotheism and the Prophetic Minority, Sheffield 1983; E. Haag (Hrsg.), Gott, der einzige. Zur Entstehung des Monotheismus in Israel. Freiburg/Breisgau 1985 (Quaestiones disputatae 104), mit einer Bibliographie zu „Monotheismus-Polytheismus" (187–189).

Sie wird weitergetragen, immer wieder neu formuliert und reflektiert im frühen Judentum, bis sie in Jesus von Nazaret eine weitere Höhe und zugleich eine neue Zäsur erhält, ohne dass damit bereits ein Sprung jenseits des Judentums vollzogen wird. Auf diesen Schultern steht schliesslich auch der letzte grosse Prophet in dieser Reihe: Mohammed, der ohne Zweifel die jüdisch-christliche Gottesidee zu einer eindrucksvollen Geschlossenheit brachte, wie sie vorher in dieser Form nicht da war. Seine Nähe zu den biblischen Propheten ist immer wider beobachtet worden, nicht zuletzt von *Julius Wellhausen*[11], der wohl einer der besten Kenner beider Bereiche gewesen ist. So haben wir phänomenologisch und historisch eine feste Kette, die die drei Religionen ideologisch verbindet, wobei ich nur die dominierenden Gemeinsamkeiten hervorgehoben habe.

4. Judentum, Christentum, Islam: historische Aspekte

Das geschichtliche Denken, das uns bereits in frühen Formen der Bibel entgegentritt, führt uns auch zur eigentlich *historischen Seite unserer* Betrachtung. Wir haben eben von der *Gottesvorstellung gesprochen,* die sich in Israel und im Judentum entwickelt hat und die vorbildlich für Christentum und Islam wurde. Generell gesehen ist damit natürlich eine bestimmte Form der semitischen Religionsgeschichte angesprochen, die zu ungeahnter Weltgeltung kam. Der alte Nomadengott der israelitischen Stämme (Jahwe), den wir bis in das 2. Jahrtausend zurückverfolgen können, hat zwar nach der Sesshaftwerdung Israels im kanaanäischen Kulturland die Züge eines Agrargottes (El) angenommen, aber das dynamische und „vektorische" Prinzip (V. Maag) mit seiner heilsamen Unruhe ist dem biblischen Gott von seinen nomadischen Ursprüngen her immer eigen gewesen[12]. Dieser Zug hält sich durch bis in den Koran, wo im Grunde genommen der biblische Gottesgedanke wieder mit dem alten semitisch-nomadischen Erbe zusammenstösst. Der Allah des Koran ist schon sprachlich eine arabische Gottheit und vor Mohammed bereits auf dem Weg zu einer überragenden Autorität im Pluralismus

---

[11] Vgl. dazu K. Rudolph. Wellhausen als Arabist, Berlin 1983 (SB Sächs. Akademie der Wissenschaften zu Leipzig. Philol.-histor. Klasse 123, Heft 5).

[12] Vgl. V. Maag, Das Gottesverständnis des Alten Testaments, in: NTT 21 (1966/67), 162–207 = ders., Kultur, Kulturkontakt und Religion. Ges. Studien, Göttingen 1980, 256–299.

des religiösen Angebots an Gottheiten des sog. „Heidentums" (der *Ǧāhilija*) geworden, aber er hat inhaltlich sehr viel mehr aus dem Zusammentreffen mit dem jüdischen und christlichen Glaubensgut erhalten, war sein Name doch bereits, wie südarabische Inschriften zeigen, dafür reklamiert worden. Das Gottesbild des Korans ist ohne Juden- und Christentum nicht denkbar; daran hat auch Mohammed nicht gezweifelt, fühlte er sich doch dieser Tradition eng verbunden und sah sich daher auch zu Juden und Christen in seiner Heimat gesandt.

Dass diese jüdisch-christlich-muslimische Gottesidee mit Hilfe der griechischen „Weisheit" (Philosophie) in abstrakte Formen gegossen wurde, ist ein nicht zu unterschätzender Faktor der Symbiose, den wir in allen drei Religionen auch wieder in einer auffälligen Verzahnung und Erberelation vorfinden: Das frühe Christentum beginnt in grösserem Ausmasse damit (seit dem 2. Jh.), das Judentum streng genommen erst seit dem 9. Jh. (Saʿadja b. Josef) parallel zur Entstehung der islamischen Theologie, dem Kalām (wobei offenbar christliche Vorbilder mitwirkten). Eine zweite Welle griechischer Philosophie erreicht das mittelalterliche Christentum aber nur durch die arabisch-islamische Vermittlung: der Aristotelismus des 12. Jh.s mit seiner gefährlichen Sprengkraft im Glaubensgebäude aller drei Religionen (vgl. Moses Maimonides, Ibn Rušd bzw. Averroes, Thomas von Aquin). Auch hier zeigt sich, wie die biblische Gottesidee mit den gleichen Problemen, nur zeit- und ortsverschieden, zu ringen hatte. Übrigens sind diese Nachwirkungen noch am deutlichsten in der muslimischen Theologie von heute anzutreffen; bis in die Katechismen hinein wird mit der griechischen Logik, wie sie im Mittelalter für theologische Zwecke verwendet wurde, gearbeitet.

Es sind eine Reihe weiterer Tatbestände, die es eindeutig machen, dass wir im Rahmen einer generellen semitischen Religionsgeschichte eine eigenständige Linie ziehen können, vom sogenannten „Alten Testament" über das „Neue Testament" zum Koran, oder anders gesagt, von Mose über Jesus bis Mohammed. Dazu gehören Vorstellungen und Vorschriften aller Art, angefangen von den moralischen und rituellen Gesetzesvorschriften des Pentateuch bis zu den weitwirkenden apokalyptischen Ideen des frühen Juden- und Christentums. Auch der kultische Bereich macht davon keine Ausnahme: Der frühjüdische Synagogengottesdienst diente als „Wortgottesdiensts" der frühen christlichen Gemeinde zum ausbaubaren Vorbild; Mohammed wiederum übernimmt Formen christlicher Gebetsübungen (greifbar bis in die Terminologie). Die *Ṣalāt* ist offensichtlich nicht ohne Vorbild der byzantinischen Messe ausgetaltet worden [13].

Doch vergessen wir nicht eine wirkungsvollere Idee zu erwähnen: Der Gedanke einer *Heilsgeschichte*, der eng mit der Rolle der Geschichte im biblischen Denken verbunden ist, ist vom sogenannten Alten Testament über die nachbiblischen Schriften der Juden und Christen bis in den Koran zu verfolgen, wo er eine letzte, wiederum sehr geschlossene Gestalt annahm. Die Reihe von Gottesverkündern, wie sie das sogenannte Alte und das Neue Testament kennen und als massgebend für das Handeln Gottes in der Geschichte betrachten, ist bei Mohammed zum Zyklus der sieben „Warner", d.h. Abraham, Mose, Thamūd, Noah, ʾĀd (Hūd), Lot und Jesus, geworden, die im Auftrage Gottes die Menschen zur Umkehr bewegen sollen, allerdings vergebens. Ihre Botschaft gleicht der von Mohammed, kommt aber in ihm endlich zum Erfolg. So versteht er sich als Schlusspunkt einer Heilsgeschichte, die von Adam über Abraham und Mose bis hin zu Jesus führt. Daher ist er ihr „Siegel", ihr Schlusspunkt[14]. Auch für das Christentum ist diese Idee von Bedeutung geworden, indem es Jesus als den Messias verstand und damit als das fleischgewordene Wort Gottes, das der Welt sichtbar war und ist: erst die Endzeit wird es aller Welt deutlich machen.

Diese mit der heilsgeschichtlich-linearen Konzeption verbundene *Endzeithoffnung* ist ein dominanter Zug aller drei Religionen. Die islamischen diesbezüglichen Vorstellungen sind zwar von spezifisch arabischem Kolorit gefärbt, aber der Gedanke von Auferstehung, Gericht und Gottesoffenbarung ist eindeutig biblisch (abgesehen von der letztlich iranischen Abkunft mancher dieser Seiten). Die eschatologische Hoffnung die Jesus von Nazaret beherrschte, bestimmt auch zunächst den Propheten in Mekka, nur ist Jesus daran gescheitert und physisch zugrunde gegangen. Mohammed hat unter Zurückstellung eschatologischer Naherwartung ein irdisches Reich etabliert, durch das seine religiös-politischen Ideen in die Tat umgesetzt worden sind: Vorbild für alle Muslime bis heute.

---

[13] Vgl. C.H. Becker, Zur Geschichte des islamischen Kultus, in: Islamstudien I (1924), 472–500.

[14] Zur Vorstellung vom „Siegel der Propheten" vgl. jetzt C. Colpe, in: Orientalia Suecana 33/35 (1984/86), 71–83; Berliner Theol. Zeitschrift 4 (1987), 2–18: G.G. Stroumsa, „Seal of the Prophet". The Nature of a Manichaean Metaphor, in: Jerusalem Studies in Arabic and Islam 7 (1986), 61–74. Der Ausdruck scheint, wie schon früher vermutet, der jüdisch-christlichen Vorstellungswelt zu entstammen.

So könnten wir weitere Einzelheiten dieser Zusammenhänge anführen, die die besagte historische Kontinuität belegen. Es ist eine Erbgeschichte grössten Ausmasses, die hier in der Religionsgeschichte unseres Kulturkreises zu Tage kommt und die das Verhältnis der drei grossen Religionen des Vorderen Orients bis heute bestimmt, auch wenn es oft von den Gläubigen (bewusst oder unbewusst) nicht wahrgenommen wird.

Natürlich ist diese Kontinuität nur die eine Seite dieses Vorgangs. Die andere, die Seite der *Differenzen*, steht ebenso deutlich vor uns, nicht nur in der alten Polemik und Apologetik, sondern sie spielt, um im Bilde zu bleiben, auf dem gemeinsamen Strom der geistigen Überlieferung, zu der auch-nicht zu vergessen-die griechisch-römische gehört, ihre beherrschende Rolle, sonst hätten wir ja keine eigenständigen Gebilde, die sich Judentum, Christentum und Islam nennen. Jesus von Nazaret wächst im Judentum auf und wirkt als eine Art Moses redivivus. Seine ersten Jünger versuchen darin zu bleiben, obwohl sie mit ihrer Überzeugung vom Messiassein dieses Jesus bereits mit einem Bein den Glauben ihrer Väter verlassen haben. Die weitere Geschichte ist uns allen bekannt[15]. Synagoge und Kirche stehen sich über Jahrhunderte feindlich gegenüber. Die Kirche hält sich für die neue Synagoge; sie reklamiert nicht nur die jüdische Bibel, sondern auch das heilgeschichtliche Dasein des alten Gottesvolkes. Dieses selbst nimmt zunächst gar nicht richtig wahr, was sich da in seinem Schoss angebahnt hat, bis es von den politischen Ereignissen überrascht wird, als nicht mehr die Juden eine *religio licita* und die Christen als Pseudo-Juden eine *religio illicita* waren, sonder sich das Verhältnis gewissermassen umgekehrt hat, wie die antijüdischen Gesetze seit Konstantin dem Grossen zeigen[16]. Auch religionswissenschaftlich ist dieser Prozess von seltener Tragik, handelt es sich doch um die Verdrängung der Mutter durch die Tochter, die sich an ihre Stelle zu setzen sucht. Doch ist diese Beurteilung ohne die theologischen Hintergründe

---

[15] Vgl. das Material, das H. Schreckenberg jetzt bequem zugänglich gemacht hat: Die christlichen Adversus-Judaeos-Texte und ihr literarisches und theologisches Umfeld (1.–11. Jh.), Frankfurt/Main 1982 (Europ. Hochschulschriften, Reihe XXIII, Band 172); ferner: James Parkes, The Conflict of the Church and the Synagogue. A Study in the Origins of Antisemitism, New York 1969 (6. Aufl. 1985). Eine traditionelle Sicht vertrat zum Beispiel A. Oepke, Das neue Gottesvolk, Gütersloh 1950.

[16] Vgl. jetzt die kritische Studie von G. Stemberger, Juden und Christen im Heiligen Land. Palästina unter Konstantin und Theodosius, München 1987, 45 ff.; 235 ff.

gemacht, die uns hier nicht beschäftigen sollen[17]. Einen Ausgleich hat es zwischen Kirche und Synagoge theologisch seit den Reflexionen des Paulus im Römerbrief (9–11) nicht gegeben; er ist abhängig von der politischen Machtstellung des Christentums gewesen and beeinflusst von geradezu dämonischen, unreflektierten Gewalten eines Hasses, der das christliche Liebesgebot, das das Herz des Christentums bilden sollte, beiseite zu schieben in der Lage war.

Blicken wir zum Islam so haben wir gesehen, dass er sowohl zum Juden– als auch zum Christentum enge Beziehungen hat, auch wenn das arabische Gewand manches davon verschleiert. Mohammed hat diese Verbindungen nicht geleugnet, ja selbst zur Sprache gebracht; er verstand sich als Nachfolger der jüdischen Gottesboten, einschliesslich Jesus Christi (des „Messias", wie er ihn in Übernahme der christlich-syrischen Terminologie nannte). Seine Erlebnisse mit den Juden und Christen Arabiens führten ihn allerdings bald zu einer gewissen Korrektur seiner Einstellung zu den beiden Vaterreligionen. Für ihn wurde nicht Mose oder Jesus die zentrale Gestalt der Heilsgeschichte, sondern Abraham, der auch biblisch an der Spitze der Patriarchen steht. Er ist der erste Gottesbote im Koran, er ist der erste *Muslim* (d.h. „Gottergebene")[18]; seine Religion der wahren Gottesverehrung, gegenüber Heiden, Juden und Christen, ist es, die Mohammed wiederbringt oder erneuern will; er ist ein Abraham redivivus. Der Islam ist die *millāt Ibrāhim*, die Religion Abrahams[19]. So hat der Prophet aus Mekka das Problem mit seinem Vorläufer auf seine originelle Weise gelöst[20]. Auf dieser Basis errichtete er dann in Medina seine Theokratie, und dies unterscheidet ihn nun sehr

---

[17] Vgl. dazu C. Thoma, Die theologischen Beziehungen zwischen Christentum und Judentum, Darmstadt 1982 (Grundzüge 44); L. Lucas, Der Kampf zwischen Christentum und Judentum, Berlin 1910 (Reprint: Hildesheim 1985). Eine vorzügliche Aufbereitung des Quellenmaterials bietet H. Schreckenberg (s.o. Anm. 15). Zu Röm 9–11 vgl. H. Räisänen, The Divine Hardening, Helsinki 1972 (Publications of the Finnish Exegetical Society 25), 79–89.

[18] Vgl. Koran 3,60 (67), 89 (95); 37, 103, 113; 16, 121 (120); 22, 77 (76); Parallelen bei R. Paret, Der Koran. Kommentar und Konkordanz (Stuttgart 1971. ³1986). S. 70 (zu 3.67).

[19] Koran 2.124 (130), 129 (135); 16, 124 (123); vgl. Paret, a.a.O., S. 30 (zu 2, 130). Auch das Christentum ist nach Euseb eine Wiederherstellung des reinen Monotheismus Abrahams und Abraham so eine Art erster Christ (Kirchengeschichte I, 4.10–15; Schwartz S. 42). Vgl. dazu P. Kawerau, Das Christentum des Ostens, Stuttgart 1972. 99; ZRGG 14 (1962), 307 f.; E. van Ivanka, Rhomäerreich und Gottesvolk, Freiburg 1968, 51 f.

[20] Inwieweit er dabei an vorislamisch-arabische Traditionen angeknüpft hat, ist umstritten. Sicher ist die radikale Ansicht von P. Crone und M. Cook, Hagar-

von Jesus, der kein Reich von dieser Welt im Auge hatte und als Opfer eines irdischen Weltreiches endet. Dieser grundlegende Unterschied prägt sich in den beiden Religionen, dem Christentum und dem Islam, bis heute deutlich aus, auch wenn nicht übersehen werden sollte, dass auch die christliche Kirche in eine enge Verbindung mit staatlichen Gewalten geriet und irdische Reiche errichtete (frappantestes Beispiel ist das päpstliche Reich, das erst im 20. Jh. zu einem kleinen Stadtteilstaat dem Vatikanstaat zusammenschrumpfte).

Der theokratische Staatsgedanke hat auch im Judentum alte Wurzeln, seitdem es in Palästina im 10. Jh. v. Chr. zu einem israelitisch-jüdischen Königtum gekommen war, aus dem sich quasi die sakrale Daviddynastie bis in die religiöse Ideologie hinein ihr Nachleben in der Gestalt der Messiasidee bewahrt hat. Das Priesterkönigtum der Makkabäer, das an die alte Herrlichkeit anknüpfte und sich aus Opposition gegen eine Überfremdung des Judentums durch Züge des Hellenismus in politischer und religiöser Hinsicht etablierte, ist ein weiteres Indiz dafür, wie eng in der volksreligiösen Eigenart des Judentums theokratische Ambitionen lebendig waren, die erst nach den furchtbaren Kriegen mit den Römern und der in diesem Verlauf erfolgten restlosen Zerstörung der politischen Existenz des jüdischen Volkes in den Jahren 70 und 132 endgültig zu Grabe getragen wurden; sie blieben aber aufgehoben in der trostvollen Hoffnung auf die erlösende Endzeit und den Messias.

5. Das Verhältnis der drei Religionen zueinander im Laufe der Geschichte

Verlassen wir dieses für die Geschichte der Religionen so wichtige Thema der Politik und wenden uns noch kurz dem äusseren Verhältnis der drei Religionen zueinander im Laufe der Zeit zu. Der Islam besitzt dafür die klarsten Regeln, die Mohammed selbst im Koran festgelegt hat[21]. Juden und Christen können nach Anerkennung der islamischen Ländern bis ins 19. und 20. Jh. verfahren worden. Juden und Christen bildeten im Kalifenreich eigene Gemeinden mit relativ ausgebauter Selbständigkeit,

---

sim. The Making of the Islamic World, Cambridge 1977, nicht haltbar (auch gerade quellenkritisch). Ausgeglichen: R. Paret, Mohammed und der Koran, Stuttgart 61986 (UTB 32), 119–122; Art. Ibrāhīm, Encyclopaedia of Islam, New Eidtion, Vol. 3 (1971).

[21] Vgl. den kurzen Überblick bei Paret, Mohammed (s. Anm. 20), 140–143.

besonders in rechtlicher Hinsicht. Sie ordneten ihre inneren Angelegenheiten selbst und waren nicht allzu grossen Beschränkungen ausgesetzt. Alles war gesetzlich geregelt und durch das Gotteswort des Korans abgesichert[22].

Ganz anders sah es im christlichen Raum aus, wo es zwar keine islamischen Gemeinden gab, dafür aber die grossen jüdischen Gemeinden, die aus der Zerstreuung in der antiken Welt ihre Existenz in die christlichen Reiche hinüberretteten. Für sie gab es keine im Neuen Testament niedergelegten Regeln. Man war gezwungen, neue zu schaffen: in der Hauptsache waren es Königs- und Hofgesetze, die aber keine religiöse Sanktionierung hatten und so auch dem Schwanken der politischen Lage erheblich ausgesetzt waren. Streng genommen gab es für die jüdischen Gemeinden im christlichen Mittelalter keine Rechtssicherheit von Dauer[23]. Aus diesem Grund ist auch das Verhältnis von Juden– und Christentum in dieser Zeit, von seltenen, meist auch ökonomisch bedingten Ausnahmen abgesehen, kein gutes gewesen und gehört zu den traurigsten Kapiteln europäischer Geschichte. Erst in der Aufklärungszeit, der Haskala, änderte sich dieser Zustand, und die bürgerlichen Reformgesetzgebungen des 18.

---

[22] Vgl. das übersetzte Material in: Bat Yeʻor, The Dhimmi, Jews and Christians under Islam, Cranbury, N.Y. 1985 (revidierte und erweiterte Fassung der französischen Originalausgabe von 1980); B. Lewis, The Jews of Islam, Princeton 1984 (dt. Die Juden in der islamischen Welt, München 1987; Kap. I behandelt auch die anderen Religionen); Überblick bei C. Cahen, Art. Dhimma, EI, New Edition, Vol 2 (1961). Die entscheidende Störung der traditionellen Verhältnisse setzte mit dem Eindringen der europäischen Mächte in der Neuzeit ein (vgl. Bat Yeor, S. 78 ff.; Lewis, 154 ff.) und mit dem entstehenden Nationalismus (Bat Yeʻor 985 ff) bzw. der Gründung Israels (vgl. ebda 113 ff.). Belege für mittelalterliche Unterdrückung bei B. Lewis, Islam, Vol. II, New York 1974, 228 ff. (betr. Landraub, Deportation, finanzielle Erpressung); ders., „Treibt sie ins Meer!" Geschichte des Antisemitismus, Frankfurt/M. 1989 (Ullstein TB 34595), 145 ff.; A.S. Tritton, The Caliph and their Non-Muslim Subjects, London 1930, 127 ff.; S.D. Goitein, Jews and Arabs, New York 1955, 74 ff.; G. von Grunebaum, Eastern Jewry under Islam, in: Viator 2 (1971), 365 ff.; E. Strauss, The Social Isolation of the Ahl-adh-Dhimma, in: Etudes orientales à la memoire de Paul Hirschler, Budapest 1950, 73 ff. Das Zusammenleben der drei Religionen schildert R.I. Burns, Muslims, Christians and Jews in the Crusader's Kingdom of Valencia: Society in Symbiosis, Cambridge 1984; generell: A.J. Arberry (Hrsg.), Religion in the Middle East, Vol. 2, Cambridge 1969, 365–639 (The three religions in concord and conflict).

[23] Vgl. das reich Material bei J.R. Marcus, The Jew in the Medieval World. A. Source Book: 315–1791, Cincinnati 1938 (Reprint: New York 1969, ⁵1974); K. Schubert, Die Kultur der Juden II, Wiesbaden 1979 (Handbuch der Kulturgeschichte), 18–56; H.H. Ben-Sasson (Hrsg.), Geschichte des jüdischen Volkes, Band II, München 1979, 113 ff., 215 ff., 230 ff., 318 ff.

und 19. Jh.s schufen hier einen grundlegenden Wandel, dessen positive Wirkung für das Judentum heute allerdings kritischer gesehen wird als früher[24]. Doch er bewirkte zumindest eine Entkrampfung auf beiden Seiten, so dass es zeit- und stellenweise schon zu partnerschaftlichen Verhältnissen kam, wenn auch nicht zu einem Dialog. Dass der aufstrebende Nationalismus des 19. Jh.s dem stellenweise immer noch schwelenden Antisemitismus bzw. Antijudaismus aus religiösen, rassischen und anderen Wurzeln neuen Auftrieb gab, um schliesslich in einem antihumanistischen Terror ohnegleichen den jüdischen Partner gänzlich zum Schweigen zu bringen, ist ein Abschnitt der Beziehungen zwischen Christen und Juden, der nie vergessen werden sollte, um für die Zukunft eine Wiederholung auszuschliessen[25]. Diese Ereignisse übersteigen auch weit eine blosse religionswissenschaftliche Betrachtung, sind allerdings für das Verhältnis der beiden Religionen von existentieller Bedeutung und stellen es auf eine neue Basis.

6. Anfragen des Religionswissenschaftlers an die drei monotheistischen Religionen

Es ergeben sich aus dem Vorgetragenen eine Reihe von Folgerungen, die zugleich als Anfragen der Religionswissenschaft an die drei Religionen zu verstehen sind.

Ganz deutlich ist der historische Zusammenhang, den Judentum, Christentum und Islam bilden. Er bindet sie, universalhistorisch gesehen, zusammen und unterscheidet sie wesentlich etwa von anderen Kultur- und Religionsprovinzen unserer Welt. Diese Gemeinsamkeit erstreckt sich auf wesentliche Glaubensaussagen: den einen Gott, sein Handeln in der Geschichte durch Propheten und das Wort, die eschatologische Dimension, die mir die wichtigsten zu sein scheinen. Von den drei Religionen hat die historisch letzte die Summe der vorausgehenden in gewissen

---

[24] Vgl. den Überblick bei H.H. Ben Sasson, a.a.O., Band III, München 1980, 31 ff., 65 ff., 126 ff. (Integrationsversuche), 161 ff. (Scheitern der Integrationsversuche); H.M. Graupe, Die Entstehung des modernen Judentums, 2, Aufl. Hamburg 1977, bes. 79 ff., 93 ff. (M. Mendelssohn), 226 ff. (rechtliche und soziale Lage).
[25] Vgl. die vorzügliche Dokumentation von H.K. Strauss und N. Kampe (Hrsg.), Antisemitismus. Von der Judenfeindschaft zum Holocaust, Bonn 1985 (Schriftenreihe der Bundeszentrale für politische Bildung Bd. 213); K. Schubert und J. Moser. Der gelbe Stern in Österreich. Studia Judaica Austriaca Bd. V. Eisenstadt 1977.

Grenzen aufgenommen; sie akzeptiert die biblische Heilsgeschichte, setzt aber neue Akzente, die mit dem Anspruch Mohammeds, der letzte Prophet zu sein, zusammenhängen.

Mir scheint nun, dass die gemeinsame Verbundenheit durch die Geschichte diese Religionen zur Gemeinsamkeit verpflichten sollte, nicht in einer theologischen oder sonstwie gearteten Annäherung, sondern in einer Gesprächsbereitschaft, wie sie ja bereits vielerorts zu finden ist, sei es in den Verlautbarungen des II. Vatikanischen Konzils oder der Dialog-Kommission des Weltrats der Kirchen und den grossen interreligiösen Konferenzen. Im übrigen hat die vornehme Disputation auch im Mittelalter nie völlig gefehlt, wie al-Ghazāli, Ibn Kamūna, Raimundus Lullus, Nikolaus von Kues u.a. lehren[26]. Bekanntlich hat die katholische Kirche auf dem II. Vatikanischen Konzil (1962–65) erstmalig neben Buddhismus und Judentum auch den Islam ausdrücklich als eine Religion mit Gotteserkenntnis anerkannt („mit Hochachtung", wie es heisst). Ermahnt wird dabei zu gegenseitigem Verstehen, und zur gemeinsamen Arbeit für soziale Gerechtigkeit, Erhaltung der sittlichen Güter, Frieden und Freiheit für alle Menschen aufgerufen[27].

Von evangelischer Seite liessen sich dazu die verschiedenen Publikationen anführen, die sich mit dem interreligiösen Dialog beschäftigen und deren Anzahl im Ansteigen begriffen ist[28]. Meine Kenntnisse verlassen mich aber, wenn ich auf die jüdische oder islamische Seite blicke. Für den Islam gibt es einzelne Stimmen dazu. Für das Judentum bilden die zahlreichen Arbeitsgruppen für jüdisch-christliche Zusammenarbeit einem der vielen hoffnungsvollen Versuche, alte Fehler nicht zu wiederholen und statt dessen Brücken der Gegenseitigkeit zu bauen.

---

[26] Dazu sind die Vorträge des 25. Wolfenbüttelers Symposions über „Religionsgespräche im Mittelalter" (11.–15. Juni 1989), das unter Leitung von B. Lewis und F. Niewöhner stand, demnächst im Druck zu erwarten.

[27] Vaticanum II, Erklärung über das Verhältnis der Kirche zu den nichtchristlichen Religionen: „Nostra aetate" (28.10.1965). Zum Judentum ist die Erklärung der deutschen (kath.) Bischöfe „Über das Verhältnis der Kirche zum Judentums" vom 28.4.1980 zu vergleichen (hrsg. vom Sekretariat der Deutschen Bischofskonferenz in Bonn). Theologische Diskussion dazu bei C. Thoma (s.o. Anm. 17). Vgl. auch die konstruktiven Äußerungen von N. Greinacher u. B. Dittrich, Dialog oder Unterwerfung? Wie die Christen auf *Andere* reagierten, in: Frankfurter Rundschau 21.2. 1991, 15 f.

[28] H.J. Margull/S.J. Samartha, Dialog mit anderen Religionen. Material aus der ökumenischen Bewegung, Frankfurt/M. 1972: Christians Meeting Muslims. WCC Papers on Ten years of Christian-Muslim Dialogue, Geneva 1977.; S. Brown (Hg.), Meeting in Faith, Geneva 1989.

Der Religionswissenschaftler nimmt auch dies wahr und kann sich persönlich diesen positiven Tendenzen nicht verschliessen, auch wenn es nicht zu seinen Aufgaben gehört, diese Dialoge dirckt zu fördern oder gar zu veranstalten[29]. Aber eines ist ihm ganz gewiss, dass er indirekt daran beteiligt ist und das Recht für sich in Anspruch nehmen kann, dazu schon in den Anfängen der Religionswissenschaft den Boden gelegt zu haben. Der Abbau von Missverständnissen, die tolerante Haltung und die undogmatische Untersuchung der Religionen und ihrer Tatbestände haben mit dazu beigetragen. Insofern ist auch die philologisch-historische und komparative Arbeit, die zweifellos relativiert und ideologiekritisch (im Hinblick auf die Tradition) wirksam ist, ein Beitrag zum Verständnis; denn sie zerstört nicht nur traditionelle heile Bilder und liebgewordene Vorstellungen, sondern führt zu neuen Einstellungen, die Selbstkritik und Fremdkritik dialektisch vermitteln und so die Basis für ein gleichberechtigtes Streben nach Wahrheit und Toleranz abgeben[30].

Wenn ich zum Schluss meine persönliche Auffassung noch deutlicher machen möchte, kann ich dies eigentlich nur mit dem Verweis auf das 209 Jahre alte erste deutsche Versdrama Lessings, den „Nathan" (1779), tun. Mit ihm haben wir ein literarisches Dokument, das meines Erachtens weit über seine poetische und klassische Bedeutung hinausragt; es ist immer noch das bisher Beste, was über das Zusammenleben der Religionen und Völker geschrieben worden ist. Damit meine ich nicht nur die bekannte Ringparabel, die ja den eingangs zitierten Geist der Schrift „Von den drei Betrügern" atmet (von den Ringbesitzern als „betrogenen Betrügern" ist ja darin ausdrücklich die Rede), sondern

---

[29] Verwiesen sei auf folgende Literatur dazu: F.E. Peters, Children of Abraham, Judaism/Christianity/Islam, Princeton 1982; W.G. Oxtoby, The Meaning of Other Faiths, Philadelphia 1983 (dt.: Offenes Christentum, München 1986) mit Literatur 117–120 (dt. 117–121); H. Küng, J. van Ess, H. von Stietencron, H. Bechert, Christentum und Weltreligionen, München 1984. Vom 9.–10.4.1987 fand in Toledo ein Symposion des Europarates zum jüdischen Einfluss auf die europäischen Kulturen statt, über den die „Europäische Zeitung" vom Mai 1987 berichtete. Über das Problem des „Juden Jesus" diskutieren Pinchas Lapide und Ulrich Luz in dem lesenswerten Buch „Der Jude Jesus", Zürich (Benziger) 1979.

[30] Die „ideologiekritische" Funktion der Religionswissenschaft. In: Numen 25 (1978), 17–39. bes. 34 ff. (s.o. S. 99ff.). H. Küngs Schlusswort zum Anm. 29 genannten Band steht unter dem Titel: „Kein Weltfrieden ohne Religionsfrieden!" (617–621). Das ist ein Resultat der Beschäftigung mit den nichtchristlichen Religionen aus ökumenisch-toleranter Sicht christlicher Theologie. Vgl. jetzt sein Buch „Weltethos", München 1990.

die Darstellung der Personen, ihrer Haltungen und Äusserungen, unter denen dem Juden Nathan die zentrale Rolle zufällt (bekanntlich spiegelt sich dahinter die lebenslange Freundschaft Lessings mit *Moses Mendelssohn*)[31]. Die Ringparabel ist die Antwort, die sich Nathan in einer für ihn nicht ungefährlichen Situation zurechtlegt, um dem Sultan zu erklären, warum er Jude ist und bleibt, nicht bloss aus Herkommen und Gedankenlosigkeit, sondern weil er den tiefen Gehalt jeder Religion in der Humanität erkannt hatte und praktisch entsprechend handelte, unabhängig von der äusseren Religionsform des Judeseins[32]. Als der Sultan ihn mit dem Hinweis unterbricht, dass ja diese drei Religionen, die mit den drei Ringen gemeint sind, deutlich zu unterscheiden sind „bis auf die Kleidung, bis auf Speis und Trank", antwortet Nathan (3. Aufzug, 7. Auftritt):

---

[31] Vgl. dazu ausführlich Alexander Altmann, Moses Mendelsohn, London 1973, S. 298f., 569 ff. (brieflicher Hinweis von R. Zwi Werblowsky). Zur Entwicklung von Lessings Bild vom „Juden" s. W. Barner, Vorurteil, Empirie, Rettung. Der junge Lessing und die Juden und Judentum in der Literatur, München 1985, 52–77. Vgl. auch Niewöhner, Veritas sive Varietas, S. 399 ff.

[32] Vgl. dazu auch W. Oelmüller, Die unbefriedigte Aufklärung, Frankfurt M. 1969, 78–88, der mit Recht betont, dass Lessing das Verhältnis der drei Religionen auf dem Boden der praktischen, nicht der theoretischen Vernunft erörtert, da letztere zu keiner Lösung der alten Streitfragen führen kann. Es geht nicht um die Aufhebung der geschichtlichen Offenbarungsreligionen im Namen einer neuen Vernunftreligion oder einer geschichtslosen Innerlichkeit bei L., sondern um das friedliche Zusammenleben der Religionen in einer Gesellschaft, zu dem jede Religion das ihre beitragen kann (ebda. 87). Exzellent die Analyse von Lessings Nathan und seiner Implikationen bei W. Jens in seinem mit H. Küng publizierten Buch „Dichtung und Religion", München 1985 (²1988), 102–119. Mit Recht bemerkt Jens, dass es sich bei diesem Werk nicht um ein „philosemitisches Drama" oder „eine philanthropische Ballade mit entschiedener projüdischer Tendenz" handelt, „sondern um exemplarische Zerstörung jener Auserwähltheitsideologie christlicher Provenienz.... die, so Mendelssohn, in „allen Menschen, die keine Christen sind", am liebsten „Meuchelmörder und Strassenräuber" ausmachen möchte" (114). man kann auf die Rechte der Menschen nicht dringen, „ohne zugleich die Rechte jeder - auch der verachtetsten—durch Vorurteile verketzerten, Minderheit zu reklamieren" (ebda.). Den Christen soll gezeigt werden, „wie viel ihnen, die durch lange religiöse Erziehung auf vorgeformte Rollenbilder fixiert wurden, noch zur Menschlichkeit fehlt—einer Humanität, die erst der Respekt garantiert, in dessen Zeichen sich die Religionen tolerieren (und das heisst: *anerkennen*, nicht nur herablassend *dulden*)" (ebda. 115). Zu Lessings Religions- und Christentumsauffassung siehe H. Küngs Ausführungen ebda. 82–101, und A. Schilson, Lessings Christentum, Göttingen 1980 (Kleine Vandenhoeck-Reihe 1463).—Zur Ringparabel: H. Politzer, Lessings Parabel von den 3 Ringen, in: The German Quarterly 31.3 (May 1958), 161–77; A. Wünsche, Der Ursprung der Parabel von den 3 Ringen, in: Lessing- Mendelsohn Gedenkbuch, Leipzig 1979, 338 ff.; Niewöhner, a.a.O., 23 ff., 30 ff., 62 ff., 169 ff., 268 ff., 399 ff.. (Maimonides wurde von Lessing gelesen).

> *„Und nur von seiten ihrer Fründe nicht.*
> *Denn gründen alle sich nicht auf Geschichte?*
> *Geschrieben oder überliefert! Und*
> *Geschichte muss doch wohl allein auf Treu'*
> *Und Glauben angenommen werden? Nicht?*
> *Nun wessen Treu' und Glauben zieht man denn*
> *Am wenigsten in Zweifel? Doch der Seinen?*
> *Doch deren Blut wir sind? doch deren, die*
> *Von Kindheit an uns Proben ihrer Liebe*
> *Gegeben? die uns nie getäuscht, als wo*
> *Getäuscht zu werden uns heilsamer war?*
> *Wie kann ich meinen Vätern weniger*
> *Als du den deinen glauben? Oder umgekehrt:*
> *Kann ich von dir verlangen, dass du deine*
> *Vorfahren Lügen strafst, um meinen nicht*
> *Zu widersprechen? Oder umgekehrt.*
> *Das nämliche gilt von den Christen. Nicht?"*

In der Fortsetzung wird zwar erwogen, ob der echte Ring überhaupt noch existiert und nicht vielmehr verloren ging, weil seine „Wunderkraft, beliebt zu machen, vor Gott und Menschen angenehm", nicht mehr wirksam ist, wie die Situation ja zu Zeiten Lessings und noch bis heute zeigt: aber Lessing lässt durch Nathan darauf am Schluss den Kern seiner Auffassung dazu so wiedergeben (ebda.):

> *(Der Richter spricht durch Nathan)*
> *„Mein Rat ist aber der: ihr nehmt*
> *Die Sache völlig, wie sie liegt. Hat von*
> *Euch jeder seinen Ring von seinem Vater:*
> *So glaube jeder sicher seinen Ring*
> *Den echten. Möglich, dass der Vater nun*
> *Die Tyrannei das einen Rings nicht länger hat*
> *In seinem Hause dulden wollen! Und gewiss.*
> *Dass er euch alle drei geliebt und gleich*
> *Geliebt: indem er zwei nicht drücken mögen,*
> *Um einen zu begünstigen. Wohlan!*
> *Es eifre jeder seiner unbestochnen.*
> *Von Vorurteilen freien Liebe nach!*
> *Es strebe von euch jeder um die Wette,*
> *Die Kraft des Steins in seinem Ring an Tag*
> *Zu legen! komme dieser Kraft mit Sanftmut,*
> *Mit herzlicher Verträglichkeit, mit Wohltun,*
> *Mit innigster Ergebenheit in Gott.*

Zu Hilf! Und wenn sich dann der Steine Kräfte
Bei euern Kindes-Kindeskindern äussern:
So lad' ich über tausend tausend Jahre
Sie wiederum vor diesen Stuhl. Da wird
Ein weis'rer Mann auf diesem Stuhle sitzen
Als ich und sprechen. Geht!"

Nun, wir haben erst reichlich 200 Jahre seitdem hinter uns: sind wir sicher auf dem Wege, den uns Lessing gezeigt hat? Denn auch er ist Christ geblieben, ein „aufgeklärter" mit recht wacher und kritischer Vernunft, muss man sagen, aber er hat die evangelische Botschaft der Liebe und Verständigung besser begriffen als die meisten seiner theologischen Zeitgenossen, und dazu hat ihm nicht zuletzt die Einsicht in die Historie und der unvoreingenommene Blick über die eigenen Religionsgrenzen verholfen das sollte auch für uns gelten.

12.

DAS FRÜHE CHRISTENTUM ALS RELIGIONSGESCHICHTLICHES PHÄNOMEN

Das unbestreitbare Verdienst, das frühe Christentum als religionsgeschichtliches Phänomen begriffen zu haben, gebührt ohne Zweifel der sogenannten religionsgeschichtlichen Schule der protestantischen Theologie, wie sie sich im Ausgang des vorigen Jahrhunderts gebildet hatte[1]. Angeregt und beeinflußt von den zahlreichen bahnbrechenden Arbeiten ihrer Zeit zur vorderasiatischen, hellenistischen und spätantiken Religionsgeschichte, hat diese Schule das entstehende und sich aus-bildende Christentum als Teil seiner Umwelt verstanden und es somit aus dem elfenbeinernen Turm befreit, in den es Dogmatik und theo-logische Kirchengeschichtsschreibung verbannt hatten. Auch wenn heute eine Reihe Thesen und Feststellungen von einigen ihrer führenden Köpfe, wie W. Bousset, H. Greßmann, H. Gunkel, W. Heitmüller, J. Weiß, R. Reitzenstein, nicht mehr unbesehen übernommen werden können, so sollte doch entschieden an der von ihnen eingenommenen Grundposition festgehalten und nicht hinter sie zurückgegangen werden. Es ist in letzter Zeit vielfach üblich geworden gewisse Auffassungen der religionsgeschichtlichen Schule als Zielscheibe überheblicher Kritik (oder gar als Prügelknabe) zu benutzen und von daher die ganze Richtung zu desavouieren, obwohl nicht geleugnet werden kann, daß alle, die auf dem angedeuteten Gebiet arbei-ten, ihr irgend wie verpflichtet sind, auch diejenigen, die sie vordem (beispielsweise A. von Harnack und K. Holl) bekämpften und es heute noch ausgiebig glauben tun zu müssen. Nun ist gegen die sicherlich berechtigte Kritik an unhaltbaren und übertriebenen—oft aus Entdeckerfreude geborenen und im Widerstreit gegen die enge

---

[1] Eine allen Anforderungen gerechte Monographie über diese Schule gibt es derzeit noch nicht. In den letzten Jahren vermehren sich die Bemühungen um die Anfänge, Geschichte und Bedeutung dieser Richtung auf Grund neuer Quellen und Untersuchungen. Verwiesen sei auf die vorzügliche Dokumentation von G. Lüdemann u. M. Schröder, Die Religionsgeschichtliche Schule in Göttingen, Göttingen 1987; meine eigene kurze Darstellung findet sich unter S. 412–421 '(mit Literatur).

theologische Sicht scharf herausgestellten — Ansichten und Theorien, wozu die berühmte Idee vom (gnostischen) „erlösten Erlöser" gehört², nichts einzuwenden, aber man sollte dabei die weiterführenden und bahn-brechenden Gedanken dieser Schule nicht vergessen. Wenn H. Gunkel 1903 schrieb, daß das Christentum „eine synkretistische Religion" ist³, so hat einer der letzten großen Vertreter dieser Schule, R. Bultmann, diese Feststellung ausdrücklich aufgenommen und zum Leitfaden seiner trefflichen Darstellung des Urchristentums gemacht⁴. Inzwischen ist diese Erkenntnis erneut fruchtbar gemacht worden⁵.

Diese kurzen wissenschaftsgeschichtlichen Bemerkungen sollten nur eine Art Besinnung sein and zeigen, auf welchem Grund für uns mehr oder weniger Selbstverständliches, nämlich das Christentum als religionsgeschichtliche Erscheinung, eigentlich beruht und von welcher Sicht der Dinge ich selbst bei der Behandlung dieses Themas auszugehen bemüht bin. Es kann sich im folgenden dabei naturgemäß nur um eine Skizze handeln, da das Thema zu uferlosen Diskussionen führen kann und eine

---

² Darüber handelt C. Colpe, Die religionsgeschichtliche Schule, Göttingen 1961, ausführlich; vgl. meine Rez. in der ThLZ 88, 1963, 28–33.

³ Zum religionsgeschichtlichen Verständnis des Neuen Testaments, Göttingen 1903, 95.

⁴ Das Urchristentum im Rahmen der antiken Religionen, Zürich 1949, ²1954, 195 ff, ⁵1986, 191 ff. (= Taschenbuchausgabe Hamburg 1962, ⁵1969 [rowohlts deutsche enzyklopädie 1957/158], 163 ff.). Auch H.S. Nyberg hatte diese Beurteilung aufgenommen in seinem Aufsatz „Das Christentum als religionsgeschichtliches Problem" (übersetzt von H.H. Schaeder) in: Ztschr. f. Missionskunde und Religionswissenschaft 50, 1935, 295–317, spez. 299.

⁵ H. Köster — J.M. Robinson, Entwicklungslinien durch die Welt des frühen Christentums, Tübingen 1971, 108; H. Conzelmann, Geschichte des Urchristentums, Göttingen 1969, ²1972, 57; D. Lührmann, Erwägungen zur Geschichte des Urchirstentums, in: Ev. Theol. 3d, 1972, 452–467. In welcher Weise eine differenzierte Verwendung religionsgeschichtlichen Materials möglich und gegenüber theologischen Vorurteilen zu verteidigen ist, zeigt auch die Arbeit von E. Brandenburger, Fleisch und Geist. Paulus und die dualistische Weisheit, Neukirchen-Vluyn 1968, 26 ff. Inzwischen hat H.J.W. Drijvers hierzu einige grundsätzliche Bemerkungen beigesteuert, die für die gesamte Fragestellung von Wichtigkeit sind: Rechtgläubigkeit und Ketzerei im ältesten syrischen Christentum, Orientalia Christiana Analecta 197, 1974 (Symposium Syriacum 1972), 291–310, bes. 292 ff. „In der theologischen Wissenschaft hat die gelehrte Welt eine starke Neigung zu einer statischen Geschichtsauffassung, worin das Christentum die zentrale Rolle spielt und alle anderen kulturellen und religiösen Phänomene den Hintergrund bilden und höchstens gewisse Einflüsse ausgeübt oder erlitten haben. Man studiert gewisse Schriften und Gestalten, versucht festzustellen, ob diese Schriften orthodox oder nicht mehr orthodox oder häretisch sind, welche Einflüsse dazu beigetragen haben können, und welche Folgen das für spätere Erscheinungen gehabt hat" (293).

umfassende Ausführung erst noch in Angriff genommen werden muß. Wenn ich von „religionsgeschichtlich" spreche, so meine ich in diesem Zusammenhang die historisch gewachsene Form des Christentums in seiner *Bestimmtheit* von der zeitgenössischen und ihr vorausliegenden religiösen Überlieferung, also der Religionsgeschichte seiner Umwelt. Hinzu gehörte noch eine nähere phänomenologische Beschreibung und Bestimmung unter religionsvergleichendem Gesichtspunkt, das heißt die Anwendung 'religionsphänomenologischer' Kategorien auf die Entwicklungsgeschichte des Christentums und seiner Eigenart als solcher, doch wird dies nur am Rande geschehen können.

Betrachtet man das Christentum, so wie es sich in seinen früheren Urkunden und der Form der zahlreichen Kirchen und Richtungen darstellt, generell, so sind es in erster Linie zwei Komponenten, die es bis heute geprägt haben: das jüdische und das hellenistische Erbe. Während das erstere immer im Blickpunkt der Forschung stand und auch in der älteren theologischen Geschichtsschreibung aus naheliegenden Gründen eine Rolle spielte — bildete ja das „Alte" zusammen mit dem „Neuen" Testament die heilige Schrift schon der frühen Kirche —, so war das griechisch-hellenistische Gut nur langsam sichtbar gemacht worden, zunächst vom sprachlichen Gewand, dann auch von der Terminologie und Vorstellungswelt her. Sicherlich hat die klassische Philologie seit der Zeit des Humanismus durch die Bemühungen um die textlichen Grundlagen der christlichen Überlieferung und um deren Auslegung mit Hilfe der zugänglichen antiken Autoren wichtige Beiträge zur Erhellung dieser Seite des Christentums geliefert (und liefert sie auch heute noch, wie nicht zuletzt die Reihe der „Griechischen Christlichen Schriftsteller" und der „Texte und Untersuchungen" eindrücklich lehrt), aber die wirklich historische und religionsgeschichtliche Erschließung setzt doch erst in der 2. Hälfte des 19. Jahrhunderts ein. Hand in Hand mit der Ausbildung der sogenannten ethnologischen Philologenschule um E. Rohde, A. Dieterich, R. Wünsch und F. Boll schritt auch die entsprechende Interpretation des Neuen Testaments und der frühchristlichen Literatur in diesem Sinne und in enger Arbeitsgemeinschaft mit der religionsgeschichtlichen Schule fort (wofür R. Reitzenstein das herausragendste Beispiel ist). Dieser Bereich hat sich seitdem immer mehr ausgedehnt und vor allem in letzter Zeit zu ganz neuen Einblicken geführt. Für die Schwierigkeit der Erfassung dieser Seite des Christentums zeugt die immer noch in den Anfängen steckende Bemühung um das „Corpus Hellenisticum

Novi Testatmenti" (CHNT), an dem seit dem genialen Entwurf von Wettstein 1751 immer noch gearbeitet wird.[6]

Aber auch das jüdische Erbe ist derartig differenziert worden, daß man jetzt nicht mehr von dem Judentum als einer fest umrissenen, einheitlichen Größe zur Zeit des Neuen Testaments oder der frühen Kirche sprechen kann, sondern jeweils bestimmte Erscheinungen namhaft macht, die für das gleichfalls so facettenreiche Christentum von einflußreicher Bedeutung waren. So haben die Funde am Toten Meer (Qumran und andere) dazu geführt, nicht nur bisher nahezu unbekannte Seiten des damaligen Judentums (und andere Vorstufen jüdischer Esoterik) aufzudecken, sondern gleichzeitig auch neues Erklärungsmaterial für die urchristliche Literatur bereitzustellen, sei es auch nur im Sinne einer stärkeren Abhebung der Kontraste.[7]. Da eine detaillierte Darstellung dieser Beziehungen zu weit führen würde, sei eine kurze zusammenfassende Aufzählung der wichtigsten „Komponenten" gewagt, die *nachweislich* für das frühe Christentum von maßgebender Bedeutung waren, ja die seine Ausbildung eben zu dem, was es geworden ist, mitbewirkt haben.

1. Der israelitisch-jüdische Gottesgendake, die wohl grundsätzlichste Voraussetzung des entstehenden Christentums.

2. Das alttestamentliche Prophetentum, das in einem seiner letzten Vertreter, Johannes dem Täufer, unmittelbares Vorbild

---

[6] Vgl. dazu W.C. van Unnik, Corpus Hellenisticum Novi Testamenti, JBL LXXXIII, 1964, 17–33; Words come to Life, Nov. Test. XIII, 1971, 199–216; ders., Das Urchristentum in seiner hellenistischen Umwelt, WZ Univ. Halle XVIII, 1969, 1, 109–126; G. Delling, Zum Corpus Hellenisticum Novi Testamenti, ZNW LIV, 1963, 1–15; H.D. Betz, Lukian von Samosata und das Neue Testament, Berlin 1961 (TU 76); ders., Contributions to the Corpus Hellenisticum Novi Testamenti I: Plutarch, De E apud Delphos, Nov. Test. XIII, 1971, 217–235; ders., Corpus Hellenisticum N.T. (Report), Bulletin of the Institute for Antiquity and Christianity, No. 6, Febr. 1973, 5 ff.; die in Leiden erscheinende Reihe „Studia ad Corpus Hellenisticum Novi Testamenti" (I: G. Petzke, Die Traditionen über Appollonius von Tyana und das NT, 1970; II: G. Mussies, Dio Chrysostom and the NT, 1972; III u. IV: H.D. Betz, Plutarch's Theological Writings and Early Christian Literature, 1974 und 1978; V: W.C. Grese, Corpus Hermeticum XIII and Early Christian Literature, 1979; VI: P.W. van der Horst, Aelius Aristides and the N.T., 1980). H.D. Betz, Hellenismus und Urchristentum. Ges. Aufsätze, I, Tübingen 1990; Art. „Hellenismus" III, in: ThRE 15 (1986), 19–35 (mit Literatur).

[7] Vgl. die zusammenfassenden Darstellungen von H. Braun, Qumran und das NT, Tübingen 1966; ders., Spätjüdisch-häretischer und frühchristlicher Radikalismus, Tübingen ²1969; ferner G. Klinzing, Die Umdeutung des Kultus in der Qumrangemeinde und im Neuen Testament, Göttingen 1971. G. Vermes, Jesus and the World of Judaism, Philadelphia 1973, 100–139. Die anfänglichen Übertreibungen, geboren aus der Entdeckerfreude, haben inzwischen einer nüchternen Betrachtung Platz gemacht. Bibliographie: J.A. Fitzmyer, The Dead

Jesu von Nazareth wurde und das im Laufe der Kirchengeschichte immer wieder einen Anknüpfungspunkt für revolutionäre, antiautoritäre Bewegungen bildete (man könnte es, mit P. Tillich zu sprechen, Träger des „protestantischen Prinzips" nennen).

3. Die Apokalyptik mit ihrer eschatologisch-messianischen Geschichtsschau und prophetischen „Futurologie", ihrer dualisierten Kosmologie und Anthropologie[8], wobei entgegen weithin gepflegter Auffassung zu beachten ist, daß sie kein rein innerjüdisches Phänomen darstellt, sondern in verschiedener Weise mit dem hellenistisch-orientalischen 'Synkretismus' verflochten ist, also nicht isoliert betrachtet werden kann[9].

4. Die „Thoraverschärfung" des zeitgenössischen jüdischen Radikalismus, wie er uns im Qumranschrifttum entgegentritt[10], und die für die Jesuanische und letztlich christliche Ethik von ausschlaggebender Bedeutung wurde.

5. Die dualistische Weisheitslehre, ein Bereich, der in letzter Zeit zunehmend in den Blickpunkt der Forschung tritt, sowohl im Hinblick auf Ur- und Frühchristentum (Spruchsammlungen)[11] also auch auf Gnosis beziehungsweise Gnostizismus[12]; auch hier

---

Sea Scrolls, Atlanta/GA. 1990. Die nach langerem Stillstand wieder einsetzende Edition der bisher unbekannten Texte belebt die alte o.g. Diskussion erneut.

[8] Vgl. dazu die Analysen von Brandenburger, Fleisch und Geist, 59 ff.

[9] Darauf hat mit vollem Recht H.D. Betz aufmerksam gemacht: Zum Problem des religionsgeschichtlichen Verständnisses der Apokalyptik, Ztschr. f. Theol. u. Kirche 63, 1966, 391–409, (jetzt abgedruckt bei Betz, Hellenismus und Urchristentum, 52–71). An Literatur sei weiterhin genannt: J.M. Schmidt, Die jüdische Apokalyptik. Geschichte ihrer Erforschung von den Anfängen bis zu den Textfunden von Qumran, Neukirchen 1969; K. Schubert, Das Zeitalter der Apokalyptik, in: Bibel und zeitgemäßer Glaube I, Klosterneuburg 1965, 263–285; C. Thoma, Jüdische Apokalyptik am Ende des 1. nachchristlichen Jahrhunderts, Kairos XI, 1969, 134–144; K. Berger, die Amen-Worte Jesu, Berlin 1970 (BZAW 39). Umfassend in diesem Sinn liegt jetzt der Band von D. Hellholm (Hrsg.), Apocalypticism in the Mediterranean World and the Near East, Tübingen 1983, ²1988, (mit ausführlicher Bibliographie) vor.

[10] Vgl. dazu Braun, Spätjüdisch-häretischer und frühchristlicher Radikalismus.

[11] Köster — Robinson, Entwicklungslinien, 70 ff (ΛΟΓΟΙ ΣΟΦΩΝ) zur Gattung der Spruchquelle Q), 128 ff., 167 ff., 204 ff.; Brandenburger, Fleisch und Geist, passim (zeigt, daß sowohl Philo als auch Paulus von der dualistischen Weisheitstheologie bestimmt sind); A. Adam, Lehrbuch der Dogmengeschichte I, Gütersloh 1965, 49 ff.; E.J. Schnabel, Law and Wisdom from Ben Sira to Paul, Tübingen 1985; M. Küchler, Frühjüdische Weisheitstraditionen, Freiburg/Schweiz u. Göttingen 1979.

[12] Vgl. G.W. MacRae, The Jewish Background of the Gnostic Sophia Myth, in: Studies in the New Testament, Wilmington 1987, 186–202; Rudolph, Sophia und Gnosis, in: K.-W. Tröger (Hrsg.), Altes Testament — Frühjudentum - Gnosis, Berlin 1980, 221–237; Brandenburger, Fleisch und Geist, 22 ff., 216 ff.

gilt es, die engen Verbindungen zum hellenistischen Denken (Philo) nicht zu vernachlässigen.[13]

6. Die jüdische Esoterik und Gnosis, die zwar beide nicht für zentrale Seiten des schließlich maßgebenden offiziellen Christentums, wohl aber für die Entstehung und Entwicklung des christlichen Gnostizismus von Bedeutung waren, allerdings unter Zurücklassung von unauslöschlichen Spuren, wie sie die johanneische und paulinische Tradition beziehungsweise „Schule" aufweisen[14], aber auch die großen häresiologischen Antipoden des 2. und 3. Jahrhunderts, Irenäus, Clemens Alexandrinus, Origenes[15]. Die Nachwirkungen der neben den physischen Verfolgungen schwers-ten Belastung der frühen Kirche durch die gnostische Unterwanderung sind sowohl in der Kanonbildung und Fiktion der apostolischen Tradition als auch in der Ausrichtung theologischer Lehrpunkte und Ausbildung der Terminologie (zum Beispiel ὁμοούσιος) deutlich sichtbar.

Insgesamt ist daraus ersichtlich, daß es das *hellenistische* Judentum mit seinen verschiedenen Traditionen und Spielarten[16]

---

[13] Vgl. B.M. Mack, Logos und Sophia, Untersuchungen zur Weisheitstheologie im hellenistischen Judentums, Göttingen 1973, 108–195.

[14] Vgl. Köster—Robinson, Entwicklungslinien, 242 ff.; L. Schottroff, Der Glaubende und die feindliche Welt, Neukirchen 1970; K: Rudolph, Gnosis und Gnostizismus, ein Forschungsbericht, ThR 36, 1971, 89 ff. (betr. jüdische Wurzeln der Gnosis); 37, 1972, 259 ff. (Gnosis und Neues Testament); obwohl G. Baumbach, Gemeinde und Kult im Joh.-Ev., Kairos XIV, 1972, 121–136, eine Bezeichnung des Joh.-Ev. als gnostisch abweist, gibt er zu, daß in ihm wiederhin die Grenze zu gnostischen Auffassungen überschritten ist und es Wegbereiter des gnostischen Doketismus wurde (127, 134–136). Vgl. auch die unterschiedlichen Beiträge zu diesem Thema in: Gnosis und Neues Testament, hrsg. v. K.-W. Tröger, Berlin 1973, bes. 203–356, 359–381. K.M. Fischer, Das Urchristentum, Berlin 1985, 139–150; Rudolph, Die Gnosis 1990 (UTB 1577), 321 ff.; G.W. MacRae, Nag Hammadi and the New Testament, in: Studies in the N.T., 165–183. Eine zu weit gefaßte sog. „gnostische Denkweise" (wie sie auch R. Reitzenstein sah) bringt H.S. Nyberg dafür in Anschlag (Das Christentum, S. 301 ff.)

[15] Eine gründliche Untersuchung dieser Zusammenhänge steht noch aus; vgl. vorläufig dazu N. Brox, Offenbarung, Gnosis und gnostischer Mythos bei Irenäus von Lyon, Salzburg 1966 (s. dazu meine Bemerkungen ThR 34, 1969, 211 f.); P. Schwanz, Imago Dei, Halle (Saale) 1970, 138, 145 ff.; 167 ff.; H. Jonas, Gnosis und spätantiker Geist II/1, Göttingen ²1966, 175–223; Adam, Lehrbuch der Dogmengeschicht I, 159 ff., 178 ff.; A. Wlosok, Laktanz und die philosophische Gnosis, Heidelberg 1960 (Abh. Heidelb. Akad. d. Wiss., Phil.-hist. Kl., 1960, 2); K.-W. Tröger, Das Christentum im 2. Jahrhundert, Berlin 1988, 83 f., 90 ff., 116 ff. Von einem anderen Standpunkt: B. Aland, Gnosis und Kirchenväter, in: Gnosis. Festschrift für Hans Jonas. Hrsg. von B. Aland, Göttingen 1978, 158–215.

[16] Die Trennung von palästinischem und hellenistischem Judentum hat die neueste Forschung als unbegründet erwiesen. (Vgl. ausführlich M. Hengel, Judentum und Hellenismus, Tübingen 1969, 1988; (dazu A. Momigliano, JTS

gewesen ist, das das werdende Christentum geprägt hat, sowohl in der monotheistischen Theologie, der Engellehre, dem Leib-Seele-Dualismus, der Ethik und Eschatologie als auch (zunächst) im kultischen Bereich, wie im sogenannten Wortgottesdienst, in der Taufe und im Abendmahl[17]. Das Christentum war so von Haus aus eine jüdisch-hellenistische Sekte und hat sich unter dieser Gestalt zuerst ausgebreitet. Die Trennung von Juden- und Griechentum ist in erster Linie aus der Missionspraxis und der Stellung zum jüdischen Zeremonialgesetz entstanden, nicht aus dem Problem „Judentum" oder „Hellenismus". Das Judenchristentum konserviert nur Formen der ältesten Gemeinde in Jerusalem, das sogenannte hellenistische Christentum öffnet sich über das dem Judenchristentum sowieso schon inhärente hellenistische Gut noch weiter den zeitgemäßen religiösen Vorstellungen des griechisch-römischen Ausbreitungsgebietes unter gleichzeitiger Aufgabe älteren Glaubensgutes, wobei Paulus eine Schlüsselstellung einnimmt[18]. Insofern gibt es wohl einen Bruch zwischen Jerusalemer Urgemeinde und hellenistischer Kirche[19], nicht in organisatorischer, sondern in religionshistorischer Hinsicht: Das Christentum wird durch den Sprung in das außerpalästinische römische Weltreich zusehends zu einer neben dem Judentum sich formierenden eigenständigen Reli-

---

21, 1970, 149–153); E. Bickerman, The Jews in the Greek Age, Cambridge/MA 1988. Auch das sogenannte rabbinische Judentum läßt sich vom hellenistischen schwer trennen (vgl. Paulus) und ist wahrscheinlch überhaupt als Institution erst am Ende der Jabne-Zeit, also um 150 n. Chr., anzusetzen, herausgewachsen aus einer Synthese von Pharisäer- und Schriftgelehrtentum (vgl. z.B. J. Neusner, „Pharisaic-Rabbinic" Judaism, History of Religions 12, 1972, 2, 250–270). Es ist daher nur sinnvoll, vor Jabne von einem „pharisäischen oder „Schriftgelehrten"-Judentum zu sprechen, neben dem es noch andere Richtungen (wie Essener und Esoteriker) gab. Vgl. auch die wichtige Untersuchung von R. Meyer, Tradition und Neuschöpfung im antiken Judentum, Berlin 1965 (Sitz.-Ber. Sächs. Akad. d. Wiss. zu Leipzig, Phil.-hist. Kl., 110, 2); abgedruckt in R. Meyer, Zur Geschichte und Theologie des Judentums in hellenistisch-römischer Zeit, Berlin 1989, 130–187.

[17] S. dazu die Belege bei G. Loeschcke, Jüdisches und Heidnisches im christlichen Kult, Bonn 1910; J. Leipoldt, Der Gottesdienst der ältesten Kirche, Leipzig 1937; ders., Die urchristliche Taufe im Lichte der Religionsgeschichte, Leipzig 1928; ders., Von den Mysterien zur Kirche, Leipzig 1961, 226 ff., 231 ff., und bei G. Delling, Der Gottesdienst im Neuen Testament, Berlin 1952.

[18] Für die uferlose Literatur zu diesen Fragen verweise ich nur auf Leipoldt, Von den Mysterien zur Kirche, 62 ff., 67 ff., 214 ff., 218 ff.; Conzelmann, Geschichte des Urchristentums, 42 ff., 53 ff., 114 ff. Fischer, Urchristentum, 106 ff., 151 ff.; J. Becker u.a., Die Anfänge des Christentums, Stuttgart 1987, 102–159. Ausführlich über die Lehren der hellenistischen Gemeinden R. Bultmann, Theologie des Neuen Testaments, Tübingen 1984, 66 ff.

[19] Zu Conzelmann, Geschichte des Urchristentums, 53.

gion, die neben der Ausbildung eigenständig-originaler Formen immer mehr an hellenistisch-spätantikem Gut aufnimmt (etwa 2.-4. Jahrhundert) und verarbeitet. Erst in dieser Zeit ist die Geburt der christlichen Kirche im späteren Sinne erfolgt, das heißt, das „Christentum" als zukünftige Weltreligion tritt jetzt erst in Erscheinung.[20]

Die griechisch-hellenistische Kultur, die in der damaligen Ökumene—sie reichte von Zentralasien bis Spanien—das überall sichtbare Ferment ihrer Einheit lieferte (und noch heute in den Resten der Baukunst und Plastik dieser Zeit zu sehen ist), hat in verschiedenen ihrer Äußerungen das Christentum mehr oder weniger tief und unauslöschlich mitgeprägt. Es sind vor allem folgende Traditionen und Ideen, die hier zu nennen sind:

1. Die platonische, speziell mittelplatonische Schule, die mit ihrer Terminologie der Dialektik und Kosmologie die christliche Theologie (in Alexandria) mitbegründen half[21]. Dieser Vorgang ist ein wichtiger Akt christlicher Selbstbehauptung gegenüber dem gebildeten Heidentum gewesen und führte zur Geburt der

---

[20] Über die Herausbildung der verschiedenen Kirchentypen und ihrer Ideologie (Ekklesiologie) unterrichtet jetzt vorzüglich und ausführlich C. Andresen, Die Kirchen der alten Christenheit, Stuttgart 1971 (Die Religionen der Menschheit 29, 1/2). Vgl. auch untem Anm. 57 (W. Kamlah).

[21] Vgl. bes. die Arbeiten von H.J. Krämer: Der Ursprung der Geistmetaphysik, Amsterdam 1967; Platonismus und hellenistische Philosophie, Berlin 1971; ferner W. Theiler, Forschungen zum Neuplatonismus, Berlin 1966, bes. 1ff., 104 ff., 313 ff.; J. Dillon, The Middle Platonists. A Study of Platon 80 B.C. to A.D. 220, London 1977. Eine Zusammenfassung im Hinblick auf den Gnostizismus bei Rudolph, ThR 38, 1973, 12 ff. Belege für das Eindringen der Philosophie ins Christentum bei Leipoldt, Von den Mysterien zur Kirche, 89 ff. (betr. Askese s.u. Anm. 25); C. Andresen, Logos und Nomos, Berlin 1955; O. Gigon, Die antike Kultur und das Christentum, Gütersloh 1966, 46 ff., 147 ff., 168 ff.; W. Jaeger, Das frühe Christentum und die griechische Bildung, Berlin 1963, 27 ff., 35 ff.; H. Chadwick, Early Christian Thought and Classical Tradition, Oxford 1966; Chr. Stead, Philosophie und Theologie I. Die Zeit der alten Kirche, Stuttgart 1990. Zu der hierfür grundlegenden Arbeit der „Apologeten" s. A von Harnack, Lehrbuch der Dogmengeschichte I, Tübingen 1909, 496 ff.; J. Geffcken, Aus der Werdezeit des Christentums, Leipzig ²1909, 63 ff.; Jaeger, Das frühe Christentum, 20 ff.; Adam, Lehrbuch der Dogmengeschichte I, 136 ff.

[22] Diesen Vorgang hat W. Kamlah in seinem wichtigen Werk über „Christentum und Geschichtlichkeit" (Stuttgart ²1951), dessen 1. Auflage „Christentum und Selbstbehauptung" hieß, treffend beschrieben (85–100), und W. Jaeger hat das Entstehen der christlichen Paideia als transformierende Fortführung der griechischen eindrucksvoll vorgeführt — zuerst im 1. Clem. greifbar (Das frühe Christentum, 9 ff.) und vollendet in Gregor von Nyssa (ebenda 65 ff.). „Was das Christentum befähigt hat", meint O. Gigon, „inmitten jener Religionen als einzige geschichtsbildend zu werden, ist gerade die Tatsache, daß es sich an die Bildungselite gewandt und diese gewonnen hat, — ohne damit seine Substanz preiszugeben" (Die antike Kultur, 17; ähnlich Jaeger, Das frühe

griechisch-christlichen Bildungstradition und letztlich zur Verbindung von Christentum und Humanismus[22].

2. Die kynisch-stoische Popularphilosophie, die nicht nur in ihrer literarischen Äußerung, die Diatribe, schon für Paulus zum Vorbild wurde[23], sondern vor allem im moralisch-ethischen Bereich nicht ohne Wirkung auf das frühe Christentum war[24]. Verschiedentlich ist auch auf die Bedeutung ihrer weltablehnenden Haltung für die Ausbildung der christlichen Askese aufmerksam gemacht worden[25].

Das charakteristische römische Gottesverhältnis, das dem alttestamentlichen auffällig entspricht, wurde für die Gotteslehre des

---

Christentum, 53 ff.). Daß dies aber nicht ohne Brüche ging, ist gerade von Kamlah sehr klar gesehen worden. Vgl. dazu jetzt den Abschnitt „Christianisierung von Kultur und Öffentlichkeit" bei Andresen, Die Kirchen der alten Christenheit, 332–372 (bes. 340 ff. über den „Kulturkampf" im christ-lichen Ostromon des 4./5. Jahrhunderts). Inhaltsreich auch A. Wifstrand, Die alte Kirche und die griechische Bildung, Bern 1967, und H.J. Marrou, Ge-schichte der Erziehung im Klassischen Altertum, München 1957 (1977), 573 ff.

[23] R. Bultmann, Der Stil der paulinischen Predigt und die kynisch-stoische Diatribe, Göttingen 1910 (Reprint 1984); P. Wendland, Die hellenistisch-röminische Kultur in ihren Beziehungen zu Judentum und Christentum. Die urchristlichen Literaturformer, Tübingen ²1912, 356 ff.; A.J. Malherbe, The Cynic Epistles, Chico, CA 1977 (Repr. 1986). D. Aune (ed.), Greco-Roman Literature and the New Testament, Atlanta, GA 1988, 71 ff., 85 ff.

[24] Vgl. M. Pohlenz, Die Stoa, Göttingen, ³1964, 400 ff.; Wendland, Die hellenistisch-römische Kultur 231 ff. (mit Heraushebung der Unterschiede); A.D. Nock, Early Gentile Christianity and its Hellenistic Background, New York 1964 (Harper Torchbooks 111), 90 ff. (= Essays on Religion and the Ancient World, ed. by Z. Steward, I, Oxford 1972, 121 ff.; vgl. auch II, 677 f.); Gigon, Die antike Kultur, 56 ff., 178f.; J.N. Sevenster, Paul and Seneca, Leiden 1961; A.J. Malherbe, Moral Exhortation: A Greco-Roman Sourcebook, Philadelphia 1985; J. Becker, Paulus, Tübingen 1989, 53–59.

[25] Vgl. Wendland, Die hellenist.-römische Kultur, 236 ff.; H. Strathmann, Geschichte der frühchristlichen Askese bis zur Entstehung des Mönchtums im religionsgeschichtlichen Zusammenhang, I: Die Askese in der Umgebung des werdenden Christentums, Leipzig 1914. In jüngerer Zeit bes. von J. Leipoldt betont: Von den Mysterien, 92 ff.; Griechische Philosophie und frühchristliche Askese, Berlin 1961 (Sitz.-Ber. Sächs. Akad. d. Wiss. zu Leipzig, Phil.-hist. Kl., 106, 4). Vgl. auch B. Lohse, Askese und Mönchtum in der alten Kirche, München 1969, 41 ff. Die christliche Askese hat natürlich verschiedene Wurzeln und Motivierungen (vgl. P. Nagel, Die Motivierung der Askese in der alten Kirche und der Ursprung des Mönchtums, Berlin 1966) und führte im Orient (Syrien, Ägypten) zum Mönchtum. Die soziologischen Hintergründe deckt jetzt P. Brown, The Body and Society. Men, Women and Sexual Renunciation in Early Christianity, New York 1988, auf. Leider geht das umfangreiche Buch von V.L. Wimbush (ed.), Ascetic Behavior in Greco-Roman Antiquity. A Sourcebook, Minneapolis 1990, zu wenig darauf ein (vgl. immerhin 117 ff., 129 ff., 134 ff., 169 ff., 387 ff.).

[26] Darauf hat A. Wlosok aufmerksam gemacht: Römischer Religions- und Gottesbegriff in heidnischer und christlicher Zeit, Antike und Abendland VI,

römisch-lateinischen Christentums fruchtbar gemacht, wie vor allem Tertullian und Lactanz zeigen[26].

3. Die sog. Mysterienreligionen, die in Sprache und Handlung den ursprünglich einfachen christlich-jüdischen Kultbereich erheblich verwandelten, so daß die christliche Kirche selbst zu einer Mysterienreligion wurde, was von ihren Bekämpfern wiederholt vermerkt wurde[27]. „Die Mysterien schaffen die äußere Form, in der das Christentum einen guten Teil der Welt erobert"[28].

4. Die Gnosis in Gestalt des christlichen Gnostizismus im 2. und 3. Jahrhundert (s. o. S. 305f.), die bekanntlich von Harnack als „akute Verweltlichung des Christentums" bezeichnet wurde[29], eine heute nur noch in abgewandelter Bedeutung gültige For-

---

1970, H. 1, 39–53; Rom und die Christen, Stuttgart 1970 (Altsprachl. Unterricht XIII, Beih. 1). Zu den gemeinsamen Zügen gehören die Konzeption des Numen als primäres Macht- und Willenszentrum, dem sich der Mensch bedingungslos unterzuordnen hat, sichtbar im Gehorsam gegen das göttliche Gebot und den geoffenbarten göttlichen Willen.

[27] Vgl. G. Anrich, Das antike Mysterienwesen in seinem Einfluß auf das Christentum, Göttingen 1894 (immer noch die reichste Informationsquelle); Loeschcke, Jüdisches und Heidnisches, 16 ff.; Wendland, Die hellenistisch-römische Kultur, 223 f., 389 f.; Leipoldt, Von den Mysterien, 47, 18 ff., 255 ff.; R. Reitzenstein, Die hellenistischen Mysterienreligionen nach ihren Grundgedanken und Wirkungen, Leipzig ³1927 (= Darmstadt 1956), passim; A.D. Nock, Early Gentile Christianity, 29 ff.; 59 ff., 109–145 (= Hellenistic Mysteries and Christian Sacraments, Mnemosyne, Ser. IV, 5, 1952, 177–213; jetzt auch: Essays I, 72 ff., 97 ff., 68 ff.; II, 791–820); auch von Gigon, Die antike Kultur, 86 ff., 176f., und Andresen, Die Kirchen der alten Christenheit, 463 ff., kurz behandelt. Konnte die Kirche durch die Aufnahme der griechischen Bildungstradition Eingang in die führenden Klassen gewinnen, so durch die Übernahme volkstümlicher Religionsformen im kultischen Bereich den Bedürfnissen der Massen entgegenkommen. Die Bestreitung dieser Beziehungen für Paulus in dem an sich durch seine kritische Aufarbeitung verdienstvollen Buch von G. Wagner, Das religionsgeschichtliche Problem von Römer 6, 1–11, Zürich 1962, ist meines Erachtens nicht überzeugend (vgl. auch C. Colpe, Gnomom 38, 1966, 47 ff.). Was die früher heftig diskutierte Abhängigkeit des Christusschicksals von der Vorstellung der sogenannten sterbenden und auferstehenden Götter anbelangt, so hat schon J. Leipoldt 1923 das Wichtigste dazu gesagt (Sterbende und auferstehende Götter. Ein Beitrag zum Streit um A. Drews' Christusmythe, Leipzig), ebenso Nock, Early Gentile Christianity, 105–108 (urspr. 1928 publiziert). Die dafür notwendige traditionsgeschichtliche Kritik „zur mythologischen Struktur der Adonis-, Attis- und Osiris- Überlieferungen" gab C. Colpe, in: *lischan mithurti*. Festschrift W. von Soden, hrsg. v. W. Röllig, Kevelaar 1969, 23–44. Vgl. meinen Art. „Mystery Religions", in Eliade (Hrsg.) Encyclopedia of Religion, Vol. 10, 230 ff.; ferner M.W. Meyer, The Ancient Mysteries, S. Francisco 1987, 225–253; D.H. Wiens, Mystery Concepts in Primitive Christianity and Its Environment, in: H. Temporini/W. Haase (Hrsg.) ANRW II, 23.2., Berlin 1980.

[28] Leipoldt, Von den Mysterien, 49.

[29] Dogmengeschichte I, Freiburg i.B. 1885, 158; ²1887, 186; Tübingen 1909, 243.

mulierung, da die Entstehung der Gnosis unabhängig vom Christentum gesucht werden muß und der christliche Gnostizismus nur ein Teil dieser Bewegung ist[30]; in dieser Gestalt ist er aber tatsächlich eine besondere Spielart des hellenisierten (genauer: „hellenistizierten") Christentums, wohl seine gefährlichste Überfremdung gewesen. Die Bedeutung und Lebendigkeit dieses gnostischen Erbes zeigt sein Weiterwirken, sei es durch den Manichäismus auf Augustin[31] oder mannigfach abgewandelt in den späteren mittelalterlichen Sektenbewegungen und neueren Theosophien.

5. Schließlich ist an den vielfältigen Volks(aber)glauben zu erinnern, den das Christentum aus seiner Umwelt aufgenommen und auf seinen Missionswegen (beispielsweise in die germanischen Länder) tradiert hat, so daß es auch auf diesem Gebiet das Erbe der Spätantike angetreten hat[32].

Die angeführten Traditions- und Ideenbereiche der frühen und späteren Kaiserzeit, die sich in vielfältiger Weise auf der ideologischen und praktisch-kultischen Ebene des Christentums bemerkbar machen und die von den unterschiedlichsten

---

[30] Vgl. dazu die Literaturberichte von S. Schulz, ThR, 26, 1960, 209–266, 301–334; E. Haenchen, ThR 30, 1964, 39–82; K. Rudolph, ThR 34, 1969, 121–175, 181–231, 358–361; 36, 1971, 1–61, 89–124; 37, 1972, 289–360; 38, 1973, 1–25; ferner K. Rudolph, Nag Hammadi und die neuere Gnosisforschung, in: Von Nag Hammadi bis Zypern, hrsg. v. P. Nagel, Berlin 1972 (BBA 43), 1–15; Gnosis und Neues Testament, hrsg. v. Tröger, 13–76; Die Gnosis, Göttingen ³1990, pass. „Der philosophischen Hellenisierung geht die Gnostisierung des Urchristentums sogar schon voraus" (Kamlah, Christentum, 101). A.D. Nock formulierte den Unterschied zu Harnacks Ansicht so: „So Christian Gnosticism is, to vary a famous phrase, the acute Hellenisticization of Christianity rather than its acute Hellenization" (JTS 31, 1930, 309 = Essays II, 965). Das Verhältnis der Gnostiker zur häresiologischen Polemik stellte K. Koschorke, Die Polemik der Gnostiker gegen das kirchliche Christentum, Leiden 1978, aufgrund der neuen Quellenlage dar. Vgl. auch E. Pagels, The Gnostic Gospels, New York 1979; Ph. Perkins, The Gnostic Dialogue, New York 1980.
[31] Vgl. A. Böhlig, Gnosis und Synkretismus, 2. Teil, Tübingen 1989, 127 ff. (urspr. in ZNW 60, 1969, 291–295). A. Adam, Sprache und Dogma, Gütersloh 1969, 133 ff., 141 ff.; ders., Dogmengeschichte I, 256 ff.
[32] Vgl. Wendland, Die hellenistisch-römische Kultur, 215 ff.; Leipoldt, Von den Mysterien, 95 ff.; ders., Von Epidauros bis Lourdes, Leipzig 1957; St. Benko, Pagan Rome and Early Christians, Bloomington 1984, 103 ff. (über Magie); R.L. Fox, Pagans and Christians, New York 1987, 325 ff.; B. Kötting in: Vermaseren (Hrsg.), Die Orientalischen Religionen im Römerreich, Leiden 1981, 388–406, und J. Schwartz, ebd., 485–509 (über mag. Papyri und Gemmen); W. Baetke, Christliches Lehngut in der Sagareligion, Berlin 1951 (Sitz.-Ber. Sächs. Akad. d. Wiss. zu Leipzig, Phil.-hist. Kl., 98, 6), 36 ff., 43 ff. (= Kleine Schriften, Weimar 1973, 332f., 338 ff.). Auch der antike Festkalender wurde nicht restlos beseitigt, sondern neutralisiert oder umgedeutet (Vgl. Andresen, Die Kirchen, 359 ff.).

Gesellschaftsschichten, die die christliche Botschaft erreichte, getragen wurden, ließen sich natürlich noch differenzieren und erweitern; es kam uns nur auf die wichtigsten an, die, ebenso wie im Hinblick auf das jüdische Erbe, für zentrale christliche Lebens- und Glaubensäußerungen von nachhaltiger, bis heute weiterwirkender Bedeutung waren. Man hat darauf aufmerksam gemacht, daß das Christentum „zu keiner Zeit die Struktur der antiken Schule, ihr Lehrprogramm und ihre Lehrmethoden ernstlich in Frage gestellt zu haben scheint"[33]. Auf diese Weise konnte es Erbe der antiken Bildung werden. „Wozu nascht ihr denn an den griechischen Wissenschaften, wenn doch das Lesen eurer heiligen Schriften sich selbst genug ist?" fragt Kaiser Julian die Christen[34]. Es liegt allerdings gerade auf diesem Gebiet die Versuchung einer Übertreibung und Fehleinschätzung nahe, der wegen des großen Gewichtes der griechisch-hellenistischen Kultur- und Bildungstradition schon mache Darstellung erlegen ist[35]. So läßt sich verschiedentlich nachweisen, daß hinter der griechischen Formulierung ein aus der biblischen Tradition stammender, also jüdisch-orientalischer Gedanke steckt, andererseits mit griechischem Stil- und Redegut indirekt gegen den herkömmlichen Sinn polemisiert wird[36]. Dieser Tatsache trägt das neben dem „Corpus Hellenisticum Novi Testamenti" für absehbare Zeit

---

[33] Gigon, Die antike Kultur, 15 f., 180 f.; bes. Andresen, Die Kirchen, 340 ff.; vgl. dazu oben 302 Anm. 3.
[34] Werke, ed. Wright, 384 (zit. bei Gigon, Die antike Kultur, 123).
[35] Ich denke in erster Linie an C. Schneiders imposante zweibändige „Geistesgeschichte des antiken Christentums" (München 1954), die 1970 auch in einer gekürzten Sonderausgabe als „Geistesgeschichte der christlichen Antike" erschien. Zur Kritik s. S. Morenz, Um Herkunft und Frühgeschichte des Christentums, ThLZ 80, 525–532; E. Stommel, JbAC 1, 1958, 119–127. Demgegenüber halten sich zum Beispiel die Arbeiten von P. Wendland (s. o. 34 Anm. 4), J. Leipoldt, dem Lehrer Schneiders, und O. Gigon (er bezieht in: Die antike Kultur, 16 f., sehr deutlich die Gegenposition) in abgewogenem, das jüdisch-orientalische Erbe zur Geltung bringendem Rahmen. Vgl. auch die wertvolle Monographie von M. Hadas, Hellenistische Kultur, Stuttgart 1963 (engl. 1959), und die treffenden Bemerkungen von A.D. Nock anläßlich des Erscheinens des Theol. Wörterbuches zum Neuen Testament, hrsg. v. G. Kittel, im JBL 52, 1933, 131–139 (= Essays I, 341–347: The Vocabulary of the New Testament). Eine Übersicht bietet auch E.A. Judge, 'Antike und Christentum', in: Haase/Temporini (Hrsg.) ANRW II 23, 1 (1980), 3–58. Man hat auch zu berücksichtigen, daß gleichzeitig eine „Christianisierung" der antiken Welt einsetzte, worüber jetzt R. MacMullan, Christianizing the Roman Empire (A.D., 100–400), New Haven 1984, handelt; dazu ist immer noch lesenswert Ch. N. Cochrane, Christianity and Classical Culture; Oxford 1940, ³1944, 1957. Als „Kulturkampf" stellt T. Christensen diesen Prozeß dar: Romermagt, Hedenskab og Kristendom, Kopenhagen 1970 (dt. Christus oder Jupiter, Göttingen 1981).

größte Unternehmen für die Erfassung der Beziehungen Antike — Christentum, das von Th. Klauser begründete „Reallexikon für Antike und Christentum" (RAS), insofern Rechnung, als seine Artikel möglichst die orientalische „Vorgeschichte" einbeziehen; es ist das derzeit beste Informationsmittel für unser Thema[37].

Einen wenig beachteten Gesichtspunkt haben in diesem Zusammenhang J. Leipoldt und S. Morenz zuerst geltend gemacht und näher dargestellt. Es handelt sich um den Typ der „Buchreligion", das heißt der im Unterschied zur traditionellen „Kult- oder „Volksreligion" auf eine Offenbarungsschrift gegründeten Religionsform[38]. Diese Sonderform „hat sich aus einer Konstellation von Tatbeständen der israelitischen und jüdischen Religionsgeschichte sowie spezifischer jüdischer Begabung herausgebildet und wirkt im Christentum alsbald so stark, daß man infolgedessen das Christentum trotz aller Zusammenhänge von den Kultreligionen der Umwelt aufs kräftigste unterscheiden muß"[39]. Es geht hierbei zugleich um „das Mächtigwerden des Historischen" gegenüber dem mythischen Gewand der griechischen Kultreligion. Auf einen anderen, gleichfalls bisher kaum

---

[36] Zahlreiche Belege dafür finden sich in den o. Anm. 6 angeführten Arbeiten zum CHNT, vor allem in den Aufsätzen von W. C. van Unnik (wie: Das Urchristentum, 118 ff.). Vgl. auch die klassische Monographie von E. Norden, Agnostos Theos, Berlin 1913 (= Darmstadt 1971), und aus jüngerer Zeit A. Momigliano, Hochkulturen im Hellenismus, München 1979 (engl. Original: Alien Wisdom. The Limits of Hellenization, Cambridge 1974).

[37] Das Werk begann mitten im zweiten Weltkrieg zu erscheinen (bei K.W. Hiersemann in Leipzig) und war ursprünglich nur auf 6 Bände berechnet: 1950 lag der erste Band vor; 1990 wurde der 14. Band vollendet. Als Ergänzung dient das „Jahrbuch für Antike und Christentum" (seit 1958). „Das letzte Ziel, auf das die Arbeit am RAC ausgerichtet wird, ist ausgesprochen in dem Problem: Wie weit geht die Kontinuität zwischen der antiken und der christlichen Periode des Altertums und inwiefern ist von einem Einschnitt und von neuen Formen zu sprechen?" - „Heimatrecht im RAC wurde grundsätzlich allen Erscheinungen zuerkannt, die irgendwie in die hellenistische Mittelmeerwelt hineingeragt haben. Es mußten daher auch der Iran, der Vordere Orient und Ägypten Berücksichtigung finden" (Aus dem Vorwort von Th. Klauser zu Lfg. 7, 1944). Vgl. dazu auch die Einschätzung von A.D. Nock in seiner Besprechung der ersten 7 Lieferungen: JBL 67, 1948, 251–260 (= Essays II, 676–681).

[38] S. Morenz, Entstehung und Wesen der Buchreligion, ThLZ 75, 1950, 709–716 (= Religion und Geschichte des alten Ägypten. Ges. Aufsätze, Weimar/Köln 1975, 383–394); L. Leipoldt — S. Morenz, Heilige Schriften, Leipzig 1953.

[39] Morenz. ThLZ 80, 1955, 529. Dies läßt sich auch daran zeigen, daß der den Griechen seit alters wohlvertraute Gedanke der göttlichen Inspiration erst im hellenistischen Judentum mit der Entstehung der heiligen Schriften (Homer ist kein *hieros logos*) verbunden wird; vgl. J. Leipoldt, Die Frühgeschichte der Lehre von der göttlichen Eingebung, ZNW 44, 1953, 118–145, bes. 127 ff. (= Von den Mysterien, 116–149, bes. 127 ff.).

näher untersuchten Anteil des Orients an der christlichen Theologie hat S. Morenz hingewiesen. Es handelt sich um den offenbar nur im „Unbewußten" nachwirkenden Beitrag altägyptischer Theologie zum Trinitäts- und Inkarnationsproblem[40], das heißt um die „traditionell gewordenen Denkbahnen" der ägyptischen Spekulation über Göttertrinitäten und -identitäten (nicht bloß um Dreiheiten), die auffälligerweise christliche Denker gerade in Alexandria stärker beschäftigt haben. So gibt es sicherlich noch eine ganz Reihe anderer orientalischer Beiträge zum werdenden Christentum anzuführen oder zu entdecken[41]; vieles davon (zum Beispiel iranisches Gedankengut) ist allerdings als durch das Judentum und den Hellenismus vermittelt anzusehen, also nur als indirekter Beitrag einzuschätzen. Im Fortgang der Geschichte haben die einzelnen christlichen Kirchen jeweils aus ihren Verbreitungsräumen noch andere religiöse Traditionen

---

[40] Morenz, ThLZ 80, 1955, 529 ff.; DLZ 78, 1957, 373 f. (dieser Akademievortrag ist nicht publiziert worden); RGG³ I, 123; Ägyptische Religion, Stuttgart 1960, 270 ff.; vgl. jetzt auch B. Hartmann, in: Numen 37 (1990) 226 ff. (altägypt. Hintergrund der monophysitischen Theologie). Auf diese naheliegende Seite geht die sehr weitmaschige Arbeit von P. Gerlitz, Außerchristliche Einflüsse auf die Entwicklung des christlichen Trinitätsdogmas, Leiden 1963, nicht näher ein. Leipoldt, Von den Mysterien, 98, nennt nur die Madonnenverehrung als wichtigsten Beitrag Ägyptens für die christliche Kirche.

[41] Einiges noch bei Leipoldt, Von den Mysterien, 98 f. (Syrien, Iran, Indien). In früherer Zeit spielte das Problem des indisch-buddhistischen Einflusses auf das Neue Testament eine große Rolle (s. H. Haas, Bibliographie zur Frage nach den Wechselbeziehungen zwischen Buddhismus und Christentum, Leipzig 1922). Neu aufgenommen wurde es im Hinblick auf Jak. 3, 1–6 von M. Philonenko, Un écho de la prédication d'Asoka dans l'Epitre de Jacque, in: Ex Orbe Religionum. Studia G. Widengren oblata I, Leiden 1972, 254–265. Gegen indische Einflüsse auf das Neue Testament und für eine eher umgekehrte Fragestellung spricht sich J.D.M. Derret, Greece and India, ZRGG 19, 1967, 33–64, und: Greece and India again, ebenda 22, 1970, 19–44, aus. Vgl. dazu jetzt: N. Klatt, Literarkritische Beiträge zum Problem christlich-buddhist. Parallelen, Köln 1982, und D.A. Scott, Ashokan Missionary Expansion of Buddhism among the Greeks, in: Religion 15, 1985, 131–141. „Indische Einflüsse auf die frühchristliche Theologie" suchte E. Benz festzustellen (Akad. d. Wiss. u. Lit. Mainz, Abh. d. geistes- u. sozialwiss. Kl., 1951, Nr. 3); dagegen P. Gerlitz, Außerchristl. Einflüsse, 35 ff.; 47 Anm. 1. Auf einem anderen Blatt stehen die nachweisbaren indischen (einschl. buddhistischen) literarischen Motive und Topoi, die vornehmlich über Zentralasien (Turfan) und den persischen Golf in den Westen gelangten, zum Beispiel durch manichäische Vermittlung (s. dazu J.P. Asmussen, Der Manichäismus als Vermittler literarischen Gutes, Temenos 2, 1966, 1–21). Im übrigen sei an die Barlaam- und Joasaph-Legende erinnert: vgl. H. Haas, Buddha in der abendländischen Legende?, Leipzig 1922; D.A. Scott, Christian Response to Buddhism in Pre-Medieval Times, in: NUMEN 35, 1985, 88–100 (über Alopen). Tiefere Einflüsse sind jedoch nicht zu erweisen, dafür sind auch die Strukturunterschiede der beiden Religionen zu groß.

aufgenommen, umgebildet, sich angepaßt und so weiter, ein weites Gebiet der Forschung also, das bisher noch nicht im vollen Umfang abgesteckt, geschweige denn durchforstet worden ist[42]. Für das frühe Christentum aber gilt uneingeschränkt die Feststellung J. Leipoldts, daß es, „von ferne gesehen, eine Strömung in der Religionsgeschichte der griechisch-römischen Welt: *eine* Strömung unter vielen ähnlichen Stömungen"[43] ist. Daß dieses Urteil nur die eine Seite der Sache ist (Leipoldt legt das anschließend sehr deutlich dar), vielleicht, vielfach die nur äußere, ist dem Einsichtigen natürlich bewußt.

Damit ist nicht alles über das Christentum gesagt. Sein Habitus, also das, was es uns überhaupt möglich macht zu bestimmen, was typisch christlich ist, ist die mitunter, historisch gesehen, schwer bestimmbare Mitte. Es sind neben einer Reihe Glaubensaussagen, die in immer stärkerem Maße zur Bildung von „Symbolen" oder festen Bekenntnisformeln führten und das dogmatische Gerüst der christlichen Theologie bis heute bestimmen (Gottes- und Trinitätslehre, Christologie und Soteriologie, Eschatologie), einige für die äußere Form des Christentums trotz seiner Auflösung in verschiedene Kirchentümer charakteristische Züge (Ekklesiologie, Priester- und Laienschaft, karitative und soziale Einrichtungen, ethisch-moralische Grundhaltungen). Sie haben nicht unerheblich zum schließlichen Siege des Christentums über die anderen spätantiken Religionen beigetragen[44]. Die politischen und gesellschaftlichen Vorgänge, die dazu führten, sind nach wie vor nicht einfach zu durchschauen, ist doch die Schlüsselfigur in diesen Vorgängen, Kaiser Konstantin, selbst in

---

[42] Erinnert sei an die orientalischen Nationalkirchen, vor allem die nestorianische, die bis Chian und Indien vordrang, oder die unterschiedlichen Formen der europäischen Kirchentümer. Einiges wieder bei Leipoldt, Von den Mysterien, 100 ff.

[43] Ebenda, 165.

[44] Vgl. zu diesem Thema vor allem Wendland, Die hellenistisch-römische Kultur, 228 ff.; Leipoldt, Von den Mysterien, 163 ff.; A.D. Nock, Early Gentile Christianity, 102 ff. (= Essays I, 130 ff.); ders. Conversion, Oxford 1961 (Paperback-Ausgabe), 187–211; E.R. Dodds, Pagan and Christian in an Age of Anxiety, Cambridge 1965 (New York 1970), 102–138, bes. 132 ff. (dt. Heiden und Christen im Zeitalter der Angst, Frankfurt/M. 1985, 92–117, bes. 113 ff.). Auch Gigon, Die antike Kultur, bes. 142–181, gibt einen ausgezeichneten Überblick. Die Funktion des Christentums „in der Depolitisierung des Römischen Reiches" behandelt H.G. Kippenberg bei S.M. Eisenstadt (Hrsg.), Kulturen der Achsenzeit, Frankfurt/M. 1987, Teil 2, 52–80.

[45] Ich verweise auf die unterschiedlichen Deutungen von K. Hönn (Konstantin der Große, Leipzig 1940, ²1945) und H. Dörrie (Konstantin der Große, Stuttgart 1958). Ferner: R. MacMullen, Constantine, New York 1969, u. Christianizing the Roman Empire, 43–67; Christensen, Christus oder Jupiter, 203–238.

seinen Motiven, die ihn zu seiner Entscheidung für die christliche Kirche bestimmten, umstritten[45].

Nicht unerheblich hat die reichsumfassende feste Organisation der Kirche dazu beigetragen, eine Eigenart, die alle übrigen konkurrierenden orientalischen Religionen, außer dem Judentum, nicht aufwiesen[46]. Die Lösung vom nationalexklusiven und gesetzestreuen Judentum machte das Christentum erst reif zur Weltreligion[47]. Seine entschränkte, universalistisch-monotheistische und ethische Gottesauffassung, der die Einsicht in die Einheit und Gleichheit aller Menschen entsprach[48], der Impetus zur nicht von traditionellen Vorurteilen beeinflußten Beziehung zum „Nächsten", vor allem dem sozial schlecht gestellten, eine Einstellung, die beispielsweise das stoische Humanitätsideal hinter sich ließ, aber im vorbildlichen Handeln des Stifters Jesus allen Gläubigen vor Augen stand, der auch den von der offiziellen Religion Deklassierten, den „Sünder" und Zerbrochenen, Hilfe und Trost, ja Eingang in das Jenseits verhieß, schließlich die kritische und distanzierte Stellung zu Welt und Staat (Kaiserkult), geboren aus einem eschatologischen Bewußtsein, und nicht zuletzt der missionarische Zug und Bekehrungseifer, der alle sozialen Schichten zu erreichen suchte—alles das und noch mehr hat dem Christentum zur Anerkennung mitverholfen[49]. Es ist nicht nur die Anpassung an die zeitgenössische Kultur, ihre „Stimmung" und die Bedürfnisse bzw. Höhenlage der einzelnen Bevölkerungsklassen, sondern zugleich auch der über sie hinausgehende, sie überwindende Inhalt des christlichen Glaubens, der ihn das Feld behaupten ließ. Dieser „Kern" ist es denn auch gewesen; der es offensichtlich vermochte, einer restlosen

---

Wichtig für dieses Problem ist die Arbeit von T.D. Barnes, Constantine and Eusebius, Cambridge, MA 1981 (arbeitet die Rolle des Euseb für die Darstellung Konstantins erneut heraus).

[46] Daher versuchte auch Kaiser Julian eine „hellenistische Kirche" zu schaffen, Vgl. J. Leipoldt, Kaiser Julian und die Religionsgeschichte, Berlin 1964 (Sitz.-Ber. Sächs. Akad. d. Wiss. zu Leipzig, Phil.-hist. Kl., 110,1), 8 f. Zur Polemik Julians gegen das Christentum s. auch Gigon, Die antike Kultur, 122 ff., u.R. Browning, The Emperor Julian, Berkeley 1976, ²1978), 159–186.

[47] Vgl. Leipoldt, Die Ablösung des frühen Christentums vom Judentum, in: Von den Mysterien, 211–254; auch 170 ff.; Wendland, Hell.-röm. Kultur, 240 ff.; Kamlah, Christentum und Geschichtlichkeit, 33 ff., 64 ff.

[48] Vgl. dazu J. Ratzinger, Die Einheit der Nationen. Eine Vision der Kirchenväter, München 1971, der allerdings vergißt, daß damit die Christianisierung einherging, die nicht immer friedlich erfolgte.

[49] Über die Tiefenwirkung der „Bekehrung" vgl. die instruktiven Kapitel bei R. MacMullen, Christianizing the Roman Empire, 74–85, 86–101; ferner Cochran, Christianity and Classical Culture, Part 2: Renovation (177–358).

Überfremdung des Frühchristentums, in Form eines Ausscheidungsprozesses Herr zu werden.

Dieser Prozeß, interessant in seiner unterschiedlichen Art, beginnt schon in den paulinischen Briefen sichtbar zu werden (Korinth) und setzt sich zunehmend fort, bis er im 2. Jahrhundert im antignostischen Kampf seinen ersten großen Höhepunkt erlebt, der zugleich für das Werden der Großkirche entscheidend wurde[50]. Im weiteren Verlauf hat die Kirche immer wieder ihr Schiff zwischen der Skylla des Aufgesaugtwerdens und der Charybdis der Isolierung hindurchzusteuern gesucht; der antimanichäische Kampf Augustins und seine tiefgehende Auseinandersetzung mit der spätantiken Kultur[51] ist dafür ein sprechendes Beispiel. Zahlreiche Sekten und häretische Bildungen waren nicht nur Ausdruck sozialer und innerchristlicher Spannungen, sondern zugleich auch Versuche, die christliche Lehre ganz in das Gewand der Umwelt zu hüllen. So kann man davon sprechen, daß das Christentum — wie jede große Religion übrigens — seine Gestalt in einem langen, übrigens bis heute anhaltenden Prozeß der Aufnahme und Abstoßung erhalten hat, womit es zugleich auch seine lebendige, selbsterhaltende Kraft unter Beweis stellte.

Diese Fragestellungen, die versuchen, das rechte Maß zwischen Form und Inhalt[52] einzuhalten, können nicht darüber hinwegtäuschen, daß es ein „reines, unverfälschtes" Christentum im historischen Verstande schon in seinen Anfängen nicht gegeben hat und auch nicht geben konnte, da ja auch die kanonischen neutestamentlichen Schriften, einschließlich der Evangelien, und letztlich Jesus selbst keine „reine", von ihrer Umwelt abgekapselte Lehre und Botschaft zum Ausdruck bringen. Eine „reine Religion" gibt es in der Religionsgeschichte nirgends; sie ist eine ahistorische Konstruktion. Jede Religion ist, wenn man so will,

---

[50] Vgl. o. 310. Gut von Kamlah, Christentum, 101 ff. herausgearbeitet.

[51] Dazu vor allem der 2. Teil von Kamlah, Christentum, 133–340, ferner Gigon, Die antike Kultur, 127–141; P. Brown, Augustine of Hippo, Berkeley 1967, 244 ff., 259 ff., 299 ff.

[52] Die von Brandenburger, Fleisch und Geist, 29 ff., über das Form-Inhalt-Problem gemachten Äußerungen finden meine volle Zustimmung, ebenso diejenigen von Drijvers, Rechtgläubigkeit, 249 ff., der die „deduktiven Wesensbezeichnungen", wie „jüdisch", „griechisch" u.a., in der bisherigen Forschung als „idealistische Abstraktionen" bezeichnet, die für ein induktives historisches Verfahren ungeeignet seiden (s. Anm. 5). Insofern ist das „Wesen" des Christentums seine Geschichte und nichts anderes!

[53] Vgl. H. Kamstra, Synkretisme op de grens tussen theologie en godsdienstfenomenologie, Leiden 1970; ferner seine Habilitationsschrift: Encounter or Syncretism. The Initial Growth of Japanese Buddhism, Leiden 1967. Auch Drijvers

ein synkretistisches Phänomen. Zu dieser Einsicht ist die moderne Religionswissenschaft immer mehr gekommen[53]; sie versteht die Bezeichnung „Synkretismus" nicht mehr als abwertende Kategorie. An dieser Erkenntnis kann auch die Beschäftigung mit den altchristlichen Quellen, die Patristik, nicht mehr vorbeigehen. Es ist daher nur ein Gebot wissenschaftlicher Einsicht und Red-lichkeit, wenn z.B. die bekannten Berliner Reihen der „Griechischen Christlichen Schriftsteller" und der „Texte und Untersuchungen" daraus Konsequenzen gezogen haben. Nur von diesem Horizont her läßt sich die frühe Kirchengeschichte verstehen und historisch begreifen. Wenn die alte sogenannte Kirchenväter-Kommission sich schon 1940 in „Kommission für spätantike Religionsgeschichte" umbenannte, so trug sie einem in der Religionsgeschichtsforschung dieser Epoche maßgebenden Trend durchaus Rechnung. Ansätze dazu gab es schon zu Harnacks Zeiten, wie die verschiedenen Studien zum Gnostizismus zeigen, die in den „Texten und Untersuchungen" erschienen sind, oder die Edition der Pistis Sophia durch C. Schmidt in den „Griechischen Christlichen Schriftstellern". Im Hinblick auf die neuen gnostischen Quellen von Nag Hammadi ist dies wieder aktuell geworden[54]. Auch hellenistisch-jüdische Texte sind wiederholt in diesen beiden Reihen bearbeitet und herausgegeben worden. So hat sich die von Harnack einstmals gegenüber der aufstrebenden Religionswissenschaft geäußerte Bemerkung, daß auf dem Boden der altchristlichen Kirche ein Religionshistoriker

---

hat a.a.O. das Problem des Synkretismus aus seiner bisherigen Enge und einseitigen Bewertung herauszuführen gesucht: Es geht dabei primär um die Einsicht in die „kulturelle Mehrdeutigkeit von allerlei Vorstellungen" (Verweis auf Köster-Robinson), nicht um die „Summe verschiedener kultureller Einflüsse oder Begriffe oder Vorstellungen" (295). Zum Begriff „Synkretismus" und seine religionshistorische Verwendung s. meinen Beitrag ob. 193ff. und U. Berner, Untersuchungen zur Verwendung des Synkretismus-Begriffes, Wiesbaden 1982 (Göttingen Oreintforschungen Bd. 2).

[54] Vgl. W.C. Till, Die gnostischen Schriften des koptischen Papyrus Berolinensis 8502, Berlin 1955 (TU 60), 2. Aufl. hrsg. von H.-M. Schenke, ebd. 1972; J. Leipoldt, Das Evangelium nach Thomas, Berlin 1967 (TU 101); W.-P. Funke, Die zweite Apokalyse des Jakobus aus Nag-Hammadi-Codex V, Berlin 1970 (TU 119); Gesine Schenke, Die Dreigestaltige Protennoia (Nag-Hammadi-Codex XIII), Berlin 1984 (TU 132); H.-M. Schenke, Das Thomasbuch (Nag-Hammadi-Codex II, 7), Berlin 1989 (TU 138); D. Kirchner, Epistula Jacobi apocrypha. Die zweite Schrift aus Nag-Hammadi-Codex I, Berlin 1989 (TU 136). Ferner die Beiträge von P. Nagel, H.-M. Schenke und mir in dem Sammelband „Das Korpus der griechisch-christlichen Schriftsteller", Berlin 1977 (TU 120), 147–150, 209–218, 219–236.

[55] Reden und Aufsätze II, Gießen 1904, 170 f., 184 f.; vgl. dazu meine Bemerkungen oben S. 6ff.

ein weites Betätigungsfeld habe⁵⁵, in ungeahnter Weise bewahrheitet. Religionsgeschichte besagt aber immer zugleich, daß man seinen Blick nicht von der weiten Karte der Religionen läßt, wenn man eine spezielle religionsgeschichtliche Epoche untersucht⁵⁶.

Betrachtet man die Entstehung und Entwicklung des frühen Christentums unter religionsvergleichendem Standpunkt, so lassen sich folgende Beobachtungen machen: Das Christentum entstand aus einer messianischen Sekte in einer monotheistischen Volksreligion; sein Initiator, von Haus aus ein prophetischer, messianischer Bußprediger und Reformator, wurde erst im nachhinein zu einer Stifterfigur, als die von ihm entfachte Bewegung nach seinem Tode zu einer schließlich das zeitgenössische Judentum verlassenden, eigenen Religion geworden war. Man kann diesen Vorgang auch als das Werden einer (jüdischen) „Häresie" zur „Weltreligion" bezeichnen⁵⁷. Entscheidenden Anteil daran hat der einstige Pharisäer Paulus (Saulus) aus Tarsos, den man vielfach als den eigentlichen Begründer des Christentums angesehen hat,

---

⁵⁶ Vgl. zu diesem Problem religionshistorischer Arbeitsweise meine Ausführungen ob. 50ff. (Das Problem der Autonomie und Integrität der RW).

⁵⁷ Vgl. dazu meine grundsätzlichen Bemerkungen zum Thema „Schisma und Häresie" unter religionsvergleichendem Gesichtspunkt in: Ex Orbe Religionum. Studia G. Widengren oblata II, Leiden 1972, 326–339 (vgl. auch oben S. 216ff.). Von „Häresie" und „Orthodoxie" kann man im Judentum frühestens erst seit der Organisation des Rabbinats zu Jabne und im Laufe des 2. Jahrhunderts sprechen. Zur sog. Synode von Jabne vgl. G. Stemberger, in: Kairos 19, 1977, 14–21, und P. Schäfer, Studien zur Geschichte und Theologie des rabbinischen Judentums, Leiden 1978, 45–64. Die Abwehr der Judenchristen in der 12. Bitte des „Achtzehngebetes" ist laut bBer. 28 b zur Zeit Gamaliels II. (um 100 n. Chr.) eingeschaltet worden. Ähnliche Vorgänge lassen sich in der jüdischen Geschichte noch später nachweisen, man denke an die Sabbatianer und Frankisten (vgl. G. Scholem, Judaica 3, Frankfurt/M. 1973, 152 ff., 198 ff.) „Die Unterschiede zwischen dem Paulinismus und Sabbatianismus sind groß, aber die Verwandtschaft der Grundstrukturen, des Antinomismus, einer Krisentheologie, die sich schnell entwickelt, ist weder zu übersehen noch zu verheimlichen" (ebd. 167). In welcher Weise sich das Verhältnis von Häresie und Orthodoxie in der frühchristlichen Kirchengeschichte selbst wieder gestaltet, hat W. Bauer in seinem grundlegenden Werk „Rechtgläubigkeit und Ketzerei im ältesten Christentum" (Tübingen ²1964) dargestellt. Vgl. dazu D.J. Harrington, The Reception of Walter Bauer's Orthodoxy and Heresy in Earliest Christianity during the last Decade, in: Harv. Theol. Review 73, 1980, 289–298. Weder J.F. McCue (in Vig Christ 33, 1979, 118–130) noch G.T. Burke (in: The Second Century 4, 1984, 1–7) haben mit ihren Gegenargumenten Bauers These ernsthaft in Frage stellen können.

⁵⁸ Sehr radikal jetzt von Hyan Macoby, The Mythmaker. Paul and the Invention of Christianity, San Francisco 1986, vertreten, der übrigens auch die pharisäischen Züge bei Paulus in Zweifel zieht (wobei er allerdings ein spätes Bild des Rabbinentums als Kriterium anlegt). Vgl. dazu jetzt ausgewogener J. Becker, Paulus, S. 42 ff., 73 ff.

was nicht ganz von der Hand zu weisen ist[58]; er hat zumindest durch entschiedene Aufnahme einer bereits vorhandenen Tendenz in den hellenistischen Gemeinden dafür gesorgt, daß das Christentum keine jüdische Sekte blieb, sondern die bereits von Jesus implicite eingenommene kritische Haltung zu Gesetz und Kult in einer eigenständigen Bewegung zur Wirkung kam. Auf ihn geht aber zugleich auch die theologisch begründete Öffnung des Urchristentums zur hellenistischen Welt zurück, und die weitere Entwicklung, die sich bereits in vielen neutestamentlichen Schriften gut verfolgen läßt, ist im Grunde genommen nur eine Konsequenz auf diesem eingeschlagenen Weg, der zur Etablierung des geschichtlichen „Christentums" führte, zur *Religio Christiana*, die sich als *Genus tertium* neben Griechen- (Heiden-) und Judentum verstand[59]. So ist das religionsgeschichtliche Problem des Christentums sowohl von „außen" als auch von „innen" in gleicher Weise angelegt und ohne gleichzeitige Berücksichtigung beider Seiten nicht zu verstehen, schon gar nicht zu lösen.

---

[59] Ebenso Kamlah, Christentum, 99: „Diese Hellenisierung hat überhaupt erst hervorgebracht, was wir bis zum heutigen Tage 'das Christentum' nennen. Erst durch den Übertritt auf humanistischen Boden ist 'das Christentum' seiner selbst als einer neuen geschichtlichen Religion voll bewußt geworden". 115. „Das Christentum entsteht erst eigentlich, indem es Fuß faßt auf dem Boden hellenistischer Philosophie, nachdem es den Boden jüdischer Geschichtlichkeit schon längst unter den Füßen verloren hatte". Ich meine allerdings, daß diese Entwicklung schon im Neuen Testament (Lk, Apg.) einsetzt (vgl. Jaeger, Das frühe Christentum, 3 ff.; s.o. 307). Über das legitime Recht des Historikers, trotzdem den Begriff „Christentum" in die Anfänge („Urchristentum") zu projizieren und sein späteres Selbstverständnis „nach rückwärts gleichsam zu verlängern", hat meines Erachtens sich nur Kamlah Gedanken gemacht (99f.). Nach wie vor ist völlig ungeklärt, was eigentlich „christlich" oder „Christentum" im 1. und 2. Jh. zu bedeuten hat, nachdem seit den Nag Hammadi-Texten klar ist, daß sich auch die Gnostiker als Christen verstanden (auch Mani betrachtete sich als Apostel Christi!). Es gibt strenggenommen keine festen Grenzen zu den verschiedensten Gruppen und Richtungen, die sich auf Christus beriefen oder Traditionen benutzten oder schufen, die mit ihm zu tun hatten.

IV.

ZUR WISSENSCHAFTSGESCHICHTE

13.

LEIPZIG UND DIE RELIGIONSWISSENSCHAFT

Die 550-Jahrfeier der Alma mater Lipsiensis 1959 und der 75. Geburtstag meines religionsgeschichtlichen Lehrers Walter Baetke im gleichen Jahr, veranlaßte mich Näheres über die Geschichte der Religionswissenschaft in Leipzig zu erfahren und sie in einem Beitrag darzustellen. Wie erstaunt war ich aber, als ich im Universitätsarchiv an Hand alter Akten und Vorlesungsverzeichnisse bald merkte, daß in Leipzig die Religionswissenschaft bzw. Religionsgeschichte viel älter war, als man bisher wußte, und eine bemerkenswerte Vergangenheit hat. Diese ihre Vergangenheit macht sie mir besonders geeignet als ein Beispiel für die ganze Problematik der Disziplin als solcher in ihrer bisherigen Entwicklung. So wurde aus einem ursprünglich geplanten Aufsatz eine größere Arbeit, die unter dem Titel „Die Religionsgeschichte an der Leipziger Universität und die Entwicklung der Religionswissenschaft. Ein Beitrag zur Wissenschaftsgeschichte und zum Problem der Religionswissenschaft" von der Sächsischen Akademie der Wissenschaften zum Druck in ihren Sitzungsberichten angenommen wurde und dort 1962 erschien (Phil-hist. Klasse 107, Heft 1). Darüber soll im folgenden kurz berichtet werden (alle Belege und Nachweise findet man in der genannten Arbeit). Dabei wird mein Bemühen darauf gerichtet sein, den besonderen Charakter der Leipziger Religionswissenschaft zu verdeutlichen, der ihr bis in die Gegenwart das Gepräge gegeben hat. Außerdem können wir an Hand der Leipziger Verhältnisse sehr gut eines der Grundprobleme der Religionswissenschaft, nämlich ihre Stellung zur Theologie, studieren. Diesem Punkt schenke ich besondere Aufmerksamkeit. Am Schluß sind etliche Bemerkungen zur Entwicklung nach 1962 gemacht worden, die das in der Einführung (S. VIIIff.) Gesagte ergänzen.

Die Geschichte der Leipziger Religionswissenschaft läßt sich deutlich in zwei Perioden einteilen: die Zeit vor der Gründung des Religionsgeschichtlichen Seminars und Lehrstuhls im Jahre 1912 und die daran anschließende Zeit.

Wenden wir uns also zunächst der Periode vor 1912 zu, die sich fast ausschließlich im Bereich der Philosophischen Fakultät abspielt. Am Ende des 18. und Anfang des 19. Jh., um damit zu beginnen, beherrschen noch weithin die „mythologischen" Lehrveranstaltungen verschiedener Art, philologischer und philosophischer, das Feld. Männer wie Christian August CRUSIUS (1715–1775), Christian August CLODIUS, Friedrich August CARUS, der seit 1795 über „Weltgeschichte der Religion" liest, dann der bedeutendste Philosoph Leipzigs am Anfang des 19. Jh., Christian Hermann WEISSE (1801–66), und der große Gegner CREUZERS und Lehrer Max MÜLLERS, Gottfried HERMANN (1772–1848) wirkten in diesem Sinne.

Es war dem ersten Ägyptologen in Leipzig, Gustav SEYFFARTH (1796–1885) vorbehalten, erstmalig im Wintersemester 1841/42 über „allgemeine Religionsgeschichte" zu lesen und dieses Kolleg im jährlichen Turnus zu wiederholen. Bereits im Sommersemester 1832 hatte er angekündigt „Geschichte der alten Religionen, besonders der Ägypter, Griechen, Italiker, Phönizier, Perser, Inder u.a.". Seyffarth stellt allerdings kein rühmliches Beispiel religions-historischer Forschung dar, da er noch völlig unkritisch und von konfusen theologisch-biblischen Auffassungen beherrscht ist. Einige Ideen machen ihm gewissermaßen zum Vorläufer der Theorie vom Urmonotheismus und der Astralmythologie. Als Ägyptologe hat er die traurige Rolle gespielt, die Entzifferungen Champollions fanatisch abzulehnen und bis an sein Lebensende in New York, wohin er 1865 ausgewandert war, zu bekämpfen.

Wird so die Religionsgeschichte anfangs auch recht unvollkommen vertreten, so ist es mit dem nächsten Vertreter dieser jungen Disziplin schon ganz anders. Diesmal ist es ein Philosoph: Karl Rudolf SEYDEL (1835–1892), ein Schüler Christian Hermann WEISSES. Seit dem Wintersemester 1865/6 beginnt dieser wieder, in der Philosophischen Fakultät, neben seinen philosophischen Kolleges, über „Allgemeine Religionsgschichte" zu lesen. Von dem Inhalt dieser Vorlesung, die er regelmäßig wiederholte, können wir uns ein Bild machen durch das Buch von SEYDEL: „Die Religion und die Religionen", Leipzig 1872. Es ist eine für breitere Kreise bestimmte Einführung in die Religionsgeschichte. Als Philosoph beansprucht Seydel, eine Zusammenfassung des durch die Spezialwissenschaften allenthalben Gewonnenen zu geben. Zu dieser philosophisch-systematischen Durchdringung des Stoffes tritt der theologische Gedanke, daß das Christentum Ziel der religionsgeschichtlichen Entwicklung sei; das vollkommene Religionsideal sei der „vollendete Gottmensch" (S. 142 u. 163 f.). „Die Religion Jesu ergibt sich so als die letzte, höchste Einheit, in welcher all das in der vorchristlichen Geschichte

Getrennte endlich zusammenströmt" (140). Seydel ist hierbei über seinen Lehrer Weiße von der idealistischen Philosophie und von romantischen Ideen abhängig. (WEISSES spekulativ-theosophischem „Theismus" war er zeitlebens verpflichtet). Trotzdem merkt man bei SEYDEL auf Schritt und Tritt, daß er sehr gut über die einzelnen Religionen orientiert ist und die damalig neueste Spezialliteratur berücksichtig hat. Gegenüber den orthodox-theologischen und unhistorischen Auffassungen vertritt er eine freimütige Kritik und geschichtliche Betrachtung der biblischen Schriften. Er hat dazu selbst einen bedeutsamen Beitrag geleistet und seine religionsgeschichtlichen Kenntnisse für die neutestamentliche Forschung fruchtbar gemacht, indem er Einflüsse der Buddhalegende auf das „Urevangelium" annahm und in mehreren Schriften seit 1882 zu begründen versuchte. Damit hatte er erstmalig ein Thema angerührt und wissenschaftlich behandelt, das bis in unsere Tage die Forschung beschäftigt hat.

Die Tradition SEYDELS in der Pflege der allgemeinen Religionsgeschichte setzt noch zu dessen Lebzeiten der Iranist Bruno LINDNER (1853–1930) fort. Mit ihm tritt uns nun ein erstklassig geschulter Philologe entgegen, der seine Ausbildung bei WINDISCH, ROTH, LESKIEN und HÜBSCHMANN erhalten hatte. 1887 erhielt LINDNER eine außerordentliche Professur für „arische Sprachen und Religionsgeschichte", die er bis zu seiner Emeritierung 1919 inne hatte. Neben diesen seinem speziellen Fachgebiet hat LINDNER von 1882/83 bis 1912 regelmäßig über „Allgemeine Religionsgeschichte" oder „Einführung in die allgemeine Religionsgeschichte" (erstmalig Wintersemester 1885/86) Kolleg gehalten. In einem Gutachten der Philosophischen Fakultät heißt es darüber: „Für diesen Gegenstand ist es ihm gelungen, in einer Privatvorlesung bis zu 16, in öffentlichen Vorlesungen bis zu 60 und 75 Zuhörer zu gewinnen": LINDNER hat nicht viel veröffentlicht: ein schweres Augenleiden, das schließlich zur völligen Blindheit führte, hat seine Arbeit sehr gehemmt. Das Ergebnis seiner religionsgeschichtlichen Studien hat er in einem Beitrag zur 3. Auflage (1890) des von Otto ZÖCKLER herausgegebenen „Handbuches der theologischen Wissenschaften" unter dem Titel „Grundzüge der allgemeinen Religionswissenschaft auf geschichtlicher Grundlage" niedergelegt (Band 3, 567–673). Diese Darstellung ist heute noch lesenswert und zeichnet sich durch eine besonnene Zurückhaltung gegenüber unsicheren Theorien und durch kritische Vorsicht wohltuend aus. Aber auch LINDNER hat es nicht vermieden, seine sonst sachliche und in Einzelheiten heute noch gültige Darlegung mit theologischen Auffassungen zu belasten. So spricht er vom „Gottesbewußtsein" als der Grundlage der Religion und stellt das Christentum als „vollkommene Religion" hin. Er bemerkt aber trotzdem, daß die Religionswissenschaft nicht entscheiden kann, „ob der Anspruch auf besondere göttliche Offenbarung berechtigt ist oder nicht" (S. 578). LINDNER betont ferner ausdrücklich den selbständigen Charakter der Religionswissenschaft und fordert ein Spezialstudium für jeden Religionshistoriker, „da die Geschichte der Religion erst dann völlig verständlich wird, wenn sie im Zusammenhang mit der gesamten Kulturentwicklung betrachtet wird" (S. 570). Gemeinschaft, Tradition und Kult sind wesentliche Elemente der Religion (s. bes. S. 586). Das unfruchtbare Spekulieren und Suchen nach dem Ursprung der Religion hält er für zwecklos, da, wie er sagt, „keine geschichtliche Forschung bis in die Anfänge der Entwicklung hinauf reicht" (S. 572). „Alle Geschichte", bemerkt LINDNER, „hat es zu thun mit der in Völker geteilten Menschheit, nicht mit einzelnen Individuen: eine Zeit, die jenseits der Trennung der Menschen in einzelne Völker oder Stämme liegt, liegt auch jenseits aller Geschichte" (ib.).

Es wäre jedoch falsch zu meinen, daß die religionsgeschichtliche Arbeit im 19. Jh. nur auf den beiden Hauptvertretern, SEYDEL und LINDNER, geruht hätte, Wir müssen die außerordentlich fruchtbare Tätigkeit der Einzelforschung in dieser Zeit mit hinzunehmen. Besonders auf dem Gebiet der mächtig aufstrebenden orientalischen Disziplinen haben bedeutende Lehrer der Leipziger Alma mater nicht nur in der Forschung, sondern auch in der Lehre religionsgeschichtliche Themen behandelt. Aus der älteren Generation sind hier der große Arabist Heinrich Leberech FLEISCHER und der ebenso bedeutsame Indologe Hermann BROCKHAUS zu nennen. In der folgenden Generation ist es der Bahnbrecher der Assyriologie Friedrich DELITZSCH, der mehrfach in Lehrveranstaltungen das „Alte Testament im Lichte der Keilinschriften" interpretierte. Noch stärker schaltete sich sein Schüler und Nachfolger Heinrich ZIMMERN in diese religionsgeschichtliche Arbeit ein. Auch der Arabist August FISCHER behandelte in fakultativen Vorlesungen den Islam. In gleicher Weise wirkte Ernst WINDISCH auf indologischem, speziell buddhologischem Gebiete. Der Vertreter der ostasiatischen Philologie, August CONRADY, hielt wiederholt Übungen über die Religionsgeschichte Chinas ab. Auf dem lange Zeit die Religionswissenschaft bestimmenden Feld der klassischen Altertumskunde war Leipzig durch Otto JAHN und Johann Adolf OVERBECK Zentrum der sogenannten „Kunstmythologie". Erst Theodor SCHREIBER und Erich BETHE haben hier mit einer religionshistorischen Betrachtungsweise begonnen. Aber auch im Bereich der in Leipzig stets gepflegten nordischen Philologie haben Gelehrte, wie Theodor MÖBIUS und besonders Eugen MOGK, sich der Mythologie und Religiongeschichte gewidmet. Schließlich muß Wilhelm WUNDT (1832–1920) in diesem Zusammenhang genannt werden; er wirkte seit 1875 in Leipzig. Im Wintersemester 1883/84 las er zum ersten Mal über Völkerpsychologie und zwei Jahre später (Wintersemester 1885/86) über „Psychologie der Sprache, des Mythos und der Sitte", ein Kolleg, das er mehrfach wiederholt hat. Wundt hat durch seine völkerpsychologische Betrachtungsweise die Erkenntnis von dem geschichtlich-gesellschaft-lichen Charakter der Religion entscheidend gefördert.

Die bisherige Übersicht lehrt, daß im 19. Jh. die Philosophische Fakultät, besonders in ihren philologischen Fächern, Hort der religionsgeschichtlichen Forschung und Lehre gewesen ist. In der Theologischen Fakultät ist demgegenüber, bis auf eine Ausnahme, in dieser Zeit keine religionsgeschichtliche Vorlesung gehalten worden. Die Ausnahme betrifft den Privatdozenten David Johann Heinrich GOLDHORN, der im Wintersemester 1837/38 einmal „Allgemeine Religiongeschichte" angekündigt hat. Näheres habe ich nicht ermitteln können, da das Archiv der Theologischen Fakultät im 2. Weltkrieg fast restlos vernichtet wurde. Die feste lutherische, orthodoxe Tradition, die in Leipzig besonders zu Hause war, wurde erst gegen Ende des 19. Jh. gebrochen. Franz DELITZSCH (1813–1890) machte Leipzig wieder zum Hauptsitz alttestamentlicher und rabbinischer Studien. Die streng lutherische Lehre veranlaßte viele Söhne aus lutherischen Pfarrhäusern in Deutschland gerade hier zu studieren. Es ist daher nicht erstaunlich, welche Fülle von später bedeutenden Theologen sich in den 70er und 80er Jahren in Leipzig habilitiert haben: Wolf Graf BAUDISSIN, H.F. MÜHLAU, K.V. RYSSEL, Friedrich Georg HEINRICI, C.R. GREGORY, Gustav DALMAN, Friedrich LOOFS, Viktor SCHULTZE, Adolf HARNACK. Letzterer behandelte 1874/75 die Gnosis, ein Jahr darauf die Jüdische Apokalyptik, und im Sommersemester 1877 folgte erstmalig eine Vorlesung über „Dogmengeschichte". Das Verdienst jedoch, die allgemeine Religionsgeschichte zu einem festen Bestandteil des Lehrplans der Theologischen Fakultät gemcht zu haben, gebührt allein Alfred JEREMIAS (1864–1935). Dieser hat seit 1906 ein reichhaltiges religionsgeschichtliches Vorlesungsprogramm bestritten und die bis heute gepflegte Einrichtung der „Religionsgeschichtlichen Übung" begründet. Erst nach 15jähriger Privatdozententätigkeit wurde JEREMIAS 1921 zum außerordentlichen (nichtbeamteten) „Professor für Religionsgeschichte, insbesondere semitische Religionsgeschichte", ernannt. Seine Stellung in der Religionswissenschaft war schon zu seinen Lebzeiten umstritten, da er als Hauptvertreter des sogen. „Panbabylonismus" und der damit verbundenen Astralmythologie gilt. Trotz der Übertreibungen und Einseitigkeiten, die immer stärker in seinen Arbeiten zum Ausdruck kommen, sind seine Verdienste nicht zu übersehen. Kein geringerer als Thomas Mann hat sich aus seinen Büchern für seinen Josephsroman anregen lassen (vgl. Ges. Werke X, 751–756). Er kann als Ahn der sog. „Pattern"- Forschung betrachtet werden und als derjenige, der erstmalig die Motivforschung (JEREMIAS spricht selbst von „Symbolforschung") für die vergleichende Religionswissenschaft fruchtbar gemacht hat. Auch als geistiger Vater der modernen Auffassung vom Sakralkönigtum hat man ihn bezeichnet (C. M. EDSMAN). Die von JEREMIAS und seinen Anhängern energisch betriebene Interpretation des Alten Testamentes mit Hilfe des Keilschriftmaterials hat dasselbe jedenfalls aus seiner unhistorischen Isolierung befreit und einem religionsgeschichtlichen Verständnis zugeführt.

Obwohl Jeremias durch seine assyriologische Ausbildung bei Friedrich DELITZSCH eine streng philologische Religionsforschung vertrat, hat er auch die theologischen Belange in seiner Arbeit berücksichtigen wollen. Die Beschäftigung mit der Religionsgeschichte dient nach ihm dazu, das „was ihm praktisch durch eigenes religiöses Erleben gewiß geworden ist, die Absolutheit des Christentums", zu bestätigen. Damit wird von ihm doch einer theologischen Religionswissenschaft das Wort geredet, die durch die unsachgemäße Auseinanderreißung von Gefühl und Ausdruck auch die Objektivität ihrer Aussagen sichern möchte.

In die Zeit der Wirksamkeit von JEREMIAS fällt nun auch das wichtigste Ereignis der Leipziger Religionswissenschaft: die Gründung des Religionsgeschichtlichen Seminars und die Errichtung eines Lehrstuhls für Religionsgeschichte. Die Ereignisse, die zu diesen beiden Einrichtungen führten, kann ich hier nur kurz streifen und muß auf meine genannte ausführliche Darstellung verweisen. Das „Religionsgeschichtliche Seminar", wie sein alter Name lautet, ist im Rahmen der von dem Historiker Karl

LAMPRECHT gegründeten kulturhistorischen Forschungsinstitute 1912 enstanden. Es ist nun interessant, daß dieses Institut, trotz der alten religionsgeschichtlichen Tradition in der Philosophischen Fakultät, nicht dieser Fakultät, sondern der Theologischen zugesprochen wurde, und zwar, wie es ausdrücklich heißt, aus „praktischen Gründen". Damit ist gemeint, daß das Religionsgeschichtliche Institut dem alt- und neutestamentlichen Seminar angeschlossen werden sollte, um deren Arbeit auf dem Gebiet der orientalischen und spätantiken Religionsgeschichte zu unterstützen. Ein Ordinarius der Philosophischen Fakultät sollte jedoch hinzugezogen werden. Jedenfalls ist von einer apologeztisch-theologischen Zwecksetzung dabei nirgends die Rede (Auch äußerlich war das neue Institut bis 1927 im Gebäude des Kulturhistorischen Instituts untergebracht, nicht bei den theologischen Instituten). Wir besitzen ein Schreiben der Philosophischen Fakultät aus dem Jahre 1912, in dem gegen die Berufung eines Professor für Religionsgeschichte in die Theologische Fakultät protestiert und darauf verwiesen wird, daß die „Philosophische Fakultät in erster Linie als die berufene Trägerin religionswissenschatlicher Forschung zu gelten hat", was, wie ich gezeigt habe, durchaus berechtigt ist. Es blieb jedoch dabei, daß der religionsgeschichtliche Lehrstuhl der Theologischen Fakultät zugesprochen wurde.

Der erste Inhaber der neugegründeten Professur und damit zugleich der erste Direktor des Religionsgeschichtlichen Seminars wurde Nathan SÖDERBLOM (1866–1931). Er wirkte nur drei Semester in Leipzig, um 1914 als Erzbischof der schwedischen lutherischen Kirche nach Uppsala zurückzukehren. Trotzdem ist die Leipziger Zeit für Söderblom von besonderer Bedeutung gewesen. Er hat hier, neben seiner akademischen Tätigkeit, zwei seiner bekanntesten Arbeiten verfaßt: „Das Werden des Gottesglaubens" (Gustrons uppkomst, Stockholm 1914; dt. vom Leipziger Schul-Professor Dr. R. Stübe, 1916 und 1926²) und den Beitrag „Natürliche Theologie und Allgemeine Religionsgeschichte" (in den „Beiträgen zur Religionswissenschaft" Band I, 1913/14, Heft 1). Wir brauchen an dieser Stelle nicht näher auf Söderblom eingehen, da seine Stellung und Bedeutung zu bekannt sind. Für ihn gehörte die Religionsgeschichte zur Theologie und hatte ihr zu dienen als neuartige *theologia naturalis*; sie stand so im Dienste der Apologie des Christentums, wie besonders sein letztes Werk, die Gifford Lectures von 1931 über den „Lebendigen Gott im Zeugnis der Religionsgeschichte" (so der Titel der dt. Übersetzung von F. Heiler, 1942), eindrücklich lehrt. In Leipzig hat Söderblom keine Schule hinterlassen.

Söderbloms Nachfolger wurde Hans HAAS (1868–1934), der als ausgewiesener Fachmann für die ostasiatische Religionsgeschichte 1915 sein neues Amt antrat (vgl. über ihn auch unter S. 340ff.). HAAS hat in seiner 20jährigen Tätigkeit sehr viel für die Religionswissenschaft in und außerhalb Leipzigs getan. Ich brauche bloß an seinen heute noch benutzten „Bilderatlas zur Religionsgeschichte" zu erinnern, ein Unternehmen übrigens, das auf einen Forschungsauftrag des Staatlichen Forschungsinstituts für vergleichende Religionsgeschichte zu Leipzig zurückgeht und in 20 Lieferungen von 1923–1934 erschien. Die heutige Groninger „Iconography of Religions" knüpft daran an. HAAS erstrebte damit, wie er sich ausdrückte, ein „Musée Guimet in Bildern". Außerdem hat HAAS zusammen mit Edvard LEHMANN das bekannte „Textbuch zur Religionsgeschichte" geschaffen, an dem vor allem auch Leipziger Gelehrte mitgearbeitet haben. Ferner muß an seine Betreuung der „Veröffentlichungen des Staatlichen Forschungsinstituts für vergleichende Religionsgeschichte an der Universität Leipzig" gedacht werden. Von 1910 bis 1931 hat HAAS auch die „Zeitschrift für Missions- und Religionswissenschaft" herausgegeben. In seiner Lehr- und Forschungstätigkeit hat HAAS speziell sein engeres Fachgebiet gepflegt. Allgemeine religionswissenschaftliche Probleme hat er nur am Rande berührt und im Gegensatz z.B. zur Marburger Schule religionsphilosophische und theologische Fragestellungen in seinen Arbeiten vermieden. Seine wissenschaftliche Redlichkeit und Skepsis hat er in einem seiner originellen Gedichte „Was ist Wahrheit?" folgendermaßen zum Ausdruck gebracht:

>"Was man uns einstens vordoziert,
>Als ich noch war Scholar,
>Das gilt — man hat mich angeschmiert —
>Jetzt längst nicht mehr als wahr.
>Und manchmal, nun ich selber heut
>Verzapfe Wissenschaft,
>Wie mich da jach die Angst bedräut,
>Ob mich nicht Lügen straft
>Des Wissens dann erreichter Stand,
>Wenn bald an meiner Statt
>Zum Ordinarius ernannt,
>N.N. den Lehrstuhl hat?"

(Ein Korb Fallobst, S. 11)

Theologisch gesehen steht HAAS in der liberalen Tradition, war er doch auch Mitarbeiter des „Allgemeinen Evangelischen

Protestantischen Missionsvereins" (der späteren „Ostasienmission") gewesen. Die Religionsgeschichte gilt ihm im Sinne P. de LAGARDES als „Korrektiv der Theologie hinsichtlich ihres herkömmlichen, dogmatischen Wissenschaftsbetriebes". Er trat für eine gegenseitige Ergänzung und Harmonisierung der Religionen ein, also für eine tolerante Haltung. Er hat dafür in seinen Arbeiten „Idee und Ideal der Feindesliebe in der außerchristlichen Welt" (1927) und „Rechte und schlechte Apologetik in der allgemeinen Religionswissenschaft" (ZMR 41, 1926) Beispiele gegeben. Er sagt über sich selbst in seinem autobiographischen Gedicht „Rückschau" (Ein Korb Fallobst, S. 21):

"Daß ich in ihrem eignen Land
Kung, Laotse und den Buddha fand
Und, früh geklärt durch Lessings Geist,
An ihrer Weisheit mich gespeist;
Auch Marko stünd im Geist vor mir:
Ein Hund nur! aber — was ein Tier!"

So ist es nicht zu verwundern, wenn HAAS in einem Schreiben aus dem Jahr 1927 bemerkt, daß sein Fach besser in der Philosophischen Fakultät aufgehoben wäre als in der Theologischen, und kurz vor seinem Tode hat er, gegenüber einem Vertreter des Ministeriums, die Überweisung des religionsgeschichtlichen Lehrstuhles an die Philosophische Fakultät erwogen.

Neben HAAS muß aus der Theologischen Fakultät besonders noch Johannes LEIPOLDT erwähnt werden, der stark religionsgeschichtlich orientiert war und zu den besten Kennern der spätantiken Religionsgeschichte gehörte. Vielen unbekannt wird sein, daß LEIPOLDT 1922 ein (leider unvollendetes) „Handbuch der Religionswissenschaft" bei Voss in Berlin herausgebracht hat und das Archiv für neutestamentliche Zeitgeschichte und Kulturkunde „Angelos" begründete (1925–1932). Am Rande sei auch in Erinnerung gebracht, daß Paul Tillich von 1927–1929 in der Theologischen Fakultät eine Honorarprofessur innehatte.

Blicken wir zur Philosophischen Fakultät, so treten uns auch in dieser Zeit eine Fülle von Gelehrten entgegen, die Maßgebliches für das Fortschreiten der religionsgeschichtlichen Einzelforschung geleistet haben und gemäß dem alten Leipziger Herkommen die Religionsgeschichte in ihre Lehrtätigkeit aufnahmen. Ich nenne etwa die Indologen Johannes HERTEL und Friedrich WELLER (der sich 1922 für Chinesisch und ostasiatische Religionsgeschichte in Leipzig habilitiert hatte), den Orientalisten Richard HARTMANN und den Sinologen Eduard ERKES, den Ägyptologen Hermann KEES und den Assyriologen

Benno LANDSBERGER, den Arabisten BRÄUNLICH, den Rabbinisten Lazar GULKOWITSCH und den klassischen Philologen August KÖRTE, sowie die Germanisten bzw. Nordisten Helmut DE BOOR, Julius SCHWIETERING und Konstantin REICHARDT. Hans LEISEGANG wirkte in den 20er Jahren ebenfalls in Leipzig.

Ein besonderes Ereignis war es für die Philosophische Fakultät, als sich im Jahre 1924 Joachim WACH als erster für das Fach Religionswissenschaft habilitierte. WACH, der, außer in München (bei Friedrich HEILER) und Berlin (bei Ernst TROELTSCH), vor allem in Leipzig studiert hat (bei HAAS, FISCHER, ZIMMERN, FREYER und VOLKELT), wurde bereits in Leipzig 1922 mit einer Arbeit über die „Grundzüge einer Phänomenologie des Erlösungsgedankens" promoviert. Mit ihm besaß Leipzig erstmalig einen Dozenten für Religionswissenschaft in der Philosophische Fakultät, und zwar im Institut für „Kultur- und Universalgeschichte". 1927 erhielt Wach einen Lehrauftrag für „Religionssoziologie", ein Fach, das er ja besonders gefördert hat. Zwei Jahre später wurde er zum außerordentlichen Professor für Religionswissenschaft ernannt. Wach hat in dieser seiner Eigenschaft eine außerordentlich fruchtbare und erfolgreiche Lehr- und Forschungstätigkeit entfaltet. Diese vielversprechende Laufbahn wurde jedoch bald unterbrochen, als das barbarische Nazi-Regime 1935 WACH zusammen mit Benno LANDSBERGER und einigen anderen Gelehrten die Lehrbefugnis entzog. Es sei ausdrücklich vermerkt, wie aus einem erhaltenen Protokoll hervorgeht, daß mehrere Professoren der Philosophische Fakultät in einer Fakultätssitzung gegen dieses schändliche Vorgehen Einspruch erhoben haben; leider ohne Erfolg. Es waren dies vor allem die Naturwissenschaftler B. VAN DER WAERDEN, W. HEISENBERG, F. HUND und der Archäologe Bernhard SCHWEITZER. WACH selbst hatte in dieser Zeit gerade eine Einladung an die Brown-University in Providence-Rhode Island (USA) zu Gastvorlesungen erhalten. Diese Lehrstätte über dem Atlantik wurde ihm daher gleich zur zweiten Heimat. 1945 wechselte er nach Chicago über.

WACHS Bedeutung für die Religionswissenschaft ist zu bekannt, als daß wir hier ausführlich darauf eingehen müßten (vgl. unten S. 357ff.). Er hat in seiner Habilitationsschrift „Religionswissenschaft" eine theoretische und methodische Grundlegung dieser jungen Disziplin vorgelegt, worin er besonders ihre Eigenständigkeit gegenüber Theologie und Philosophie herausarbeitet. Diese von ihm intendierte Trennung von Religionswissenschaft und Theologie hat er jedoch selbst nicht immer streng eingehalten, besonders in seinen letzten Arbeiten. Er steht letztlich doch noch in der liberaltheologischen Tradition, wie sie ihm von HAAS und TROELTSCH vermittelt wurde. Besonders barg seine metho-dische Einstellung (im Anschluß and DILTHEY) die Gefahr des Irrationalismus und die Vernachlässigung des historisch-kritischen Geschäftes. Die Orientierung WACHS am Erlebnis oder der „religiösen Erfahrung" hat seine Schwächen, da sie zu sehr am religiösen Subjekt verhaftet ist und immer wieder in theologisierende oder psychologisierende Auffassungen abgleitet. Denn: Die Religion ist nicht Quelle, sondern Objekt der religionswissenschaftlichen Forschung! Trotz dieser Kritik an WACHS Position —die in meiner eingangs genannten Arbeit des Näheren begründet wird—gehören seine Arbeiten zu den bekanntesten auf dem Gebiet der vergleichenden Religionswissenschaft und der Religionssoziologie; das gilt besonders für die von WACH mit Meisterschaft gehandhabte Typologie.

Die schmerzliche Lücke, die durch WACHS unfreiwilligen Abgang entstanden war, konnte bald wieder geschlossen werden, und zwar durch den Ethnologen Friedrich Rudolf LEHMANN, dessen Lehrbefugnis für Ethnologie 1935 auf Religionwissenschaft erweitert wurde. LEHMANN hatte bereits vorher, seit 1931 im Rahmen des Völkerkunde-Instituts religionswissenschaftliche Vorlesungen abgehalten. 1937 wurde er zum außerordentlichen Professor für Religionswissenschaft und Völkerkunde ernannt. LEHMANN ist besonders durch zwei Arbeiten bekannt geworden, einmal durch seine Dissertation über den Manabegriff bei den Südseevölkern (1915, erschienen 1922) und zum anderen durch das umfangreiche Werk über die polynesichen Tabusitten, mit dem er sich 1930 habilitiert hatte. Als Schüler von SÖDERBLOM, HAAS und WEULE haben ihn vornehmlich religionsethnologische Probleme beschäftigt. In seiner Antrittsvorlesung 1937 hat er sehr instruktiv den „Beitrag der Völkerkunde zur Religionswissenschaft" (ARW 34, 1937, 323–350) mit kritischem Verständnis geschildert. Hauptkennzeichen seiner Arbeitsweise und Methode ist, daß er Theorien und Tatsachen konfrontiert und auseinander zu halten bemüht ist, wie er es vorbildlich und in heute noch gültiger Form in den zwei genannten Arbeiten getan hat. Ich finde, daß die darin niedergelegten Ergebnisse einer umfassenden Forschung, wenn auch keiner Feldforschung, noch keinesfalls von allen Religionswissenschaftler beherzigt worden sind. Das gilt besonders hinsichtlich des arg strapazierten Manabegriffs, dessen falsche Verwendung in der Gestalt der sogen.

Machttheorie (auch „Dynamismus" genannt) noch heute in weitverbreiteten religionsgeschichtlichen Werken greifbar ist. Auch in der Tabuarbeit hat LEHMANN gezeigt, daß „der Tabubegriff nicht ohne weiteres identisch mit 'heilig' ist, wie das ja so vielfach behauptet wird" (281). LEHMANN wendet sich auch gegen eine überstarke und einseitige Betonung des Gefühlsmomentes in der Religionsgeschichte und tritt stattdessen dafür ein, daß die Objektbezogenheit, das religiöse Vorstellungsmoment, wieder stärker berücksichtigt wird.

LEHMANNS Wirksamkeit in Leipzig wurde 1939 durch den Krieg unterbrochen, da er sich gerade auf einer Forschungsreise in Afrika befand und so in Pretoria interniert wurde. Nach 1945 nahm er eine Professur für Ethnologie in Potchefsstroom an (1950–1965). Er starb 1969 in München.

Die Neubesetzung des theologischen Lehrstuhls für Religionsgeschichte nach dem Tode von HAAS im Jahre 1934 führte aufgrund der 1933 etablierten Naziherrschaft zu ernsten Problemen. Die Theologische Fakultät stand hierbei vor einer besonders schwierigen Aufgabe, da die Tätigkeit der vom Nationalsozialismus geförderten „Deutschen Glaubensbewegung" gerade den Lehrstuhl für Religionsgeschichte in aktuelle Wirren hineinzog. In dem zwischen der Fakultät und dem Dresdner Volksbildungsministerium hin- und hergehenden Kampf um die Berufung eines neuen Religionshistorikers siegte schließlich erstere und setzte die Ernennung des Germanisten Walter BAETKE zum Professor für Religionsgeschichte durch. In BAETKE hatte die Fakultät — und das war einer der Hauptgründe seiner Berufung gewesen — einen erstklassigen Philologen auf dem Gebiet der germanischen Religionsgeschichte gewonnen, der auch eine fachmännisch genaue Kenntnis der reichen Welt der Religionen besaß. Damit blieb, wie der damalige Dekan Horst STEPHAN bemerkte, die „streng methodisch wissenschaftliche Tradition des Leipziger Lehrstuhls" gewahrt. Von besonderer Bedeutung war außerdem, daß BAETKE ein Gegner des von der „Deutschen Glaubensbewegung" und dem nationalsozialistischen „Mythus" inszenierten Germanen- und Arierkults und eben deshalb am besten imstande war, die jungen Theologen über die Verfälschung der germanischen Altertumskunde aufzuklären. In dieser Weise hat Walter BAETKE als Lehrer und Forscher, unter wiederholten Zusammenstößen mit den damaligen Regierungsorganen, unentwegt bis zum Zusammenbruch des Naziregimes gewirkt und dazu beigetragen, junge Menschen gegen das Gift nazistischer Irrlehren immun zu machen (s.u. S. 371f.).

Wie sein Vorgänger Hans HAAS hat sich BAETKE vornehmlich auf sein Spezialgebiet konzentriert und hier, besonders in seinen letzten Jahren, Grundlegendes geleistet. Wir können in diesem Zusammenhang nicht darauf eingehen (s.u. S. 372ff.). Seine Wahl in die Sächsische Akademie der Wissenschaften als erster Leipziger Religionshistoriker ist vor allem auf diese seine Verdienste zurückzuführen. Es sei nur bemerkt, daß BAETKE, in diesen quellenkritischen Untersuchungen die religionsgeschichtliche Fragestellung nie außer Acht gelassen hat. Der Ausgangspunkt der von ihm eingeführten Kritik der altnordischen Sagas war die Frage, ob und in welchem Umfang denn die herkömmlichen Quellen zur germanischen Religionsgeschichte überhaupt als Zeugnisse für die vorchristliche Zeit verwendet werden können.

Beschränken wir uns auf BAETKES Position in der Religionswissenschaft, er hat—und das ist für uns in Leipzig sein unbestreitbares Verdienst—einen konsequenten Kampf gegen alle religionsphilosophischen und theologischen Deutungen des religionsgeschichtlichen Tatsachenmaterials geführt. Wir haben in ihm einen Fortsetzer der besten Tradition der deutschen philologisch-historisch orientierten Religionsgeschichtsforschung, die gerade in Leipzig alte Wurzeln hat, wie ich zu zeigen versuchte. Besonders aufschlußreich ist dafür seine Auseinandersetzung mit Rudolf OTTO, die in der Einleitung zu seinem Buch „Das Heilige im Germanischen" (1942) niedergelegt ist, ursprünglich aber als selbständige Schrift geplant war (vgl. jetzt seine „Kleinen Schriften", Weimar 1973, S. 56–84).

Die zwei Haupteinwände, die er gegen OTTOS im Grunde theologische Konzeption des Heiligen macht, sind einmal dessen Verkennung des Gemeinschaftscharakters der Religion, zum anderen die einseitig subjektivistisch-psychologistische Ausrichtung, das falsche Ausgehen von Erlebnis und Gefühl, mit dem Ziel, das „Numinose" oder „Göttliche" gleichsam empirisch zu erfassen. Die tragenden Pfeiler jeder Religion sind für BAETKE Gemeinschaft, Tradition und Kult; in ihrem Bereich wurzelt der Glaube des Einzelnen (dafür zitiert er einerseits Hegel, andererseits É. Durkheim!). Diese Betonung des objektiv-soziologischen Moments macht es BAETKE unmöglich, die Religionsgeschichte mit einem „Urerlebnis", einer „numinosen Regung" o.ä. beginnen zu lassen und in diesem Sinne zu interpretieren. Die Religionsgeschichte fängt nicht mit einem numinosen „Urgefühl", an, sondern mit der geschichtlichen Religion, soweit wir sie an Hand der Quellen überall zurückverfolgen können. BAETKE lehnt daher jede Art von heterogener Entwicklung und des damit verbundenen unhistorischen Evolutionismus ab. An diesem Punkte wird deutlich, daß er den streng historischen, empirischen Charakter der Religionswissenschaft gewahrt wissen will, gegenüber einem Abgleiten in religionsphilosophisch-metaphysische und theologische Fragestellungen, wie sie die ganze bisherige von SCHLEIERMACHER bestimmte Problematik des Ursprungs der Religion nach sich zieht. Dieser Problemkreis ist nach BAETKE grundsätzlich aus der Religionsgeschichte auszuklammern und der Theologie oder Religionsphilosophie bzw. Metaphysik zu überlassen, deren Einfluß auf die Religionswissenschaft seit SCHLEIERMACHER bis zu OTTO verhängnisvoll gewesen ist (vgl. dazu oben S. 23ff. und unten S. 373f.).

„Eine Religionswissenschaft", sagt BAETKE, „die die Religion von der Gefühls- und Denkweise ihrer Anhänger, ihrer religiösen Anlage oder dem Typ ihres religiösen Erlebens unter Absehung von dem Gegenstand ihres Glaubens her begreifen will, baut in die Luft" (Kleine Schriften, S. 47). Deshalb lehnt er die OTTO'sche Auffassung des „Heiligen" ab; es ist für ihn ein objektiver Begriff, der an die Gemeinschaft und ihre Tradition gebunden und ohne diese nicht verstehbar ist. Was heilig ist, bestimmt nicht der Einzelne, sondern die Gemeinschaft bzw. deren Tradition. „Heilig" ist alles, was von den Göttern oder überirdischen Mächten stammt und mit ihnen in Verbindung steht, in erster Linie der Kult. Die zentrale Rolle des letzteren hat BAETKE immer wieder hervorgehoben. Religionsgemeinde ist zugleich Kultgemeinde. Nur im Bereich eines lebendigen Kultes und Glaubens kann deshalb von Religion die Rede sein. Auch die religiöse Bedeutung eines Mythos hängt von seiner Beziehung zum Kult ab. BAETKE trennt daher streng zwischen Religion und Mythologie, eine Scheidung, die noch heute vielfach vergessen oder nicht genügend durchgeführt wird.

Ferner hat BAETKE verschiedentlich die enge Beziehung von Religion und Ethos (Sitte) hervorgehoben. Ein Heiliges oder „Numinoses" ohne sittliche Momente ist für ihn ein „reines Gedankengebilde, ohne jede reale Grundlage". „Das Heilige", sagt er, „hat immer zugleich einen ethischen, verpflichtenden Aspekt, andernfalls ist es nur ein 'Edelspuk'" (Kleine Schriften, S. 81, 83).

Alle diese Erkenntnisse, die durch weitere fruchtbare Gedanken ergänzt werden können (ich verweise dafür wieder auf meine angeführte Arbeit), hat Walter BAETKE aus dem Studium der Geschichte der Religionen gewonnen, nicht aus der Spekulation oder Theorie. Er hat daher in Gelehrten wie Geo WIDEN-

GREN, C.M. EDSMAN, H. RINGGREN, Ugo BIANCHI, Paul RADIN, W. HAVERS u.a. Mitstreiter gefunden. Er hat Ernst gemacht mit dem historischen und gesellschaftlichen Charakter der Religionen und es ist ihm dadurch gelungen, eine wirklich selbständige Religionswissenschaft gegenüber der Theologie und Religionsphilosophie zu vertreten und auszubauen. Er überführte aus diesem Grunde auch 1946 den religionsgeschichtlichen Lehrstuhl und das Religionsgeschichtlich Seminar (seit 1950 Institut) in die Philosophische Fakultät und verwirklichte damit das ursprüngliche Programm Karl LAMPRECHTS und die geheime Absicht seines Vorgängers.

Den Neuaufbau des im Kriege durch Luftbomben 1943 zerstörten Religionsgeschichtlichen Seminars übernahm Baetke dann nach dem Kriege. Er hat bis 1959 außer der 1946 übernommenen Professur für Nordische Philologie (im Germanistischen Institut) Fach und Institut der Religionsgeschichte geleitet und regelmäßig religionsgeschichtliche Lehrveranstaltungen abgehalten. Neben ihm und von ihm zur Beteiligung am religionsgeschichtlichen Lehrbetrieb gebeten, haben eine Reihe bedeutender Fachleute gewirkt. S. MORENZ, der sich 1946 für ägyptische und hellenistische Religionsgeschichte habilitierte, hat als Ordinarius für Ägyptologie bis zu seinem frühen Tod 1970 regelmäßig religionsgeschichtliche Lehrvaranstaltungen gehalten, vor allem in einem Kreis jüngerer Wissenschaftler schulbildend gewirkt, zu dem auch ich gehört habe. Mit ihm verbanden sich neben A. ALT, Baetke und Leipoldt die richtungweisenden Impulse der religionsgeschichtlichen Arbeit in Leipzig nach dem 2. Weltkrieg. Beteiligt waren daran auch die Vertreter der älteren Generation, wie E. ERKES (Sinologe), W. SCHUBART (Papyrologe), J. SCHUBERT (Tibetologe), Eva LIPS (Völkerkundlerin), E. DAMMANN (Afrikanist, bis 1962 als Gastprofessor tätig). Von marxistischer Seite hat der Historiker Ernst WERNER ständig zur Religionsgeschichte Kontakt gehalten. Ich selbst habe schon 1953 als Assistent Baetkes einen Lehrauftrag für Religionsgeschichte erhalten und wurde nach erfolgter Habilitation 1961 Dozent für Religionsgeschichte und vergleichende Religionswissenschaft und übernahm die kommissarische Leitung des Religionsgeschichtlichen Instituts, 1963 zum „Professor mit Lehrauftrag" und 1969 zum Ordinarius für dieses Fach berufen.

Es gab zwei *Krisen* in der Entwicklung des Fachbereichs in den Nachkriegsjahren: die nicht übergangen werden können. Die erste Krise ergab sich 1958 im Zuge der 2. (sog. „sozialistischen") Hochschulreform in der früheren DDR. Es wurde versucht, das

Religionsgeschichtliche Institut in ein „Institut für atheistische Forschung und Propaganda" umzuwandeln. Dagegen haben sich W. BAETKE und S. MORENZ mit Erfolg gewehrt, und zwar mit dem Argument, Atheismus ist kein historisches Problem und Propaganda keine Aufgabe der Wissenschaft. „Die Religionswissenschaft kann ihre Aufgabe nur erfüllen, wenn sie als Geschichtswissenschaft betrieben wird", schrieb damals Walter BAETKE an den Rektor. Die Konsequenz für die Folgezeit war, daß die Lehrtätigkeit sich auf die Ausbildung der Theologen beschränkte und der Einfluß mit wenigen Ausnahmen zurückging. Ein weiterer Ausbau des Instituts erfolgte nicht mehr; dies wäre nur möglich gewesen, wenn die Forderung nach atheistischer Forschung, marxistischer Religionsbetrachtung oder — wie auch nahegelegt wurde — die Einbeziehung der Untersuchung des Verhältnisses von Arbeiterbewegung zur Religion berücksichtigt worden wäre.

Die zweite Krise bahnte sich 1968/69 im Zusammenhang mit der sog. 3. DDR-Hochschulreform an, die, wie auch anderenorts in Europa, eine tiefgreifende Strukturänderung der Universitäten bedeutete. Die Stellung der Religionsgeschichte war umstritten: entweder Eingliederung in die Orientwissenschaft, Geschichte oder Theologie. Entschieden wurde die Eingliederung in die Sektion Geschichte mit gleichzeitiger Errichtung eines entsprechenden Lehrstuhles (1.9.1969). Dazu hat nicht zuletzt meine damals erfolgte Berufung an die Universität Göttingen beigetragen, der ich nicht nachkommen konnte und die ich auf Grund der neuen Situation dann ablehnen mußte. Das alte Religionsgeschichtliche Institut wurde allerdings wie alle übrigen Institute abgeschafft, auch die eigenständigen Bibliotheken wurden aufgelöst, was der Arbeit nicht förderlich gewesen ist. Neugeschaffen wurde zwar eine Assistentenstelle, die eine gewisse Stabilisierung bedeutete, aber weder ein Studiengang noch eine Aufnahme der Religionswissenschaft in Lehrpläne außerhalb der Theologie war möglich. Der zunehmende Druck, den offiziellen Marxismus und Atheismus in die Lehr- und Forschungsarbeit aufzunehmen, dem ich mich immer widersetzt habe, war einer der entscheidenden Gründe, die mich veranlaßten, nach einer Gastprofessur an der University of Chicago, wo einst auch Wach gelehrt hatte, 1984 nicht wieder nach Leipzig zurückzukehren. Der Niedergang des kommunistischen Regimes in der „DDR" machte die Situation offenbar, die allen kritischen Geistern schon längst bekannt war, vor allem die geistige Unfreiheit und Tyrannei einer dogmatischen, weltfremden Staatsideologie. Der

Neuaufbau, erneut nach 1945 in diesem Teil Deutschlands, wird hoffentlich auch der Religionswissenschaft ihre traditionelle Rolle an der ältesten sächsischen Hochschule in Leipzig zurückgeben.

Wenn ich zum Schluß kurz zum Ausdruck bringen darf, was mir als der wichtigste Beitrag der Leipziger Religionswissenschaft erscheint, so ist es der unüberhörbare Ruf: „Zu den Quellen" der Religionsgeschichte, zur philologisch-historischen Forschung, und die Mahnung, religionsphilosophische, theologische und irrationalistische Auffassungen von ihr möglichst fernzuhalten.

14.

DIE BEDEUTUNG VON HANS HAAS (1868–1934) FÜR DIE RELIGIONSWISSENSCHAFT[1]

Am 2. 12. 1968 jährte sich zum 100. Mal der Geburtstag von Hans Haas, weiland ordentlicher Professor für Religionsgeschichte an der Universität Leipzig. Als derzeitiger Vertreter des Faches, das Hans Haas fast 20 Jahre an der *alma mater lipsiensis* gelehrt hat, betrachte ich es als eine Aufgabe und Verpflichtung, aus Anlaß dieses Tages seiner zu gedenken, auch wenn ich ihn weder persönlich habe kennenlernen können noch irgendwie sein Schüler gewesen bin.

Zunächst sei etwas von seinem Lebenslauf mitgeteilt[2]. Hans Haas wurde am 2. 12. 1868 im oberfränkischen Donndorf bei Bayreuth geboren. Von 1889 bis 1893 studierte er evangelische Theologie und klassische Philologie in Erlangen. Nach kurzer Tätigkeit im Dienste der evangelisch-lutherischen Kirche Bayerns setzte er 1897/98 seine Studien in Berlin und London fort, um 1898 ein Amt als Pfarrer der deutschen evangelischen Gemeinde in Tokyo und Yokohama anzutreten. Gleichzeitig übernahm er die Tätigkeit eines Missionars des liberalen „Allgemeinen Evangelisch-Protestantischen Missionsvereins", der späteren „Ostasienmission" (OAM), und wurde Direktor der Theologischen Hochschule (Shinkyo Shingakko) dieser Missionsgesellschaft in Tokyo. Erst elf Jahre später, 1909, kehrte Haas nach Europa zurück und lebte als Privatgelehrter bis 1912 in Heidelberg, bis 1914 in Coburg. Der Japanaufenthalt hatte ihm eine intensive Bekanntschaft mit den Religionen Ostasiens, besonders dem japanischen Buddhismus, vermittelt und ihn zu einem tüchtigen Fachmann auf diesem Gebiet gemacht. Auf Grund seiner wissenschaftlichen und kirchlichen Verdienste verlieh ihm im Jahre

---

[1] Gedenkvorlesung des Religionsgeschichtlichen Instituts an der Karl-Marx-Universität Leipzig anläßlich seines 100. Geburtstages am 2. 12. 1968.

[2] Vgl. hierzu und zum Folgenden den Abschnitt über H. Haas in meiner Arbeit: Die Religionsgeschichte an der Leipziger Universität und die Entwicklung der Religionswissenschaft, Berlin 1962 (SB Sächs. Akad. Wiss. zu Leipzig, Philol.–hist. Kl. 107, 1), S. 123–133. Ergänzend sei auch auf das „Reichshandbuch der Deutschen Gesellschaft", Berlin (1930), 1. Bd., S. 624 f. (im Bild) verwiesen.

1903 die Theologische Fakultät Straßburg die Ehrendoktorwürde. Schon in Japan betätigte er sich als Herausgeber der ersten deutschen Zeitschrift, die den Titel „Wahrheit" trug (1900–1906). Hier entstanden u.a. auch mehrere Schriften in japanischer Sprache, wie eine „Einführung in die christliche Lehre" (1901). Die bedeutendste Arbeit dieser Zeit ist seine zweibändige „Geschichte des Christentums in Japan", die den Zeitraum der katholischen Jesuitenmission bis 1570 behandelt. Sie wurde nach ihrem Erscheinen 1902/04 gerühmt als „eine auf umfangreichsten Quellenstudien beruhende, sehr ausführliche, sorgfältige und durch peinliche historische Objektivität ausgezeichnete Arbeit"[3]. Dieses Urteil trifft auf die meisten der folgenden Veröffentlichungen von Haas zu. Auch der Religionsgeschichte sind in dieser Zeit bereits gewichtige Arbeiten gewidmet. So schrieb er für die von P. Hinneberg herausgegebene „Kultur der Gegenwart" im Band „Religionen des Orients" den Abschnitt über die Sekten des japanischen Buddhismus (1903, 1923). Es folgte eine Schrift über „Die Annalen des japanischen Buddhism" (Tokyo 1908) und die große Quellendarbietung „Amida Buddha unsere Zuflucht" (1910 in den Göttinger Quellen der Religionsgeschichte, Band 2). Eine große Anzahl von Aufsätzen und Artikeln über gleiche oder verwandte Gebiete erschien vor allem in der „Zeitschrift für Missionskunde und Religionswissenschaft" (ZMR), den „Mitteilungen der Deutschen Gesellschaft für Natur- und Völkerkunde Ostasiens" (MDGNVO), der „Ostasiatischen Zeitschrift" (OZ) und dem „Archiv für Religionswissenschaft" (ARW)[4]. Haas hat hierbei vielfach bisher unbekannte Seiten eröffnet.

Diese seine Arbeiten über den fernöstlichen Buddhismus und seine starken religionsgeschichtlichen Interessen brachten ihm am 1. 10. 1913 in Jena eine außerordentliche Professur für Allgemeine und Vergleichende Religionsgeschichte ein. Aber bereits anderthalb Jahre später, d. h. am 1. April 1915, erfolgte seine Berufung auf den Leipziger Lehrstuhl für Religionsgeschichte als Nachfolger N. Söderbloms, der zum Erzbischof von Schweden gewählt worden war. In seiner neuen Stellung, die zugleich das Direktorat des Religionsgeschichtlichen Seminars

---

[3] J. WARNECK, Abriß einer Geschichte der Protestantischen Missionen, 8. Aufl. 1905, S. 430 Anm.

[4] Eine Bibliographie von Haas existiert nicht, abgesehen von den in meiner Studie angeführten Arbeiten sind die wichtigsten bis 1927 im genannten „Reichshandbuch" S. 625 verzeichnet.

einschloß, wirkte Haas ohne Unterbrechung bis zu seinem plötzlichen Tode am 10. 9. 1934, der sicherlich nicht zuletzt durch die Belastung verursacht wurde, die er als damaliger theologischer Dekan in dieser verhängnisvollen „Umbruchszeit" zu ertragen hatte. Haas wird allgemein als „ein eigengeprägter, aufrechter und kernhafter Mann" geschildert, „dessen hervorstechendster Charakterzug eine selbstlose und stets hilfsbereite Herzensgüte gewesen ist"[5].

Nach diesem kurzen Abriß seines Lebens sei auf das eigentliche Thema dieser Ausführungen eingegangen. Die Bedeutung von Haas liegt meiner Meinung nach in folgenden drei Punkten: 1. Haas gehört zu den Vertretern einer eigenständigen, nicht betont theologischen Religionswissenschaft. 2. Er ist als Religionshistoriker vornehmlich auf einem Fachgebiet tätig, womit er für die Leipziger Schule typisch wird. 3. Seine bleibenden Verdienste ruhen vor allem auf der Herausgabe von Arbeitsmaterial für die Religionswissenschaft.

Zunächst also zum Verhältnis von *Theologie und Religionswissenschaft bei Haas*. Dies läßt sich vor allem im Vergleich mit seinem Vorgänger und der älteren religionsgeschichtlichen Tradition illustrieren[6]. Mit Haas wurde sicherlich ein würdiger Nachfolger Söderbloms gewählt, aber m. E. hat er doch eine im Grunde andere Auffassung von Sinn und Zweck der Religionswissenschaft vertreten. Insofern ist er kein Nachfolger für die offenbarungsbezogene Religionsgeschichtsforschung Söderbloms gewesen. Dagegen scheint es mir, daß Haas eher in die Reihe der in Leipzig seit der Mitte des 19. Jahrhunderts wirksamen philologisch-historischen Bemühungen um die Religionsgeschichte einzuordnen ist, die vor allem in der Philosophischen Fakultät heimisch waren[7]. Dies zeigt sich nicht nur darin, daß wir Haas vornehmlich mit seinem Fachgebiet im engeren Sinne beschäftigt sehen, also Ostasien, sondern darin, daß er durch seine liberale Grundhaltung der Religionsgeschichte einen mehr pädagogischen als theologischen, d. h. dogmatisch bestimmten Zweck für das Theologiestudium zuschrieb. Es ist zwar nicht

---

[5] ZMR 49, 1934, S. 289. Es heißt hier weiter: „Diejenigen, die über das von ihm Geschriebene hinaus einen Eindruck des warmherzigen, humorvollen und gütigen Menschen empfangen haben, der, ganz anspruchslos für sich selbst, zusah, wo er mithelfen und Gutes wirken konnte, werden ihn nicht vergessen."
[6] Vgl. dazu meine angeführte Darstellung S. 9 ff; 37; 67 ff. (oben S. 323ff.)
[7] Vgl. ebda S. 71 ff. Die Religionsgeschichte spielte bis zum Wirken von A. JEREMIAS Anfang des 20. Jhdts. an der Theolog. Fakultät keine Rolle (ebda 110 ff.; s.o. S. 327ff.).

leicht, bei ihm hierüber ausführlich Auskunft zu erhalten, aber nach meiner Kenntnis seiner Arbeiten hat er sich über theologische Fragen kaum geäußert oder sie gar umgangen. Natürlich muß man hinzufügen, daß er als liberaler Theologe, ehemaliger Missionar und evangelischer Christ ein Wirken Gottes in allen Religionen am Werk sah, dies hat aber charakteristischerweise bei ihm weder zur Abwertung anderer Religionen noch der Überbewertung des Christentums geführt. Er sah sich immer bemüßigt, gerade den ungerechten Urteilen der Theologen über fremde Religionen entgegenzutreten, wie wir noch kennenlernen werden. Worum es mir hierbei geht, ist zu zeigen, daß Haas im Grunde genommen keine theologische Religionswissenschaft vertreten hat, sondern eine historische Religionsforschung, wie sie sich Ende des 19. und Anfang des 20. Jhdts. bereits herauszubilden begonnen hatte. Auch an einer Reihe seiner Schüler kann dies deutlich abgelesen werden, vor allem an J. Wach, der in seiner Habilitationsschrift für eine strenge Scheidung von Theologie und Religionswissenschaft eintrat, unter Zustimmung seines Habilitationsvaters Haas[8]. Schließlich muß in diesem Zusammenhang erwähnt werden, daß Haas in seinen letzten Jahren sich verschiedentlich dahingehend äußerte, sein Fach in die Philosophische Fakultät überzuführen, wie es dann tatsächlich von seinem Nachfolger W. Baetke 1946 durchgeführt worden ist[9].

Haas war selbstverständlich weit davon entfernt, etwa eine antitheologische Religionswissenschaft zu vertreten, sondern eher eine a-theologische, die sich ihrer Eigenständigkeit und Grenzen durchaus bewußt ist. Ihr Verhältnis zur Theologie wollte er im Sinne einer gegenseitigen harmonischen Ergänzung bestimmen, betonte allerdings, daß die Religionsgeschichte „als Korrektiv der Theologie hinsichtlich ihres herkömmlichen, dogmatischen Wissenschaftsbetriebes" zu gelten habe[10]. Mit anderen führenden liberalen Theologen seiner Zeit, wie M. Reischle und H. J. Holtzmann, war er der Meinung, „die Gewässer des Stromes der Religionsgeschichte in geordneten Kanälen dem Ackerboden der Theologie zuzuleiten und ihn so zu befruchten"[11]. Als Beispiele

---

[8] Ebda S. 139 f. (s. o. S. 332)
[9] Vgl. ebda S. 129 f. (Schreiben vom 26.1.1927 an den Philos. Dekan, Bericht v. 16.7.1934 im Volksbildungsministerium Dresden); s. o. S. 331.
[10] Ebda S. 129 (Habilitationsgutachten J. Wach).
[11] WissenschaftLeipzig Forschungsberichte. Hrsg. v. K. Hönn. Bd. 6 (Theologie), Gotha 1921, S. 5; ähnlich ZMR 39, 1924, S. 119.

solcher „Befruchtung" sind seine Arbeiten über „Idee und Ideal der Feindesliebe in der außerchristlichen Welt" (1927) und „Das Scherflein der Witwe und seine Entsprechung im Tripiṭaka" (1922) zu betrachten, letztere nannte er selbst ein „literarisches Scherflein eines theologischen Religionsgeschichtlers" (164). Haas vertritt damit sehr deutlich die Konzeption der liberalen „Religionsgeschichtlichen Schule", der er im weiteren Sinne durchaus zugerechnet werden kann. Dies entspricht auch dem Geist des „Allgemeinen Protestantischen Missionsvereins", bzw. der „Ostasienmission", der ja Haas zugehörte (von 1910-1932 sogar im Zentralvorstand). Eine eigentliche Apologie des Christentums wird vermieden, zumindest theologisch-dogmatisch, höchstens moralisch-ethisch versucht. Viel eher ist man an einer gegenseitigen Ergänzung der Religionen, bes. der großen Weltreligionen interessiert. „Mit denen ich mich verbunden weiß", schreibt Haas, „es sind Buddhisten in Japan und Konfuzianer in China und Hindu in Indien und Muslime in aller Welt und Söhne des Volkes Israel allerorten und aus allen Zeiten, längst, längst zur Freude ihres Herrn eingegangene fromme und getreue Knechte und annoch zur Stunde mit mir lebende, auch solche natürlich in meinem nächsten Umkreis. Nicht alle, nicht alle ohne Unterschied, aber: in allerlei Volk, wer Gott fürchtet und wer die Brüder liebt, das ist die Kirche, der ich mich verbunden fühle, die *Una Sancta*, die ich glaube, die ich weiß, ob ich sie gleich nicht sehe in ihrer Ganzheit, die mir aber nahetritt, die mich stärkt und dauernd an sich fesselt, vor allem durch die nachgelassenen Worte ihrer großen Heiligen, eines Buddha, eines Laotse, eines K'ungtse und wie sie alle heißen, die geistlichen Völkerhirten und –herzoge, in denen ein Jesus seinesgleichen hat und die, wie er den Seinen — ich danke Gott, daß ich zu ihnen zähle — ihren Jüngern Jahrtausende hindurch Mut geschenkt zum Leben, Anfeuerung zum Guten und auch Kraft zum bittern Sterben, zu einem ruhigen, gottgetrosten Aus-dem-Lebengehen"[12].

Haas hat verschiedentlich manche christliche Polemik gegen den Buddhismus für hinfällig erklärt. In einem Aufsatz über „Rechte und schlechte Apologetik in der allgemeinen Religionsgeschichte"[13] zeigt er z.B. an Hand der Übersetzung des Dabistaan al-Maḏāhib, Kap. 5 „Von der Religion der Christen

---

[12] Idee und Ideal der Feindesliebe in der außerchristlichen Welt, Leipzig 1927 (Programm anl. des Rektoratswechsels am 31.10.1927) S. 82 f.
[13] ZMR 41, 1926, S. 225–239.

(Tarsá)", daß eine objektive Schilderung und Betrachtung einer Religion (hier des Christentums) auch von einem Andersgläubigen, einem Parsi, also „Heiden", möglich ist, ohne daß eine Apologie dahintersteckt.

Die Stellung von Haas ist deshalb vor allem bemerkenswert, ja geradezu außergewöhnlich, weil einerseits in der zeitgenössischen Theologie nach dem Ende des 2. Weltkrieges der Religionsgeschichte von seiten der Barthschen Theologie der Garaus gemacht wurde, andererseits aber von religionswissenschaftlicher Seite vielfach eine kryptotheologische Grundlegung vorgenommen wurde. Haas ist hier tatsächlich ein Vertreter der alten liberalen Theologie geblieben, der auch als Religionshistoriker versuchte, sein Fachgebiet von Extremen fernzuhalten und seine Eigenständigkeit zu bewahren. Das ist besonders im Vergleich mit J. Witte festzustellen, gleichfalls einem Mitarbeiter, späteren Direktor der OAM, der sich der Barthschen Position anschloß und sie radikal in seinem Buch „Die Christusbotschaft und die Religionen" (1936) zum Ausdruck brachte. Ich glaube, daß Leipzig und seine Theologische Fakultät eine der wenigen Stellen gewesen ist, in denen die Religionsgeschichte nicht in den Strudel der dialektischen Theologie geraten ist, in dem sie entweder völlig unterging oder von dem sie beherrscht wurde. Dies ist sicherlich kein geringes Verdienst von Haas gewesen, und er war es sich wohl auch bewußt. Er ist in dieser Zeit der Platzhalter einer traditionsbewußten Religionsgeschichtsforschung innerhalb einer theologischen Fakultät gewesen[14].

Fragen wir nun nach Haas' *Auffassung der Religionswissenschaft* als solcher, so läßt sich das nicht so leicht feststellen, da er kaum Arbeiten grundsätzlichen Charakters publiziert hat. Mir stehen zu diesem Zweck leider auch keine Kollegnachschriften oder Berichte von Schülern zur Verfügung[15]. Man muß sich daher

---

[14] SÖDERBLOM hat „öfters in hohen Worten die unerhörte Freiheit und Größe dieser 'orthodoxen' Fakultät gerühmt, die in einer so einzigartigen Weise ein Beispiel gegeben habe, wie man wissenschaftliche Bedeutung allen anderen überzuordnen habe" (G. KITTEL, Erinnerungen an Nathan Söderblom, S. 8 nach dem dt. Mskr. der Universitätsbibliothek Uppsala, Söderblom-Archiv). Aus dem gleichen Mskr., das bisher nur schwedisch publiziert wurde (in: Hågkomster och livsintryck XIV, Uppsala 1933, S. 101–109) geht hervor, daß als Nachfolger Söderbloms in Leipzig F. Cumont aus Gent ins Auge gefaßt worden war, was zwar nicht mehr aktenmäßig belegbar ist, mir aber von J. Leipoldt und A. Jepsen früher schon berichtet wurde.
[15] Das gleiche gilt auch für den Nachlaß, der sich zuletzt in den Händen des 1961 verstorbenen Schwiegersohnes von Haas, Dekan Karl Landgraf, in Landau

aus seinen zahlreichen Rezensionen und Artikeln Äußerungen allgemeinen Charakters herausklauben, um in dieser Frage ein einigermaßen zuverlässiges Bild zu gewinnen. Es scheint mir außerdem der Fall zu sein daß Haas in manchen grundsätzlichen Fragen der Religionswissenschaft keine eindeutige Konzeption besessen hat, oder vorsichtiger gesagt, aus wissenschaftlicher Zurückhaltung nicht zum Ausdruck brachte. Meine Studien haben mich nun folgendes gelehrt: Haas legte Wert auf sachliche, philologisch begründete religionsgeschichtliche Arbeit. „Soweit Religionen es zu richtigen Urkunden gebracht haben", sagt er, „wird immer deren Studium als wichtigstes Erkenntnismittel gewertet werden"[16]. Daher auch die Beschränkung auf sein eigentliches Spezialgebiet und die Bemühungen um zuverlässige Quellensammlungen. Offenbar hat er sich nicht allzuviel um religionswissenschaftliche Theorien gekümmert und im Unterschied zu manchem anderen Religionshistoriker religionsphilosophische oder theologische Erörterungen vermieden, auch wenn er sie nicht völlig aus der Religionswissenschaft ausschloß. So hielt er gegenüber seinem Schüler Wach daran fest, daß die Religionswissenschaft nicht auf normativ Urteile, d. h. Urteile über Wesen, Ursprung, Zweck und Geltung der Religion verzichten könne. Er wirft in diesem Zusammenhang Wach eine „aussichtslose positivistische Tendenz" vor[17]. Anderseits ist bei ihm ein Hang zur Skepsis spürbar der auch der Grund für seine irenische Haltung war[18].

Mit Zustimmung zitiert Haas den ihm geistesverwandten und auf gleichem Arbeitsfeld tätigen Religionshistoriker und Buddhologen Heinrich Hackmann (der übrigens neben Haas gleichfalls für eine Berufung nach Leipzig erwogen wurde) und sieht mit ihm das Ziel der allgemeinen religionsgeschichtlichen Arbeit, die über eine bloße Inventuraufnahme des religiösen Besitzstandes hinausgelangen will, „in einer geflissentlichen Durchdringung des gesamten Stoffes mit Ideen, wodurch der

---

befand und vom dortigen Nachlaßverwalter betreut wird. Ein Teil der Haas'schen Bibliothek ist an die Universitätsbibliothek Bochum gelangt, ein anderer Teil an ein Heidelberger Antiquariat (Mitteilung des Kunstmalers H. M. Bungter, Leipzig, eines Neffen von Haas).

[16] Wiss. Forsch. Berichte S. 8.
[17] ThLZ 50, 1925, Sp. 365.
[18] Vgl. RUDOLPH, Religionsgeschichte S. 127 mit Anm. 3. J. HEMPEL rühmt in einem Brief vom 31.XII.1921 an Söderblom (Söderblom-Archiv der Universitätsbibliothek Uppsala) seine „abwägende Haltung".

Stoff selbst, die Anordnung, Darstellung, Beleuchtung ganz und gar bestimmt wird. Wirklich gerecht kann natürlich dem so formulierten Ideale zur Zeit ein Einzelner unmöglich werden. Erst recht nicht aber wäre es dazu mit einem Zusammenschluß vieler getan, Generationen noch werden Vorarbeiten zu leisten haben, bis einmal ein genialer 'Zusammendränger' an einem solchen Conspectus sich wird wagen können"[19].

Haas besaß eine starke künstlerische Ader. Er dichtete nicht nur und hatte einen eigenwilligen, unverwechselbaren Stil (der mitunter an H. von Kleist gemahnt), sondern er beschäftigte sich häufig mit den religiösen Kunstdenkmälern als Quellen zur Religionsgeschichte, wie noch zu zeigen sein wird. Diese Interessen ließen ihn verständlicherweise Wert auf das „religiöse Erlebnis" legen, das er „dem äußeren Drum und Dran von Religion, den bloßen Niederschlägen des Glaubens" gegenüberstellte[20]. Worauf es ihm z. B. in seinem bekannten „Textbuch zur Religionsgeschichte" ankam, betont er im Vorwort so: „durch die Reihe der Religionen das religiöse Leben, nicht nur die religiösen Vorstellungen (Mythen und Lehren) zu dokumentieren"[21]. Die dafür nötige, „Einfühlungsgabe" hat Haas in erster Linie in seinen ostasiatischen Studien mehrfach demonstriert (wieweit er dabei über das Ziel hinausgeschossen ist, kann ich nicht beurteilen). Übrigens zeigt sich diese Hochbewertung des „Innenlebens" der religiösen Phänomene wiederum bei Wach, der bekanntlich die „religiöse Erfahrung" zum Ausgangspunkt seiner religionswissenschaftlichen Grundkonzeption gemacht hat[22]. Hier steht einerseits das romantisch-liberale Erbe des Protestantismus mit seiner Geringschätzung von Kult und Dogma Pate, zum anderen eine zeitgenössische Strömung, die wir vor allem in der Literatur und Kunst des Expressionismus antreffen. Wir stehen dazu heute anders, kritischer, und haben ein neues Verständnis für Form, Tradition und den kultischen Bereich gewonnen.

Das in der Religionswissenschaft lange Zeit heiß umstrittene Problem des „Ursprungs der Religion", das zugleich der Wesensfrage diente, hat natürlich auch Haas beschäftigt. Er hält

---

[19] Wiss. Forsch. Berichte S. 6.
[20] ZMR 39, 1924, S. 99.
[21] Textbuch zur Religionsgeschichte, Hrsg. v. E. Lehmann und H. Haas, Leipzig 1922, S. III.
[22] S. dazu Rudolph, op. cit. S. 144 ff.; Bedeutende Gelehrte in Leipzig. Hrsg. von M. Steinmetz, Karl-Marx-Universität Leipzig 1965, S. 229 ff. (über Wach; s. u. S. 355—365); ThLZ 89, 1964, Sp. 346 ff. 349; KAIROS IX, 1967, S. 37 f.

es hier mit Söderbloms „Aufweis von *drei* Wurzeln der *einen* Pflanze Religion, die sich schließlich doch wohl auf *eine* müssen reduzieren lassen, ohne daß damit auch psychologisch die Religion aus einem einzigen Motiv hergeleitet werden soll"[23]. Und gegenüber K. Beth macht er mit Recht geltend, daß dem primitiven Denken die Vorstellung einer ungeteilten, alles durchdringenden Macht wohl nicht erschwinglich gewesen sei[24]. Er hat also mit vorsichtiger Zurückhaltung die präanimistische „Machttheorie", die zu seiner Zeit zum guten Ton der Religionswissenschaft gehörte und noch bei G. van Leeuw nachwirkt, abgelehnt, sicherlich auf Grund der kritischen Arbeit seines Schülers F. R. Lehmann über den Manabegriff[25].

Gehen wir aber nun zu dem erwähnten zweiten Punkt über, *Haas' Spezialgebiet, dem Fernen Osten.* Wie aus seiner Biographie hervorging, war er über 10 Jahre in Japan tätig. Diese fernöstliche Wirksamkeit bildet den Boden für seine zeitlebens gepflegten Studien zum ostasiatischen, vor allem japanischen Buddhismus. In seiner wohl bekanntesten Arbeit aus diesem Bereich, der Urkundensammlung zun Verständnis des japanischen Sukhāvatī-Buddhismus, die er unter dem Titel „Amida Buddha unsere Zuflucht" 1910 veröffentlichte und die erstmalig derartige Quellen in deutscher Sprache zugänglich machte, schreibt er in der Einleitung (7 f.) „Ich habe meinen Ehrgeiz nie darein gesetzt, mein Studium des Buddhismus auf eigene Faust zu betreiben, es vielmehr immer für ratsam gehalten, mich von solchen unterrichten und leiten zu lassen, die in diese Religion schon hineingeboren und in ihr groß geworden sind." Haas war es also, wie wenigen Religionshistorikern, vergönnt gewesen, aus eigenem Erleben seinem Fach zu dienen. Diese Vorliebe für die ostasiatischen Religionen entsprang offensichtlich einer inneren Neigung, die ihn allerdings nie so weit vom Christentum abführte wie im Falle von Richard Wilhelm, der auch einst der Ostasienmission gedient hatte.

Die anderen größeren Arbeiten über den Buddhismus wurden schon genannt. Ganz besonders interessierten ihn die schon lange diskutierten Zusammenhänge zwischen buddhistischen und

---

[23] Wiss. Forsch. Berichte S. 15.
[24] Ebda.
[25] Mana. Der Begriff des „außerordentlich Wirkungsvollen" bei Südseevölkern, Leipzig 1922. Diese Arbeit ist eine umgearbeitete und erweiterte Fassung der phil. Dissertation von 1915. (Mana. Eine begriffsgeschichtliche Untersuchung auf ethnologischer Grundlage.)

neutestamentlichen Erzählungen. Gerade in Leipzig hatte dieses Thema schon Jahrzehnte früher (1882) eine erstmalige ernsthafte, wissenschaftliche Untersuchung durch den Philosophen R. Seydel erfahren („Das Evangelium Jesu in seinem Verhältnisse zu Buddha-Sage und Buddha-Lehre")[26]. Haas nahm dieses Problem erneut auf und behandelte es unter Mitarbeit weiterer Fachgelehrter so umsichtig und sachgemäß, daß es seitdem keine weitere nähere Behandlung erfuhr[27]. Tatsächlich hat er mit „Das Scherflein der Witwe und seine Entsprechung im Tripiṭaka" (1922 einen „Rattenkönig von Irrtümern zu beseitigen gewußt" (79). Haas bediente sich dabei vielfach der darstellenden Kunst als einer wichtigen Erkenntnisquelle für religionsvergleichende Studien (vgl. S. 63ff., 81ff.). Nach ihm besteht ein wirklicher Zusammenhang zwischen der nt-lichen Erzählung in Mark. 12, 41ff. und der buddhistischen in der Kalpanāmaṇḍinikā IV 22, deren sanskritische Originalfassung einige Jahre zuvor von Le Coq in Ostturkestan aufgefunden worden war und eine wichtige Stütze für das hohe Alter der indischen Parallele bietet. Nicht Jesu hat die Parabel übernommen, sondern der Evangelist in treuem Glauben. Mit Haas' Worten (78): „Sie ist nicht zu verstehen als eine aus einem poetischen Lehrstück Jesu zurechtgemachte biographische Anekdote, eine veränderte Parabel, sondern von Haus aus eine außerhalb der christlichen—wir haben Grund anzunehmen: in der buddhistischen—Gemeinde entstandene, in den Bereich der ersten Christenheit gedrungene Legende, die —es sei das wiederholt!—in gutem Glauben als eine simple Begebenheit im Leben des Meisters gefaßt und von der Gemeinde tradiert wurde, bis Lukas sie literarischer Fixierung teilhaftig werden ließ, aus dessen Jesus—Vita sie als Nachtrag in der Folge auch in das längst fertige zweite Evangelium hineingenommen wurde."

Haas sah in dieser für ihn offenbar sehr wichtigen Studie, die alle Möglichkeiten der Gemeinschaftsarbeit mit anderen Gelehrten auf allen relevanten Gebieten auszuschöpfen versuchte,

---

[26] Über Seydel und seine Verdienste für die Religionsgeschichte s. Rudolph op. cit. S. 79ff.

[27] Zur wissenschaftlichen Zusammenarbeit s. das Schlußwort S. 165ff. H. ließ zuerst im Leipziger Rektoratsprogramm von 1921 seine Untersuchung „Mark. XII 41ff. und Kalpanāmaṇḍinikā (IV) 22" erscheinen, die er 1922 in sein „Scherflein" aufnahm (S. 1–80), zusammen mit den inzwischen erfolgten und gesammelten „Diskussionsbeiträgen" (S. 81ff.). H. hielt diese Art der „wissenschaftlichen Zusammenarbeit" für eine wesentliche Seite der zukünftigen vergleichenden Religionsgeschichtsforschung."

ein Beispiel für eine sachliche und objektive religionsvergleichende Arbeit, die vor allem die Gegner dieser Methode von ihrer Fruchtbarkeit zu überzeugen in der Lage war (S. 164).

Ein weiteres Exempel dieser Arbeitsweise gibt die ebenfalls schon erwähnte phänomenologische Monographie „Idee und Ideal der Feindesliebe in der außerchristlichen Welt" (1927). Auch in diesem „Pirschgang durch die Forste der allgemeinen Religionsgeschichte" (67), wie er es nannte, hat er die Theologen davor gewarnt, zu schnell die nichtchristlichen Religionen zu verurteilen oder herabzusetzen, „zu bekritteln, zu bemäkeln" (68). Bei der Behandlung des buddhistischen Liebesgebotes verteidigt er Buddhas Lehre gegen ungerechtfertigte Vorwürfe. Er sagt (S. 82): „Ich gestehe: ich für meine Person brächte es nicht fertig, gegen den Buddhismus, immerhin doch eines der ganz großen, nun auch längst schon durch Alter ehrwürdig gewordenen, überdies von sehr verschieden veranlagten Völkern wirklich erprobten Systeme, die in der Welt der Religionsgestaltungen — survival of the fittest—die ‚Auslese' darstellen, auch nur ein herabsetzendes Wort zu sagen. Ehrfurcht vor einer geistesgeschichtlichen Erscheinung, von der bei ihrer großen Bedeutung im Ganzen der Menschheitsgeschichte doch wohl auch nachgerade anzunehmen ist, daß sie trotz alles christlichen Missionierungsbemühens von ihrem Schauplatz nicht verschwinden wird, heißt mich auch da mit meinem Urteil zurückhalten, wo ich etwa selbst versucht sein möchte, zugunsten der mir selber von der Vorsehung als Lebensmitgift zugeteilten Religion abträgliche Kritik an ihr zu üben. Auch schon der Stifter des Buddhismus und der Anfänger unseres Glaubens lassen sich mir unmöglich gegeneinander ausspielen—beide zusammen ein *par nobile fratrum*; beide gleicherweise zählend zu den Menschheitsgroßen, edlen, frommen, reinen, die ein de Lagarde im Sinne gehabt, indem er sagte: Nehmt diese Menschen aus der Welt, so ist alles dunkel in ihr; beide Glieder der Gemeinde der Heiligen, Vollendeten der allgemeinen Kirche (καθ' ὅλην τὴν γῆν), der ich als einer der annoch Ringenden zuzählen mich zu dürfen selig bin." Wahrhaftig, diese Sätze zeigen, daß Haas unter die Ahnen der heutigen weltweiten Bewegung für ein Verständnis aller Religionen der Erde untereinander gehört.

Es ist hier nicht möglich, alle Facharbeiten von Haas vorzuführen und auch nicht der Sinn meiner Ausführungen. Nicht unerwähnt sei aber noch ein anderes Werk, das Haas am Herzen lag: „Das Spruchgut K'ung-tszes und Lao-zsĕts in gedanklicher Zusammenordnung" (Leipzig 1920). Er hat es offenbar in der Zeit des 1. Weltkrieges verfaßt und dann, um der leichteren Verbreitung willen, den Haupttext in drei Einzelheften gleichzeitig drucken lassen (Lao-tszĕ und Konfuzius. Konfuzius. Weisheitsworte des Lao-tszĕ). Ihm kam es dabei darauf an, diese beiden chinesischen Denker dem deutschen Leser, darunter bes. den Theologen, recht nahezubringen, da sie für über ein Jahrtausend eine ganze Kultur in ihren Bann gezogen haben. Haas beruft sich dabei auf Zwingli, wenn er auch bei diesen chinesischen Weisen vorchristliches Gedankengut findet, das dem Christentum ebenbürtig ist. Er sagt auch hier wieder polemisch (S. IX): „Und ist es doch tatsächlich ein Unding, zu bestreiten: das Wahre ist wahr, das Gute ist gut, das Erhabene ist erhaben, ob es aus den indischen Vedas oder aus dem Koran oder aus der Bibel stamme, ob es von Zoroaster oder von Buddha oder Moses oder Christus gesagt worden sei, oder auch von einem Dichter und Weisen der neueren Zeit. Was aber im besonderen die beiden K'ung-tszĕ und Lao-tszĕ anlangt, sei hier nur dies hervorgehoben, daß bei jenem die sogenannte „goldene Regel" der Bergpredigt begegnet, von diesem gar klipp und klar kein geringeres Gebot als die Feindesliebe aufgestellt wurde, das und zur Zeit—hic Rhodus, hic salta!—so nötige, fünfhundert Jahre vor Christus, einhundertfünfzig Jahre, bevor in Griechenland Plato, der bedeutendste Vorgänger des Christentums auf hellenischem Boden, zu gleicher Höhe ethischer Gesinnung sich emporgeschwungen." Es ist also wieder sichtbar, wie Haas seine Fachkenntnisse dazu verwendete, den trockenen Boden der Theologen zu bewässern. Darüber hinaus stellt aber das Buch ein Zeugnis aus für die bewunderungswürdige Belesenheit seines Autors. Man kann dem Werk, auch wenn die Forschung inzwischen vielfach andere Wege (bes. bei der Datierung Lao-Dsĕ's) gegangen ist, einen gleichsam kompendienhaften Charakter zuschreiben, da es die älteren Bemühungen um den Stoff gebührend mitaufnimmt (eine für Haas übrigens typische Seite seines Schaffens).

Der letzte Teil meines Themas ist dem wohl wichtigsten Beitrag von Haas für die Religionswissenschaft gewidmet. Haas hat seinen Namen vor allem durch drei Werke in die Annalen unserer Disziplin eingegraben, die zugleich seine große *organisatorische und editorische Fähigkeit* beweisen.

Es handelt sich einmal um das gemeinsam mit dem dänischen, zeitweise in Berlin wirkenden Religionshistoriker und Indologen Edvard Lehmann herausgegeben „Textbuch zur Religionsgeschichte" (2. Auflage 1922). Haas hatte schon an der ersten, von Lehmann allein herausgebenenen Auflage (1910) mitgearbeitet.

Diese Quellenbuch verschaffte seither Generationen von Studierenden einen ersten Zugang zu den wichtigsten Quellen der verschiedenen Religionen. Es bietet zugleich eine mustergültige Zusammenarbeit führender Spezialisten auf den einzelnen Gebieten. Vor allem sind daran eine erlesene Reihe Leipziger Gelehrter beteiligt: der Sinologe A. Conrady, der Arabist A. Fischer, die beiden Assyriologen H. Zimmern und B. Landsberger (der hier u. a. das babylonische Weltschöpfungsepos übersetzte, was wenig bekannt ist), der Germanist E. Mogk. Haas selbst bearbeitete den Abschnitt über China und Japan. An weiteren Mitarbeitern sind zu nennen: die Indologen H. Oldenberg, H. Jacobi, P. Tuxen, H. Smith und E. Lehmann, die klassischen Philologen K. Ziegler und R. Reitzenstein, der Ägyptologe H. Grapow und die Orientalisten J. Pedersen und Fr. Rosen. Diese Namen bürgen für die Zuverlässigkeit der gebotenen Übersetzungen und die einführenden Bemerkungen zu den einzelnen Abschnitten. In vielen Fällen sind diese Beiträge bis heute noch nicht ersetzt worden, und so bleibt das „Textbuch" neben dem größeren, aber unvollständig gebliebenen „Religionsgeschichtlichen Lesebuch" von A. Bertholet, immer noch ein wichtiges Übungsbuch im deutschsprachigen Raum, dessen Neubearbeitung man ins Auge fassen sollte.

Das zweite grundlegende Werk ist ebenfalls eine „Quellensammlung", nämlich der „Bilderatlas zur Religionsgeschichte", den Haas von 1924 bis 1934 in zwanzig Lieferungen herausgab, leider aber nicht mehr zur Vollendung führen konnte. Auch hierbei hat er es verstanden, eine Reihe bekannter Experten zu gewinnen, die dem Unternehmen bis heute Ansehen verschaft haben, wie H. Bonnet für Ägypten, G. Karo für den ägäischen Raum, W. Kirfel für Jainismus und Indien, B. Landsberger für Babylonien, J. Leipoldt für die Umwelt des Urchristentums und den Mithraskult, E. Mogk für die Germanen, A. Rumpf für die Griechen, H. Zimmern für die Hethiter; Haas selbst legte ein Heft über die Religion der Ainu vor. Die Vorgeschichte dieser, wie Haas sie genannt hat, „Allgemeinen Religionsgeschichte in Bildern", geht bis in die Zeit Söderbloms zurück. Dieser hatte mit Hilfe von Forschungsgeldern den Plan einer Expedition nach Südindien zur Erwerbung von religionsgeschichtlichen Denkmälern unter Leitung von H. W. Schomerus in Angriff genommen, der jedoch durch Ausbruch des 1. Weltkrieges nicht zur Durchführung kam[28]. Haas hat dann nach seinem

---

[28] Vgl. Rudolph, op. cit. S. 121 f., vgl. auch C. M. *Edsman*. Nathan Söderblom in Leipzig, in: FuF 40, 1966, S. 342–346, spez. S. 346.

Amtsantritt dafür ein Projekt des „Staatlichen Forschungsinstituts für Vergleichende Religionsgeschichte", dessen Direktor er zeitweise war, schaffen lassen, ein „Religionskundliches Bilder-, Karten- und Inschriften-Archiv", eine Art „Musée Guimet im Bilde", wie er es gern bezeichnete[29]. Daraus ging dann der Plan des Bilderatlasses hervor, dessen Förderung Haas zeit seines Lebens sehr am Herzen lag[30]. Die Groninger „Iconography of Religions", die seit 1970 erscheint, knüpft ausdrücklich daran an.

Als drittes Unternehmen hat Haas die „Veröffentlichungen des Staatlichen Forschungsinstituts für vergleichende Religionsgeschichte an der Universität Leipzig" betreut. Die Leipziger Staatlichen Forschungsinstitute, das muß erklärend gesagt werden[31], gehen auf die Initiative von K. Lamprecht zurück und sind als eine Art Gegengründung zu den Berliner Kaiser-Wilhelm-Instituten verstanden worden, allerdings im Unterschied zu diesem betont geisteswissenschaftlich und nicht von der Universität getrennt, sondern mit deren Instituten in Personalunion verbunden. So wurde das „Forschungsinstitut für vergleichende Religionsgeschichte" 1914 dem Religionsgeschichtlichen, Neutestamentlich-exegetischen und Alttestamentlich-exegetischen Seminar angegliedert und in jährlichem Wechsel einem der Direktoren dieser Seminare unterstellt (so Heinrici, Söderblom, R. Kittel, Haas, Leipoldt, Alt). Neben dem Religionsgeschichtlichen Forschungsinstitut sei hier noch das gleichaltrige „Forschungsinstitut für Völkerkunde" genannt, in dessen Veröffentlichungen mehrere Arbeiten mit religionsgeschichtlicher Thematik erschienen sind (u. a. F. R. Lehmann, Mana, 1922; B. Schindler, Das Priestertum im alten China, 1923). Haas hat die „Veröffentlichungen des Forschungsinstituts für vergleichende Religionsgeschichte" von 1917 bis 1930 in zwei Reihen herausgegeben. In gewohnter Weise sorgte er dafür, daß auf diese Art wertvolle Beiträge zur Religionsgeschichte gedruckt werden konnten[32]. So die von C. Clemen im Anschluß an das ARW bearbeitete Religionsgeschichtliche Bibliographie der Jahre 1914–1923, H. Fricks Selbstbiographie Ghazalis, H. Leisegangs

---

[29] Vgl. ARW XIX 1916/17, 437 ff (Bericht von Haas); Brief vom 16.6.16 an Söderblom (Söderblomarchiv der Universitätsbibliothek Uppsala).
[30] So erinnert er z.B. Söderblom wiederholt an seine Zusage, eine Lieferung über Persien zu bearbeiten.
[31] Dazu Rudolph, op. cit. S. 109 ff.; H. Schönebaum, FuF. 33, 1959, S. 117–123.
[32] S. meine Zusammenstellung in: A Bibliography of Religious Studies, Book I, 1957, (Joint Inquiries Committee on Religious Studies. Department of Religious Studies Kyushu-University, Tokyo), S. 17 f.

Pneuma Hagion, Wachs Dissertation („Der Erlösungsgedanke und seine Deutung") und Habilitationsschrift („Religionswissenschaft"), F. Wellers Bearbeitung des Lebens Buddhas von Aśvaghoṣa und L. Gulkowitschs Studie über den jüdischen Chassidismus. Von Haas' eigenen Arbeiten erschienen in dieser Reihe: die mit F. C. Wilsen herausgegebene „Buddhalegende auf den Flachreliefs der ersten Galerie des Stupa von Boro Budur (Java)", das vorhin besprochene „Scherflein der Witwe und seine Entsprechung im Tripiṭaka", eine „Bibliographie zur Frage nach den Wechselbeziehungen zwischen Buddhismus und Christentum", und die Studie über „Buddha in der abendländischen Legende?".

Die bisher genannte editorische Tätigkeit von Haas ist damit noch nicht erschöpft. So gab er von 1910 bis 1931 die „Zeitschrift für Missionskunde und Religionswissenschaft" (ZMR) heraus, ein Organ der liberalen Ostasienmission, in der Haas und u. a. auch J. Wach, wiederholt schrieben. Ferner zeichnete Haas als Mitherausgeber der „Mitteilungen der Deutschen Gesellschaft für Natur– und Völkerkunde Ostasiens" (MDGNVO), in denen er ebenfalls öfters publizierte. Beide Zeitschriften widmeten ihm nach seinem Tode einen besonderen Nachruf[33].

Diese editorische Leistung im Dienste der Wissenschaft hat die Arbeitskraft und –zeit von Haas verständlicherweise stark beansprucht. Man sollte das nie unterschätzen oder gar vergessen! Daß er daneben noch in umfangreichem Maße selbst seinen Studien nachging, zahlreiche Rezensionen verfaßte[34] und vor allem eine reiche Lehrtätigkeit entfaltete, nötigt jedenfalls allen Respekt ab. Das Programm seiner Vorlesungen, die er bis kurz vor seinem Tode regelmäßig hielt, ist beachtlich, besonders wegen seiner Vielfalt, gleichfalls das der Seminare und Übungen, in denen er in lebendigem Kontakt mit seinen Studenten stand[35]. Es war ihm übrigens eine besondere Anerkennung seiner Wirksamkeit für sein Fach, daß die Philosophische Fakultät 1920 beschloß, Religionsgeschichte als Promotionsfach zuzulassen und ihn als dafür zuständigen Gutachter und Prüfenden anzuerkennen[36]. Auch, daß 1922 in Leipzig der erste Lehrauftrag für Religionssoziologie an einer deutschen Universität an J. Wach erteilt wurde, ist ihm zu danken[37].

---

[33] MDGNVO Nr. 36 v. 31.12.1934, S. 2; ZMR 49, 1934, S. 289.
[34] Besonders in: ARW (Forschungsberichte über Japan), OZ, ThLBl, ThLZ, ZMR.
[35] S die Übersicht bei Rudolph, op. cit. S. 130–133.
[36] Mitteilung von Haas as Söderblom am 24.1.1920 (Univ. Bibliothek Uppsala).
[37] Rudolph, op. cit. S. 139.

Haas hat es trotz seiner großen Beanspruchung nie unterlassen, seine Schüler und Promovenden zu betreuen. Der erhaltene und mir zugängliche Briefwechsel zeigt, in welchem Maße er seine Schülern bei Auslandsreisen die Wege zu ebnen bestrebt war (so im Falle von R. Lehmann und J. Wach)[38]. Zu seinen Schülern sind außer den eben genannten u. a. der Neutestamentler und Hellenismusforscher C. Schneider, der Alttestamentler A. Jepsen und der griechische Religionswissenschaftler L. J. Philippidis[39] zu zählen.

Für das Leipziger Religionsgeschichtliche Seminar hat Haas vor allem einen kräftigen Ausbau der von Söderblom begründeten Bibliothek geleistet. Die erhaltenen Akten bestätigen, daß er für diesen Zweck ständig bemüht war, genügend Mittel zu erhalten. Er war bestrebt, wie er wiederholt hervorhob, seinem Nachfolger eine gut ausgestattete Seminarbibliothek zu hinterlassen—daß sie 10 Jahre nach seinem Ableben dann ein Raub der Flammen wurde, hat er nicht geahnt. Aber nicht nur der Bibliothek galt seine Aufmerksamkeit, er verfolgte auch das erwähnte Projekt, ein „Religionskundliches Bilder-, Karten- und Inschriften-Archiv" zu schaffen. Leider sind auch diese Sammlungen vernichtet worden. Aber wir sollten nicht dem Zerstörten nachtrauern, sondern versuchen, aus den Ideen von Haas Anregung für die Gegenwart und Zukunft der religionsgeschichtlichen Arbeit zu gewinnen bzw. neuaufzunehmen.

---

[38] Im Söderblom-Archiv der Univ. Bibliothek Uppsala erhalten (Briefe v. 23.4.15; 21.8.15; 19.8.23). Im ersten Brief schreibt er: „Einigermaßen fest im Sattel werden wohl erst die Schüler der Schüler der jetzigen Lehrer der jungen Disciplin in Deutschland sitzen."

[39] Die griechischen Arbeiten dieses Gelehrten, der mit seiner Dissertation über die „Goldene Regel" 1929 bei Haas in Leipzig promovierte (vgl. dazu ergänzend: Religionswissenschaftliche Forschungsberichte über die „Goldene Regel", 1933), und 1958 zum Ehrendoktor der Theologischen Fakultät der Philipps-Universität Marburg ernannt wurde, sind wenig bekannt, und ich führe sie hier auf, soweit sie mir hier vorliegen: He peri thilipseos kai lytroseos theoria tes Bedanta (Vedanta). Diatribe epi hypsegesiai, Athen 1934

Hypomnema. Pros ten S. Theologiken scholen tou Athenesin ethniku kai kapodistriaku panepistemiu, Athen 1934

He historia ton threskeumaton hos episteme, Athen 1935

To hipsiston ethikon ideodes kata bouddan, Athen 1936

Hellas pisteuousa, Athen 1937

Threskeia kai thanatos, Athen 1938

Threskeia kai Zoe, Athen 1938

He historia ton threskeumaton kath' heauten kai en te christianike theologia, Athen 1938

Historia tes threskeias tou archalu israel. Tom. 1: He pege, Athen 1938

In *diesem* Sinne sei zum Abschluß die Dankbarkeit gegenüber dem Lebenswerk von H. Haas zum Ausdruck gebracht: seine Wirkung sollte heute noch lebendig sein– nicht zuletzt wegen der Weite seines Blickes, seiner Originalität und seinem unerläßlichen Bemühen um eine Wissenschaft, die ihm viel Bereicherung und Förderung verdankt.

15.

JOACHIM WACH
(1898–1955)

Die wissenschaftliche, historisch-philologische Untersuchung der Religionen und ihrer Erscheinungsformen ist Aufgabe der Religionswissenschaft. Die Disziplin ist noch verhältnismäßig jung, da sie sich erst im Laufe des 19. Jahrhunderts herausbildete, nachdem das Zeitalter der Aufklärung und Toleranz den Weg für eine objektive, von dogmatisch-theologischen Vorurteilen freie Betrachtung der nichtchristlichen Religionswelten geebnet hatte. Ihre wirkliche Selbständigkeit hat die Religionswissenschaft tatsächlich erst in unserem Jahrhundert erhalten. Ein nicht geringes Verdienst daran hat Joachim Wach, der von 1924 bis 1935 an der Leipziger Universität lehrte.

An der Alma mater Lipsiensis reicht die Tradition sich in Lehre und Forschung mit religionsgeschichtlichen oder religionswissenschaftlichen Fragen zu beschäftigen, bis in die erste Hälfte des 19. Jahrhunderts zurück, und zwar ist diese Tradition zunächst fast ausschließlich in der Philosophische Fakultät heimisch.[1] Gustav *Seyffarth* (1796–1885; 1829–1854 Prof. für Archäologie), Schüler von G. *Hermann* und F.A. Spohn, liest bereits 1832 über „Geschichte der alten Religionen". Nach seinem selbstverschuldeten Weggang — er lehnte die Entzifferung der Hieroglyphen durch J.F. *Champollion* ab und vertrat auch sonst merkwürdige Auffassungen[2] — setzt der Philosoph Rudolf *Seydel* (1835–1892; seit 1867 außerordentlicher Prof. für Philosophie), ein Schüler Christian Hermann *Weißes*, 1865 wieder mit regelmäßigen Kollegs über „Allgemeine Religionsgeschichte" ein.[3] Dann übernimmt

---

[1] Vgl. für das Folgende: *Rudolph*, K., Die Religionsgeschichte an der Leipziger Universität und die Entwicklung der Religionswissenschaft. Ein Beitrag zur Wissenschaftsgeschichte und zum Problem der Religionswissenschaft. Berlin 1962 (Sitzungsberichte der Sächs. Akademie der Wissenschaften zu Leipzig, Philol.-hist. Kl. 107:1), S. 66 ff.; Leipzig und die Religionswissenschaft, in: Numen. LX, 1962, S. 53–68 (revidierte Fassungoben S. 323–339).
[2] Vgl. *Rudolph*, K., Die Religionsgeschichte, S. 75 ff.; auch *Brugsch*, H., Die Aegyptologie, Leipzig 1891, S. 13, 17 f., 127, 168.
[3] *Rudolph*, K., a.a. O., S. 79 ff.

der Iranist Bruno *Lindner* (1853–1930; 1887–1919 außerordentlicher Prof. für arische Sprachen und Religionsgeschichte) diese Aufgabe (von 1882 bis 1912).[4] Inzwischen waren durch die orientalischen Diziplinen erhebliche Fortschritte auf ihren Fachgebieten erreicht worden, besonders im Bereich der alten Kulturen des Vorderen Orients. Diese Fortschritte bildeten ein wichtiges Fundament für die religionsgeschichtliche Arbeit. Es ist daher verständlich, daß gerade in der Orientalistik zahlreiche Leipziger Gelehrte eine starke Neigung zeigten, sich besonders der religionshistorischen Seite ihres Arbeitsbereiches (das ja weithin aus Religionsurkunden bestand) zuzuwenden (Friedrich *Delitzsch*, Heinrich *Zimmern*, August *Conrady*, Ernst *Windisch*).[5]

Auch in der Theologischen Fakultät konnte sich endlich, besonders durch das unermüdliche Wirken von Alfred *Jeremias* (1864–1935; seit 1921 außerordentlicher Prof. für Religionsgeschichte), die Religionsgeschichte eine Stelle erobern.[6] Diese Fakultät erhielt dann auch 1912 im Zusammenhang mit der auf Karl *Lamprecht* Initiative zurückgehenden Gründung der staatlich-sächsischen Forschungsinstitute einen Lehrstuhl für Religionsgeschichte und ein „Religionsgeschichtliches Seminar".[7] Zum ersten Lehrstuhlinhaber wurde der schwedische Religionshistoriker und Theologe Nathan *Söderblom* (1866–1931) berufen, der aber bereits 1914 wieder nach Uppsala zurückkehrte. Sein Nachfolger war 1915 der Ostasienkenner und liberale Theologe Hans *Haas* (1863–1934).[8]

So war Leipzig zu einem Zentrum der Religionswissenschaft in Deutschland geworden, das auf eine längere Tradition zurückblicken konnte. Dieser Tatbestand erklärt es auch mit, daß J. Wach vor allem in Leipzig seinen Studien nachging und hier an der Philosophischen Fakultät seine verheißungsvolle akademische Laufbahn begann, die dann der Nationalsozialismus so abrupt unterbrechen sollte.[9]

---

[4] Ebenda, S. 86 ff.
[5] Ebenda, S. 92 ff., 96 ff.
[6] Ebenda, S. 101 ff.
[7] Ebenda, S. 109 ff.
[8] Ebenda, S. 177 ff., 123 ff.; s.o. S, 340ff.
[9] Für die Darstellung J. Wachs sei auf folgende Quellen und Literatur verwiesen: Akten des Archivs der Karl-Marx-Universität Leipzig, berr. Joachim Wach (Philosophische Fakultät). – *Heiler, F.*, Ein deutscher Religionsforscher. J. Wach (1898–1955). „Eine heilige Kirche. Zeitschrift für ökumenische Einheit", 28, 1955 '56, H. 1; Joachim Wach (Memorial Address). „The University of Chicago. The Divinity School News", XXII, No. 4 (Nov. 1955), S. 28–32 (= franz.: Souvenirs

Ernst Adolf Felix Joachim Wach entstammte der berühmten Familie Mendelssohn-Bartholdy und wurde am 25. Januar 1898 in Chemnitz (Sachsen) geboren. Sein Vater, Dr. jur. Felix Wach, war ein Sohn des prominenten Juristen Adolf Wach, der gerade in Leipzig eine erfolgreiche Lehrtätigkeit entwickelt hatte. J. Wach absolvierte das Vitzthumsche Gymnasium in Dresden, wurde 1916 nach dem Notabitur als Freiwilliger zum Kriegsdienst eingezogen und ließ sich noch während des Krieges am 12. Mai 1917 an der Philosophischen Fakultät der Universität Leipzig immatrikulieren, begann aber erst nach Kriegsende 1919 (Januar bis Dezember) in München Religionswissenschaft (bei Friedrich *Heiler*), Orientalistik und Philosophie (bei Clemens *Beumker*) zu studieren. Nach einem kurzen Aufenthalt an der Berliner Universität (von Januar bis März 1920), wo er besonders von Ernst *Troeltsch* in der Geschichtsphilosophie und von Eduard *Sachau* in der Islamwissenschaft Anregungen empfing, und in Freiburg/Breisgau (Som-mersemester 1920), kehrte er schließlich nach Leipzig zurück (18. Oktober 1920) Hier waren vor allem H. *Haas* in der Religionsgeschichte, A. *Fischer* und H. *Zimmern* in der Orientalistik und Johannes *Volkelt* in der Philosophie seine Lehrer. Am 4. April 1922 wurde er auf Grund einer Arbeit über die „Grundzüge einer Phänomenologie des Erlösungsgedankens" zum Dr. phil. promoviert. Diese Arbeit erschien im gleichen Jahr in umgearbeiteter Fassung unter dem Titel „Der Erlösungsgedanke

---

sur J. Wach. „Archives de sociologie des religions I, 1956, S. 21–24). — *Kitagawa, J.M.*, The Life and Thought of J. Wach, in: *J. Wach*. The Comparative Study of Religions, New York 1953, S. X — XLVIII = deutsch: Joachim Wach. Leben und Werk\, in: *J. Wach*. Vergleichende Religionsforschung, Stuttgart 1962 (Urban-Bücher 52), S. 10–34; Joachim Wach, Leben, Forschung und Lehre, in: *Kitagawa, J.M.*, Gibt es ein Verstehen fremder Religionen? Leiden 1963 (Joachim-Wach-Vorlesungen der Theol. Fakultät der Philipps-Universität Marburg/L., hrsg. v. E. Benz, I = Beihefte der Zeitschrift für Religions– und Geistesgeschichte VI), S. 1–31. — *Rudolph, K.*, Die Religionsgeschichte..., S. 137–149. — *Schoeps, H.J.*, Joachim Wachs wissenschaftliche Bedeutung. „Zeitschrift für Religions– und Geistesgeschichte", IX, 1957, S. 368–371 Inzwischen erschien die umfangreiche Arbeit von Rainer Flasche, Die Religionswissenschaft Joachim Wachs, Berlin 1978 (Theol. Bibl. Töpelmann 35), die auch weitere Literatur enthält (308 ff.). In der Grundeinschätzung von Wach stimme ich mit F. überein (vgl. meine Rezension in der ThLZ 104, 1979, 18–22). Sowohl die „Prolegomena" als auch einige andere Aufsätze Wachs aus der Leipziger Zeit (der 1. Periode nach Kitagawa) sind jetzt in englischer Übersetzung von J.M. Kitagawa und G.D. Alles herausgegeben worden: Introduction to the History of Religions, New York 1988 (enthät neben der Prolegomena auch Wachs Artikel aus der RGG, 2. Aufl.); Essays in the History of Religions, New York 1988. Zu beiden Bändem hat J.M. Kitagawa längere Einführungen geschrieben, die vor allem wegen der Zeit W.s in Chicago wichtig sind.

und seine Deutung" in den von H. Haas betreuten „Veröffentlichungen des Forschungsinstitutes für Vergleichende Religionsgeschichte an der Universität Leipzig" (1. Reihe, Nr. 8). Im Anschluß daran ging Wach noch einmal zum Studium nach Heidelberg, um besonders Heinrich *Rickert* und Alfred Weber zu hören (1922–1923). Gleichzeitig bereitete er seine bekannte Schrift „Prolegomena zur Grundlegung der Religionswissenschaft" vor, mit der er sich am 3. Juni 1924 an der Philosophischen Fakultät der Leipziger Universität für das Fach der Religionswissenschaft habilitierte. Auch diese Arbeit wurde in die Veröffentlichungen des Religionsgeschichtlichen Instituts mit dem Titel „Religionswissenschaft. Prolegomena zu ihrer wissenschaftstheoretischen Grundlegung" aufgenommen (1. Reihe, Nr. 10, 1924). Wach hatte sich damit zugleich für Philosophie habilitieren wollen, was jedoch am Widerspruch einiger Angehöriger des Lehrkörpers scheiterte, wie überhaupt die Habilitationsschrift sehr unterschiedliche Beurteilung erfuhr. Die Probevorlesung hielt Wach am 3. Juni 1924 über das religionssoziologische Thema „Meister und Jünger".[10] Damit besaß die Philosophische Fakultät in Leipzig zum ersten mal einen Privatdozenten für Religionswissenschaft, der dem „Institut für Kultur- und Universalgeschichte" (unter W. *Goetz*) angehörte.

Die weitere akademische Laufbahn Wachs in Leipzig wird durch seinen großen Lehrerfolg und eine wachsende Schülerschar gekennzeichnet. Dies führte zunächst, auf Anregung von H. Haas, 1927 zur Erteilung eines Lehrauftrages für Religionssoziologie an ihn. Zwei Jahre später erhielt Wach eine außerplanmäßige außerordentliche Professur für Religionswissenschaft. Im Antrag der Philosophischen Fakultät vom 30. Juli 1929 heißt es u.a.: „In allen seinen Übungen und Vorlesungen hat er erfreulich große Kreise wertvoller Studenten angezogen und auf die Dauer gefesselt. Mit ausgesprochenem Lehrtalent begabt, hat er sich um die geistesgeschichtliche Schulung gerade derjenigen Historiker, die mit tieferem Interesse studieren, starke Verdienste erworben." In seiner Antrittsvorlesung am 15. Januar 1930

---

[10] Vgl. *Wach, J.*, Meister und Jünger. Zwei religionssoziologische Betrachtungen, Tübingen 1925. Der Schrift ist ein Motto von Stefan George (aus dem „Stern des Bundes") vorangestellt und entsprechend ist der Geist des Büchleins. Eine engl. Übersetzung erschien im Journal of Religions 42 (1962), 1–21 (jetzt abgedruckt in den Essays S. 1–32). Zu W.s Beziehungen zum George-Kreis s. Flasche, a.a. O., 76 ff. und meine Ergänzungen in der ThLZ a.a. 0., 34 Anm. 14 (Hinweise aus dem Londoner George-Archiv).

behandelte Wach das Thema: „Die Geschichtsphilosophie des 19. Jahrhunderts und die Theologie der Geschichte",[11] ein Thema, das er aus seiner im gleichen Jahr der Theologischen Fakultät an der Universität Heidelberg vorgelegten Dissertation über „Die theologische Hermeneutik von Schleiermacher bis Hofmann"[12] gewonnen hatte.

Wachs weit gespannte, fruchtbare Lehr- und Forschungstätigkeit in Leipzig[13] sollte jedoch bald gewaltsam unterbrochen werden. Der Machtantritt des Nationalsozialismus 1933 gefährdete seine Position. Aufschlußreich ist es, Wachs Stellungnahme zu studieren, die ihm am 16. Oktober 1933 abverlangt wurde; sie handelt von seinen Zukunftsaufgaben. Er geht keinerlei Kompromiß mit der neuen „Weltanschauung" ein, sondern legt seine humanistische Auffassung von den drei Aufgaben eines Hochschullehrers dar: zu forschen, zu bilden bzw. erziehen und öffentlich zu wirken. Das Privatgelehrtentum lehnt er ab und betont, daß sich die Erziehertätigkeit des akademischen Lehrers nicht „in und für einen leeren Raum" abspielen dürfe. Auch die Forschung soll nach ihm im Dienst eines erzieherischen Gedankens stehen. Für ihn ist es ferner charakteristisch, daß er den Kontakt mit den Studenten und die gemeinschaftsbildende Seite des erzieherischen Wirkens hervorhebt, eine Seite des Wirkens, die Wach, wie viele seiner Schüler bestätigt haben, tatsächlich in höchstem Maße gepflegt hat. „Weil ich der Ansicht bin", schreibt er, „daß ein akademischer Lehrer solange ein schlechtes Gewissen haben muß, als er seine Studenten mit dem abspeist, was er ihm (wohl: ihnen, K. R.) gedruckt oder im Hörsaal vorsetzt, betrachte ich, nach wie vor... als meine Aufgabe eine auf das Ganze des jungen Menschen gehende Einwirkung". Diese seine Bildungsauffassung hat Wach übrigens auch durch eine Lehrtätigkeit an der Leipziger Volkshochschule (v. 1923–1925) zu bekräftigen gewußt.

---

[11] Vgl. Historische Zeitschrift 142, 1929, S. 1–15.
[12] Diese Arbeit ist auch als „Das Verstehen," Bd. 2, Tübingen 1929, erschienen.
[13] Eine Zusammenstellung der religionswissenschaftlichen Lehrveranstaltungen Wachs findet sich in meiner Darstellung: Die Religionsgeschichte an der Leipziger Universität, S. 141–143. Die Übungen zur Geistesgeschichte des 19. Jahrhunderts, die Wach im Kulturhistorischen Institut abhielt, behandelten u.a. Herder, W. von Humboldt, Hegel, Droysen, die Historische Schule. Eine Bibliographie J. Wachs, zusammengestellt von *J.M. Kitagawa, F. Heiler* und *K. Neumann* findet sich in: *Kitagawa, J.M.*, Gibt es ein Verstehen fremder Religionen? S. 32–36 (dazu meine Ergänzungen in der „Theologischen Literaturzeitung", 89. Jg., 1964, Sp. 653); Flasche, op. cit., S. 308 ff.

Auf Grund der nationalsozialistischen Rassegesetzgebung wurde Wach am 29. April 1935 die Lehrbefugnis entzogen. Es ist die Abschrift eines Protokolls der Fakultätssitzung vom 25. Mai 1935 erhalten, aus der hervorgeht, daß mehrere angesehene Mitglieder des Lehrkörpers, wie D.L. *van der Waerden*, Friedrich *Hund* und Werner *Heisenberg* (der mit Wach befreundet war) energischen Protest gegen dieses Vorgehen, das auch die Professoren B. *Landsberger*, Fr. *Levi* und Fr. *Weigert* betroffen hatte, erhoben; doch kam es zu keiner gemeinsamen Aktion der Gesamtfakultät. Da Wach in der gleichen Zeit eine Einladung zu Gastvorlesungen an der Brown-Universität in Providence, Rhode-Island (USA) angenommen hatte, wurde ihm diese Stätte zugleich die zweite Heimat.

Mit seiner Berufung auf den Lehrstuhl für Religionsgeschichte der Vereinigten Theologischen Fakultät (Divinity School) an der Universität Chicago siedelte Wach 1945 nach Chicago über. Der Versuch, ihn 1955 wieder nach Deutschland an die Theologische Fakultät der Universität Marburg (Lahn) zu holen, schlug fehl. Im gleichen Jahr, bald nach Besuch des 8. Internationalen Kongresses für Religionsgeschichte in Rom, wo er viele alte Freunde wieder persönlich begrüßen konnte, erlag er am 27. August in Orselina (Schweiz) einem Herzanfall.

Ohne Zweifel ist die Leipziger Zeit für Wach die fruchtbarste und bedeutungsvollste gewesen. In diesen Jahren, zwischen 1922 und 1935, verfaßte er seine grundlegenden Arbeiten, die seinen Ruf begründeten und an die er auch in Amerika immer wieder anknüpfte. Eine irgendwie entscheidende Wandlung in seinen wissenschaftlichen Auffassungen hat sich bei ihm nach 1935 nicht vollzogen. Seine Bemühungen in Forschung und Lehre sind durch eine große Weite des Horizontes ausgezeichnet. Es sind vor allem zwei Brennpunkte, um die sein Denken immer wieder kreiste: einmal das eminent geistesgeschichtliche und philosophische Interesse, zum anderen der religionswissenschaftliche Blickpunkt. Er stand insofern immer auf einem Grenzgebiet: zwischen Religions- und Geistesgeschichte; beiden Gebieten versuchte er gerecht zu werden. Sehr klar hat er den Zusammenhang dieser beiden Bereiche schon in seinen ersten Arbeiten erkannt. Es ist nur eine Konsequenz dieser Einstellung, daß er bald zu den Initiatoren der modernen (bürgerlichen) Religionssoziologie wurde. Darüber hinaus durchziehen alle Arbeiten Wachs eine immer erneute Bemühung, empirische Einzelforschung — der er sich zwar selbst nicht zuwandte, die er aber durchaus als grundlegend anerkannte — und systematische, vergleichende

Betrachtung in ein rechtes Verhältnis zu bringen. Wach war in erster Linie Systematiker, Vergleichender Religionswissenschaftler. Seine besondere Stärke war die Typologie, wie sie Wilhelm *Dilthey* und Max *Weber* vertreten hatten. Hier ruhen auch gewisse Einseitigkeiten seiner Konzeption von Religion und Religionswissenschaft bzw. Religionssoziologie, die wir noch zu erwähnen haben werden. Wach war ein Ireniker großen Stils, der vielen Ansichten und Auffassungen gerecht werden wollte, was ihn mitunter an die Grenze des Vertretbaren führte.[14] Doch werden diese Schwächen, die mit seiner ganzen Abhängigkeit von der Diltheyschen irrationalistischen Schule zusammenhängen, immer wieder ausgeglichen durch eine bewunderswerte umfassende Sicht des Menschen in seiner Geschichte, in seinem Glauben, Denken und Handeln als einer Einheit. Hinzu tritt bei Wach eine tolerante, undogmatische christliche Gesinnung, ein Erbe der liberalen deutschen Theologie, wie er sie bei Haas und Troeltsch kennengelernt hatte, und die in seinen religionswissenschaftlichen Ansichten immer wieder, besonders in seinen späteren Arbeiten, durchschimmert.

Die bedeutendsten Werke Wachs, die alle unverkennbar die geschilderten Merkmale an sich tragen, sind seine Habilitationschrift von 1924, die drei Bände „Das Verstehen" (1926–1933), die „Religionssoziologie" (englisch 1944, deutsch 1951) und die postum veröffentlichten Vorlesungen über „The Comparative Study of Religions" (1958).

Der wichtigste Beitrag zur Geschichtswissenschaft bilden die „Grundzüge einer Geschichte der hermeneutischen Theorie im 19. Jahrhundert", wie der Untertitel des Werkes über „Das Verstehen" lautet. Wach hat damit ein bleibendes und unübertroffenes Denkmal für sein Bemühen gesetzt, aus der Methodendiskussion der großen Historiker des vergangenen Jahrhunderts für seine Arbeit zu lernen und daran anzuknüpfen. Das „Verstehen" als einer geschichtswissenschaftlichen Methode, wie sie W. Dilthey entwickelt hatte, ist von Wach für die Religionswissenschaft fruchtbar gemacht worden. Die Hermeneutik bildet für ihn die Grundlage der Religionswissenschaft, wie jeder Geisteswissenschaft überhaupt. Sie ist, wie er sagt, „ein wichtiges Verbindungsglied

---

[14] Vgl. auch *Kitagawa, J.M.*, a.a. O., S. 18 ff., 39 ff. Wach war den vielfältigsten Anregungen, philosophischen (Dilthey, Windelband, Richert, Scheler), theologischen (Troeltsch, R. Otto, Temple, F.v. Hügel, F. Heiler), historischen und philologischen, geöffnet gewesen, wobei er immer bestrebt war, eine konstruktive Synthese zu gewinnen.

zwischen der Philosophie und den geschichtlichen Wissenschaften, ein Hauptbestandteil der Grundlegung der Geisteswissenschaften...“[15]. Er wollte „den Zusammenhang deutlich machen, der zwischen einer großen Zeit und der unsrigen besteht für ein einzelnes, wenn auch vielleicht wichtiges Problem...“[16]. Das Werk bemüht sich daher einerseit einem systematischen Anliegen der Gegenwart gerecht zu werden und andererseits ein Stück wichtiger Geistesgeschichte aufzuhellen.[18] Es setzt mit den Vorläufern *Schleiermachers* ein (Fr. *Ast*, F.A. *Wolf*) und stellt dann die großen hermeneutischen Systeme Schleiermachers, *Boeckhs* und W. *von Humboldts* dar (Band 1). Der zweite Band ist der theologischen Hermeneutik von Schleiermacher bis zu dem Erlanger Theologen J.C.K. (von) *Hofmann* gewidmet, die Wach als Religionswissenschaftler natürlich besonders interessierte. Die in diesem Zusammenhang geforderte „Hermeneutik der Religionsurkunden" aller Völker und Kulturen existiert im Grunde genommen auch heute noch nicht.[18] „Das Verstehen in der Historik von Ranke bis zum Positivismus" bildet den dritten Band. Er soll „den Historiker und Philologen an Zusammenhänge erinnern, die für die Problematik *seiner* Wissenschaft, darüber hinaus aber für die Theorie des *geisteswissenschaftlichen* Forschens, für die des *Erkennens* überhaupt von Bedeutung sein müssen".[19]

Für sein spezielles Fachgebiet hat Wach in seiner angeführten Habilitationsarbeit „Religionswissenschaft" ein grundlegendes Werk geschaffen, das endlich die Selbständigkeit dieser Disziplin gegenüber Theologie und Religionsphilosophie *methodisch* begründete.[20] Nach ihm ist die Religionswissenschaft mit ihren zwei Hauptzweigen, der Religionsgeschichte und der Systematischen oder Vergleichenden Religionswissenschaft, eine empirisch-historische oder „beschreibend-verstehende" Wissenschaft, die ein spezifisches Forschungobjekt, die Religionen und ihre Erscheinungsformen, zu bearbeiten hat. Auch ihre systematische bzw. vergleichende Arbeitsweise basiert auf der induktiven, historischen Methode und darf nicht mit der normativ-philosophischen Arbeit verwechselt werden; letztere gehört nich in die Religionswissenschaft. Von besonderem Wert sind die Bemerkungen

---

[15] Das Verstehen, Bd. I, Tübingen 1926, S. IV.
[16] Ebenda.
[17] Vgl. Das Verstehen, Bd. III, Tübingen 1933, S. VI.
[18] Vgl. Das Verstehen, Bd. II, Tübingen 1929. S. 68 ff.
[19] Das Verstehen, Bd. III, S. V.
[20] Vgl. auch *Rudolph*, K., a.a. O., S. 143 f. (s. auch oben S. 13f., 105, 332f.).

Wachs, die die Religionswissenschaft gegenüber der (christlichen o.a.) Theologie abgrenzen, wenn sie auch noch nicht ausreichend sind. „Wenn heute", schreibt Wach an anderer Stelle „eine, *Theologie* der Religionsgeschichte' gefordert wird, so ist diese — apologetisch gemeinte—Betrachtung vom Standpunkt des christlichen Bewußtseins oder aber auch einem ganz bestimmten theologischen (dogmatischen) Standpunkt aus natürlich möglich, aber Sinn und Aufgabe der allgemeinen Religionswissenschaft wird davon *nicht* berührt".[21]

Wach hat diese angestrebte konsequente Trennung von Theologie und Religionswissenschaft nicht immer durchgehalten, wie besonders seine letzten, in Amerika verfaßten Arbeiten verraten.[22] Dies liegt einmal daran, daß er seit 1945 an einer theologischen Fakultät wirkte, zum anderen war er schon immer der Ansicht, daß die religionswissenschaftliche Arbeit einen religiös eingestelltenForscher verlange, was vor allem auch durch die Hervorhebung des „religiösen Erlebnisses", also der subjektiven Seite der Religion, zum Ausdruck gebracht wird. So steht auch Wach in der verhängnisvollen religionswissenschaftlichen. Tradition der letzten fünfzig Jahre, die glaubt, durch einen individualistisch-subjektivistischen Grundsatz alle Probleme der Religionsgeschichte lösen zu können und dabei vielfach in theologisches Fahrwasser geriet.[23] In seinem letzten Werk, den Vorlesungen über die „Vergleichende Religionsforschung"[24] nimmt Wach den aus der amerikanischen (positivistischen) Psychologie stammenden Begriff der „religiösen Erfahrung" auf und versucht mit seiner Hilfe die religiösen Phänomene des Denkens, Handelns und der Gemeinschaft, wie sie die Religionsgeschichte zeigt, zu erfassen, bzw. zu beschreiben. Obwohl

---

[21] Das Verstehen, Bd. II, S. 69, Anm. 2.
[22] Vgl. *Rudolph, K.*, a.a. O., S. 145 ff.
[23] Vgl. dazu ebenda, S. 52 ff.; 163 ff. (W. Baetke); *Rudolph. K.*, Problematyka religioznastwa w NRD. „Euhemer. Przeglad religioznawczy", IX, Warszawa 1965, Nr. 1 (44), S. 123–132; ausführlich bei Flasche, op. cit., 55f., 163 ff., 173 ff., 229 ff., 239 ff. Auch von Kitagawa als sog. 3. Lebensperiode bei W. beschrieben (vgl. Introduction zu: Introduction to the History of Religions, S. XXV ff.; zu den Essays in the History of Religions, S. XIII ff.). Als 2. Phase bezeichnet Kitagawa die Beschäftigung mit der Religionssoziologie, als 1. Periode die Ausarbeitung einer Hermeneutik der Religionswissenschaft. Ich bin aber im Zweifel, ob man diese Perioden tatsächlich so abgrenzen kann. Der Bruch liegt in erster Linie in Wachs Emigration in die USA und sein Wirken im theologischen Bereich, für den aber bereits seine Tendenzen in der letzten Leipziger Zeit Voraussetzungen boten (vgl. auch Flasche S. 83 ff., 229 ff.).
[24] The Comparative Study of Religions, New York 1958; deutsch: Vergleichende Religionsforschung, Stuttgart 1962 (Urban-Bücher 52).

er sich bewußt ist, daß Gemeinschaft, Kult und Glaubensgegenstand grundlegende Phänomene der Religionsgeschichte sind, gelingt es ihm nicht seinen subjektivistisch-individualistischen und irrationalistischen Grundansatz zu überwinden, ja er gerät unwillkürlich in den theologisch-religionsphilosophischen Bereich, indem er mit Hilfe des genannten Begriffes letztlich die Religionswissenschaft bemüht, dem Glauben an die *revelatio generalis* zu dienen; die „religiöse Erfahrung" der „Letzten Wirklichkeit", wie Wach es nennt, dient so (wie bei Rudolf *Otto* das „religiöse Gefühl") als Gottesbeweis.[25] So wird auch bei Wach die Religionswissenschaft im Grunde mit der Aufgabe einer *theologia naturalis* betraut, wie es schon *Söderblom* und dann Fr. *Heiler* angestrebt haben. Die richtige Feststellung, die Wach im gleichen Buch macht: „Die Grundlage einer sinnvollen vergleichenden Religionsforschung muß immer historisch und philologisch, mit anderen Worten kritisch sein"[26], diese Einsicht hat er praktisch nicht konsequent verwirklicht. Sicherlich hängt dies auch damit zusammen, daß er selbst die philologisch-historische Arbeit, also die eigentliche Grundlagenforschung, zu wenig betrieben hat.

Die aufgewiesenen problematischen Seiten bei Wach finden sich auch in seinem größten Werk, der „Religionssoziologie", zu dem er schon 1931 in einem kleinen Entwurf den Grund gelegt hatte[27] und das er dann 1944 in den USA vollendete[28]. Es ist ohne Zweifel ein Standardwerk, das vor allem durch eine umfassende Literaturkenntnis auf allen relevanten Gebieten ausgezeichnet ist. Die Weite des Blickes, die die gesamte Welt der Religionen in ihren verschiedenen soziologischen Beziehungen umfaßt, zeigt, daß Wach dem universalen Charakter dieser religionswissen-

---

[25] Vgl. meine Rezension des Buches in der Theologischen Literaturzeitung, 89. Jg., 1964, Sp. 346 bis 349, spez. 347 f.; ferner: *Kitagawa, J.M.*, a.a. O., S. 39 ff.
[26] Vergleichende Religionsforschung, S. 37.
[27] Einführung in die Religionssoziologie, Tübingen 1931 (mit Anhang: Max Weber als Religionssoziologe).
[28] Sociology of Religion, Chicago 1944 (4. Auflage 1951); deutsch: Religionssoziologie. Nach der 4. Auflage übersetzt von *Helmut Schoeck*, Tübingen 1951. Über Wachs Konzeption der Religionssoziologie vgl. *Desroche*, H., Sociologie et theologie dans le typologie religieuse de Joachim Wach. „Archives de sociologie des religions" I, 1956, Nr. 1, S. 54 ff.—*Kitagawa, J.M.*, J. Wach et la sociologie de la religion, ebenda, S. 25–40 (= engl.: J. Wach and Sociology of Religion. „Journal of Religion" 37, 1957, H. 3); Gibt es ein Verstehen fremder Religionen? S. 13 ff. u. 46 ff.—*Poniatowski*, A., Joachim Wach jako socjolog religii, in: J. Wach, Socjologia religii, Warszawa 1960, S. 9–27 (Wstep). *Seguy*, J., Joachim Wach, sociologue des religions. „Archives de sociologie des religions" VII, 1962, S. 27–34.

schaftlichen Hilfsdisziplin, wie sie M. Weber inauguriert hatte, treu geblieben ist, im Unterschied zu der provinziellen Enge moderner religionssoziologischer Forschungen. Ein solches Buch konnte nur ein Religionswissenschaftler vom Format eines J. Wach abfassen! Doch macht sich eben auch darin der individualistische Ausgangspunkt, der Wachs Grundkonzeption kennzeichnet, bemerkbar. Die Erkenntnis, daß der Mensch als solcher ein soziales Wesen ist, und auch jede Religion nur als Gemeinschaft bestehen und verstanden werden kann, ist bei Wach nicht voll zur Anwendung oder zum Tragen gekommen.[29] Dazu war er wahrscheinlich zu wenig Soziologe.[30] Jedes „religiöse Erlebnis" ist eingebettet in Tradition und kann nicht abstrakt, losgelöst von seiner Umwelt und seinen sozialen Bedingungen verstanden werden. Die typologische Methode, die Wach gerade in seiner „Religionssoziologie" konsequent und meisterhaft angewendet hat, führt außerdem mitunter zu einer Unterschätzung der historischen Fakten oder besser: zu ihrer vereinfachenden Schematisierung.[31]

Trotz der kritischen Bemerkungen zum Lebenswerk J. Wachs — und nur so kann m.E. eine sinnvolle Würdigung erfolgen—, muß vorbehaltlos anerkannt werden, daß seine Arbeiten zu den angesehensten auf dem Gebiet der Systematischen Religionswissenschaft gehören. Sie sind ein bleibendes Zeugnis für die fruchtbare Verbindung religionswissenschaftlicher und universalhistorischer Betrachtungsweise, gespeist aus der humanistischen Tradition besten deutschen Gelehrtentums. Es war daher ein schwerer Verlust für die Leipziger Universität, als J. Wach der nationalsozialistischen Gewaltherrschaft weichen mußte.

---

[29] Vgl. auch *Vrijhof, P.H.*, Was ist Religionssoziologie? In: Probleme der Religionssoziologie, Hrsg. v. *D. Goldschmidt* u. *J. Matthes*, Köln 1962 (=Kölner Zeitschrift für Soziologie und Sozialpsychologie, Sonderh. 6), S. 10–35, spez. S. 10 u. 31.; *G. Kehrer*, Religionssoziologie, Berlin 1968 (Slg. Göschen 1228), S. 6 u. 32ff. (sieht darin einen apologetisch-dogmatischen Zug).
[30] Vgl. dazu auch Kitagawa, *J. M.*, Gibt es ein Verstehen, S. 49.
[31] *Wach* erläutert seine Methode näher in dem Aufsatz: Der Begriff des Klassischen in der Religionswissenschaft, „Quantulacunque. Studies presented to Kirsopp Lake", London 1937, S. 87–97 (Engl. in: Types of Religious Experience. Christian and non-Christian, Chicago 1951, S. 48–57). Zur Kritik der Typologie als „ein tödliches Streckbett für das geschichtliche Leben" s.u.a. *Krauss, Werner*, Zur Dichtungsgeschichte der romanischen Völker, Leipzig (Reclam) 1965, S. 66 ff.

16.

WALTER BAETKE (1884–1978)

Zu dem kleinen Kreis der deutschen Religionswissenschaftler bzw. Religionshistoriker, die in der Zeit vor- und nach dem 2. Weltkrieg dieses Fach nicht nur akademisch vertraten—es gab damals nur wenige Lehrstühle dafür an deutschen Hochschulen —, sondern in einer betont eigenständigen, nicht dem gängigen Geist der Zeit huldigenden Weise, gehört zweifellos der Leipziger Religionshistoriker und Germanist Walter Baetke. Die Ungunst der Kriegs- und Nachriegszeit hat seiner Wirkung sicherlich Abbruch getan, nichtsdestoweniger gehören seine nicht sehr umfangreichen Beiträge zur Religionswissenschaft zu den Arbeiten, die m.E. mit den Grund legten zu einer eigenständigen Entwicklung dieser Disziplin, wie sie sich heute darstellt. Es ist daher angebracht, sich gerade seiner zu erinnern und seine scharfsinnigen Darlegungen immer wieder zu studieren. Sein Leben zeigt zugleich, wie ein deutscher Hochschullehrer in einer der dunkelsten und schwierigsten Perioden der deutschen Geschichte, der NS-Zeit, ein untadeliger Charakter bleiben konnte, was nicht ohne Einfluß auch auf seine religionshistorischen Auffassungen geblieben ist.

Baetke stammte aus der Neumark, wo er am 28. März 1884 als Sohn eines Polizeiangestellten in Sternberg (heute Polen) geboren wurde, wuchs allerdings seit seinem 2. Lebensjahr in Stettin auf, wohin die Mutter nach dem frühen Tod des Vaters mit ihren vier Kindern gezogen war. Nach Abschluß der Oberrealschule begann er 1902, mit der Absicht Lehrer zu werden, adn der Universität Halle/Saale Germanistik, Anglistik, Pädagogik und Philosophie zu studieren. Zu seinen Lehrern gehörten hier die Professoren A.E. Berger, O. Bremer (der ihn als erster ins Altnordische einführte), E.H. Ebbinghaus, A. Kirchhoff, A. Riehl, Ph. Strauch, H. Vaihinger, Wagner und Wiese. Da er auch einige Semester an der Berliner Universität berbrachte, belegte er dort Vorlesungen bei A. Brandl, M. Dessoir, W. Dilthey, R.M. Meyer, F. Paulsen, E. Schmitt und U. von Wilamowitz-Moellendorff. Nach eigenen Aussagen hat sich Baetke jedoch in erster Linie dem Selbststudium gewidmet, und tatsächlich lassen sich auch im Hinblick auf seine spätere wissenschaftliche Arbeit kaum maßgebende Vorbilder und Anregungen aus seiner Studienzeit nachweisen. Auffällig ist auch, daß er keine theologischen oder religionswissenschaftlichen Lehrveranstaltungen besucht hat, außer daß er, wie viele zu seiner Zeit, gelegentlich den berühmten Kirchenhistoriker Adolf von Harnack hörte. Dieser Tatbestand macht Baetkes spätere Eigenständigkeit und Stellung jenseits herkömmlicher Schulrichtungen gut verständlich. 1906 promovierte er in Halle mit einer Spezialarbeit über das englische Drama zur Zeit Skakespeares zum Dr. phil. Nach Ablegung des Staatsexamens für das Höhere Lehramt 1907, das ihm die (damals außergewöhnlich seltene) Berechtigung in vier Fächern (Deutsch, Englisch, Französisch, Philosophische Propädeutik) zu unterrichten erlaubte, ging er in den Schuldienst, zunächst als „Kandidat" oder Assessor in Schönebeck/Elbe, Magdeburg und Suhl, dann ab 1910 als Studienrat an das Stadtgymnasium in Stettin. Bereits 1913, also für die damalige Zeit in recht jungen Jahren, wurde er mit der Leitung der Ernst-Moritz-Arndt-Schule in Bergen auf Rügen betraut, einer Realschule, die er in den folgenden Jahren mit großer Tatkraft zu einem Realgymnasium (eine Art Oberschule) ausbaute und damit für Rügen ein Bildungszentrum schuf, das im deutlichen Gegensatz zum aristokratischen Gymnasium des Fürsten zu Putbus stand.

In dieser seiner Rügener Zeit hat Baetke neben seinen pädagogischen Verpflichtungen in zunehmendem Maße wissenschaftlich gearbeitet. Seine frühen Publikationen erstrecken sich auf unterschiedliche Gebiete: das der „Jugendpflege" und Schulreform, das der Kultur- und Religionsphilosophie (wobei er von Tolstoi beeinflußt ist, aber auch mit Hegel argumentiert), das der deutschen Literaturgeschichte (besonders Wilhelm Raabe und Heinrich von Kleist hatten es ihm angetan), dann beschäftigen ihn vor allem Probleme der von ihm geliebten niederdeutschen Sprache und Dichtung, für deren Verwendung im Schuldienst er eintrat (noch 1953 schuf er zusammen mit E. Walter eine Auswahl niederdeutscher Dichtung unter dem Titel „De Eikbom", die Studenten der Germanistik den Zugang dazu erleichtern sollte). Schon in den 20er Jahren beginnt daneben immer mehr das Interesse Baetkes sich der altnordischen (altisländischen) Literatur zuzuwenden. Um diese eigenwillige Dichtkunst des Nordens auch breiteren Kreisen zu erschließen—Baetke legte immer großen Wert auf die Verbreitung von Wissen und unterstrich damit seine pädagogischen Ambitionen—übersetzte er zahlreiche Werke der Sagaliteratur (Vier Isländergeschichten,

1923; Bauern und Helden, 1923–1934; Die Geschichten von den Orkaden, Dänemark und der Jomsburg, 1924 [= Thule Bd. 19]; Islands Besiedlung und älteste Geschichte, 1928 [= Thule Bd. 23]; Geschichten vom Sturlungengeschlecht 1930, [= Thule Bd. 24]). 1930 unternahm er eigens eine Studienreise nach Island.

Dieser Umgang mit einem wichtigen Teil der nordgermanischen Überlieferung führte Baetke zunehmend zu den Fragen der Germanenforschung überhaupt, insbesondere der germanischen Religion und der Christianisierung der Germanen. Dabei spielten sehr bald die politisch-ideologischen Vorgänge der 30er Jahre hinein, wie sie sich in Form des nationalsozialistischen „Mythus" Alfred Rosenbergs und der von der antichristlichen „Deutschen Glaubensbewegung" entfachten „völkisch-rassischen" Umdeutung der germanischen und frühdeutschen Geistesgeschichte äußerten. Da Baetke hierbei von vornherein als entschiedener Gegner dieser Pseudowissenschaft auftrat und seine Position offen in Vorträgen und Schriften zur Geltung brachte, wurde man auch von akademischer Seite auf ihn aufmerksam. Im Frühjahr 1933 lud ihn die Theologische Fakultät der Universität Greifswald zu Vorträgen über dieses Thema in der Aula ein und erteilte ihm ein Jahr darauf einen Lehrauftrag für „Germanische Religionsgeschichte". Auch die Leipziger Theologischen Fakultät bemühte sich bald um ihn, als 1934 ihr Ordinarius für Religionsgeschichte, Hans Haas, unerwartet starb. Die Berufungsverhandlungen stießen allerdings auf erhebliche Schwierigkeiten, da die staatliche Seite, d.h. das sächsische Volksbildungsministerium in Dresden, mit dem Vorschlag der Fakultät nicht einverstanden war: man wollte keinen Gegner der NS– Ideologie berufen.[1] Erst als die Fakultät hart blieb und mit geschickten Argumenten die Gegenvorschläge der Regierung entkräften konnte, kam es zu einer Einigung (am 9.8. 1935); offenbar fürchtete man in Dresden, die Leipziger Fakultät zu sehr zu verärgern, und scheute die daraus sich ergebenden Konsequenzen in der Universitäts– und Kirchenpolitik. Baetke, dem der Wechsel nach Leipzig insofern sehr zustatten kam, als er wegen seines Widerstandes gegen die NS-Schulpolitik in Rügen um seine Stellung als Schulrektor fürchten mußte, wurde zum 1.10.1935 nach Leipzig berufen, mußte allerdings noch bis zum 5.2.1936 auf seine ministerielle

---

[1] Vgl. zu den Vorgängen K. Rudolph: Die Religionsgeschichte an der Leipziger Universität und die Entwicklung der Religionswissenschaft. Berlin 1962 (Sitz. ber. der Sächs. Akademie d. Wiss. zu Leipzig. Philol.–hist. Kl. 107, H. 1), S. 154 ff.

Bestätigung warten, übernahm aber schon den Lehrstuhl kommissarisch. Mit ihm blieb, wie es in einem Fakultätsgutachten heißt, die „streng methodisch wissenschaftliche Tradition des Leipziger Lehrstuhls" gewahrt.

Die Zeichen, unter denen Baetke seine Hochschullehrertätigkeit in Leipzig begann, waren denkbar ungünstig. Der wachsende Einfluß der Ideologie innerhalb und außerhalb der Universität führte immer wieder zu Auseinandersetzungen mit ihr und kosteten ihn viel Zeit und Energie, nicht nur durch häufige Vorträge, sondern auch durch eine ausgedehnte Rezensionstätigkeit, mit der er versuchte, unter der üppig ins Kraut schießenden Literatur auf dem Felde der Germanenforschung die Spreu vom Weizen zu sondern. Seine in mehreren Auflagen verbreiteten Streitschriften, die teilweise in fremde Sprachen (u.a. ins Japanische) übersetzt wurden, sind vielfach aus Vorträgen erwachsen, die er vor interessierten Kreisen der Bevölkerung hielt, insbesondere in christlichen Gemeinden, die sich einer Zerreißprobe zwischen „Deutschen Christen" und „Bekennender Kirche" ausgesetzt sahen. Baetke, der der letzteren nahestand, ohne alle ihre theologischen Ansichten (etwa die Karl Barths) zu teilen, hat oft unter persönlicher Gefahr seine Auffassungen zu den damals brennenden Problemen, wie „Arteigene germanische Religion und Christentum" (als selbständige Schrift 1933, ²1936), „Germanischer Schicksalsglaube", „Wesenszüge nordischer Frömmigkeit" (gedruckt 1937), „Religion und Politik in der Germanenbekehrung" (1937; Kleine Schriften, 351–369), „Die Annahme des Christentums durch die Germanen", vor einer größeren Zuhörerschar vorgetragen. Da von staatlicher Seite meist keine anderen Räume (z.B. in Schulen) zur Verfügung gestellt wurden, mußten Kirchen dafür benutzt werden. „Es war ergreifend, miterleben zu dürfen", erinnert sich ein Augenzeuge dieser Vorträge, „wie Tausende von Menschen—Akademiker bis zum Arbeiter, ja bis zum soeben erst entlassenen KZ-Häftling—in den Großstadtkirchen zusammenströmten, nur um die objektive Wahrheit zu erfahren, nur um Tatsachen zu hören"[2]. Wie diese im echten Sinne Aufklärungstätigkeit Baetkes von dem NS-Staat eingeschätzt wurde, geht u.a. daraus hervor, daß seine Arbeiten unter „feindliches Schrifttum" eingestuft und entsprechend

---

[2] G. Geissler: In: Die Kirche. Evangelische Wochenzeitung (All-gem. Ausg.), v. 15. Juli 1973, S. 2.

abgelehnt wurden.[3] In einem erhaltenen denunziatorischen „Stimmungsbericht" zu den öffentlichen Vorlesungen der Leipziger Universitätstage vom 17.–19.6. 1938 heißt es über die Vorlesung „Germanischer Schicksalsglaube" von Baetke: „der Vortragende brachte es fertig, ohne jede Andeutung eines Grußes das Lehrpult zu betreten und ebenso zu verlassen. Geradezu empörend aber ist es, daß er bei seinem Thema das einschlägige Kapitel A. Rosenbergs im Mythus des 20. Jhdts. nicht nur vollkommen unterschlug (oder sollte er es gar nicht kennen?), sondern in die Hörerschaft direkt Zwiespältigkeit trug... Muß die gekennzeichnete Lehrweise nicht verwirrend auf die Gedankenwelt der Jugendlichen wirken, die in großer Zahl anwesend waren und die in der politischen Schulung der HJ und des BDM sicherlich eine andre Denkrichtung erhalten, als sie von diesem Univ.-Prof. angebahnt wird!" Eine „zwangsweise Einführung" in die Quellen des NS-Gedankengutes wird solchen „Gelehrten" angedroht, und Baetke hat diese „Stimmung" bis zur Drohung mit dem KZ (vor dem ihn, wie sich nach dem Kriege durch eidesstattliche Aussagen herausstellte, nur der generelle Zusammenbruch rettete) zu spüren bekommen. Ausdruck dafür sind auch die Nichtbestätigung seiner Wahl 1939 in die Prüfungskommission der Theologischen Fakultät und die erst nach 1945 realisierte Bestätigung seiner 1943 erfolgten Wahl zum ordentlichen Mitglied der Sächsischen Akademie der Wissenschaften zu Leipzig.

Die Lehrtätigkeit in Leipzig brachte auch die Einarbeitung in das weite Feld der allgemeinen Religionsgeschichte und vergleichenden Religionswissenschaft mit sich.[4] Baetke hat diesen Einstieg von seiner profunden Quellenkenntnis zur germanischen und nordischen Religionsgeschichte in einer beachtenswerten Weise gefunden, der es ihm ermöglichte, Spezialkenntnisse mit allgemeinen Problemstellungen der religionswissenschaftlichen Theoriediskussion zu verbinden. Drang er einerseits als strenger Philologe auf das Studium der Quellen als Grundlage jeder religionshistorischen Arbeit, um damit den Zugang zum Verständnis der Religionen von der Geschichte und Gesellschaft her zu begreifen, so suchte er andererseits eben von dieser Basis aus jede theologisch-dogmatische und subjektivistisch-irrationale, vom

---

[3] Vgl. z.B. Der nordische Mensch. Beilage zur „Deutschen Zeitung", Nr. 143 vom 21 Brachet (März) 1934 (betr. Baetkes Schrift „Art und Glaube der Germanen", Hamburg 1934).

[4] Eine Zusammenstellung der von Baetke gehaltenen Lehrveranstaltungen findet sich bei Rudolph: Die Religionsgeschichte, S. 161 ff.

„Erlebnis" her diktierte Betrachtung der Religionsgeschichte als für die Religionswissenschaft nicht legitim zu erweisen. Er stellte sich damit weit außerhalb der gängigen Tradition in der deutschen Religionswissenschaft und machte Leipzig mit seinem alten Erbe religionshistorischer Forschung[5] zu einem neuen Zentrum dieser Arbeit. Baetke hat diese seine Konzeption in zwei kurzen, aber gewichtigen und nicht zu überschätzenden Darstellungen zum Ausdruck gebracht: „Das Heilige im Germanischen" vorangestellt; Kl. Schr. 56–84)[6], und „Aufgabe und Struktur der Religionswissenschaft" (1952; Kl. Schr. 13–27).[7] Am anschaulichsten dargelegt hat er seine Überzeugung vom geschichtlichen Charakter, am Gemeinschaft, Kult und Überlieferung gebundenen und von daher interpretierbaren Religionsformen in seinen Spezialarbeiten zur germanischen Religion, unter denen in erster Linie sein wohl bedeutendstes Werk auf diesem Gebiet, „Das Heilige im Germanischen" (1942), eine grundlegende quellenkritische Untersuchung, zu nennen ist, ergänzt von dem gleichzeitig vorgelegten Aufsatz „Der Begriff der 'Unheiligkeit' im altnordischen Recht" (1942; Kl. Schr. 90–128). Beide Arbeiten sind Musterbeispiele philologisch-historischer Untersuchungen, die in ihrer Art der Wort- und Religionsgeschichte neue Impulse vermittelten. Der Forderung nach fundierter Quellenkenntnis kam Baetke selbst nach durch eine umfangreiche, in ihrer Vollständigkeit bis heute nicht erreichte Quellensammlung (in deutscher Übersetzung): „Die Religion der Germanen in Quellenzeugnissen" (1937, ³1944). Sie trägt in ihrer Auswahl und Anordnung sehr deutlich den Grundsätzen der von ihm geforderten religionsgeschichtlichen Betrachtungsweise Rechnung, nämlich eine Religion zunächst von ihrem objektiven Vorstellungsgehalt, ihrem Kult und Gemeinschaftscharakter zu verstehen. Die Mythologie spielt dabei nur eine untergeordnete Rolle und hat, sofern sie sich von Kult und Glaube gelöst hat, keine eigentlich religiöse Bedeutung mehr. Baetke hat in dieser Beziehung auch ganz entschieden mit der beherrschenden naturmythologischen

---

[5] Vgl. dazu ausführlich meine angeführte Arbeit, Kap. 3 (S. 67 ff.; oben S. 335f.); über Baetkes religionshistorische Auffassungen und ihr internationales Echo s. ebda. S. 163 ff. (ergänzungsbedürftig); oben S. 336f.
[6] Unverändert wiedergegeben bei C. Colpe (Hrsg.), Die Diskussion um das „Heilige", Darmstadt 1977 (Wege der Forschung, Bd. 350), S. 337–379.
[7] Auch diese Arbeit ist erneut (unverändert) abgedruckt bei G. Lanczkowski (Hrsg.), Selbstverständnis und Wesen der Religionswissenschaft, Darmstadt 1974 (Wege der Forschung, Bd. 263), S. 133–158.

Theorie gebrochen und im Bereich von Geschichte und Gesellschaft den primären Horizont der religiösen Vorstellungswelt gesehen (vgl. Kl. Schr. 44–55; 195–205). Noch im vorletzten Kriegsjahr (1944), gelang es ihm eine Reihe seiner Aufsätze unter dem Titel „Vom Geist und Erbe Thules" herauszubringen. Eine Zusammenfassung über die „Germanische Religion", wie sie sich ihm nach lebenslanger Arbeit darstellte, legte er erst 1958 in der Enzyklopädie „Die Religion in Geschichte und Gegenwart" (Bd. 2; vgl. Kl. Schr. 28–36) vor.

Der zweite Weltkrieg, der Baetke auch persönlich durch den Soldatentod seines Sohnes schwer traf und der die Lehr- und Forschungsarbeit immer mehr einschränkte, um sie „kriegsbedingten" Forderungen zu unterwerfen, führte schließlich auch zur materiellen Zerstörung: mit der Ausbombung der Leipziger Universitätsgebäude im Dezember 1943 wurde auch das Religionsgeschichtliche Seminar mit seiner reichhaltigen Bibliothek ein Opfer der Flammen. Eine der ersten Aufgaben, die Baetke nach Kriegsende und der demokratischen Neueröffnung der Universität in Angriff nahm, war der Neuaufbau dieser alten Lehr- und Forschungsstätte. Noch wichtiger aber war ihm, beim geistigen Wiederaufbau in Gesellschaft und Universität mitzuwirken, und er hat dies in erheblichem Maße bis zu seiner Emeritierung (1955) getan. Im Rahmen der Neuordnung der Universität übernahm er 1946 den verwaisten Lehrstuhl für nordische Philologie in der Philosophischen Fakultät. Dadurch ergab sich auch die Realisierung eines ihm schon länger vorschwebenden Planes, nämlich die Umsetzung des Fachbereiches Religionsgeschichte aus der Theologischen in die Philosophische Fakultät; dies erfolgte endgültig ab Wintersemester 1946/47, nachdem der Antrag des Rektors am 25.7. 1946 von der Landesverwaltung Sachsen genehmigt worden war. Damit hatte Baetke ein Programm verwirklicht, das schon bei Gründung des Lehrstuhls und Seminars für Religionsgeschichte (1912) im Zusammenhang mit der Einrichtung der geisteswissenschaftlichen Forschungsinstitute durch Karl Lamprecht vor dem ersten Weltkrieg ins Auge gefaßt worden war, und das auch Baetkes Vorgänger H. Haas insgeheim anstrebte.[8] Für Baetke bedeutete diese Betreuung zweier Fachgebiete, die auch institutionell und räumlich getrennt waren, eine doppelte Belastung, die er aber mit unermüdlicher Energie und

---

[8] Vgl. Rudolph: Die Religionsgeschichte, S. 109 ff, 129f. Vgl. dazu oben S. 328f., 331, 343

aus großer Hingabe zur Sache der beiden in seiner Person seit Jahrzehnten verbundenen Interessengebiete bewältigte. Für ihn als Germanisten, der er ja von Haus aus war, ist es sicherlich eine, wenn auch späte Genugtuung gewesen, jetzt als Ordinarius im Germanistischen Institut (dem die „Nordische Abteilung" angeschlossen war) zu wirken. Er setzte übrigens auch hier eine bis in die Mitte des 19. Jh. reichende Wissenschaftstradition der Leipziger Universität fort. Seine Lehr- und Forschungstätigkeit konzentrierte sich seitdem wieder stärker auf sein eigentliches Spezialgebiet, die altnordische Literatur (s.u.).

Die Theologische Fakultät, die das Ausscheiden Baetkes und damit des Religionsgeschichtlichen Seminars nur ungern sah, verlieh ihm im Dezember 1946 in Anerkennung seiner wissenschaftlichen und erzieherischen Verdienste, besonders während der schweren Jahre der NS-Zeit, die theologische Ehrendoktorwürde.[9] Der neue Wirkungskreis in der Philosophische Fakultät brachte für Baetke bald eine neue verantwortungsvolle Aufgabe, die zugleich für die hohe Wertschätzung spricht, die man dem neuen Mitglied entgegenbrachte: am 15.2. 1947 wurde er zum Dekan der Fakultät gewählt, die damals noch den gesamten Bereich der mathematisch-naturwissenschaftlichen Disziplinen umfaßte. Er hatte dieses Amt fast zwei Jahre inne und hat in dieser Eigenschaft u.a. maßgeblichen Anteil an der Durchführung mehrerer nationaler und internationaler Fachtagungen wie die der Germanisten, Slawisten, Romanisten und Anglisten, wofür ihm der damalige Rektor ausdrücklich Dank und Anerkennung aussprach. Außerhalb der Universität hat er sich im Rahmen des Kulturbundes mit Vorträgen an der geistigen Diskussion dieser Jahre beteiligt.[10] So stellte er seine reichen Erfarungen, die er in einer lebenslangen, in den besten Traditionen der deutschen-humanistischen Wissenschaft verwurzelten Lehr- und Forschungsarbeit erworben hatte, in den Dienst des damaligen sog. antifaschistisch-demokratischen Aufbaus und der Heranbildung einer neuen Studentengeneration an der Universität Leipzig.

Baetkes Name hatte aber nicht nur im Inland, sondern auch im Ausland aufgrund seines aufrechten Wirkens während der NS-Zeit einen guten Klang und nötigte Respekt und Anerkennung ab. So nahm er als Vertreter der Landeskirche Sachsens

---

[9] Vgl. auch die Mitteilung in der „Leipziger Volkszeitung" (= LVZ) vom 10.12.1946.
[10] Vgl. z.B. die LVZ vom 2.11. 1948, wo ein Resümee des Vortrages über „Religion und Menschlichkeit" wiedergegeben ist.

an der ersten Weltkirchenkonferenz nach dem Kriege in Amsterdam vom 20.8.–6.9. 1948 teil.[11] Er war auch der erste deutsche Wissenschaftler, der zu Gastvorlesungen (über altnordische Literatur- und Religionsgeschichte) an die schwedischen Universitäten Uppsala und Lund für das Wintersemester 1949/50 eingeladen wurde.[12] Als im November 1950 der 2. Weltfriedenskongreß in Sheffield/England einberufen wurde, war Baetke selbstverständlich unter den Leipziger Professoren, die in einem „Friedensbuch" ihre „Verantwortung als Wissenschaftler" für den Frieden zum Ausdruck brachten.[13] Es gilt nicht nur den Frieden zu lieben, sondern dafür tätig zu sein, da er eine große Hoffnung der Menschheit ist, schrieb Baetke damals. „Die Wissenschaft", heißt es bei ihm, „muß zu einer der tragenden Säulen des Friedensgedankens werden." Baetke gehörte auch zur DDR-Delegation, die im April 1955 am 8. Internationalen Kongreß für Religionsgeschichte in Rom teilnahm, auf dem er als Nestor der altgermanischen Religionsgeschichte gewürdigt wurde. 1960 besuchte er schließlich den Kongreß der Internationalen Germanistischen Vereinigung (IVG) in Kopenhagen.

Obwohl Baetke 1952 das Emeritierungsalter erreicht hatte, bat er um Fortsetzung seiner akademischen Wirksamkeit, d.h. er setzte seine Lehrtätigkeit uneingeschränkt in den beiden von ihm geleiteten Fachbereichen fort. Zusätzlich verwaltete er 1953/54 das Orientalische Institut kommissarisch. Auch nachdem er

---

[11] Vgl. dazu den Bericht im „Sonntag" vom 5.9. 1948. Baetke war als Anhänger der antinazistischen „Bekennenden Kirche" 1945 Mitglied der sächsischen Bekenntnissynode und des Landesbruderrates geworden, die sich dem kirchlichen Wiederaufbau in einem neuen, die veralteten bürgerlichen Bindungen der Evang. Kirche hinter sich lassenden Geiste widmeten. 1947 gehörte er auch der ersten sächsischen Landessynode an, als deren Vertreter er 1948 nach Amsterdam fuhr. Er lehnte entschieden wiederauflebende traditionelle Tendenzen in der Kirche ab und hat dies u.a. in einem jetzt teilweise zugänglichen Brief vom 13.8. 1948 anläßlich des sog. „Darmstädter Wortes" der Evang. Kirche sehr deutlich zum Ausdruck gebracht (vgl. die Evangelische Monatsschrift „Standpunkt", Beilage zum Heft 8, 1977, S. 17). Die Behauptungen von Walter Markov, Zwiesprache mit dem Jahrhundert, Berlin 1989, S. 156, über Baetke sind nachweislich falsch: weder war er ein Theologe, noch ein „religiöser Sozialist", noch ist seine (erste) Frau im Bombenhagel umgekommen (sie starb 1946), noch ist er 1945 der KPD „ohne Umwege beigetreten"; richtig ist, daß er 1946 der SPD beitrat, die dann zwangsvereint mit der KPD zur SED gemacht wurde, der er eine zeitlang angehörte. Baetke ist weder ein Marxist gewesen, noch ist er aus der Kirche ausgetreten (er wurde auf ausdrücklichen Wunsch auf dem Leipziger Südfriedhof kirchlich bestattet; von der Universität war offiziell nur ein zweitrangiger Vertreter answesend).

[12] Darüber gibt es auch eine Pressenotiz in der LVZ vom 5.2. 1949.

[13] Vgl. LVZ vom 12.11. 1950.

1955 emeritiert worden war, zog er sich noch nicht völlig vom Lehrbetrieb zurück, sondern las noch bis in sein 75. Lebensjahr regelmäßig einige Kollegs und behielt auch die kommissarische Leitung der Nordistik und Religionsgeschichte bei. Er hat in dieser Zeit in mannigfaltiger Weise beratend mitgewirkt, aber auch seine kritische Stimme gegen administrative Maßnahmen in der Universität erhoben, wenn sie das akademische Leben beeinträchtigten, wie der Versuch die Religionsgeschichte in eine atheistische Propaganda-Institution zu verwandeln (s.s. S. 337f.). Wenn die „Auszeichnungswelle", die die damalige DDR-Regierung regelmäßig über führende Wissenschaftler zu ergießen pflegte, auch Baetke verschiedentlich erreichte, dann war es in Anerkennung seiner langjährigen akademischen Tätigkeit und seiner wissenschatlichen Arbeiten, die in keiner Weise der herrschenden marxistischen Ideologie sklavisch huldigten. Was ihn sehr bestimmte, war die aus der NS-Zeit stammende Erfahrung, sich gegen dogmatische und unwissenschaftliche Lehren zur Wehr zu setzen. Zu seinem 80. Geburtstag brachtem ihm in- und ausländische Gelehrte aus verschiedenen Fachgebieten in einer „Festschrift Walter Baetke" (Weimar 1966) ihre Hochschätzung zum Aus-druck. Die Sächsische Akademie der Wissenschaften verlieh ihrem langjährigen Mitglied anläßlich seines 90. Geburtstages die Moritz-Wilhelm-Drobisch-Medaille.

Baetke hat während seines langen Wirkens als Hochschullehrer eine ganze Reihe Schüler herangebildet, vor allem seit 1945 auf dem Gebiet der damaligen DDR. Zeugnis davon legen zahlreiche Promotionen und auch Habilitationen ab, die von ihm angeregt und betreut worden sind. Einige seiner engsten Schüler sind selbst Hochschullehrer geworden oder arbeiten in Akademieunternehmen und führen die von ihm erhaltenen Impulse selbständig fort. Selbst nachdem er sich vom offiziellen Universitätsleben zurückgezogen hatte, war sein waches Interesse an allen Vorgängen in Universität und Gesellschaft bis über sein 90. Lebensjahr ungebrochen lebendig und war nicht ohne Einfluß auf seine Schüler, die mit ihm noch in Kontakt standen.

Wie schon bemerkt, hat Baetke nach seiner Berufung auf die nordistische Professur (1946) seine Forschungen auf dieses alte Gebiet seines Interesses konzentriert, ohne deshalb religionsgeschichtliche Fragestellungen außer acht zu lassen. In mehreren bahnbrechenden Sitzungsberichten der Sächsischen Akademie der Wissenschaften zu Leipzig (Die Götterlehre der Snorra-Edda, 1950; Christliches Lehngut in der Sagereligion, 1951; Über die Entstehung der Isländersagas, 1956; vgl. Kl. Schr. 206–246,

256–276, 319–350) legte er eine neue Betrachtung der Sagaliteratur vor, die, geboren aus der Kritik der Quellen zur Christianisierung der Germanen und angeregt von der isländischen Schule der „Sagakritik", einen Wandel in der geschichtlich-literarischen Wertung der altnordischen Prosaliteratur, besonders der sog. Familiensagas, in der deutschen Nordistik einleitete. Er, der wie kaum ein anderer deutscher Nordist seit Jahrzehnten mit der altisländischen Literatur vertraut war, brach mit der traditionellen Einstellung zu diesen Werken, die sie in erster Linie als „historische" Quellen der vor- und frühchristlichen Zeit auf Island ansah, ohne groß in Rechnung zu stellen, daß sie erst einige Jahrhunderte nach den Vorgängen, die sie schildern (9.–11. Jh.) abgefaßt worden sind (13. Jh.). Nach der Auffassung Baetkes sind sie aber aus der gesellschaftlichen und ideologischen Situation ihrer Zeit, dem nordischen hohen Mittelalter zu verstehen; sie sind relativ eigenständige literarische Werke einer realistischen Prosakunst des 13. Jh. auf Island, die nicht nur ihre eigene Umwelt der isländischen Bauerngesellschaft und ihrer Probleme —bis hin zu Gesellschaftskritik—deutlich widerspiegeln, sonden mit vielfältigen Fasern in der geistlich-christlichen Welt des Mittelalters verwurzelt sind. Diese neuen Erkenntnisse wandte Baetke in den Einleitungen zu den Heften der von ihm neu herausgegebenen „Altnordischen Textbibliothek" (1952–1960) auf einzelne Sagatexte an. Auf diese Weise arbeiten auch seine Schüler; einige ihrer Studien sind in der von ihm geschaffenen Schriftenreihe „Saga. Untersuchungen zur nordischen Literatur- und Sprachgeschichte" (seit 1956) erschienen. Im Mittelpunkt der Arbeitsvorhaben Baetkes und gewissermaßen als krönender Abschluß stand von 1952 bis 1968 die Erarbeitung eines „Wörterbuches zur altnordischen Prosaliteratur", das im Auftrag der Sächsischen Akademie der Wissenschaften von einem kleinen Mitarbeiterstab unter seiner Leitung geschaffen wurde (1. Band 1965, 2. Band 1968; 2. Aufl. in einem Band 1976). Noch 1974 folgte aus Baetkes Feder eine schon zehn Jahre früher fertiggestellte Dokumentation zur Geschichte der Sagaforschung seit dem 19. Jh., in der er die wichtigsten Arbeiten (einschließlich drei eigener) ausgewählt und einleitend charakterisiert hat (Die Isländersaga, Darmstadt: Wege der Forschung Bd. 151; vgl. Kl. Schr. 247–255).[14]

---

[14] Zur Rolle Baetkes in der Altnordistik s. den Erinnerungsband an ihn, den E. Walter u.H. Mittelstadt u.d.T. „Altnordistik. Vielfalt und Einheit", Weimar

Baetke hat neben dieser Konzentration auf die Sagaforschung auch noch einmal direkt in die Diskussion um Probleme der germanischen Religionsgeschichte eingegriffen. Als in den 50er Jahren die Theorie des Gott und Sakralkönigtums die Religionswissenschaft zu beherrschen begann und entsprechend auch auf das Gebiet der Germanenforschung übergriff, indem verschiedentlich der sakrale oder gar göttliche Charakter der germanischen Könige behauptet wurde, wies Baetke in einer gründlichen quellen- und überlieferungskritischen Studie die Haltlosigkeit dieser Auffassung nach (Yngvi und die Ynglinger, 1964; gekürzt in Kl. Schr. 143–194). Die vielerorts damit verbundene These von der „Kontinuität" angeblich urgermanischer Vorstellungen in die Welt des Mittelalters, die vor allem in der NS-Zeit seltsame Blüten trieb, ist in diesem Zusammenhang von Baetke als Irrweg der Forschung abgewiesen worden. Damit zeigte sich erneut, daß das von ihm vertretene und weiterentwickelte Germanenbild, das sich sehr wesentlich von nationalistisch-emotionalen und mystisch-romantischen Klischees unterschied, bis in die Gegenwart haltbar und tragfähig ist; die moderne Forschung hat es auch inzwischen in mannigfaltiger Weise bestätigt. Die 1973 herausgegebenen „Kleinen Schriften" Baetkes, die die ganze Weite trotz Konzentration seiner Arbeitsweise anschaulich machen, dokumentieren sehr deutlich Kontinuität und Fortschritt in der Betrachtungsweise; sie sind wegen ihres methodisch geradezu modellhaften Charakters ein Vermächtnis an die jüngere Gelehrtengeneration. Der Geist, der durch diese Schriften weht, ist der der „Entmythologisierung". Baetke „hat das Ethos eines Aufklärers, der mit scharfen Intellekt und unerbitterlicher Wahrheitsliebe die Dinge wieder zurechtrückt".[15] Aus diesem Grund bewahren viele seiner Arbeiten ihre Aktualität und wurden gerade in letzter Zeit durch Nachdrucke wieder zugänglich gemacht, wie der berühmte Aufsatz von 1943 über „Die Aufnahme des Christentums durch die Germanen" (Die Welt als Geschichte 9. Jhg., 1943, 143–166; Darmstadt 1959 u.ö.

1989, herausgaben, bes. den Beitrag von E. Walter über B.`s Konzeption dieses Faches (17–26).

[15] So sehr treffend Arthur Häny in der Neuen Zürcher Zeitung vom 20.3. 1974 anläßlich einer Besprechung der „Kleinen Schriften", die unter dem Titel „Aus dem Lebenswerk Walter Baetkes" erschien. Eine Bibliographie der Veröffentlichungen Walter Baetkes (bis 1970) findet sich in seinen „Kleinen Schriften", hrsg. von K. Rudolph und E. Walter, Weimar: Böhlau 1973, 375–383 und (bis 1977) im Jahrbuch der Sächsischen Akademie der Wissenschaften zu Leipzig 1977–1978, Berlin 1980, S. 271–282.

in der Reihe „Libelli" Bd. 48) oder seine beiden religionswissenschaftlichen Publikationen „Aufgabe und Struktur der Religionswissenschaft" und „Das Phänomen des Heiligen" (s. Anm. 6 u. 7). Die geplante Wiederaufnahme des ihn immer wieder beschäftigenden Problemkreises um den Übergang der germanischen Stämme zum Christentum, war ihm leider nicht mehr vergönnt. Sah er doch immer mehr die Aufgabe darin, diese Vorgänge nicht bloß unter kirchengeschichtlichem Blickpunkt zu sehen, sondern sie von den politisch- gesellschaftlichen Zusammenhängen der Zeit her zu begreifen. Dazu hatte er in seinen früheren Studien bereits wesentliche Vorarbeit geleistet.

Walter Baetke starb am 15. Februar 1978 in Leipzig. Es ist ein langes und reiches Gelehrtenleben, das uns bei ihm entgegentritt, reich an Arbeit und Auseinandersetzungen, aber auch an Erfolgen und Anerkennung, Vorbild für eine Generation, die in ihm ihren verehrten akademischen Lehrer sah, der mit seiner integren Persönlichkeit, Bescheidenheit und Güte, seiner wissenschaftlichen Meisterschaft und seiner klaren humanistischen Gesinnung das alte Sprichwort bewahrheitet: „Verba docent, exempla trahunt".

17.

ELIADE UND DIE „RELIGIONSGESCHICHTE"

Mircea Eliade ist ein faszinierender Autor, daran besteht kein Zweifel. Er gehört zu den weit über das Fachgebiet der Religionswissenschaft (abgekürzt: Rw) hinaus wirksamen Gelehrten. Als Schriftsteller in seiner Muttersprache, dem Rumänischen, anerkannt—seine „Phantastische Prosa" konnte 1969 auch in Bukarest erscheinen—hat er Literatur und Mythologie wieder in eine enge Symbiose verwandelt, bei der man nicht weiß, ob man mehr den Dichter mit seiner Phantasie bewundern soll, oder den Gelehrten, der sich seines Stoffes auch in dieser ungewöhnlichen Art versicherte, besser „anwandte". Eines der fesselndsten Beispiele dieser „modernen" Mythologie ist die Erzählung „Auf der Mântuleasa-Straße". Es ist unumgänglich, diese Seite seines Schaffens in Beziehung zu seiner wissenschaftlichen zu setzen, denn die seit etwa 1930 einsetzende literarische Tätigkeit ist offensichtlich recht belangvoll für die religionswissenschaftliche, doch wurde sie bisher wenig dafür ausgewertet.[1] Die Wurzeln Eliades im Rumänischen, einer der vielen kleinen Kulturen des Balkan, auf die er auch in seinen religionsphänomenologischen Arbeiten mitunter anspielt—besonders prononciert im „Mythos der ewigen Wiederkehr" (1953, ²1966)[2]—schlagen wahrscheinlich mehr zu Buche als bisher bekannt ist. Eine „Entwicklungsgeschichte" seiner Gedankenwelt ist eine zukünftige, nicht leichte Aufgabe, trotz der uns von ihm hinterlassenen umfangreichen autobiographischen Äußerungen.[3] Seine religionswissenschaftlichen Ideen, wie

---

[1] Vgl. Calinescu, „Imagination and Meaning: Aesthetic Attitudes and Ideas in M. Eliade's Thought", in: Journal of Religion 57, 1977, S. 1–15; G. Dudley III, Religion on Trial. M. Eliade & His Critics, Philadelphia 1977, S. 27 ff; die Beiträge von V. Ierunca, G. Spaltmann, V. Horia, G. Uscatescu in: J.M. Kitagawa/ Ch. H. Long (Hrsg.), Myth and Symbols, Studies in Honor of Mircea Eliade, Chicago 1969 (Reprint 1982), S. 343–406

[2] M. Eliade, Der Mythos der ewigen Wiederkehr, Düsseldorf 1953, S. 250 Anm. 7; 2. Aufl. u. d. T.: Kosmos und Geschichte. Der Mythos der ewigen Wiederkehr, Hamburg (Rowohlt) 1966, S. 123 Anm. 12.

[3] Einen Anfang machte: D.A. Doeing, A Biography of Mircea Eliade's Spiritual and Intellectual Development from 1917 to 1940. Ph.D. Univ. of Ottawa 1975. Vgl. M. Eliade, Autobiography I: 1907–1937. Journey East. Journey West, Chicago/

sie uns nach dem 2. Weltkrieg (zuerst 1949) in einer immer umfangreicher werdenden Produktion sichtbar werden, lassen sich allerdings leichter in die Tradition der europäischen Rw verankern: hier setzt Eliade bestimmte Konzeptionen, mehr oder weniger abgewandelt und originell geprägt, fort. Damit soll sich dieser Beitrag beschäftigen, und zwar durchaus in kritischer Reflexion.[4]

I

Eliade versteht sich als Religionshistoriker. Über sein Verständnis von Religionsgeschichte (abgekürzt: Rg) finden sich u. a. in der Einleitung zu Schamanismus und archaische Ekstasetechnik, einem seiner seiner Hauptwerke, nähere Angaben.[5] Ausgehend davon, daß ein „religiöses Phänomen" historisch bedingt und eingebettet ist, sucht Eliade darüber hinaus seinen „übergeschichtlichen" Sinn, denn „die Geschichte eines religiösen Phänomens kann uns nicht alles mitteilen, was dieses Phänomen, einfach

---

San Francisco 1981; dazu Ivan Strenski, Love and Anarchy in Romania, in: Religion 12 (1982), 391–403. Der 2. Band der Autobiography umfaßt die Jahre 1937–1960 (Exile's Odyssee) und erschien ebd. 1988; dazu vgl. A. Berger, Fascism and Religion in Romania, in: Annals of Scholarship Vol. 6 (1989), Nr. 4, S. 455–465. Inzwischen liegt die große Monographie von M.L. Rickettes, Mircea Eliade: The Romanian Roots, 2 Bde. East European Monographs (Boulder) 248. Distributed by Columbia Univ. Press 1988 (vgl. RSR 15, 240), vor. Über die dunkle, daher umstrittene Beziehung E.s zur faschistischen Bewegung in Rumänien ist eine größere Studie von seiner einstigen Schülerin Adriana Berger zu erwarten, die unveröffentlichtes Material verarbeitet. Kein Zweifel besteht an seiner Unterstützung der sog. „Eisernen Garde" und ihrer Ziele. Dazu findet sich bereits einiges bei Radu Ioanid, Mircea Eliade e il fascismo, in: La Critica Sociologica 84 (1987/88), S. 16–29 (ich verdanke Frau Dr. Berger diesen Hinweis). I.P. Culianu (in: H.P. Duerr, Die Mitte der Zeit. Aufsätze zu M. Eliade, Frankfurt/M. 1984, S. 216–243 versucht diese Seite seines Lehrers zu bagatellisieren (was auch bei Ricketts a.a.O. zu beobachten ist).

[4] Im folgenden sind Ergebnisse eines postgradualen Seminars über „Eliade und die Religionswissenschaft" zusammengefaßt, das ich im Herbstsemester 1981 an meinem Leipziger Lehrstuhl veranstaltete. Dank schulde ich den Teilnehmern für mancherlei Anregungen, insbes. den Herren Dr. K. Nowak, Ass. H. Mürmel und D. Pollack. Eine Berücksichtigung aller Arbeiten Eliades ist nicht beabsichtigt. Zur Bibliographie vgl. D. Allen/D. Doeing, Mircea Eliade. An Annotated Bibliography, New York/London 1980 (Garland Reference Library of the Humanities 128); Mircea Eliade, cahier dir. par C. Tacou avec la collab. de G. Banu et G. Ch. Demersay, Paris 1978, S. 391–409.

[5] Le Chamanisme et les techniques archaiques de l'extase, Paris (Payot) 1951, ²1968; deutsch: Zürich 1957; Taschenbuchausgabe: Frankfurt/M. 1975 (Suhrkamp taschenbuch wissenschaft 126), S. 3 ff. Vgl. auch die ähnlichen Ausführungen in: Ewige Bilder und Sinnbilder, Freiburg/Br. 1958 (franz. Original 1952), S. 27 ff.

durch sein Offenbarwerden, uns zeigen will" (4). „Immer bleibt am Ende der Erklärung ein nicht zurückführbarer Kern, und dieses unzurückführbare Etwas kann uns vielleicht die wahre Situation des Menschen im Kosmos entdecken, die—ich werde nie müde, das zu wiederholen—nicht einzig eine ‚historische' ist" (ebd.). Um diese zunächst unerklärbaren Seiten religiöser Sachverhalte geht es Eliade: sie „enthüllen Grenzsituationen des Menschen", die allein von der Rg rechtmäßig „entziffert" werden können. „Der Religionshistoriker wird am meisten Gültiges sagen über das religiöse Faktum, sofern es religiöses Faktum ist—und nicht soweit psychologisches, soziales, ethnisches, philosophisches oder selbst theologisches Faktum" (5.) Eliade unterscheidet ihn gerade an diesem Punkt von dem „Phänomenologen", der sich der Arbeit des Vergleichens versagt, sondern sich dem Phänomen nur „nähert", um „seinen Sinn zu erahnen" (ebd.). Der Religionshistoriker dagegen „gelangt zum Begreifen eines Phänomens erst nach gehörigem Vergleich mit Tausenden von ähnlichen oder verschiedenen Phänomenen und entsprechender Einordnung..." Er wird sich daher nicht „auf eine Typologie oder Morphologie der religiösen Fakten beschränken: er weiß sehr wohl, daß die ‚Geschichte' den Gehalt eines religiösen Faktums nicht erschöpft, doch er vergißt deswegen nicht, daß nur in der Geschichte—im weiten Sinne des Wortes—ein religiöses Faktum alle seine Seiten entwickelt, alle seine Bedeutungen offenbart. Mit anderen Worten, der Religionshistoriker benützt alle historischen Kundgebungen eines religiösen Phänomens, um zu entdecken, was dieses Phänomen ‚sagen will'; er hält sich einerseits an das historisch Konkrete, aber er bemüht sich andererseits um die Entzifferung dessen, was ein religiöses Faktum durch die Geschichte hindurch an Übergeschichtlichem offenbart" (5).

Rg ist demnach für Eliade sowohl den historischen als auch den überhistorischen (den eigentlich religiösen) Aspekt religiöser Sachverhalte zuständig, und da für ihn Rg in erster Linie komparativ tätig ist, eben um auch den religiösen Sinn eines „Phänomens"[6] zu erfassen, vereinigt sie für ihn—quasi in einem Arbeitsgang—historische, religionsphänomenologische (i. S. von

---

[6] Dieser langtradierte Ausdruck der Rw entstammt der idealistischen und phänomenologischen Philosophie und Wissenschaftssprache; er setzt stets den Dualismus von „Wesen" und „Erscheinung", „Innen" und „Außen", „Kern" und „Schale" voraus und entspricht daher ganz der Religionsphänomenologie Eliades. M. E. ist er dem historischen Charakter der RW nicht angemessen und setzt

„Wesenserfassung") Methoden. „Religionshistorie ist nicht immer und nicht notwendig Historiographie der Religio-nen ... man ist nicht verpflichtet, Historiographie zu treiben, wenn man Religionsgeschichte schreiben will" (6). Die Schuld an diesem Mißverständnis schreibt Eliade der Mehrdeutigkeit des Terminus „Geschichte" zu. Er möchte der Rg den „philosophischen und allgemeinen Sinn von ‚Geschichte'" zuschreiben (ebd.).[7] Die „spezifische Manifestationsebene" aller religiösen Fakten ist „immer geschichtlich, konkret, existentiell", auch wenn diese „nicht völlig auf Geschichte zurückzuführen sind" (6). Dieser „Rest" ist es, den der Religionshistoriker im Unterschied zum bloßen Historiker, Ethnologen, Soziologen und Psychologen beachten muß, d. h. er muß „die eigentlich religiöse Bedeutung eines Faktums entziffern" (7). Eliade wirft den heutigen Vertretern des Faches vor, daß sie beim Begriff Rg mehr den Bedeutungsakzent von „Geschichte" als von „Religion" hervorgehoben haben.[8] Von daher legt Eliade auch kein großes Gewicht auf das chronologische Moment, da für ihn dieser unreduzierbare „Kern" die Geschichte übersteigt und, wie er es bezeichnet, als „Hierophanie" jederzeit wiederholbar (ebd.) und „umkehrbar" ist (8). „Obwohl es eine Geschichte der Religion gibt, ist sie nicht unumkehrbar wie jede andere Geschichte" (7). Es ist der ahistorische Begriff des „Heiligen", der bei Eliade das „übergeschichtliche Element" besetzt hat; seine Manifestationen sind der eigentliche Gegestand der Rg. „Man könnte sagen", heißt es an anderer Stelle, „daß die Geschichte der Religionen—von den primitivsten bis zu den hochentwickelten—sich aus einer großen Anzahl von Hierophanien, d. h. Manifestationen heiliger Realitäten, zusammensetzt".[9] Es ist diese zeitunabhängige Verwirklichung des „Heiligen", die Eliades Auffassung von Rg grundlegend bestimmt. In sich kennt sie keine Entwicklungsstufen: „die Manifes-

---

sofort mehr oder weniger philosophische „Wesensfragen" in Gang, die über den unmittelbaren Arbeitsbereich der Rw hinausführen. Aus alter unreflektierter Gewohnheit behält man den term. techn. weiter bei. Ich bevorzuge „religiöser Sachverhalt" oder „Tatsache", Bezeichnungen, die auch Eliade mitunter benutzt (vgl. Ewige Bilder, S. 30 u.o.; Schamanismus, S. 2 ff., wo häufig von „Fakten" die Rede ist). Vgl. zum Problem H. Seiwert, Über den Gegenstand der RW (unpubl. Mskr.); „Religiöse Bedeutung" als wissenschaftliche Kategorie, in: Annual Review for the Social Sciences of Religion 5, 1981, S. 57–99.; vgl. oben S. 43 A. 12a.

[7] Vgl. auch Ewige Bilder, S. 30 f.
[8] Ebd. S. 30.
[9] Das Heilige und das Profane. Vom Wesen des Religiösen. Hamburg (Rowohlt) 1957, S. 8; fast gleichlautend in: Mythen, Träume und Mysterien, Salzburg 1961 (franz. Mythes, réves et mystères, Paris 1956), S. 179.

tationen des Heiligen" (ob in einem Stein, Baum oder Gott!) sind überall gleich, „nur die Form, welche der Prozeß der Heiligung im religiösen Bewußtsein der Menschen annimmt, ist verschieden" (7). Wir haben es dabei mit einem objektiven und subjektiven Prozeß zu tun: die Geschichte kann ihn nicht groß beeinflussen; sie „vermag die Spontaneität der Hierophanien nicht zu lähmen" (9). Sie können unabhängig überall und zu jeder Zeit auftreten; das historische Moment offenbart nur „eine Situation des Menschen" in bezug auf „das Sakrale", während die Hierophanie „eine Modalität des Sakralen" ausdrückt.[10] Eliade spricht zwar häufig vom „Einfluß des historischen Moments" und davon, „daß jede Hierophanie historisch ist"[11], schon deshalb, „weil man sich angesichts einer Hierophanie auch angesichts eines historischen Zeugnisses befindet"[12], aber im Grunde genommen ist diese für ihn zweitrangig, „vordergründig". „Das den Religionshistoriker von einem ‚Nur-Historiker' unterscheidende Merkmal ist sein inniger Zusammenhang mit Tatbeständen, die —bei all ihrem geschichtlichen Charakter—doch auch nur-geschichtliche Verhaltensweisen des Menschen weit übertreffende Verhaltensarten enthüllen."[13] Diese „über die geschichtliche Bedingtheit hinausreichenden Situationen" sind es, die Eliade in der Rg zu erfassen und zu beschreiben sucht; sie gehören ebenso zum „Menschen als ein Ganzheitswesen" wie die

---

[10] Die Religionen und das Heilige. Elemente der Religionsgeschichte, Salzburg 1955 (franz. Traité d'histoire des religions, Paris 1949), S. 21.
[11] Ebd. S. 21, 22, 522 ff. Vgl. auch The Quest. History and Meaning in Religion, Chicago/London 1969, S. 7 („There is no such thing A 'pure' religious datum, outside of history... Every religious experience is expressed and transmitted in a particular historical context"); Ewige Bilder, S. 33 ff. (u.a.: „Es gibt in der Welt keinen ausschließlich religiösen Tatbestand: keinen, der außerhalb der Zeit wäre, außerhalb der Geschichte"); Die Religionen, S. 522, 524. Daraus wäre eigentlich die Konsequenz zu ziehen, die z.B. Richard von Dülmen vertritt (in: Geschichte und Gesellschaft 6, 1980, S. 40; s. auch oben S. 18A.44): „Religion ist außerhalb des sozialen Handelns des Menschen und seiner Gesellschaft nicht denkbar, dementsprechend kann sie auch nur aus dem jeweiligen Kontext der gesellschaftlichen Formation und ihrer Voraussetzungen begriffen werden, in dem sie entstand oder in dem sie soziale und politische Bedeutung erlangt."
„Eine historische Religionsforschung thematisiert Religion als soziales Phänomen und analysiert Religion auf dem Hintergrund der sie tragenden sozialen Interessen." Sie operiert nicht mit „einer dem Wesen des Menschen mitgegebenen Größe von Religion", um „die religiösen Phänomene nur als religiös, als heilig und numinös" zu begreifen, nicht „ihre zentrale Funktion als Weltorientierungsmittel im gesellschaftlichen Prozeß" (ebd.). Historische Betrachtung kommt um solche „Reduktionen" eben nicht herum!
[12] The Quest, S. 22.
[13] Ewige Bilder, S. 35.

zeitlichen Umstände.¹⁴ Der Begriff des Heiligen rechtfertigt es, den ahistorischen Teil religiöser Tatbestände darzustellen: „Die Dialektik des Heiligen erlaubt jede Umkehrung: keine 'Form' ist dem Absinken und der Zerstörung entrückt, keine ‚Geschichte' endgültig".¹⁵ Gemeinschaften und Individuen sind in gleicher Weise von dieser Dialektik ergreifbar; sie sind immer und überall Orte möglicher Manifestationen („Offenbarungen") des Heiligen. Unabhängig vom „Kulturmomen" kann man „die vollständigste Offenbarung des Heiligen haben, die der menschlichen Verfassung zugänglich ist" (ebd.). Daß sie nicht immer (in ihrer reinen Form!) feststellbar sind (für den Religionshistoriker?), liegt an den „menschlichen Verhaltensweisen ihnen gegenüber". Das Studium derselben aber ist nicht Aufgabe des Religionshistorikers, sondern des Soziologen, Psychologen, Moralisten oder Philosophen (ebd.). Ihm genügt die Feststellung, „daß die Dialektik des Heiligen die spontane Umkehrbarkeit einer jeden religiösen Position erlaubt" (ebd.). Kulturhistorische Ergebnisse der Ethnologie sind dafür nicht ausschlaggebend; „die Spontaneität und letzten Endes die *Ungeschichtlichkeit des religiösen Lebens*" ist davon unabhängig (Hervorhebung von mir). „Denn jede Geschichte ist irgendwie ein Absturz des Heiligen, eine Beschränkung und Minderung".¹⁶

Man erkennt aus diesen Zitaten sehr schnell und gut, in welcher Weise Eliade die traditionelle Auffassung von Rg verläßt, ohne allerdings den Begriff als solchen aufzugeben. „The history of religions is not merely a historical discipline, as, for example, are archeology or numismatics. It is equally a total hermeneutics, being called to decipher and explicate every kind of encounter of man with the sacred, from prehistory to our day."¹⁷ Mit dieser Aufnahme des Terminus „Hermeneutik" (Interpretationskunst) in den jüngeren Arbeiten hat Eliade besser zum

---

¹⁴ Ebd. S. 35 f.
¹⁵ Schamanismus, S. 8. „Jede Zeit ist auf eine heilige Zeit hin 'offen', sie kann... das Absolute offenbaren, das Übernatürliche, Übermenschliche, Überhistorische" (Die Religionen, S. 439, ähnlich 525). Daher können „wirtschaftliche und gesellschaftliche Veränderungen und historische Ereignisse... an sich keineswegs religiöse Phänomene als solche erklären..." (ebd. S. 524).
¹⁶ Schamanismus, S. 8; Mythen S. 180 f. (hier wird die historische Beschränkung, die das Heilige durch seine „Vergeschichtlichung" erfährt, mit dem christlichen Gedanken der Inkarnation Christi verglichen und damit der ideologische Hintergrund dieser Idee Eliades offengelegt: es ist eine theologische Vorstellung, die hier Pate steht, offensichtlich die griechisch-orthodoxe seiner Heimat).
¹⁷ The Quest, S. 58.

Ausdruck gebracht, um was es ihm geht: nicht um die historische Arbeit als solche—sie wird nur vorausgesetzt und ausgiebig genutzt—, sondern um die Interpretation des eigentlich „Religiösen", sofern es uns in den Überlieferungen und Aussagen entgegentritt; er möchte die Arbeit des Religionshistorikers erweitern oder neu bestimmen, sie durch eine bisher unterschätzte Dimension bereichern, um sie auf diese Weise von den anderen Disziplinen, wie der Ethnologie, Soziologie oder Psychologie, grundsätzlich zu unterscheiden. Da die Hierophanien „Grenzsituationen" des Menschen zum Ausdruck bringen, ist der Religionshistoriker „hauptsächlich mit der Aufhellung dieser Grenzsituation erfüllt".[18] Rg ist als Rw damit nicht nur durch ihren Gegendstandsbereich „Religionen und religiöse Sachverhalte" charakterisiert, sondern auch durch einen besonderen Zugang zu deren religiös-überzeitlichem Gehalt oder „Sinn"; diesem „Inhalt" gilt ihre Hermeneutik.

Darüber hinaus verfolgt Eliade bekanntlich das Ziel, die Disziplin der Rg zu einer Art Universalwissenschaft zu machen, die aufgrund ihres Anspruches das Wesentliche des Humanen in Gestalt des Religiösen, des „homo religiosus" als eigentlichen Menschen[19], zu entdecken, zu einem „neuen Humanismus", zu einer „Erneuerung" des Menschen von heute beitragen kann.[20] Zu diesem Zweck hat sie nicht nur als „totale Disziplin" die Ergebnisse aller relevanten Wissenschaften zu integrieren und zu artikulieren, sondern sie ist mit der „Religionsphänomenologie" eng zu verbinden, wobei Eliade auf die entsprechende Meinung von R. Pettazoni verweist.[21] Auf diese Weise kann sie

---

[18] Ewige Bilder, S. 38. Dem entspricht die Überzeugung Eliades, daß es eine „objektive Geschichte der Religionen" nicht gibt; sie ist ein subjektives Vorurteil. „Objektivität" sei ein „Sich-Einfügen in die Denkgewohnheiten unseres Zeitalters" (ebd. S. 29).

[19] The Quest, S. 8.

[20] Vgl. bes. die beiden Aufsätze „A New Humanism" (ursprünglich in: Hist. of Religions, I, 1961, S. 1–8) und „Crisis and Renewal" (ebd. 5, 1965, S. 1–17), die in The Quest, S. 1 ff. und 54 ff. wiederabgedruckt sind. Aufschlußreich dafür auch: Ewige Bilder, S. 38 ff., 41 f., wo der Rw eine „Geburtshilfe"- und „Maieutik"-Funktion zugeschrieben wird, nämlich „zur 'Entbindung'' eines neuen, wesentlicheren, vollkommeneren Menschen" (39) und „zur Befreiung des modernen Menschen aus seinem historizistischen und existenzialistischen Relativismus" (40). Zu dieser Seite E.s. s. bes. U. Berner, Universalgeschichte und kreative Hermeneutik, in: Saeculum 32 (1981), S. 221–241. Ferner A. Berger, Cultural Hermeneutics. The Concepts of Imagination in the Phenomenological Approaches of Henry Corbin and Mircea Eliade, in: Journal of Religion 66 (1986), S. 141–156.

[21] The Quest, S. 8 f.

den Weg zu einer philosophischen Anthropologie eröffnen, die das „Sein in der Welt" nicht ohne die „Erfahrung des Heiligen", nicht ohne das „religiöse Bewußtsein" und seine Strukturen zum Ausdruck bringt.[22] Daß dabei Eliade vor allem an die „vorsystematischen Ontologien" der frühen Menschheit denkt, wird uns noch beschäftigen.

Bemerkenswert sind die Vorbilder, auf die Eliade für sein Programm einer neuartigen Rw zurückgreift:[23]

– die moderne Literaturkritik, die ein Kunstwerk als autonomes Gebilde mit eigenen Gesetzen und Strukturen erkennt, seine „verborgene Botschaft" und „transpersonale Wirklichkeitserfahrung" freilegt[24],
– die Kunst als Mittel der Bewußtseinsveränderung, wie es z. B. der Surrealismus beabsichtigte[25],
– die Entdeckung Indiens durch A. Schopenhauer, die eine „zweite Renaissance" Europas einleitete[26],
– die „schöpferische Hermeneutik" eines Erasmus von Rotterdam, Jacob Burckhardt und Friedrich Nietzsche[27],
– die „geistige Technik" der religionswissenschaftlichen Hermeneutik eines Walter F. Otto und Rudolf Otto[28],
– schließlich die großen Synthesen und schöpferischen Arbeiten aus den Anfängen der Rw im 19. Jh., wie die von F. Max Müller, A. Lang, J. G. Frazer, R. R. Marett, L. Lévy-Bruhl.[29]

Diese recht bunt gewürfelte Ahnengalerie, die hier vor uns ausgebreitet wird und die sich ohne weiteres noch erweitern ließe (z. B. durch die Tiefen– und Ganzheitspsychologie), besitzt für Eliade einen legitimierenden Impetus, die Rg als „Pädagogik", „Mäeutik" und als „Quelle schöpferischer Werke" zu betrachten[30], wobei er auch auf ihre latente kulturkritische Kraft aufmerksam macht.[31] Sie hat aufgrund ihrer universalen Weite das Privileg, die geistige Einheit der Menschheit von der Archaik bis heute zu erkennen, ja am tiefsten und höchsten zu greifen.[32] Insofern

---

[22] Ebd. S. 9.
[23] Ebd. S. 4 f., 61 ff.
[24] Ebd. S. 4.
[25] Ebd. S. 65 f.
[26] Ebd. S. 55 f.
[27] Ebd. S. 60, 64.
[28] Ebd. S. 61 f.
[29] Ebd. S. 58, ausführlich dazu S. 12–36 („The History of Religions in Retrospect: 1912 and After").
[30] Ebd. S. 66 ff.; Ewige Bilder, S. 39 ff.
[31] The Quest, S. 67 f.
[32] Ebd. S. 69.

kann sie der entstehenden Weltkultur, der „Planetarisierung der Kultur" dienen; sie sollte nicht nur „Beiträge" dazu liefern, sondern selbst Kulturwerte schaffen. Eliade sagt daher dem Spezialistentum in der Rw den Kampf an und hält die philologisch historische Tradition in ihr für einen Abweg, der ihrem eigentlichen Sinn widerspricht. Aber auch Dilettantismus, Reduktionismus und Journalismus verfallen seinem Spott.[33] Er beschwört die „schöpferische Synthese", wie sie allen großen Werken innewohnt (daß dazu auch die philologischen und historischen gehören, wie sie das 19. Jh. in reicher Auswahl hervorgebracht hatte, erwähnt Eliade dabei nicht). Nur dadurch bliebe die Rw davor bewahrt, zunehmend eine Angelegenheit von Spezialisten zu werden und ihre Autonomie zu verlieren.[34] Mit seinen eigenen Werken, die in der Mehrzahl solche Synthesen (eben auf der Grundlage der von „Spezialisten" geschaffenen Basis) bieten, zuletzt mit der mehrbändigen *Geschichte der religiösen Ideen* (1976–1991), hat er selbst dafür Beispiele, ja gewisse Maßstäbe gesetzt.

Das Programm Eliades sprengt natürlich den Rahmen der bisherigen Rg bzw. Rw in vielfacher Hinsicht. Da er selbst kein methodologisches Werk oder eine „wissenschaftstheoretische Grundlegung", wie sie J. Wach in seiner Leipziger Habilitationsschrift *Religionswissenschaft* von 1924 schuf, vorlegte, ist es nicht einfach, über das Verhältnis von Rw, Rg und Religionsphänomenologie (abgekürzt: Rph) bzw. Vergleichender oder Systematischer Rw (abgekürzt: VglRw. SystRw) in seinen Arbeiten Auskunft zu erhalten. Er verwendet fast durchweg, wie schon aus dem Zitierten ersichtlich, den Begriff Rg, der sich offensichtlich von der französischen „histoire des religions" ableitet. Die deutsche Bezeichnung Rw ist im Romanischen („science des religions" oder gar „science religieuse") nicht sehr verbreitet, ganz zu schweigen von der in der englischsprachigen Welt bestehenden terminologischen Unklarheit mit ihrer Verwendung des deutschen Terminus Rw als Fremdwort, das neuerdings (in Wiederaufnahme älterer Vorbilder) als „science of religion" wiedergegeben wird, obwohl es einen Traditionsbruch im Englischen einschließt.[35] Beliebt, aber recht verschwommen ist auch die Titulierung „religious

---

[33] Ebd. S. 70.
[34] Ebd. S. 71. Vgl. zu dieser Problematik meine Ausführungen „Autonomie und Integrität der Religionswissenschaft", in: Ned. Theol. Tijdschr. 27, 1973, S. 105–131. Vgl. oben S. 37–66.
[35] Allerdings schon verwendet von F. Max Müller, Chips from a German Workshop I, 1897, Preface; dt.: Essays 1, Leipzig 1869, S. 17; Introduction to

studies" (wozu vornehmlich auch die Theologie zählt). Bei Eliade ist m. E. mit Rg auch die Rw als Disziplinbezeichnung gemeint (auch die von ihm ins Leben gerufene Zeitschrift trägt den Titel „History of Religions"). Nicht von ihr geschieden, oder genauer gesagt, in sie integriert wird bei ihm die VglRw oder Rph. Denn sie betreibt Eliade im höchsten Maße, wie wir gesehen haben; insofern ist er von seinen Arbeiten her primär ein „Religionsphänomenologe" oder vergleichender (systematischer) Religionswissenschaftler, der die Rg dafür in Anspruch nimmt. Setzt man in diesem Zusammenhang die prägende Konzeption G. van der Leeuws mit seiner Rph voraus, so wird dies noch deutlicher: auch van der Leeuw betrachtete als Auf-gabe der Rph „to illumine the inner structures of religious phenomena".[36] Eliade setzt sich zwar von ihm insofern ab, als er ihm gerade Desinteresse an der „Geschichte der religiösen Strukturen" vorwirft (ebd.), aber dabei ist seine besondere Auffassung von „Geschichte" wirksam, die er ja selbst mehr „philosophisch" (nicht „historizistisch"!) versteht. An diesem seinem Geschichtsbegriff, den er selbst für mißdeutbar hält[37], wird seine eigenwillige Verwendung von Rg am deutlichsten sichtbar: sie ist einerseits nicht historischer Prozeß im Kontext politischer, ökonomischer, kultureller und sozialer Vorgänge, sondern „Geschichte" der transhistorischen Strukturen religiöser Sinngebungen, der „Hiero-" oder „Kratophanien", man könnte auch sagen der religiösen „Ideen": also „Ideengeschichte" im alten Sinne (wie ja auch sein letztes Werk betitelt ist: *Geschichte der religiösen Ideen*). Andererseits, als wissenschaftliche Fachrichtung, ist Rg für Eliade damit nicht mehr philologisch-historische Arbeit („Historiographie"), wie sie seit ihrer Begründung (von dem Philologen Max Müller!) aufgefaßt worden ist, sondern „Strukturanalyse des religiösen Bewußtseins", das den „Manifestationen des Heiligen" seit Menschheitsgedenken ausgesetzt war oder ist; sie soll den „Modalitäten des Sakralen" nachgehen, nicht in den spezifisch historisch-kulterellen Kontex-

---

the Science of Religion, London 1873. Dies hängt mit Müllers Neigung zusammen, eine „naturalistisch-empirische Methode" zu treiben à la Naturwissenschaft (vgl. W. Schmidt, Kritik der Theorie der Religion bei Max Müller, phil. Diss. Leipzig 1896, S. 9 f.). Émile Burnoufs La science des religions, Paris 1976, wurde Englisch mit The Science of Religion (London 1888) wiedergegeben.

[36] The Quest, S. 35. Ewige Bilder, S. 30 wird ausdrücklich auf „die hohe Bedeutung des Lebenswerkes von Professor van der Leeuw" hingewiesen; er leistete „überaus Wertvolles" und half zur „Wiedergeburt des Interesses an allgemeiner Religionsgeschichte beim gebildeten Publikum".

[37] Schamanismus, S. 7 f.

ten, sondern in ihren überzeitlichen, transhistorischen und - kulturellen Aussagen. Dazu dient Eliade zunächst die komparative Methode, wie sie der Rw von Anfang an (als Erbe der Sprachwissenschaft) eigen war, aber er weist auch ihr eine neue Aufgabe zu: eben die Eruierung religiöser Sinnelemente als Ziel religionswissenschaftlicher Arbeit. „Religion" oder „religiöse Sachverhalte" sollen ihres zeitlichen, historischen und kulturellen Charakters entkleidet und in ihrer eigentlichen, überzeitlichen religiösen Bedeutung sichtbar gemacht werden. Es ist eine Art „Wesensschau" ihrer Grundstrukturen, die hier von Eliade angestrebt wird, wie sie phänomenologischer Betrachtung eigen ist.[38] Alle Arbeiten von ihm dienen diesem Prinzip; die in ihnen vorgelegten Ergebnisse sind ein Vielfaches dessen, was Religionen und ihre „Phänomene" bis heute an überzeitlichen Werten und „Ideen" zu bieten haben. Wie wir schon bemerkten, ist dafür die (ahistorische) Kategorie des „Heiligen" mitverantwortlich, die verhindert, daß Eliade die Rg als historisch-kulturellen Prozeß im strengen Sinne in den Blick bekommt, worauf noch zurückzukommen ist.

Es spielt aber noch ein anders Movens in dieser Konzeption eine entscheidende Rolle, ein zutiefst weltanschauliches: Eliades Abneigung gegen Geschichte, insbesondere gegen den „Historismus", wie er sie am eindringlichsten schon 1949 in seinem genialen Buch *Der Mythos der ewigen Widerkehr* beschrieben hat, das er 1959 in 2. Auflage unter dem Titel *Kosmos und Geschichte* herausgab und damit den eigentlichen Sinn der Argumentation stärker artikulierte.[39] Dieser „Schrecken der Geschichte", den er

---

[38] Vgl. D. Allen, Mircea Eliade's Phenomenological Analysis of Religous Experience, in: Journal of Religion 52, 1972, S. 170–186 (bes. 186!); Structure and Creativitiy in Religion, The Hague 1978 (Religion and Reason 14), S. 196 ff., bes. 202. Es ist nur ein gradweiser Unterschied, wenn sich Eliade von philosophischen Phänomenologen (z.B. Merleau-Ponty) absetzt. Die Rg achtet auf die „Bedeutung" der Phänomene „und trachtet, um sie besser zu verstehen, die Ideologie wiederherzustellen, in die jene Phänomene einbezogen und von der her sie gewertet werden" (Mythen S. 129). Das ahistorische, phänomenologische Geschäft Eliades wird aus der kleinen Notiz in: Die Religionen, S. 171 Anm., deutlich: „Vor Geschichte, Evolution, Verbreitung, Entstellung der Hierophanie gibt es eine Struktur der Hierophanie". Die „Spärlichkeit der Belege" (an dieser Stelle für die Sonnenmythologie) macht es schwierig, diese Behauptung zu präzisieren; es geht ja nicht um „historische Beziehungen", sondern um „typologische Symmetrien" (ebd.).

[39] Vgl. bes. Kosmos und Geschichte (s.o. Anm. 2), S. 114 ff. Eliade nennt das Buch ausdrücklich im Vorwort eine „Einleitung zu einer Philosophie der Geschichte" (1. Aufl. S. 5; 2. Aufl. S. 7). Diese hier vertretene Ansicht läßt sich schon in: Die Religionen, Kap. 11 und 12 (438 ff.). nachlesen. Dem „geschicht-

hier beschrieben hat, ist sicherlich eine arge Sperre in seinem Geschichtsverständnis, auf das wir nicht näher eingehen können. Es speist sich einerseits aus persönlichen Erlebnissen, wozu der Aufenthalt in Indien und die tiefe Aufnahme indischen Denkens (über die Yogapraxis hinaus) in seine Weltauffassung ebenso beigetragen hat[40] wie die überpersönliche („völkische") Tradition seiner rumänsichen Heimat, andererseits durch die vielleicht damit verursachte Neigung zu F. Nietzsches antihistorischem „Mythos der ewigen Wiederkehr des Gleichen"[41]. Es ist die Müdigkeit am historischen Geschichtsverständnis der europäischen Nachkriegsgeneration nach 1918, die hier bei Eliade zu Buche schlägt. In diese Zeit der antihistoristischen Versuche, eine neue Sinndeutung der Geschichte aus dem „Kairos", der „Ganzheit" und „Gestalt", aber auch des „Mythos", zu konzipieren, fällt der Ausbildungsweg Eliades (eine nähere Untersuchung darüber ist notwendig). Es berührt nun merkwürdig, daß gerade er, der die „Aufhebung" und „Verachtung" der Geschichte durch den archaischen Menschen preist, sich als „Religionshistoriker verstehen möchte.[42] Seine Inanspruchnahme der Rg für die Rückgewinnung des „Archaischen", des „Vorhistorischen" oder „Ahistorischen" im Gewande einer kosmisch-orientierten Agrarreligiosität (s. u.), ist ein Versuch, die Disziplin der Rw an ein Programm zu binden, welches sie letztlich nicht nur ihrer festen philologisch-historischen Basis berauben würde, sondern sie an eine

---

lichen Bewußtsein" wird „eine äußerst bescheidene Rolle" in der Geschichte des menschlichen Bewußtseins zugeschrieben (Ewige Bilder, S. 36). „Je mehr ein Bewußtsein zum Leben erweckt ist, um so stärker sprengt es den Rahmen der ihm zukommenden Geschichtlichkeit" (ebd.).

[40] Vgl. z.B. Ewige Bilder, S. 91 ff., wo von der „Schrecklichkeit der Zeit" in der Sicht indischen Denkens die Rede ist, wie überhaupt das ganze 3. Kapitel über „Indische Zeit- und Ewigkeitssymbolik" (70–120) höchst aufschlußreich für Eliades Weltauffassung ist. Das gleiche gilt vom 3. Kap. in Mythen, Träume u. Mysterien über „die religiöse Symbolik und die Aufwertung der Angst" (S. 65–67, bes. 78 ff.) und ebd. S. 218 f., wo der Zusammenhang von christlicher und indischer Geschichtsauffassung betont wird. Grundlegung ist dafür natürlich das Yoga-Buch (Paris 1954; deutsch: Zürich 1960), das eine Schlüsselstellung in seinem Werk einnimmt. Er bekennt selbst im Vorwort zu Allen, Structure, S. IX: „By way of conclusion, I must add that my understanding of religious symbolism was greatly enhanced by my stay in India." Vgl. zum indischen Einfluß auf sein Denken bes. Dudley, Religion on Trial, S. 105 ff. und seine Autobiography I (s. Anm. 3), S. 157–209.

[41] Vgl. K. Löwith, Nietzsches Philosophie der ewigen Wiederkehr des Griechen, Stuttgart 1956. Zum Einfluß Nietzsches auf Eliade s. Th. J.J. Altizer, Mircea Eliade and the Dialectic of the Sacred, Philadelphia 1963, S. 89 ff. u. 176 ff.

[42] Vgl. Fr. Engel-Janosi, in: Denken über Geschichte, Wien 1974 (Wiener Beiträge zur Geschichte der Neuzeit Bd. 1), S. 22 ff.

einseitige Sicht des Menschen und der Welt bände, an die verengte Optik einer kryptoreligiösen und romantischen Vision, die gerade nicht ihrer angestrebten Universalität und als Wissenschaft ihrer kritischen (auch ideologiekritischen) Distanz entspräche.[43]

II

Die Konzeption Eliades wird nun bekanntlich durch einige charakteristische Elemente gestützt, die schon in seinen frühen Arbeiten zur Rw auftreten und offensichtlich auch grundlegende Aussagen seines Weltbildes sind. Dazu gehören:
– der Gegensatz von „Heilig" und „Profan" als religiöses Grundphänomen und durchgängiger Grundzug der Rg,
– die Symbolik als Mittel primärer religiöser Aussage,
– die Urzeit (Archaik) als grundlegende, ja ausschlaggebende Epoche der Rg,
– der homo religiosus als vorgegebener Idealtyp des Menschen.

Ein kurzer kritischer Durchgang wird zeigen, daß die ahistorische Grundtendenz bei Eliade von diesen vier Auffassungen getragen wird und sein Konzept von Rw prägt, ja eine bestimmte philosophische Anthropologie und Ontologie schon beinhaltet.

Die Aufteilung der Welt in „Heilig" und „Profan" als Kennzeichen von Religion hatte schon Émile Durkheim festgestellt, worauf Eliade merkwürdigerweise bei seinen Erwähnungen Durkheims nicht Bezug nimmt.[44] Die soziologische „Reduktion" auf das „kollektive Denken", die dabei eine beherrschende Rolle spielt, kann hier außer Betracht bleiben; entscheidend ist, daß „Heilig" und „Profan" Angelegenheit der Gemeinschaft, nicht des individuellen Beliebens ist. Auch bei Eliade handelt es sich um eine „Reduktion" größten Ausmaßes: die Rg wird auf den Dualismus von „Heilig" und „Profan", „Mythos" und „Geschichte", „Ordnung" und „Unordnung", „Realität" und „Irrealität" und wie

---

[43] Vgl. K. Rudolph, Die ideologiekritische Funktion der Religionswissenschaft, in: Numen 25, 1978, S. 17–39. Vgl. oben S. 67–80.
[44] Vgl. The Quest, S. 12f., 14 f., 19, 127 f.; Ewige Bilder, S. 232 Anm. Von Dudley wird eine gewisse Nähe Eliades mit seinem strukturbestimmend „Heiligen" zu Durkheim festgestellt (Religion, S. 139f.). Zu Durkheim in dieser Beziehung vgl. R.A. Nisbet, The Sociology of E. Durkheim, New York 1974, S. 172 ff.; Les formes élémentaires de la vie religieuse, Paris 1912, S. 118 ff. (engl. Übers.: The Elementary Forms of the Religious Life, New York/London 1965, S. 44 f., deutsch: Frankfurt/M. 1981, 122ff.).

die Bestimmungen dieser Gegensatzpaare in den Arbeiten Eliades noch lauten, „reduziert" (wobei man sich oft an die binären Operationen C. Lévi-Strauss' erinnert fühlt). Doch ist für ihn weniger das „Profane" von Interesse als vielmehr das „Heilige" oder „Sakrale". Hier steht ohne Zweifel die von N. Söderblom und vor allem von R. Otto verwandte Kategorie als Kernbestimmung des Religiösen Pate[45], auch wenn gewisse Unterschiede in der näheren Ausführung und Anwendung festzustellen sind[46]. Diese Reduktion von Religion auf das „Heilige" hat eine umstrittene Stellung in der Rw. Einerseits versuchte sie, langwierige Definitionsprobleme aus der Welt zu schaffen, andererseits leistete sie religionsphilosophisch-theologischen und apologetischen Tendenzen Vorschub.[47] Die Wiederaufnahme durch Eliade hat daher von vornherein diese Probleme mit sich gebracht: was ist unter dem Schlagwort „Heilig" zu verstehen? Läßt sich Religion derart in ihrer Vielfalt reduziert beschreiben und definieren? Bedarf es nicht sofort einer weiteren Erläuterung und wird damit nicht die angestrebte „Vereinfachung" ad absurdum geführt, da sie eben nicht genügt, um „religiös" und „nichtreligiös" zu scheiden? Nun, bei Eliade werden wir nicht im Unklaren gelassen, was damit gemeint ist. Er verwendet dafür auch—in Wiederaufnahme älterer Bildungen J. Révilles und E. Goblet d'Alviellas—häufig Hierophanie („Erscheinungsweise des Heiligen"). Mit ihr werden die „Modalitäten des Sakralen" beschrieben, die sich in den unterschiedlichsten Gegenständen „manifestieren" oder „zeigen" (*phainomai*); nach Eliade ist jeder dafür geeignet oder möglich. Dieses „Heilige"—ein singuläres, übernatürliches, tran-

---

[45] Vgl. The Quest, S. 23, 34, 46; Das Heilige u. das Profane, S. 7; Mythen, S. 175 ff. (wo die Nähe zu Otto bes. deutlich wird und von den „tiefschürfenden Analysen Rudolf Ottos" die Rede ist); Altizer S. 24; Dudley S. 64, 85, 139 f., Allen S. 61, 120 f.; ferner S.S. Acquaviva, Der Untergang des Heiligen in der industriellen Gesellschaft, Essen 1964, S. 24 ff. (betont den Zusammenhang).

[46] Vgl. bes. Dudley S. 140; Allen S. 218 f. (mit Verweis auf M.L. Rickets). Es bedarf einer näheren Untersuchung dieser Unterschiede zu und Übereinstimmungen mit R. Otto. Eliade betont, daß die „Räson" auch in den archaischsten Hierophanien nicht fehlt, „daß religiöse Erfahrung nicht a priori mit dem Verstande (intelligibilité) unvereinbar sein muß" (Die Religionen S. 149).

[47] Vgl. den Sammelband von C. Colpe, Die Diskussion um das „Heilige", Darmstadt 1977 (Wege der Forschung 305); ferner die thematische Bibliographie von R. Courtas et F.-A. Isambert, La notion de „sacré", in: Arch. Sc. soc. des Rel. 44/1, 1977, S. 119–138. Zur Kritik aus jüngerer Zeit vgl. bes. G. Schmid, Interssant und heilig, Zürich 1971.

[48] Vgl. Das Heilige, S. 8: „Wir stehen immer demselben geheimnisvollen Vorgang gegenüber: das 'ganz andere', eine Realität, die nicht von unserer Welt ist, manifestiert sich in Gegenständen, die integrierende Bestandteile unserer

shistorisches Etwas[48]—ist für die religiöse Sicht, die hier mit der Eliades zusammenfällt, „Kraft", „Realität schlechthin", „Ewigkeit und Wirkungskraft".[49] Im Gegensatz zum „Profanen" gilt es als real, als das vom „religiösen Menschen" mit seinem Tun und Denken Erstrebte. Vor allem ist es verbunden mit der Strukturierung des Kosmos, seiner Ordnung oder „Ortung". Eliade legt Wert darauf, daß die „Hierophanien" dem Menschen Sicherheit und Ordnung im Chaos der nichtsakralisierten, profanen Welt gegeben haben und noch immer geben. Er spricht daher von dem „Bruch", den das Heilige in die Homogenität von Raum und Zeit bringt; die „Öffnung", die es bewirkt, nämlich den Zugang zu einer anderen Sphäre (die nicht nur transzendent aufgefaßt werden kann). Das Phänomen des Schamanismus hat daher für Eliade eine besondere Anziehungskraft ausgeübt: als eine frühzeitliche Technik der Durchbrechung von Zeit und Raum mit Hilfe der Ekstase; ihre Wirkung geht auch ideologisch weit über ihren Tatbestand als solchen hinaus (in Gestalt der Symbolik des „Aufstiegs", „Weltbaums" usw.).[50] Eliade beschreibt und analysiert die Hierophanien in räumlichen, zeitlichen, naturhaften und menschlich-existentiellen Manifestationen, getreu seiner Devise, daß sie im Kern die eine Wirklichkeit zum Ausdruck bringen, auch wenn sie in ihrer Gestalt von Geschichte und Kultur beeinflußt worden sind und so wenigstens eine „unauslotbare" Vielfalt von Ausdrucksformen darstellen.[51] Dabei bevorzugt er möglichst einprägsame Begriffe, die eine Ebene der Abstraktion über die der „Bilderwelt" ausmachen und so universal anwendbar sind (Aufstieg, Abstieg, Zentrum), aber auch bestimmte Metaphern werden entsprechend verwendet (Weltbaum, Hitze, Knoten usw.). Es fällt weiterhin auf, daß dabei die Natur in ihrer Gesamterscheinung dominiert: ein sichtbares Erbe des

---

‚natürlichen', ‚profanen' Welt sind." Mythen, S. 180: „Das große Mysterium besteht gerade in der Tatsache, daß sich das Heilige kundgibt; denn ... indem es sich kundgibt, beschränkt sich das Heilige und 'vergeschichtlicht' sich." Es hört damit auf, „absolut zu sein" (an gleicher Stelle wird dafür als Beispiel auf die Inkarnation Christi verwiesen!). Die Religionen, S. 519: „Das Heilige ist vornehmlich real. Je religiöser der Mensch ist, desto realer ist es" (so statt: er).

[49] Das Heilige, S. 9: Die Religionen, S. 149 („Das religiöse Leben ist... das Erlebnis von Kratophanien, Hierophanien und Theophanien und bewegt das Ganze der menschlichen Existenz"); Mythen, S. 181 („Jede Hierophanie ist eine Kratophanie, eine Kraftoffenbarung").

[50] Vgl. Schamanismus S. 430 ff.; Ewige Bilder, S. 54 ff., 206 ff. (Schamanistische und christliche Symbole gehören zusammen). Vgl. jetzt Cl. Le Manchec, Mircea Eliade, le chamanisme et la littérature, in: RHR 208/1 (1991), S. 27–48.

[51] Das Heilige, S. 11 f.

naturmythologischen und –philosophischen Denkens des 19. Jhs. Die Geschichte als Ort der Hierophanie wird eigentlich nur im jüdisch-christlichen Bereich anvisiert[52], spielt aber keine Rolle: auch hier ist das eigentlich Religiöse in der Überwindung der Geschichte im Zyklus der Liturgie und des Rückbezuges zum Symbol des Gekreuzigten gesehen oder in der Wiederaufnahme bzw. Fortsetzung archaischer Symbolik[53]. Einen Bruch mit der bloßen Naturreligiosität beschreibt Eliade mit der Erfindung des Ackerbaus, der die wichtigste Zäsur vor dem Industriezeitalter bedeute.[54] Aber auch hier herrscht die Perspektive der Fruchtbarkeit von Natur und Mensch vor. Für Eliade sind die wesentlichsten Hierophanien und „Kratophanien" (eine von ihm bevorzugte Beschreibung des „Dynamismus" oder „Präanimismus") schon in der Archaik erfolgt (s. u.).

Dieser objektiven Seite des Sakralen begegnet eine deutlich subjektive: die des Bewußtseins. Das „Heilige" ist für Eliade ebenso „ein Element der Struktur des Bewußtseins und nicht ein Stadium in der Geschichte des Bewußtseins".[55] Es ist der Inhalt des religiösen Erlebnisses, und seine summierte Erfahrung durch die Jahrtausende. Sie befähigt den Menschen, das sich „offenbarende" Heilige zu entdecken, es vom Profanen zu unterscheiden und in seinen Erfahrungsschatz aufzunehmen. Die Weise, in der sich „Objekt" und „Subjekt" begegnen, ist bei Eliade allerdings nirgends deutlich und klar gemacht, was mit seiner mangelnden Neigung zur theoretischen Reflexion zusammenhängt.[56]

---

[52] Vgl. ebd. S. 66 f.; Mythen S. 216 ff. (sehr aufschlußreich der Gedanke, daß durch die Fleischwerdung in Jesus Christus" die „Geschichte selber Theophanie" wird). In den bisherigen Bänden 1 und 2 der Geschichte der religiösen Ideen (Freiburg/Br. 1978, 1979) sind zu vergleichen: Kap. 14.25.28. Der „Schrecken der Geschichte" wird von den Propheten religiös gedeutet (I, 324 ff.). Gerade in diesem Teil der Rg zeigt sich das mangelnde Verständnis Eliades für das Verhältnis von Geschichte und Religion, das gerade in Israel in neuartiger Weise gestellt und beantwortet worden ist. Vgl. dazu auch Ugo Bianchi, The History of Religions, Leiden 1975, S. 187 f. und J.Z. Smith, Mythos und Geschichte, in: H.P. Duerr (Hrsg.), alcheringa oder die beginnende Zeit, Frankfurt/M. 1983, S. 29–48.

[53] Vgl. dazu Das Heilige, S. 66 f.; Kosmos u. Geschichte, S. 86 ff.; Ewige Bilder, S. 189 ff. (christliche Symbolik wurzelt in der archaischen); Mythen, S. 27 ff. (über mythische Elemente in der christlichen Liturgie, die dem archaischen Zeitverständnis entspricht); Hist. of Rel. 20, 1/2 1980, S. 11 ff. (Archaic Elements in the Ritual Christmas Carols); Altizer, S. 59 ff.

[54] Das Heilige, S. 73; Geschichte d. rel. Ideen I, Kap. 1 (S. 39 ff.).

[55] Geschichte I, S. 7.

[56] Vgl. Dudley, Religion on Trial, S. 50 ff.

Es ist ein Akt der Intuition, den nun nicht nur der „Religiöse" besitzt und realisieren muß, sondern eigentlich auch der Religionshistoriker, wie ihn Eliade darstellt, nämlich bei seiner „Entzifferung" der religiös-mythischen Symbolwelt (s. u.). Die (verborgene) „Gegenwart" des Heiligen im Bewußtsein erklärt auch, wie es für Eliade, trotz des Prozesses der „Entheiligung", der als Weg des Abfalls, der „Profanisierung", „Historisierung" und „Entmythologisierung" verstanden wird, immer zu den Neu- oder Wiederentdeckungen des „Heiligen" und seiner „hierophantischen" Strukturen kommen kann. Eliade spricht verschiedentlich in diesem Zusammenhang von „Archetypen", vom „Über-" oder „Unterbewußtsein" und ist dabei nicht unbeeinflußt von C. G. Jung, ihm aber nicht völlig verfallen.[57] Eine klare Antwort ist darauf schwer zu finden: Ist es die religiöse Anlage, das alte religiöse *a priori*, das wir hier vor uns haben? Auch bei R. Otto haben wir die gleiche Schwierigkeit der Unterscheidung von objektivem und subjektivem Faktor des „Heiligen".

Streng genommen kann es nach der Auffassung Eliades keine wirklich durchgehende Desakralisierung, Säkularisierung oder Profanität geben: Das Heilige ist als Teil des Bewußtseins eben nicht nur ein (frühes) Stadium: das „Archaische" hält sich durch; der Mensch bleibt immer sein „Gefangener".[58] Daher besteht die Möglichkeit des immer wieder „Durchbrechens" des „Profanen", des „Aufdeckens" des "Religiösen" oder „Heiligen" auch in säkularen Strömungen der Moderne.[59] Es gibt hier weder ein Aufhören des „Heiligen" noch des „Profanen", höchstens, wie es heißt, „die völlige Verschleierung des ‚Heiligen', genauer, seiner Identifikation mit dem ‚Profanen'", die nun wieder als „die einzige, aber bedeutende religiöse Innovation der modernen weltlichen

---

[57] Zu diesem Problem s. M.L. Rickett, In defence of Eliade, in: Religion 3/1, Spring 1973, S. 13–34, bes. 24 ff; The Nature and Extent of Eliade's 'Jungianism', in: Union Seminary Quarterly Review 25 (1970), S. 211–234; Dudley S. 63 ff.; Allen S. 210 f.; die Abhängigkeit wird sehr von E. Sharpe, Comparative Religion, New York 1975, S. 214 ff. betont. Material dazu in: Ewige Bilder, Kap. 1 (S. 12–43), wo die Rg. zur „Metapsychoanalyse(gemacht wird (39). Vom „Über- und Unterbewußten" ist bereits in: Die Religionen, S. 515, die Rede, ebenso von der „unschwierigen Nachahmung des Archetypus" in der Rw, womit der Rückbezug auf das Vorbild der Urzeit gemeint ist, das auch im „Überbewußtsein" gegenwärtig sein kann.

[58] Vgl. Das Heilige, S. 109; Die Religionen, S. 490 ff.

[59] Vgl. bes Mythen, S. 19–40 (über die Mythen der modernen Welt) und Das Okkulte und die moderne Welt, Salzburg 1979, wo eine Reihe zeitgenössischer Modeströmungen analysiert und auf „sakrale" Untergründe zurückgeführt wird.

(wohl: westlichen) Welt zu beurteilen" ist.[60] Die Gegensätze sind also dialektische Seiten eines welthistorischen Prozeses, der

Die Welt des Religiösen nach Eliade

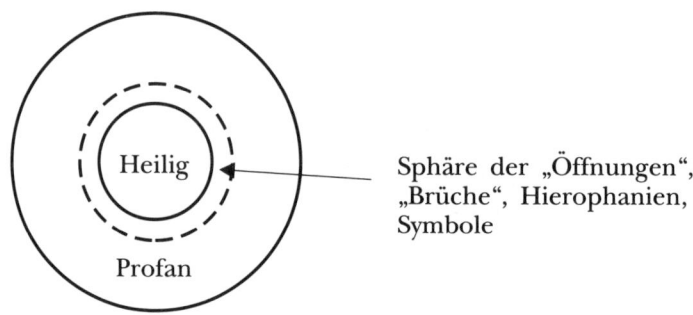

eine gewisse Kontinuität besitzt, ohne daß damit eine wirkliche Religionsgeschichte daraus entwickelt werden kann. Die Diskontinuität, das „Schöpferische" der Entdeckung des „Heiligen" und seine Entheiligung (Profanisierung), ist ebenso darin eingebunden. Die abstrakte Kategorie des Heiligen verträgt eben keine Geschichte, nur eine Schau und Intuition. Sieht man sich diese

---

[60] Geschichte I, S. 10. Dies ist im Grund genommen eine Konsequenz des bei Eliade angelegten „Pansakralismus", der auch versucht, den „harten Kern" der Säkularisierung aufzubrechen und zu vereinnahmen. Das archaisch-Religiöse wirkt im Unter- oder Überbewußtsein hinter dem Rücken der säkularen Welt als innerster, unangreifbarer Rest weiter. Der Mensch bleibt „immer der Gefangene seiner archetypischen Vorstellungen... Das Absolute kann nicht ausgelöscht, sondern nur herabgewürdigt werden" (Die Religionen, S. 493). Die Rg umgreift auch diese verborgene Bewußtseinsstruktur und wird eben zu einer Psychologie (vgl. Anm. 57!). Nach Eliade ist der moderne Mensch wider Willen

Konzeption graphisch an, so bildet das Heiligen den Kern des Seins und des Bewußtseins; ihre Verbindung entspricht nur einer Pseudogeschichte: die ihrer horizontalen und vertikalen Beziehung im „Inneren" der eigentlichen „äußeren" Geschichte. Die Rg ist eine diskontinuierliche Aufzählung der Hiero-, Krato- und Theophanien (mehr kann nach Eliade eine „magisch-religiöse Tatsache" nicht sein) in chronologischer Reihenfolge unter Voranstellung der „schöpferischen Momente" der jeweiligen Traditionen.[61] Dies ist die Geschichte des *homo religiosus*, in seiner Offenheit und Verborgenheit (s. u.). Die Abfolge, wie sie Eliade in seiner *Geschichte der religiösen Ideen* durchführt, zeigt dies jetzt sehr deutlich: Es ist der vergebliche Versuch, eine historische Kontinuität zu bieten; es bliebt bei einer Beschreibung der Entstehung und Geschichte der religiösen Glaubenslehren und -handlungen im Rahmen der einzelnen Kulturen und Völker; eine Klammer ist (abgesehen von der Fortwirkung des „Archaischen", das schon alles enthält) nur schwer zu entdecken—die Mannigfaltigkeit der „Hierophanien", ihrer „Durchbrüche" und schöpferischen Entfaltung oder Wiederentdeckung in der Welt der Religionen ist das chaotische Meer der äußeren geschichtlichen Abläufe, wie wir sie auch aus anderen Handbüchern kennen.

Kommen wir aber zur *Symbolik*. Es ist das einzige Thema, das m. E. Eliade einer methodologischen Betrachtung gewürdigt hat.[62] Die religiöse Symbolwelt—besonders in der mythischen Überlieferung—ist für ihn eine Hauptform, der Manifestation des Heiligen nachzukommen. „Symbolisierung" und „Hierophanisierung" sind im Grunde zwei Seiten einer Sache. Daher sind die Symbole als Chiffren der (religiösen) „Wirklichkeit" Hauptgegenstand der Religionswissenschaft; für Eliade ist dabei die Hermeneutik ihre primäre Arbeitsweise, unter Einsatz aller historischer, soziologi-

---

antihistorisch eingestellt, „ja selbst dann, wenn er gar nichts anderes als Geschichte sein will" (Ewige Bilder, S. 40). Die Selbstverwirklichung des Menschen „als ein ganzheitliches, als ein allumfassendes Wesen" erfolgt durch die bewußte oder unbewußte „Wiederverlebendigung der Archetypen" (ebd.). Durch den „Beistand der Religionsgeschichte" wäre jeder Mensch in der Lage, diesen Weg schon auf Grund seiner Körper-Symbolik als „ein Anthropos-Kosmos" zu gehen (ebd). Eliade setzt diesen Gedanken auch an den Anfang seiner „Geschichte der religiösen Ideen": der menschliche Körper ist Urbild der Orientierung und damit Beginn der Religionsgeschichte (1, 15 f.).
[61] Die Religionen, S. 494; Geschichte I, S. 7.
[62] In: Grundfragen der Religionswissenschaft, Hrsg. von M. Eliade und J.M. Kitagawa, Salzburg 1963, S. 106–135; engl. Originalausgabe: The History of Religions. Essays in Methodology, Chicago 1959, S. 86–107. Vgl. dazu auch

scher, philologischer und psychologischer Methoden. Angestrebt wird aber die Erfassung ihrer Tiefenstruktur, d. h. ihres überzeitlichen Sinns, der den Kern der jeweiligen Hierophanie enthält. Die Symbolerkenntnis eröffnet einen Zugang zur religiösen „Wirklichkeit", eben dem „Heiligen" in seiner Vielfalt („Modalität"), aber auch, worauf Eliade viel Wert legt, der darin zum Ausdruck kommenden Existenzerfahrung und „Existenzerhellung". Es sind „Grenzsituationen des Menschseins", die die Symbole ausdrücken: daher sind sie überzeitlich gültig und immer wieder belebbar und anwendbar.[63] Indem die Symbole dem Menschen einen Zugang zum Kosmos öffnen (Symbolisierung und „Kosmisierung" können füreinander stehen!), geben sie ihm Sinn und befreien ihn aus der bloßen Subjektivität. Man sieht sehr deutlich, welchen hohen Stellenwert das Symbol im Gedankengebäude Eliades hat. Der *homo religiosus* ist bei ihm gleichzeitig „symbolisierender Mensch"; mit und durch das Symbol—das auch das Ritual einschließt—kommuniziert er mit dem „Heiligen" Der Hauptinhalt der Bücher Eliades ist daher den „ewigen Bildern und Sinnbildern"[64] gewidmet; sie bilden ihm die Hauptquelle für die Analyse des religiösen Weltbildes und eröffnen ihm den Zugang zu der verborgenen „Geschichte" der Hierophanien und der „religiösen Ideen". „Die unserem Blick erschlossenen Kulturen werden bewahrt durch die Anwesenheit der Bilder, der Symbole ... "[65]

Es ist hier nicht einzutreten in die religionsgeschichtliche Problematik des Symbols bzw. der Symbolforschung.[66] Eliade erinnert uns daran, daß sie nicht im positivistischen Verstande

---

Dudley S. 55 ff. und Allen S. 140 ff. Zum Zusammenhang von der literarischen Konzeption Eliades mit seiner Symbol- bzw. Mythosdeutung s. bes. Calinescu (s.O. Anm. 1), S. 7 ff. („symbolische Realismus"; Kontinuität zwischen Mythos und literarischer Fiktion).

[63] Ewige Bilder, S. 219, 223. Dank dem Symbol ist die echte Existenz des archaischen Menschen „noch nicht reduziert auf die fragmentarische, sich selbst fremd gewordene Existenz des Zivilisationsmenschen unserer Tage" (Die Religionen, S. 517). Der Kontext solcher Worte ist die Blütezeit des französischen Existentialismus der Nachkriegszeit.

[64] Der franz. Titel dieses für das Symbolverständnis Eliades sehr aufschlußreichen Buches lautet „Images et symboles" (Paris 1952). Vgl. auch das diesbezügliche Schlußkapitel von Die Religionen, S. 494–517, über die „Strukturen der Symbole".

[65] Ewige Bilder, S. 219.

[66] Vgl. O.F. Bollnow, Religionswissenschaft als hermeneutische Disziplin, Methodenprobleme der Rw, die Welt der Symbole, in: Symbolon. Jb. f. Symbolforschung N.F. 4, 1978, S. 23–48, bes. 35 ff. (40 ff. Kritik an Eliade); H. Biezais (Hg.), Religious Symbols and their Functions, Stockholm 1979 (Scripta Inst.

zu unterschätzen ist, nur weitet er ihre Bedeutung zu sehr aus, ja beschränkt eigentlich die Religionswissenschaft auf eine „Symbolhermeneutik". Der Begriff des Symbols ist bei ihm nicht deutlich genug (gegenüber Zeichen, Bild, Metapher) abgegrenzt, ja umfaßt eigentlich nahezu alle religiösen Ausdrucksformen; auch das Ritual wird primär zur symbolischen Handlung, ganz abgesehen vom Mythos. Dabei wird oft nicht zwischen ursprünglicher Bedeutung, späterer Interpretation und Erklärung unterschieden; die Tradition der Symbole, ihre wirkliche Geschichte, spielt nur eine untergeordnete Rolle. Begleitet wird die „Universalisierung" (um nicht zu sagen „Kosmisierung") des Symbols mit einer Auseinanderreißung von Form und Inhalt: Der historische Kontext ist eigentlich zweitrangig, obwohl er doch gerade das Symbol „ortet" und den spezifischen Gehalt verleiht (etwa entsprechend den Kulturstufen aller Kulturgebiete). Eliade ist vornehmlich an dem (oft nur scheinbaren) überzeitlichen, überhistorischen „Inhalt" seiner religiösen Struktur interessiert, obwohl er um den historischen Zusammenhang, etwa der Agrarsymbolik, sehr gut weiß. Ohne die dynamische Beziehung zwischen historisch-individueller und überzeitlich-universeller Struktur hat das religiöse Symbol auch für den *homo religiosus* wenig Wert: Er ist auf beides existentiell bezogen.[67] Keine nähere Erörterung findet sich bei Eliade über die Gründe für das Absterben und Erlöschen von religiösen Symbolen oder ihre völlige Umprägung zu areligiösen, profanen Bildern; für ihn gibt es (wie für das „Heilige") nur ein „Absinken der Symbole". Die Rolle des „Wertbewußtseins", das mit der Gültigkeit von Symbolen verbunden ist und bei dessen Änderung oder Verschwinden auch die Symbolwelt entsprechend endet, ist dabei ebenso ausschlaggebend wie der Wandel sozialer und kulturellhistorischer Strukturen.[68] Die von Eliade aufgeworfenen Probleme der „Logik der Symbole", ihre Multivalenz und Integrations-

---

Donn. Aboensis x), darin verdient bes. der einleitende Beitrag des Hrsg. über „die Hauptprobleme der religiösen Symbolik" (S. vii-xxix) Beachtung (Eliade wird nur am Rande gestreift). Grundlagen einer alternativen Symbolforschung bietet: E. Neumann, Herrschafts- und Sexualsymbolik, Stuttgart 1980. Eine Kritik am Pansymbolismus Eliades findet sich bei J.-M. Kitagawa in: Hist. of Rel. 20/ 1-2, 1980, 29 ff. (im alten Japan gab es ein „nonsymbolic understanding of symbols").

[67] Das wird m.R. von Allen, S. 169, betont; ähnlich Bollnow, a.a. O., S. 41 f.
[68] Vgl. Biezais, a.a. O. S. xx ff., bes. xxvii; R. Holte, Gottessymbol und soziale Struktur, ebd. S. 1-14, bes. 11 f.; S. Acquaviva, Der Untergang des Heiligen (s.o. Anm. 45), pass. Über das „Absinken von Symbolen" handelt Eliade in: Die Religionen, S. 498 ff., aber es heißt dort (510) ebenso deutlich: „Ein Symbolis-

kraft⁶⁹ bieten Ansätze für eine zukünftige Symbolforschung, gehen jedoch oft über das unmittelbare Arbeitsfeld der Religionswissenschaft hinaus oder schränken es, wie schon gesagt, ein. Keinesfalls kann sie im Sinn einer „Mäeutik" oder „Metapsychoanalyse" der Wiederentdeckung oder -aktualisierung mythisch-archaischer Symbole dienen, um auf diese Weise den Zugang „zur wahrhaftigen Wirklichkeit der Welt" zu finden.⁷⁰ Mit H. Biezais muß man feststellen, „daß die religionswissenschaftliche Forschung ein Spaziergang auf dem Friedhof der toten religiösen Symbole ist"⁷¹.

Wie schon bemerkt, liegt für Eliade der Schwerpunkt auf der *„archaischen Zeit"*, die er als Zeit der frühen, noch mythisch-religiös eingestellten Menschheit versteht: die Welt des eigentlichen *homo religiosus* (s. u.).⁷² Sie wird von ihm eigentlich nie deutlich abgegrenzt, da sie nicht nur eine „historische" Kategorie ist, sondern auch eine strukturelle, ja ontologisch-philosophische.⁷³ Aus dem I. Band der *Geschichte der religiösen Ideen* geht hervor, daß es sich im wesentlichen um die Steinzeit (Paläolithikum bis Neolithikum) handelt (Kap. I u. 2: S. 15–61). In ihr sind die wesentlichsten Züge der „Modalitäten des Heiligen" schon sichtbar geworden.

---

mus ist unabhängig davon, ob er verstanden wird oder nicht, mehr, er bewahrt seinen Bestand trotz jeden Absinkens und er bewahrt ihn sogar, wenn er ganz vergessen ist..." Das erinnert an eine Art platonischer Ideenlehre! U. Bianchi sieht darin einen der schwersten Fehler Eliades (The History of Religions, S. 188). Es geht eben nicht anders: „Religion, Religiosität bzw. religiöse Phänomene lassen sich inhaltlich und formal also nicht generell aus sich selbst bestimmen, sondern nur in der sozialen Ordnung adäquat beschreiben und analysieren, in der sie konkrete Erscheinungsformen hervorbringen und in der sie für den Menschen und die Gesellschaft Wirklichkeit sind als religiöse Institution und gesellschaftliches Bewußtsein... Struktur, Lehre und Relevanz von Religion wandeln sich entsprechend der Entwicklung gesellschaftlicher Systeme und der Bedürfnisstruktur und Bewußtseinslage der Menschen; erweisen sie sich doch als deren Artikulation" (R. von Dülmen, Gesellschaft u. Geschichte 6, 1980, S. 42; s. o. S. 53).

⁶⁹ Näher diskutiert bei Allen, S. 159–169, wozu Die Religionen, Kap. 13, heranzuziehen ist, in dem Eliade seine Symboltheorie formuliert. Schon für die spätantike Philosophie gilt: „Die Neigung, Äußerungen der Kultur auf eine einzige Bedeutung zu reduzieren, führt notwendig zu einer Wissenschaft vom Symbol, in der die Hermeneutik eine entscheidende Rolle spielt" (R. Mortley, Gnosis I, in: RAC xi, Sp. 495).

⁷⁰ Ewige Bilder, S. 38 ff. u. 221 ff.

⁷¹ A. a. O. S. xxvi. Vgl. ders., Die heilige Entheiligung des Heiligen, in: Duerr, alcheringa oder die beginnende Zeit, Frankfurt/M. 1983, S. 165–190.

⁷² Dazu vgl. Altizer S. 41 ff. u. 58; Dudley S. 67 f. u. 78 ff.

⁷³ Vgl. Ewige Bilder, S. 37, wo „urzeitliche" und „ganzheitliche Verhaltensarten des Menschen" gleichgesetzt weren, die der Religionshistoriker zu erkennen hat.

Mit der „Hominisation" beginnt auch die „Strukturierung" des Raumes durch die Vorgabe des „auf rechten Ganges" des Menschen (15). Der prähistorische Mensch ist Vollmensch mit Träumen", Visionen und Phantasien in recht intensiver Form (16). Anhand der erhaltenen Reste, Zeichnungen und Bestattungen läßt sich das religiöse Weltbild dieser Zeit in etwa nachzeichnen, das von der Jägermentalität gekennzeichnet wird: Tieropfer, Fortleben nach dem Tode, Wiedergeburt, Rituale, Feste, Schamanismus bzw. Ekstasen (als religiöses Urphänomen!), Mythen, die Rolle des Weiblichen, des Mondzyklus, ja Erfahrungen von Transzendenz durch die „Erkenntnis" der Sakralität des Himmels und der Atmosphäre (36). Eliade weiß auch um die Rolle von Arbeit, Werkzeug, Technik und Arbeitsteilung (15 f., 18 f.); sie haben im Prozeß der Sakralisierung keine dominierende Bedeutung, sind aber an der Konzeption von „Kratophanien" beteiligt (18). Die bereits komplexe Gestalt der frühmenschlichen Gedankenwelt ist auch von den vorhandenen psychologischen Unterschieden bedingt (37). Entscheidende Änderungen oder Erweiterungen des religiösen Erfahrungsbereiches werden durch die „längste Revolution, die Entdeckung des Ackerbaus" eingeleitet (Kap. 2: 38 ff.). Auch hier verweist Eliade auf die Rolle von Arbeit und Technologie (41 ff.). Tierzähmung, Handwerk, Ackerbau und die Metallgewinnung bestimmen die neuen „Hierophanien": Ursprungsmythen vom „Urmord" und „Urraub", die Parallelisierung von Frau und Vegetation, Mensch und Pflanze, die „Mutter Erde"—die ganze Welt der „Agrarreligiosität", die für Eliade als „Religion" (48) mit dem Kerngedanken der periodischen Erneuerung und Wiederholung (als Nachahmung der Pflanzenwelt), ihrem „biokosmischen" Konzeptionen und religiösen Wertungen des Raumes bis heute im Bereich des Bauerntums streckenweise fortlebt und die ein Wesentliches seiner „archaischen Religion" ausmacht.[74] „Die Kosmologien, Eschatologien und Messianismen, die zwei Jahrtausende hindurch den Orient und die Mittelmeerländer beherrschen, haben ihre Wurzeln in den Auffassungen des Jungsteinzeitmenschen" (50). Die Zeit vom Neolithikum bis zur Eisenzeit ist die Zeit der Vermischung von religiösen Ideen mit der Kulturgeschichte. „Jede

---

[74] Vgl. ebd. S. 41 u. 220 f. über die „uralte Erbmasse Europas", die vom Christentum umgeprägt, aber nicht beseitigt wurde. History of Religions and 'Popular' Cultures, in: Hist. of Rel. 20, 1/2, 1980, S. 1–26; und M. Popescu, Eliade and Folklore, in Myth and Symbols. Studies in Honor of Mircea Eliade, Chicago 1969 (Reprint 1982), S. 81–90.

technische Entdeckung, jede wirtschaftliche und soziale Neuerung scheint mit einer religiösen Bedeutung, einem religiösen Wert gekoppelt zu sein" (51). Die „grandiose neolithische Spiritualität" (57) beherrscht die europäischen Frühkulturen, vor allem auch SüdostEuropa (die Heimat Eliades!), ist aber nur fragmentarisch durchschaubar. Erst die Schriftkultur bringt ganz andere, neue Züge, die um Stadt, Königtum und Priester kreisen (57). Der Beitrag der Eisenzeit ist die Metall-Mythologie (58 ff.), vor allem die Entdeckung der „tellurischen Sakralität" (59) und der „Herrschaft über die Zeit" durch die Veränderung der Natur im Vorgang des Schmelzens (60).

Diese kurze Zusammenfassung beleuchtet nicht nur das Verhältnis Eliades zur Geschichtsforschung, sondern zeigt auch, wie er bemüht ist, die „Archaik" durchaus historisch aufzuarbeiten. Trotzdem erhält man kein solch festumrissenes Bild, wenn man die vorausgehenden Arbeiten—etwa die zum *Mythos der ewigen Wiederkehr* oder die *Elemente der Religionsgeschichte*—damit vergleicht. Das „Archaische" verschwimmt zwar in die Zukunft, hält sich aber stellenweise (historisch!) durch bis in unsere Zeit (bei den schriftlosen Stammesgesellschaften und im orientalisch-asiatischen und südosteuropäischen Bauerntum). Es wird bereichert oder umgeprägt durch die „Kulturreligionen" der alten Völker, worüber die folgenden Kapitel der *Geschichte der religiösen Ideen* berichten, und ist so eine schwer, am ehesten noch mit dem Beginn der Schrift- und Stadtkultur der antiken „Klassengesellschaften", abgrenzbaren Periode. „Eine jede Kultur ist", nach Eliade, „ein ‚Absturz in die Geschichte': damit zugleich ist sie ein Begrenztes."[75] Der Grund liegt darin, daß der Ausdruck „Archaik" bei Eliade noch in anderer Weise verwendet wird: als ontologisches Gegenüber zur „Moderne"; dies bestimmt auch seine Grenze. Der „moderne Mensch" ist ebenso wie der „archaische" ein Idealtyp; beide existieren bei Eliade in einer Art „dialektischer Beziehung"[76] und drücken zwei grundlegende Seinsweisen des Menschen aus, die sich gegenseitig ausschließen. Der Übergang ist von Eliade auch nicht näher angegeben: Es ist die Neuzeit, die mit Reformation, Humanismus, Renaissance

---

[75] Ewige Bilder, S. 218.
[76] Altizer S. 58.
[77] Vgl. The Quest, S. 37 ff.; Geschichte d. rel. Ideen, Bd III. Über die Renaissancephilosophie von Ficino bis Bruno hatte Eliade in Bukarest promoviert; daran interessiert ihn schon damals der religiöse Rückbezug auf die spätplatonische und hermetische Literatur. Vgl. die Autobiography I, S. 118, 128.

und Historismus einsetzt[77], aber der „Fall" aus der paradiesischen Archaik[78] setzt stellenweise schon früher ein: mit der Aufgabe archaischer Denk- und Verhaltensweisen, vor allem mit dem „Sturz" in das historische Bewußtsein, in die „Unumstößlichkeit der Zeit", in den unaufhebbaren Fortschritt, die „Nichtwiederholbarkeit" oder Linearität der historischen Zeit, die eiserne Notwendigkeit, die Individualität, in den Verlust der „ewigen Sinnbilder" von Mythos und Religion, eben in die Profanität.[79] Der befreiende und sinnstiftende Rückbezug auf die vorbildhafte „Urzeit" (*illud tempus*) in Mythos und Ritual, der der „Aufhebung" von Zeit und Geschichte dient und so eigentlich die Zeitlosigkeit und Ahistorizität des archaischen Menschen, des *homo religiosus* beinhaltet, ist die Folie, die Eliade dem *homo historicus* gegenüberstellt. Dies ist sein Fazit aus der Rg und eine Art persönlichen Bekenntnisses. Der Aufdeckung dieser Dualität oder Polarität, ja Antinomie, dient sein Bemühen. Er steht auf der Seite des „Archaischen" und hält die „Moderne" für einen falschen, verhängnisvollen Weg des Sinnverlustes, dem nur durch die Flucht zurück zu entkommen ist (wobei seine indischen Erfahrungen des „Eintauchens" in die Ursprünge des Seins aus der „Welt des Werdens" und der „schrecklichen Zeit" Pate stehen).[80]

Kann diese Sicht der „Geschichte" von der Rw begründet oder verantwortet werden? Hier wird wiederum deutlich, daß Eliade bestimmte Wertvorstellungen in seine religionshistorische Arbeit einfließen läßt, die im Grunde genommen dem voranstehenden Weltbild dient. Eine Eingrenzung des Religiösen auf die (naturreligiöse) Archaik und ihre Bilder–(Symbol–) Welt, der die Ausgrenzung der „Geschichte" entspricht (als ob sie nicht auch Gegenstand der Sakralisierung ist[81]), ist eine von der Rw und Rg nicht gedeckte Konzeption. Es ist mit C. Colpe daran zu erinnern: „nachdem die Geschichtlichkeit der Phänomene einmal gewonnen ist, dürfen sie nicht in Einzelfällen wieder archaisch

---

[78] Vgl. Kosmos u. Geschichte, S. 78 f.; Mythen, S. 88 ff.
[79] Vgl. Kosmos, pass.; Das Heilige, S. 119 ff.; Mythen, S. 218 f. „Wir nennen 'Fall in die Geschichte' das Bewußtwerden des modernen Menschen hinsichtlich der vielfältigen geschichtlichen Bedingtheiten, denen er unterworfen ist."
[80] Vgl. die Belege bei Dudley S. 105 ff.; bes. klar ausgedrückt in Mythen, S. 218 f.
[81] Vgl. Geschichte I, Kap. 14, bes. 324 ff. über die religiöse Wertung des „Schreckens der Geschichte". Nach S. Acquaviva „fehlt jede Möglichkeit, das sakrale Erlebnis mit Sicherheit als antigeschichtlich oder als geschichtlich verankert zu bezeichnen" (Der Untergang des Heiligen, S. 166). Er hält daher die Gegenüberstellung von heilig/religiös als antihistorische Einstellung und profan/areligiös als historische für unzutreffend.

interpretiert werden"[82], wie es auch die „Pattern-" oder „Myth and Ritual-School" versucht hat (auf die Beziehung zu ihr gibt Eliade wenig Auskunft!). Die undifferenzierte Gegenüberstellung von „Archaik" und „Moderne" bedarf eben einer historischen Korrektur; sie ist ein wertbehaftetes, statisches, ahistorisches Konzept. „Das Archaische darf als Sakrales nicht nur insofern als geschichtliches Phänomen erfaßt werden, als der Mensch in einem bestimmten, historisch bedingten Verhältnis zu ihm gesehen wird, sondern auch insofern, als es selbst nur zu oft geschichtlich ist und häufig als eine Velleität entlarvt werden muß, welche unbewußt in graue Vorzeit reprojiziert und je und dann zur Wiedergewinnung von Religion regeneriert wird."[83]

Bleibt noch die Schlüsselfigur des schon häufig zitierten *homo religiosus* zu besprechen. Dieser Idealtyp in Eliades Weltbild lebt nicht nur von der archaischen Religiosität, sondern vor allem von seinem antithetischen Gegenüber, dem *homo areligiosus* oder *historicus*. Schon R. Pettazzoni hat in seinen nachgelassenen Papieren zu Eliade dessen Menschenbild in Parallele zu ähnlichen älteren Versuchen, den „frühen" oder „Urmenschen" einlinig festzulegen und als Gegebild zum modernen heutigen Menschen zu zeichnen, gesetzt[84]:

J. G. Frazer: der magische, präreligiöse Mensch
W. Schmidt: der vormythische Mensch
Lévy-Bruhl: der prälogische Mensch
C. G. Jung: der Mensch der Archetypen
M. Eliade: der präkulturelle, kosmische Mensch.

Für Eliade ist dieser *homo religiosus* der wahre Mensch: Um ihn kreist sein Denken, seiner Wiederbelebung mit Hilfe der Rw gilt

---

[82] C. Colpe, Theologie, Ideologie, Religionswissenschaft, München 1980 (Theolog. Bücherei 68), S. 36. Da für Eliade „fast alle religiösen Haltungen des Menschen seit ältester Zeit gegebend sind", gibt es eigentlich „keinen Bruch der Kontinuität zwischen den 'Primitiven' und dem Christentum. Die Dialektik der Hierophanie ist dieselbe, ob es sich um ein australisches chirunga oder um die Inkarnation des Logos handelt" (Die Religionen, S. 523). In beiden Fällen handelt es sich um eine „Manifestation des Sakralen", dessen ahistorischer, abstrakter Charakter damit sehr deutlich wird.

[83] Colpe, a.a. O. (= Neue Ztschr. f. Syst. Theol. u. Relphil. 6, 1964, S. 66). Vgl. auch J.Z. Smith, The Wobbling Pivot, in: Journal of Religion 52 (1972), S. 134–149 (abgedruckt auch in: Ders., Map is not Territory, Leiden 1978, S. 88–103).

[84] In: Studi e Materiali di Storia delle Religioni 31, 1960, S. 53. Diese Papiere, die A. Brelich ebd. S. 23–55 herausgab, sind kritische und recht erhellende Lesefrüchte aus Eliades Büchern: Mythos, Ewige Bilder, Mythen, Vgl. dazu auch Bianchi, The History of Religions, S. 185 ff.

sein Streben. So wie das archaische Bewußtsein als Domäne des Heiligen sich durchhält (mit allen grundlegenden Strukturen des Religiösen), so hält sich auch der *homo religiosus* im Verborgenen durch. Es ist fast ein gnostisches Konzept, das uns hier entgegentritt: der wahre göttliche Mensch, der „Urmensch" wartet im gefallenen irdischen, profanisierten Menschen auf seine Wiederbelebung durch den übergöttlichen „Ruf" der befreienden „Erkenntnis" (Gnosis). Bei Eliade ist es die Stimme der alten Symbole und deren Wiederentzifferung durch die Rw, die auf diese Weise praktisch (zur „Mäeutik") wird.[85]

Als typischer Vertreter des *homo religiosus* gilt Eliade der Schamane, der durch Ekstase die Sperren zur Transzendenz „durchbrechen" kann, so wie der gnostische Erlöser die Mauern der siderischen Weltebenen von oben her. Auch sonst sind die schöpferischen religiösen Personen Repräsentanten dieses Menschentyps, die das Heilige entdecken, aktualisieren und realisieren.[86] Wir finden hier die von manchen Religionshistorikern, vor allem der R. Otto-Schule, vorgetragene Beschränkung der eigentlichen, wahren Religion auf die Elite: die Propheten, Mystiker, Religionsstifter und -heroen wieder, eine Auffassung, die in der Rw verhängnisvoll gewirkt und zur Verzeichnung der Rg geführt hat: nämlich zu einer Geschichte der großen Personen. Dieser Wertmaßstab ist ein vorgegebener, voreingenommener Standpunkt, der der Objektivität abträglich und dem historischen Tatbestand nicht gerecht wird. Eliade identifiziert den „religiösen Menschen" darüber hinaus mit einer ganzen Epoche, der Archaik, wie es vor ihm schon andere Theoretiker getan haben, wobei der biblische Gedanke des paradiesischen Urzustandes Pate steht oder die von Rousseau bestimmte Vorstellung vom „guten Wilden".

---

[85] Eine Einschränkung macht Eliade zwar in der Hinsicht, daß das „mit Verstandeskraft betriebene Studium der Religionsgeschichte" nicht die „Stellvertretung der eigentlichen religiösen Erfahrung übernehmen" oder gar ersetzen kann, doch wird sogar für eine christliche Bewußtheit die—urzeitliche Symbolik übersetzende—Maieutik Frucht bringen" (Ewige Bilder, S. 41). Über die Nähe von E.s Denken zu gnostischen Strukturen s. jetzt ausführlich Robert A. Segal, The Poimandres as Myth. Scholarly Theory and Gnostic Meaning, Berlin 1986 (Religion and Reason 33), S. 61–82.

[86] Ewige Bilder, S. 36: Die Mystiker, Weisen aus allen Zeiten, vor allem die des Orients sind diejenigen, die den Rahmen des historischen Bewußtseins sprengen und zur „Ganzheit des Lebens" durchdringen. Mit einigen eingangs gemachten Einschränkungen findet sich dieser Tatbestand bei Eliade auch in Mythen, Träume u. Mysterien, S. 108 ff. („Sinnliche und mystische Erfahrung bei den Primitiven").

Eliade ist sich dieses Erbes durchaus bewußt[87], wie er auch den *homo faber* nicht völlig übersieht und die Verschiedenheit von psychologischen Menschentypen schon im Paläolithikum feststellt, die den Erkenntnissen Paul Radins über die eben nicht so homogenen Stammesgesellschaften entsprechen[88]; doch dies hat nicht zu einer Abwandlung seines schematischen Konzepts geführt. Einen *homo religiosus,* der völlig in der kosmischen Sakralität aufgeht, um „Geschichte" und „Zeit" aufzuheben, hat es nie gegeben und wird es nie geben.[89] Der Mensch ist vieles, dies ist sein wahres Geheimnis: *homo faber, sociologicus, politicus, religiosus, historicus*—eine Seite zu einem überzeitlichen Typ, einem „Idealtyp", zu stilisieren, verträgt sich nicht mit der Universalität und Komplexität menschlicher Möglichkeiten und Eigenschaften. Darum weiß auch die Rw inzwischen mehr als genug, gerade dank der von Eliade oft attackierten soziologischen, psychologischen und ethnologischen Forschung; ihre Unterschätzung und Übergehung führt in jedem Fall zu falschen Alternativen.

III

Es wird klar ersichtlich, daß sich in Eliades Rw bestimmte Wertgesichtspunkte und eine philosophische Anthropologie und Ontologie wiederfinden, die das Programm einer empirisch arbeitenden Wissenschaft sprengen, zu der Rg und Rph gehören. Das Wechseln und Vermengen der verschiedenen Ebenen der Betrachtung: der Analyse, Sinnfindung, Wesenserfassung und Bewertung, zeichnen die Darlegungen Eliads aus, machen sie

---

[87] Mythen, S. 41–64. Vgl. auch H. Plischke, Von den Barbaren zu den Primitiven, Leipzig 1925.

[88] Primitive Man as Philosopher, New York 1927; 2. revid. u. erg. Aufl. 1957 (Dover-Ed.); Gott und Mensch in der Primitiven Welt, Zürich o.J. (1953), bes. Kap. 3 u. 4; Die religiöse Erfahrung der Naturvölker, Zürich 1951.

[89] Vgl. die ethnologische Kritik von J.A. Saliba, 'Homo religiosus' in Mircea Eliade, Leiden 1976, bes. Kap. 3 u. 4.; meine Bemerkungen dazu in der ThLZ 104, 1979, Sp. 16–18. „Der scheinbar unheilbare religiöse Mensch der Vergangenheit und sogenannter primitiver Kulturen hat wohl nie existiert." (G. Kehrer, in B. Gladigow (Hrsg.), Religion und Moral, Düsseldorf 1976, S. 80f.). Völlig übergangen werden die ideologiekritischen Beiträge von E. Topitsch, bes. Vom Ursprung und Ende der Metaphysik, Wien 1958 (Taschenbuchausgabe: München 1972), das die Denkstrukturen des frühen Menschen in ihrer Abhängigkeit von Welt, Natur und Gesellschaft gleichermaßen aufweist und kritisch reflektiert; ferner: Mythos, Philosophie, Politik. Zur Naturgeschichte der Illusion, Freiburg/Br. ²1969.; Erkenntnis und Illusion, Tübingen ²1988; Heil und Zeit, ebd. 1990.

aber dadurch angreifbar und verwirren den Leser.⁹⁰ Schon in der Analyse, ja der Darbietung des Quellenmaterials, verschlingen sich philosophisch-normative Urteile mit den deskriptiven Feststellungen: Die Interpretationsebenen werden bei ihm nicht deutlich geschieden und methodologisch reflektiert. Erst der „normative Hintergrund" macht seine Arbeiten wirklich verständlich und lehrt, daß strenggenommen die Rg als Illustration dieser vorgegebenen Ontologie, Anthropologie und Soteriologie dient.⁹¹ Subjektive Urteile, persönliche Erfahrungen und Bekenntnisse fließen in seine Daten ein⁹² und führen zu „Reduktionen", die er eigentlich ablehnt und bekämpft.⁹³ Er identifiziert sich mit der von ihm dargestellten religiösen Perspektive: Der *homo religiosus* als der wahre Mensch in Vergangenheit, Gegenwart und Zukunft ist Ziel seines Denkens. Die Rg wird bei ihm—trotz gegenteiligen Beteuerns—zum Mittel, dieses Ziel zu realisieren; sie dient der Schaffung einer neuen religionsphilosophischen Anthropologie, hinter der eine verborgene Soteriologie sichtbar wird, die den Menschen zum wahren Humanum befreien soll.⁹⁴ Daß dabei nur bestimmte Seiten der Rg, wie die östliche und naturvölkische Spiritualität, Yoga und andere mystisch-ekstatische Erfahrungen, platonische (bes. neuplatonische) Lehren, theologi-

---

⁹⁰ Darauf hat vor allem D. Allen in seiner scharfsinnigen Analyse, unter Berücksichtigung von P. Ricoeurs Hermeneutik, hingewiesen (op. cit. Kap. 7: S. 201 ff; schon in: Journal of Religion 52, 1972, 170–186, bes. 182 ff.). Vgl. auch bereits Dudley S. 84 ff. über „The Normative Thrust". Nicht verfügbar war mir: G. Evangelista, Ideologia e falsa coscienza in M. Eliade. Thesis Univ. Siena. Fac. di Magistero 1974/75 (Freundl. Hinweis von R. J. Zwi Werblowsky, Jerusalem). Vgl. auch die Untersuchungen von António Barbosa da Silva, The Phenomenology of Religion as a Philosophical Problem, Lund 1982.; O. Petterson/ H. Åkerberg, Interpreting Religious Phenomenon, Stockholm 1981, bes. 41ff.
⁹¹ Zuerst von Altizer S. 18 f. und 23 ff. aufgewiesen, wozu jetzt Allen S. 223 ff. zu vergleichen ist. Schon im Traité d'histoire des religions (Dt. Die Religionen und das Heilige) meint Eliade, daß es klüger wäre, das Problem des Phänomens *mana* „mit ontologischen Begriffen zu bezeichnen" (48). Diese ontologisch-philosophische Umschreibung beherrscht seitdem seine ganzen Darstellungen; er nannte es selbst einen „Panontismus" (ebd. S. 519). Calinescu (s.o. Anm. 1) spricht von einer ästhetischen Weltanschauung, einer ästhetischen Sicht von Religion und einer ästhetischen Ontologie bei Eliade (S. 14 f.).
⁹² Allen S. 238f.; Journal of Religion 52, 1972, S. 185.
⁹³ Vgl. Dudley S. 132 ff.' Allen S. 242. Dazu auch J.Y. Fenton, Reductionism in the Study of Religions, in: Soundings 53, 1970, 61–76, bes. 68 f.
⁹⁴ Vgl. Allen S. 243 ff. (Versuche, in diesem Sinne weiterzukommen). A. Berger, Eliade's Double Approach: A Desire for Unity, in: Religious Studies Review 11 (1985), S. 9–12, und C. Olson, Theology of Nostalgia: Reflexion on the Theological Aspects of Eliade's Work, in: NUMEN 36 (1989), S. 98–112.

sche Auffassungen von „Fall" und „Erlösung", Inkarnation als Begrenzung des „Heiligen", ausgewählt und normativ zu einem universalgültigen Religionskonzept verabsolutiert werden, ist schon verschiedentlich beobachtet worden und bedarf einer näheren Untersuchung.[95] Getragen von einem nicht nur ahistorischen, sondern antihistorischen (exakter: antihistoristischen) und insofern auch kulturpessimistischen Zug, einer „Flucht aus dem Sein" (im Unterschied zu P. Tillichs „Mut zum Sein")[96], legt Eliade ein Bekenntnis gegen die Moderne ab und sieht Rettung aus ihren Zwängen, dem „Schrecken der Geschichte", nur in der Rückkehr zu einer ewig gegenwärtigen, aber verborgenen archaischen, religiösen Geisteshaltung der Kosmosheiligung und der Versenkung in die ewigen Wahrheiten ihrer Bilderwelt[97].

Es ist ohne Zweifel ein faszinierendes Vorhaben, vor allem, weil es nicht abstrakt philosophisch und theoretisch vorgetragen, sondern in literarisch hoher Qualität monographisch dargeboten wird: als Beiträge zur Rw. Sie wird durch Eliade literarisch aufgewertet, damit stärker publikumswirksam, wie er es selber eingedenk älterer Vorbilder angestrebt hat, aber sie wird zugleich auch mit philosophischen, theologischen und religiösen Fragestellungen und Konzeptionen überlastet, aus denen sie sich erst mühsam befreit hatte. Eliades Arbeiten sind Dokumente eines eindrucksvollen, von einer erstaunlichen Kenntnis und Belesenheit zeugenden Bemühens, den universalen Anspruch und Charakter der Rw zu wahren, ihren Zerfall in Schulen, Forschungsrichtungen, Philologien, Soziologien und Psychologien aufzuhalten: darin sehe ich ihren Hauptverdienst. Auch darin, der Rw einen eigenen Standort im Kosmos der Humanwissenschaften zu sichern durch den Versuch, das „Eigentliche" ihres Gegenstan-

---

[95] Altizer pass.; Dudley S. 84 ff., bes. 91 ff, 105 ff. (Indien); Allen S. 220 ff.; Saliba (s. Anm. 89), S. 164 ff.; auch Bianchi, S. 190.

[96] Dudley S. 89. Eliade sieht im Christentum einen Weg dazu, „die Hindernisse auf dem Weg zum Heil", die, „die Geschichte, der Schrecken der Geschichte" für den heutigen Christen seien, zu überwinden, nämlich durch Leiden, „Zittern und Angst", eben in der Geschichte; es sei denn, man entzieht sich „dem Räderwerk der Geschichte nur durch das Wagnis völligen Abstandnehmens" (Mythen, S. 219). Zum „Antihistorismus" bei E. vgl. auch G. Dudley III, Mircea Eliade as the „Anti-Historian" of Religion, in: Journal of the Am. Acad. of Religion 44 (1976), S. 345–359 (Vergleich mit Foucault) und D. Allen, Ist Eliade antihistorisch?, in: H.P. Duerr, Die Mitte der Zeit, Frankfurt/M. 1985, S. 106–127.

[97] Eliades Verwurzelung im griechisch-orthodoxen Christentum mit seiner meditativen, den Ikonen (als Inkarnation des bzw. der Heiligen), hingegebenen Zügen ist nicht zu übersehen und bildet den eigentlichen tieferen Hintergrund seiner Religionsphänomenologie. Darüber ist bisher wenig gearbeitet worden.

des in den Griff zu bekommen, an dessen Beantwortung aber eben die Geister sich immer wieder scheiden werden: Die Diskussion darum hat Eliade unüberhörbar wieder ins Bewußtsein der Rw gehoben. Der Tod hat 1985 dem unermüdlichen Schriftsteller und Religionswissenschaftler die Feder aus der Hand genommen. Seine reiche Ernte, die er noch hat einbringen können, gehört schon heute zu einem unübersehbaren und unumgehbaren Monument leidenschaftlichen Engagements für eine Sicht des Menschen aus religiösen Wurzeln, die weniger neu ist als vielmehr uralte Sehnsüchte thematisiert; insofern ist sie „konservativ" im engeren Sinn des Wortes.

18.

GRUNDGEDANKEN DER
RELIGIONSGESCHICHTLICHEN SCHULE

Seit Anfang unseres Jahrhundert (zuertst um 1903 belegt) wurde eine Gruppe protestantischer Theologen in Deutschland „religionsgeschichtliche Schule" genannt, die die „religionshistorische Methode" konsequent auf die Auslegung der biblischen Texte anwandten. Die Anfänge liegen in Göttingen, wo sich zwischen 1888 und 1893 einige junge Theologen habilitierten, die man auf Grund ihrer gemeinsamen Anliegen und kritischen Abgrenzung zu Albrecht Ritschl, der zunächst ihrer aller Lehrer gewesen war, als die „kleine Göttingen Fakultät" bezeichnete. Dazu gehörten: Hermann Gunkel (1862–1932), Wilhelm Bousset (1865–1920), Johannes Weiß (1963–1914), E. Troeltsch (1865–1923), W. Wrede (1859–1906), H. Hackmann (1864–1935) und A. Rahlfs (1865–1935); später nach 1900 traten C. Clemen (1865–1939), H. Greßmann (1877–1927) und W. Heitmüller (1869–1926) hinzu, schließlich können auch (als 3. Generation) R. Bultmann und O. Eißfeldt hinzugerechnet werden. Übereinstimmend wird von ihnen A. Eichhorn (1856–1926) als entscheidender Anreger genannt.

Von Bedeutung für Genese und Entwicklung der „Religionsgeschichtlichen Schule" (abgek.: RS) waren ferner P. de Lagarde (1827–1891), B. Duhm (1847–1929), A. von Harnack (1851–1930), J. Wellhausen (1844–1918), die Philologen E. Rohde, H. Usener, A. Dieterich, R. Reitzenstein, F. Cumont, P. Wendland, E. Norden, E. Schwartz, J. Geffcken, die Orientalisten E. Schrader, H. Zimmern und M. Lidzbarski. Im Grunde genommen zieht die RS Folgerungen auf theologischem Gebiet, die aus der vorausgehenden Entwicklung in Geschichtswissenschaft, Orientalistik, Religionsgeschichte und Ethnologie resultierten. Angefangen vom Bemühen um das Corpus Hellenisticum Novi Testamenti (Wettstein, Gabler) und von J.G. Herders undogmatischer, literarischer Betrachtung der Bibel, über die Entdeckungen und Entzifferungen auf vorderorientalischem Gebiet (Ägypten, Babylonien, Persien), die Entstehung des historischen Denkens (Niebuhrs, Ranke, Droysen) und der Quellen– bzw. Literarkritik, bis hin zu der entstehenden Religionswissenschaft (F.M. Müller, C.P. Thiele, Chantepie de la Suassaye, J.G. Frazer, N. Söderblom) und Völkerkunde (A. Bastian, F. Ratzel, E.B. Tylor), nicht zu vergessen der antimetaphysische Zeitgeist des Neukantianismus in der 2. Hälfte des 19. Jhs. in Deutschland, haben alle diese Ergebnisse die RS mit aus der Taufe gehoben. Auch die Diskussion um „Babel und Bibel" des Panbabylonismus (F. Delitzsch, A. Jeremias, P. Jensen), teilweise parallel zur RS laufend, gehört dazu.

Hatte die historische Kritik in Gestalt der Quellenanalyse der biblischen Schriften (Pentateuchkritik, synoptische Zweiquellentheorie) bereits generelle Anerkennung gefunden und die traditionelle Dogmatik in Schwierigkeiten gebracht, so löste die RS mit ihren oft prononciert vorgetragenen Thesen eine neue Welle der theologischen Diskussion aus, die eigentlich nur E. Troeltsch systematisch bearbeitete (wenn man nicht R. Otto mithinzurechnen). Mit der RS setzte sich die historisch-kritische Methode endgültig durch, wurde aber gleichzeitig ergänzt durch tieferes Eindringen in den historischen Prozeß, der hinter den literarischen Quellen steht, und die Anwendung der vergleichenden Religionsgeschichte auf Bibel und Christentum. Daher sind die Vertreter der RS in erster Linie Alttestamentler (Gunkel, Greßmann) oder Neutestamentler (Eichhorn, Bousset, Wrede, Heitmüller); zur allgemeinen Religionsgeschichte ist (abgesehen von C. Clemen) nur H. Hackmann übergegangen (bes. durch seine Arbeiten zum chinesischen Buddhismus). Es handelt sich also streng genommen um eine Richtung in der protestantischen Exegese der Bibel. Theologisch gehört die RS natürlich in den Bereich des Liberalismus.

Soziologisch ist sie zunächst eine rein akademische Angelegenheit. Ihre Vertreter, meist Pastorensöhne aus lutherischem Hause (daher studierten einige zunächst an streng lutherischen Fakultäten, wie Erlangen [so Bousset und Troeltsch] oder Leipzig [Wrede und Hackmann], ehe sie nach Göttingen gingen), haben allerdings ihre Auffassungen im großen Stil zu popularisieren versucht, wie kaum eine theologische Richtung vorher (Religionsgeschichtliche Volksbücher; Die Religion in Geschichte und Gegenwart, 1. Aufl. 1913; Theologische Rundschau; Forschungen zur Geschichte und Literatur des AT und NT; Die Schriften des AT und NT neu übersetzt u. für die Gegenwart erklärt). Daher gerieten sie auch rasch in Konfrontation mit den kirchlichen Autoritäten, die ihnen zersetzende, unkirchliche Absichten zuschrieben (ähnlich wie später bei Bultmanns Entmythologisierungsprogram), was sie entschieden ablehnten (bes. Bousset und Troeltsch). Politisch standen manche (wie bes. Bousset) den sozialen Ansichten F. Naumanns nahe, zeigten aber keine Neigung ihre kritisch-revolutionäre Gesinnung auf theologischem Gebiet in die Politik zu übertragen.

Man hat den Beginn der öffentlichen Wirksamkeit der RS auf 1895 festgelegt, dem Erscheinungsjahr von Gunkels „Schöpfung und Chaos in Urzeit und Endzeit", ein tatsächlich maßgebliches Buch der neuen Richtung, gegen das sich bes. J. Wellhausen scharf wandte und damit die Zäsur zwischen Literarkritik und Traditionsgeschichte deutlich machte (s.u.). Aber schon in Gunkels „Die Wirkungen des Heiligen Geistes nach den populären Anschauungen der apostolischen Zeit" (1888) sind die Grundgedanken nachweisbar, nämlich Aufdeckung fremdartiger irrationaler Züge (Geisterglaube) im frühen Christentum und deren Erklärung aus den populären Vorstellungen des sog. Spätjudentums (bes. der Apokalyptik). Dies wurde dann bald aufgenommen von J. Weiß (Die Predigt Jesu vom Reiche Gottes, 1892) und von dem wohl produktivsten Vertreter der „Schule", W. Bousset, dem die Darstellung der „Religion des Judentums im neutestamentlichen Zeitalter" als eigentlicher Mutterboden Jesu und der Urgemeinde zu verdanken ist (1903, ²1912, 3. Aufl. unter dem Titel „Die Religion des Judentums im späthellenistischen Zeitalter" hrsg. von H. Greßmann 1926), ebenso wie die Einbeziehung der hellenistischen und spätantiken Religionsgeschichte (des sog. „Synkretismus") für die Darstellung des Christentums im 1. und 2. Jh. (Hauptprobleme der Gnosis, 1907; Kyrios Christos, 1913; 2. Aufl. hrsg. von G. Krüger 1921; 5. Aufl. hrsg. von R. Bultmann 1965). In diesen Bahnen liefen im großen und ganzen die weiteren Arbeiten der RS, jeweils mit anderen Akzenten, wie bes. bei dem genialen, leider zu früh verstorbenen W. Wrede, der wohl die radikalsten Ansichten vertrat (Paulus, 1904; Das Messiasgeheimnis, 1901; Vorträge und Studien, 1907). Im AT waren die Arbeiten von Gunkel bahnbrechend, nicht nur für die religionshistorische Erklärung des Alten Testamentes (bes. der Genesis, 1901, ²1922, und der Psalmen, 1926, 1928/33), sondern auch für die literaturgeschichtliche, bes. die neu formulierte „traditionsgeschichtliche" Betrachtung, die eine neue Epoche in der at-lichen Exegese einleiteten. Greßmann folgte diesen Bahnen (Der Ursprung der israelitisch-jüdischen Eschatologie, 1905; Der Messias, hrsg. von H. Schmidt, 1929).

Das Ende der RS bald nach dem 1. Weltkrieg hat nicht nur die damit verbundenen gesellschaftlichen Umbrüche (K. Barth

u. die dialektische Theologie) und sicher auch der frühe Tod
der führenden Vertreter (Wrede schon 1906, J. Weiß 1914, Bousset
1920, Troeltsch 1923, Heitmüller 1926, Greßmann 1927). R.
Reitzenstein (1861–1931) war einer der letzten Verfechter ihrer
Ideen (Vorgeschichte der christlichen Taufe, 1929), abgesehen
von der jüngeren (3.) Generation, wie R. Bultmann und seine
Schule, die das Erbe des RS verwandelt und mit neuen Methoden
(Form-, Redaktions-und Traditionsgeschichte; existentiale Interpretation; Entmythologisierung) abzusichern suchten (bes. in
der Frage der Gnosis). Konsequent tritt der schwedische Religionshistoriker G. Widengren für ihre Ideen auf dem Gebiet
der Gnosis (iranischer Ursprung) ein.

Die bes. nach dem 2. Weltkrieg verstärkt einsetzende Kritik an
der RS und ihren Konzepten (C. Colpe, G. Quispel) kann nicht
daran vorbeigehen, daß durch sie ein großer Fortschritt im
Verständnis biblischer Schriften und ihrer Geschichte erfolgt ist;
grundlegende Fragestellungen, die zuerst von ihr aufgeworfen
worden sind, wie die Rolle der kanaanäischen Religion, der
Apokalyptik, der Eschatologie, der Pneumatologie, der Gnosis,
des hellenistischen Judentums, des Kultes, der Frömmigkeit usw,
sind bis heute lebendig und haben durch neue Funde (Ugarit,
Qumran, Nag Hammadi) erhöhte Aktualität gewonnen. Es gibt
für die at- und nt-liche Exegese kein Zurück vor die Zeit der
RS; die von ihr aufgezeigten Sachverhalte können nicht aus
der Welt geschaffen werden, auch wenn man andere Erklärungen
bevorzugt. Das gleiche gilt für die aus ihrem streng historischen
Ansatz folgenden theologischen, religionsphilosophischen und
weltanschaulichen Grundfragen, die durch die „Dialektische
Theologie" nur beiseite geschoben, aber nicht beantwortet wurden
(es sei denn einfach dogmatisch), gegenwärtig aber wieder
dringlich auf Antwort warten.

Die wichtigsten Problemkreise; die zugleich Profil und Leistung der RS kennzeichnen, sind:

1. Gegenüber A. Ritschl wird die einseitige Auslegung des NT
aus dem AT abgelehnt; das Urchristentum ist keine bloße
Fortsetzung der at-lichen Geschichte, sondern hat andere Wurzeln.

2. Zu diesen Wurzeln gehören weniger das rabbinische Judentum, das einer späteren Zeit angehört, als vielmehr das hellenistische Diaspora-Judentum (Repräsentant: Philo). Weiterhin sind
die gräko-orientalische („hellenistische") Religiosität, wie sie uns
in den Mysterien und anderen orientalischen Erlösungskulten,
den gnostischen Gruppen, der Hermetik, dem Kaiserkult und

der Magie entgegentreten, für die Ausbildung des Christentums ebenso bedeutsam gewesen. Schon Gunkel (Zum religionsgeschichtlichen Verständnis des NT, 1903) hat vom „synkretistischen Charakter" des frühen Christentums gesprochen und damit zum Ausdruck bringen wollen, daß es historisch gesehen mit vielen Fasern der zeitgenössischen Religionsgeschichte verbunden ist. W. Bousset, der hier etwas vorsichtiger urteilte, hat sich immer wieder gegen die künstliche Abtrennung des Urchristentums von seiner Umwelt gewehrt und den Wandel von Jesus zur späteren Kirche gerade aus dem Einfluß dieser Umwelt zu erklären gesucht. Der „Kyrios Christos" verdrängte den Wanderpropheten Jesus: dahinter steht der Übergang des Urchristentums in die hellenistisch-römische Welt, der bereits *vor* Paulus einsetzt, in Gestalt einer hellenistischen Christengemeinde (Antiochia). Es ging der RS in erster Linie um die geistigen Zusammenhänge, nicht um einzelne Ableitungen oder eine „Parallelo-Manie". Das gleiche betrifft auch das AT, das aus seinem unterschiedlichen Milieu im Laufe seiner Geschichte zu verstehen ist, wozu Kanaan, Babylonien, Ägypten und Iran gehören.

3. Die Abtrennung des NT von der frühen Kirchen- und Dogmengeschichte ist eine künstliche. Der Kanon des NT ist ein historisches Produkt und sollte nur im Rahmen einer urchristlichen Literaturgeschichte studiert werden (A. Eichhorn, W. Wrede).

4. An Stelle der alten Orientierung an den Lehrbegriffen hat die an Religion, Religiosität und Frömmigkeit zu treten. Theologie ist nur *eine* Seite der Religion, ihre rationale, begrifflich-systematische. Das Wesen der Religion liegt in einem irrationalen Erlebnis (bes. von W. Bousset und R. Otto betont, beeinflusst vom Neofriesianismus, der von L. Nelson zu dieser Zeit in Göttingen propagiert wurde). Dieser Religionsbegriff der RS knüpft letztlich an Schleiermacher an und wurde für Theologie und Religionsphilosophie der Folgezeit ausschlaggebend (auch Troeltsch, der die rationale Verankerung in einem religiösen *a priori* zu sichern suchte, setzt hier an). Die RS wollte eine wirkliche *Religions*geschichte des Christentums schreiben, nicht nur die von Ideen, Dogmen und Lehren.

5. Daher hat sie vor allem gewisse fremdartige Züge im NT erstmalig in den Mittelpunkt ihrer Betrachtung gerückt, die die Distanz zu unserer Zeit deutlich machen. Es handelt sich um die apokalyptischen, eschatologischen und pneumatologischen Vorstellungen. Weiterhin betonte man den Kult, vor allem die Sakramente, als ein zentrales Element der Religion. Hier ist die

RS Teil einer Strömung, die gegenüber der einseitigen Überschätzung der Mythologie (Ideologie) den kultischen Bereich, die religiöse Praxis, in den Mittelpunkt rückte und als wichtige Frömmigkeitsäusserung ansah (Eichhorn, Gunkel, Bousset, Gressmann; von Troeltsch systematisch erfaßt; später von S. Mowinckel zielstrebig aufgenommen). Dieses Interesse an der „Gemeindetheologie", an der Volks- und Massenreligiosität (einschließlich der 'Folktales' und Märchen, vgl. Gunkel), also den „Niederungen" der Religion gegenüber den „Höhen" elitärer Theologie, beschreitet bereits den Weg zur soziologischen und psychologischen Interpretation (vgl. bes. Troeltsch). Andererseits hat die RS die innovative Kraft religiöser Personen und Autoritäten hervorgehoben, die gestaltend in die Religionsgeschichte eingreift (bes. bei den at-lichen Propheten und Jesus).

6. Eine der wichtigsten Entdeckungen der RS, die oft übersehen worden ist, ist die sog. Traditionsgeschichte, zuerst vo H. Gunkel im Anschluß an Ideen Eichhorns vorgetragen (1895). Man hat dies als das eigentlich historiographische Novum der RS bezeichnet: der Blick hinter die Literatur oder schriftliche Überlieferung (Texte), d.h. in ihre vorliterarische Geschichte, die sie erst historisch verständlich macht. Die Auflösung der klassischen Literaturgeschichte und -kritik in einer Geschichte vorliterarischer „Formen", „Gattungen" oder „Stoffe" ist eine Konsequenz der historischen Fragestellung der RS: ein Text wird aus seiner Geschichte, seinem Werden, seinen Stoffen begriffen, d.h. aus seiner „Vorgeschichte". Diese Problematisierung der schriftlichen Tradition wurde sehr bald zu einem Mittel der Überlieferungskritik und führte manche vordergründigen literarkritischen Probleme ad absurdum (die alten Vertreter der Literarkritik, wie J. Wellhausen, lehnten daher Gunkels Arbeiten ab, obwohl auch sie nicht umhin kamen traditionsgeschichtliche Fragen aufzuwerfen). Auch diese Seite der RS unterstreicht ihr Interesse an der „Gemeindereligiosität, dem „Sitz im Leben" (Gunkel) als einer sozial-psychologischen Kategorie. Verschiedentlich (bei Bousset, Gunkel, Wrede) wird „Traditionsgeschichte" synonym mit „Religionsgeschichte" gebraucht, was deutlich macht, in welcher Weise für die RS beides zusammengehörte. Sie hat es leider unterlassen, hier klar zu scheiden und vor allem eine notwendige Methodenreflexion einzuleiten, was ihr manchen Ärger erspart hätte. Erst mit dem Entstehen der sog. „Formgeschichte" bei Bultmann und M. Dibelius setzt die methodische Klärung ein.

7. Die Betrachtung des AT und NT als religionshistorische Dokumente, die mit den gleichen Mitteln wie jede anderen religiösen Texte zu untersuchen sind (bes. von Wrede gefordert), führte schnell zu der Auffassung, daß die traditionellen theologischen Fakultäten in religionsgeschichtliche aufzulösen sind (wie bereits in Holland seit 1877). Hier wurzelt der bekannte Konflikt, der sich zwischen A. Harnack und der RS auf hochschulpolitischen Gebiet um die Einrichtung religionshistorischer Lehrstühle um 1900 entspann (s.o. S. 6ff.); er ist im Grunde genommen in Deutschland bis heute nicht gelöst (die Religionsgeschichte hat bis heute keinen festen Platz im Ausbildungsprogram der Theologie und nur die wenigstens geisteswissenschaftlichen Fakultäten haben eine religionsgeschichtliche Professur). Die historischen Disziplinen der Theologie sind, wie Wrede klar erkannte, eigentlich keine theologischen mehr, sondern religionshistorische, da sie mit den gleichen Mitteln arbeiten, wie alle anderen Philologien und Geschichtswissenschaften.

8. Die „Einebnung" des Christentums in die allgemeine oder vergleichende Religionsgeschichte hat zu einem Relativismus geführt, was bes. die theologisch-dogmatischen Systeme betraf. Troeltsch hat daraus, unter Beibehaltung eines romantischen (letztlich Hegel'schen) Entwicklungsbegriffs, geschichtsphilosophische Konsequenzen gezogen, die auf eine zukünftige Weiterentwicklung des Christentums in Kontext der allgemeinen Religionsgeschichte zielte. Auch Bousset, mit weniger systematischer Begabung, hat unter Rückgriff auf die liberaltheologische Betonung des Ethisch-Moralischen und die unableitbare Persönlichkeit Jesu als Offenbarung Gottes das Christentum aus dem Strudel der historischen Relativierung herausreissen wollen. Mit den Mitteln der Geschichte ist dies aber nicht durchführbar; hier stehen die Glaubensaussagen allein gegen die Macht der Geschichte und der kritischen Reflexion. Dies ist Aufgabe der Theologie, nicht mehr der Religionsgeschichte (Religionswissenschaft).

Die RS hat als innertheologische Bewegung begonnen und endete außerhalb der Theologie durch die Radikalität ihrer Methode und Fragestellung. Der Versuch einer Rückbindung an die christliche Theologie ist Ausdruck der persönlichen Frömmigkeit bzw. des christlichen Glaubens ihrer Vertreter. Auch in dieser Beziehung zeigt die RS ein Dilemma auf, das zu den schwerwiegendsten gehört, das die Religionsgeschichte als solche kennt: das Verhältnis von persönlicher Überzeugung (Glauben) und wissenschaftlicher Redlichkeit oder Objektivität.

Zur Literatur:

Es existiert bis heute noch keine umfassende Gesamtdarstellung oder Bibliographie der RS. Vorhanden sind eine Reihe Monographien über einige Vertreter derselben (Gunkel, Bousset, Wrede) oder über spezielle Themen (Gnosis, Erlöserlehre, Traditionsgeschichte). In letzter Zeit sind verstärkt Materialien zu den Anfängen der RS aufgetaucht und publiziert worden (bes. von *H. Rollmann* und *F.W. Graf*), die zu einer ersten Dokumentation von *G. Lüdemann* und *M. Schröder* geführt haben (Die Religionsgeschichtliche Schule in Göttingen, Göttingen 1987). Zur allgemeinen Orientierung dienen die Artikel in dem Nachschlagewerk „Die Religion in Geschichte und Gegenwart", deren 1. Auflage von der RS geprägt ist. Ferner: *W.G. Kümmel*, Das Neue Testament. Geschichte der Erforschung seiner Pro-bleme, Freiburg/Br. 1958, bes. 259–414; *H.-J. Kraus*, Geschichte der historisch-kritischen Erforschung des AT, Neukirchen 1969 (2. Aufl.), 66 ff, 295 ff., 341 ff., 450 ff.; *H. Stephan* u. *M. Schmidt*, Geschichte der evangelischen Theologie in Deutschland seit dem Idealismus, Berlin (3. Aufl.) 1973. Zur Zeitgeschichte sei verwiesen auf: *Th. Nipperdey*, Religion und Gesellschaft: Deutschland um 1900, in: Hist. Ztschr. 246 (1988), 591–615, und Religion im Umbruch. Deutschland 1870–1918, München 1988.

H. Greßmann, A. Eichhorn und die religionsgeschichtliche Schule, Göttingen 1914

E. Troeltsch, Die „kleine Göttinger Fakultät" von 1890, in: Christliche Welt 1920, Nr. 18, 281–83; Die Dogmatik der „religionsgeschichtlichen Schule", in: Gesammelte Schriffen 2, Tübingen 1922, (Aalen 1962), 500–24 (zuerst in: The American Journal of Theology, 1913); Christentum und Religionsgeschichte, ibid. 328–363 (zuerst in Preussische Jahrbücher, 1897)

M. Reischle, Theologie und Religionsgeschichte, Tübingen 1904 (dazu H. Gunkel in Deutsche Literaturzeitung, 1904, 1100–1110)

C. Clemen, Die religionsgeschichtliche Methode in der Theologie, Gießen 1904

W. Klatt, Hermann Gunkel, Göttingen 1969 (mit Bibl.)

A.F. Verheule, Wilhelm Bousset. Leben und Werk, Amsterdam 1973 (m. Bibl. 394–425, und einer Darstellung der RS 271–365); W. Bousset, Religionsgeschichtliche Studien, hrsg. von A.F. Verheule, Leiden 1979

C. Colpe, Die religionsgeschichtliche Schule I. Darstellung und Kritik ihres Bildes vom Erlösermythos, Göttingen 1961

G.W. Ittel, Urchristentum und Fremdreligionen im Urteil der religionsgeschichtlichen Schule, Diss. phil. Erlangen 1956 (Ma-schienenschrift); Die Hauptgedanken der „religionsgeschichtlichen Schule", in: Zeitschrift für Religions- und Geistesgeschichte 10(1958), 61-78

H. Rollmann, The Historical Methodology of William Wrede, PhD Mac Master University (Hamilton, Can.) 1980; Wilhelm Wrede. Leben und Werk. (in

Vorbereitung); Zwei Briefe H. Gunkels an A. Jülicher, ib: ZThK 78 (1981), 276–288; Duhm, Lagarde, Ritschl und der irrationale Religionsbegriff der RS, in: ZRGG 34 (1982), 276–79; Theologie und Religionsgeschichte, in: ZThK 80 (1983), 69–84

H. Renz u. *F.W. Graf,* Troeltsch-Studien, München 1982, bes. 235–290 und 296–305 (Abdruck der Dissertationsthesen von J. Weiß, Bousset, Troeltsch, Wrede, Rahlfs, Hackmann)

H. Paulsen, Traditionsgeschichtliche Methode und religionsgeschichtliche Schule, in: ZThK 75 (1978), 20–55

P. Sänger, Phänomenologie oder Geschichte? Methodische Anmerkungen zur Religionsgeschichtlichen Schule, in: ZRGG 32 (1980), 13–27

R. Morgan, The Nature of New Testament Theology. The Contribution of W. Wrede and A. Schlatter. Naperville/Ill. 1973

G. Lüdemann, Die Religionsgeschichtliche Schule, in: B. Moeller (Hrsg.), Theologie in Göttingen. Eine Vorlesungsreihe. Göttingen 1987 (Gött. Unversitätsschriften Serie A, Bd. I), 325–361; Das Wissenschaftsverständnis der Religionsgeschichtlichen Schule im Rahmen des Kulturprotestantismus, in: H.M. Müller (Hrg.), Kulturprotestantismus, Gütersloh 1992, 78–107; Die Religionsgeschichtliche Schule und ihre Konsequenzen für die Neutestamentliche Wissenschaft, in: ebd. 311-338

D. Lührmann, Rudolf Bultmann and the History of Religion School, in: Th.W. Jennings, Jr. (ed.), Text and Logos. The Humanistic Interpretation of the New Testament, Atlanta/GA 1990, 3–14

U. Berner, Religionswissenschaft und Theologie. Das Programm der Religionsgeschichtlichen Schule, in: H. Zinser (Hrsg.), Religionswissenschaft, Berlin 1988, 216–238.

H.G. Drescher, Ernst Troeltsch. Leben und Werk, Göttingen 1991

BIBLIOGRAPHISCHE NACHWEISE

1. Kairos 9, 1967, S.22–42 (ergänzt)
2. Nederlands Theologisch Tijdschrift 27, 1973, S.105–131 (ergänzt)
3. Dt.Originalfassung nicht publiziert. Engl. Übersetzung von M.Pye in: Religion 11, 1981, 97–107
4. Numen 25, 1978, S.17–39 (ergänzt)
5. Geographia Religionum 6, 1989, S.11–22
6. Kairos 13, 1971, S.95–118 (ergänzt)
7. Kairos 12, 1970, S.183–207 (ergänzt)
8. Humanitas Religiosa, Festschrift für Haralds Biezais. Dargebracht von Freunden und Kollegen, Stockholm 1979, S.194–121
9. Kairos 21, 1979, S.241–254
10. Festschrift Walter Baetke, dargebracht zu seinem 80. Geburtstag am 28.März.1964. Hrsg. von K. Rudolph, R. Heller und E. Walter. Weimar 1966, S.298–226
11. Judaica 44, 1988, S.214–232 (verändert und ergänzt)
12. Das Korpus der griechischen-christlichen Schriftsteller. Hrsg. von J. Irmscher u.K. Treu, Berlin 1977 (Texte und Untersuchungen zur Geschichte der altchristlichen Literatur 120), S.219–236 (neubearbeitet). Gekürzte engl.Übersetzung in: The Future of Early Christianity. Essays in Honor of Helmut Koester. Ed. by Birger A. Pearson, Minneapolis (Augsburg Fortress Publisher) 1991, S.39–58
13. Numen 9, 1962, S.53–68 (verändert und ergänzt)
14. Zeitschrift für Religions- und Geistesgeschichte XXI, 1969, S. 238–252
15. Bedeutende Gelehrte in Leipzig. Band 1. Karl-Marx-Universität Leipzig 1965, S.229–237 (ergänzt)
16. Ergänzte Neufassung aufgrund von: Jahrbuch der Sächsischen Akademie der Wissenschaften 1977–1978, Berlin 1980, S.266–271
17. H.P. Duerr (Hrsg.), Die Mitte der Welt. Aufsätze zu Mircea Eliade, Frankfurt/M.1984, S.49–78 (ergänzt). Engl.Übersetzung in: Religion 19, 1989, S.101–127
18. Englisch in: Encyclopedia of Religion. Ed. by M. Eliade et.al., New York (Macmillan Publ. Co. A Division of Macmillan), 1987, Vol.12, S.293–296. Used with the permission of the Publisher.

REGISTER
angefertigt von Fritz Heinrich

1. PERSONEN

Abraham 290, 292
Abū Bakr 242, 273
Abū Ṭālib 261, 273, 275
Acham, K. 85 (A.)
Adam 290
Adorno, T.W. 74
Aisop 163
Albert, H. 89f.
Alexander d. Gr. 196
Alt, A. VI, 353
Altheim, Fr. 248
Andrae, Tor 251, 256, 258, 262f., 266, 269
Anthes, R. 176 (A.), 188
Apel, K.-O. 89f., 101
Apelt, O. 127 (A.)
Aristoteles 194
Arnold, G. 220
Asmussen, J.P. $\tilde{x}$
Ast, Fr. 364
Augustin 115, 218, 311, 317
Averroes, Ibn Rušd 289

Baaren, Th.P. van $\tilde{x}$, 26, 38, 41, 43, 53-55, 58 (A.), 73, 146 (A.), 172 (A.), 173 (A.)f., 182 (A.)
Baetke, W. vi, vii, ix, 13, 21 (A.), 24, 30, 130, 143, 148 (A.), 149 (A.), 183 (A.), 323, 334-338, 343, 368-80
Baḥīrā 261
Baiḍāwī 253
Baird, D. 198f.
Bakunin, M. 151 (A.)
Banse 106
Bardtke, H. vi
Barth, K. 94 (A.), 371, 415
Barthes, R. 169, 170 (A.), 172 (A.), 180 (A.)
Bastian, A. 106, 413
Baudessin, Wolf Graf 327
Bauer, B. 83
Bauer, W. 230
Baumann, Hans 174 (A.)
al-Bazzāz, Aḥmad 243, 270 (A.)
Beck, E. 277 (A.)
Becker, C.H. 243
Belaḏūrī 253

Bell, R. 265, 269
Berger, A.E. 368
Bergson, E. 139
Berner, U. 206-208
Bertholet, A. 8, 10, 352
Beth, K. 348
Bethe, E. 327
Betti, E. 180 (A.)
Betz, H.D. 114
Beumker, C. 359
Bianchi, U. 33 (A.), 41f., 53, 336, 402 (A.)
Biezais, H. 402
Birkeland, O. 270
Blachère, R. 240, 244, 264
Bleeker, C.J. 41, 61f., 200
Bloch, E. viii
Boeckh, A. 364
Böhme, J. ix
Boll, F. 303
Bonnet, H. 212 (A.), 352
Boor, H. de 332
Bousquet, H. 246
Bousset, W. 6, 126, 196, 301, 412f., 414-418
Bräunlich, F. 332
Brandenburg, E. 135-138, 145 (A.)
Brandenburger, E. 317 (A.)
Brandl, A. 368
Bras, Guy Le 108
Brelich, A. 175 (A.)
Bremer, O. 368
Brockhaus, H. 326
Buber, M. 33
Büttner, M. 19, 107-109, 114
al-Buḫārī 258
Buhl, F. 243, 251, 262
Buhr, M. 151 (A.)
Bultmann, R. 25, 158, 160f., 178, 180 (A.), 186-191, 192 (A.), 196, 302, 412, 414f., 418
Burckhardt, J. 388
Buschan 106

Cabanis 82
Caetani, L. Fürst 239, 242f.
Calixt 194f.

Calov 195
Calvin 94 (A.)
Campas, J.E. 112
Carnap, E. 20 (A. 49)
Carus, F.A. 324
Cassirer, E. 174 (A.)
Champollion, J.F. 324, 357
Chantepie de la Saussaye, D. 58, 105, 413
Christiansen, I. 180 (A.)
Christus siehe Jesus
Cicero 217
Clavier, Henri xiv
Clemen, C. 256, 353, 412f.
Clemens Alexandrinus 306
Clodius, Chr. A. 324
Colpe, C. xi, 10 (A. 19), 12, 18 (A. 44), 76 (A.), 94 (A.), 147, 164, 166–168, 174, 179 (A.), 182 (A.), 183 (A.), 184 (A.), 185 (A.), 203–206, 211, 405, 415
Condillac, Bonnot de 82
Conrady, A. 326, 351, 358
Contzen, A. 194
Creuzer, F.A. 324
Crusius, Chr. A. 324
Cumont, F. 412
Curtius, E.K. 33 (A.), 70

Dalman, G. 327
Dammann, E. 337
Dannhauer, J.K. 195
Darwin, Ch. 136
Deffontaines, P. 107
Delitzsch, Franz 327
Delitzsch, Friedrich 326, 328, 358, 413
Dessoir, M. 20, 368
Devadatta 231
Dibelius, M. 418
Dieterich, A. 5, 13, 68, 303, 412
Dilthey, W. vi, 16, 25, 59 (A.), 76, 89, 333, 363, 368
Dörrie, H.L. 129 (A.)
Dray, W.H. 204
Drijvers, H.J.W. x, 302 (A.), 317 (A.)
Droysen, J.G. 196, 413
Duchesne-Guillemin, J. x
Dülmen, R. van 18 (A. 44), 41 (A.), 53 (A.)
Duhm, B. 412
Dumézil, G. 146, 172 (A.)

Durkheim, E. ix, x, 17, 68, 74, 98, 172, 184 (A.), 335, 393

Ebbinghaus, E.H. 368
Edsman, C.M. x, 328, 336
Eichhorn, A. 412f., 416f.
Eißfeldt, O. 412
Elchasai 267
Eliade, M. 24, 33 (A.), 145, 147, 150 (A.), 162, 165, 174, 381–411
Engels, F. ix, 17, 83f., 87, 153 (A.), 271 (A.)
Erasmus von Rotterdam 194, 388
Erbermann, Veit 195
Erkes, E. 331, 337
Esra 285
Eusebius 254, 292 (A.)

Feigel, F.K. 24
Feuerbach, L. 83, 94 (A.), 95, 97
Fickeler, P. 107
Fischer, August 326, 332, 352, 359
Fleischer, H.L. 326
Flügge, C.W. 96
Franke, R.O. 237
Frazer, J.G. 5, 388, 406, 413
Freud, S. 68, 95, 180 (A.)
Freyer, H. 332
Frick, H. 107, 131, 133, 143, 150, 197, 353
Friedrich, E. 106
Friedrich, Joh. vi
Fries, J.F. 24, 127 (A.)
Frobenius, Leo 162, 174 (A.)
Fück, J. 251
Fürstenberg 31

Gabler, I.P. 412
Gadamer, H.-G. 90, 99
Garaudy, R. 173 (A.)
Gebel, W. 106
Geffcken, J. 412
Gehlen, A. 144 (A.)
Geiger, Th. 85, 87
al-Ghazzālī, Abū Ḥāmid Moḥ. 296
Gigon, O. 308 (A.), 312 (A.)
Girgensohn, K. 16, 68
Goblet d'Alviella, E. 394
de Goeje, M.J. 243
Goethe 80, 134, 142 (A.), 149 (A.)
Goetz, W. 360
Goldhorn, D.J.H. 327
Goldziher, I. 239, 241, 256

Grapow, H. 352
Gregory, C.R. 327
Greßmann, H. 161, 301, 412–415, 417
Grimal, P. 181
Grimme, H. 270
Grotius, H. 195
Gruehn, W. 16
Guhr, G. 128 (A.)
Guiart, J. 183 (A.)
Guidi, M. 256–258
Guillaume, A. 242f.
Gulkowitsch, L. 332, 354
Gunkel, H. 126, 196, 301f., 412–414, 416f.

Haas, Hans vi, 330–335, 340–356, 358–360, 363, 370, 374
Habermas, J. 44, 55
Hackmann, H. 346, 412f.
Ḥadīǧa 261f., 273
Hahn, E. 106
Hardy, E. 5, 12
Harnack, A.v. 6–12, 36, 141 (A.), 256, 301, 310, 318, 327, 369, 412, 418
Hartmann, N. 13, 18, 20 (A. 49), 33 (A.), 50 (A.), 134 (A.), 136 (A.), 139 (A.), 140 (A.), 142 (A.), 146 (A.)
Hartmann, R. 331
Havers, W. 337
Hegel 70, 77, 84, 103, 133f., 136f., 335, 369, 418
Heidegger, M. 25, 57, 59 (A.), 75
Heiler, F. vii, 24, 26, 28, 30, 99, 106, 330, 332, 359, 366
Heinrici, F.G. 327, 353
Heisenberg, W. 332, 362
Heitmüller, W. 301, 412f., 415
Hempel, C.G. 76, 204
Herder, J.G. 97, 134 (A.), 136, 138, 142 (A.), 149 (A.), 153 (A.), 412
Hermann, G. 324, 357
Hermelink, Jan 59
Herodot 96, 104, 191
Hertel, Joh. 331
Hettner, H. 106
Heuß, A. 87 (A.), 155 (A.)
Hinneberg, P. 341
Hirschberg, J.W. 251f.
Hochgesang, M. 170 (A.)
Höfner, M. 248
Hofmann, J.C.K. von 364

Holl, K. 301
Holm, S. 184, 190f.
Holsten, W. 13, 30f., 108
Holtzmann, H.J. 343
Hübschmann, H. 325
Hultkrantz, Å. 60–62
Humboldt, W. von 364
Hund, F. 332, 362
Husserl, E. 25, 54, 57f., 59 (A.), 75, 145

Ibn Hišām, ʿAbd al-Malik 242f., 258, 263, 270 (A.)
Ibn Isḥāḳ, Moḥammed 242f., 263, 265, 268, 270 (A.), 276
Ibn al-Kalbī 248
Ibn Kamūna 296
Ibn Ḳatāda, 'Ubaid b. 'Umair 268
Ibn Ḳutaiba 258
Ibn Rosteh 258
Ibn Saʿd 258
Ibn Verga 281
Irenäus 306

Jacobi, H. 352
Jaeger, W. 308 (A.)
Jahn, Otto 327
James, W. 16, 68
Jaspers, K. 22 (A.)
Jens, W. xi, 298 (A.)
Jensen, A.E. 162, 171 (A.), 173 (A.), 176 (A.), 189
Jepsen, A. vi, 355
Jeremias, Alfred 327f., 358, 413
Jesus Christus 115, 187, 194, 221f., 230, 237f., 242, 259, 277, 279f., 283–286, 289–293, 305, 316f., 320, 344, 349, 351, 386, 414, 416–418
Johannes der Täufer 304
Johannes (Evang.) 306
Jonas, Hans 190, 192
Julian (Kaiser) 312, 316 (A.)
Jung, C.G. 68, 180 (A.), 397, 406

Kamlah, W. 308 (A.), 320 (A.)
Kamstra, J.-H. 57, 200–203, 209, 234
Kant, I. 107, 109
Karo, G. 352
Kasche, G.H. 107
Keckermann, B. 107
Kees, H. 331
Kerényi, K. 181 (A.)

Kern, F. 129 (A.), 136 (A.), 139, 155 (A.)
King, U. xi
Kirchhoff, A. 368
Kirfel, W. 352
Kishimoto, Hideo 41
Kitagawa, J.M. 28
Kittel, R. 353
Klauser, Th. 312
Kleist, H. von 347, 369
Kleuker, J.F. 96
Koch, C. 178 (A.)
König, F. 108
Köpf, U. 115
Körte, A. 332
Koester, H. 114
Kolakowski, L. 47
Konstantin d.Gr. 291, 315
Kraemer, H. 198–200, 202
Kraus, H.-J. 94 (A.)
Kremer, A. von 251
Küng, H. 102f., 298 (A.)
Kuhn, A. 161

Lactanz 309
Lagarde, P. de 12 (A. 23), 331, 350, 412
Lambrechts, P. 58 (A.)
Lammens, H. 239, 243, 246
Lamprecht, Karl 329, 353, 358, 374
Landsberger, B. 332, 352, 362
Lang, A. 285
Leertouwer, L. vii, xi
Leeuw, G. van der xiii, 15, 24–26, 28, 30, 34, 57–62, 75, 130, 142 (A.), 145, 149 (A.), 196–198, 200f., 209, 212, 348, 390
Lehmann, Edvard 12, 330, 351f.
Lehmann, F.R. 333f., 348, 353, 355
Leipoldt, Joh. vi, viii, 115 (A.), 312 (A.), 313, 315, 331, 337, 352f.
Leisegang, H. 332, 353
Lenk, K. 85
Leskien, A. 325
Lessing, G.E. 280, 297–300
Lévi, S. 237
Levi, Fr. 362
Lévi-Strauss, Claude 138 (A.), 170 (A.), 171 (A.)–173 (A.), 174 (A.), 178, 180 (A.), 200, 394
Lévy-Bruhl, L. 172 (A.), 174 (A.), 388, 406

Lidzbarski, M. 256, 412
Lindner, B. 325f., 358
Lips, Eva 337
Loofs, F. 327
Lührmann, D. 114
Lullus, Raimundus 296
Luther, M. 94 (A.), 217

Maag, V. 288
Macdonald, D.B. 251
Macuch, R. xi
Maier, J. 33 (A.)
Maimonides, M. 281, 289, 298 (A.)
Malinowski, B. 71, 161f., 164
Mann, Thomas 328
Mannhardt, W. 5
Mannheim, K. 98
Marett, R.R. 105, 388
Markov, W. 376 (A.)
Marx, K. ix, $\bar{x}$, 17f., 68, 83f., 87, 94 (A.), 100, 128 (A.), 152f. (A.), 173 (A.), 201, 271 (A.)
Maull, O. 107
Mehring, F. 84
Meinecke, F. 96, 136f., 139–141
Meiners, Ch. 96
Melanchthon, Philipp 194f.
Mendelssohn, Moses 298
Mensching, G. vii, 6, 27f., 57, 89, 130–133, 135, 141 (A.), 142 (A.), 149, 150 (A.), 151 (A.)
Merkelbach, R. 189
Meyer, R.M. 368
Möbius, Th. 327
Mogk, Eugen 327, 352
Moḥammed 113, 230, 237, 239–242, 244–249, 251–280, 283f., 286, 288–290, 292f.
Montesquieu 138 (A.)
Morenz, S. vi, vii, viii, ix, 71, 121 (A.), 138 (A.), 146, 152, 157f. (A.), 178 (A.), 313, 337f.
Moubarac, Y. 277
Mowinckel, S. 417
Mühlau, H.F. 327
Mühlmann, W.E. 127f. (A.), 138 (A.), 142 (A.)
Müller, Friedrich Max 4, 6f., 97, 105, 161, 250 (A.), 324, 388, 390

Napoleon, I. 82
Naumann, F. 414
Nelson, L. 416
Niebuhr, B.G. 413

Nietzsche, F.   148, 177 (A.), 388, 392
Niewöhner, F.   281 (A.)
Nikolaus von Kues   296
Nilsson, M.P.   167 (A.)
Noah   290
Nöldeke, Th.   240, 243
Norden, E.   412
Noth, M.   238

Oelmüller, W.   298 (A.)
Oepke, A.   vi
Oldenberg, H.   352
Olivier, P.   158
Origenes   207 (A.), 208, 306
Othmān b. ʿAffān (3. Kalif)   240, 273, 284
Otto, R.   vii, 6, 23f., 27f., 30, 34, 40f., 92, 99, 126, 127 (A.), 131–133, 147, 335f., 366, 388, 394, 397, 407, 413, 416
Otto, W.F.   167 (A.), 170 (A.), 388
Overbeck, J.A.   327

Panikkar, R.   31 (A.)
Pannenberg, W.   29 (A.)
Pantänus   254
Paret, R.   144 (A.), 242, 244, 266
Passarge, S.   106
Paulsen, F.   368
Paulson, I.   61
Paulus (Apostel)   197, 216, 221f., 253, 286, 292, 307f., 309, 317, 319, 416
Paus, A.   127 (A.)
Pedersen, J.   352
Penner, H.H.   58
Peschel, O.   106
Petschow, H.   vi
Pettazzoni, R.   59 (A.), 71, 162, 197, 387, 406
Pfleiderer, O.   12
Philippidis, L.J.   355
Philo v. Alexandria   305, 415
Picart, B.   96
Pilatus   113
Pindar   163
Planhol, Xavier de   108
Platon   163, 168, 188, 351
Plutarch   193f., 195
Popper, K.R.   128 (A.)
Portmann, A.   129 (A.)
Preuß, K.Th.   161
Pye, M.   202f., 209

Quispel, G.   415

Raabe, Wilhelm   369
Rade, M.   8
Radhakrishnan, S.   199
Radin, P.   175, 176 (A.), 337, 408
Rahlfs, A.   412
Ranke, L. von   413
Ratzel, F.   106, 413
Reichardt, K.   332
Reischle, M.   343
Reitzenstein, R.   301, 303, 352, 412, 415
Rensch, B.   129 (A.)
Reville, J.   105, 394
Rickert, H.   140 (A.), 360
Ricoeur, P.   77
Riehl, A.   368
Ringgren, H.   130 (A.), 249, 336
Ritschl, A.   412, 415
Ritter, Carl   106
Robertson, R.   226f.
Robinson, J.M.   114
Rohde, E.   303, 412
Roscher, W.   5, 161
Rosen, Fr.   352
Rosenberg, Alfred   170, 370, 372
Roth, R. von   325
Rothacker, E.   49
Rousseau, J.J.   407
Rumpf, A.   352
Rust, H.   107
Ryssel, K.V.   327

Saʿadja b. Josef   289
Sachau, E.   359
Šahrastānī   268
Scaliger, J.J.   79
Schacht, J.   241
Schaeder, H.H.   11, 259, 268 (A.)
Schaeffler, R.   92f.
Scheler, M.   25, 98, 156
Schelling, F.W.   4
Schieder, Th.   51–54
Schindler, B.   353
Schleiermacher, D.F.   4, 6, 12, 20, 23, 28, 59 (A.), 76, 97, 336, 364, 416
Schmidt, C.   318
Schmidt, Pater W.   127, 250, 406
Schmidt, W.H.   179 (A.)
Schmitt, E.   368
Schneider, C.   312 (A.), 355
Schomerus, H.W.   352

Schopenhauer, A. 388
Schott, R. 127f. (A.)
Schrader, E. 412
Schreiber, Th. 327
Schubart, W. 337
Schubert, J. 337
Schubert, K. x, 81 (A.), 121 (A.), 157 (A.)
Schultze, Viktor 327
Schurtz, H. 106
Schuster, S. vi
Schwartz, E. 412
Schweitzer, B. 332
Schwietering, J. 332
Seiwert, H. 43, 54 (A.), 62 (A.)
Seuse, H. 26
Seydel, K.R. 324f., 326, 349, 357
Seyffarth, G. 324, 357
Sharpe, E. vii
Shiner, L. 144 (A.)
Sievers, A. 107
Smith, Cantwell 199
Smith, H. 352
Snouck-Hurgronje, C. 241
Söderblom, N. 5, 12, 23, 105, 149 (A.), 250, 329, 333, 341f., 345 (A.), 348, 352f., 355, 358, 366, 394, 413
Sopher, D. 107–109
Spengler, A. 52
Spohn, F.A. 357
Spranger, E. 59 (A.)
Sprenger, A. 251
Sprockhoff, J. 107
Stark, W. 228, 232
Steinthal, L. 121
Stemberger, G. $\bar{x}$
Stephan, Horst 334
Stirner, Max 83
Strauch, Ph. 368
Ström, A.V. 130 (A.)
Suzuki, Hideo 113

aṭ-Ṭabarī 243, 258
Tertullian 309
Thomas von Aquin 201, 289
Thomas à Kempis 26
Thurnwald, R. 127 (A.)
Tiele, C.P. 4, 66, 105, 123–126, 143, 149 (A.), 413
Tillich, P. 20, 61, 92, 146 (A.), 156, 165 (A.), 175 (A.), 182 (A.), 183 (A.), 184 (A.), 185 (A.), 191, 192 (A.), 305, 331, 410

Tokarew, S.A. 151 (A.)
Tolstoi, L. 369
Topitsch, E. ix, 95, 180 (A.)
Toynbee, A. 52
Tracy, Destutt de 82
Troeltsch, E. 17, 51, 125f., 129 (A.), 148, 221–229, 231–233, 332f., 359, 363, 412–418
Troll, W. 107
Tuxen, P. 352
Tylor, E.B. 5, 105, 122, 150 (A.), 413

Umaijā b. Abī 'ṣ-Ṣalt 252
ʿUrwa b. az-Zubair 242
Usener, H. 5, 68–70, 79, 161, 412

Vaihinger, H. 368
Valéry, P. 170 (A.)
Volkelt, Joh. 332, 359

Waardenburg, J. xi, 59 (A.)
Wach, J. $\bar{x}$, 11, 13–18, 20 (A. 49), 27f., 40, 49f., 76, 105f., 131 (A.), 209, 227f., 332f., 338, 343, 346f., 353–355, 357–367, 389
Waerden, B. van der 332, 362
Wagner, A. 368
Wagner, G. 310 (A.)
Wagner, Richard 177 (A.)
Wallis, G. 157 (A.)
Waraka b. Naufāl 252, 262, 264, 268f.
Watt, W.M. 242, 244–246, 250 (A.), 251, 256 (A.), 262–264, 269, 271, 273, 275f.
Weber, Alfred 360
Weber, Max ix, $\bar{x}$, 18 (A. 44), 33 (A.), 68, 98, 112, 149 (A.), 154, 219f., 221, 225f., 229, 284, 363, 367
Weigert, Fr. 362
Weiß, Joh. 301, 412, 414f.
Weiße, Chr.H. 4, 324f., 357
Weller, Fr. 331, 354
Wellhausen, J. xii, 248, 250, 253, 258, 288, 412, 414, 417
Wendland, 312 (A.), 412
Werner, E. 337
Wettstein, J.J. 304, 412
Weule, K. 333
White, L.A. 128 (A.)
Whitney, W.A. 121
Widengren, G. 59, 75, 130, 257f., 266, 336, 415

Wieland, C.M. 149 (A.)
Wieland, W. 140 (A.)
Wiese, B. 368
Wilamowitz-Moellendorff, U. von 368
Wilhelm, Richard 348
Wilsen, F.C. 354
Wilson, W. Bryan 225f., 232
Windisch, E. 325f., 358
Wirth, E. 107
Wissowa, G. 53
Witte, J. 345
Wittgenstein, L. 20, 159, 163
Wittram, R. 52

Wolf, F.A. 364
Wrede, W. 412–416, 418
Wünsch, R. 5, 303
Wundt, W. 16, 68, 327

Zaid b. ʿAmr 252
Zaid b. Hāriṯa 273
Ziegler, K. 352
Zimmern, Hr. 326, 332, 352, 358f., 412
Zimpel, H.-G. 107
Zöckler, O. 325
Zwingli, H. 194, 351

2. SACHEN

Abbasiden 144 (A.), 286
Abd Sams 245, 275
Abendmahl 197, 307
Aberglaube 212
Ackerbau 403
Ad (Hud) 290
Adaption 212
Ägyptologie vi, vii, ix, 105, 324, 331, 337
Ägypter 149, 176, 191, 204, 212 (A.), 287, 314, 324, 412, 416
Ästhetik 50
Äthiopien 254, 276
Afrika, Afrikaner 117, 254, 334
Agrarreligiosität 392
Ahistorismus 25, 79, 103, 141, 145, 171 (A.), 391, 406, 410
Aitiologie 161, 166f., 189
Akkader 113, 204
Akkulturation 204, 209, 212
Alexandria 308, 314
ʾAllāh 248, 250f., 265, 270f., 278, 286, 288
ʾAllāt 248, 270
Allegorie 166f., 176f.
Allegorisierung 180f., 183
Almosengabe (zakāt) 277
Altes Testament 187, 249, 253, 271, 280, 285, 287, 289f., 303, 328, 413, 415, 418
Amalgamierung, Amalgamation 198, 209, 212
Ambiguität 203, 209
Amelioration 209
Amenophis IV. s. Echnaton
Anagenesis 149
Analogie 42, 51, 71, 172 (A.)
Animismus 5, 19, 40, 122 (A.), 123, 151
Anlage 144 (A.)
Anpassung (Assimilation) 144
Anthropogeographie 109
Anthropologie 177, 189, 305, 388, 393, 408f.
Antijudaismus 295
Antike 104, 115, 135 (A.), 187f., 294, 312

Antinomismus 228
Antiochien 115
Antisemitismus 295
Apokalyptik 100, 173, 289, 305, 327, 414f.
Apokalyptiker 269
Apologetik 104, 195, 198, 200, 205, 291, 344
Apologie 272, 329, 344
Apostelgeschichte 216
Araber 113, 242, 249f., 253f., 260, 286f., 292
Arabien 244, 247, 249, 251–258, 286f., 292
 Südarabien 247, 251, 253f., 263, 289
 Nordarabien 247, 251f., 254
 Nordwestarabien 253
 Zentralarabien 248
altarabische Religion 247, 249f.
Aramäer 113
Archaik, archaisch 392f., 396, 397ff., 402, 404–407
Archetypen 397, 399 (A.)
Aristotelismus 289
ʾAsad 255
Askese 231, 251, 254, 263f., 309
Assimilation 201, 203, 209, 212
Assyriologie 105, 328
Astralmythologie 324, 328
Atheismus ix, 32, 151, 338
 methodischer 90
Atheist 279
Atmān-Brahmān-Lehre 167
Audition 266
Auferstehung 187, 290
Aufklärung 3, 43, 67, 96f., 101, 104, 137, 281, 294
Ausbreitung 144
Australier 117

Babylonien 178, 258, 412, 416
Bahai-Religion 204, 234
Banū Bakr 255
Banū Ġassan 255
Banū Taġlib 255
Baptisten 224

Bauerntum 404
Beduine 241, 245f., 248, 271
Beduinenstaaten 247
Bekenntnis, religiöses 77, 79, 102, 229, 255, 315, 409
Bekenntnisreligionen 229f., 233
Berlin 332, 340, 351, 353, 359, 368
Beschneidung 287
Beschreibung 60
Betrugstheorie 280
Bewußtsein 93, 103, 164, 170, 176, 392 (A.), 396f., 399
   archaisches 407
   Bewußtseinsphänomene 145
   Bewußtseinsphilosophie 126, 127 (A.), 133
   historisches Bewußtsein 405
   kritisches 92–94
   modernes 282
   mystisches 164, 178
   religiöses 92, 94, 125, 148, 385, 388, 390
Bibel 285, 288, 290f., 296, 325, 351, 412f.
Biologie 122, 127, 135
Biologismus 123, 139
Bodhisattvas 203
Botschaft (Kerygma) 171, 230, 266, 270, 300, 311, 317, 388
Bruderschaft 222, 233
Buchreligionen 93, 144, 230–233, 267, 284, 313
Buddha 203, 230f., 237, 344, 350f.
   historischer 237f.
   Buddhalegende 325
Buddhismus 103, 116f., 143, 148, 153, 184, 202, 211, 232, 238, 296, 314 (A.), 344, 349f.
   chinesischer Buddhismus 413
   ceylonesischer Buddhismus 211
   Hīnajāna-Buddhismus 238
   hinterindischer Buddhismus 211
   indischer Buddhismus 231
   japanischer Buddhismus 200, 203, 340f., 344, 348
   Laienbuddhismus 185
   Mahāyāna-Buddhismus 186
   ostasiatischer Buddhismus 231, 348
   Zen-Buddhismus 202
Buddhologie 326, 346
Burma 202
Bußzeremonie 247, 264

Byzanz 254f., 290

Californien 116
Calvinismus 220
Caodaismus 202, 234
Chasaren 285
Chicago xii, xiii, 99, 332, 338, 362
Chiliasmus 222
China 211, 326, 344, 351f.
chinesisch 331
Chlysten 228
Christentum ix, 7, 93, 96, 98f., 102–104, 115f., 121, 125f., 127 (A.), 143, 148, 153, 183f., 186, 191, 197–202, 205, 209, 213, 219, 221, 231f., 241f., 249–251, 254–257, 260, 263f., 266, 268 (A.), 269, 272, 280, 283, 285f., 288–296, 301–320, 324, 326, 328f., 341, 343–345, 348, 351, 380, 396, 413f., 416, 418
   abendländisches 67
   arabisches 255
   hellenistisches 307
   monophysitisches 254–256
   nestorianisches 254–256
   römisch-lateinisches 309
   syrisches 263, 272, 276
Entstehung des Christentums 319
Urchristentum 196, 205, 320
Christologie 315
Christianisierung 370, 378
Civitas 115

Dämon 32
Datenverarbeitung 35, 65
Daviddynastie 293
Deformation 144
Deuterojesaja 287
Deutsche Christen 371
Deutsche Glaubensbewegung 334, 370
Devolutionstheorie 127
Dialektik 169, 227, 308, 386;
   hegelsche 97
Dialog, interreligiöser 296f.
Diatribé 309
Dichter, altarabische 249, 253, 255f., 267, 381
Dissolation 203, 209, 212
Divination 24
Dogma 112, 183, 231, 347
Dogmatik 301, 344
Dogmengeschichte 142, 416

Dogmenpolitik 142
Donatisten 218, 221
Drusen 232
Dschainismus 103
Dualismus 305, 307, 393
Dynamismus (Manatheorie) 334, 396

Echnaton (Amenophis IV.) 92, 287
Ekklesiologie 315
Eklektizismus 209, 212
Ekstase 395, 403, 407
Ekstatikertum 75
Ēl 288
Emanzipation 79, 101
Empirie, empirisch 45, 55
Endzeit 290
Endzeitbilder 113
Endzeithoffnung 290, 293
Engellehre 306
England 3, 226
Entdeckungsreisen 104
Entfremdung 93
Entheiligung 397f.
Entmythisierung 176, 178–180, 189
Entmythologisierung 157–160, 172 (A.), 184 (A.), 185f., 187, 189–191, 379, 397, 415
    Begriffsbestimmung 178–182
Entwicklung 67, 121–126, 127 (A.), 129 (A.), 130, 133–140, 145–152, 154, 181, 193, 209, 228, 335, 384, 418
    religionsgeschichtliche E. 142f., 145, 148, 152f., 210, 324
Entwicklungsgedanke 129, 131, 137, 140, 142 (A.)
Epoché 25, 29, 72
Erfahrung 42, 388, 396, 403, 409
    religiöse E. 28, 278, 333, 347, 365f., 403, 407 (A.)
Erkenntnis 42, 71, 76, 99, 101, 282, 346, 364, 407
Erklärung 75f., 89, 105, 141
Erlebnis 25, 59 (A.), 284, 333, 347, 365, 373, 392
    religiöses E. 28, 333, 347, 367, 396
Erlöservorstellung 187
Erlösungskult 416
Erlösungslehre 238
Erscheinungen ("Phänomene") 47 (A.), 76, 144, 199, 274, 304, 383 (A.)

Erzählung, heilige (Mythos) 183f., 187, 191f.
Eschatologie 100, 173, 222, 234, 260, 269, 271f., 290, 295, 305, 307, 315, 403, 415
Esoterik, Jüdische 304, 306
Ethik 74, 86, 226, 231, 307, 309, 344
    christliche 305, 315f.
    protestantische 112, 220
Ethnien 286
Ethnologe 41, 50, 64, 69, 122, 333, 384
Ethnologie 4f., 19, 34, 44, 46, 56, 68, 98, 105f., 124, 151f., 154 (A.), 161f., 188, 333f., 337, 386f., 408, 412
    marxistische E. 128 (A.)
Ethnozentrismus xi, 77, 79
Europa 101, 282, 338, 388
Evangelium 285, 317
Evolution 121f., 127, 129 (A.), 207, 287
Evolutionismus 121, 128, 129 (A.), 130, 140, 151, 153, 336
Existentialisierung 180f.
existentiale Interpretation 189f., 192, 415
Expressionismus 347

Fabel 163, 166, 175
Fasten (islam.) 277
Fatalismus 79, 103, 249
Fetischismus 40, 123, 151
Folklorismus 5
Forschung vi, 5, 8, 11, 29, 30, 42, 45, 68, 75, 278, 314, 324f., 327, 361, 364, 378f.
Forschungsgegenstand 32, 38, 72
Fortschritt 149, 154, 181
Frankreich 82f., 96
Freimaurer 202
Friedhof 111, 402
Frömmigkeit 221f., 251, 415
Funktionalismus 44, 162
Fusion 203, 209, 212
Futurologie 305

Gabriel (Engel) 265
Gāthās 237
Ganzheitspsychologie 388
Gebet, islam. (Ṣalāt) 276f., 289f.
Gefühl, religiöses 23
Geister ix, 32, 250 (ǧinn)

Geist, Heiliger 24
Geisterwelt 187
Geisteswissenschaften 46, 51, 54f., 80, 89f., 136, 160, 281, 363f.
Gemeinde, christliche 293, 307ff.
　islamische (umma) 284, 294
　jüdische 293
Gemeinschaft 44f., 140, 165, 174, 181-183, 194, 220, 226f., 229, 233, 272, 276, 326, 335f., 366f., 373, 393
Geographie 106-109;
　theologische 107
Geometrie 188
Gericht, Jüngstes (islam.) 269-271, 290
Germanenforschung 371, 379f.
Geschichte vi, xiii, 6f., 9, 22, 24, 30, 32f., 45, 63, 68, 83f., 105, 109f., 127 (A.), 135f., 138f., 141, 145f., 154 (A. Historik), 160, 169 (historische), 237, 281 (hist.), 283, 287f., 290, 295f., 314, 338, 372, 374, 383f., 385, 390-393, 395f., 398f., 404f., 408, 410, 418
Geschichtlichkeit xiii, 406
Geschichtswissenschaft viii, 46, 51, 54 (A.), 55f., 65, 69, 81, 124, 137, 139 (A.), 145, 155, 282, 338, 363, 412, 418
Gesellschaft 112, 273, 372, 374, 380, 385 (A.)
　mekkanische 246, 271, 273-275
Gesellschaftsstruktur 100, 142, 201
Gesetz(e) 21, 124, 287, 320
Ghassāniden 256
Ǧinn 267, 270
Glaube 31f., 44, 74, 145, 165, 173 (A.), 176, 183, 197, 199f., 208, 265, 270, 283, 291, 336, 347, 366, 373, 399
　christlicher 25f., 289, 316
　islamischer 284
　jüdischer 285f., 289
Glaubensaussagen 28, 45, 113, 295, 315, 418
Glaubensbegriff 28f.
Glaubensgeschichte 31f.
Gläubige 32, 211, 213, 280, 284, 286, 291, 316
　Selbstverständnis des Gläubigen 76, 199
Glaubensurteile 150
Gnosis xii, 147, 187, 206, 207 (A.), 208, 256-260, 266, 268, 272, 305f., 310f., 318, 320 (A.), 327, 407, 415
Gnostizismus 167, 176, 232, 305f., 310
Göttingen 203, 206, 208, 338, 412f., 416
Gott ix, 26f., 32, 97, 188, 194, 216, 247, 267-270, 283f., 286, 288, 290, 295, 343, 418
Gottesidee ix, 146, 148f., 285, 287-289
　christliche 155, 287
Götter 183, 188, 212, 229, 249, 336
Gottheit ix, 112, 203, 247f., 250, 288f.
Gottesbeweise 23, 26
Gottesdienst 21, 70, 191, 277, 307
Gottesfurcht (taḳwā) 249f.
Greifswald vi, 370
Griechen 147, 188, 324
Griechenland 93, 166, 230, 286, 351
Griechentum 307, 320
Groningen xiii, 37, 73

Habitus (e. Religion) 145
Ḥadīṯ 239, 241, 243
Häresie 144, 216, 229, 231f., 256, 317, 319
Häretiker 259 (A.)
Ḥanīfen 251, 260, 262, 264, 272
Hāšim 245, 275f.
Haskala 294
Heidentum 198, 232, 248, 251, 257, 289 (Ǧahilija), 292, 308, 320
Heilige, das; heilig 21, 22 (A.), 26, 32, 40f., 90, 92, 103, 131f., 335f., 384f., 388, 390f., 393f., 396-398, 400, 407, 409
Heiligtum 247f., 277
Heilsgeschichte 290-292, 296
Hellenismus 147f., 196, 241f., 250f., 293, 303, 305, 307f., 311f., 314, 320, 351
Henotheismus 250
Hermeneutik 71, 76f., 89f., 182, 363f., 386-388, 399
Hierophanie 384f., 387, 390, 391 (A.), 394-400
Hiǧra 276
"Himmelfahrt der Seele" 147
Hindu, Hinduismus 103, 116, 199, 200, 344
al-Ḥīra 254-256, 258f.

Historiker xiii, 15, 20, 41, 51, 55, 284, 384f.
Historismus 291, 404
Historisierung 179, 181, 183
Hochgottglaube 250
Hochkultur(en) 154, 268
Hölle 113
Homologie 71
homo historicus 30, 398, 405, 408
homo religiosus (Eliade) 393, 398, 401–409
Hubal (Gott) 248
Humanismus 43, 80, 303, 308, 387, 404
Humanität 68
Hypothese 42

Idealismus 20, 22 (A.), 47 (A.), 123, 325
Idealtyp 154, 393, 404, 406, 408
Idee 86, 140, 198, 267f., 284, 290, 308, 311, 325, 346, 381, 391
   religiöse 145, 150 (A.), 213, 234, 267, 290, 390, 399f., 403
Ideengeschichte 84, 150 (A.), 390, 399
Identifikation 71, 204, 209, 212
Identifizierung 61
Ideologe 82f.
Ideologie vi, ix, 81–88, 90, 94 (A.), 100, 103, 109, 164, 168–170, 177, 196, 377, 391 (A.), 417
   religiöse 86, 225, 246, 293
Ideologiegeschichte 86
Ideologiekritik xi, xii, 73, 77, 81–92, 96, 217, 297, 393
Ideologismus 82, 170
ʾIl/ʾIlāh 247
Imperialismus, geistiger 204
Indianer 117
Indien 148, 211, 230, 314 (A.), 344, 388, 392
Individuum 44, 219
Individualismus 274
Inkarnation 314, 386 (A.), 409
Inspiration 266
Interpretation, interpretatio 60, 68, 144, 203f., 212, 229, 387, 401, 417
Intuition 113
Iran 290, 314, 416
Iraq 257f.
Irrationalismus, irrational 25, 27, 32, 76, 79, 90, 333, 363

Islām 103, 114, 116, 143, 144 (A.), 148, 153, 184, 197, 213, 231f., 241f., 250f., 253, 256, 258, 270, 273, 276, 278, 280, 283, 285–288, 291–296, 326
Isolation, Isolierung 71, 144, 209, 212
Israel 149, 179 (A.), 184, 204, 238, 286, 288, 294 (A.), 344

Jabne 319 (A.)
Jahweglauben 114, 238, 288
Japan 113, 176, 200f., 210f., 340f., 344, 348, 352
Java 211
Jemen 253f.
Jenseitslehren 113
Jerusalem 112, 115, 307
Jesus-People 202
Judaistik 33 (A.)
Juden 216, 252f., 257, 279, 285, 287, 289–293, 295
Judenchristentum 286, 307
Judentum 148, 178 (A.), 185, 229, 238, 241f., 249–253, 258, 260, 266, 272, 280, 283, 285–296, 303f., 306f., 312, 314, 316, 319f., 396, 414
   hellenistisches 306, 307 (A.), 415
   rabbinisches 307 (A.), 319 (A.)

Kaʿaba 245, 248f., 262f., 274 (A.), 277
Kaiserkult 316
Kalām 289
Kami 203
Kanaan 288, 416
Kapitalismus 224, 246
Kategorie 63 (A.), 205, 391, 394, 398
Kategorienlehre 61
Kerygma s.a. Botschaft 171, 282
Ketzer, Ketzerei 229, 231, 251, 259 (A.)
Kirche (allgemein) ix, 19, 31, 86, 94 (A.), 96, 109, 115f., 168, 219, 221–224, 226f., 231, 233, 285f., 291f., 296, 303f., 306–308, 310, 314, 316f., 344, 350, 371, 416
   evangelische 296, 376 (A.)
   lutherische 218
   reformierte 218
   röm.-katholische 86, 218, 222, 296

Kirchengeschichte 232, 305, 318, 319 (A.), 380, 416
Kirchengeschichtsschreibung 115, 301
Kirchenrecht 218
Klassenkampf 87
Klassifizierung/Klassifikation 61f., 105, 240
Komparatistik 105, 281, 297
Konfessionalisierung 133
Konfuzianer 344
Konfuzianismus 103, 211, 344
Konsolidation 144
Kontrastdiagnose 71
Ḳorʾān 239f., 243f., 248, 250f., 253, 256–261, 263, 265, 267, 271, 273, 275, 284–290, 292–294, 351
Ḳorʾān (etymologisch) 272
Kosmologie 177, 188f., 305, 308, 403
Kosmos 187, 383, 400
Kritik (s.a. Ideologiekritik) 68, 79, 92, 102f., 282
Kult, Kultus 21, 22 (A.), 45, 74, 86, 112, 144, 146, 161f., 164–166, 173 (A.), 176, 183f., 191, 196, 229f., 245, 248, 256, 261, 274, 283f., 289, 307, 310, 320, 326, 335f., 347, 366, 373, 415, 417
  islam. 276f.
Kultanlage 106, 111
Kultreligion 229f., 284, 313
Kultur 145, 210, 227, 282, 286, 395, 399, 404
Kulturgeographie 109
Kulturgeschichte 129 (A.), 141, 152, 174 (A.), 403
Kulturmorphologische Schule 162
Kulturreligionen 404
Kunstgeschichte, Kunstwissenschaft 34, 81
Kybernetik 35, 65, 207

Laḥmīden 255
Lamaismus 86, 202
Leben 27, 59 (A.), 79, 137, 139f., 189
Lebensaltertheorie 122
Lebensphilosophie 27, 59 (A.), 76
Legitimationsstrategie 231
Lehre, christliche 24
  esoterische 250
  religiöse 21 (A.), 74, 145, 148, 177, 230, 233, 347
  religionswissenschaftlich vi, vii, xiv, 35, 37, 39, 327, 362, 374f.
Leipzig (Universität, Religionswissenschaft) vi, vii, viii, x, xi, xii, 27, 34f., 38, 67, 105, 157 (A.), 323–335, 337–342, 345f., 349, 353–355, 357–362, 367, 370–375, 380, 382, 413
Leviten 249
Linguistik 172 (A.)
Literarkritik 413f.
Literaturwissenschaft 10, 81
Logik 170f. (A.), 172 (A.)
Logos 163, 166 (A.), 167f., 176, 178, 185 (A.), 187, 191f.
Lutheraner 195

Macht 59 (A.), 172 (A.), 178, 189, 206, 275, 292, 348
Mächte, übermenschliche, übernatürliche 44, 162, 183, 196, 336
Machttheorie s. Präanimismus
Märchen 163, 166, 241
Magier 260
magisch 170
Magismus 5
maǧlis 245
Maḫzūm 245, 275
Mäeutik, Maieutik 387 (A.), 388, 402, 407
Makkabäer 293
malāʾ 245
Manabegriff 333, 348
Manaismus 19
Manatheorie (s.a. Präanismus) 25, 334, 348
Manāt 248, 270
Mandäer viii, xii, 257f.
Manhattanization 115
Mani 237, 239, 259 (A.), 266, 320 (A.)
Manichäer, Manichäismus xii, 153, 167, 204, 210, 218, 232, 251, 256–260, 266, 272, 311, 314 (A.), 317
Marburg (Universität) xi, xiii, 22, 279 (A.), 330, 362
Marduk 267
Marranen 279
Marxismus vi, viif., ix, 20 (A. 49), 84, 97, 101, 338, 377
Materialismus 137
Medīna (Jaṯrib) 240, 242, 252f., 271, 276, 286f., 292

Mekka 112, 244–250, 252f., 255f., 258f., 264f., 267, 269, 271, 274–276, 278, 287, 290, 292
Melanesien 161
Mennoniten 224
Mensch 26, 30, 45, 49, 108, 115f., 140, 145, 174, 189, 200, 209, 367, 383, 385, 387, 392f., 395–398, 400, 403f., 407–409
Menschenbild 95, 406
Menschheit 26, 78, 80, 91, 102, 139, 142 (A.), 150, 326, 350, 388, 402
Menschheitsreligion 99
Mesopotamien 254, 258
Messias 238, 290–293, 305, 319, 403
Metamorphose 144, 204, 209, 212
Metapsychoanalyse, s. Mäeutik (Eliade)
Methode 6, 14, 16, 29f. (A.), 32, 39, 48–50, 61, 65, 72, 88, 364
  experimentelle 173 (A.)
  geisteswissenschaftliche 163
  geschichtswissenschaftliche 76
  hermeneutische 89
  historische 17, 19, 49f., 55, 69f., 72, 98, 364, 373, 383f., 400, 413
  phänomenologische 26, 51, 57f., 60, 75, 145, 146 (A.), 383f.
  philologische 69f., 98, 373, 400
  psychologische 72, 75, 400
  religionswissenschaftliche 58, 74f., 89, 101, 260
  soziologische 17, 72, 75, 400
  systematische 51, 71, 75, 282
  vergleichende 14, 51–56, 59f., 71, 75, 282, 391
Methodismus 218
Mission 181, 197, 212, 222, 285f., 307, 311, 316, 350
Missionsreligionen 123, 260
Mittelalter 213, 221, 224, 285, 289, 294, 296, 311, 378f.
Mönchtum 221, 254, 256, 263, 269, 272, 309 (A.)
Mongolei 112
Monotheismus 113, 148, 151, 212 (A.), 250 (A.), 270, 272, 274, 287, 292 (A.), 306, 316, 319
Morphologie 62 (A.), 383
Mose 237f., 267f., 279f., 283–285, 287, 289–292, 351
Motivforschung 328
Muslīm 148, 251, 258, 275, 287, 290, 292, 344
Mysterien 92, 196, 229, 310, 416
Mystik 23, 26, 63 (A.), 75, 127 (A.), 221, 224f.
Mystiker 202, 266, 407
"Myth and Ritual-School" 162, 406
Mythenkritik 92
Mythologe 178, 184, 187, 211
Mythologie 4, 53, 79, 160–163, 166f., 169, 173 (A.), 175–192, 324, 327, 336, 373, 381, 417
Mythologisierung 180
Mythos 22 (A.), 63 (A.), 69f., 146, 160–163, 178f., 182–193, 241, 248, 336, 347, 370, 392f., 398, 401, 403, 405

Nachverständnis 42
Nag Hammadi 318, 320 (A.), 415
Nagran 254, 256
Nāmūs (arab.) 268
Nāṣōräer 257
Nationalismus 294 (A.), 295
Nationalreligion 144 (A.), 210
Nationalsozialismus (NS-Zeit) vii, viii, 332, 334, 358, 361f., 367, 370–372, 375, 377, 379
Naturalismus 200
Naturmythologie 161, 373f., 395
Naturrecht 221, 224
Naturreligionen 123, 130, 151 (A.), 396
Naturvölker 164, 171 (A.)
Naturwissenschaft 80, 127, 390 (A.)
Neofriesianismus 23, 126, 416
Neopositivismus 89
Neues Testament 163, 187f., 216, 218, 222, 285, 289f., 294, 303f., 314 (A.), 317, 320, 413, 415f., 418
Neuplatonismus 135 (A.)
Niederlande 3, 37, 279
Nordistik 332, 377f.
Numinos, das; numinos 23, 27, 127 (A.), 132f., 335f.
Nuṣairī 232

Objektivität 68, 282, 328, 341, 407, 419
Offenbarung 25, 28–30, 91, 97, 200f., 230, 262, 265 (A.), 279, 284, 290, 326, 342, 386, 418;
  bei Mohammed 240, 259, 268, 272

"Offenbarungsreligionen" 230, 233, 298 (A.)
Offenbarungsschrift, -urkunde 229, 233, 313
Omaijaden 241
Ontologie 388, 393, 408f.
Opfer 26, 247, 249, 293, 403
Orden 222, 224, 231
Organisation (religiöse) 86, 133, 224, 227, 256, 316
Orient 34, 188, 280, 312–314, 316, 403
    Vorderer 148, 266, 283, 286f., 291, 358, 412
Orthodoxie 231, 319 (A.)
Osiris 92, 166

Paganismus s. Heide, Heidentum
Palästina 113, 115, 293
Panbabylonismus 328, 413
Paradies 113
Patristik 318
Pattern-Forschung 328
Pentateuch 238, 285, 289, 413
Periodisierung 143ff.
Persien 232, 242, 412
Pessimismus 249, 272
"Phänomene" 47 (A.), 62, 111, 145f., 203, 301, 305, 347, 365, 382, 391, 405; s.a. Sachverhalt
Phänomenologie, phänomenologische Fragestellung xiii, 25f., 38, 57–61, 75, 128, 145, 193, 233, 283, 383, 391; s.a. Methode
Pharisäer 216, 307 (A.), 319
Philologe 41, 50f., 64, 68f., 105, 325, 334, 372
Philologie vi, viii, xiii, 5f., 11, 22, 33 (A.), 44, 46, 50, 60, 63, 68–71, 79f., 98, 104f., 281, 303, 324, 410, 418
Philosoph(en) xiii, 19, 83, 96, 182, 386
Philosophie 14, 20 (A. 49), 31, 34, 63 (A.), 65, 70, 75, 80–83, 93, 122, 134, 141, 150 (A.), 168, 181, 187, 230, 289, 324f., 332, 359
    analytische 62 (A.), 159, 163, 204
Philosopische Fakultät viii, 7, 9, 11f., 33 (A.), 323ff., 328f., 331, 343, 374f., s.a. Leipzig
Pietismus 220, 222
Pilgergeographie 114

Pilgerreise 112
Pilgerzentrum 111
Politik 100, 142, 145, 210, 232, 273, 275, 286, 290–294, 380, 414
Polydämonismus 196
Polytheismus 123, 149, 151, 196, 212 (A.), 251, 274, 277, 287
Positivismus 32, 151, 161
Präanimismus 40, 151 (A.), 348, 396; s.a. Dynamismus, Macht- bzw. Manatheorie
Präzisismus 222
Praxis, religiöse 86, 145, 165, 196, 233, 417
Preußen 218
Priesterbetrug 96
Priesterschaft, Priester 86, 146, 175, 181, 211, 222, 249, 315, 404
Prophet 93, 237, 239, 241, 252, 266, 268, 271f., 283, 287f., 295, 304, 407, 417
Proselyten 285
Protestantismus 162, 186, 221f., 228, 305, 347
Pseudoclementinen 268
Pseudogeschichte 146, 399
Psychoanalyse 90, 169, 171 (A.)
Psychologie 4, 16, 34, 46, 50, 59 (A.), 68, 75, 98, 124, 281, 365, 384, 386–388, 408
Psychologisierung 180f., 333
Psychotherapie 90
Puritanismus 222

Quäker 224, 226
Quellenkritik 88, 104, 335, 373, 378, 413
Qumrān 304f., 415

Raskolniki 228
Ratio 166, 176, 185 (A.), 191f.
Rationalisierung (Szientifizierung) 180f., 183, 207
Rationalismus 20, 219
    kritischer ix, 89
Rationalität 76, 78
Recht 285, 294
Rechtgläubigkeit 229–231
Reflexion 100, 103, 176, 193, 282, 396, 418
Reformation 43, 133, 144, 181, 197, 218, 221f., 225, 230, 404
Reformator(en) 93, 319

Relationierung 207, 209, 212 (A.)
Religion xii, xiii, 6f., 9, 15, 19-21, 22 (A.), 26f., 34, 39, 42f., 45f., 60, 62, 67, 72f., 81, 86, 88, 92f., 100, 107, 110f., 114, 123, 132, 141f., 147, 150 (A.), 153, 160f., 182-186, 193, 197, 209, 249, 271, 273, 285, 363, 384, 385 (A.), 391, 394, 417
    Begriff 43, 56, 62, 72-74, 97, 111
    Definition 39, 42, 182f.
    Entwicklung 39, 121, 124f., 126, 132, 143-145, 147f., 156
    Erscheinung 94
    Geschichte 39, 148 (A.)
    Gründung 113, 283
    Innenseite 199, 203
    natürliche 96
    "reine" 317
    "Stiftung" s.d.
    Ursprung 326, 336, 346f.
    Wesen xiii, 4, 21, 26, 40, 94, 108, 128 (A.), 132, 346f.
Religionen 3, 9, 13f., 17-21, 34, 39, 44, 49f., 60, 65, 70, 72, 78, 91, 111, 141, 147, 150, 153, 183, 191, 195, 280-282, 319, 343f., 366, 372
    Buchreligionen s.d.
    ethnische 123
    Geschichte 11, 13, 200f., 148ff., 155
    Gründer-, Stifterreligionen 143f., 229, 230f., 233, 283
    Kosmopolitische 153
    neue 234
    Offenbarungsreligionen s.d.
    Volksreligionen s.d.
Religionsethnologie 18f.
Religionsgeographie xi, 19, 75, 106-111, 114, 116
Religionsgeschichte
    Disziplin (Fach) viff. (Leipzig), 6-10, 14f., 22, 54, 62, 92, 102, 105f., 110, 129, 140f., 154, 234, 281, 318, 323-339 (Leipzig), 342-345 (ebd.), 357ff. (ebd.), 364, 370ff. (Leipzig), 382-393, 409, 412
    Gegenstand xiii, 7f., 15, 92, 112, 121, 143, 161, 186, 234, 281, 291, 293, 317, 341, 372ff.
    ägyptische 146, 337
    antike 210
    germanische viii, 334f., 370, 372, 376, 379
    griech.-röm. 315
    hellenistische 301, 337, 414
    indo-arische 237
    iranische 260
    israelitische 313
    jüdische 313
    nordische 372, 376
    orientalische xi, 329
    ostasiatische 330f.
    semitische 288f.
    spätantike xi, 301, 329, 331, 414
    vorderorientalische 267, 278, 301
Religionsgeschichtliche Schule xiv, 5f., 98, 115, 125f., 133, 161, 188, 196, 301-303, 344, 412-419
Religionsgründer 231, 280
Religionskritik viii, xiii, 82, 88, 92, 94, 96f., 280
    historische 88, 96
    marxistische ix, 87f.
    philosophische 93, 96f.
    pragmatische 96
    soziologische 88, 96
    Theologische 22 (A.)
Religionskunde 24
Religionsmischung 209; s.a. Synkretismus
Religionsphänomenologie 15, 25, 35, 38, 57f., 59 (A.), 60-62, 75, 102, 130, 201, 208, 303, 387, 389f.
Religionsphilosophie viii, 4, 14, 19-23, 25, 27, 38, 40, 58f., 75, 97, 106, 155, 330, 336f., 346, 364, 369, 416
Religionspsychologie 16f., 23, 28, 38, 102, 106, 110
Religionssoziologie x, 16f., 31, 38, 102, 106, 109f., 211, 223, 225, 227f., 278, 332f., 354, 360, 362f., 366f.
Religionstheologie 102
Religionstypologie 15, 51f.
Religionswissenschaft
    allgemein vii, ixff., 3, 10-17, 19, 20-22, 24, 26f., 29f., 32, 81f., 90, 94, 116, 122, 157-159, 193, 281, 342f., 346-348, 351, 363- 366, 373, 379, 401, 413
    Anfänge 67f., 96f., 104f., 281
    Anspruch und Aufgabe 33, 38, 46, 65, 67, 88, 105, 260, 281, 338, 357
    Aufbau 12ff., 105

deutsche vii, xiv, 6, 23, 27, 373
Eigenständigkeit 71, 91, 98, 104, 159, 332, 337, 342f., 345, 368
Erneuerung 38
Funktion 91
Gegenstand 39, 42, 44–46, 48 (A.), 49, 51, 54, 64f., 67, 72, 90–92, 94, 98, 105, 150, 281, 387, 399, 410
Geschichte 34f., 40, 67–72, 96–99, 104–106, 133, 151f., 160–162, 323–339, 357f.
Grenzen vii, 28, 31, 38, 40, 58, 63 (A.), 158f., 201, 282, 343, 402
Grundlage 38, 70
Krise 38
marxistische ix, 151 (A.)
Methode 92 s.a. Methode, philologisch-historische Seite vii, 4, 12f., 23, 70, 159, 281, 297, 335, 342, 389
Selbstverständnis 88f.
Studium 33–36, 79
Systematische 14f., 54f., 58, 63 (A.), 105, 364, 367, 389; s.a. Vergleichende, Religionsphänomenologie
Verantwortung 79
vergleichende 4, 14, 35, 51, 53–55, 58–61, 63, 65, 75, 105, 297, 328, 363f., 372, 389f.; s.a. systematische, Religionsphänomenologie
Wesen 92
Wirkung 78f., 99, 297
Religionswissenschaftler, der 64, 91, 94, 282, 297
Religiosität 53
Remythologisierung 185
Revolution 144, 181, 204, 287, 403
Rigorismus 228, 233
Ritus, Ritual 27, 161f., 165f., 170, 172, 173 (A.), 258, 289, 307, 401, 403, 405
Rom, Römer 114, 115, 196, 206, 216, 286, 293, 307, 362, 376
Romantik 20, 104, 136, 160, 325, 347
Rosenkreutzer 202
Rumänien (bei Eliade) 381, 382 (A.), 392

Ṣābier (aṣ-Ṣābiʾūn) 257f., 268
Sachverhalte 47, 111, 147, 150 (A.), 282, 383, 387, 391
Sadduzäer 216
Sagaforschung 369, 378
Säkularismus 103
Sakularisierung 116, 144, 397
Sakralkönigtum 328, 379
Sassaniden 231, 242, 249, 254, 259 (A.)
Schamanismus 63 (A.), 75, 147, 395, 403, 407
Schiʿa 144 (A.), 231
Schicksal (dahr) 249
Schisma 144, 217, 228f.
Schriftreligion (ahl al-kitab) 257, 272
Seher 249, 262, 267
Sekte 143, 202, 216–234, 251, 256f., 279, 307, 311, 317, 319f., 341
  Begriff 216–219
  Definition 225f., 228, 233
  Entstehung 231f.
  Rechtsgeschichtlich 218f.
  Wesen 228
Selbstverständnis 79, 99; religiöses 75, 78, 282
Semiologie 169, 170 (A.), 172 (A.)
Sensualismus (französ.) 82
Septuaginta 283
Shintoismus 203, 210f.
Sikh-Religion 202
Sinn(-findung, -verlust) 62, 382f., 387, 390–392, 400, 405
Sīra (an-nabī) 243f.
Skopzen 228
Soka-Gakkai 234
Sondergemeinschaft (alias Sekte) 218
Sozialgeographie 109
Sozialgeschichte 141, 152
Sozialpsychologie 110, 143, 206, 211
Soziologe 64, 232, 367, 384, 386
Soziologie ix, x, xiii, 4, 16, 34, 46, 50, 68, 81, 84, 98, 108, 173 (A.), 207, 219, 220f., 234, 273, 281, 387, 393, 408, 410
Spätantike 203, 212, 250f., 311, 315, 317
Spiritismus 122 (A.), 123, 202, 204, 210
Spiritualismus 224f.
Sprachgeschichte 141, 210, 217
Sprachwissenschaft 7–10, 51, 81, 282, 391
  vergleichende 4, 67f., 104
Staatsreligion 231f., 260

Stammesreligionen 112, 150 (A.), 152, 154, 210, 229, 274, 276, 286
"Stifter" (Gründer) v. Religionen 229–232, 237f., 241, 244, 261, 278ff., 316, 319, 350, 407
"Stifterreligionen" s. Religionen
"Stiftung" (Gründung) v. Religionen 144, 191, 230
Struktur 56, 60, 62, 171f. (A.), 282, 388, 390, 401
Strukturalismus 44, 57, 128, 146, 169, 170–175 (A.), 179 (A.)
Strukturforschung 56f.
Strukturgesetz, synkretistisches 204
Strukturpsychologie 59 (A.)
Substitution 144, 209, 212
Sunna 231, 241
Symbiose 204, 209, 211, 289, 381
Symbol 160, 185f., 191–192, 315, 396–402, 407
Symbolforschung 328, 400, 402
Symbolhermeneutik 401
Symbolik 166f., 176, 190, 393, 396, 399–402
Symbolisierung 180f., 183, 399
Synagoge 289, 291f.
Synkretismus 193–213, 234, 260, 302, 305, 317f., 414
  Begriffsgeschichte 193–196
  Wesen 197, 203, 209, 213
Synthese 207–209, 212f., 389
Syrien 254, 256, 261, 263, 269
Systematisierung 60f., 206f.

Ṭāʾif (Arabien) 252f.
Talmud 241
Taoismus 167, 211
Taufe 112, 307
Taufsekte s. Mandäer, Sabier
Teleologie 191
Tempel 106, 111
Terminologie (religionswiss.) xii, 28, 30, 111, 186f., 193, 199f., 206f., 209, 389
Thamūd (Koran) 290
Theios aner 187
Theokrasie 209, 212
Theokratie 292f.
Theologie vi, xi, 4, 8, 13f., 20–22, 25–34, 38, 40, 59, 65, 94 (A.), 102, 107, 113, 116, 141, 148, 150 (A.), 155, 157–159, 168, 181 (A.), 182, 186, 188, 191, 200f., 211, 213, 306,
308, 313–315, 323, 328–333, 336–338, 340, 342–344, 346, 364f., 390, 416–418
  islamische 284, 289
  Krypto- 33, 159, 201, 205, 345
  liberale 343, 345, 363
  natürliche (theologia naturalis) 4, 15, 23, 25, 75, 97, 329, 366
  protestantische 301
  Pseudo- 23, 31
  systematische 54
Theologische Fakultät 5–12, 34; in Leipzig 327–331, 334f., 341–343, 370, 374f.
Theophanie 399
Theoriebildung 55f., 62 (A.), 63, 68
Theosophie 202, 210, 311
Tiefenpsychologie s. Psychoanalyse
Todeslos (arab. al-ḥimām, manīja) 249
Toleranz 3, 68, 79, 97, 102, 104, 220, 280, 297
Tora 267f., 285
Totemismus 5, 19, 40, 151 (A.), 172 (A.), 248 (A.)
Tradition 44, 70, 79, 91, 93, 101, 113, 115, 147, 201, 206, 210f., 213, 234, 280, 287, 297, 308, 311f., 314, 326, 335f., 347, 367, 399
  abendländisch-christliche 72, 94, 218, 392 (Eliade)
  apostologische 306
  biblische 312
  eigene 67, 72f., 282
  fremde 72f., 209
  johanneische 306, s.a. Johannesev.
  paulinische 306; s.a. Paulus
Traditionalismus 79, 103
Traditionsgeschichte 207, 414, 417
Traditionskritik 67, 77, 96, 99, 297; s.a. Überlieferungskritik
Transformation 209, 212
Transzendenz 22 (A.), 32, 407
Transzendentialisierung 149
Trinität 314f.
Typologie 52, 56, 60, 62 (A.), 105, 146 (A.), 193, 195, 201, 204, 208, 221, 226f., 284f., 333, 363, 383
  historische 56f.
  religionsgeschichtliche 57
  soziologische 222f., 228

Überlieferung (religiöse) 113, 183f.,

202, 209–211, 303, 373, 387; s.a. Tradition
Überlieferungskritik 88, 96, 99, 281, 417; s.a. Traditionskritik
Umwelt 19, 75, 106–117, 145, 147, 187, 202, 209, 227, 367, 378
   d. frühen Islams 241ff.
   d. frühen Christentums 301, 303, 311, 313, 317, 416
Universalreligionen 126, 285; s.a. Weltreligionen
Untergang (von Religion) 144
Urmonotheismus 151 (A.), 250, 324
USA ix, xiii, 105, 219, 226, 332, 362, 366
al-ᶜUzzā (arab. Göttin) 248, 270
ᶜUzzai(ān) 247

Vatikanstaat 293
2. Vatikanisches Konzil 296
Verfremdung 201–203, 209, 213
Vergleich, Vergleichung 52f., 56, 61f., 68, 97, 105, 172 (A.), 281–283, 319, 383
"Verkrustung" 144
"Verschränkung" 213
Verstehen 25, 27, 49, 70, 75–78, 89f., 105, 141, 363; s.a. Vor- und Nachverständnis
Vietnam 202
Vision 265f.
Völkerkunde s. Ethnologie
Völkerpsychologie (Wundt) 327
Völkerwanderung (germanische) 113
Volksglaube 212, 232
Volkskunde 211
Volksreligion 111, 142, 150 (A.), 153f., 210, 229, 260, 285f., 313, 319; s.a. ethnische Religionen
   volksreligiöse Eigenart 293
Voraussetzungslosigkeit 31, 78, 94
Vorverständnis 41f., 72f., 282

Vulgata 216, 240

Wadd (arab. Gott) 247
Wahrheit 91, 97, 202, 279f., 297
   historische 77
   religiöse 279, 282, 284
Wahrheitsfrage 31, 85 (A.), 206
Wallfahrt (Ḥaǧǧ) 247, 249
"Wandlung" 130, 212
Waschungen 112
Welt 31, 45, 155, 169, 174, 189, 224–226, 228, 233, 286f., 290, 293, 295, 316, 393, 395, 398, 402
   Dritte Welt 79, 101
Weltbild 90, 95, 177, 180f., 186–189, 192, 393, 400, 403, 405f.
Weltreligionen (Universalreligionen) 15, 93, 121, 130, 143, 144 (A.), 149, 150 (A.), 153–155, 197f., 210, 239, 278, 285f., 308, 316, 319, 344
"Wesen" 62, 76, 383 (A.), 347
Wesensschau 59, 62, 391
Wiener Schule (alte) 128 (A.)
Wirklichkeit 85, 169, 399f., 402
Wirklichkeitsfrage 31f.
Wirtschaft 100, 112, 246, 274
Wirtschaftsgeschichte 141, 152f.
Wissenschaft (allg.) 77–79, 91, 122, 159, 168, 173 (A.), 181, 183 (A.), 193, 208, 282, 331, 338, 376, 408
Wunder 187

Yoga 202, 392, 409

Zandike (zanādiḳa) 258f.
Zarathustra, Zoroaster 92, 230, 237, 266, 287, 351
Zoroastrismus 184f., 229, 231, 260
Zentralasien 308, 314 (A.)
Zurvanismus, Zurvantheologie 167, 249

STUDIES IN THE HISTORY OF RELIGIONS
NUMEN BOOK SERIES

4 *The Sacral Kingship/La Regalità Sacra.* Contributions to the Central Theme of the VIIIth International Congress for the History of Religions, Rome 1955. 1959. ISBN 9004016090

8 K.W. Bolle. *The Persistence of Religion.* An Essay on Tantrism and Sri Aurobindo's Philosophy. Repr. 1971. ISBN 9004033076

11 E.O. James. *The Tree of Life.* An Archaeological Study. 1966. ISBN 9004016120

12 U. Bianchi (ed.). *The Origins of Gnosticism.* Colloquium Messina 13-18 April 1966. Texts and Discussions. Reprint of the first (1967) ed. 1970. ISBN 9004016139

14 J. Neusner (ed.). *Religions in Antiquity.* Essays in Memory of Erwin Ramsdell Goodenough. Reprint of the first (1968) ed. 1970. ISBN 9004016155

16 E.O. James. *Creation and Cosmology.* A Historical and Comparative Inquiry. 1969. ISBN 9004016171

17 *Liber Amicorum.* Studies in honour of Professor Dr. C.J. Bleeker. Published on the occasion of his retirement from the Chair of the History of Religions and the Phenomenology of Religion at the University of Amsterdam. 1969. ISBN 9004030921

18 R.J.Z. Werblowsky & C.J. Bleeker (eds.). *Types of Redemption.* Contributions to the Theme of the Study-Conference held at Jerusalem, 14th to 19th July 1968. 1970. ISBN 9004016198

19 U. Bianchi, C.J. Bleeker & A. Bausani (eds.). *Problems and Methods of the History of Religions.* Proceedings of the Study Conference organized by the Italian Society for the History of Religions on the Occasion of the Tenth Anniversary of the Death of Raffaele Pettazzoni, Rome 6th to 8th December 1969. Papers and discussions. 1972. ISBN 9004026401

20 K. Kerényi. *Zeus und Hera.* Urbild des Vaters, des Gatten und der Frau. 1972. ISBN 9004034285

21 *Ex Orbe Religionum.* Studia G. Widengren. Pars prior. 1972. ISBN 9004034986

22 *Ex Orbe Religionum.* Studia G. Widengren. Pars altera. 1972. ISBN 9004034994

23 J.A. Ramsaran. *English and Hindi Religious Poetry.* An Analogical Study. 1973. ISBN 9004036482

25 L. Sabourin. *Priesthood.* A Comparative Study. 1973. ISBN 9004036563

26 C.J. Bleeker. *Hathor and Thoth.* Two Key Figures of the Ancient Egyptian Religion. 1973. ISBN 9004037349
27 J.W. Boyd. *Satan and Māra.* Christian and Buddhist Symbols of Evil. 1975. ISBN 9004041737
28 R.A. Johnson. *The Origins of Demythologizing.* Philosophy and Historiography in the Theology of R. Bultmann. 1974. ISBN 9004039031
29 E. Berggren. *The Psychology of Confession.* 1975. ISBN 9004042121
30 C.J. Bleeker. *The Rainbow.* A Collection of Studies in the Science of Religion. 1975. ISBN 9004042229
31 C.J. Bleeker, G. Widengren & E.J. Sharpe (eds.). *Proceedings of the 12th International Congress, Stockholm 1970.* 1975. ISBN 9004043187
33 B.L. Smith (ed.). *Hinduism.* New Essays in the History of Religions. Repr. 1982. ISBN 9004067884
34 V.L. Oliver, *Caodai Spiritism.* A Study of Religion in Vietnamese Society. With a preface by P. Rondot. 1976. ISBN 9004045473
35 G.R. Thursby. *Hindu-Muslim Relations in British India.* A Study of Controversy, Conflict and Communal Movements in Northern India, 1923-1928. 1975. ISBN 9004043802
36 A. Schimmel. *Pain and Grace.* A Study of Two Mystical Writers of Eighteenth-century Muslim India. 1976. ISBN 9004047719
37 J.T. Ergardt. *Faith and Knowledge in Early Buddhism.* An Analysis of the Contextual Structures of an Arahant-formula in the Majjhima-Nikāya. 1977. ISBN 9004048413
38 U. Bianchi. *Selected Essays on Gnosticism, Dualism, and Mysteriosophy.* 1978. ISBN 9004054324
39 F.E. Reynolds & Th.M. Ludwig (eds.). *Transitions and Transformations in the History of Religions.* Essays in Honor of Joseph M. Kitagawa. 1980. ISBN 9004061126
40 J.G. Griffiths. *The Origins of Osiris and his Cult.* 1980. ISBN 9004060960
41 B. Layton (ed.). *The Rediscovery of Gnosticism.* Proceedings of the International Conference on Gnosticism at Yale, New Haven, Conn., March 28-31, 1978. Two vols.
  1. *The School of Valentinus.* 1980. ISBN 9004061770
  2. *Sethian Gnosticism.* 1981. ISBN 9004061789
42 H. Lazarus-Yafeh. *Some Religious Aspects of Islam.* A Collection of Articles. 1980. ISBN 9004063293
43 M. Heerma van Voss, D.J. Hoens, G. Mussies, D. van der Plas & H. te Velde (eds.). *Studies in Egyptian Religion, dedicated to Professor Jan Zandee.* 1982. ISBN 9004067280
44 P.J. Awn. *Satan's Tragedy and Redemption.* Iblīs in Sufi Psychology. With a foreword by A. Schimmel. 1983. ISBN 9004069062
45 R. Kloppenborg (ed.). *Selected Studies on Ritual in the Indian Religions.* Essays to D.J. Hoens. 1983. ISBN 9004071296

46 D.J. Davies. *Meaning and Salvation in Religious Studies.* 1984.
ISBN 9004070532
47 J. H. Grayson. *Early Buddhism and Christianity in Korea.* A Study in the Implantation of Religion. 1985. ISBN 9004074821
48 J. M. S. Baljon. *Religion and Thought of Shāh Walī Allāh Dihlawī, 1703-1762.* 1986. ISBN 9004076840
50 S. Shaked, D. Shulman & G. G. Stroumsa (eds.). *Gilgul.* Essays on Transformation, Revolution and Permanence in the History of Religions, dedicated to R. J. Zwi Werblowsky. 1987. ISBN 9004085092
51 D. van der Plas (ed.). *Effigies Dei.* Essays on the History of Religions. 1987. ISBN 9004086552
52 J. G. Griffiths. *The Divine Verdict.* A Study of Divine Judgement in the Ancient Religions. 1991. ISBN 9004092315
53 K. Rudolph. *Geschichte und Probleme der Religionswissenschaft.* 1991. ISBN 9004095039

ISSN 0169-8834